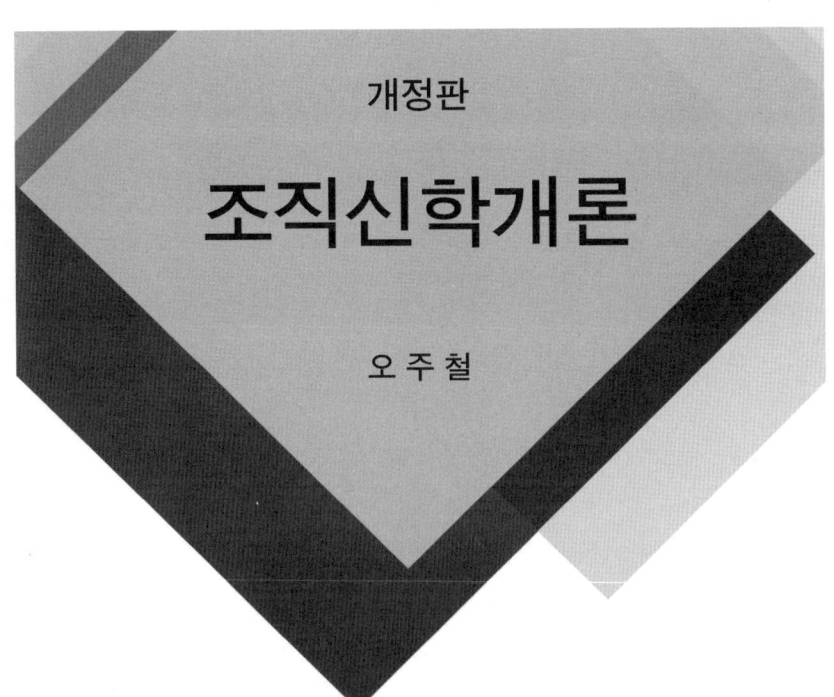

개정판

조직신학개론

오 주 철

하늘출판사

조직신학개론 추천서

김균진 (연세대 명예교수)

필자가 신학을 공부하기 시작했던 1960년대 이후부터 오늘에 이르기까지 한국의 신학계는 매우 다양한 신학 사상들을 경험하였습니다. 변증법적 신학, 실존신학, 문화신학, 세속화 신학, 하나님의 죽음의 신학, 역사신학, 희망의 신학, 종말론적 신학, 상황신학, 혁명의 신학, 흑인신학, 해방신학, 민중신학, 통일신학, 토착화신학, 종교신학, 여성신학, 생태신학, 생태여성신학, 구성신학, 은유신학, 과학신학 등, 그 수를 헤아릴 수 없을만큼 신학의 홍수 시대를 경험하였고 또 지금도 경험하고 있다고 말할 수 있겠습니다. 1970, 80년대에는 민중신학을 하지 않는 신학자는 참 신학자가 아니라 어용 신학자라는 인상을 줄만큼 민중신학이 한국 개신교회 신학계를 거의 주름 잡았다고 해도 과언이 아닐 것입니다.

서울신학대학교의 모 조직신학 교수는 현대의 이같이 다양한 신학이론들을 '신학 논쟁'이라 규정합니다. 이 규정은 현대의 신학자들이 '논쟁'을 일삼았다는 인상을 줍니다. 물론 신학도 하나의 학문이기 때문에, 논쟁이 없을 수 없습니다. 만일 논쟁이 전혀 없고 하나의 통일된 이론이나 획일적 교리만 있다면, 신학은 더 이상 학문이 아닐 것입니다.

그러나 현대의 다양한 신학 이론들은 "논쟁을 위한 논쟁"을 일삼은 것이 아니라, 그 시대의 구체적 문제들에 대한 신학적 대답과 해결책을 찾기 위한 노력이었다고 말할 수 있습니다. 단지 그 대답과 해결책이 다양했을 따름이고, 이 다양성 때문에 때로 논쟁이 일어나기도 하였습니다. 이 논쟁은 "논쟁을 위한 논쟁"이 아니라, 올바른 대답과 해결책을 찾기 위한 노력의 산물이라 하겠습니다.

본회퍼와 같은 신학자는 자기가 발견한 신학적 대답과 해결책을 실천하다가 자기의 목숨을 희생하였습니다. 라틴 아메리카의 해방신학자들과 미국의 흑인신학자들, 한국의 민중신학자들도 추방과 박해와 살해를 당하였습니다. 여신학자 도로테 죌레는 자기의 신학적 신념에 따라 이 세계의 힘없는 사람들의 편에 서서 거의 무소유의 삶을 살다가 세상을 떠났습니다. 이들은 이른바 '논쟁'을 일삼은 것이 아니라, 자신의 몸으로 그 시대의 구체적 문제들에 대한 신학적 해답을 진지하게 찾았습니다. 우리는 이들의 진지한 삶의 태도를 결코 잊어서는 안 될 것입니다.

그러나 다양한 신학 이론들을 경험하면서 필자는 "과연 신학이 무엇인가?"를 질문하지 않을 수 없었습니다. 저는 이 질문을 어느 학생에게서 듣기도 했습니다. 이 학생은 요즘 한국 개신교회 신학계의 화두가 되고 있는 여성신학, 생태신학, 구성신학 등을 열심히 공부하였습니다. 한참 공부하다가 느낀 점은 "신학이 도대체 무언지 모르겠다", 특히 "조직신학이 무언지 모르겠다"는 것입니다. 이 모든 신학 이론들이 모두 타당한데, 막상 신학 혹은 조직신학이 무엇인지 대답하려고 하면, 대답하기 어렵다는 것입니다. 그 까닭은 "상황신학"(Contextual Theology)은 활발하게 전개되고 있지만, "기초신학"(Fundamental Theology)이 결여되어 있기 때문이라 생각됩니다.

한국 개신교회 신학계의 이같은 상황 속에서 장로회신학대학교의 이종성 교수님과 필자가 그동안 조직신학 곧 기초신학 체계를 출판하였습니다. 그 뒤를 이어 몇 분 교수님들이 그 나름대로 조직신학을 발표하였습니다. 그 뒤를 이어 출판된 오주철 박사의 《조직신학개론》은 한국 개신교회 조직신학계에 또 하나의 초석이 되는 책이라 생각됩니다. 사실 목회를 하면서 이 같은 책을 출판한다는 것은 매우 어려운 일입니다. 그럼에도 불구하고 이 책을 출판하신 오주철 박사의 집념과 노고를 진심으로 치하드립니다.

이 책은 그동안 다른 책에서 충실히 다루지 못한 점들을 보완하기 위해 노력했습니다. 곧 기독교의 중요한 신앙고백서 내지 신조의 내용들을 반영하고, 신학의 역사에서 일어난 각 주제들에 대한 논쟁점을 기술하는 동시에 성서적 근거를 제시하고자 합니다. 각 주제들에 관한 오늘의 신학적 통찰들을 좀 더 충분히 반영하고, 보다 더 완벽한 체계를 이루었으면 하는 아쉬운 점이 있지만, 이 책은 그 나름대로의 장점을 가지며 배워야 할 점이 많다고 생각합니다. 특히 목회 현실과 연관하여 집필되었기 때문에, 그리스도인들의 신앙이 갖추어야 할 기본 내용들을 체계적으로 섭렵하는 데 큰 도움이 되리라 믿습니다. 신학을 공부하는 학생들에게도 조직신학의 기초를 쌓는 데 크게 기여할 것입니다.

다른 선진국에 비해 한국인들은 책을 많이 읽지 않는다고 합니다. 한국 개신교회의 신자들도 일반적으로 책을 잘 읽지 않는 것 같습니다. 책을 읽지 않는 것이 별 것 아닌 것 같지만, 국가와 교회의 장래에 심각한 결과를 초래할 것입니다. 이 같은 현실 속에서 오주철 박사의 《조직신학개론》은 조직신학의 기초를 세우는 동시에, 내적 기초와 성숙이 있는 신자들을 배출하는 데 크게 기여할 줄 믿습니다.

2012년 12월 7일

추천의 글

황 재 범
(계명대학교 교목실장 및
기독교학과 교수)

오주철 박사의 《조직신학개론》은 신학 입문자들이나 또 신학에 관심이 있는 평신도들에게 매우 유용한 책이다. 기독교는 이미 2000여 년의 역사를 가지고 있기 때문에 어떤 교리에 대해서든지 다양한 입장들이 있어왔다. 그러므로 신학교수들은 한 교리에 대한 다양한 입장들을 정리해서 제시함으로 독자들이 그들을 비교해서 검토하도록 해주는 것이 매우 필요한데, 본 책은 이 과제를 매우 충실하게 수행했다고 보겠다. 예를 들면, 종말론에서 천년왕국에 대한 입장에 대하여 ① 역사적 전천년설, ② 세대주의적 전천년설, ③ 후천년설, ④ 무천년설로 나누어 잘 설명하였다. 이렇게 다양한 입장들을 살펴봄에 있어서 여러 교파적 입장들을 섭렵하고, 나아가서 시대적으로 다른 입장들도 살펴보아야 하는데, 본 책은 이 점에 있어서도 매우 잘 되었다고 본다.

특별히 추천하고 싶은 점은 본 책이 여러 가지의 복음주의적이거나 보수적인 입장도 잘 살펴보았다는 점이다. 특별히 칭찬하고 싶은 것은 본 책이 17-18세기 개혁파 정통주의를 정리한 하인리히 헤페(Heinrich Heppe), 철두철미하게 성경을 이용하여 조직신학을 제시한 마틴 로이드-존스

(Martyn Lloyd-Jones), 현대 복음주의 조직신학의 대가 밀라드 에릭슨(Millard Erickson)을 적절하게 인용했다는 점이다. 나아가서 칼 바르트(Karl Barth), 다니엘 밀리오리(Daniel Migliore) 등 현대신학도 대단히 잘 유용하게 인용하고 있다고 보겠다.

이렇게 본다면, 매우 전문적인 조직신학서들은 상당히 많지만, 본 책은 복음주의적 입장에서 개론적인 조직신학서는 흔치 않은 우리나라의 현실에서 매우 필요한 책이라고 보겠다. 이 책은 또한 목회자들이 교리를 설교할 때에 참고할 때도 매우 도움이 된다고 보겠다. 아무쪼록 본 책이 다양하게 사용되어 그리스도를 아는 지식이 조금이라도 깊게 되기를 간절히 빌어 마지 않는다.

개정판 조직신학개론 머리글

바른 믿음은 건강한 기독교인을 만들지만 바른 교리는 건강한 교회를 만든다. 그런 점에서 바른 교리와 신학은 무엇보다 중요하다. 그런데 이 신학은 어느 특정한 사람들만이 독식하는 학문이 아니라 예수 그리스도를 구주로 고백하는 모든 그리스도인들이 알아야 하고 배워가야 하는 교리이다. 내가 믿는 종교의 중심적인 교리가 무엇인지 모르고 그 종교를 믿는다는 것은 참으로 어리석은 행위가 아닐 수 없다. 따라서 내가 기독교를 믿는다고 한다면 기독교에서 가르치고 있는 교리에 관한 내용이 무엇인지를 알아야 하는 것은 너무나도 당연하다. 이것이 건강한 신앙생활을 하게 할 뿐만 아니라 건강한 교회를 세우기 때문이다.

그럼에도 불구하고 오늘 한국 교회 안에는 교회 성장을 위한 수많은 양육 프로그램들을 쏟아내고 있지만 건강한 교회와 교인들을 위한 교리 교육에 대해서는 거의 소홀히 하고 있다는 점은 목회 현장에서 사역하고 있는 목사로서, 학교에서 후학들을 가르치는 학자로서 여간 안타까운 일이 아닐 수 없다. 심지어 오늘의 교인들뿐만 아니라 신학을 배우는 신학생들도 신학이라는 말만 들어도 심적인 부담을 가질 뿐 아니라 어려워하고 있다. 어쩌면 이것은 오늘 한국 교회와 교인들이 스스로 이단들을 막아낼 수 있는 자생적 정화 능력을 잃어버린 하나의 요인이라고 해야 할 것이다. 정통적인 기독교 교리를 이해하지 못하면서 자신의 신앙을 이단으로부터 지킬 수 있다는 것은 어불성설인 것이다.

그동안 필자는 다년간 대학교에서 조직신학을 강의해 오면서 학생들이 조직신학에 대해 너무 많은 심적 부담을 가지고 힘들어하는 것을 보아 왔다. 시중에 많은 번역서들과 책들이 나와 있지만 읽어도 이해가 되지 않을 뿐 아니라 조직신학이 힘들고 어려운 학문이라는 잘못된 선입견까지 갖는 학생들과 교인들을 보면서 저들에게 부족하지만 도움이 되는 방법을 고민하기 시작했던 것이 사실이다. 그것이 지난 2013년 그동안 필자가 대학 강단에서 강의를 했던 것을 정리해서 부끄럽지만 부족한 책으로 출간하는 동기가 되었다. 책을 출간하면서 학교에서 많은 학생들로부터 이해하기가 너무 쉽다는 격려와 감사의 말을 들어왔다. 그렇지만 출간한 이후 시간이 지나면서 나름 책에 대한 부족한 점을 많이 느껴온 것이 사실이다. 그러다가 한들출판사 대표이신 정덕주 목사님으로부터 개정판에 대한 도전과 격려의 말씀을 듣고 개정판을 쓰게 되었다.

특별히 이 책은 다음과 같은 네 가지 특징을 가지고 집필되었다.

첫째, 이 책은 조직신학을 전통적인 방법으로 서술함에 있어서 각 주제들에 대한 순서가 왜 그렇게 되어 있는지를 분명하게 밝히면서 각 주제가 가지고 있는 교리의 중요성을 나름대로 설명하려고 하였다. 필자가 과거에 신학을 할 때도 그러했지만 다수의 사람들이 조직신학을 하면서 어려워하는 것은 그 교리가 왜 거기에 있어야 하는지에 대한 분명한 이해의 부족이었다. 따라서 이 책은 웨스트민스터 신앙고백의 순서에 따라 전통적으로 조직신학에서 다루어지는 교리의 위치와 그 중요성을 설명하고자 했다.

두 번째, 이 책은 개혁교회의 전통 방식에 따라 쓰면서 신조와 신앙고백서에서 말하고 있는 내용을 통해 기독교 교리를 보다 쉽게 설명하려고 하였다. 사실 현재 조직신학이라는 이름으로 시중에 나와 있는 책들은 다수가 있지만 신앙고백서를 중심으로 설명하고 있는 책은 거의 없다. 뿐만 아니라 한국 교회 안에서는 신조와 신앙고백서를 소홀히 하고 있는 것도 사실이다. 따라서 필자는 이 책을 집필하면서 각 주제에 대한 교리를 다룸에 있어서 칼빈주의적 개혁교회의 신앙고백이 무엇이라고 가르치고 있는지를 밝히려고 노력하였다. 그럼으로 해서 신학을 하려고 하거나 교리에 대해 알고자 하는 사람들에게 보다 분명한 방향성을 제시하려고 노력했다.

세 번째, 무엇보다 이 책에서는 각 주제들에 대한 교리들마다 성경적인 근거를 많이 밝히려고 하였다. 기독교의 교리는 성경적이어야 한다. 다시 말해 조직신학에서 다루고 있는 각 주제들에 대한 교리는 어떤 뛰어난 신학자가 고안해내고 만든 것이 아니라 성경에서 말씀하고 있는 것을 체계적으로 제시하고 있는 것이다. 그렇기 때문에 각 주제들을 다룸에 있어서 무엇보다 중요한 것은 성경적 근거에 바탕을 두고 있어야 한다. 즉, 신학을 함에 있어서 성경에서 무엇을 말하고 있는지를 설명하는 것이 중요하다. 따라서 이 책은 각 주제들에 대한 성경구절을 많이 다룸으로써 교회에서 평신도들을 대상으로 하는 교리 교육에도 도움이 되게 하려고 노력하였다.

네 번째, 이 책에서는 각 주제들의 교리들마다 교회사에서 일어났던 논쟁점들을 다루었다. 기독교의 2000년 역사 속에서 이단들은 끊임없이 일어났다. 그리고 교회는 이단들로부터 교회와 교인들을 지키기 위해서 반응해 왔으며 그것이 오늘의 교리신학, 내지는 조직신학으로 우리에게 가르쳐지고 있다. 그런 점에서 각 주제들을 살펴봄에 있어서 교회사에서 일어났던 이단들과의 논쟁들을 함께 살펴보는 것도 중요하다고 할 것이다. 그렇게 함으로써 각각의 교리가 갖는 중요성과 의의를 보다 명확하게 정리할 수 있기 때문이다. 그런 점에서 이 책에서는 각 주제들마다 이와 같은 이단들과의 논쟁점들을 함께 다루려고 했다.

그리고 금번에 개정판을 쓰면서 다음 세 가지를 염두에 두었음을 밝히고자 한다. 첫째, 어거스틴과 칼빈, 그리고 17세기의 개혁 정통주의 신학자들의 주장들을 보다 많이 다루려고 하였다. 그렇게 함으로써 오늘의 한국

교회와 교인들이 가볍게 생각해왔던 기독교 교리의 중요성과 신앙생활의 본질을 회복할 뿐만 아니라 건강한 신앙을 갖게 하는데 도움을 주려고 하였다. 둘째, 19세기 유럽과 서구 신학을 휩쓸었던 자유주의 신학과 그것에 반대하여 일어났던 칼 바르트를 중심으로 한 신정통주의 신학을 다루었다. 오늘의 한국교회에는 칼 바르트의 신정통주의 신학에 대해 극단적인 입장이 존재하고 있는 것이 사실이다. 그 하나는 바르트주의자들의 입장으로써 칼 바르트의 신학을 절대적인 신학으로 받아들이고 있다. 반면에 일부 교단에서는 여전히 칼 바르트를 이단으로 정죄하면서 그 자체를 거부하고 있다. 따라서 필자는 개정판에서 각각의 교리에서 칼 바르트의 신학의 중심되는 신학과 정통주의 신학에서의 차이점이 무엇인지를 설명하려고 하였다. 마지막으로 개정판에서는 표 작업을 통해 비교함으로써 독자들로 하여금 보다 쉽게 이해하는데 도움이 되도록 하였다.

그렇지만 개정판을 쓰면서 현대 신학자들의 신학 사상과 동향을 충분히 제공하는데는 분명한 한계가 있었음을 밝힌다. 그와 같은 것은 시중에도 이미 더 훌륭한 책들이 많이 나와 있기 때문에 그 책의 도움을 받을 것을 권한다. 다만 이 책은 교회의 평신도들과 신학을 하는 신학생들에게 조직신학의 기초를 제공하고자 하려는데 그 의의가 있다고 할 것이다. 따라서 필자는 이 책이 신학적 예비 지식 없이 처음으로 교리와 조직신학을 배우려는 이들에게 보다 도움이 되는 길잡이가 되기를 바랄 뿐이다.

이 책이 나오기까지는 많은 분들의 기도와 도움이 있었음을 밝히면서 지면을 통해 감사를 드리지 않을 수 없다. 필자의 석, 박사 과정에 지도교수님으로써 많은 가르침을 주시고 이후에도 지금까지 학문의 멘토로 용기와 격려를 아낌없이 주시는 계명대학교 교목실장 황재범 교수님께 깊은 감사를 드린다. 그리고 계명대학교 오우성 교수님과 정중호 교수님, 허도화 교수님, 임경수 교수님, 박민수 교수님을 비롯하여 여러 교수님들께도 지면을 빌어 감사드린다. 그리고 그동안 감히 신학자라고 이름을 붙이기도 부족하고 이름 없는 저자의 여러 책들이 발간될 수 있게 해주시고, 금번에도 개정판이 나올 수 있도록 격려해 주셨다. 뿐만 아니라 한국교회를 위해 함께 고뇌하면서 마치 누에고치가 한올 한올 실을 뽑는 심정으로 이 책의 출판을 위해 정성을 다해주신 한들 출판사의 대표 정덕주 목사님과 직원들에게 깊은 감사를 드린다.

끝으로 젊은 시절에 부족한 남편을 만나 오랜 세월 동안 언제나 믿음과 사랑으로 인내하면서 교회와 가정을 지키며 버팀목이 되어 주었던 사랑하는 아내 김창숙과 가을 학기부터 중국에서 석사과정으로 학업을 계속하게 될 사랑하는 예랑이와 나라의 부름을 받고 군종병으로 국방의 의무를 잘 감당하고 있는 아들 진혁이, 대학교 진학을 위해 열심히 학업에 전념하고 있는 막내 예인이에게 사랑한다는 말을 전하면서 이 책을 헌사고자 한다. 뿐만 아니라 부족한 목사를 위해 든든한 기도의 후원자가 되어준 언양 영신교회의 사랑하는 모든 교우들에게 감사드린다.

2016년 8월 8일
가지산 자락 아래 목양실에서
오주철

목차
contents

제1장	신학을 한다는 것은	15
제2장	계시에 대한 이해	47
제3장	성경에 대한 이해	85
제4장	삼위일체 하나님에 대한 이해	133
제5장	하나님의 본성과 속성에 대한 이해	181
제6장	인간에 대한 이해	205
제7장	그리스도의 본성에 대한 이해	267
제8장	그리스도의 사역에 대한 이해	309
제9장	성령에 대한 이해	349
제10장	교회에 대한 이해	413
제11장	종말론에 대한 이해	497

참고문헌	549
주요 항목 색인	555
개념 색인	556
인·지명 색인	562
성구 색인	568

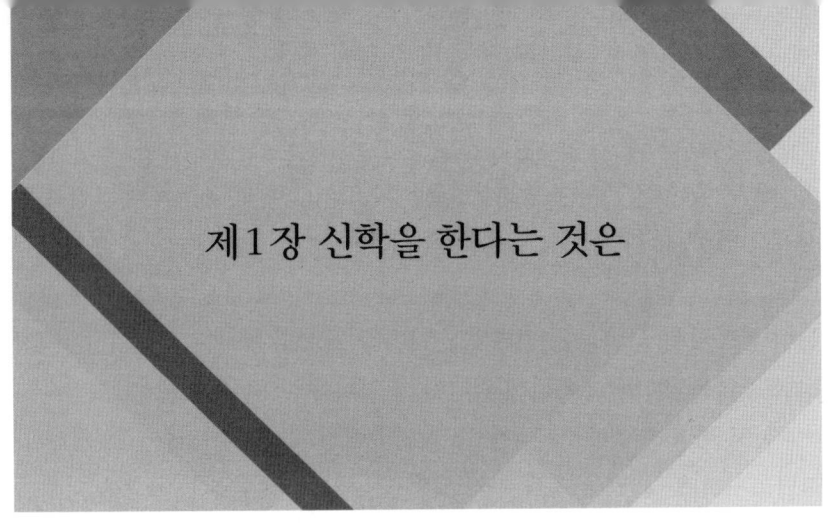

제1장 신학을 한다는 것은

일반적으로 많은 사람들은 '신학'(神學)이라면 그것은 어떤 특정한 사람들, 가령 신학생들이나 목회자들, 그리고 신학자들이 하는 교리적 학문이라고 생각한다. 그래서 '신학'이라는 말을 들으면 어려운 학문이라는 생각에 매우 부담감을 가지는 것도 사실이다. 그러나 신학은 특정한 사람들만 독식하는 학문이 아니라 예수 그리스도를 구주로 고백하는 모든 그리스도인들이 알아야 하고 또 배워가야 하는 교리이다.

일반적으로 사람들은 자신이 믿는 종교가 어떤 종교인가를 알기 위해서는 그 종교가 가르치고 있는 교리가 무엇인지를 알아야 한다. 내가 믿는 종교의 중심적인 교리가 무엇인지 모르고 그 종교를 믿는 것은 참으로 어리석은 행위가 아닐 수 없다. 따라서 내가 기독교를 믿는다면 기독교에서 가르치고 있는 교리에 관한 내용이 무엇인지를 알아야 하는 것은 너무 당연하다. 그럼에도 오늘 우리는 교리에 대해 별로 들어보지 못하는 시대에 살고 있다. 심지어 신학과 교리에 대해서 이야기하기를 좋아하지 않는 사람들도 있다.

오늘 한국교회에는 교인들을 양육하는 프로그램들이 넘쳐나는 것이 현실이다. 그렇지만 매우 안타까운 사실은 교인들에게 기독교적 교리를 성경에 기반을 둔 개혁교회 정통에 따라 양육하고 가르치는 교회와 프로그램은 찾아보기 쉽지 않다. 어쩌면 이와 같은 현상은 오늘 한국교회 안에 이단들이 들어와서 교인들을 유혹해도 교인들 스스로 막아낼 수 있는 자생적 정화 능력을 잃어버린 하나의 요인이 될 것이다.

사도 바울은 에베소서 4장 13절에서 이렇게 말하고 있다. "우리가 다 하나님의 아들을 믿는 것과 아는 일에 하나가 되어 온전한 사람을 이루어 그리스도의 장성한 분량이 충만한 데까지 이르리니." 그러므로 사도 바울은 우리 믿는 그리스도인들이 온전한 사람으로 그리스도의 장성한 분량이 충만한 데까지 이를 것을 권면하고 있다. 그런데 우리가 온전한 사람이 되기 위해서는 하나님의 아들을 믿는 것(신앙)과 아는 일(신학)에 하나가 되어야 한다는 것이다. 이에 대해 '하이델베르크 요리문답'도 "문 21 참 믿음이란 무엇입니까?"라는 물음에서 다음과 같이 가르치고 있다.

> 참 믿음이란 하나님께서 그의 말씀 안에서 우리에게 계시하신 모든 것을 내가 진리로 받아들이는 확실한 지식일 뿐만 아니라 성령이 복음을 통하여 내 안에 창조하시는 전심적(全心的)인 신뢰입니다. 하나님께서는 오직 그리스도의 구원사업에 근거하여 사죄와 영원한 의와 구원을 순은혜로 말미암아 허락하셨으니, 이것이 복음입니다.[1]

위의 내용에서 볼 수 있듯이 참 믿음이란 하나님께서 우리에게 계시하신 모든 것을 내가 진리로 받아들이는 확실한 지식(신학)과 성령이 복음을 통하여 내 안에 창조하시는 전심적인 신뢰(신앙)라고 했다. 따라서 참 믿음이란 아는 것과 신앙고백이 균형을 이루는 믿음이어야 한다.

혼돈의 시대를 살아가면서 우리가 예수 그리스도를 열심히 믿는 것은

---

[1] 이형기, 《세계개혁교회의 신앙고백서》(서울: 대한예수교장로회총회출판국, 1991), 78.

중요하다. 모름지기 신앙에는 열정이 있어야 한다. 그러나 열심히 믿는 것 이전에 바르게 믿는 것이 훨씬 더 중요하다는 사실을 간과해서는 안 된다. 사실적으로 열심히 믿는 것에 관해 이야기 하자면 이단들의 열심을 따라갈 수 없을 것이다. 그렇다고 해서 그들을 향해 바르게 믿는다고 말하지 않는다. 그런 점에서 우리가 바르게 믿는 가운데 열심이어야 할 것이다. 여기에서 바르게 믿는다는 것은 곧 하나님의 말씀에 근거한 바른 신앙이라고 할 것이다.

바른 신앙을 이야기함에 있어서 특별히 해롤드 브라운은 유다서 3절의 말씀, 즉 "성도에게 단번에 주신 믿음의 도"가 있다는 사실을 주장하였다. 역사 속에 유유히 흐르면서 변함없이 우리에게 전해진 '믿음의 도'가 있었다는 것이다. 사실이 그렇다. 하나님은 '믿음의 도'를 그분의 자녀들에게 주셨다. 이 사실을 우리는 교회사를 통하여 분명히 알 수 있다.[2] 따라서 교회와 성도들은 우리에게 주신 '믿음의 도'를 지켜야 할 책임과 의무가 있다. 그런데 우리가 믿음의 도를 지키기 위해서는 그 믿음의 내용을 알아야 한다. 그런 점에서 오늘 교회는 교인들에게 기독교에서 가르치는 교리 내용이 무엇인지에 대한 올바른 교육이 필요하다. 그리고 성도들은 오랜 기독교 역사 속에서 교회가 받아들이고 고백해 왔던 성경에 바탕을 둔 개혁주의적 신학과 교리에 대해서 알아가려는 끊임 없는 자기 노력이 있어야 한다.

그렇다면 우리는 이제 여기에서 다음과 같은 질문을 던질 수 있다. 도대체 신학이란 무엇인가? 신학을 하기 위해서는 어떤 자세를 가져야 하는가? 그리고 신학에는 어떤 분야가 있는가? 우리는 이와 같은 물음에 대해서 이제부터 함께 살펴보려고 한다.

---

[2] 라은성, 《정통과 이단》(서울: 도서출판 그리심, 2008), 15.

1. 신학이란 무엇인가?

신학(神學)이라는 말은 '신(神)의 학(學)' 이라는 뜻으로 하나님에 관한 학문을 말한다. 이것은 헬라어의 '데오스' (theos)라는 말과 '로고스' (logos)라는 말을 합쳐서 만든 말이다. 이 개념은 본래 기독교가 형성될 때 헬라 철학자들로부터 받아들인 개념으로서 theologia라고 표기된다. 어원적으로 분석해 본다면 theologia는 theos에 관한 logia, 즉 하나님에 관한 이야기를 뜻한다. theologia를 처음으로 사용한 학자는 플라톤(Platon, BC 427-347)이었으며, 따라서 이 개념의 창시자도 플라톤이라고 말할 수 있다. 그리고 이 개념으로부터 파생된 여러 개념들이 아리스토텔레스(Aristoteles, BC 384-322)와 그 제자들의 문헌 속에서 사용되고 있다. 이와 같이 헬라 철학자들이 사용한 신학, 즉 theologia라는 개념은 신들에 대한 서사시(敍事詩), 내지 설화(說話)들과 이에 대한 철학적 해석을 뜻하였다. 그리고 이와 같은 의미를 가진 신학이라는 개념을 초기 기독교의 변증가들이 받아들였던 것이다.[3]

그런데 이 신학이라는 말에는 두 가지 의미로 해석할 수 있다. 즉, '신의 학문' 이라는 의미와 '신에 관한 학문' 이라는 뜻이다. '신의 학문' 이라는 말은 또한 두 가지로 나누어서 생각할 수 있는데, 신이 직접하는 학문이라는 뜻과 신이 소유하는 학문이라는 뜻도 된다. 어느 편을 선택하든지 신의 학문이라는 말은 신의 주격성(主格性)을 더 강조하는 말이다. 이와는 달리 '신에 관한 학문' 이라는 말은 신이 목적격(目的格)이 된다. 즉, 학문을 하는 주체자를 사람이라고 한다면 신은 그 사람이 하는 학문의 대상이 되고 목적이 된다는 것이다.[4]

우리는 신학에 대한 두 가지 해석에 대하여 매우 조심성 있게 접근하지 않으면 안 된다. 왜냐하면 각각의 해석에는 그 나름대로의 위험한 결과들

---

3) 김균진,《기독교조직신학》(서울: 연세대학교 출판부, 1991), 10.
4) 이종성,《신앙과 신학》(서울: 대한기독교서회, 2000), 9-10.

이 존재하고 있기 때문이다. 그렇다면 신학에 대한 두 가지 해석이 가지고 있는 위험성은 무엇인가?

먼저, 신학을 '신의 학문'이라고 이해하는 경우에는 신학을 절대화하는 위험이 따르게 된다. 물론 신학이 결과적으로는 신의 학문이라고 말할 수 있다. 그러나 신학에 대한 이해가 여기에 머물러 있다면 과거의 어떤 사람이 작성한 신학의 내용을 절대화하게 될 것이다. 그리고 그렇게 된다면 어떤 사람이 작성한 신학 체계를 절대화하는 결과를 초래하게 된다.[5] 그러나 우리가 기억해야 할 것은 어떤 사상이나 신학도 절대화할 수는 없다. 다시 말해서 하나의 절대적인 신학, 영원히 변할 수 없는 고정된 현대의 신학이란 있을 수 없다는 것이다. 왜냐하면 신학은 영원한 하나님의 말씀을 유한하고 부족한 인간의 통찰과 언어를 통하여 특정한 시대 속에서 해석해야 하기 때문이다. 그러므로 신학은 그 시대와 상황에 따라 변할 수밖에 없다는 사실을 알아야 한다. 무엇보다 신학이 곧 성경은 아니다. 교회사에서 자유주의자들은 성경을 상대화시켰지만 그럼에도 불구하고 하나님의 말씀인 성경은 절대성을 가지고 있다. 그렇지만 신학은 다르다. 신학은 성경을 포함하지만 그 이상의 것도 포함되고 있다. 물론 신학은 성경을 기반으로 하고 있지만, 교회의 내재적 자리와 인간의 생각과 사고인 철학과 모든 것을 결합해서 성찰한 결과의 마지막 산물이 바로 신학이다. 그런 점에서 어떠한 신학도 절대화할 수는 없는 것이다.

신학에 대한 해석

구 분	특 징	단 점	대표적인 예
신의 학문	신의 주격성을 강조	신학을 절대화 함	로마 가톨릭 개신교 정통주의
신에 관한 학문	신이 목적격이 됨	신학을 상대화 함	급진주의 신학 자유주의 신학, 세속화 신학

---

5) Ibid., 10.

그럼에도 불구하고 중세 로마가톨릭교회는 자신들의 교리를 절대화시키는 잘못을 범했다. 그들은 자신들이 내세운 교리와 신학이 구원에 완전한 것이라고 주장하면서 다른 주장을 하는 사람들을 이단이라는 이름으로 종교재판을 통해 처단했다. 그들은 자신들의 교회가 예수님의 수제자인 베드로에 의해서 세워진 유일한 교회로서 예수님께서 베드로에게 약속한 천국의 열쇠를 가지고 있다고 주장한다. 뿐만 아니라 교회의 전통이 성경보다 더 우위에 있다고 주장하면서 성경에도 없는 교황무오설(教皇無誤說, infallibilitas)을 가르쳤다.[6]

종교개혁자들은 이와 같이 교회와 교리를 절대화하는 것에 반대하여 일어난 사람들이다. 그래서 그들은 '오직 성경으로'(*Sola Scriptura*)를 외치면서 개혁운동을 일으켰다. 그런데 종교개혁자들이 세운 프로테스탄트 교회 안에서도 또 다시 신학을 절대화하는 경향이 일어났다. 우리는 이것을 칼빈이 죽은 이후에 시작되고 17세기에 절정에 달했던 개신교 정통주의(改新教 正統主義)라고 한다. 이 개신교 정통주의는 주로 루터교회와 개혁파 교회 안에서 일어난 것으로 그 동안에는 각기 자기 교파 안에서 많은 싸움이 있었다. 그러나 우리가 여기에서 유념해야 할 것은 어디까지나 신학의 중요성을 수호하는 것이 우리 임무 중 하나라고 하더라도 과거에 어떤 시점에서 만들어진 교리나 신학사상을 그대로 절대화해서는 안 된다는 것이다.

다음으로 '신학이 사람의 학문'이라고 이해하는 경우에도 위험이 따를 수 있는데 그것은 신학을 너무 지나치게 상대화하게 된다는 것이다. 물

---

[6] 바티칸에 있는 베드로 대성당에는 예수님 동상보다 더 많은 교황들의 동상들이 엄청나게 큰 것을 볼 수 있다. 특히 로마 가톨릭 교회는 1870년에 바티칸회의에서 '교황무오설'을 결정했다. 즉, 모든 교황은 전세계 로마 가톨릭교회의 수장(首長)으로서 신앙 및 도덕에 관하여 내린 정식 결정은 하나님의 특별한 은총으로 말미암아 오류가 있을 수 없다고 하는 주장이다. 따라서 이 결정 이후에 정통적인 로마 가톨릭 교회의 교인들은 교황을 무오한 분으로 여겼으며, 신앙과 도덕에 대한 그의 모든 공식적 결정들은 교회 회의의 인준 없이도 최종적인 것으로 받아들였다.

론 신학은 신에 관한 인간의 학문인 것은 사실이다. 그러나 신학을 지나치게 상대화하면 모든 신학은 그렇게 무게가 있는 학문이 아니기 때문에 과거의 전통이나 체계를 지킬 필요가 없다고 주장하게 된다. 그렇게 되면 신학을 단순한 인간의 이성(理性)과 사유(思惟)의 소산물이라고 보게 된다. 오늘 현대의 급진주의 신학이나 자유주의 신학, 혹은 세속화 신학이 대체로 이러한 경향으로 흐르고 있다. 이들은 신학의 절대화에 대한 반발로 그것을 또한 너무 지나치게 인간화해 버린 결과 신학의 본유적(本有的) 가치까지 부인하고 말았던 것이다.[7] 이와 같은 신학적 현상은 계몽주의 이후 19세기까지 유럽을 휩쓸었던 자유주의 신학으로 나타났다.

그렇다면 우리는 신학을 어떻게 이해해야 하는가? 신학은 분명히 하나님에 관한 학문이다. 그런데 이 하나님은 어디까지나 인간과 그의 세계와의 관계 속에 있다. 인간과 그의 세계와 관계가 없는 '하나님 자체'에 대하여 성경은 아무 관심도 갖지 않는다. 그러므로 신학은 인간 및 그의 세계와의 관계 속에 있는 하나님에 관하여 연구할 수밖에 없다. 그런데 인간과 그의 세계는 고정된 것이 아니라 언제나 다시금 변하고 있다. 또한 신학은 유한한 인간의 제한된 언어와 논리와 사고방식을 사용하고 있다. 따라서 어떤 새로운 사상과 신학도 결코 절대화될 수는 없다. 그렇다고 해서 신학을 지나치게 상대화하려고 해서도 안 된다. 중요한 것은 신학은 단순한 인문학이 아니라 창조자이신 하나님에 관하여 인간의 응답을 통해서 형성되는 하나의 신앙고백으로서의 학문이라는 사실이다. 물론 신앙을 전혀 갖지 않고서도 성서나 교리나 신에 대하여 학문적으로 연구하고 체계화해서 그것을 발표할 수 있다.

그러나 신학을 함에 있어서 자기의 신앙고백이 빠져버린다면 그것은 인문학이나 종교학은 될 수 있겠지만 신학은 되지 못한다. 신학에는 반드시 자기의 신앙고백이 포함되어야 하기 때문이다. 그런 점에서 신학은 무

---

7) 이종성, 11.

엇보다 먼저 자기 신앙고백이 전제되어야 하는 학문이다. 즉, 신학자가 되기 이전에 먼저 세례교인으로서 교회 공동체에 참여해야 한다는 말이다. 신학은 결코 교회 공동체를 떠나서는 존재할 수 없다. 그런데 신앙이 사랑을 추구하듯, 신앙은 또한 지식을 추구한다. 신앙의 지식 추구가 바로 신학이다.

2. 신학을 어떻게 할 것인가?

지난 20세기는 기독교 신학에 있어서 대단한 격동의 시기였다. 기독교 신학에 있어서 새로운 강조들과 제안들, 그리고 운동들이 많이 등장하였다. 그 대표적인 것으로는 흑인신학, 여성신학, 남미의 해방신학, 과정신학, 이야기신학, 은유의 신학 등이다. 이러한 현재적 상황은 신학을 처음 배우려는 신학도들이나 평신도들에게는 그 나름의 위험성이 있는 것이 사실이다. 왜냐하면, 새로운 신학적 제안들과 기획들이 다양하다는 것은 쉽게 혼동이나 무분별한 절충주의로 이어질 수 있기 때문이다. 만일 신학의 지속적인 과제들이 무시된다면, 이러한 위험은 더욱 커질 수밖에 없다.

그러므로 신학을 하려는 사람은 누구나 text인 성경과 context인 삶의 자리에 대한 올바른 인식이 있어야 한다. 신학은 연구하려는 그 바탕이 성경이다. 다시 말해 신학에서의 교리는 어떤 위대한 학자가 만들어낸 것이 아니라 성경이 가르치고 증거하는 바로 그 내용들이다. 그렇기 때문에 신학을 하려는 사람은 먼저 성경이 무엇이라고 말하고 있는지에 대해 알아야 한다. 성경에 없는 내용을 말한다면 그것은 이단자들의 지껄임에 불과할 것이다. 그리고 다음으로 중요한 것은 context인 삶의 자리를 알아야 한다. 이 삶의 자리는 성경이 기록되던 당시의 상황과 오늘 자신이 살고 있는 사회적 자리(social location)와 교회적 맥락(ecclesial context)이라고 할 수 있다. 우리는 무엇보다 성경이 기록되었던 당시의 상황에 대해서 올바로 인식하지 못한다면 그 성경이 우리에게 주려는 포괄적이고 풍성한 말씀의 의미를 깨달을 수 없게 된다. 더구나 신약성경 대부분의 서신들은 당시 교회가 직면하고 있던 이단을 비롯하여 다양한 문제를 해결하기 위해 쓰여진 것이라는 점에서 기록되었던 당시의 상황을 이해하는 것은 성경의 전이해를 돕는데 무엇보다 중요하다고 할 것이다. 뿐만 아니라 자신이 살고 있는 현재의 사회적 자리와 교회적 맥락에 대하여 끊임없는 자기 비판적인 자세를 가져야 할 것이다.

기독교 신학은 특정한 신앙 공동체로부터 나오는 것이며 그 공동체와 밀접히 연관되어 있다. 따라서 기독교 신학은 그리스도인의 공동체가 끊임없이 하나님에 대한 신앙에 대하여 알아가려는 자유와 책임으로부터 시작된다. 그렇기 때문에 기독교의 신학적 탐구는 공동체와 전혀 관련이 없는 진공상태에서 이루어지는 것이 아니다. 따라서 신학적 탐구는 신앙과 기도와 예배의 공동체가 가지는 공동의 삶에 계속적으로 참여하는 것을 요구한다. 이러한 참여와 동떨어져 전개될 때 신학은 곧 공허한 행위가 되고 말 것이다. 그러나 사회적 자리와 교회적 맥락은 어떤 의미에서는 오늘 기독교 신학의 다양성과 그 방법론의 한계를 보여주고 있는 것도 사실이다. 다시 말해서 신학이 수행되는 각각의 사회적 자리와 그 신학을 받아들인 교회의 맥락은 오늘날 신학의 다원성을 제공하는 하나의 이유가 되고 있기 때문이다. 이것은 자칫 기독교의 신학이 지나치게 상대화될 수 있다는 위험성을 내포하고 있다고 해야 할 것이다.

기독교의 신학은 공동체 신앙과 실천에 대한 비판적 성찰이라는 입장에서 시작된다. 신학은 신앙 공동체에 의해 지금까지 믿어오거나 실천된 것, 혹은 지금 믿어지거나 실천되는 것을 단순히 반복하는 것이 아니다. 신학은 진리를 향한 추구인데, 그것은 신앙 공동체의 선포와 실천이 언제나 검증되고 개혁되어야 할 필요성이 있음을 전제하는 것이다. 그러므로 비판적 성찰을 향한 신학의 책임이 무시되거나 신학이 그저 치장을 위한 것으로 밀려나 버릴 때 공동체 신앙은 반드시 피상성, 자만, 경직성 등의 위협을 받게 될 것이다. 그런 점에서 신학은 추상적인 사변으로 이해되어서는 안 되며, 기독교 신앙과 희망과 사랑의 실천에서 나오며, 그 실천을 지향하는 구체적 성찰로서 이해되어야 한다.

우리가 신학을 함에 있어서 또 하나 유념해야 할 자세는 신앙(信仰)과 이성(理性)과의 관계성이다. 교회사에서 인간의 이성으로 하나님을 어느 정도 알아갈 수 있는가에 대해서는 논쟁점 가운데 하나였다.

그러나 기독교의 신앙이 반드시 우리 이성의 결론으로부터 얻어지는 것은 아니지만 그렇다고 이성을 무조건 거부하는 것도 아니다. 만약 이성을 거부한 신앙은 사람으로 하여금 맹목적이고 신비적인 신앙인으로 이끌어갈 것이다. 반면에 이성만을 강조한 신앙은 사람으로 하여금 자유주의 신앙으로 이끌어갈 것이다. 그렇게 된다면 우리가 믿는 기독교 신앙은 다른 종교들보다는 상대적으로 좋을 수는 있겠지만 기독교 신앙이 절대적일 수는 없게 될 것이다.

중세기의 신비주의자였던 클레르보의 베르나르(Bernard, Bernardus of Clairvaux, 1091-1153)는 피에르 아벨라드(Pierre Abelard, 1079-1142)의 이성주의에 반대하여 이성이나 사유에 의존하는 사람은 신으로부터 멀리 떨어지게 된다고 생각했다. 종교개혁자 마틴 루터(Martin Luther, 1483-1546)도 이성을 욕하면서 이성을 '악한 동물'이자 쓴맛과 악취를 내는 신의 적이기 때문에 그것을 죽여 신에게 제물로 바쳐야 한다고 했다. 심지어 루터는 이성을 '눈먼' 혹은 '사탄의 매춘부'라고 규정하면서 비판했다.[8] 현대에 있어서 이성에 대한 유사한 비판을 한 신학자로는 칼 바르트(Karl Barth, 1886-1968)를 들 수 있다. 그는 자연신학의 가능성을 부인하고 이성의 유효성에 대하여 회의적이었다.[9] 이와는 반대로 자유주의 신학은 인간의 이성을 최대한 높였다.

---

8) B. Lohse, *Ratio und fides: eine Untersuchung über die ratio in der Theologie Luthers* (Göttingen, 1958), 7, 51, 126.
9) 이종성, 《조직신학개론》(서울: 종로서적, 1987), 13.

물론 분명한 것은 신앙과 이성은 완전히 일치하지 않는다. 그럼에도 불구하고 우리는 신앙과 이성을 완전히 분리할 수는 없다.[10] 더구나 기독교의 신앙은 자신이 믿는 그 믿음의 내용에 대해 바르게 이해를 해야 할 뿐만 아니라 그 신앙을 다른 사람들에게도 설명하고 고백하도록 요구를 받고 있다. 실제로 학문이란 우리의 감각이나 사유를 통해서 외부에서 들어오는 여러 가지 자료를 이성이 합리적으로 정리하여 하나의 의미를 발견하는 작업을 말한다. 그러기 위해서는 적절한 이성을 요구한다. 이성이 제거된 신학은 학문이 될 수 없다. 무엇보다 성경적 교훈에 따르면 이성은 여러 가지 자연 은총과 같이 하나님이 주신 은총이라고 가르치고 있다. 따라서 기독교 신앙에서는 이성을 지극히 필요로 하고 있다.

그러나 그럼에도 불구하고 신앙과 이성은 서로 갈등관계를 일으킬 때도 있는 것이 사실이다. 가령, 삼위일체 하나님에 관한 신앙이나 예수 그리스도의 기독론과 같은 교리는 인간의 이성으로 증명할 수 있는 것이 아니다. '유한은 결코 무한을 담을 수 없' 기 때문이다. 유한한 인간의 이성이 무한하신 하나님의 세계를 온전히 알아갈 수 없다는 말이다. 하나님은 초월적인 존재이시기 때문에 유한한 인간의 이성만으로는 하나님을 온전히 이해할 수 없다. 그러므로 우리는 신학을 함에 있어서 이성으로 알아갈 것은 최대한 알아가려고 해야 한다. 그러나 이성으로 알아갈 수 없는 한계점에 부딪힐 때가 있다. 그때에는 겸허한 자세로 이성을 내려놓고 신앙고백으로 받아들여야 한다. 신앙으로 받아들여야 할 부분까지 이성으로 설명하려고 한다면 영지주의자들처럼 이단에 빠질 위험에 처하게 될 것이다. 그러므로 이와 같은 신학적 자세에 있어서 종교개혁자 칼빈이 다음과 같이 말한 것을 기억할 필요가 있다.

믿음을 '지식' 이라 부르지만, 이것은 보통 인간의 감관(感官)으로 접촉되는 그런 사물들에 관한 일상적인 이해나 파악을 의미하는 것이 아니

---

10) 이신건,《조직신학입문》(서울: 한국신학연구소, 2007), 28.

다. 믿음이란 인간의 감관을 훨씬 뛰어 넘는 것이어서 그것을 얻기 위해서는 사람의 정신이 자기 자신의 한계를 넘어서 더 높이 올라가야 하는 것이다. 그리고 정신이 거기까지 도달했다 할지라도 거기서 느끼는 바를 그 정신으로 이해하지 못한다. 그러나 스스로 이해하지 못하는 그것을 정신이 받아들이고 믿게 된다면, 그 믿는 행위의 확실성으로 인해서 인간적인 어떤 사실을 순전히 정신적인 능력으로 지각하는 경우보다도 훨씬 더 많은 것을 이해하게 되는 것이다.[11]

3. 신학의 역사[12]

신학이 언제부터 시작되었는지 분명하게 말하는 사람은 없다. 또한 신학과 신앙고백을 구분하는 것이 좋은지, 구분하지 않는 것이 좋은지도 분명하지 않다. 그러나 신학을 신의 역사(役事)에 대한 조직적인 신앙고백이라고 한다면, 신학의 효시는 베드로의 신앙고백이라고 할 수 있다. "주는 그리스도시요 살아 계신 하나님의 아들이시니이다"(마 16:16). 이 말에는 기독교 복음이 전하려는 중요한 내용이 포함되어 있다. 즉, 살아 계시는 하나님과 구세주로서의 메시아, 그리고 하나님과 그리스도와의 관계가 표명되고 있다. 이 말이 중심이 되어 기독교 박해의 시대에 '익수스'($I\chi\theta\upsilon\varsigma$)라는 암호가 생겼고, 4세기 경에 이르러서는 현재 우리가 사용하고 있는 「사도신조」가 형성되었다.

그러나 초대교회 때부터 예수에 대한 해석에 혼란이 생겨 바울은 매우 고투(苦鬪)하지 않을 수 없었다. 그가 쓴 여러 가지 편지는 이러한 구체적인 문제가 나타날 때마다 그리스도의 본질과 그의 십자가의 의의와 부활의

---

11) 존 칼빈,《기독교 강요, 중》, 원광연 옮김(경기도: 크리스챤다이제스트, 2012), 38.
12) 신학의 역사에 관한 내용은 다음의 책에 있는 것을 발췌했음을 밝힌다. 이종성,《신앙과 신학》, 14-19.

사실을 증명하려고 했던 노력의 소산이다. 4세기경까지 그리스도의 본질과 삼위일체론(三位一體論) 문제가 거의 정리되었으며, 5세기에 어거스틴(Aurelius Augustian, 354-430)을 통해서 중요한 교리는 거의 확정되었다. 즉 신론(神論), 삼위일체론, 그리스도론, 교회론, 그리고 종말론(역사철학)이 그에 의해서 집대성되었다. 당시 헬라 철학으로 넘어가느냐, 그렇지 않으면 기독교의 복음주의로 발전하느냐의 기로(岐路)에서 어거스틴은 바울의 편지를 통해서 신의 은총의 절대성을 체험하고는 신학을 은총 위에 굳게 세워 복음주의 신학을 집대성시켰다.

중세기 1천년 동안의 신학은 어거스틴 신학에서 여러 신학 사상들이 생겨나면서 개화(開花)하게 된 것이다. 어거스틴의 은총주의 신학이 대 그레고리우스(Gregorius Ⅰ, 540(?)-604), 안셀름(Anselm, 1033-1109), 브래드워딘(Thomas Bradwardine, 1290-1349)[13]을 통해서 발전되는가 하면, 신(新) 플라톤주의의 신비주의는 클레르보의 베르나르를 통해서 개화하기 시작했으며, 토마스 아 켐피스(Thomas á Kempis, 1380-1471), 에크하르트(Johannes Eckhart, 1260-1327), 타울러(Johannes Tauler, 1300-1361), 그리고 《독일신학》[14]의 저자들에 의하여 심화되었다. 그런가 하면 어거스틴 안에서 숨겨져 있는 헬라 철학이 피에르 아벨라드(Rierre Abelard, 1079-1142), 피터 롬바르드(Peter Lombard, 1100-1160), 토마스 아퀴나스(Thomas Aquinas, 1225-1274) 등에 의해서 또한 발전을 거듭하여 결국 중세 스콜라주의를 체계화했다. 이러한 다양한 신학 사상이 발전함에 따라 철학은 자기 소리를 내지 못하고 신학의 비녀(婢女)의 위치에 머무르게 되었다. 이때가 로마 가톨릭 교회의 전성시대였다. 동시에 교

---

13) 브래디워딘은 영국의 신학자요 수학자로서 캔터베리 대주교와 에드워드 3세의 교계사(教誡師) 등을 역임하였으며, 펠라기우스주의에 대하여 반대입장을 취했던 인물이다.
14) 《독일신학》(*Theologia Germanica*)은 1350년경 이름을 알 수 없는 프랑크 푸르트의 한 사제가 익명으로 저술한 책으로 루터에 의해 1518년에 출판되었다. 이 책에는 프랜시스의 실천적 경건이나 독일의 신비주의에 관한 내용들이 담겨져 있다.

회는 타락했다. 복음을 그릇되게 이해하고 그릇되게 가르쳤으며, 교권주의에 빠졌기 때문이다.

그래서 루터(Martin Luther, 1483-1546)와 쯔빙글리(Ulrich Zwingli, 1484-1531)와 부쩌(Martin Bucer, 1491-1551)와 칼빈(John Calvin, 1509-1564)이 중심이 되어 종교개혁을 일으켜 기독교 개혁에 성공했다. 종교개혁자들의 신학은 세 가지 모토로 표명되었다. 즉, "오직 은총"(sola gratia), "오직 믿음"(sola fide), "오직 성서"(sola scriptura)였다. 그래서 개혁교회를 복음교회라고 한다. 그리스도의 복음과 성서를 신언(神言)으로 믿으며 하나님에 관한 유일한 계시라고 믿는다. 그리고 하나님 이외에는 어떠한 인물이나 제도를 절대화하지 않는다.

이와는 달리 헬라를 본거지로 해서 동방 정교회(東方 正敎會, Eastern Orthodox Church)가 1054년에 콘스탄티노플을 중심으로 발전되었다.[15] 이 신학사상은 서방의 로마 가톨릭교회와 프로테스탄트 교회 신학과는 다른 점이 많이 있으며, 헬라철학과 의식적 신비주의 영향을 많이 받고 있다.

한편, 개혁자들의 사상을 더 발전시킨 것이 이른바 개신교 정통주의(protestant orthodoxy), 혹은 개신교 스콜라주의(protestant scholasticism))라고 한다. 개신교 정통주의에 해당되는 17세기와 18세기의 프로테스탄트 교회의 신학자들은 두 가지 특징을 드러내면서 종교개혁자들이 그토록 반대했던 교리주의를 부활시키는 한계를 드러냈다. 그 가운데 하나는 신학의 체계화를 들 수 있다. 종교개혁자들은 신학함의 자리가 교회였다. 반면에 정통주의 시대의 신학자들의 신학함의 자리는 교회가 아니라 대학교 강단이었다. 따라서 정통주의 시대에는 창조적이면서도 활화산 같이 분출해 나온 종교개혁자들의 신학을 체계화해 나가기 시작했다.

또 다른 하나는 딱딱한 교리의 경직화를 들 수 있다. 이 시기는 신학적

---

15) 동방 정교회가 1054년에 서방교회로부터 분열된 것은 정치적인 요인을 비롯하여 여러 요인들이 있었지만 성령의 출원에 있어서 filioque에 관한 교리가 중요한 요인이었다. 이에 관해서는 11장 "성령에 대한 이해"에서 구체적으로 살펴볼 것이다.

으로 체계화되는 과정에서 교리가 지나치게 경직화되는 현상을 가져왔다. 때문에 1세대 종교개혁자들이 가졌던 정신과 의지, 열정은 사라지고 교리적으로 편협성을 가지면서 굳어졌다. 그 결과 신학을 매우 이론적이고 사변적(思辨的)인 면으로 발전시켰다. 그럼으로 인해 신학과 교회 생활이 너무 냉각되는 경향이 있었다.

이러한 경향에 반대하여 좀 더 복음적이고 체험적인 신앙을 강조하는 새로운 신앙운동이 일어났다. 이 운동은 동유럽을 중심으로 일어난 진젠도르프(Zinzendorf, 1700-1760)를 비롯한 경건주의(敬虔主義, Pietism)와 영국에서 일어난 존 웨슬리(John Wesley, 1703-1791)의 감리교운동 (Methodist), 미국에서 조나단 에드워즈(Jonathan Edwards, 1703-1758) 등에 의해서 주도 된 일어난 대각성운동이었다.[16]

그러나 이후의 신학은 경건주의의 영향을 받은 슐라이에르마허 (Friedrich Ernst Daniel Schleiermacher, 1768-1834)의 자유주의 신학에 지배를 받게 되었다. 그의 신학은 정통주의 신학자들이 강조한 진리의 객관성(초월주의)을 주관적인 것이 있다는 내재주의(內在主義)로 바꾸었다. 그의 사상은 제자들에 의해서 더욱 발전되어 19세기의 자유주의 신학 (自由主義神學, Liberal theology)을 대성하게 되었다. 리츨(Albrecht Ritschl, 1822-1889)과 하르낙(Carl Gustav Adolf von Harnack, 1851-1930), 트뢸취(Ernst Peter Wilhelm Troeltsch, 1865-1923), 빌헬름 헤르만(Wilhelm Herrmann, 1846-1922) 등이 자유주의 신학의 주요 인물이었다. 자유주의 신학은 정통주의의 초월주의와 교리(조)주의에 대항하여

---

16) 미국의 대각성운동은 다른 곳에서의 부흥운동보다 가장 광범위하고 오랜 기간에 걸쳐서 일어났던 광범위한 변혁 운동이었다. 제1차 대각성운동은 조나단 에드워즈와 조지 휫필드의 지도 하에 1720년대에서 1760년대까지 지속되었으며, 제2차 대각성운동은 티모시 드와이트(Timothy Dwight, 1752-1817)와 아사헬 네틀턴(Asahel Nettleton, 1783-1844) 등의 지도 아래 1780년대에서 1840년대 초기까지 지속되었다. 그리고 이후에 일어났던 제3차 대각성운동은 드와이트 L. 무디가 중심이 되어 1857-1915년에 일어났다. 데이빗 비일,《근본주의의 역사》, 김효성 역(서울: 기독교문서선교회, 1994), 30.

내재주의(자연주의)와 윤리주의에 빠지게 되었다. 뿐만 아니라 자유주의 신학은 인간의 이성과 감정, 경험, 도덕적인 능력, 역사적 낙관론을 비롯한 인간에 의한 문화 창조 능력을 강조하면서 성서에 나오는 기적들을 거부하였다. 한 마디로 자유주의 신학은 개인의 자유와 이성 능력을 무한히 신뢰하고 강조했다. 결국 휴머니즘적이고 인본주의적인 상대주의에 빠지게 되었다.

이와 같은 자유주의 신학에 대항해서 일어난 것이 미국을 중심으로 한 근본주의 신학(根本主義, Fundamentalism)이다. 1885년부터 1910년까지의 기간은 미국을 중심으로 한 서구 교회는 근본주의 대 현대 자유주의의 논쟁이 뜨겁게 진행되고 있던 시기였다. 따라서 근본주의는 제1차 국제사경회, 나이아가라 사경회, 그리고 무디의 부흥운동에 따른 학생자원운동(Student Volunteer Movement, SVM)이라는 배경에서 시작되었다. 근본주의는 자유주의 신학으로부터 교회와 교인들을 지키기 위한 일련의 움직임에서 일어난 신학이다. 특히 1895년 프린스턴 출신의 목회자들과 존 넬슨 다비(John Nelson Darby, 1800-1882)의 영향을 받은 보수주의자들이 나이아가라 사경회에서 신앙의 '근본적인 것들'(the fundamentals)이라는 전통적인 개신교 교리의 요점을 다섯 가지로 정리해서 발표했는데 이것을 가리켜 소위 "근본주의 5대 교리"라고 부른다. 즉, ① 성경의 무오성(the inerrancy of Scripture), ② 그리스도의 동정녀 탄생(virgin birth of Christ), ③ 그리스도의 대속적 죽음(his substitutionary), ④ 그리스도의 육체적 부활(his bodily resurrection), ⑤ 성경적 기적(biblical miracles)이다.[17]

한편, 1914년 8월에 제1차 세계대전이 발발하고 여기에 19세기 자유주의 신학자들 93명이 빌헬름 2세(Wilhelm II, 1859-1941)의 전쟁 선포

---

17) 데이빗 비일,《근본주의 역사》, 23. 근본주의 5대 교리에 있어서 장로교인들과 세대주의자들에게서 차이가 있는데, 세대주의적 근본주의자들은 마지막 다섯 번째 교리인 "성경적 기적" 대신 "그리스도의 육체적 재림"을 주장한다.

에 지지 성명을 발표하면서 '전쟁 신학'을 운운하기 시작했을 때, 충격을 받은 칼 바르트는 "하나님을 하나님의 자리로, 인간을 인간의 자리로"라는 슬로건 속에서 새로운 신학운동을 일으켰다. 1915년 이전까지의 젊은 시절의 바르트는 자유주의 신학자 빌헬름 헤르만의 제자였지만 1919년에 《로마서 강해》(Der Römerbrief) 출판을 계기로 프로테스탄트 신학계에 새로운 신학운동을 일으켰다. 이 신학운동을 "변증법적 신학"(辨證法的 神學, Dialectical Theology)[18]이라고 하고 "신(新) 정통주의 신학"(Neo-orthodoxie)이라고도 한다. 칼 바르트와 에밀 브루너(Emil Brunner, 1889-1966)와 투르나이젠(Eduard Thurneysen, 1888-1974) 등이 중심이었다. 이들은 다같이 자유주의 신학의 내재주의와 윤리주의와 낙관론을 통박하고 신의 절대성과 은총과 인간의 위기를 강조했다. 그래서 이 신학을 "위기신학"(危機神學, Crisis Theology)이라고 하고, "초자연주의"(超自然主義)라고도 한다. 이들의 신학을 신정통주의라고 부르는 이유도 그들이 대체로 개신교 정통주의의 교리를 받아들였기 때문이다. 물론 성서론에서나 칼빈의 해석에서는 훨씬 더 자유로운 해석을 내리기도 한다.

특별히 제2차 세계대전이 끝난 후에 세 사람의 신학자가 두각을 나타냈다. 미국에서의 폴 틸리히(Paul Tillich, 1886-1965)와 독일에서의 루돌프 불트만, 그리고 1945년에 나치에 의해서 처형된 본회퍼(Dietrich Bonhoeffer, 1906-1945)이다. 폴 틸리히는 본래 독일에 있을 때 바르트의 새로운 신학운동에 동감을 느끼기는 했으나, 그는 정치적으로는 사회주의에 열심이었으며, 신학적으로는 바르트와는 달리 철학과 신학과의 상관관계에 더 많은 관심을 가지고 있었다. 그래서 그의 신학을 상관관계의 방법론이라고도 하고 철학적 신학이라고도 한다.

---

18) 변증법적 방법론이란 두 가지 서로 상반되는 것들, 예를 들어, 초월적-내재적, 영원성-시간성, 이념적-역사적, 신적-인간적, 부정적-긍정적, 유명론적-실재론적과 같이 서로 상반되는 두 가지 사이를 동시에 오가면서 간접성 내지 역설을 띤 방법론을 의미한다.

폴 틸리히보다 더 많은 영향을 준 신학자는 독일에서의 루돌프 불트만이다. 그는 독일 자유주의 신학의 원칙에 따라 '초대 교회사'와 '공관복음연구'와 '역사적 예수 연구'를 통해서 실존주의적 방법을 적용하여 이른바 '비신화화론'(非神話化論)을 주장했다. 그 결과 예수라는 인물의 역사적 실재성까지 의문시되었고 성서를 신화적 사고방식에 의해서 기록된 초대교회의 종교적 산물에 지나지 않는다고 하였다. 결국 여기에 동조한 젊은 전후(戰後) 신학자들은 '신의 죽음'을 부르짖게 되었다. 그러나 이러한 신의 죽음을 부르짖던 급진주의 신학은 단시일 내에 약화되고 말았다.

본회퍼는 나치의 독재 아래에서 끝까지 기독교 본질과 자주성을 지키려고 노력한 실존적, 실천적 신학자였다. 그는 폴 틸리히나 루돌프 불트만과는 달리 한 신학자로서 대성하기 전에 제2차 세계대전 종전을 앞둔 1945년 4월 9일 플로센뷔르크 포로 수용소에서 히틀러의 나치에 의해 처형되었다. 그러나 죽을 때까지 단편적으로 남겨둔 여러 신학적 논문과 옥중서신을 통해서 그는 실존주의적 신학을 유감없이 나타내고 있다. 그의 신학 사상은 세 가지 특징을 가지고 있다. 첫째, 루터 교회의 전통과 바르트 신학을 종합한, 보수적이면서도 현대적 감각이 강한 신학이다. 둘째, 기성교회의 안일주의와 무능력을 통탄하면서 독일 안에서 고백교회를 세워 그 신학교의 교수로서 교역자 양성에 전념했다. 셋째, 기독교가 세상에서 그에게 맡겨진 임무를 다하려면 사회적, 정치적 행동을 수반해야 한다고 보았다. 그래서 그는 나치 정권의 반유대주의에 적극 반대하는 동시에 히틀러 암살단에 비밀리에 가담하게 되었던 것이다.

한편, 1970년대 후반에는 독일 안에서 루돌르 불트만과 바르트의 신학을 재평가하고 루돌프 불트만의 소극적 성서주의에 반대하며 예수의 역사성과 부활의 중요성을 강조하는 위르겐 몰트만(Jürgen Moltmann, 1926)의 '희망의 신학'이 대두되었다. 또 다른 한편에서는 사회와 정치에 대한 기독교의 더 적극적인 참여를 주장하는 '정치신학'과 '혁명신학'과 '해방신학'과 '여성신학'이 논의되었다. 이와 같이 전후(戰後)의 신학계도 다른 모든 분야가 급변하는 풍조에 따라 조석(朝夕)으로 바삐 돌아가고 있다.

4. 신학의 분야

기독교의 신학에는 여러 분야가 있다. 그런데 전통적으로 신학이라고 했을 때 그것은 교의학(敎義學, Dogmatics), 즉 오늘의 조직신학(組織神學, Systematic Theology)을 뜻했다. 그러나 시대의 흐름과 함께 신학은 성서신학(聖書神學, Biblical Theology), 교회사학(敎會史學, Church History), 조직신학(組織神學)으로 독립되었다. 그리고 오늘날의 신학은 학자들에 따라서 구분하는 방법이 다르지만 일반적으로 크게 성서신학(聖書神學),[19] 역사신학(歷史神學, Historical Theology), 조직신학(組織神學), 실천신학(實踐神學, Pratical Theology)의 네 가지로 분류되고 있다. 이와 같이 신학의 분야들이 독립하게 된 것은 주로 계몽주의부터 시작되었다.[20] 즉, 17세기 말엽에 성서 비판학이 발전되기 시작하면서 성서신학이 신학의 한 독립된 분야로 성립되었다. 역사신학도 이 시기에 비로소 신학의 한 분야로 독립되었고, 실천신학은 19세기에 이르러서야 독립되었다.[21] 따라서 우리는 이와 같은 전통적인 구분 방법에 따라 신학의 각 분야들에 대해서 살펴보자.

1) 성서신학(Biblical Theology)

기독교의 신학은 성경 내용을 토대로 한 학문이다. 그러므로 성경을

---

19) 성서신학에는 다시 구약성서신학(舊約聖書神學)과 신약성서신학(新約聖書神學)으로 나누고 있다.
20) 김균진, 54.
21) Ibid., 11.

가장 중요시한다. 그런데 이 성서신학이라는 개념은 종교개혁 당시에도 형성되지 못했다. 왜냐하면 "오직 성경으로"(sola Scriptura)의 원리는 방법론적으로 반성되지 못했으며 신학 형성에 별다른 변화를 일으키지 못하였기 때문이다. 오히려 루터와 칼빈을 비롯한 종교개혁자들의 신학은 성서적 신학이라기보다는 교의학적 내지 조직신학적 신학이었다. 심지어 개신교 정통주의에 있어서도 "오직 성경으로"의 원리와 신학 전반의 방법에 대하여 무엇을 뜻하는지 분명하지 못했다. 그것이 17세기에 일어난 계몽주의는 신앙의 경건성에 관심을 가지고 있었기 때문에 사변적, 스콜라 철학적 신학을 반대하고 성서적인 신학을 요구하였다. 당시 경건주의자였던 필립 야콥 스페너(Philipp Jakob Spener, 1635-1705)는 첼러(Ch. Zeller)를 인용하면서 '스콜라 신학'(Theologia Scholastica)과 '성서신학'(Theologia Biblica)을 대립시켰다. 이와 같은 대립의 본래 목적은 성서신학이라는 하나의 새로운 신학분야를 독립시키고 이를 조직신학과 대립시키기 위한 것이 아니라 조직신학을 개혁시키려는 데에 있었다. 즉, 사변적이고 스콜라 철학적인 신학이 아니라 성서에 근거한 신학, 즉 성서적인 신학이 되어야 한다는 요구의 표현으로서 성서신학이라는 개념이 등장하였다. 그리고 계몽주의 시대에 성서신학은 교의학과 경쟁하는 하나의 독립된 분야로 등장하였다.[22]

한편, 성서신학은 다루는 구약과 신약의 차이점과 그 내용에 따라 구약성서신학과 신약성서신학으로 나누어진다. 특별히 성서신학은 성경의 내용을 보다 잘 이해하기 위하여 성경 배경을 연구한다. 이 배경은 매우 복잡한데, 성경이 기록되었던 기원전 약 18세기부터 기원후 1세기까지 약 19세기 동안의 지중해 연안과 중동지방의 정치적, 사회적, 지질학적, 국제적 문제를 알아야 한다. 또한 성서학에서는 성경의 언어를 배우는데, 구약은 히브리어와 아람어(다니엘서의 일부)로 기록되어 있으며, 신약은 헬라

---

22) Ibid., 58-59.

어로 기록되어 있다. 성경의 뜻을 보다 정확하게 이해하려면 반드시 성경을 원어로 읽어야 한다. 뿐만 아니라 성서신학에서는 성서 주석을 배운다. 이 분야가 매우 어렵기도 하지만 그러나 가장 중요하기도 하다. 한 마디로 정리하면 성서신학은 성경 자체를 연구하는 학문이라고 할 것이다.[23]

2) 역사신학(Historical Theology)

역사신학이란 교회사와 교리 발전의 역사 전반에 걸쳐서 그 원인과 내용과 그리고 과정과 결과를 검토하고 이것이 하나님의 구속 역사와 어떠한 관계가 있는지를 알아보려는 학문이다. 교회의 역사가 약 2천 년이며 그 동안 전 세계 교회에서 일어난 사건이 너무 복잡하고 다양하기 때문에 이 분야도 매우 어려운 학문이다.[24] 기독교 역사는 그 속에 많은 내용을 포함하고 있는 것이 사실이다. 따라서 기독교 근거가 되는 하나님의 말씀은 기독교의 다양한 삶의 형태를 통하여 구체화되며 역사신학은 바로 이것을 역사적으로 기술하는 것을 과제로 가지고 있기 때문이다. 그리고 역사신학은 교회의 예배 양식, 교회 헌법, 교회와 세속, 특히 교회와 국가의 관계를 그의 연구 대상으로 가질 수밖에 없다.[25]

한편, 역사신학에는 교회사 외에 교리사가 또 있다. 하나님의 말씀은 교회의 신앙고백과 그 신앙고백을 기초로 한 교리를 통하여 구체화된다는 점에서 교리사를 연구 대상으로 한다.[26] 즉, 교리의 주제들을 역사의 시대별로 서술하며 하나의 주제를 통틀어서 종적으로 서술하기도 한다. 무엇보다 교회와 교리는 함께 엮어져 발전해 왔다는 점에서 역사적인 상황과 배경을 함께 고려해야 한다. 그런 점에서 교리사라는 것은 교리의 발생과 발

---

23) 이종성,《조직신학개론》, 12.
24) Ibid., 12-13.
25) 김균진, 64.
26) Ibid., 64-65.

전과 논쟁과 체계 등을 연구하는 학문으로서 이것도 결코 쉬운 학문은 아니다.[27]

3) 실천신학(Pratical Theology)

하이델베르크대학교 실천신학자인 루돌프 보렌(Rudolf Bohren) 교수는 실천신학에 대해 다음과 같이 정의내리고 있다. 즉, 실천신학이란 "교회의 실제적인 모임과 보냄 받음을 다루는 학문이다. 그러므로 교회를 향한, 그리고 교회를 통한 성령과 말씀의 역사를 그 대상으로 삼는다. 성령과 말씀은 교회를 불러 모아 세계로 내어보낸다. 그러므로 실천신학은 '하나님 선교'(missio Dei)에 대한 교회적 참여를 다루는 학문이다. 그리고 그것은 현재의 교회를 다루는 학문이다."[28]

이와 같은 과제를 가진 실천신학은 대단히 많은 분야를 포함하고 있다. 그 가운데 교회 안에서 복음을 어떻게 효과적으로 전달하며(설교학), 교회에 모여드는 신자들을 어떻게 잘 가르치며(교회교육), 그들이 당면하는 다양한 생의 문제를 어떻게 잘 인도하며(목회상담), 세상에 나가서 어떻게 효과적으로 전도할 수 있을까(전도학) 하는 문제를 연구한다. 그리고 교회의 관리와 제도를 연구하는 교회행정, 또는 교회정치가 있다.[29] 실천신학에는 이외에도 예배학, 선교학 등 교회의 필요와 요청에 따라 오늘날에는 그 분야가 더욱 다양해지고 있다.

4) 조직신학(Systematic Theology)

조직신학을 때로는 교의학(敎義學)이라고도 부른다. 엄격하게 말하면 전통적으로 교의학으로 부르던 것을 오늘날 조직신학이라고 부르고 있다.

---

27) 이종성,《조직신학개론》, 13.
28) 김균진, 69-70.

그렇게 된 첫째 원인은, 전통적인 교의학은 교회의 이론, 곧 교리를 연구하는 학문이었다. 그러나 신학이 성서신학, 역사신학, 실천신학으로 구분된 이후로 교의학은 교회의 전통적 교리만을 연구할 수 없게 되었다. 오히려 그것은 각 분야의 연구 결과를 주목하면서 이를 구체화시켜 새로운 기독교 이론으로 발전시켜야 할 과제를 가지게 되었다. 따라서 여러 분야로 나누어진 신학의 조직적, 중개자적 과제를 가지게 되면서 조직신학으로 불리게 되었다.

둘째 원인은, 오늘의 신학은 과거 2천 년간 교회의 교리 문제로 인한 좋지 못한 인상을 피하려는데 있다. 교리, 즉 헬라어 dogma는 어원적으로 볼 때 승인하고 받아들여야 할 철학적 기본명제 내지 공리(公理)를 뜻하거나 사람들이 순종해야 할 공적인 결정 내지 명령을 뜻한다. 기독교에 있어서 이 개념은 교회에 속한 모든 사람들이 승인하고 순종해야 할 규범적 이론을 뜻한다. 그러나 오늘의 신학에 있어서 교리의 절대성은 부인되고 있으며 오히려 교리의 역사적 상대성이 주장되고 있다. 그런 점에서 교의학은 과거와 같은 엄격한 규범성을 상실했으며, 오늘의 신학은 교의학, 즉 Dogmatik이라는 엄격한 표현을 사용하기보다는 조직신학(Systematische Theologie)이라는 표현을 사용한다.[30]

한편, 조직신학을 함에는 크게 나누어 두 가지 목적이 있다. 성서의 의미를 종합적으로 체계화하여 통일성 있는 하나님의 메시지를 파악할 것과 또 다른 목적은 그것이 효과적으로 세상에 전파되기 위해 기독교 메시지의 절대성을 선포하는데 있다. 신학도 성경에 대한 인간적 발언이기 때문에 사람과 시대에 따라 해석이 달라진다. 따라서 여러 가지 다양한 해석을 종합적으로 정리해서 하나의 통일되고 균형 잡힌 작품을 만들어 세상에 전시해야 한다. 그러므로 조직신학을 하려면 성서신학과 역사신학, 그리고 실천신학을 충분히 이해한 다음에라야 할 수 있다. 특별히 조직신학

---

29) 이종성, 《조직신학개론》, 13.
30) 김균진, 75-76.

에는 철학 사상이 많이 침투해 있기 때문에 그러한 것을 가려내는 일도 해야 한다.[31]

5. 조직신학의 방법 및 구조

성경은 방대한 내용을 가지고 있다. 신학은 이 방대한 성경 내용을 보다 더 잘 설명하려는 학문이기 때문에 더 방대하다. 그러므로 신학은 성서의 방대한 내용을 잘 정리하고 체계화해서 쉽게 알 수 있도록 기술적으로 서술해야 한다. 그런데 우리가 이 작업을 한다는 것은 어려울 뿐만 아니라, 그 방대한 내용 앞에서 신학 자체를 포기하고 말 것이다. 그러나 우리는 너무 걱정할 필요는 없다. 왜냐하면 오랜 기독교 교회사에서 전통적 조직신학 체계를 세워놓았기 때문이다. 따라서 우리는 이 순서를 따라 학문을 하면 된다. 그런데 교회가 전통적 조직신학 체계를 세움에 있어서 일정한 기준 없이 한 것은 아니라는 사실을 알아야 한다. 이것은 사도신경의 내용과 순서에 따라 성경적인 조직신학의 체계를 세웠다. 그런 점에서 우리는 조직신학에서 전통적으로 다루어왔던 그 순서를 따라 조직신학의 구조에 대해 살펴보려고 한다.

1) 계시론(啓示論)

우리가 조직신학을 배우려고 할 때 가장 먼저 다루게 되는 교리가 '계시론'이라는 사실을 알게 될 것이다. 그런데 어떤 사람은 왜 조직신학에서 하나님에 관한 신론이나 아니면, 예수 그리스도에 관한 기독론이 아니고 계시론을 먼저 다루어야 하는가에 대해 의문을 가질 것이다. 이런 의문에 대해 우리가 믿는 기독교가 바로 계시의 종교에서 출발하기 때문이라고 해

---

31) 이종성, 《조직신학개론》, 13-14.

야 할 것이다.

우리가 믿는 기독교는 하나님께서 "옛적에 선지자들을 통하여 여러 부분과 여러 모양으로"(히 1:1-2) 사람들에게 자신을 계시하셨던 그 계시에 바탕을 두고 있다. 그렇다면 우리는 여기에서 기독교가 말하고 있는, 혹은 성경이 말하고 있는 계시가 무엇인가에 대해 먼저 살펴보지 않을 수 없다. 다시 말하면, 계시에 대한 분명한 이해가 선행되지 않는다면 곧 이어서 살펴보게 될 계시의 구체적인 내용인 성서론을 이해함에 있어서 심각한 문제에 직면하게 될 것이다. 그런 점에서 기독교에서의 조직신학은 가장 먼저 계시론을 다루고 있다. 그리고 계시론에 대한 바른 이해가 기독교 신학과 신앙을 이해하는데 중요하다고 할 것이다.

2) 성서론(聖書論)

조직신학에서 전통적으로 다루게 될 두 번째 교리의 주제는 성경에 관한 '성서론'이다. 그렇다면 왜 성경에 관한 교리를 여기에서 다루어야 하는가에 대한 의문을 가질 수 있다. 우리는 조직신학에서 기독교가 계시에서 출발한 종교라고 했을 때 첫 번째로 다루게 될 내용이 계시에 관한 것이라고 했다. 그렇다면 여기에서 던질 수 있는 질문은 "그 계시의 내용이 무엇인가?" 하는 것이다. 즉, 계시의 내용이 무엇인지에 대해서 알지 못하면서 기독교의 다른 교리를 이해할 수는 없다.

일반적으로 기독교에서 계시라고 했을 때 일반계시와 특별계시로 나눈다. 그런데 특별계시 가운데 하나가 성경이다. 따라서 우리가 성경에 주의를 기울여야 하는 이유는 성경이 하나님께서 주신 계시의 말씀이기 때문이다. 그리고 우리는 하나님께서 계시하신 성경을 통해 우리에게 무엇을 가르치시는지를 알아야 한다. 성경이 무엇이며, 이 성경이 성경에 대해 스스로 무엇이라고 주장하고 가르치는지를 분명하게 알아야 한다. 그렇지 못하다면 우리는 계속해서 살펴보게 될 성경의 다른 교리들을 알아갈 수 없다. 그래서 우리는 계시론에 이어서 성서론(Bibliology)을 살펴보아야 하는 것이다.

3) 신론(神論)

성경을 우리의 권위, 우리 기준으로 받아들이고 나면 언제나 다른 모든 교리들보다 우선해야 하는 위대한 교리를 만나게 되는데 그것은 바로 하나님에 대한 교리, 즉 '신론'이다. 여기에서 신론을 다루어야 하는 이유는 기독교가 계시의 종교라고 했을 때 그 계시 내용이 하나님의 말씀인 성경이며, 그 성경의 말씀은 곧 삼위일체 하나님에 관한 말씀이기 때문이다.

그런데 우리가 믿는 그 하나님은 어떤 하나님이신가? "태초에 하나님이"(창 1:1). 우리는 성경을 펼치는 순간 곧 바로 하나님을 만나게 된다. 무엇보다 성경은 하나님에 관한 이야기로 충일하다. 이것은 인간을 향한 하나님의 계시이다. 다시 말해 세상 다른 종교들처럼 인간이 자신들의 필요를 채우기 위해서 찾아가고 만든 신들에 관한 이야기가 아니라 우리를 창조하시고 우리를 찾아오셔서 관계를 갖기 원하시는 하나님의 이야기이다. 그러므로 성경으로 나아올 때 우리는 하나님에 대한 진리를 배우게 된다. 이것이 바로 신론(theology)이다. 그런데 성경이 말하고 있는 신은 유대교적 유일신관이 아니다. 그것은 바로 삼위일체 하나님에 관한 유일신관이다. 우리가 여기에서 삼위일체 하나님에 관한 신론을 올바로 정리하지 못한다면 이후에 다루어질 다른 교리들도 무용지물이 되고 말 것이다. 그런 점에서 삼위일체 하나님에 관한 신론은 참으로 중요하다고 해야 할 것이다.

4) 인간론(人間論)

우리가 조직신학을 배워갈 때 삼위일체 하나님에 관한 교리를 살펴보고 이어서 인간에 대한 교리인 인간론에 대해 살펴보게 된다. 이렇게 해야 하는 이유로 우리는 다음과 같은 질문을 던지는데서 그 대답을 찾을 수 있다. 즉, "하나님께서 하신 일들이 무엇인가?" 그것은 세상과 우주 만물을 창조하고 유지하시는 일이다. 그런데 삼위일체 하나님께서 세상을 창조하신 것들 가운데 가장 관심을 가지고 계시는 대상은 바로 인간이다. 왜냐하면, 성경은 바로 인간에게 특별히 관심을 가지고 찾아오시는 삼위일체 하나님에 관한 이야기를 기록하고 있기 때문이다. 아울러서 성경은 우리 인간이 하나님과 관계를 갖기 위한 진리를 아는 지식에 도달하도록 우리 인간에게 주어진 하나님의 말씀이다.

그런데 하나님께서 창조하신 최초의 인간은 어떤 존재였으며, 아담의 범죄 이후에 인간은 어떤 상태에 빠져 있는가? 성경은 이와 같은 인간의 물음에 대해 어떻게 가르치고 있는가? 우리가 이러한 물음에 대해 성경적인 바른 이해를 갖는 것이 중요한 이유는 우리가 기독교 신앙을 믿는 궁극적인 목적이라고 할 수 있는 예수 그리스도께서 성취하신 구속과 관련이 있기 때문이다. 우리가 기억해야 하는 것은 성경의 임무가 우리에게 구속에 대해 가르치는 것이며, 구속은 하나님이 인간을 향해 하고 계시는 일이다. 이것이 바로 우리가 살펴보아야 할 인간론(anthropology)이다.

5) 기독론(基督論)

조직신학의 순서를 따라 한 가운데 들어서면 우리의 주님이시며 구주가 되시는 예수 그리스도에 대한 교리인, '기독론'을 만나게 된다. 사람들은 하나님 앞에서 범죄를 했고 본성 자체가 죄로 인하여 오염되고 왜곡되었으며 혼자서는 아무 것도 할 수 없는 상태에 있다. 더구나 사람들은 하나님께로 돌아가 하나님을 아는 지식에 이르는 일에 대해서도 스스로 아무 것도 할 수 없다. 그런 점에서 우리는 이제 여기에서 기독교 신학의 핵심적인 교리라고 할 수 있는 구원의 교리에 직면해야 한다. 우리가 그래야만 하는 이유는 범죄하여 타락한 인간과 온 우주를 향한 하나님의 섭리가 바로 구원 계획이시기 때문이다.

그런데 우리를 향한 하나님의 구원 계획의 중심에는 예수 그리스도가 계신다. 모든 구원은 예수 그리스도 안에서만 있다. 구약의 모든 사건은 예수 그리스도를 바라보고 있는 것이며 예수는 그 절정이다. 기독교의 신앙은 오직 하나의 복음만이 있을 뿐이며, 오직 하나의 구원의 길만이 있다. 바로 예수 그리스도를 통한 구원이다. 하나님은 그리스도 안에서 모든 것을 자신과 화목하게 하셨으며 다른 화목의 길을 허락하지 않으셨다. 성경에는 이 사실을 분명하고도 충일하게 말씀하고 있다. 그렇기 때문에 전통적 조직신학에서는 인간과 창조의 교리를 다룬 이후에 바로 이어서 예수 그리스도에 관한 교리를 다루고 있는 것이다. 이것이 바로 기독론(Christology)이다.

6) 구원론(救援論)

우리는 앞장에서 하나님의 아들이신 예수 그리스도께서 이 땅에 오셔서 그가 감당하셨던 사역들과 십자가의 죽음을 통한 속죄의 사건들에 대해 살펴 보았다. 그리고 구원은 오직 예수 그리스도 안에만 있다는 사실도 알았다. 그러나 여기에서 우리의 마음 속에 떠오르는 문제는 "이 교리가 어떻게 우리에게 적용되는가?" 하는 것이다.

성경은 하나님께서 은혜 가운데 이 세계를 창조하셨으며 인간을 자신의 형상대로 만드신 창조주이심을 분명하게 가르치고 있다. 또한 성경은 하나님께서 이 세계를 화해하게 하시고 인간을 죄와 죽음, 그리고 하나님의 선한 창조를 위협하는 모든 악의 권세로부터 자유하게 하시는 가운데 그리스도의 인격과 사역 안에서 결정적으로 현존하셨음도 가르치고 있다. 그런데 만약 교회의 신조가 창조주(성부)와 화해자 하나님(성자)에 대한 두 조항의 신앙고백으로 끝나버린다면 그것은 추상적이며 우리와는 멀리 떨어져 있고 희미한 하나님에 대해서만 고백하는 모양이 되고 말 것이다. 다시 말해서, 기독교의 신앙은 박물관에만 존재하는 생명력을 잃어버린 꼴이 되고 말 것이다. 그런 점에서 예수 그리스도께서 성취하신 구속의 사역을 우리 안에서 실현되도록 하시는 성령의 사역에 대해 살펴보는 것은 중요하다. 그리고 이것은 우리가 성령에 관한 교리를 살펴보아야 하는 중요한 이유이기도 하다. 성경에는 이것에 대한 위대한 가르침이 들어 있다. 그것은 성령 하나님의 위대한 구원의 계획을 오늘 우리의 삶에서, 그리고 온 우주 속에서 구체적으로 적용하시는 구원의 교리인 구원론(soteriology)이다. 즉, 구원론은 삼위일체 가운데 한 분이신 성령에 관한 이야기이다.

7) 교회론(教會論)

예수 그리스도께서 성취하신 구속을 성령의 효과적인 부르심과 사역으로 우리에게 적용하실 때 우리는 교회에 들어와서 그리스도의 신비스러운 몸의 지체가 된다. 그리고 우리는 성경이 주님의 몸된 교회에 대해 무엇인가를 말해 주리라고 기대하게 된다. 교회라고 번역된 헬라어는 에클레시아(ekklesia)인데, 이것은 "불러냄을 받은 사람들"이라는 의미이다. 성경은 이 거룩한 성도들의 모임인 교회가 하늘나라의 모형이라고 가르치고 있다. 참된 교회에서는 예수 그리스도의 주(主) 되심이 인정되고, 주님은 영이신 성령으로 이곳에 계신다. 그리고 그 순간 이곳에는 하나님의 나라가 임하게 된다. 그렇다고 해서 교회가 완성된 하나님의 나라는 아니다. 하나님의 나라는 교회보다 더 넓고 더 크다. 그럼에도 불구하고 교회는 세상과는 분명히 구별된다.

특별히 우리가 여기에서 교회론에 대한 교리를 살펴보려는 것은 교회의 거룩성과 하나됨에 있다. 그런데 오늘의 교회는 결코 거룩하지 않을 뿐만 아니라 하나가 되지도 못하고 있다. 우리 뿐만 아니라 믿지 않는 자들까지도 주님의 몸된 교회라고 하면서 이 땅에는 왜 그렇게 교파가 많은지에 대해 비난하고 있다. 뿐만 아니라 교회의 구성원인 교인들의 부도덕성으로 인해 공격을 받고 있다. 그런 점에서 우리는 세상과는 구별된 성도들이 모인 교회의 본질이 무엇인가에 대해 살펴보지 않을 수 없다. 그리고 주님의 몸된 교회에 대해서 성경은 무엇이라고 가르치고 있는지에 대해서도 알아보아야 한다. 그것이 바로 교회론(ecclesiology)이다.

8) 종말론(終末論)

우리가 조직신학 마지막 부분에서 다루게 되는 교리는 종말에 관한 교리이다. 앞 부분에서 우리는 구속을 받은 자들, 그리스도의 지체요 그의 몸된 교회에 관한 교리를 살펴보았다. 그렇다면 이렇게 구속받은 성도들이 교회에 모일뿐만 아니라 그들을 통해서 복음이 확장되게 하는 중요한 이유가 무엇인가? 그것은 이후에 이루어질 영원한 하나님 나라에 대한 종말이 있기 때문이다. 성경에는 종말론(eschatology)이라고 하는 마지막 일들에 대한 교리가 있다. 모든 성경의 가르침은 우리를 웅대한 절정과 완성으로 이끌고 있다. 그 전에 성경에는 몇 가지 결정적인 일들, 마지막에 될 일들이 아직 남아 있으며 그것에 대해 가르치고 있는 것이 사실이다.

기독교 신앙은 기대하는 신앙이다. 신앙은 하나님의 창조와 구속의 사역이 완성될 것을 애타게 기대한다. 뿐만 아니라 우리가 믿는 기독교의 신앙은 '마라나타', 주님의 다시 오심을 기대한다. 따라서 종말론, 곧 마지막에 되어질 일들에 대한 교리는 모든 창조를 향한 하나님의 목적이 성취될 것과, 하나님과의 완전한 교제 가운데 우리 삶이 완성될 것을 바라는 기독교 희망에 대한 성찰이다. 일반적으로 종말론이 조직신학 끝 부분에 위치하고 있지만 그것은 논리상의 위치를 말하는 것이지 결코 중요하지 않다는 것을 말하려는 것은 아니다. 종말론은 기독교 교리의 부록이 아니라 면류관이며 정점이다. 만일 기독교 교리에 종말론이 없다면 그것은 내용이 없는 형식의 신앙으로 전락하고 말 것이다. 종말론은 기독교 신앙에 충만해야 한다. 따라서 기독교 신앙은 역사적인 면에 있어서 종말론적이다. 그런 점에서 종말론은 기독교 신앙의 매체(媒體)일 뿐더러 그 신앙 안에서 모든 것을 조율하는 음(音)이며, 세상 만물이 녹아드는, 기대된 새로운 날의 여명의 색깔이다. 그런 점에서 그리스도인들에게 있어서 종말론에 관한 교리는 흥분과 기대와 소망을 가지고 그날을 바라보게 한다.

6. 나가는 글

기독교의 신학은 질문을 제기하는 가운데 이해를 추구하는 신앙이다. 뿐만 아니라 신학은 성경이 중언하고 예수 그리스도 안에서 계시된 하나님의 신비에 대해 합당한 노력을 기꺼이 경주하는 것이다. 그리고 우리가 해야 하는 신학은 기도와 함께 가는 탐구이기도 하다. 신학이 무시되거나 경시될 때 신앙공동체는 목표를 잃고 방황하거나 낯선 영에 사로잡히게 된다.[32]

우리가 신학을 해야 하는 이유는 신학을 하지 않고서는 성경이 말하려는 교리를 올바르게 알 수 없기 때문이다. 오늘 우리 주위에는 이단들이 홍수를 이루고 있다. 그들은 광명한 천사처럼 그럴듯한 자신들의 교리와 신학을 가지고 우리에게 찾아온다. 그리고 이런 이단들로 인해 교회 안에는 심각한 혼란을 야기할 뿐만 아니라 분열의 아픔을 겪고 있는 것이 오늘의 현실이다. 이와 같은 이유는 교회와 성도들 모두가 성경에 바탕을 둔 건강한 신학적 교리를 알지 못하거나 소홀히 해왔기 때문이다. 그런 점에서 우리의 믿음을 지키고 믿음의 공동체를 지키기 위해서는 바른 신학함의 훈련이 무엇보다 중요하다.

---

[32] 다니엘 L. 밀리오리,《기독교 조직신학》장경철 옮김(서울: 한국장로교출판사, 2007), 44.

우리가 신학을 해야 하는 또 다른 이유는 우리가 믿는 하나님이 누구이시며, 우리의 추악한 죄에도 불구하고 하나님이 자신의 사랑하시는 아들 안에서 우리를 위해 하신 일이 무엇인지를 깨닫는데 있다. 앞에서 이야기했듯이 기독교는 계시에 바탕을 두고 있다. 이것은 인간을 찾아오신 하나님에 관한 이야기이다. 그리고 이것은 예수 그리스도 안에서 절정을 이룬다. 따라서 범죄한 인간을 향한 하나님의 구속에 관한 내용을 올바로 알고 이해하기 위해서는 신학함이 매우 중요하다.

무엇보다 우리가 신학을 해야 하는 이유는 그것을 배운 이후에 그 지식으로 교만해지거나 지적 흥분을 느끼려는 것이 아니다. 오히려 겸손함 가운데 이전에는 알지 못했던 더 온전한 방식으로 위대하신 하나님의 영광을 바라보게 됨으로 인해 예배와 찬양과 경배로 하나님께 더 가까이 나아가고자 하는데 있어야 한다. 그것이 바로 사도행전의 초대교회가 우리에게 보여준 아름다운 모습일 것이다.

> 그리하여 온 유대와 갈릴리와 사마리아 교회가 평안하여 든든히 서 가고 주를 경외함과 성령의 위로로 진행하여 수가 더 많아지니라(행 9:31).

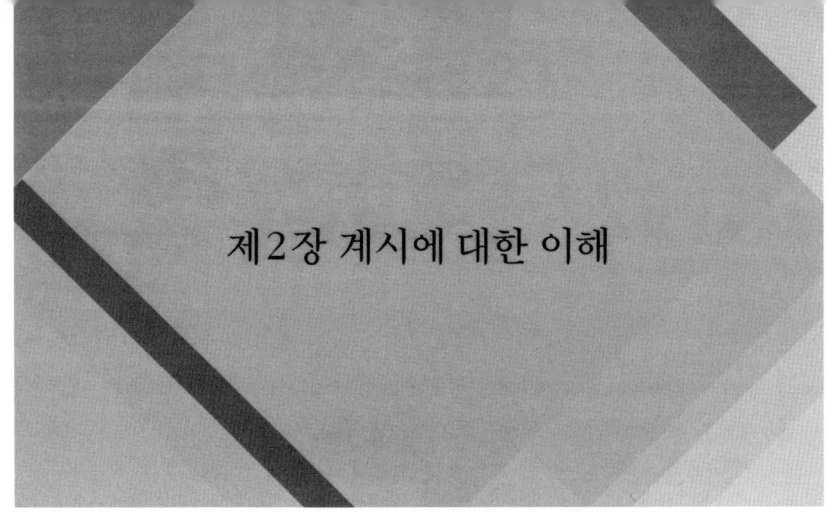

제2장 계시에 대한 이해

전통적으로 기독교의 조직신학에 대해서 알아보려고 할 때 가장 먼저 다루게 되는 것이 계시에 관한 내용이다. 이와 같은 이유는 기독교가 계시의 종교에서 출발하기 때문이다. 다시 말해서 기독교가 본질적으로 계시에서 출발하고 있다고 한다면 우리는 무엇보다 성경이 말하고 있는 계시가 무엇인가에 대해 살펴보지 않을 수 없다.

일반적으로 우리는 지구상에 존재하는 여타 종교들을 구분할 때 아래의 그림과 같이 초등종교와 고등종교로 나누어 설명할 수 있다.

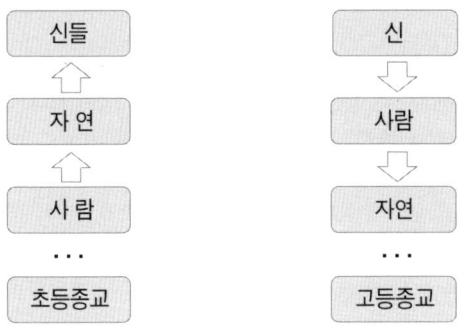

앞의 그림에서 볼 수 있듯이 초등종교는 사람들이 자신들의 필요에 따라 자연의 일반 대상들을 통해서 신들을 찾아가는 종교라고 할 수 있다. 즉, 사람들은 자연의 해와 달, 별, 나무, 바위 등을 통해서 자신들이 필요로 하고 추구하는 신들을 찾아가려고 한다. 그렇기 때문에 초등종교에서는 자연의 모든 삼라만상에 신적 존재가 있다고 믿고 있다. 그런 점에서 이들 초등종교의 신관은 다신론적(多神論的)이라고 할 수 있다. 따라서 이들 종교들을 가리켜서 범신론(汎神論, pantheism)[1]이라 하고, 자연종교(自然宗敎, natural religion)라고도 한다. 이들 초등종교에는 샤머니즘, 불교, 유교, 힌두교, 도교 등이 여기에 속한다고 할 수 있다.[2]

반면에 고등종교는 사람이 신들을 찾아가는 종교가 아니라 신이 인간을 찾아오시는 종교라고 할 수 있다. 그리고 인간은 신의 뜻을 받들어서 청지기적 사명을 가지고 자연을 통치하고 다스린다. 따라서 고등종교에서의 신관은 절대적 창조자 외에 그 어떤 신도 허락하지 않는 유일신론적(唯一神論的, monotheism)이라고 할 수 있는데, 유대교, 기독교, 이슬람교가 여기에 속한다고 할 수 있다. 그런 점에서 기독교는 창조주 하나님만을 믿는 유일신론적 고등종교라고 할 수 있다.

조직신학에서 가장 먼저 다루는 분야가 계시론(啓示論)이다. 우리는 조직신학에서 왜 계시론에 관해서 가장 먼저 다루어야 하는지에 대한 이유를 앞의 설명에서 이해할 수 있다. 즉, 기독교는 위에서 이야기한 바대로 계시의 종교이다. 성경에서도 하나님께서 "옛적에 선지자들을 통하여 여

---

1) 범신론: 영어 pantheism의 'pan'은 '모든' (all)을 뜻하는 접두어로서 범신론은 "모든 것이 신"이라는 이론이다. 즉 범신론은 근본에서 우주와 신을 '하나'로 보아 신과 우주 사이의 질적(質的) 구분을 하지 않는다. 따라서 세상이 신이며 신이 곧 세상이라는 이 사상은 결국 모든 자연 속에 신적 존재가 있다고 믿는 것이다.
2) 칼빈은 《기독교 강요》에서 우상의 기원이 사람들의 생각에 있다고 하면서, 그것은 무지와 몽매함에 경솔함과 얄팍함이 합쳐져서 하나님 대신 우상이나 환영을 스스로 만들어 섬긴다고 했다. 존 칼빈, 《기독교 강요, 상》, 원광연 옮김(서울: 크리스챤 다이제스트, 2011), 123, 73.

러 부분과 여러 모양으로"(히 1:1-2) 사람들에게 자신을 계시하셨다고 가르치고 있다. 즉, 계시의 주체는 사람들에게 있는 것이 아니라 하나님 그 자체이시다. 하나님은 스스로를 통하여 스스로를 계시하신다.

고린도전서 8장 5절에서 사도 바울은 세상의 여러 신들에 관하여 다음과 같이 말씀하고 있다. "비록 하늘에나 땅에나 신이라 불리는 자가 있어 많은 신과 많은 주가 있다." 여기에서 말하는 많은 신과 많은 주는 세상 사람들이 자신들의 필요를 위해서 찾아가고 만든 초등종교에서의 신관이다. 이런 신관을 의지하는 사람들은 자연을 숭배하고 자신의 인생을 운명론적으로 받아들이면서 살아간다. 그러나 이런 신들은 사람들에 의해서 만들어지고 명명된 신들이기 때문에 참 신일 수 없다. 그렇기 때문에 시편 기자는 "열국의 우상은 은금이요 사람의 손으로 만든 것이라"(시 135:15; 참조, 115:4)고 하면서 인간들에 의해서 고안되고 만들어진 우상들은 결코 신이 아니라고 하였다. 이에 대해 칼빈은 《기독교강요》에서 "사람은 자신이 덧없는 존재임을 고백하지 않을 수 없는 상태에 있으면서도 자기가 신격화(神格化)시켜 놓은 물질 조각이 신(神)으로 인정받기를 원하고 있는 것"이라고 하였다. 그리고 이렇게 수고하는 것이 "헛된 것이며 거짓된 것"[3]이라고 했다. 그렇지만 사도 바울은 고린도전서 8장 6절에서 이렇게 말씀한다. "그러나 우리에게는 한 하나님 곧 아버지가 계시니 만물이 그에게서 났고 우리도 그를 위하여 있다." 즉, 세상에는 많은 신들이 존재하지만 그러나 우리를 위한 유일한 신은 오직 한 분 하나님이시다는 것이다. 그리고 그 하나님이 우리를 찾아오시고 우리에게 자신의 존재를 스스로 가르쳐 주셨다.

그렇다면 우리는 여기에서 한 가지 질문을 던져야 할 것이다. "우리 유한한 인간이 어떻게 무한하신 하나님을 알 수가 있는가? 그리고 그 하나님은 누구이시며, 하나님이 우리에게서 원하시는 것이 무엇인가?"

이러한 물음에 올바른 대답을 하기 위해서 먼저 선행되어야 하는 것이

---

3) Ibid., 122-124.

바로 계시의 문제이다. 인간은 유한하고 하나님은 무한하시기 때문에 하나님이 우리에게 자신을 밝히시기 전에는 결코 우리가 하나님을 알 수 없다. 때문에 무한하신 하나님께서는 유한한 인간들에게 자신의 존재를 알아갈 수 있는 방법으로 계시를 주셨다. 다시 말해서 우리가 가진 하나님에 관한 지식은 어디에서 비롯되었으며, 또 하나님과의 관계 속에서 우리가 가지는 만물에 대한 지식은 어디에서 비롯되는가에 관한 질문들이 신학에서 계시론이라는 제목 아래서 다루어지고 있다고 해야 할 것이다.[4]

그렇다면 또 하나의 문제가 있는데, 그것은 하나님이 보여주신 계시의 내용이 무엇이며, 하나님께서 어떤 방식으로 계시하셨가 하는 것이다. 우리가 이것을 올바로 이해하지 못한다면 조직신학의 다른 어느 한 부분도 넘어갈 수 없다. 즉, 계시는 하나님과 하나님의 뜻을 알아 가는데 있어서 첫 단추와 같다고 해야 할 것이다. 그런 점에서 우리는 여기에서 성경과 신앙고백서들을 중심으로 계시의 의의와 본질 및 계시의 내용에 대해서 살펴보자.

1. 계시의 의의

기독교의 신앙은 신적인 존재나 초자연적인 능력을 막연하게 믿는 신앙이 아니다. 기독교의 신앙은 믿음의 확실한 대상, 즉 살아 계신 하나님을 믿으며, 그의 독생하신 아들을 보내셔서 사람들을 구원하시는 하나님의 섭리와 뜻을 성령의 감동으로 깨닫고 그분 앞에서 고백하는 분명한 내용이 있는 신앙이다. 그런데 유한한 인간이 무한하신 하나님을 알아갈 수는 없다. 하나님께서 우리 인간이 알 수 있는 방법으로 자신을 나타내시기 전에는 결코 하나님을 알 수 없기 때문이다. 이것을 하나의 신학적 용어로 표현

---

[4] 다니엘 L. 밀리오리, 《기독교 조직신학개론》, 장경철 옮김(서울: 한국장로교출판사, 2007), 45.

하자면 '계시'라고 할 수 있다. 즉, "베일을 벗다"(removing the veil)라는 뜻의 '계시'(revelation)라는 말은 전통적으로 지식을 얻는 일반적인 방법을 통해서는 도달할 수 없는 감추어져 있는 어떤 것의 현현을 의미하는 말로서 사용되어 왔다.[5]

특별히 성경은 하나님께서 "여러 부분과 여러 모양으로"(히 1:1-2) 사람들에게 자신을 계시하셨다고 가르치고 있다. 구약에서 이러한 계시적 개념을 드러내주는 가장 흔한 표현은, 종종 나타나는 "야웨(또는 하나님)의 말씀"(דְּבַר יהוה ⟨אֱלֹהִים⟩, 데바르 야웨⟨엘로힘⟩)과 "교훈"이라는 적절한 의미를 담고 있으며, '권위 있는 신적 의사소통'의 개념을 강하게 제시하는 "(야웨의) 율법"(⟨תֹּרַת יהוה⟩, 토랏⟨야웨⟩)이다. 구약성경에서 계시적인 사상을 표현하는 가장 주요한 동사는 갈라(גָּלָה)로서, 이 동사는 22번 정도 나타나며, 그 근본 의미는 '벌거벗김'으로 보인다. 그리고 이 동사가 계시에 적용될 때에는 '인식'을 방해하는 장애물들의 제거를 의미하는 것 같다. 왜냐하면 선지자가 종종 비전을 '보는 자'인 "보는 사람"(רֹאֶה, 로에, חֹזֶה, 호쩨)으로 불리기 때문이다. 가끔은 동사 야다(יָדַע, 야다)가 '알게 하다'라는 사역형으로 쓰일 때 '계시'의 의미로 사용되기도 한다.[6]

신약에서 계시적인 사상과 관련된 중요한 단어는 '아포칼립토'(ἀποκαλύπτω, 계시하다: 아포칼립시스: αλποκαλύψις, 계시)와 '파네로오'(φανερόω, 보여주다: ἐπιφάνεια, 에피파네이아, 보여줌)로 구성되어 있다.[7] 즉, 신약성경에 있어서 계시라는 말은 지금까지 숨겨져 있던 것, 혹은 알려져 있지 않은 것이 드러나는 것을 뜻한다.

지금까지의 이야기를 종합한다면 계시라는 말은 우리 인간들의 세계와는 다른 초월적이면서도 우리가 경험하는 것과는 다른 그 무엇을 우리에

---

5) 폴 틸리히,《조직신학 I》, 유장환 역(서울: 한들출판사, 2001), 179.
6) 로버트 L. 레이몬드,《최신 조직신학》, 나용화 외 3인 공역(서울: 기독교문서선교회, 2004), 41.
7) Ibid.

게 보여주고 알려준다는 것이다. 즉, 우리의 현실로부터 구별되는 이 세계와는 떨어져 있으면서도 초월적인 어떤 현실을 우리에게 알려주는 것이다. 따라서 계시라는 말은 우리의 일상적인 경험에 대하여 숨겨져 있는 이 세계의 어떤 원리나 구조가 우리에게 나타나는 것을 뜻하지는 않는다. 뿐만 아니라 계시란 마술가나 신들린 사람만이 접할 수 있는 마술적인, 신비한 영역, 혹은 이 세계의 수수께끼가 나타나는 것을 뜻하지도 않는다. 이러한 것은 근본적으로 이 세계에 속한 것이다.[8]

이에 반하여 계시란 이 세계 안에서 우리가 경험할 수 있는 것과는 근본적으로 다른 것, 새로운 것, 피안의 것이 나타나는 것을 뜻한다. 따라서 계시라는 개념과 함께 이 세계에 속한 것과 이 세계에 속하지 않은 것, 즉 초월적이고 피안적인 것이 엄격하게 나누어진다.[9] 여기에서 초월적이고 피안적인 것이 바로 하나님 자신을 뜻한다. 따라서 계시란 숨어 계시던 무한하시고 전능하신 하나님이 유한하고 연약한 인간에게 자신을 드러내시는 사건이라고 말할 수 있다.

2. 계시의 본질

계시가 무한하신 하나님이 유한한 인간에게 자신을 스스로 드러내시는 사건이라고 한다면, 그 하나님께서는 인간들에게 어떤 방법으로 자신을 드러내시는가?

이 물음에 대해서 일반적으로 조직신학에서는 하나님께서 인간에게 자신을 나타내시는 방법으로는 크게 두 가지로 구분하고 있다. 즉 '일반계시'(general revelation)와 '특별계시'(special revelation)이다. 여기에서 일반계시는 세상에 있는 모든 자연과 역사와 일반적 인간의 삶 속에서

---

8) 김균진,《기독교조직신학 Ⅰ》(서울: 연세대학교 출판부, 1987), 114.
9) Ibid.

나타나는 그의 존재에 대한 인식에 의하여 모든 인간들이 알 수 있도록 하나님 스스로가 자기 자신을 드러내는 것을 말한다. 일반계시로부터 인식된 하나님에 관한 지식을 가리켜 '자연계시'라고 할 수 있다. 따라서 일반계시는 신학적인 입장에서 본다면 사람이 하나님을 찾고자 하는 시도라고 볼 수 있다.[10]

반면에 특별계시는 하나님 자신이 특별한 시간에 특별한 사람을 향하여 주시는 특별한 대화의 나타내심이다. 즉, 하나님 자신이 성서를 통하여 예수 안에서 이스라엘의 역사 속에서 전능하신 분으로 모든 것을 행하시는 분으로 나타나시고, 또 이스라엘의 역사 속에서 그의 능력을 통하여 그 자신을 계시하시는 것을 말한다. 이러한 특별계시는 신학적인 입장에서 보면 이것은 하나님이 사람을 찾아오시고 발견하시는 일이라고 볼 수 있을 것이다.[11]

특별히 이와 같은 일반계시와 특별계시에 관하여 1559년에 작성된 '프랑스 신앙고백'[12]의 제2조에서는 다음과 같이 고백하고 있다.

> 하나님은 자신을 사람들에게 다음과 같이 계시하신다. 첫째, 만물의 보전과 다스림(conduire) 운영통제에서와 마찬가지로 만물에 대한 하나님이 행하신 일들과 이들에 대한 창조 안에서, 둘째, 더욱더 분명하게 하나님의 말씀 속에서 계시하셨는데, 말씀은 처음에는 신탁을 통해서 계시

---

10) 셔리 C. 구스리에, 《기독교 신학입문》, 김영선 옮김(서울: 도서출판 은성, 1998), 73.
11) Ibid.
12) 프랑스 신앙고백은 프랑스 개혁교회 창립 총회가 1559년 파리에서 열렸을 때, 총회장인 드 모렐(Francois de Morel)이 칼빈에게 신앙고백에 대한 자문을 구했다. 이때 조국을 떠나 제네바에서 망명생활을 하던 칼빈은 1557년에 35개 조항으로 구성된 신앙고백을 만들었고, 파리 총회에 이 신앙고백과 함께 대표자들도 파송했다. 파리 총회는 1557년에 작성된 18개 조항의 신앙고백과 제네바에서 칼빈이 보내온 35개 조항의 신앙고백을 검토하여 몇 군데를 약간 수정하고, 하나님에 대한 조항(신론)과 하나님의 말씀에 대한 조항(계시론/말씀론), 즉 처음 두 개 조항을 고치고, 6개 조항을 첨가하여 모두 40개 조항으로 만들었다.

된 말씀과 그리고 나중에는 우리가 성경이라고 부르는 책이 기록되게 위임하셨던 말씀이 있다.[13]

위의 '프랑스 신앙고백'을 보면 하나님께서는 두 가지의 방법으로 자신을 사람에게 계시하신다고 고백하고 있다. 첫째는 만물에 대한 하나님이 행하시는 일들과 이들에 대한 창조 안에서이다. 이것은 일반계시 내지는 자연계시라고 할 것이다. 그리고 두 번째는 하나님 말씀 속에서의 계시라고 했는데, 이것은 특별계시를 이야기하고 있다. 여기에서 특별계시는 계시된 말씀인 예수 그리스도와 기록된 말씀인 성경이라고 가르치고 있다.

특별히 '프랑스 신앙고백'을 보면 제1조에서 자신들이 믿는 하나님에 관해 고백을 한 후에 제2조에서 성경에 관하여 먼저 서술하기 전에 하나님의 계시에 관하여 서술하고 있다.[14] 그것도 말하자면 하나님께서 그의 피조물인 자연을 통하여 자신을 알게 하신다는 일반계시와 성경 말씀을 통하여 자신을 보여주신다는 특별계시로 구분하여 서술하고 있다. 계시론에 관한 '프랑스 신앙고백'은 이후에 작성된 '벨직(네덜란드) 신앙고백'에도 고스란히 영향을 미치고 있다. 이것은 두 신앙고백서가 칼빈의 신학적 영향을 받았기 때문이라고 볼 수 있다.

따라서 '프랑스 신앙고백'에서의 이러한 계시에 대한 고백은 1561년에 작성된 '벨직 신앙고백'[15]에서도 보다 분명하게 나타나고 있는 것을 볼

---

13) 총회교육자원부 편,《개혁교회의신앙고백》(서울: 한국장로교출판사, 2007), 254.
14) 참고로 프랑스 신앙고백 이전의 신앙고백에서는 계시에 관한 고백이 나타나지 않는다. 그리고 신앙고백 앞부분에서 계시에 관하여 고백하고 있는 것은 프랑스 신앙고백이 그 시초였다고 할 수 있다.
15) '벨직 신앙고백' (Confessio Belbica : the Belgic Confession of Faith)은 순교한 구이도 드 브레스(Guido 또는 Guy de Bres, 1522-1567)가 작성했다. 그는 프랑스와 벨기에의 국경 지역에서 여러 교회를 목회하면서 그의 거처를 도르니크(Doornik)로 정했는데, 조그마한 집 연구실에서 유명한 '벨직 신앙고백'을 작성하였다. 16세기에 로마 가톨릭으로부터 극심한 박해를 받았던 당시에 이 무자비한 박해에 대항하기 위하여, 그리고 박해자들이 비난하는 바 그들의 개혁신앙은 결코 국가에 반역하는 것이 아니라 법률을 준수

수 있다.

> **제2조 어떤 방법으로 하나님은 우리에게 알려지셨는가?(인간이 하나님을 깨달아 알 수 있는 방법)**
> 다음의 두 가지로 우리는 하나님을 알 수 있다. 첫 번째로, 그분의 창조하심과 보호하심 그리고 그 분의 온 우주를 다스리심에 의해서인데, 이것은 우리의 눈으로 볼 때 크고 작은 온갖 피조물이 하나님을 알 수 있도록 우리를 인도하는 훌륭한 지침서로서 우리 앞에 놓여져 있다는 것인데, 마치 사도 바울이 "그의 보이지 아니하는 것들, 곧 그의 영원하신 능력과 신성이 그 만드신 만물에 분명히 보여 알게 되나니"(롬 1:20)라고 함과 같다. 모든 만물은 인간으로 하여금 하나님을 충분히 깨달아 알게 해주며, 따라서 인간에게는 변명이 있을 수 없다. 두 번째로, 우리는 그분의 성스럽고 거룩하신 말씀을 통하여, 즉 이 세상에서 그의 영광스러우심과 인간을 위한 구원에 관하여 분명히 알 수 있도록 쓰여진 그 말씀에 의하여 더욱 분명하고 충만하게 그 분을 알 수 있다.

위의 '벨직 신앙고백'에서의 제2조는 우리가 하나님을 알 수 있는 방법에는 두 가지가 있다고 가르치고 있다. 즉 일반계시인 자연과 특별계시인 성경이다. 그리고 일반계시인 온갖 피조물은 우리 눈으로 볼 때 하나님을 알 수 있도록 우리를 인도하는 훌륭한 지침서가 된다고 한다. 두 번째인 특별계시는 거룩하신 말씀인 성경으로써 우리는 이 말씀을 통하여 하나님을 더욱 분명하게 알 수 있다고 가르치고 있다. 그런데 '프랑스 신앙고백'에서는 특별계시가 '계시된 말씀과 성경'이라고 가르치고 있는데 반하여 '벨직 신앙고백'에서는 거룩하신 말씀인 '성경'이라고만 가르치고 있다.

한편 이와 같은 계시에 대한 구분은 칼빈의 《기독교 강요》 제1장에도

하는, 즉 성경에 따라 참된 기독교의 교리를 고백하는 사람들임을 입증하기 위해 드 브레스는 1561년에 이 신앙고백을 마련했던 것이다.

나타나고 있는 내용이다. 칼빈은 계시를 "하나님을 아는 지식"과 "우리 자신을 아는 지식"이라는 두 가지 관점에서 이야기하고 있다. 그리고 이들 두 지식은 갖가지 끈으로 서로 연결되어 있어서 그 중 어느 것이 먼저 오며, 또 어느 것이 그 뒤에 결과로 따라오는 것인지 분간하기가 어렵다고 했다. 따라서 사람은 하나님 안에서 "살며 기동(起動)하며"(행 17:28), 누구든지 자기 자신을 바라보는 순간 곧바로 하나님을 묵상하는 것에로 생각이 옮아가지 않을 수 없다고 했다.[16] 그리고 우리가 하나님을 아는 참된 지식을 얻게 되면 신뢰와 경외로 이어진다면서 다음과 같이 말하고 있다.

> 하나님을 아는 지식이 있다면, 그 지식으로 인하여 첫째로, 우리에게 두려움과 경외가 생겨나야 하고 둘째로, 그 지식의 안내와 가르침을 받아서 그 하나님에게서 모든 선을 찾기를 배워야 할 것이요, 또한 그것을 받은 다음에는 모든 것을 하나님 덕분으로 돌리기를 배워야 마땅한 것이다.[17]

그런데 계시론에서 하나님을 알아 가는 지식을 논함에 있어서 "범죄함으로 타락한 인간이 하나님을 인지할 수 있느냐, 없느냐?" 하는 것은 학자들 간에 끊임없는 논쟁이었다. 이것을 "신 접촉점 논쟁"이라고 하는데 에밀 브루너는 알 수 있다고 했고, 바르트는 알 수 없다고 했다.[18] 즉, 인간은

---

16) 존 칼빈, 《기독교 강요, 상》, 41.
17) Ibid., 47.
18) 1934년에 있었던 칼 바르트와 에밀 브루너의 인간의 역사와 자연에 신적 은총을 위한 "신 접촉점 논쟁"은 종교개혁자들이 말한 "은총으로만"(sola gratia)의 해석에 관한 문제에서 비롯되었다[최종호, 《칼 바르트 하느님 말씀의 신학》(서울: 한들출판사, 2010), 197]. 이 계시 논쟁에서 칼 바르트는 죄로 인해 타락한 인간의 눈은 자연에서 하나님을 볼 수 없다면서 극단적으로 자연계시를 부정했다. 이에 반해 에밀 브루너는 자연계시를 인정한다. 칼 바르트의 주장은 자연계시가 조금이라도 인정이 된다면 전적인 은혜로서의 구원이 훼손된다고 보았다. 그는 예수를 믿지 않는 사람들이 갖는 하나님을 두려워하는 마음을 계시로 보지 않았던데 대하여 에밀 브루너는 피조물을 통한 하나님의 알려지

죄 때문에 하나님을 알아 가는 지식을 완전히 상실했다는 것과 그럼에도 불구하고 조금은 남아 있다는 주장이 기독교 역사의 신학적 논쟁에서 존재해 왔다. 이에 대해 '벨직 신앙고백'에서는 조금은 남아 있다고 주장한다. 그러나 그럼에도 불구하고 인간은 유한하고 하나님은 무한이시기 때문에 하나님이 우리에게 자신을 밝히시기 전에는 결코 하나님을 알 수 없다고 가르치고 있다. 그래서 특별계시인 성경을 알아야 한다고 한다.

3. 일반 계시

1) 일반 계시의 정의와 본질

일반계시는 자연과 역사, 그리고 인간의 내적 존재를 통한 하나님의 자기 계시를 말한다. 이것은 두 가지 관점, 즉 보편적 유용성(availability: 모든 시간에 모든 사람에게 접근 가능)과 메시지의 내용(특별계시보다 덜 특별하고 자세함)에서 일반적이다.[19]

기독교에서는 이 일반계시에 대하여 오랫동안 인정하여 왔으며, 로마

심은 구원을 가져올 정도의 계시는 아니지만 계시의 유용성을 인정하였다.
에밀 브루너는 자연계시를 인정하여 구원계시의 접촉점을 주장하는데 반하여 칼 바르트는 철저하게 그리스도 일원론적 계시를 주장했다. 한 마디로 말해서 칼 바르트는 하나님을 아는 능력이 인간에게는 없다고 보았다. E. Brunner‑Karl Barth, 《자연신학》, 김동건 역(서울: 한국장로교출판사, 2001), 29-41. 그러나 칼 바르트는 말년인 1959년에 발간된 《교회교의학》, IV/3에서 교회 밖, 창조세계 속에 빛들이 있고 진리들이 있고, 말씀들이 있다고 언급하고 있다. 그리고 바르트가 말한 빛과 빛들이 무엇인지에 대해서는 구체적으로 대답하지 않았다. 다만, 칼 바르트의 빛과 빛들에 관한 교리는 로마 가톨릭 사제인 칼 라너(Karl Rahner, 1904-1984)로 하여금 "익명(匿名)의 그리스도인"(Annoymous Christian)이라는 이론을 주장하게 되는 바탕이 되었다.
19) 밀라드 J. 에릭슨, 《조직신학개론》, 나용화, 황규일 공역(서울: 기독교문서선교회, 2007), 45.

가톨릭교회는 지금도 일반계시를 공식적으로 인정하고 있다. 개신교의 많은 신학자들도 일반계시를 인정하고 있다. 그러나 20세기 신학의 거장(巨匠) 칼 바르트가 일반계시를 거부하면서 신학계에는 격렬한 논쟁을 불러일으켰다.[20] 자유주의 신학에서 한계를 발견한 칼 바르트에 의하면 하나님의 계시는 예수 그리스도이시다. 그는 예수 그리스도 외에 다른 하나님의 계시를 인정하지 않았다. 칼 바르트는 아돌프 히틀러(Adolf Hitler, 1889-1945)와 그가 내세운 국가 사회주의 이념을 예수 그리스도 외의 또 하나의 구원자와 또 하나의 성령의 계시로 인정하려고 했던 당시의 아돌프 히틀러와 결탁한 독일 "그리스도인 연맹"(Deutsche Christen)의 주장을 단호히 거부하면서 하나님의 계시는 오직 예수 그리스도이시고, 이 예수 그리스도 외의 다른 하나님의 말씀은 결코 없음을 강조했다. 칼 바르트는 일생동안 자연신학을 인정하지 않았고, 오직 예수 그리스도만이 단 하나의 하나님의 말씀이자 하나님의 계시이고, 성령 안에서 우리를 만나시는 이 예수 그리스도와의 만남을 통해서만 인간은 참 하나님을 알고, 인간의 본질을 알고, 창조 세계의 비밀을 알게 된다고 가르쳤다.[21] 한 마디로 말해서, 일반계시, 즉 자연계시에 대해 철저히 부정한 사람이 칼 바르트였다. 이로 인해서 앞에서 거론했듯이 신학계는 새로운 신학적 논쟁에 들어갔는데, 그것이 에밀 브루너와의 소위 자연신학 논쟁이었다.

한편, 일반계시에 대한 가장 고전적인 성서적 근거는 창세기 1장 16절, 욥기 12장 7-15절, 로마서 1장 19-20절 등이다. 뿐만 아니라 시편 19편, 로마서 1장 8절 이하, 28-32절과 2장 4-5절, 요한복음 1장 4-5절, 9절 이하는 자연계시를 말하고 있다. 이러한 구절들은 하나님께서 자신이 창조한 자연 세계에 대한 증거들을 남겼다는 것을 밝히고 있다.[22]

---

20) 김균진, 130.
21) 김명용, 《칼 바르트의 신학》(서울: 이레서원, 2014), 105-106.
22) 일반계시의 성경적 근거로는 이외에도 다음의 구절들이 있다. 시 19:1-3; 행 14:15, 17; 17:24; 롬 1:32; 2:1, 14-15.

인간에게는 자연적으로, 그리고 본성상 신이 존재하며 그분을 경외해야 한다는 의식이 있다. 칼빈은 "신이 모든 사람 안에 자기 신(numen)을 파악할 수 있는 모종의 능력을 나누어주었다"고 생각했다. 뿐만 아니라 《기독교 강요》 제1권 제3장에서 그는 "인간의 마음속에 본능적으로 신(神)에 대한 지각(知覺)이 존재한다는 것을 우리는 논란의 여지가 없는 사실로 받아들인다"[23)]고 했다. 이것은 무지(無知)를 핑계거리로 삼지 못하게 하기 위해서 하나님은 친히 자신의 신적 위엄을 어느 정도나마 알 수 있도록 보통의 사고력을 모든 사람들 속에 심어 놓으셨다는 것이다. 그리고 이것을 칼빈은 '양심'이라고 하면서 "그들 자신의 양심이 그들을 정죄"[24)]한다고 했다. 그런가 하면, 피터 마터(Peter Martyr, 1499-1562)도 "신에 대한 지식이 모두의 마음속에 자연적으로 내재되어 있다"고 보았다. 그리고 부르만(Franz Burman, 1632-1679)은 "종교가 다름 아닌 신과 인간의 본성으로부터 흘러나오며, 따라서 종교는 이성의 필연적이고 자연적인 결과로서, 자연 종교는 자연적으로 주어진 소여(datur)[25)]이다"라고 말하였다.[26)]

특별히 일반계시에 있어서 칼빈은 다음과 같이 말한다.[27)]

그분은 단지 인간의 마음에 종교의 필요라고 불리는 것만을 부여하지 않았다. 그는 또한 그것을 이 세계의 모든 피조물에 계시하심으로 자신을 매일 공개적으로 제시하여 사람들이 그분을 경외하지 않고서는 눈을 뜰 수 없도록 만드셨다(Ⅰ.v.1).

---

23) 존 칼빈, 49.
24) Ibid.
25) 여기에서 '소여'라는 말은 '여건'이라고 표현할 수 있는데, 일반적으로 연구 등의 출발점으로서 이의 없이 받아들여지는 사실이나 원리를 말한다.
26) 하인리히 헤페, 《개혁파 정통교의학》, 이정석 옮김(경기도: 크리스챤다이제스트, 2007), 21.
27) Ibid., 23.

칼빈은 《기독교 강요》 제1권 제5장에서 "하나님은 아무도 복을 접하는 데에서 제외되지 않도록 하시기 위해서 종교의 씨앗을 우리 마음속에 심어 놓으셨을 뿐만 아니라, 우주의 구조 전체 속에 자기 자신을 드러내셨고 또한 날마다 자신을 드러내시기를 기뻐하셨다"[28]고 하면서 일반계시를 인정하고 있다. 하이데거(Johannes Heinrich Heidegger, 1633-1698)[29]도 일반계시에 대해 다음과 같이 말하였다.[30]

> 죄가 세상에 들어온 이후에도 그렇다고 하여 죄인이 하나님에 대하여 그토록 완전히 무지한 것은 아니다. 비록 매우 불완전하지만 오염된 본성은 여전히 인간에게 일종의 자연신학과 자연종교를 보존하고 있다.

위의 글들에서 볼 수 있듯이 하나님께서는 자신과 자신의 뜻을 인간들에게 나타내시기 위해 일반계시, 내지 자연계시를 사용하신다. 그렇다면 우리는 여기에서 다음과 같은 몇 가지의 질문을 제기할 수 있다. 그 하나는 계시의 순수성이다. 계시가 정말 있었는가? 다음으로는 이 계시의 효과성이다. 만약 그것이 있었다면 그것으로부터 무엇이 만들어질 수 있는가? 자연에서 하나님을 아는 자연신학을 구성할 수 있는가?[31]

따라서 여기에서는 일반계시에 대해서 전통적으로 다루어왔던 자연과 역사, 그리고 인간의 본질과 종교적 본질에서 그 내용을 살펴보자.[32]

---

28) 존 칼빈, 59.
29) 요하네스 하이데거는 스위스 일치신조를 작성하는데 주도적인 저자로 활동했던 스위스 신학자이다. 그는 개혁 정통주의 신학을 탁월하게 집대성한 인물로써 그의 신학 체계는 신학일반, 성경론, 신론, 삼위일체, 예정론, 창조, 행위언약, 은혜언약 경륜들(신약/구약), 등으로 전개를 하고 있다. 특히 그는 칭의와 성화가 하나님의 은혜로 말미암은 것이라는 개혁 정통주의 신학을 따르고 있다.
30) 하인리히 헤페, 23.
31) 밀라드 J. 에릭슨, 45.
32) 일반계시의 방식에 있어서 자연과 역사, 그리고 인간의 본질과 종교적 본질에 관한 내용은 밀라드 J. 에릭슨의 《조직신학개론》에서 밝히고 있는 내용을 요약했음을 밝힌다.

(1) 자연

성경은 창조된 물체적 질서를 통해 하나님에 대한 지식이 가능하다고 제시한다. 시편 기자는 "하늘이 하나님의 영광을 선포하고 궁창이 그의 손으로 하신 일을 나타내는도다"(시 19:1)라고 했다. 그런가 하면 시편 104편 2-4절에서 시편 기자는 하늘을 하나님의 휘장에 비유하여 표현하면서 "물에 자기 누각의 들보를 얹으시며 구름으로 자기 수레를 삼으시고 바람 날개로 다니시며 바람을 자기 사신으로 삼으시고 불꽃으로 자기 사역자를 삼으신다"고 했다. 사도 바울은 "이는 하나님을 알 만한 것이 그들 속에 보임이라 하나님께서 이를 그들에게 보이셨느니라 창세로부터 그의 보이지 아니하는 것들 곧 그의 영원하신 능력과 신성이 그가 만드신 만물에 분명히 보여 알려졌나니 그러므로 그들이 핑계하지 못할지니라"(롬 1:19-20)고 했다. 이러한 자연에 대한 시편과 성경의 여러 구절들은 하나님이 그가 창조한 세계 속에 자신의 증거를 남겨 놓았다고 시사하고 있다. 특별히 우리는 황혼의 아름다움을 보고 하나님의 창조의 위대함을 고백하게 되지 않는가! 따라서 칼빈은 어느 곳을 바라보든지 하나님의 영광과 작은 불빛이라도 눈에 띄기 마련이며 그것을 보지 못하는 곳은 우주 내에는 아무데도 없다고 했다.[33]

(2) 역사

일반계시의 두 번째 양식은 역사이다. 만약 하나님이 세상에서 역사하시고 어떤 목표를 향해 나아간다면 역사의 부분으로 일어나는 사건 속에서 그의 사역의 진로를 막는 일이 가능할 것이다. 역사 속의 하나님의 계시에서 자주 인용되는 예는 이스라엘 백성의 보존이다. 이 작은 국가는 수세기

Ibid., 46.
33) 존 칼빈, 59-60.

를 기본적으로 때로는 심한 대립에 직면하는 적대적 환경에서도 생존해 왔다. 더구나 시편 기자는 하나님께서는 사막을 헤매는 자들을 맹수들에게서 보호하시고 결국 그들을 바른 길로 인도하시며(시 107:4-7), 핍절하여 굶주리는 사람들에게 양식을 공급하시며(9절), 감옥에 갇힌 자들을 그 처참한 감옥과 쇠사슬에서 자유하게 하시며(10-16절), 거의 죽은 자들을 질병에서 고쳐주시고(17-20절), 비천한 자들을 놓이시고 높은 자들을 그 높은 위엄의 자리에서 내어 던지신다(39-41절)는 사실을 말씀하고 있다.

(3) 인간의 본질

일반계시의 세 번째 양식은 하나님의 위대한 지상창조인 인간이다. 때로 하나님의 일반계시는 인간의 육체적 구조와 정신적 역량에서 보인다. 그러나 이것은 하나님의 특성이 가장 잘 인지된 그들의 도덕적, 영적 질에 있다. 인간은 무엇이 옳고 잘못 되었는지의 판단인 도덕적 판단을 한다. 이것은 우리의 개인적인 싫고 좋음 이상과 단순한 편의 그 이상을 포함한다.

(4) 종교적 본질

일반계시는 인류의 종교적 본질에서도 발견된다. 모든 장소와 시간을 망라한 모든 문화에서 인간은 그들 자신보다 훨씬 높이 있는 존재의 실체를 믿어왔다. 각 종교마다 믿음의 정확한 본질과 예배 형태는 매우 다르지만 많은 사람이 거룩함이라는 예배의 보편적 경향 속에서, 비록 망쳐지고 왜곡되기는 했지만, 아직 현존하고 인간 경험 속에서 작용하는 신성의 내적 감각인 하나님에 대한 과거 지식의 표명을 본다.

2) 일반계시의 실재와 유효성에 관한 문제

일반계시의 본질과 범위, 그리고 유효성에 관해서는 예리하게 대립되는 견해들이 있다. 기독교의 오랜 역사를 가진 입장은 자연, 역사, 그리고 인간성에 효력 있고 객관적인 하나님의 계시가 있을 뿐만 아니라 그것은 실제 이 주변—성경과 떨어져 자연신학을 형성하기 위해—으로부터 하나님의 진실한 지식을 얻을 수 있다고 주장한다.[34]

이와 같은 일반계시의 유효성에 관하여 1647년에 작성된 '웨스트민스터 신앙고백'은 "제1장 성경에 관하여" 제1절에서 다음과 같이 고백하고 있다.

> 이성의 빛(the light of nature/ 자연의 빛)과 창조의 세계와 섭리를 볼 때 인간이 하나님 앞에서 핑계할 수 없을 정도로 하나님의 선하심과 지혜와 능력이 나타났다. 그러나 이러한 것들로는 구원을 위해서 필수적인 하나님의 지식과 하나님의 뜻에 대한 지식에 우리는 결코 도달할 수 없다.[35]

위의 신앙고백에서 볼 수 있듯이 웨스트민스터 신앙고백은 어거스틴과 칼빈의 전통을 따라 인간의 마음속에 하나님이 직접 계시해 주신 '자연의 빛' 혹은 자연계시를 인정하고 있다. 그렇지만 죄로 인해 흐려져 있고 억눌림을 받음으로 성령(the Holy Scripture)이 아니고는 아무도 "구원을 위하여 꼭 필요한 하나님 지식과 하나님의 뜻을 알 수 없다"고 한다. 칼빈도 분명히 하나님의 영광이 자연에 밝히 나타나 있지만 자연계시에 대한 그 한계성을 다음과 같이 분명히 밝히고 있다.

---

34) Ibid., 47.
35) 이형기, 《세계 개혁교회의 신앙고백서》(서울: 대한예수교장로회총회출판국, 1991), 243.

피조세계가 그 지으신 분의 영광을 드러내기 위하여 그렇게도 많은 등불을 밝히고 있지만 우리에게는 그 모든 것이 그저 헛될 뿐이다. 그 등불들이 그 밝은 빛으로 우리를 온통 적셔주고 있지만, 그것들 자체로서는 결코 우리를 올바른 길로 인도할 수가 없는 것이다.[36]

이것은 일반계시의 유효성에 있어서 그 한계성을 분명하게 밝히고 있다고 할 것이다. 즉, 자연계시는 필요하다. 그러나 자연계시만으로는 하나님의 영원한 축복인 구원을 얻기에는 불충분하다. 양심으로 자기의 죄악을 확신한 인간이 그에 따라 하나님께서 우리를 벌하신다는 사실은 알 수 있지만 그분의 은총에 따라 죄인에게 베푸시는 하나님의 뜻이 무엇인지는 스스로 알 수 없다. 뿐만 아니라 칼빈은 "하나님께서는 친히 갖가지 자비하신 역사하심으로 사람들을 그를 아는 지식으로 이끄시지만, 사람들은 오히려 자기들 마음대로 나아가기를, 즉 치명적인 오류를 범하기를 그치지 않는다."[37]고 하면서 자연계시에 대한 한계성을 인간 스스로에게 두고 있다. 그러므로 자연계시를 통한 일반적인 신지식은 인간인 우리로 하여금 하나님 앞에서 하나님이 없다는 사실을 핑계할 수 없도록 만들 뿐, 구원의 교리를 내포하거나 전달해주지는 못한다. 즉, 자연계시로 우리는 유일한 하나님의 존엄하신 위엄과 무한하신 능력을 알 수 있다. 그러나 그분이 자기 아들 안에서 우리에게 자비롭다는 사실은 이해하지 못한다.[38]

자연계시(일반계시)가 우리를 구원하지 못할 뿐만 아니라 구원의 교리를 전달하지 못한다고 해서 필요 없다고 해서는 안 된다. 일반계시는 우리가 신앙생활을 하는데 여전히 유용하다고 할 수 있다. 하이데거는 일반계시인 자연적 신지식이 "운명을 핑계 대는 사람으로 하여금 변명을 불가능하게 만듦으로써 유용하며, 인간에게는 아직 신과 구원을 자연에서 추구하

---

36) 존 칼빈, 76.
37) Ibid., 77.
38) 하인리히 헤페, 24-25.

는 중생하지 못한 사람의 경우 그분을 혹 더듬어 찾아 발견할 수 있는 유익이 있으며(행 17:27), 하나님의 말씀으로부터 진정한 하나님과 그분이 베푸시는 구원의 길에 중생한 사람의 경우 신의 경탄스러운 창작품으로부터도 그분의 능력과 지혜와 선하심을 더 앙모하고 그의 위엄을 경배하며 그런 일을 행하시는 유일한 이스라엘의 하나님에게만 그들의 모든 신뢰를 드릴 수 있는 유익이 있다"[39]고 했다.

한편, 자연신학의 핵심은 기독교의 믿음에 대한 사전 신앙의 공약과 조직(교회)이나 문서(성경) 같은 특정 권위에 의존하지 않고 이성의 근거만으로도 하나님에 대한 순수한 지식에 다가갈 수 있다는 것이다. 여기에서 이성은 진리를 발견하고, 이해하며, 해석하고, 평가하는 인간의 능력을 말한다.[40]

자연신학의 뛰어난 학자는 토마스 아퀴나스(Thomas Aquinas, 1225-1274)이다. 토마스 아퀴나스에 의하면 모든 진리는 두 영역 중 하나에 속한다고 했다. 즉, 하나는 낮은 영역으로서 자연(nature)에 관한 것이고, 또 다른 하나는 높은 영역으로서 은혜(grace)에 관한 것이다.[41] 따라서 신학을 함에 있어서 높은 영역에 속하는 것은 권위(신앙)로 채택되어야 하는 반면, 낮은 영역에 속하는 것은 이성(reason)으로 알려져 있다고 한다. 그런 점에서 토마스 아퀴나스는 어떤 믿음은 순수 이성으로 증명할 수 있다고 주장했다. 그렇지만 하나님의 존재, 인간 영혼의 불멸, 그리고 로마 가톨릭교회의 초자연적 근원, 하나님의 삼위 본질과 같은 세부적인 교리의 요소들은 독자적인 이성만으로는 알 수 없기 때문에 권위로 받아들여야 한다고 했다. 이것들은 계시의 진리이고 이성의 진리가 아니다. 높은 영역이 신앙

---

39) Ibid., 26.
40) 밀라드 J. 에릭슨, 48.
41) 신명기 29:29에서는 다음과 같이 말씀하고 있다. "감추어진 일은 우리 하나님 여호와께 속하였거니와 나타난 일은 영원히 우리와 우리 자손에게 속하였나니 이는 우리에게 이 율법의 모든 말씀을 행하게 하심이니라."

의 문제인데 반해 이성은 낮은 영역을 지배한다.[42] 따라서 이성으로 알아갈 수 있는 낮은 영역에 해당되는 것이 바로 자연신학을 통한 신지식이라고 할 수 있다.

(1) 자연신학의 개발에서 채택된 논쟁

토마스 아퀴나스는 이와 같은 논리에 의해서 자연신학을 통한 하나님의 신존재를 증명함에 있어 다음과 같이 전통적인 논쟁들을 제시하고 있다.

① 우주론적 증명

하나님의 존재에 대한 전통적인 논쟁 중 하나는 우주론적 증명이다. 토마스는 이 증명에 대해 다음과 같이 논쟁이 진행된다고 한다. 우리의 경험 범위 안에서 우리가 아는 모든 것은 다른 어떤 것에 의해 발생한다. 그러나 원인이 끝없이 계속해서 이어질 수는 없다. 모든 원인에는 반드시 그 원인을 제공했던 최초의 어떤 시작이 있었을 것이다. 따라서 원인 없는 원인이나 필연의 존재가 있어야만 한다. 그리고 이를 우리는 하나님이라 부른다.

② 목적론적 논쟁

이는 특별히 우주의 질서나 명백한 목적의 현상에 초점을 맞춘다. 목적이나 구상에 의한 우주의 질서는 다른 어떤 곳에서 와야만 한다. 따라서 지적 존재는 이 바람직한 형태 가운데 사물들을 질서 있게 만들었다. 그리고 토마스는 이 존재를 우리가 하나님이라고 부른다고 했다. 때로 전 우주

---

[42] 밀라드 J. 에릭슨, 48.

가 목적론적 논쟁에서 고려된다. 그런 경우에 우주는 가끔 어떤 기계관에 비교된다. 어떤 사람이 시계를 만들 때에 계획을 세우고 각 부품을 다른 부품과 맞게 조립했음을 인식할 것이다. 이와 비슷하게 자연의 각 부분이 다른 부분과 잘 맞물려 돌아가는 것이 단순한 우연이라고 처리될 수는 없다. 누군가가 소화기관, 눈, 적절히 균형을 이룬 대기권 등 우리 세상의 많은 것들을 구상하고 만들었음이 틀림없다. 이 모든 것이 창조자의 존재를 논증하며, 따라서 신이 있음이 틀림없다.

③ 인류학적 논쟁

인간 본성의 어떤 면을 하나님의 계시로 본다. 임마뉴엘 칸트의 공식(실천이성비판)에서 다음과 같이 나타난다. 우리 모두는 도덕적 충동이나 절대적인 명령을 소유한다. 도덕적 행동을 취함에 의한 이 충동은 보상을 잘 받지 못한다. 그럼에도 도덕적이어야 하는 이유는 윤리와 도덕, 여러 요인 ― 영혼의 불멸, 심판시대의 도래, 가치를 세우고 지지하는 하나님, 선을 보상하고 악을 징벌하는 하나님 등을 포함하는 어떤 보상에 대한 근본이 있어야만 한다. 그래서 도덕적 질서(자연 질서와 대조되는)는 하나님의 존재를 필요로 한다. 따라서 정의에 의해 하나님은 반드시 존재한다.

(2) 자연신학의 비판

자연신학이 오랜 역사를 가지고 있음에도 불구하고 현재 미치고 있는 영향력은 그렇게 강력하지 않다. 만일 자연신학이 가지고 있는 논증이 타당하며 또 적절하게 제시된 것이라고 한다면, 합리적인 이성을 가진 사람들은 누구나 설득되어야 한다. 그런데 많은 철학자들과 신학자들이 그 논증들에 대해 비평하고 있다. 특별히 자연신학이 가지고 있는 논증들에 나타나는 몇 가지 문제들은 그 논증이 가지고 있는 가정들과 관련이 있다.

① 우주론적 증명

토마스 아퀴나스는 원인자를 계속해서 무한정 추적해 갈 수 없다고 주장했는데, 그에게 있어서 이것은 사실 일종의 공리(公理, axiom), 즉 직관적으로 알 수 있는 제일원리였다. 그러나 오늘날 많은 사람들은 이에 동의하지 않는다. 원인을 직선적인 순서나 차례로 보는 것이 원인력을 규명하는 유일한 방법이 아니다. 어떤 이들은 궁극적으로 원인에 대해 묻는 것이 과연 필요한 것인지에 의문을 제기한다. 하나의 움직임은 또 하나의 원인이나 그에 대한 설명을 제시해야만 한다는 가정이 오늘날에는 보편적으로 받아들여지지 않는다.

뿐만 아니라 어떤 사람이 타당한 논증을 통해 이 세상이 한 원인자를 가지고 있음에 틀림없다는 사실을 증명해 보이는데 성공했다고 가정해 보자. 그러나 우리는 이것으로부터 그러한 원인자가 무한자라고 결론지을 수는 없다. 다만 우리에게는 그러한 효과를 일으키기에 충분한 원인자가 있었다는 사실만을 확인할 수 있을 뿐이다. 다시 말해서, 어떤 사람이 100kg의 물체를 들 수 있다고 해서 그 이상의 것도 들어 올릴 수 있다고 결론을 내릴 수는 없는 것이다. 마찬가지로 우리는 유한한 우주의 존재로서 무한하신 창조자의 존재를 증명해 낼 수는 없다. 이러한 논의는 한 걸음 더 나아가 우주의 충분한 원인자가 바로 기독교가 말하는 하나님임을 증명해야 한다. 사실 토마스의 신 존재에 대한 논증들의 결과로 나타나는 신들도 모두 같은 형편에 놓이게 된다. 만일 우리가 자연신학을 시도하려 한다면 우리는 인간 이성의 기초 위에서 우주에서 일어나고 있는 사실들을 가지고 주장하고자 하는 내용들을 설득력 있게 논증해 보여야 한다.

② 목적론적 논쟁

이 논쟁은 특별한 비평을 받아왔다. 찰스 다윈(Charles Darwin) 이래로 유기체들의 미묘한 모습과 아름다움에 대한 일반적인 호소를 가지고 유기체의 진화론을 받아들이는 자들을 설득하기란 그리 쉬운 일이 아니었다. 그들은 돌연변이라고 불리우는 우연히 일어나는 변이 현상을 통해서 특성들에 변화가 일어나는 것이라고 믿는다. 따라서 진화론을 받아들이는 사람들은 목적론적 논증에 필연적이고 거부할 수 없는 특성이 있다는 토마스의 주장에 동의하지 않는다.

목적론적 논증은 또한 "좋지 않는 목적을 지닌" 이라고 부를 수 있는 문제에 부딪히게 된다. 이 논증은 창조 세계를 다스리시는 지혜롭고 인자하신 한 하나님에 대한 외적인 측면들을 근거로 전개하고 있다. 그러나 자연재해들, 질병들, 그리고 인간이 동료 인간들에 대해 저지르는 잔인함과 불의 등과 같이 이 세상을 혼미하게 하는 측면들도 있다. 만일 하나님이 전능하시고 온전히 선하신 분이라면 어떻게 이러한 일들이 일어날 수 있겠는가? 우주의 이러한 모습들을 강조함으로써 하나님의 부재 또는 선하지 않은 하나님의 존재 증명을 가능하게 할 것이다. 아마도 그렇다면 목적론적 신존재 증명은 결국 하나님의 존재를 증명하고 하는 것이 아니라 마귀의 존재를 증명이 되고 말 것이다. 왜냐하면 잔인함과 불의 등을 비롯한 모든 악한 것들을 통한 존재의 증명은 결국 마귀의 존재를 증명하는 것이 되기 때문이다.

일반계시에 대한 이해

정통주의 신학	칼 바르트	에밀 브루너
일반계시와 특별계시를 받아들이지만 일반계시는 특별계시를 통해 조명해 볼 때 유효하다. 일반계시로는 하나님이 없다고 평계할 수 없지만, 그것으로 하나님을 알아갈 수는 없다.	일반계시 자체를 부인하고 오직 특별계시인 예수 그리스도만을 받아 들인다.	일반계시와 특별계시를 받아들이다. 일반계시로도 하나님을 알아갈 수가 있다.

3. 일반 계시   69

지금까지 일반계시에 관해 살펴보았다. 하나님을 알아가는데 있어서 일반계시는 그 나름대로 유용하다. 앞에서도 말했듯이 성경에서도 분명히 자연에 나타난 하나님의 계시를 강조하고 있다. 그럼에도 불구하고 자연적 신지식은 영원한 축복을 얻기에 불충분하다. 양심으로 자기 죄악을 확신한 인간이 그에 따라 신이 우리를 벌한다는 사실은 알 수 있으나 그분의 은총에 따라 죄인에게 베푸시는 신의 뜻이 무엇인지는 스스로 알 수 없다.

사도 바울은 인간이 일반계시만을 가지고서는 하나님을 분명히 인식할 수 없다고 주장한다. 즉, 죄가 일반계시의 증거를 손상시켰다는 것이다. 이것을 바울은 로마서 8장 18-25절에서 피조 세계가 허무한 것에 굴복하는 것으로 설명하고 있다. 피조 세계는 썩어짐의 종노릇한 데서 해방을 기다리고 있는 것이다(19, 21, 23절). 그 결과 피조 세계의 증거는 다소 굴절되었다. 비록 그것이 여전히 하나님께서 창조하신 피조 세계이고 그래서 계속해서 그를 증거하고 있지만 그것이 처음에 창조자의 손으로 만들어진 것과는 아주 다른 것이다. 그것은 죄로 인해 제 기능을 제대로 하지 못하는 피조 세계이다. 따라서 창조자에 대한 증거는 희미해질 수밖에 없는 것이다.[43] 비록 인간의 이성 그 자체에 초자연적 진리를 흡수할 능력이 있지만 타락한 인간의 이성이 그것을 스스로 이해하는 것은 불가능하다.

이 사실을 사도 바울은 헬라의 철학적 가르침에 익숙했던 고린도 교인들에게 다음과 같이 말한다. "이 세상이 자기 지혜로 하나님을 알지 못하므로"(고전 1:21). 그렇기 때문에 인간에게는 일반계시가 아닌 특별한 계시의 필요성이 요청되고 있는 것이다.

---

43) Ibid., 56.

4. 특별 계시

기독교 신학은 전통적으로 하나님을 알아 가는 지식에 있어서 두 가지 방법을 다루어왔는데, 그것은 일반계시(general revelation)와 특별 계시(special revelation)이다. 성경은 분명히 하나님께서 "여러 부분과 여러 모양으로"(히 1:1-2) 자신에 관한 지식을 사람들에게 주셨다고 가르치고 있다. 우리가 일반계시를 받아들이는 것은 신앙생활에 있어서 많은 유익이 있다는 것도 의심의 여지가 없다. 그러나 앞에서 살펴보았듯이 일반계시의 분명한 한계도 인정하지 않을 수 없다. 즉, 우리가 일반계시에만 몰두하게 된다면 앞에서 다루었던 일반계시의 한계성을 통한 여러 문제들을 야기시킬 수 있다. 무엇보다 일반계시를 통한 신지식을 강조하게 된다면 예수 그리스도의 구원자로서의 중보적 사역이 필요 없게 된다. 그런 점에서 특별 계시를 바로 알아간다는 것은 우리에게 보여주시고 알려주신 하나님을 온전히 알아 가는데 있어서 중요하다고 할 것이다.

1) 특별계시의 정의와 필요성

특별계시란 하나님께서는 어느 분명한 시간들과 장소들 속에서 특정한 사람들에게 자신을 드러내 보여 주어서 그 사람들로 하여금 하나님과의 구속적 관계 속으로 들어오도록 해 주시는 것을 의미한다.[44]

특별계시에 관한 성서의 중요한 근거는 요한복음 1장 10-14절, 사도행전 4장 11-12절, 로마서 3장 21-26절과 5장 12-21절, 고린도전서 1, 2장, 갈라디아서 2장 15-16절, 에베소서 2장 1-10절, 빌립보서 2장 6-11절, 요엘 1장 15-20절, 히브리서 9장 11-22절, 요한일서 2장 2절 등에 있다고 할 수 있다.[45]

---

44) Ibid., 62.
45) 김균진, 130.

그렇다면 특별계시가 왜 필요한가? 이 질문에 대한 대답을 우리는 인간의 한계성과 제약성에서 찾아야 할 것이다. 피조물인 인간은 창조자이신 하나님을 온전히 알아야 할 필요가 있다. 그런데 타락한 인간이 일반계시로는 타락 이전에 하나님과 가졌던 관계를 잃어버렸다는 사실에서 그 한계를 인지하지 않을 수 없다. 따라서 타락 이전의 하나님과 참된 교제의 조건들이 충족되기를 원한다면 그것은 일반계시 수준을 뛰어넘는 지식이어야 한다. 그 이유는 인간의 유한성만이 아니라 인간의 죄성이라는 제약이 있기 때문이다.

무엇보다 특별계시의 목적이 관계적인 것이라는 사실에 우리는 주목해야 한다. 타락 이전의 아담과 하와는 하나님에 대한 분명한 인식을 갖고 있었다. 그렇기 때문에 그들은 그들 자신의 내적 경험에 있어서나 그들이 자연을 인식할 때나 어느 곳에서든지 하나님을 의식하고 있었다. 그러나 아담과 하와의 타락으로 죄가 인류에게 들어왔을 때 인간은 가장 완전한 특별계시 형태인 하나님의 직접적인 임재가 상실되었다. 뿐만 아니라 하나님이 이전에는 관심이 없었던 문제들에 대해서 말씀하셔야만 했다. 즉, 죄와 죄책, 그리고 부패의 문제들이 해결되어야만 했다. 다시 말해서 범죄한 인간을 향한 속죄와 구속, 그리고 화해의 방편들이 제공되어야만 한다. 그리고 죄가 인간의 일반계시에 대한 이해력을 감소시켰을 뿐만 아니라, 일반계시의 유효성도 감소되었다. 따라서 죄는 인간에게 특별계시의 필요성을 더욱 절감하게 되었다.[46]

이와 같은 사실을 웨스트민스터 신앙고백서 "제1장 성경에 관하여"에서는 다음과 같이 고백하고 있다.

> 이성의 빛(the light of nature)과 창조의 세계와 섭리를 볼 때 인간이 하나님 앞에서 평계할 수 없을 정도로 하나님의 선하심과 지혜와 능력이

---

46) 밀라드 J. 에릭슨, 63-64.

나타났다. 그러나 이러한 것들로는 구원을 위해서 필수적인 하나님의 지식과 하나님의 뜻에 대한 지식에 우리는 결코 도달할 수 없다. 그래서 주께서는 여러 기회에, 그리고 여러 가지 방법으로 자기 자신을 계시하셨고, 이 계시를 교회에 대한 자신의 뜻이라고 선포하기를 기뻐하셨다. 그리고 주께서는 그 후 이 계시를 기록으로 남기시기를 기뻐하셨는데, 그 이유는 진리를 더 잘 보존하고 전파하시기 위함이요, 육신의 부패와 사단과 이 세상의 악에 대항하여 교회를 더 확고하게 세우고 위로하기 위함이었다. 이런 이유 때문에 성경은 꼭 필요한 것이다. 그러나 하나님이 자기의 뜻을 자기 백성에게 계시해 주시던 구약의 방법은 이미 끝났다.[47]

위의 글에서 볼 수 있듯이 인간의 범죄함으로 자연계시로서는 구원을 위해 필수적인 하나님의 지식과 하나님의 뜻에 대한 지식에 도달할 수 없다. 그래서 하나님께서는 여러 가지 방법으로 자신을 계시하셨고, 그 계시를 교회가 자신의 뜻이라고 선포하기를 기뻐하셨는데 그것이 바로 특별계시의 한 형태인 성경인 것이다. 이에 대해 칼빈도 《기독교 강요》 제1권 제6장 "창조주 하나님께로 나아가는 데에는 성경이라는 안내자와 교사가 필요함"에서 "사람이 우주의 창조주이신 하나님께로 올바로 이끌림을 받기 위해서는 그보다 더 나은 또 다른 도움이 필요한 것"[48]이라고 했다. 그리고 이어서 "하나님께서 그의 말씀이라는 빛을 덧붙여 주셔서 사람에게 그 자신을 알게 하여 구원에 이르도록 하시고"[49]라고 하면서 특별계시의 필요성을 강조하고 있다.

---

47) 이형기, 243. "옛적에 선지자들을 통하여 여러 부분과 여러 모양으로 우리 조상들에게 말씀하신 하나님이, 이 모든 날 마지막에는 아들을 통하여 우리에게 말씀하셨으니 이 아들을 만유의 상속자로 세우시고 또 그로 말미암아 모든 세계를 지으셨느니라"(히 1:1-2).
48) 존 칼빈, 79.
49) Ibid.

2) 특별계시의 방식[50]

하나님께서 자신을 특별한 방법으로 계시하실 때 사용하시는 실제적인 형태들이나 양식에는 다음 세 가지가 있다. 그것은 '역사적 사건들'과 '하나님의 말씀하심', 그리고 '성육신'이다.

(1) 역사적 사건들

성경은 하나님께서 자신을 알리기 위해 사용하신 모든 신적 사건들을 강조하고 있다. 이스라엘 백성의 관점에서 볼 때, 첫 번째 사건은 그들이 민족의 조상으로 생각하는 아브라함의 소명 사건이다(창 12장). 하나님께서 불가능한 상황에서 아브라함에게 이삭을 상속자로 주신 것은 또 다른 중요한 신적 사건이다. 그리고 이스라엘 민족에게 있어서 가장 중요한 사건은 일련의 재앙들과 유월절과 홍해를 건너는 사건을 통해 그 절정을 이루었던 출애굽 사건일 것이다. 뿐만 아니라 약속의 땅을 정복하고 포로생활에서 귀환한 일, 그리고 심지어 포로생활 자체도 하나님께서 자기 자신을 계시하신 특별한 사건이었다.

그런가 하면 예수의 탄생과 그의 놀라운 사역들, 그의 죽음, 그리고 그의 부활 등은 하나님의 역사하심을 잘 보여준다. 교회의 탄생과 부흥을 통해 하나님께서는 그의 백성들을 만들어 가시는 사역을 감당하고 계시다는 것을 보여 주신다. 이러한 모든 것들은 하나님의 사역들이며, 따라서 이를 통해서 자신의 본성을 계시해주고 있다. 하나님께서는 이러한 위대한 사건들을 통해서 뿐 아니라 그의 백성들의 삶에서 일어나는 보다 일상적인 사건들을 통해서도 역사해 오셨다.

---

50) 특별계시의 방식들에 대해서는 다음 책을 요약한 것임을 밝힌다. 밀라드 J. 에릭슨, 《조직신학 개론》, 69-74.

(2) 하나님의 말씀하심(성경)

계시의 두 번째 주요한 형태는 하나님께서 직접 말씀하시는 계시의 형태인 성경이다. 성경, 특히 구약성경에 나오는 가장 일반적인 표현은 "여호와의 말씀이 내게 임하여 가라사대…"(예를 들면, 렘 18:1; 겔 12:1, 8, 17, 21, 26; 호 1:1; 욜 1:1; 암 3:1)라는 진술이다. 선지자들은 자신들이 전하는 메시지가 자신들이 만든 것이 아니라 하나님께로 말미암은 것이라는 의식을 갖고 있었다. 요한은 요한계시록을 쓰면서 하나님께서 그에게 준 메시지를 전달하려고 하였다. 히브리서 기자는 하나님께서 과거에 여러 차례 말씀하셨으며 이제는 그의 아들을 통해 특별히 말씀하셨다는 사실을 언급했다(히 1:1-2). 하나님께서는 행동을 통해서 뿐만 아니라 말을 통해 자기 자신과 자신의 계획, 그리고 자신의 뜻을 우리에게 말씀해 주신다.

말(言)이란 신체적인 부분이 있어야 가능한 것이므로 그것은 하나님으로부터의 중간 매체가 없는 전달방식이 될 수 없다. 더욱이 그것은 사용된 언어가 히브리어나 아람어 혹은 헬라어이든 간에 항상 인간의 언어, 즉 선지자와 사도의 말로 주어진다. 그러므로 자신을 계시하기 위해 언어를 사용하셨다는 것은 하나님의 말씀이 직접적인 계시라기보다는 중간 매체를 통한 계시임을 지적해 준다.

하나님의 말씀은 여러 형식으로 제시될 수 있다. 그것은 우리가 들을 수 있는 말씀일 수도 있다. 그것은 또한 책을 천천히 읽는 독서가들이 하는 음독과 같은 방식으로 하나님의 말씀을 조용히 내적으로 듣는 과정일 수도 있다. 그러나 이와 같이 들을 수 없는 말씀이 아닌 들을 수 없는 말씀들은 종종 꿈이나 환상 같은 또 다른 양태의 부분이 되기도 했다. 결국 계시와 영감이 한데 모아지는 '동시적'(concursive) 영감이 있게 된다.

칼빈은 하나님은 다른 사람들처럼 망각 속에 빠져 들어가지 않게 하기 위하여 그들 주위에 울타리를 쳐주셨는데 이것이 성경이라고 했다. 그는 성경의 역할에 대해 다음과 같이 말하고 있다.

아무리 훌륭한 책을 내어놓는다 해도 사람들은 그것이 좋은 책이라는 것을 인정하면서도 눈이 흐리기 때문에 두 단어도 연달아 읽지 못할 것이다. 그러나 안경의 도움을 받으면 아주 또렷하게 그 책을 읽어내려 갈 수가 있을 것이다. 마찬가지로, 하나님에 관한 갖가지 혼란스러운 지식을 우리 마음에 제대로 모아주며, 우리의 우둔함을 몰아내고, 참되신 하나님을 분명하게 보여주는 것이 성경인 것이다.[51]

위에서 말하는 바와 같이 칼빈은 우주의 창조주이신 하나님을 다른 온갖 거짓 신들과 구별해주는 확실한 증표들을 배우기 위해서는 반드시 성경으로 돌아가야 한다고 했다. 그는 하나님을 순전하게 바라보기를 진심으로 바란다면 이 똑같은 길을 따라 전진해야 할 것인데, 이것은 곧 하나님의 말씀에게로 나아와야 한다는 것이다.[52]

한편, 성경의 저자들이 성경을 기록할 때, 하나님께서는 자신이 전달하려는 바를 그들의 마음과 생각 속에 넣어주신다. 하나님께서 말씀하신 내용들 가운데는 어느 한 사건에 대한 해석인 경우가 매우 많다. 이러한 사건은 대개 과거의 지나간 사건이거나 기록하고 있는 당시의 사건이기도 하지만, 예언과 같이 어떤 사건이 일어나기 전에 그 사건에 대한 해석이 내려진 때도 있었다. 최근에 몇몇 강한 반론이 제기되기도 했지만, 여기서 발전된 주장은 사건뿐 아니라 그 사건에 대한 해석도 하나님의 계시라는 것이다. 가령, 예수님의 죽음과 같은 중요한 사건을 예로 들어보자. 만일 우리가 이 사건이 일어났다는 것을 알지만 그것이 의미하는 바를 하나님께서 우리에게 계시해 주시지 않았다면, 우리는 그 사건을 매우 다르게 이해하게 될 것이다. 그 사건은 일종의 패배로 여겨질 수도 있다. 이와 같은 해석은 실제로 예수님의 죽음 직후에 제자들이 취하였던 입장이었다. 계시된 해석이 없다면, 우리는 예수님의 죽음이 속죄를 위한 하나의 희생이었다는

---

51) 존 칼빈, 79-80.
52) Ibid., 82.

사실을 단지 추측하게 될 뿐이다. 따라서 어떤 특정한 사건에 대한 해석은 역사 속에서의 하나님의 행위들에 나타난 계시 양태만큼이나 참된 하나의 계시 양태이다.

(3) 성육신(예수 그리스도)

가장 완전한 계시의 양태는 예수 그리스도의 성육신(The Incarnation) 사건이다. 여기서 주장하는 바는 예수님의 생애와 말씀이 바로 하나님의 특별계시라는 것이다. 하나님께서 중개되지 않은 형태로 직접 나타나셨기 때문에 성육신이 결코 계시의 한 양태가 될 수 없다고 생각할지 모른다. 그러나 하나님께서는 인간의 형태를 갖고 계시지 않기 때문에 그리스도의 인성이 신적 계시의 매개체로 이해되어야 한다. 성경은 특별히 하나님께서 그의 아들을 통해서 혹은 그의 아들 안에서 말씀하셨다고 말한다. 히브리서 1장 1-2절은 이것과 그 이전의 계시의 형태들을 대조하면서 성육신이 더 우월한 계시라는 사실을 지적하고 있다.

하나님의 행하심의 절정은 예수님의 삶 속에서 발견되어야 한다. 예수님이 행하신 수많은 이적들과 그의 죽음과 부활은 가장 응축되고 집중된 형태의 구속사(redemptive history)이다. 선지자들이 말할 때, 그들은 하나님에게 받은 메시지와 하나님에 대한 메시지를 전달하는 자들이었다. 그러나 예수님은 하나님 자신으로서 직접 말씀하셨던 것이다.

계시는 또한 예수님의 인격의 완전함에서도 드러난다. 그에게서 신적인 모습들을 발견해 낼 수 있다. 하나님께서 실제로 인간들 사이에 거하셨으며 자신들의 속성들을 그들에게 나타내 보이셨다. 예수님의 행동들, 태도들, 그리고 감정들은 단순히 성부 하나님을 비춰주는 것만이 아니었다. 그들은 하나님께서 실제로 이 땅에서 살고 계시는 것을 보았다. 그러므로 갈보리 언덕에 있었던 백부장은 "이는 진실로 하나님의 아들이었도다"(마 27:54)라고 고백을 했던 것이다.

우리는 예수 그리스도의 성육신을 통해서 행위로서의 계시와 말씀으로서의 계시가 한데 모여 있는 것을 보게 된다. 예수님은 아버지의 말씀을 선포하였으며 동시에 아버지의 속성들을 보여주셨다. 그는 가장 완전한 하나님의 계시이다. 왜냐하면 그가 바로 하나님이시기 때문이다. 이에 요한은 다음과 같은 고백을 할 수 있었다. "태초부터 있는 생명의 말씀에 관하여는 우리가 들은 바요 눈으로 본 바요 자세히 보고 우리의 손으로 만진 바라"(요일 1:1). 그리고 예수님도 "나를 본 자는 아버지를 보았거늘"(요 14:9)이라고 말씀하실 수 있었던 것이다.

3) 특별 계시의 최종성

서론에서 말했듯이 기독교는 하나님이 인간을 찾아오신 계시의 종교이다. 계시의 주체가 하나님이시라는 뜻이다. 그리고 하나님께서 인간을 찾아오신 궁극적인 목적은 구원을 통한 관계 회복이다. 따라서 계시의 목적도 관계적인 것이라는 사실에 주목해야 한다. 그런데 범죄하여 타락한 인간의 죄성으로는 자연을 통한 일반 계시로 하나님을 온전히 알아갈 수 없을 뿐만 아니라 관계를 회복할 수도 없다. 뿐만 아니라 일반계시 그 자체는 우리를 성서의 하나님에게로 인도할 수 없으며 구원에 이르게 할 수도 없다.

그런 점에서 칼 바르트는 자연계시를 거부하고 예수 그리스도의 특별계시만을 받아들였다. 바르트는 예수 그리스도 안에서 자기를 계시한 하나님의 계시의 말씀에 집중하였다. 그는 전기에는 《로마서 강해》에서 하나님과 인간의 철저한 단절을 주장하였지만, 후기에는 그리스도를 통한 자연계시의 역할은 인정하였다. 그러나 여기에서도 예수 그리스도를 중심으로 한 자연계시를 이해하려고 했다는 것이다.

칼 바르트는 계시를 삼위일체론적으로 이해하면서 다음과 같이 주장하고 있다.

하나님의 말씀은 그의 계시에 있어서의 하나님 자신이다. 왜냐하면 하나님은 자신을 주(主)로서 계시하기 때문이며, 그것은 성서에 따라 계시의 개념에 대하여 하나님 자신이 파괴되지 않은 통일성에서 그러나 또한 파괴되지 않은 구별성에서 계시자(Revealer)이고, 계시(Revelation)이며, 계시되어 있음(Revealedness)이기 때문이다.[53]

칼 바르트는 위의 주장에 따라 성부, 성자, 성령 삼위일체 하나님을 창조자, 화해자, 구원자로 설명함으로써 계시를 하나님과 동일시하고 있다. 뿐만 아니라 그는 하나님의 말씀의 삼중적 형식이라는 교리를 통하여 계시와 계시의 구체적 매개체 사이의 관계를 설명하고 있다. 칼 바르트에 따르면, 하나님의 말씀은 계시된 말씀(revealed word), 기록된 말씀(written word), 선포된 말씀(proclaimed word)이라는 세 가지 양태를 가진다.[54] 그 중 첫째는, 계시된 하나님의 말씀이다. 계시된 하나님의 말씀은 역사적 예수 그리스도이다. 칼 바르트에 의하면 역사적 예수 그리스도는 하나님의 자기 계시이다. 하나님은 예수 그리스도 안에서 자기 자신을 계시하셨다. 이 예수 그리스도와의 만남이 참 하나님을 알게 되는 바른 길이다. 칼 바르트에 의하면 예수 그리스도의 역사는 세상과 우주의 비밀이 들어 있는 단 하나의 하나님의 계시였다. 영원한 하나님의 모든 것이 예수 그리스도의 역사 속에 계시되었다. 그런 까닭에 예수 그리스도를 아는 것은 하나님을 아는 길이고, 인간과 세상과 우주의 비밀을 아는 길이다.[55]

---

53) Karl Barth,《교회교의학 I/1》, 박순경 역(서울: 대한기독교서회, 2003), 383.
54) 그런데 바르트는 말씀의 삼중양태의 순서를 《교회교의학》 초반 부분인 I/1에서 '설교', '성경', '그리스도'의 순서로 설명한다. 그러나 I/2에서는 그 순서를 '그리스도', '성경', 그리고 '설교'로 설명하고 있다. 이에 대해 바르트는 이렇게 답한다: "이 처음 항목은 우리의 서론 부분이다. 우리는 우리가 어디에 있든지 그곳에서 시작해야 한다. 그래서 나는 분석에서 시작하여 종합에서 끝난다." 바르트가 하나님의 말씀의 형태로 설교를 맨 처음에 둔 것은 나름대로의 목적이 있었다. 즉, 신학(혹은 계시의 수용)의 가능성을 먼저 우리 인간이 있는 그곳에서 시작하고 싶었던 것이다.
55) 김명용, "칼 바르트의 계시론,"〈장신논단〉, Vol. 25(2006), 70.

바르트의 하나님의 말씀의 삼중 양태

계시된 말씀	기록된 말씀	선포된 말씀
계시된 하나님의 말씀은 역사적 예수 그리스도이시다. 역사적 예수 그리스도는 하나님의 자기계시이다. 그러므로 하나님을 알기 위해서는 먼저 예수 그리스도를 알아야 한다.	성서는 인간이 기록한 문서이기 때문에 세상적 형태를 지니고 있지만 그 본질은 하나님의 말씀이다. 성서의 하나님 말씀됨은 예수 그리스도의 사건에 의존하고 있다.	선포된 하나님의 말씀은 지금 여기, 우리의 삶의 현장에서 구체적으로 선포되는 하나님의 계시이다. 하나님의 고유한 언설은 예수의 전권의 도움으로 인간의 말로 표현된다.

칼 바르트에 의하면 하나님 말씀의 둘째 양태는 기록된 말씀으로 성서이다. 성서는 인간적 언어로 쓰여 있는 하나님의 말씀으로 바르트에 의하면 쓰여진 말씀이다. 칼 바르트에 의하면 19세기 자유주의 신학은 성서의 본질을 잘 이해하지 못하고 성서를 신체험 내지는 종교적 체험 문서로 규정했는데 이것은 큰 잘못이다. 그에 의하면 성서는 인간이 기록한 문서이기 때문에 세상적 형태를 지니고 있지만 그 본질은 하나님의 말씀이다. 칼 바르트에 의하면 성서의 하나님 말씀됨은 계시된 말씀인 예수 그리스도의 사건에 의존하고 있다. 그런 까닭에 예수 그리스도께서 하나님의 말씀 자체라면 성서는 이 말씀에 의존하고 있는 이차적 의미에서의 하나님 말씀이다. 칼 바르트에 의하면, 구약은 이 예수 그리스도를 예언하는 의미에서의 하나님 말씀이고, 신약은 이 예수 그리스도를 증언하고 선포하는 의미에서의 하나님의 말씀이다.[56]

바르트에 의하면 하나님 말씀의 세 번째 양태는 선포된 말씀이다. 그는 교회에서 선포되는 설교를 '선포된 하나님의 말씀'이라고 했다. 그런데 이 선포된 하나님의 말씀은 철저히 계시 자체인 예수 그리스도와 '기록된 하나님의 말씀'인 성서에 의존하고 있는 하나님의 말씀이다. 그런 까닭에

---

56) Ibid., 70-71.

교회의 설교는 끊임없이 계시 자체인 예수 그리스도와 성서를 통해 자신을 수정해야 하고, 또한 예수 그리스도와 성서에 일치되도록 노력해야 한다. 교회의 설교는 예수 그리스도께서 친히 말씀하시는 도구가 되어야 하고, 또한 이를 위해 기도해야 하며, 바로 이런 의미에서 교회의 설교가 하나님의 말씀인 것이다. 그런 까닭에 칼 바르트에 의하면 설교자는 반드시 성서와 성령과 함께 설교단에 올라가야 한다. 그러므로 그에 의하면 목사의 가장 큰 영광은 설교에 있다. 왜냐하면 바로 그 순간이 죄인된 인간임에도 불구하고 하나님의 말씀을 선포하는 순간이기 때문이다. 이런 까닭에 설교는 두렵고 떨리는 직무이고, 동시에 한갓 인간일 뿐인 목사에게 주어진 크나큰 광영이자 축복이다.[57]

그런데 칼 바르트가 그의 《교회교의학》의 하나님의 말씀에 대한 교리에서 강조한 하나님의 말씀의 삼중 양태는 후일 그가 《교회교의학》의 화해론의 빛과 빛들에 대한 교리를 쓰면서 상당한 변천을 보이고 있다. 칼 바르트는 이 빛과 빛들에 관한 교리에서 교회 밖에 존재하는 빛들, 진리들, 말씀들을 언급했다. 이 화해론에서 언급되는 교회 밖의 빛들, 진리들, 말씀들은 성서가 아니고 교회의 설교도 아니다. 그런데도 칼 바르트는 교회 밖에 빛들과 진리들과 말씀들이 있다고 선포한 것이다.[58] 그러나 칼 바르트는 교회 밖에 있는 빛들과 진리들과 말씀들이 무엇을 의미하는지에 대해서는 명확하게 밝히지 않았다. 그럼에도 불구하고 칼 바르트가 가르친 하나님의 말씀의 삼중 양태는 전 세계 신학에 큰 영향을 미쳤다.

결국 칼 바르트에게서 제시된 계시의 완전성은 예수 그리스도에게서 나타난다. 하나님께서 스스로 자신을 인간에게 보여주시고 나타나신 계시의 사건이 바로 성육신하신 예수 그리스도이다. 그러므로 모든 계시와 사건은 예수 그리스도를 통함으로써만 온전히 하나님과 그분의 뜻을 알 수 있다.

---

57) Ibid., 71-72.
58) 김명용, 《칼 바르트의 신학》, 109.

그러나 여기에서 유념해야 할 것은 계시에 관한 칼 바르트의 최종적인 말은 계시의 주체에 대한 강조이다. 하나님이 인간에게 말씀하시는 사건들을 통해 언제나 절대적 중요성을 차지하는 것은 말씀하시는 하나님이다. 하나님께서 계시의 주체이시며 동시에 객체이시다.[59] 즉, 그리스도의 사건을 통한 계시는 인간을 구원하시는 하나님의 필요에 의한 것이지 인간의 요구나 필요에 의한 것이 아니다. 다시 말해서 계시의 중심은 인간이 아니라 항상 하나님이다. 칼 바르트의 이러한 계시관은 계시를 도덕화하고 인간중심적인 것으로 만듦으로써 인간이 당면한 세계와 상황을 판단하기 위해 필요한 규범들을 빼앗아간 자유주의 신학의 계시관에 대한 반발에서 비롯된 것이라고 할 수 있다.[60]

5. 나가는 글

타락한 인간의 유한성과 죄악이 하나님을 알아감에 있어서 일반계시만으로는 불충분하며 그 명료성에 있어서 특별계시보다는 열등한 것으로 간주된다. 그러므로 일반계시의 불충분성은 특별계시를 필요로 하게 되었다. 그렇지만 일반계시가 전혀 필요 없다는 것은 아니다. 특별계시도 일반계시를 필요로 하고 있다. 그렇지만 일반계시는 특별계시를 통해서 보았을 때 온전하게 된다. 그리고 모든 계시가 예수 그리스도를 통함으로써만 계시의 온전성을 찾을 수 있다.

특별히 하나님의 계시는 사람들을 공동체를 향한 섬김으로 인도하지만, 공동체는 결코 자신이 증언하는 계시를 스스로 통제할 수 있다는 허세

---

59) Cornelius Van Til, *Has Karl Barth Become Orthodox?*, 이상근 역, 《칼 바르트》(서울: 한국개혁주의신행협회, 1985), 49-54.
60) William A. Scott, *Historical Protestantism: An Historical Introduction to Protestant Theology*, 김쾌상 역, 《개신교신학 사상사》(서울: 대한기독교출판사, 1988), 198.

에 빠져서는 안 된다. 만일 그러한 일이 일어난다면, 계시는 이데올로기로 변질될 것이며, 신학은 우상숭배로 대치될 것이다. 계시는 책이나 교리 체계, 전통, 한 개인이나 집단의 특수한 경험 등과 결코 동일시 될 수 없다. 계시는 예수 그리스도 안에 나타나며, 성경의 증언과 신앙 공동체의 증언을 통하여 매개되고, 성령의 능력에 의하여 역사하는 하나님의 자유롭고 은혜로운 행위이다. 따라서 계시는 교회가 계속적으로 기도하는 가운데 기다려야 하는 사건이다.

뿐만 아니라 하님의 계시를 인정하는 가운데 기독교 공동체는 우리의 주인은 하나님이시며, 우리는 예수 그리스도를 증거하도록 부름 받았으며 살아 계신 하나님의 말씀이 다시금 교회에 말씀하시며 교회를 개혁할 것을 기대해야 한다.

제3장 성경에 대한 이해

조직신학에서 전통적으로 계시론에 이어 두 번째로 다루어지는 주제가 성경이다. 그 이유는 기독교가 계시의 종교라고 했을 때 그 계시 형태가 무엇인가 하는 물음을 갖지 않을 수 없다. 앞장에서 살펴본 바와 같이 기독교 신앙에 관심이 있는 모든 사람의 궁극적인 목적과 목표는 하나님을 온전히 알아가는 것이다. 뿐만 아니라 하나님께서는 우리로 하여금 자신을 알도록 스스로 계시하시기를 기뻐하셨다는 사실도 살펴보았다. 그런데 문제는 우리가 하나님을 어떻게 알아갈 수 있는가 하는 것이다. 그것은 바로 하나님께서 스스로 자신을 계시하신 내용이 기록되어 있는 성경을 통해서이다.

더구나 칼 바르트는 특별계시의 세 가지 양태를 설명함에 있어서 그 가운데 하나가 기록된 말씀인 성경이라고 하였다. 그러므로 특별계시의 분명한 양태를 하나님의 말씀이라고 할 수 있다. 그리고 하나님 말씀은 기록된 말씀인 성경의 양태로 우리에게 나타난다. 하나님은 성경에 기록된 방식으로 자신을 계시하셨으며, 따라서 성경은 하나님의 자기 계시에 대한 기록이다. 그렇기 때문에 우리는 하나님의 궁극적인 계시를 성경에서 찾아야 한다. 그리고 성경에서 우리는 하나님의 가장 위대한 구속 사역에 대한 기록을 보게 된다.

이와 같은 사실에 대해 '웨스트민스터 신앙고백'은 "제1장 성경에 관하여"에서 다음과 같이 고백하고 있는 것에서 알 수 있다.

> 그리고 주께서는 그 후 이 계시를 기록으로 남기시기를 기뻐하셨는데, 그 이유는 진리를 더 잘 보존하고 전파하시기 위함이요, 육신의 부패와 사단과 이 세상의 악에 대항하여 교회를 더 확고하게 세우고 위로하기 위함이었다. 이런 이유 때문에 성경은 꼭 필요한 것이다. 그러나 하나님이 자기의 뜻을 자기 백성에게 계시해 주시던 구약의 방법은 이미 끝났다.[1]

위의 글에서 볼 수 있듯이 하나님의 계시를 기록으로 남긴 것이 성경이며, 하나님께서 그렇게 하신 이유는 복음의 전파와 교회를 더 확고하게 세우고 위로하기 위함에 있다고 하였다. 그런 의미에서 조직신학에서 두 번째인 계시의 분명한 형태로 우리에게 나타난 하나님의 말씀인 성경을 바로 알아간다는 것은 매우 중요하다고 할 것이다. 성경은 오직 성경에만 하나님을 알아 가는 계시가 있을 뿐 다른 곳에서는 없다고 가르치고 있다. 하나님이 스스로 자신을 계시하시지 않는다면 우리는 하나님을 알 수 없다. 하지만 그분은 자신을 계시하셨고, 그 계시는 성경에서 찾아야 한다. 그리고 기독교 신앙에서 근거가 되고 표준이 되는 것은 오직 성경이어야 한다.

그렇다면 우리는 성경에 대하여 다음과 같은 질문을 던질 수 있다. 즉, 성경이란 무엇이며, 그 성경은 어떻게 만들어졌는가? 그리고 교회가 받아들인 성경은 어떤 것이며, 성경의 권위는 어디에 두어야 하는가? 또한 우리가 성경의 증거들을 받아들일 수 있는가? 아울러 우리는 성경을 읽음에 있어서 어떤 방식으로 이해를 하고 읽어야 하는가? 우리는 이와 같은 질문들을 중심으로 성경에 대해서 살펴보려고 한다.

---

1) 이형기,《세계개혁교회의 신앙고백서》(서울: 대한예수교장로회총회출판국, 1991), 244.

1. 성경의 종류

1) 구약성경

일반적으로 성경은 구약과 신약으로 구성되어 있다. 구약은 창세기로부터 시작해서 말라기에 이르기까지 모두 39권의 책으로 되어 있다. 반면에 신약은 마태복음에서부터 요한계시록에 이르기까지 27권이 있다. 따라서 구약과 신약을 합하여 모두 66권을 성경이라고 부른다.

구약성경은 기원전 15세기경에서부터 4, 5세기까지 약 1,000년에 걸쳐서 30여 명의 기자들에 의해서 기록된 방대한 내용을 포함하고 있는 책이다. 그리고 구약성경을 구분함에 있어서 유대인의 전례(前例)에 의하면 '타나크'(Tanakh)라고 하여 세 부분으로 구성되어 있다. 즉, 율법서라고 불리는 '토라'(Torah)와 예언서로 불리는 '네비임'(Neviim), 그리고 성문서로 불리는 '케투빔'(Ketubim)의 첫 글자를 가져와 '타나크'라고 부른다. 여기에서 구약성경 가운데 가장 오래된 책으로 전통적으로 모세가 썼다는 토라인 율법서는 창세기, 출애굽기, 레위기, 민수기, 신명기인 소위 '모세 오경'으로 불리는 5권이다. 그리고 예언서는 전기 예언서와 후기 예언서로 구분하는데 전기 예언서는 여호수아, 사사기, 사무엘기, 열왕기서의 4권과 후기 예언서는 이사야, 예레미야, 에스겔(대예언서/ 3권), 12소선지서(전체 19권)로 구분하고 있다. 12예언서는 한 권의 두루마리에 기록된 것으로 히브리 정경에는 예언서가 사실상 여덟 권의 책이 된다. 마지막으로 성문서는 시편, 잠언, 욥기, 아가, 룻기, 예레미야 애가, 전도서, 에스더, 다니엘, 에스라, 역대기의 11권의 책으로 구분된다.

이것을 다음과 같이 그림으로 설명할 수 있다.

　한편 기독교에서는 학자들에 따라서 조금씩 구분하는 것이 다르지만 대체적으로 율법서(모세 5경), 역사서(여호수아부터 에스더까지), 지혜문서(욥기에서부터 아가까지), 대선지서(이사야부터 다니엘까지), 소선지서(호세아부터 말라기까지)로 나눈다. 그런데 여기에서 '소선지서'라고 부르는 것은 대선지서보다 권위와 내용이 뒤떨어지거나 덜 중요해서가 아니다. 단지 책의 분량이 대선지서보다 적기 때문이다. 그리고 유대교에서는 구약성경을 24권으로 나누지만, 기독교에서는 39권으로 나누는데, 이것은 구약의 내용이 바뀐 것이 아니라 사무엘이나 열왕기 등 분량이 많은 책들을 "사무엘 상, 하"와 같이 두 권으로 분류했기 때문이다. 일반적으로 기독교에서 구약성경을 구분하는 것은 다음과 같다.

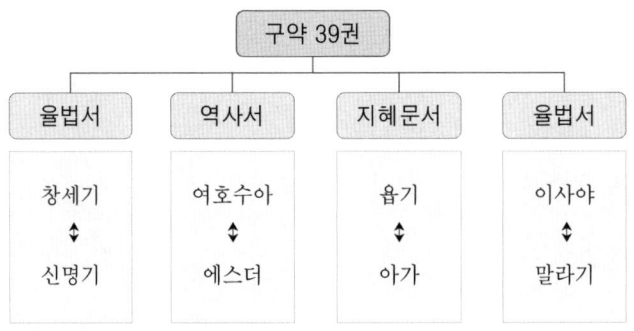

그런데 구약성경이 정경화된 시기에 대해서는 비평주의 학자들의 주장에 의하면,[2] "토라"(Torah, 율법서)는 이스라엘의 분열왕국 시대인 기원전 850년에 시작된 문서(J)를 시작으로 그 후 약 200년에 걸쳐 후대 문서들(E와 D)이 형성되고 전수되어 오다가 요시아 왕의 개혁 때 신명기서(D)의 정경적 권위가 인정되었다고 한다. 그리고 D 문서를 중심으로 바벨론 포로기(B.C 586-538) 중에 의식과 제의에 관한 부분(P)이 레위지파의 저자들에 의해 기록되고 다른 문서들이 모아져서 결국 에스라 시대(400년대)에 "토라"가 완성된 것으로 본다.[3]

그리고 "네비임"(Neviim, 예언서)은 "토라"가 완성된 후인 기원전 300-200년 사이에 각각 전승되던 것들이 비로소 정경적 권위를 인정받게 되었고, 따라서 함께 모아진 것으로 본다. 비평적 이론에 따르면 이사야서(제3 이사야)를 비롯하여 일부 선지서가 기원전 3세기까지 기록이 될 수 없었던 것으로 보기 때문이다. 또한 중요한 주장 가운데 하나는 사마리아인들이 예루살렘 공동체와 분리되면서 그들만의 정경, 즉 사마리아 오경(the Samaritan Pentateuch)을 갖게 되는데 이들이 이때 구약성경의 다른 부분들을 포함하지 않고 단지 오경만을 가지고 있다는 점에 주목한다. 사

---

2) W. H. Schmidt, *Old Testament Introduction*, trans. M. J. O'connell (Louisville: Westminster John Knox Press, 1999), 6-7을 참조.

3) 3) 조희, "구약성경의 형성과 전승,"《성경과 고고학》No. 49(서울: 한국성서고고학회, 2006), 62-63. 여기에서 J, E, D, P문서라는 것은 문서 가설로써 모세의 오경이 실상은 모세 훨씬 후시대에 다른 시간과 장소에서 각기 기록된 문서들을 발췌하여 편집했다는 설이다. 따라서 "J문서"인 야웨 문서(Yahwistic Document)는 주전 850년경 유다의 남왕조에서 한 익명의 저자에 의해 기록되었다고 한다. "E문서"인 엘로힘 문서(Elohistic Document)는 주전 750년경 이스라엘의 북왕조에서 무명의 저자에 의해 기록되었다고 한다. 그리고 "D문서"인 신명기 문서(Deuteronomic Document)는 주전 621년경 요시야의 개혁 때 대제사장 힐기야의 지도 아래에 작성되었다고 한다. 마지막으로 "P문서"인 제사장적 문서(Priestly Document)는 주전 500년경 에스겔 시대부터 에스라 시대에 이르기까지 다양한 단계로 작성되었다고 한다. 이와 같은 문서설의 기원은 프랑스의 의학 교수였던 아스트릭(Jean Astruc, 1684-1766)이 *Conjectures* (1753)에서 모세는 두 개의 기록된 문서들 즉 엘로힘과 야웨 문서를 사용했을 것이라고 추측한데서 비롯되었다.

마리아인들의 분리가 완전히 이루어진 것을 기원전 5세기 내지는 4세기로 본다면 "네비임"과 "케투빔"의 완성 시기는 그 이후일 수밖에 없다는 것이다.[4]

다음으로 "케투빔"(Ketubim, 성문서)에 속하는 본문들의 저작 연대가 후대이며 특히 "케투빔"에 속하는 다니엘서의 저작연대를 기원전 168년으로 볼 때 "케투빔"의 형성 연대를 이전으로 보기는 어렵다는 것이다. 따라서 "케투빔"이 정경적 권위를 가지고 수용된 시기를 기원전 150년에서 100년 사이로 제안하며,[5] 최종적으로 전체 구약성경이 유대교에서 24권의 정전으로 확정된 것은 AD 90년에 욥바 근처에 있던 얌니아(Jamnia, 지금의 야브네(Yavneh))에서 랍비들이 모인 얌니아 회의(Council of Jamnia)에서였다고 본다.[6] 그 전까지는 권위 있는 책으로 또한 야웨의 율법서로 중용되어 왔으나, 24권이 정전이라고 결정을 짓지는 않았다.

그렇지만 위와 같은 주장에 대해 벡위드(R. T. Beckwith)는 구약의 39권이 얌니아 회의에서 확정되었다는 전형적인 견해를 반박하고 있다. 그는 예수스 벤 시라(Jesus ben Sira)의 손자가 히브리어로 된 지혜서(*Ecclesiasticus*)를 헬라어로 번역한 책의 서문에 히브리 성경의 삼중구조[7]를 언급하고 있음을 지적하면서 이 번역본의 연대를 고려할 때 최소한 기원전 130년 이전에 이미 구약의 39권 모두가 정경적 권위를 가진 책으로 수용되었음을 주장하고 있다. 특히 누가복음 24장 44절에 나타난 언급을 볼 때 그 당시에 이미 구약의 삼중구조가 확정되었음을 제안하고 있다. 더 나아가

---

4) Ibid., 63.
5) Ibid., 63-64.
6) 얌니아 회의는 예루살렘 멸망 이후 랍비 요하난 벤 자카이(Johanan ben Zakkai)가 얌니아에 세운 학교에서 유대교인들이 결결을 시켰다는 전승으로써 오늘날 정설로 받아들여지고 있다.
7) 여기에서 '삼중구조'라는 것은 유대인들의 히브리 성경이 토라(Torah)와 네비임(Neviim), 그리고 케투빔(Ketubim)이라는 삼중구조를 따라 형성되었다는 의미에서 사용하고 있다.

벡위드는 얌니아 회의에서 구약성경의 39권이 최종적으로 정경화되었다는 가정에 근거한 샌더스(J. A. Sanders)와 무어(G. F. Moore, 1851-1931) 및 마이어(Meyer)의 다양한 견해를 모두 거부한다.[8]

한편, 기원전 1400년대에서부터 400년대까지 형성된 이 방대한 구약성경은 서기관들(scribes)에 의해 히브리 자음으로만 필사되어 전수되었다. 기원후 탈무드시대(135-500년, 또는 300-600년) 동안 자음 본문(consonantal texts)에 절(verse)과 문단(paragraph)의 구분 및 의식을 위한 단락 구분이 첨가되었다. 기원 후 500-950년 사이에는 이렇게 필사되던 본문을 보다 정확하게 필사하고 정확한 본문의 의미를 전달하고자 모음 체계를 고안하여 모음 부호 및 악센트 등을 첨가하여 필사하게 되었다.[9] 이 시기에 히브리어 본문의 필사와 전수에 관여한 자들을 맛소라 학파(the Masorates)라고 하며, 7세기경에 아론 벤 아쉐르(Aaron Ben Asher)를 중심으로 한 맛소라 학파들에 의해서 발명된 발음표를 붙인 것이 처음이었다. 그때까지는 모음이 없었기 때문에 전문가가 아니고서는 정확하게 발음하기가 어려웠다.

이 구약성경은 기원전 2-3세기경에 알렉산드리아에 있던 유대인 학자들이 히브리어와 아람어를 잘 모르는 디아스포라들에게 구약을 읽게 하기 위하여 헬라어로 번역하였다. 이것을 보통 70인역(LXX, *Septuaginta*)이

---

[8] 벡위드는 삼중구주의 구약성경의 완성이 얌니아회의(90년)를 통해서가 아니라 제2 마카비서 2:13b-15에 근거하여 유다스 마카비우스(Judas Maccabeus) 당시(약 BC 164)에 이미 이루어진 것으로 주장한다. 이와 유사하게 보수적인 유태인 학자인 A. Z. Leiman도 구약 39권의 완결이 기원전 2세기 이전에 이루어진 것으로 주장한다(A. Z. Leiman, *The Canonization of Hebrew Scripture*, TCAAS 47 (Hamden Canon: Archon Books, 1976).

[9] 왕정시대 이전에 구약 본문 필사에 주로 사용된 재료는 돌, 토판, 나무, 토기, 파피루스, 금속이다. 왕정시대 이후에는 주로 파피루스나 양피지가 사용되었으며 파피루스를 주 재료로 한 두루마리 형태가 사용된 것으로 추정된다. 발견된 것은 대부분 양피지에 기록된 필사본들이었으며, 쿰란에서 발견된 양피지 두루마리들 중에는 그 길이가 7내지 8미터에 달하는 것과 27미터에 달하는 것도 있다. 양피지의 한 면에만 필사를 하여 말아서 사용하는 두루마리 형태가 탈무드 시기까지(약 600년) 주로 사용되었다고 한다. 조휘, 68.

라고 부른다. 이것은 구약성경을 자유롭게 헬라어로 번역한 것이므로 구약 원전과 반드시 일치하지 않는 곳이 많이 있다. 신약성경 기자들과 바울이 구약에서 인용할 때는 대체로 이 70인역에서 인용했기 때문에 구약의 본문과 일치되지 않은 곳을 많이 발견하게 된다. 그리고 이 70인역에는 외경 (外經, Apocrypha)으로 알려진 15권의 경외전(經外典)이 실려 있다.[10] 이것은 BC 2세기 - AD 1세기의 중경기(中經期)에 작성된 것인데, 여기에는 그 당시의 유대교 상황과 신학사상 그리고 그들의 독립전쟁에 관한 자료를 많이 포함하고 있다.

한편, 지금 우리가 사용하고 있는 구약성경은 원본이 아니라 사본이다. 그렇지만 비록 원본 성경은 없어졌지만 원래 계시된 성경 말씀이 거의 정확하게 우리에게 전해오고 있다. 즉, 원본과 사본 사이에 결정적인 오류가 없을 뿐만 아니라 그 내용에 있어서도 별 차이가 없다는 것이다. 1947년 쿰란 지역에서 발견된 사해 사본들(약 BC 2세기경의 사본들)과 가장 권위 있게 받아들여왔던 맛소라 본문과 비교를 했을 때 거의 정확하게 일치하고 있음을 확인하였다. 특별히 쿰란에서 발견된 이사야 b사본(IQIsb)과 맛소라 본문의 이사야서에서 53장을 서로 비교했을 때 단지 17자가 다른 것을 보여준다. 그런데 이 17자 가운데 10자는 철자에 의한 차이이고, 4자는 접속사 유무의 차이며, 3자는 문장에 있어서 목적격이 삽입됨에 따라 일어난 차이이다. 그렇지만 이러한 차이가 본문의 뜻을 바꾸는 차이가 아니라 아주 경미한 것에 불과하다는 것을 볼 수 있다.[11] 다시 말해서 비록 성경의 원본은 없

---

10) 외경으로는 제1에스드라서, 제2에스드라서, 토비트, 유딧, 에스델, 지혜서, 집회서, 바룩서, 예레미야의 편지, 아자리야의 기도와 세 젊은이의 노래, 수산나, 벨과 뱀, 므낫세의 기도, 마카베오상(上), 마카베오하(下) 등이다. 이 가운데서 로마 가톨릭교회는 1546년 트렌트 공의회에서 토비트, 유딧, 마카베오상(上), 마카베오하(下), 지혜서, 집회서, 바룩서 등 12권을 제2정경이라고 지칭함으로써 정경과 같은 권위를 부여하고 있다. 동방정교회는 외경뿐만 아니라 위경의 일부까지도 구약정경에 포함시키고 있다. 그렇지만 개신교회에서는 루터가 유대 랍비 전통을 따라서 39권만 구약의 정경으로 인정한 것을 따르고 있다.

어지고 사본으로 우리에게 전해지고 있지만 하나님께서 성경을 통해 우리에게 말씀하시려는 뜻을 바꿀 정도로 차이가 있는 것은 아니라는 것이다.

2) 신약성경

신약성경은 총 27권으로 분량에서는 구약성경의 3분의 1에 조금 부족하다. 신약은 복음서 4편과 역사서 1편(사도행전)과 서신 21편과 계시록 1편으로 되어 있다. 4복음서에는 마태복음, 마가복음, 누가복음, 요한복음이 있는데 요한복음을 뺀 3복음서를 '공관복음서'라고 부른다. 그 이유는 요한복음서는 예수님의 행적을 영적인 의미로 재해석하고 있는 복음서인데 반해 3복음서는 예수님의 행적을 그대로 기록하고 있기 때문이다. 그리고 서신서는 21편으로 바울 서신과 일반 서신으로 구분되는데 8권을 뺀 13편이 바울 서신서들이다. 이들 바울 서신들도 교리 서신인 로마서, 고린도전후서, 갈라디아서와 옥중 서신인 에베소서, 빌립보서, 골로새서, 빌레몬서가 있다. 그리고 일반 서신인 데살로니가전후서와 목회 서신인 디모데전후서와 디도서가 있다. 편지 중에는 바울이 쓴 편지가 대부분을 차지하고 있어서 신학적으로 매우 중요한 서한들이다. 이것을 그림으로 설명하면 아래와 같다.

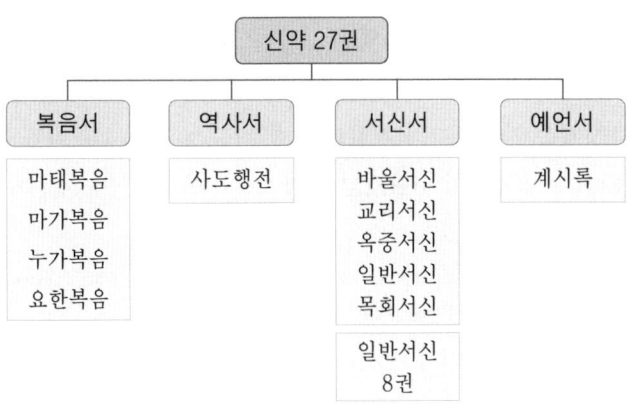

한편, 신약성경이 기록될 때도 오랜 세월이 필요했다. 여기에는 여러 가지 요인들이 있었을 것이다. 그 가운데 하나는 신약성경이 기록되기 전에 초대교회는 구약성경을 가지고 있었다는 점이다. 베드로를 비롯하여 제자들은 구약성경을 가지고 예수 그리스도의 구주되심을 선포했다. 때문에 초대교회는 당장 기록에 대한 필요성을 느끼지 않았을 것이다. 그런가 하면, 초대교회는 예수님의 재림이 속히 임할 것을 기대했다. 무엇보다 예수님께서는 십자가를 지시기 전에 제자들에게 자신의 임박한 재림에 대해 여러 차례 말씀하셨고,[12] 초대교회는 이것을 문자적으로 이해하였다. 그렇기 때문에 초대교회는 예수님께서 속히 재림하셔서 세상을 심판하시고 하나님의 나라를 완성할 것을 기대했다. 이러한 상황에서 교회는 반드시 성경을 기록할 필요성을 느끼지 못했을 것이다. 따라서 예수께서 가르치신 말씀과 행적은 제자들에 의해서 구전 형태로 전해졌다. 그리고 그 당시에 이 구전은 아주 권위 있는 것으로 받아들여졌다. 왜냐하면 예수님의 말씀과 행하신 이적들을 직접 눈으로 보고 목격한 제자들에 의해서 전해지는 말씀이었기 때문이다.

그렇지만 세월이 지나면서 초대교회는 신약성경을 기록해야 할 필요성을 느끼기 시작했다. 그 이유로는 먼저, 예수님의 말씀과 행적을 듣고 보았던 제자들과 많은 사람들이 늙어갈 뿐만 아니라 죽어가기 시작했다. 때문에 목격자들의 생생한 증언을 듣기가 점점 어려워져 가고 있었다. 이와 같은 상황에서 복음에 대한 기록의 필요성을 느끼기 시작했을 것이다. 다음으로는 교회 안에 들어온 이단들로부터의 위협 때문이었다. 이것은 초대교회가 신약성경을 기록하고 정경화해야 할 필요성을 느꼈던 가장 중요한 이유였을 것이다. 대표적인 이단으로는 말시온주의(Marcionism)가 있다. 말

---

11) R. Laird Harris, *How Reliable is the Ole Testament Text: Can I Trust My Bible?* (Chicago: Moody Press, 1963), 124.
12) 예수의 임박한 재림에 관한 구절로는 다음을 참조하라. 마 16:28; 막 9:1; 눅 9:27; 행 1:11.

시온주의는 말시온(Marcion, 84-약 160)을 따르는 일련의 무리들로 이들은 이원론적 사상에서 구약과 신약을 분리하면서 구약의 하나님은 열등한 신이기 때문에 구약성경을 인정하지 않았다. 뿐만 아니라 신약성경들 가운데서도 유대교적 색채가 있는 성경들은 받아들이지 않았다. 말시온주의자들은 바울의 10개 서신과 누가복음만 정경으로 받아들였다.[13] 따라서 144년경에 말시온은 구약을 배제하고 신약의 11개 성경만 권위가 있는 것으로 받아들이고 이것을 "복음과 사도"라고 불렀다. 이것은 후대에 소위 '말시온의 정경'으로 알려졌다.[14] 이러한 말시온의 정경에 대한 주장은 그동안 구약성경을 정경으로 받아들였을 뿐만 아니라 구약의 예언이 예수 그리스도 안에서 성취되었다고 선포해왔던 교회에 큰 위협이 되었다. 따라서 말시온을 비롯한 여러 이단들로부터 교회와 교인들을 지키기 위해서는 무엇보다 정경에 대한 이해를 확고하게 정립하지 않으면 안 되었던 것이다. 이에 대해 듀 토잇(A. B. Du Toit)은 다음과 같이 지적하고 있다.

> 교회가 당면한 임무는 말시온의 정경에 대해서 구약성서의 권위를 재확인할 뿐 아니라, 동시에 받아들여진 신약성서의 일부가 아니라 전부를 구약성서와 완전히 대등한 수준으로, 즉 온전한 의미의 정경적인 것으로

---

13) 후스토 L. 곤잘레스, 《초대교회사》, 서영일 역(서울: 도서출판 은성, 1995), 104-105. 말시온은 바울의 서신 가운데 목회서신은 받아들이지 않았다. 말시온의 눈에는 바울만이 예수님의 가장 신실한 제자로 보였다. 그리고 누가복음을 좋아한 이유는 누가가 바울의 동역자로서 바울과 같은 전통을 가지고 있었기 때문이다. 노재관, "신약 정경 형성에 관한 연구," 〈칼빈 논단〉 Vol. 2000 (2000), 7-8. 말시온은 누가복음에서 구약성서의 인용구들을 모두 삭제하였다. 그리고 구약성경이 율법, 예언, 성문서 3부로 나뉘었던 것을 본 떠서 율법의 자리에 복음서를 두었는데, 그것이 누가복음이었다. 예언서의 자리에는 사도행전을 놓고, 거기에 바울 서신 열편을 첨가하였다. 그리고 마지막으로 성문서의 자리에는 자신의 자작인 「대구」(對句, antithesis)를 넣었다. 이 책에는 구약성경의 구절들과 거기에 상반되는 신약성경 구절들을 대립하고 열거하였다(박창환, 《박창환 전집 2, 신약성경의 형성사》(서울: 한들출판사, 2012), 81.
14) 이종윤, 《신약개론》(서울: 개혁주의신행협회, 1990), 66.

승인하는 것이었다.[15]

초대교회에 나타난 이단들 가운데는 또 하나는 몬타누스(Montanus)를 추종하는 몬타누스주의(Montanism)가 있었다. 몬타누스주의자들은 극단적인 종말론을 예언했던 자들이다. 특히 156-157년, 또는 172년에 예언을 하기 시작했던 몬타누스는 성령의 인도로 예언한다고 말하면서 그가 받은 계시는 신약과 모순되지 않으며 오히려 신약을 능가하는 것이라고 주장했다.[16] 그들은 자기들의 예언 활동을 보혜사에 대한 약속의 성취로 생각했다. 그리고 자신들의 예언은 기록으로 옮겨졌으며, 공적인 예배에서 이것이 낭독되어야 한다고 주장했다. 그들은 자신들의 예언이 기존에 있던 신약의 저술들과 동등한 권위가 있는 것으로 여겼다.[17] 몬타누스와 그의 추종자들에 의한 이러한 주장은 결국 권위 있는 저술들의 숫자가 증가하게 된다는 것이기도 했다. 그렇지만 당시 교회는 예수 그리스도 안에서 계시가 최종적으로 종결되었다는 입장을 가지고 있었기 때문에 이러한 주장은 교회로 하여금 계시의 한계를 정할 필요가 있음을 알게 하였다. 그리고 이것이 신약성경의 정경화를 촉진시키는 자극제가 되었다고 할 수 있다.

한편, 듀 토잇은 신약성경이 정경으로 만들어지는 과정을 세 단계로 구분하고 있다. 즉, 첫 번째 단계는 로마의 클레멘트(Clement of Rome, 약 30-96)로부터 순교자 저스틴 마터(Justine Martyr, 100-165)까지의 기간으로(약 95-165년) 이 기간은 신약성경이 점점 규범적인 것으로 인식되는 단계라고 할 수 있다. 이 단계를 소위 정경 개념을 위한 예비적 단계라고 할 수 있을 것이다. 두 번째 단계는 말시온에서부터 이레니우스(Irenaeus of Lyon, 120-202, 리용의 감독)까지(144-190년)의 기간으로 신약의 정경

---

15) A. B. 듀 토잇,《신약 정경론》, 권성수 역(서울: 도서출판 엠마오, 1988), 183.
16) 후스토 L. 곤잘레스,《기독교 사상사(Ⅰ)》, 이형기 외 역(서울: 한국장로교출판사, 1988), 177.
17) A. B. 듀 토잇, 184.

이 생성된 시기라고 할 수 있다. 그리고 세 번째 단계는 190년부터 5세기까지의 기간으로 신약성경의 정경이 종료되는 기간이다.[18] 물론 이와 같은 구분은 다분히 인위적인 구분이라고 할 수 있다. 그렇지만 이 구분은 신약성경의 정경 형성을 이해하는데 다소 도움을 줄 것이다. 그럼에도 불구하고 정경 역사에서는 저스틴 마터를 첫 단계에 놓고 말시온을 두 번째 단계에 놓고 연구하는 것이 일반적이다.[19]

앞에서 살펴보았듯이 말시온이 신약성경의 목록에 대한 주장은 결국 교회로 하여금 정경화에 대한 생각에 자극을 주었다. 특별히 초대교회에서 바울의 서신은 수신된 교회에서 계속 읽혀졌고, 실천적이고 교리적인 중요성 때문에 다른 교회들에서도 필요하게 되었다. 따라서 바울의 서신들은 바울이 죽은 후에 그의 동역자들과 그의 제자들, 그리고 교회들이 바울의 서신을 수집했을 것이다.[20] 무엇보다 클레멘트는 바울의 서신들을 알고 있었다. 그렌트는 클레멘트가 바울의 서신들 가운데 고린도전서, 로마서, 갈라디아서, 빌립보서, 에베소서를 분명히 알고 있었다고 보았다.[21] 이런 사실은 1세기 말에 이미 바울의 서신들이 수집되고 있었다는 사실을 말해주고 있다. 폴리캅의 서신에서도 고린도전후서, 갈라디아서, 에베소서, 빌립보서, 데살로니가후서, 그리고 디모데후서 등이 반영되고 있다. 이것은 폴리캅이 바울 서신의 집성물을 알고 있었다는 사실을 암시해 주고 있다.[22] 뿐만 아니라 폴리캅의 빌립보서에는 마태복음, 누가복음, 그리고 어쩌면 마가복음의 흔적이 있다는 점에서 그는 아마 두 권 혹은 세 권의 복음서를 알고 있었던 것 같다.[23] 파피아스(Papias, 70-155)도 130년경에 기록한 것

---

18) Ibid., 196.
19) Ibid., 224.
20) A. G. Patzia, "Canon," *Dictionary of Paul and His Letters*, Ed. by G. R. Hawthome etc. (Downers Grove: Inter-Varsity Press, 1993), 87.
21) 노재관, 132.
22) A. B. 듀 토잇, 212.
23) Ibid., 213.

으로 보이는 그의 글들에서 마태복음, 마가복음, 요한복음, 그리고 요한계시록의 저자에 대한 진술을 제공하고 있다.[24]

그리고 저스틴 마터는 구약성경의 신적 기원을 강조하면서 다른 책에서 "베드로의 기억들"(Dial. Tryph. 106. 3)이라는 말을 하는데 이것은 마가복음일는지도 모른다. 그리고 그는 "사도들의 기억들(Apol. I, 66. 3; 67. 3)이라는 말을 하는데, 이것은 아마도 복음서들을 의미하는 것 같다[25]"는 점에서 저스틴 마터는 여러 권의 복음서를 알고 있었을 것이다. 그런가 하면, 150년에서 165년에 로마에서 그리스도인이 된 마터의 제자 타티안(Tatian, 120-172)은 《디아테싸론》(Diatessaron)을 저술하였는데, 이 책은 네 권의 복음서를 가지고 계속 이어지는 이야기로 복음서를 조화시켜 놓은 것이다.[26] 따라서 이 책의 저작 년대는 정확히 알 수 없지만 2세기 중반 이후로 복음서들이 수집되었다는 것은 거의 확실하다고 할 수 있다. 그런가 하면, 이레니우스가 영지주의와 이단들의 세력에 대항하기 위하여 쓴 《이단들에 대항하여》(Adverus Haereses)[27]에서는 신약성경의 27권의 책 목록 중에서 25권을 언급하고 있다.[28] 특히 당시 신약성경의 정경화가 이루어지지 않은 상황임에도 불구하고 현재의 사복음서에 해당되는 마태복음, 마가복음, 누가복음, 그리고 요한복음만 복음서로 인정하고 있다. 그리고 바울서선의 경우에는 13권의 서신서들에서 고루 성경구절을 인용하고 있다. 터툴리안(Tutulian, 160-220)도 신약성경의 정경에 대한 생각을 가

---

24) The Apostolic Fathers, 307.

25) F. F. Bruce, "Canon," 96.

26) "Diatessaron," *The Oxford Dictionary of the Christian Church*, 396.

27) 이레니우스는 고울 지방 리용의 감독으로 영지주의야말로 기독교를 위협하는 가장 큰 이단으로 생각을 했다. 심지어 그가 로마시를 방문했을 때 옛 친구인 당시 로마의 감독조차도 영지주의에 빠져 있는 것을 목격하게 된다. 따라서 그는 교회의 일치를 위협하고 기독교의 본질을 파괴하는 영지주의를 대항하기 위해 182-188년이라는 기간에 걸쳐서 이 글을 썼다.

28) Robert M. Grant, *The Formation of the New Testament* (New York: Harper and Row, 1965), 154-155.

지고 있었는데, 그는 요한2서와 요한3서, 야고보서, 그리고 베드로후서를 제외한 23권을 권위가 있는 것으로 받아들였다.[29]

신약성경 27권의 목록에 대한 최초의 언급은 367년 알렉산드리아의 감독 아타나시우스(Athanasius, 296-373)의 39번째 부활절 서신(Thirty-ninth Paschal Letter)에서 처음으로 나오고 있다.[30] 그는 자신의 교구 여러 교회로 서신을 보내면서 지금의 신약성경과 똑같은 내용의 목록을 제시하였다. 그의 목록은 신약 정경 형성 역사에 하나의 분기점을 이루고 있다. 그리고 신약성경이 현재 우리가 쓰고 있는 내용대로 27권으로 확정된 것은 397년 카르타고 회의(Councils of Carthage) 때였다.[31] 이 회의에서 "정경(正經) 외에는 신의 글이라는 명칭 아래 교회 안에서 읽어서는 안 된다"고 결정했다. 이와 같이 성경은 유대인 사회에서나 기독교 교회 안에서 권위 있는 글이라는 인정을 받았으나, 구약을 39권(24권)으로, 신약을 27권으로 확정한 것은 비교적 이후의 일이었다.[32]

그런데 불행하게도 구약성경에서와 같이 현재 우리가 소유하고 있는 신

---

29) 아타나시우스에 의해 최초로 신약성경 27권의 목록이 언급 되었던 시기에 관해 듀 토잇은 369년으로 밝히고 있다. 그러나 박창환과 P. 스툴마허와 브루스 M. 메츠거는 367년으로 밝히고 있다. A. B. 듀 토잇, 271-272; 박창환, 85; P. 쉬툴마허, 《신약성서 해석학》, 전경연, 강한균 역 (서울: 대한기독교출판사, 1990), 42; 브루스 M. 메츠거, 《신약성서개설》, 나채운 역 (서울: 대한기독교출판사, 1987), 300.

30) Ibid., 309.

31) F. W. Bear, "Canon of the New Testament," IDB, Vol. 1 (Nashvile: Abingdon Press, 1982), 531.

32) 동방에서는 일부가 계시록의 정경성을 계속 의심하였지만 대부분의 동방교회도 결국은 서방교회의 정경과 동일한 정경을 가지는 데 도달하였다. 그러나 수리아교회는 베드로후서, 요한 2, 3서, 유다서, 계시록을 제외한 22권만을 채택하여 5세기 초에 수리아 말로 번역 발표되어 표준성서의 구실을 하였다. 그 성경을 페쉬타(Peshitta)라고 부른다. 그후 서방 수리아교회는 6세기와 7세기에 마침내 성경의 다섯권을 포함시켰지만(그 성경을 Philoxenian 성경이라고 한다), 동방 시리아교회는 여전히 나머지 그리스도교 세계와 접촉을 끊고 지내면서 오늘까지 계속 22권짜리 신약성경을 정경으로 가지고 있다(박창환, 86-87).

약성경도 원전(原典)에서 온 것은 하나도 없다. 그 당시에는 종이를 만드는 기술이 없어서 쉽게 찢어지고 썩는 파피루스(풀잎) 위에 썼기 때문에 본래의 복음서나 편지는 모두 사라졌다. 그러나 다행히도 그 복음서와 편지를 필사(筆寫)해 둔 것이 많이 있어서 본래의 내용을 거의 알 수 있게 되었다. 이 필사물(筆寫物)을 사본(寫本, codex)이라고 한다. 그러므로 신약성경도 구약성경과 같이 원본이 아니라 사본이라는 것이다. 이 사본에는 여러 가지 종류가 있다. 사본의 종류에 따라 내용도 조금씩 다르지만, 현재까지 많은 학자들의 연구 결과로 거의 원전에 가까울 정도의 텍스트를 작성하게 되었다.

3) 정전(正典)으로서의 성경

'정경'이라는 말에 해당하는 헬라어 'κανών'은 '갈대' 또는 '막대기'라는 의미를 갖는 말이다.[33] 여기에서 'κανών'이라는 말은 여러 가지 의미를 가질 수 있지만 기본적으로 '곧은 막대기'(straight rod), '나무(갈대)자'(ruler), '규칙' 또는 '표준'이라는 의미를 갖는데, 2세기 기독교회에서는 이 말이 때로 '신앙의 규칙'(rule of Faith)이라는 의미로 사용되기도 하였다.[34] 따라서 초기 기독교회에서는 성경을 지칭할 때 '정경'이라는 단어를 사용했다. 그러므로 교회가 성경을 '정경'이라고 할 때 이것은 "성경이 모든 믿는 자들의 신앙과 삶의 표준이요 규칙이 된다"는 의미로 사용했고, 또한 "모든 실행의 표준이며 규칙"이라는 사실을 염두에 두고 사용했다고 할 수 있을 것이다. 이것은 성경만이 믿는 자들의 신앙과 삶, 그리고 교회의 모든 실행의 유일한 판단 기준이었음을 교회가 자각하고 있었다는 것이

---

33) F. F. Bruce, "Canon," 93.
34) Walter Bauer, "κανών" *A Greek-English Lexicon of the New Testament and the Other Early Christian Literature*, Ed. by W. F. Amdt and F. W. Gingrich (Chicago: The University of Chicago Press, 1979), 403.

다. 결국 교회는 성경을 권위 있는 계시로 모든 것 위에 있는 판단 기준으로 보았다고 할 수 있다.[35]

그런데 일반적으로 우리는 성경을 대할 때 성경이라는 말과 정전(正典)이라는 말을 같은 뜻으로 생각한다. 그렇지만 성경이라는 말과 정전(正典)이라는 말은 뜻이 다르다. 성경은 신언(神言)이 담겨져 있는 성스러운 책이라는 뜻이다. 따라서 반드시 몇 권의 책으로 제한될 필요는 없다.[36] 역사적으로 볼 때 초대교회에는 보편적으로 읽혀진 사도들의 글이 많이 있었다. 또한 어떤 글은 중요하게 취급되었지만 가볍게 취급된 글들도 있다. 그리고 중요하게 취급된 것은 성경에 포함되었다.[37] 따라서 정전이라면 그것은 일정한 수의 책으로 정해져 있으며, 또한 교회가 정식으로 결정해서 권위 있는 책으로 사용하는 것을 의미한다. 그런데 기독교회에서는 이 두 가지를 동일한 것으로 이해한다. 즉, 현재 우리가 사용하고 있는 66권의 책이 정전이라는 것이다. 따라서 그 이상 더 많을 수도 없고 더 적을 수도 없다. 정전은 성경에 포함되어 있는 66권으로 제한된다.

성경이 정전으로서 66권이 결정되기에는 상당한 시일이 걸렸다. 먼저 구약성경이 정전으로 최종 결정을 보기까지에는 세 가지 과정을 밟았다. 즉 반포(頒布)와 수집(收集)과 정전화(正典化)이다.[38]

반포는 어떤 글에 대하여 그것이 특수한 가치와 중요성을 가지고 있다고 판단되었을 때 여러 가지 집회에서 공동적으로 읽고 그 안에 담겨져 있는 내용을 받아들이거나 그 말에 복종하고, 때로는 개인이 개인적으로나 가정에서 사용하는 과정을 의미한다. 출애굽기 24장 3-7절을 보면 이 과정이 있었다는 것을 알 수 있다. "모세가 와서 여호와의 모든 말씀과 그의 모든 율례를 백성에게 전하매 그들이 한 소리로 응답하여 이르되 여호와께

---

35) 노재관, 112.
36) 이종성,《신앙과신학》(서울: 대한기독교서회, 2000), 37.
37) 이종성,《조직신학개론》(서울: 종로서적, 1987), 23.
38) 이종성,《신앙과신학》, 37.

서 말씀하신 모든 것을 우리가 준행하리이다. 모세가 여호와의 모든 말씀을 기록하고 … 언약서를 가져다가 백성에게 낭독하여 듣게 하니 그들이 이르되 여호와의 모든 말씀을 우리가 준행하리이다." 이와 같은 일은 요시야 왕의 종교개혁 때(왕하 22:8-23:3)와 에스라 때(느 8:1-8)에도 있었다.

율법서 외에 대다수의 책은 한 권의 책으로 존재했다기보다 개별적으로 존재해 있다가 바빌론 포로생활 이후에 책들이 수집되게 되었다. 벤 시라(Ben Sirach)의 도서목록에 의하면, 기원전 3세기에 12예언서와 시편의 일부와 잠언서가 책으로 알려졌다고 한다. 이렇게 해서 유대인들 사이에 매우 권위가 있다고 판단된 책들을 모아 사용하다가 마침내 기원후 90년에 얌니아에서 모인 랍비 회의에서 24권의 책을 정식으로 정전으로 확정하였다.[39] 24권으로 된 것은 앞에서도 밝혔듯이 그들의 분류법과 기독교회의 분류법이 다르기 때문이다.

신약성경도 유사한 과정을 밟아서 형성되었다. 신약성경에서 '성경'이란 구약을 의미했다. 바울도 서신에서 구약을 많이 인용하면서 그의 절대적 권위와 가치를 인정한다. 그래서 디모데후서 3장 16절에서는 "모든 성경은 하나님의 감동으로 된 것"이라고 하였다. 복음서에서도 예수가 구약을 인용한 것이 많이 기록되어 있다(눅 24:44). 이것을 볼 때 초대교회에서 구약은 권위 있는 신언으로서 교인들에게 받아들여졌으며 "교훈과 책망과 바르게 함과 의로 교육" 시키는데 사용되고 있었음을 알 수 있다(딤후 3:16).[40]

신약성경 가운데서 가장 먼저 반포된 것은 바울의 편지였다고 추측된다. 즉 고린도서나 로마서 같은 것이다. 또한 어떤 편지는 윤독(輪讀)하기도 했다. "이 편지를 너희에게서 읽은 후에 라오디게아인의 교회에서도 읽게 하고 또 라오디게아로부터 오는 편지를 너희도 읽으라"(골 4:16)는 말은 이러한 관습이 있었음을 말해 준다.

---

39) Ibid., 37-38.
40) Ibid., 38-39.

처음으로 신약성경의 각 권 명단이 기록된 것으로 믿어지는 말시온(Marcion)[41]의 명단에는 누가복음과 바울의 편지 10개만 포함되어 있다. 그러나 발렌티누스(Valentinus)[42]에 의하면 공관복음서와 요한복음서와 히브리서와 요한계시록까지도 권위 있는 책으로 인정받고 있었다고 한다.

터툴리안은 말시온의 성경 목록보다 발렌티누스의 것을 더 중요시했다. 2세기 말경에 활약했던 이레니우스에 의하면 신약성경의 27권 전부를 정전이라고 결정내리지 않고 있었던 것 같다. 《무라토리안 단편록》[43]에 의하면, 2세기 말경에 교회 안에서는 현재 신약성경 안에 포함되어 있지 않은 것도 사용하고 있었음을 말해 준다. 이러한 복잡한 과정을 거쳐 4세기 중반기에 이르러 유세비우스(Eusebios Caesarea, 260-340)에 의해서 정전화(正典化) 작업은 더 명확하게 정돈되었다. 콘스탄티누스 황제(Flavius Valerius Constantinus Ⅰ, 274-337)의 명령으로 그는 자기가 생각하는 권위 있고 사도들에 의해서 쓰여진 책의 목록 50부를 만들어 배포했다. 그 후 367년에 공표된 아타나시우스(Athanasius, 293-373)의 편지에 의하면, 현재 우리가 사용하고 있는 신약성경의 모든 책이 포함되어 있다.[44]

또한 403년에 서거한 에피파니우스(Epiphanius, 315-403)의 글에도 같은 명단이 나타난다. 다만 386년에 서거한 예루살렘의 시릴(Cyril of Jerusalem, 315-386)의 글에는 요한계시록이 빠져 있고, 나머지 26권의 책명이 포함되어 있다. 이와 같은 증거를 보아 현재 우리가 사용하고 있는 신약성경 27권은 397년 카르타고 회의에서 이르러 비로소 확정되었다.

한편, 하이데거(J. H. Heidegger)는 성경의 정경화에 대해 다음과 같

---

41) 말시온(Marcion): 그는 바울주의자로서 바울의 영향을 받은 누가의 복음서만 권위가 있는 것이라고 인정했다. 교회는 말시온을 144년에 이단으로 규정하고 파문했다.
42) Valentinus(135-160): 그는 이집트에서 온 영지주의(靈知主義, Gnosticism)자였다.
43) Muratorian Fragment는 Muratori라는 수도사가 7, 8세기 경에 밀란에서 발견한 것이다. 1740년에 비로소 출판되었으나 신약성경 정전사(正典史) 연구에 많은 도움이 되고 있다. 이종성, 《신앙과신학》, 39에서 재인용.
44) Ibid., 39-40.

이 말한다. "성경은 구약에서 모세와 선지자들, 신약에서 복음서 기자들과 사도들을 통하여 성경의 권위로 기록된 하나님의 말씀으로서, 하나님과 신적 사실들에 관하여 교회를 온전하고 평이하게 가르치기 위하여, 그리고 구원에 이르는 믿음과 삶의 단일한 규범을 부여하기 위하여 정경화되었다."[45]

4) 정경과 외경

초대교회에서는 중요하게 취급된 것을 성경에 포함시켰지만 그렇지 않은 것들 중에도 더 가치가 있다고 생각된 책은 '경외전'이라는 이름으로 교회 안에서 사용되었다. 그래서 66권에 포함된 것 전체를 정전(正典)이라고 부르고, 이것에 포함되지 못한 것을 외경 또는 경외전(經外典)이라고 부른다.[46]

이러한 구분에 대하여 코케이우스는 다음과 같이 주장한다. "교회가 구약과 신약의 고정된 경전, 즉 신적인 책들의 목록(κατάλογος)을 가지고 있었다. 그리하여 그것들은 목록 안에 있다(ὄντας ἐν τῷ κανόνι)는 의미로 '정경적'(κανονικοί)이라 불렸으며, 다른 책들은 규범 밖에 있으므로 '비정경적'(ἀκανονικοί)이라고 불렸다."[47]

이와 같은 정경에 대해 '웨스트민스터 신앙고백'은 "제1장 성경에 관하여"에서 다음과 같이 가르치고 있다.

성경 또는 기록된 하나님의 말씀이란 신·구약성경의 모든 책들을 포함한다.

---

45) 하인리히 헤페, 《개혁파정통 교의학》, 이정석 옮김(서울: 크리스천다이제스트, 2007), 37-38.
46) 이종성, 《조직신학개론》, 23. 외경에 관해서는 앞의 각주 3)을 참조하기 바란다.
47) 하인리 헤페, 38.

구약: 창세기, 출애굽기, 레위기, 민수기, 신명기, 여호수아, 사사기, 룻기, 사무엘 상, 사무엘 하, 열왕기 상, 열왕기 하, 역대 상, 역대 하, 에스라, 느헤미야, 에스더, 욥기, 시편, 잠언, 전도서, 아가서, 이사야, 예레미야, 예레미야 애가, 에스겔, 다니엘, 호세아, 요엘, 아모스, 오바댜, 요나, 미가, 나훔, 하박국, 스바냐, 학개, 스가랴, 말라기.

신약: 마태복음, 마가복음, 누가복음, 요한복음, 사도행전, 로마서, 고린도전서, 고린도후서, 갈라디아서, 에베소서, 빌립보서, 골로새서, 데살로니가전서, 데살로니가후서, 디모데전서, 디모데후서, 디도서, 빌레몬서, 히브리서, 야고보서, 베드로전서, 베드로후서, 요한 1서, 요한 2서, 요한 3서, 유다서, 요한계시록.

이상의 모든 책은 하나님의 영감에 의해서 기록된 것으로 신앙과 삶의 규범이다.[48]

위의 신앙고백서를 보면 교회가 정경으로 받아들인 것은 구약 39권과 신약 27권으로 모두 66권뿐이라는 사실을 분명하게 밝히고 있다. 이와 같은 정경에 대한 입장은 '웨스트민스터 신앙고백' 보다 먼저 작성된 '벨직 신앙고백'(1561) "제4장 정경인 하나님의 말씀"에서 다음과 같이 분명하게 밝히고 있다.

> 우리는 정경(正經)이라고 부르는 하나님의 말씀이 신약과 구약으로 되어 있음을 믿는다. 이것은 하나님의 교회에서 이름 지어진 것이다. 구약은 모세가 기록한 창세기, 출애굽기, 레위기, 민수기를 비롯해서 (중략) 그리고 열두 명의 소선지자인 호세아, 요엘, 아모스, 오바댜, 요나, 미가, 나훔, 하박국, 스바냐, 학개, 스가랴 말라기이다. 신약은 사복음서인 마태, 마가, 누가, 요한을 비롯해 (중략) 그 외에 다른 사도들의 일곱 서신 즉, 야고보서, 베드로전후서, 요한일, 이, 삼서, 유다서, 요한계시록 등이다.[49]

---

48) 이형기,《세계개혁교회의 신앙고백서》, 244.

반면 외경에 대해서는 '벨직 신앙고백' "제6조 정경과 외경의 구별에 관하여"에서 다음과 같이 밝히고 있다.

> 우리는 다음의 책들, 즉 에스드라 제 삼·사권, 토비트, 유디드서, 지혜서, 벤 시락의 지혜, 바룩서, 에스더서의 부록, 불구덩이 속의 세 소년 찬미서, 수산나의 역사서, 벨과 용, 므낫세의 기도, 마카비의 두 책 등 소위 외경이라고 부르는 것과 정경을 구별하는 바이다.
> 이 책들은 그 내용이 정경에 기록된 내용과 일치하는 한계 내에서만 읽혀질 수 있고 교훈을 줄 수 있을 뿐이다. (중략) 이 책들로 인해 정경의 권위를 손상시킬 수는 없다는 것이다.[50]

위의 내용에 볼 수 있듯이 정경과 외경의 위치를 분명하게 한 것은 '벨직 신앙고백'의 특징이다. 앞서 '프랑스 신앙고백'(1559)에서는 신구약 정경의 66권에 대해서만 명확하게 밝히고 있을 뿐 외경에 대해서는 언급하지 않았다. 반면에 '프랑스 신앙고백' 보다 먼저 작성된 '영국 성공회 39개 신앙조항'(Thirty-Nine Articles, 1556) 제6조에서는 '벨직 신앙고백'에서와 같이 외경의 내용에 대해서 거론하고 있다. 그리고 '영국 성공회 39개 신앙조항'에서는 이들 외경은 교회에서 생활의 모범과 행동에 대한 가르침으로 읽을 수 있지만, 어떤 교리를 만드는 데도 적용해서는 안 된다고 규정하고 있다. 이에 대하여 '벨직 신앙고백'에서는 외경을 구체적으로 명시하면서 이것들은 정경에 기록되는 내용과 일치하는 한계에서만 읽혀진다고 함으로써 앞서 작성된 '영국 성공회 39개 조항' 보다 외경의 한계를 좀더 분명하게 규정하고 있다.

특별히 '웨스트민스터 신앙고백서' "제1장 성경에 관하여" 3절에서는 외경을 받아들일 수 없는 이유에 대해서 다음과 같이 밝히고 있다.

---

49) 김의환 편저, 《개혁주의 신앙고백집》(서울: 생명의 말씀사, 2003), 286-287.
50) Ibid., 287.

보통 외경이라 불리우는 책들은 영감에 의한 것이 아니기 때문에 경전의 일부가 될 수 없고 하나님의 교회 안에 어떤 권위도 행사할 수 없다. 이 외경이란 다른 책들과 달리 인정될 수도 없고 사용될 수도 없다.[51]

위의 내용을 보면 외경은 하나님의 영감에 의한 것이 아니기 때문에 교회 안에서 어떤 권위도 행사할 수 없다고 한다. 그리고 외경은 다른 어떤 인간적인 책들보다 더 사용가치가 있는 것이 아니다. 뿐만 아니라 외경은 인정될 수 없고 사용될 수도 없다고 함으로써 앞서 '벨직 신앙고백'에서 밝히고 있는 "정경에 기록되는 내용과 일치하는 한계에서만 읽혀질 수 있고 교훈을 줄 수 있다"는 내용보다 더 엄격하게 배격하고 있음을 보게 된다.[52]

정경과 외경의 구분에 대하여 벤델린은 다음과 같이 말하고 있다. "선지자들과 사도들을 제외하고는 그리스도의 교회 안에 그 누구도 정경적이며 보증된 권위자가 있을 수 없다."[53] 따라서 선지자나 사도적 기원을 가지고 있지 않은 문헌들을 우리는 외경이라고 부른다. 그러나 로마 가톨릭은 1546년 트렌트 종교회의에서 교회 전통도 성경과 동일한 권위를 가진 것으로 인정하면서 외경도 성경에 포함되어야 한다고 결정했다. 그래서 로마 가톨릭에서는 외경을 제2경전으로 사용하고 있다.

---

51) 이형기, 245.
52) 외경에 대한 종교개혁자들의 견해는 조금 달랐다. 루터는 외경을 이단적인 책으로 여기지 않았고, 그리스도인들의 신앙에 유익하기 때문에 읽을 것을 권했다. 칼빈도 루터의 견해를 따라 외경을 번역하여 성경과 함께 출판했다. 그러나 한국교회는 외경을 매우 부정적으로 여기고 있다. 그와 같은 경향은 미국 장로교 선교사들의 영향이 크다고 해야 할 것이다. 그것은 미국 장로교 선교사들은 웨스트민스터 신앙고백을 중요시했기 때문인데, 이 신앙고백에 의하면 외경을 철저하게 부정하고 있기 때문이다. 따라서 한국의 개신교회가 로마 가톨릭교회 학자들과 함께 공동으로 번역한 공동번역을 외면하게 되는 결과를 낳았다(천사무엘, "정경, 외경, 위경이란 무엇인가," 〈새가정〉(새가정사, 2014), 52).
53) 하인리히 헤페, 38.

2. 성경의 권위와 해석 방법

우리가 성경을 대할 때면 두 가지 문제에 직면하게 되는데 하나는 성경의 권위에 관한 문제이고, 다른 하나는 성경을 어떻게 이해하고 읽을 것인가 하는 성경 해석에 관한 문제이다.

기독교에서 교회가 시작된 이후로 모든 기독교 신학과 신앙은 암시적으로나 명시적으로든 성경의 권위를 인정해 왔다. 그렇지만 기독교회의 역사 속에서는 끊임없이 성경의 권위가 부분적으로나 전체적으로 위협 받아 온것도 사실이다. 예를 들자면, 말시온은 구약성경 자체를 거부하고 신약성경도 누가복음과 바울의 편지 10개만 인정했다. 무엇보다 정통교회라는 로마 가톨릭교회에서도 성경의 권위보다는 교회 권위를 더 우위에 두고 있다. 그런가 하면 19세기에 유럽을 휩쓸었던 자유주의는 이성을 우위에 두면서 성경의 권위에 심각한 위협을 가하기도 했다.

다음으로는 성경 해석에 관한 문제인데, 이것은 오늘 보수신학과 진보신학을 가르는 기준이 되기도 한다. 그리고 이런 해석 방법에는 성경의 고등비평이 자리잡고 있다. 신적 영감으로 쓰여진 무한하신 하나님의 말씀인 성경을 유한한 인간이 자의적으로 분석하고 해석할 수 있는가 하는 문제는 오늘도 성경을 대하는 사람들 가운데 성경 무오설을 받아들이는 보수적 입장에 있는 사람들에게는 갈등과 고민을 주고 있는 것이 사실이다. 그런 점에서 여기에서는 성경의 권위에 관한 문제와 해석에 관한 방법들을 살펴보려고 한다.

1) 성경의 권위

성경의 권위에 관한 문제를 다루기 위해서는 다음과 같은 질문을 던지지 않을 수 없다. 즉, 성경이 교회를 산출했을까? 아니면 교회가 성경을 산출했을까?

기독교 교회 역사를 보면 사실 성경보다 교회가 먼저 있었다. 그리고 성경보다 기독교적 교리가 먼저 있었던 것도 사실이다. 어떻게 보면 신약성경의 서신서들도 교회의 여러 문제들을 교훈하고 가르치기 위해서 작성된 교리라고 할 수 있다. 예수님께서 부활하시고 승천하신 후 복음이 유럽과 헬라지역으로 확산되면서 예수님의 신성(神性, divinity)에 관한 문제가 교회에 심대한 논쟁이 되었을 때 이것을 정리하고 삼위일체론을 확증한 것은 325년 니케아 종교회의(Councils of Nicaea)에서 였다. 반면에 신약성경이 27권 정경으로 확증된 것은 그보다 훨씬 늦은 397년 카르타고 회의에서이다. 사도행전을 통해서 볼 수 있듯이 기독교의 교회는 오순절 강림사건 이후 건실하게 세워져가고 조직화되었지만 그럼에도 불구하고 신약성경이 정경화되기까지는 상당한 시간이 흘러야 했다. 이런 점에서 보다 정확하게 이야기하자면 신약성경의 정경화 작업은 말시온과 몬타누스와 같은 이단들에 대한 역반응으로 이루어졌다고 보아야 할 것이다.

그렇다면 우리는 다시 한 번 앞에서 이야기한 것처럼 다음과 같은 질문을 하지 않을 수 없다. 성경이 교회를 산출했을까? 아니면 교회가 성경을 산출했을까?

위의 물음에 대해 로마 가톨릭교회는 교회가 공식적으로 인준한 사실에 근거하여 신약성경은 권위를 가진다고 주장하기 시작했다.[54] 이러한 근거로 로마가톨릭교회는 교회가 성경을 산출했다면서 성경보다 교회 전통을 우위에 두고 있다. 로마가톨릭교회는 그 당시 여러 자료들 중에서 66권을 가장 가치 있고 권위가 있다고 판단하여 교회가 받아들였기 때문에 성경의 권위는 교회의 권위에 미치지 못한다고 주장한다. 뿐만 아니라 당시 로마가톨릭은 무오류한 권위를 가진 교황만이 성경을 해석할 수 있다고 보았다.[55] 그러나 로마가톨릭교회의 이와 같은 주장에 따른다면 앞으로도 얼

---

54) 해롤드 O. J. 브라운, 《교회사 안에 나타난 이단과 정통》, 라은성 역(서울: 그리심, 2006), 138.
55) 가톨릭의 울타리 안에 머물고자 했고, 유럽 문화의 자유주의 전통을 형성하는 데 이바지

마든지 교회가 정경을 추가할 수 있다는 논리가 된다. 이런 논리에 의해서 로마가톨릭교회는 1546년 트렌트 종교회의에서 외경을 제2 경전으로 받아들였던 것이다.

그러나 1517년 루터의 종교개혁을 비롯한 16세기의 종교개혁자들은 로마가톨릭교회의 이러한 주장을 거부하면서 '오직 성경으로'(sola scriptura)를 내세우면서 최종적인 권위는 성경에 있다고 하였다. 더욱이 칼빈은《기독교 강요》제1권 제7장에서 오로지 교회의 동의가 있어야만 성경이 무게를 지니게 된다는 로마가톨릭교회의 주장을 반박하면서 "하나님의 영원하고 침범할 수 없는 진리가 어떻게 사람들의 결정에 따라 좌우될 수 있다는 말인가"라고 하였다.[56]

성경의 권위에 관한 논쟁에서 칼빈은 다음과 같이 말했다.

> 교회가 성서에 권위를 부여해 주었기 때문에 성서가 권위를 가지게 된 것이 아니라 성서가 신언(神言)으로서의 권위를 본래부터 가지고 있었기 때문에 교회가 나중에 그 권위를 추인한 것에 지나지 않는다. 성서는 사람이 권위를 부여해 줌으로써 권위를 가지게 되는 그러한 책은 아니다. 본래 신언으로서 쓰여졌고 성령의 역사에 의해서 쓰여졌기 때문에 권위가 있다.[57]

위의 내용을 보면 성서가 본래 하나님의 말씀(神言)으로서의 권위를 가지고 있었기 때문에 교회는 그 권위를 추인한 것에 지나지 않으므로 성서의 권위가 교회의 권위에 앞선다는 것이다. 뿐만 아니라 칼빈은 교회가 "사도들과 선지자들의 터 위에 세우심을 입"(엡 2:20)었음을 증언하고 있

했던 에라스무스는 "성경은 어두운 책이기에 교회에서 가르치는 직책의 사람들에 의해서 해석이 필요하다"고 했다.
56) 존 칼빈,《기독교 강요, 상》, 원광연 옮김(경기도: 크리스챤다이제스트, 2011), 85.
57) 이종성,《신앙과 신학》, 40.

음을 지적하면서 선지자들과 사도들의 가르침이 교회의 '터'라면 교회가 존재하기 이전에 이미 그 가르침의 권위를 지니고 있었다고 했다. 그리고 교회는 다만 성경이 하나님의 진리임을 인정하며 또한 주저 없이 성경을 높임으로써 그 경건한 의무를 다한 것뿐이라고 했다.[58]

이와 같은 칼빈의 주장은 모든 종교개혁자들과 오늘의 개혁교회가 받아들이고 있다. 칼빈에 따르면 우리에게 성경의 진리됨을 최종적으로 설득해주는 것은 "성령의 내적인 증거"이다.[59] 즉, 성경이 진리라는 확신의 근거를 인간의 추리나 판단, 혹은 이성보다 더 높은 성령의 은밀하신 증언에 두어야 한다는 것이다. 다시 말해서 하나님의 말씀이 사람들의 마음에 받아들여지기 위해서는 반드시 성령의 내적인 증거에 의해 확증되어야만 한다. 그러므로 성령께서 경건한 자들의 믿음을 확증하시는 보증이시며 인(印)이시고(고후 1:22), 따라서 성령께서 마음에 빛을 조명해 주시기까지는 그들이 언제나 의심의 바다 속에서 이리저리 떠다닐 수밖에 없다는 사실을 말하고 있다. 그러므로 선지자들의 입을 통하여 말씀하신 바로 그 성령께서 우리 마음을 꿰뚫고 들어오셔서 그 선지자들이 하나님께 명령받은 대로 신실하게 선포하셨음을 납득하게 하셔야만 된다는 것이다.[60]

성경의 권위에 대한 이러한 견해는 신앙고백서에서도 강하게 나타나는 것을 볼 수 있다. 특별히 '웨스트민스터 신앙고백'(1647)은 "제1장 성경에 관하여"의 4절에서 성경의 권위에 대해 다음과 같이 밝히고 있다.

> 성경의 권위란 어떤 인간의 증언이나 교회의 증언에 의존하는 것이 아니라 전적으로 하나님께 의존한다. 하나님께서 이 성경의 저작자이시다. 이처럼 성경은 하나님의 말씀이기 때문에 우리는 그것을 믿고 순종해야 한다.[61]

---

58) 존 칼빈, 86-87.
59) 다니엘 L. 밀리오리, 76.
60) 존 칼빈, 89-91.

위의 내용에서와 같이 성경은 "성령의 감동하심을 받은 사람들이 하나님께 받아 말한 것"(벧후 1:21)이기 때문에 성경의 권위는 교회가 아니라 하나님께 두어야 한다. 그런 점에서 '웨스트민스터 대요리문답'은 "문 4 어떻게 하나님의 말씀이라는 것을 알 수 있는가?"라는 물음에 대하여 다음과 같이 대답하고 있다. "성경 자체가 하나님의 말씀임을 나타낸다. 성경 자체의 존엄성과 순수성, 그 전체의 모든 부분의 일치에서 하나님의 말씀임이 나타나 있다(생략)."[62]

특별히 성경의 권위에 대해서 칼빈주의적 신앙고백이라고 할 수 있는 '프랑스 신앙고백'(1559)은 제4조에서 다음과 같이 강조하고 있다.

> 우리는 이 책들이 정경이며, 우리의 신앙의 확실한 규칙임을 안다. 그것은 교회의 합의된 일치와 동의에 의해서가 아니라 성령의 증언과 내적 조명에 의한 것이다. 성령의 증언과 내적 조명이 우리로 하여금 정경을 교회의 다른 책들과 구별할 수 있게 된다. 비록 교회의 다른 책들은 유용하기는 할지라도 여기에서 우리는 신앙의 어떤 조항도 발견할 수 없다.[63]

위의 신앙고백을 보면 성경의 권위는 교회의 합의된 일치와 동의라는 인간으로부터가 아니라 성령의 증언과 내적 조명에 의한 것임을 분명하게 밝히고 있다. 다시 말해서 성경이 성경인 것은 성령의 증언과 내적 조명에 의한 것으로 성경은 성경 스스로가 그 권위를 가지고 있다는 것이다. 이와 같은 입장은 '제2스위스 신앙고백'(1566) "제1장 하나님의 참된 말씀인 성경에 관하여"에서 "거룩한 예언자들과 사도들의 구약과 신약인 정경이야말로 하나님의 참된 말씀이요, 이것은 결코 인간에 의하여 그 권위를 부여받은 것이 아니라 스스로가 충분한 권위를 가지고 있다는 사실을 믿고

---

61) 이형기, 245.
62) 김의환, 183.
63) 총회교육자원부 편,《개혁교회의 신앙고백》(서울: 한국장로교출판사, 2007), 254.

고백한다"⁶⁴⁾는 내용에서도 확인할 수 있다. 따라서 성경에 대한 이러한 주장은 교회가 성경을 정경으로 인정했기 때문에 권위 있다는 로마가톨릭교회의 주장을 단호히 거부하는 것이다.

그러므로 성경은 본질적으로 신적 빛과 지혜의 광선이기 때문에 그 권위를 그 자체 안에 지니고 있다. 그리고 성경이 그 자체를 증거하고 있기 때문에 그것은 결코 그 신뢰성을 외부적 권위에 기초하지 않으며 그런 기초를 허용할 수도 없다. 그러므로 코케이우스는 "성경 자체의 권위를 부정하지는 않지만 단지 그것이 우리에게 권위를 얻는 방식과 우리가 성경이 신적임에 동의하는 방식을 질문할 뿐이라고" 주장하는 교황주의자들을 공격한다.⁶⁵⁾ 아울러서 '제2스위스 신앙고백'은 "제1장 하나님의 참된 말씀인 성경에 관하여"에서 다음과 같이 이단들을 단호하게 배격하고 있다.

> 그래서 우리는 성경이 성경에 기원했음을 부인하거나 성경이 어떤 부분은 받아들이지 않거나 성경의 일부를 왜곡시키거나 삽입시키는 아르테몬(Artemon), 마니교, 발렌티누스, 켈돈(Cerdon) 및 말시온 같은 모든 이단들을 배격한다.⁶⁶⁾

그런데 이 성경의 권위는 서구문화에서 경험되는 권위의 위기라는 더 넓은 범위에서 살펴볼 수 있다. 계몽주의 시대 이후로 권위를 주장하는 모든 것들은 자율적 이성의 심판대 앞에서 자신의 정당함을 증명해야만 했다. 이러한 비판적 검증 과정을 통하여 이전에는 권위 있는 것으로 여겨졌던 많은 것들이 자의적이고 근거 없는 것으로 거부되었다. 특히 인간의 이성을 중요하게 생각한 자유주의 신학자들은 성서의 인간적인 측면에 집중하여 성서의 본질을 상실하게 만들었다. 이들에게 성서는 단지 인간의 종

---

64) 이형기, 117.
65) 하인리히 헤페, 45.
66) 이형기, 119.

교적 체험이나 신체험을 기록한 문서 정도로만 이해하였다. 많은 자유주의자들은 성서를 이천년 전의 종교적 문헌으로 읽는다. 그들은 중동의 여러 종교 문헌들과 성서를 비교하고 상호간의 연관성들을 밝히면서 성서를 많은 종교적 문헌 중의 하나로 결론짓고, 이것이 성서에 대한 학문적 연구라고 주장한다.

성서에 대한 이해

구 분	비 교	고등비평에 대한 견해
개혁 정통주의	절대무오의 하나님의 말씀과 성서의 영감설을 주장함	성서는 절대무오하기 때문에 고등비평을 반대함
자유주의	성서는 인간의 종교적 체험을 기록한 종교적 문헌일 뿐이다.	고등비평을 받아들임
칼 바르트	성서는 하나님의 계시에 대한 인간의 증언이다.	성서는 하나님의 말씀이지만 고등비평은 필요하다고 받아들임

이러한 자유주의 신학에 반발하여 칼 바르트는 "하나님 말씀의 신학"(Die Theologie Gottes)을 펼치기 시작했다. 칼 바르트는 성서가 '하나님 말씀'이 될 수 있는 것은 인간의 문자에 얽매이지 않고, 하나님의 영의 창조적 현실성에 있다고 보았다. 칼 바르트는 교리화된 정통주의를 '객관주의'로, 성서를 해체시킨 자유주의를 '주관주의'로 각각 비판하고 자신의 신학 전통을 종교개혁자들의 개혁 전통의 편에 섰다. 그는 정통주의가 "오직 성서로만"(sola scriptura)이라는 전통을 받은 것은 훌륭하지만 '신앙'의 문제를 소홀히 하여 결국 성서의 기계적 문자 영감을 말하는 '성서주의자'가 된 것을 비판하였다. 이에 대해 자유주의자들은 신앙 자체, 즉 '오직 신앙으로만'(sola fide)'의 종교개혁자들의 전통을 받았으나 '성서', 즉 객관적 말씀에 대해서 소홀하였기 때문에 주관주의에 빠진 것을 지적하였다.[67] 칼 바르트에 의하면 17세기의 옛 정통주의자들은 성서가 인간적 증언이라는 사실은 잘 몰랐지만 성서가 하나님의 말씀이고 성서를 통해 하나

님께서 말씀하신다는 성서의 본질은 정확히 알고 있었다고 보았다. 그런 까닭에 바르트는 옛 정통주의자들의 성서관과 자유주의자들의 성서관 가운데 선택하라고 한다면 단연코 옛 정통주의자들의 성서영감론을 따르겠다고 자신의 입장을 밝혔다.[68]

그러나 성경에 대한 칼 바르트의 계시관은 개혁주의 계시관과는 다르다. 개혁주의는 성경을 하나님의 직접적 계시로 받아들이지만, 칼 바르트는 "(전략) 성경을 스스로 직접적으로 계시와 동일시한다면, 성경이 원치 않는 불량한 영예를 성경에 돌리는 것이다"[69]라고 말함으로써 개혁주의의 견해를 비판하고 있다. 즉, 성경적 증거(der biblische Zeuge)의 권위(Autorität)는 하나님의 계시로서의 성경에 있는 것이 아니라, 계시(Offenbarung)를 찾고 발견할 수 있도록 하는데 있다는 의미이다.[70]

성서에 대한 이와 같은 입장에서 칼 바르트는 정경의 표준에 대해서 이야기하고 있다. 칼 바르트에 의하면 초대교회에 있어서 정경의 표준은 사도성에 있었다. 즉, 사도의 글들을 주로 정경으로 규정했고, 이렇게 규정된 책들이 오늘날 성서로 교회에서 읽혀지고 있다는 것이다. 그런데 문제는 당시에는 사도의 글로 생각하고 정경으로 편입했던 책들이 지금에 와서는 사도의 글이 아닐 것으로 추정되는 책들이 많이 존재하고 있다.[71]

그렇다면 성서의 책들 중에서 사도들의 저작이 아니라고 판명된다면 어떻게 해야 할까? 사도의 글이라고 생각하고 정경에 편입하였는데 사도의 글이 아니면 정경에서 제외해야 되지 않을까? 오늘날에도 정경의 표준으로 사도성을 언급할 수 있는가? 만일 그렇다면 성서에 대한 학문적 연구는 상당수의 정경을 정경에서 제외하게 되는 결과를 가져오지 않을까?

---

67) 최종호, 《칼 바르트, 하느님 말씀의 신학》(서울: 한들출판사, 2010), 56.
68) 김명용, 《칼 바르트의 신학》(서울: 도서출판 이레서원, 2014), 112.
69) Karl Barth, *Die Kirchliche Dogmatik*, I/1, 115.
70) 황대우, "바르트의 기독론," 〈기독교사상연구〉, 제4호(1997. 7), 109.
71) 바르트는 베드로후서와 요한계시록, 에베소서를 비롯한 상당수의 바울 서신들이 저자성에 대해 의심을 받고 있다고 한다.

위와 같은 문제들에 대해 칼 바르트는 종교개혁자들이 강조한 정경은 스스로 정경이 되게 한다는 가르침을 강조했다. 칼 바르트에 의하면 정경은 그 자체로 권위가 있어서 스스로의 힘으로 정경이 된 것으로 보았다. 칼 바르트는 로마가톨릭교회가 교회 결정에 의해 정경의 권위가 판가름 났다고 주장하는 것에 대해 단호하게 반대했다. 칼 바르트에 의하면 교회가 정경으로 규정했기 때문에 정경이 된 것이 아니라 정경으로 된 책들은 그 자체로 권위가 있었기 때문에 교회가 후일에 추인한 것뿐이라는 것이다.[72]

그렇다면 정경이 스스로 권위가 있어서 정경이 되었다는 말의 뜻은 무엇일까? 칼 바르트에 의하면 정경의 결정에 핵심이 되는 것은 우리가 그 책을 통해 하나님의 말씀을 사실상 듣느냐에 달려 있다고 보았다. 그러면 하나님의 말씀을 듣는다는 것을 누가 결정할 수 있을까? 칼 바르트에 의하면 어떤 책을 통해 하나님께서 직접 말씀하시는가의 문제는 개인이 결정할 문제가 아니라 전체 교회가 결정해야 한다고 했다. 즉, 전체 교회가 그 책을 통해 하나님의 말씀을 듣는다면 우리는 그 책을 정경으로 삼아야 한다는 것이다.[73] 칼 바르트는 개인적으로 《12사도의 교훈》(디다케)과 《디오그네투스에게 보낸 편지》(*The Letter to Diognetus*)[74]는 정경에 삽입할 수 있는가

---

72) 김명용, 124.

73) 칼빈은 《기독교 강요》 제7장에서 "오로지 교회의 동의가 있어야만 성경이 무게를 지니게 된다는 것은 하나님의 영원하고 침범할 수 없는 진리가 어떻게 사람들의 결정에 따라 좌우될 수 있다는 말인가"라고 하면서 정경의 범위를 교회의 결정에 달려 있다는 로마가톨릭교회의 주장을 반대하고 있다. 그리고 성경이 진리라는 확신의 근거를 인간의 추리나 판단, 혹은 이성보다도 더 높은 것에, 즉 성령의 은밀하신 증언과 내적 증거에 두어야 한다고 했다. 존 칼빈, 85-89.

74) 초기 기독교 교부들의 글 중의 하나인 "디오그네투스에게 보내는 편지"는 로마제국 통치 아래 살던 이교도들은 기독교를 로마제국 체제를 위협하는 단체로 규정하고, 온갖 거짓 루머로 공격하며 물리적인 핍박을 가했다. 이런 상황 속에서 몇몇 그리스도인들이 거짓 루머들을 반박하며 변증서를 쓰기 시작하는데 그 중의 하나가 이 편지다. 2세기 후반에 쓰인 것으로 추정되고 저자는 미스터리로 남아 있다. 이 편지는 이교도 로마인인 디오그네투스—실재 인물인지 가상의 인물인지 알 수 없는—가 던진 세 가지 질문에 답변하는 형식으로 전개된다.

를 검토할 충분한 가치가 있다고 보았다. 또한 루터가 말한 대로 야고보서와 요한 2서, 3서 및 요한계시록은 정경에서 제거하는 것이 어떤지를 고려해 보는 것도 좋겠다고 생각했다. 그러나 이 모든 것은 한 개인이나 신학자가 결정할 일이 아니라, 전체 교회가 심사숙고해서 결정해야 한다고 보았다. 이런 의미에서 바르트에 의하면 정경은 잠정적으로 고정되어 있다.[75]

성경의 권위에 대한 이해

개혁정통주의	로마 가톨릭교회	칼 바르트
정경은 스스로 정경이 되게 한다. 정경을 빼거나 왜곡시킬 수 없으며 확정되었다.	정경은 교회가 받아들였기 때문에 정경이 된다. 교회가 필요하다면 정경을 추가하거나 뺄 수 있다.	정경은 그 자체가 권위가 있었기 때문에 후일에 교회가 이를 추인한 것이다. 교회 전체가 합의하면 정경을 추가하거나 뺄 수 있다.

오늘 교회 안에는 성경의 권위에 대해 두 가지 상반된 견해가 존재하고 있다. 즉, 교회 안팎의 많은 사람들은 성경의 권위를 자유보다는 강제와 동일시하려고 하며, 기쁨보다는 공포와 연결시키려고 한다. 자유로운 연구를 억압하고 노예제도와 가부장제도 등을 정당화하는 것에 성경의 권위가

첫째, "그리스도인들이 믿는 하나님이 누구이기에 그들은 세상을 멸시하고 죽음을 두려워하지 않는가?"
둘째, "믿는 자들이 서로를 향해 목숨을 아끼지 않고 사랑하는 비밀은 무엇인가?"
셋째, "기독교가 진리이고 그렇게 참된 믿음이면 왜 오래 전에 세상에 나오지 않고 최근에 등장했는가?"

75) 김명용, 125. 칼 바르트의 정경이 잠정적으로 고정된 것이라는 주장은 종교개혁자들의 주장과는 분명히 다르다. 즉, 종교개혁자들의 정경에 대한 이해는 확정된 정경이다. "웨스트민스터 신앙고백서" 제1장에서는 "성경의 권위는 어떤 인간의 증언이나 교회의 증언에 의존하는 것이 아니라 전적으로 하나님께 의존한다"고 하면서 "하나님이 자기의 뜻을 자기 백성에게 계시해 주시던 구약의 방법은 이미 끝났다"고 했다. 불링거도 "제2 스위스 신앙고백"에서 성경의 어떤 부분은 받아들이지 않거나 성경의 일부를 왜곡시키거나 삽입시키는 이단들을 배격한다고 했다.

어떻게 이용되어 왔는가를 우리는 너무나도 잘 알고 있다.[76] 그런가 하면 다원주의적 시대에서 성경의 절대적 권위는 상대화되면서 심대한 위협을 받고 있는 것도 사실이다. 그리고 그에 대한 반작용으로 해방신학, 민중신학, 여성신학과 같은 신학들과 성경 비평학적 방법들이 등장하게 되었다.

그러나 기독교 신앙이 성경 안에 증거된 복음의 하나님 안에서 발견하는 권위는 강제적인 힘에 의해 작용하는 권위가 아니라 새로운 공동체를 창조하시는 하나님의 자유케 하시는 사랑의 권위이어야 한다.[77]

2) 성경해석의 방법들

성경을 읽으면서 접하는 또 하나의 고민은 신적 영감으로 쓰여진 무한하신 하나님의 말씀인 성경을 유한한 인간이 어떻게 읽고 해석해야 할 것인가 하는 문제이다. 성경은 신언(神言)이다. 그러나 신언인 이 성경은 사람의 언어로 기록되어 수천년의 세월에 걸쳐서 전달되었다. 문서로 된 글이라는 것은 반드시 해석이 따르게 마련이다. 뿐만 아니라 이 해석은 필연적으로 여러 가지 견해 차이가 생기게 하는 것도 사실이다.

그런데 성경을 해석함에 있어서 염두에 두어야 하는 것은 앞의 1장에서 이야기한 바와 같이 text라는 성경과 context라는 삶의 자리에 대한 이해이다. 즉, 성경은 가장 완전한 해석자라는 말이 있듯이 어느 성경의 부족한 부분은 다른 부분을 통해서 해석하는 통전적인 성경 해석이 필요하다. 이와 같은 성경 해석에 있어서 '웨스트민스터 신앙고백'(1647)은 "제1장 성경에 관하여" 7절에서 다음과 같이 강조하고 있다.

성경 내용의 모든 부분들은 똑같이 명료하지 않고 모든 사람들에게 꼭 같이 분명하지도 않다. 그러나 구원을 위해서 우리가 꼭 알아야 하고 꼭

---

76) 다니엘 L. 밀리오리, 74.
77) Ibid., 77.

믿어야 하고 꼭 지켜야 할 부분들은 성경의 이곳 저곳에 분명하게 제시되어 있고 열려 있기 때문에 유식한 사람이든 무식한 사람이든 일상적인 구원의 수단이 적절히 사용될 경우 그것들을 충분히 이해할 수 있다.[78]

종교개혁 당시 로마가톨릭은 무오류한 권위를 가진 교황만이 성경을 해석할 수 있다고 가르쳤다. 그러나 종교개혁자들과 교회는 평신도들도 성경을 해석할 수 있다고 이해하였다. 그런데 '웨스트민스터 신앙고백'에서는 성경 해석에 있어서 두 가지 접근을 서술하고 있다. 하나는 성경의 중심 메시지인 '신앙과 행위' 혹은 '구원과 기독교적인 삶'을 성경 해석의 출발로 삼는 것이다. 이 중심 메시지는 설교, 세례, 성만찬, 성경 읽기, 기도 등 은총의 수단들을 통하여 성령의 역사로 학식이 있는 자에게나 없는 자에게도 분명히 이해가 된다는 것이다.

우리가 성경을 해석함에 있어서 가장 중요한 기준은 성경이어야 한다. 그 이유는 위의 '웨스트민스터 신앙고백'에서 가르치고 있는 바와 같이 성경의 이곳 저곳에 분명하게 제시되어 있기 때문이다. 이에 대하여 '웨스트민스터 신앙고백' 제1장 9절에서는 다음과 같이 가르치고 있다.

성경 해석의 오류 없는 규범은 성경 자체이다. 그래서 우리들이 성경의 어느 구절의 참되고 충만한 뜻을 분명히 알기 힘들 경우에 보다 명쾌하게 말씀하고 있는 성경의 다른 부분들을 탐구하고 알아야 한다.[79]

성경 해석의 완전한 규범이 성경 자체라는 입장에 대해 '제2스위스 신앙고백'의 "제1장 하나님의 말씀인 성경에 관하여"에서는 다음과 같이 밝히고 있다.

---

78) 이형기, 246.
79) Ibid., 246.

그리스도의 보편적 교회는 구원에 이르는 신앙에 관련된 모든 것과 하나님 보시기에 합당한 성화의 삶을 형성하는 데 관계된 모든 것에 대한 가장 완전한 해석이 이미 성경 안에 있음을 믿고 고백한다.[80]

성경의 가장 훌륭한 성경 해석자는 성경 자신이다. 이것은 종교개혁자들이 일관되게 주장하고 받아들인 성경 해석 원리이다. 사회학적 원리나 심리학적 원리와 같은 성경 밖으로부터의 낯선 원리들이 아니라 성경 자체로부터 끄집어 낸 원리들이 성경을 다시 해석하는 원리가 되어야 한다. 성경 해석에 대한 이러한 원리는 '스코틀랜드 신앙고백'에서도 나타난다. 제18장에서는 "우리는 우리보다 먼저 살았던 인간들이 무엇이라고 말했는가를 중요하게 여기기보다 성령께서 성경 안에서 무엇을 통일성 있게 말씀하고 계시며, 그리스도 예수 자신이 과연 무엇을 행하셨고, 무엇을 명령하셨는가를 중요시해야 한다"[81]고 함으로써 외적 증거들에 의한 해석이 아니라 내적 증거들에 의한 해석을 강조하고 있음을 볼 수 있다.

그리고 성경 해석자는 성령과 말씀을 통하여 무엇보다 이 중심 메시지를 이해하고 삶의 변화를 경험해야 한다. 즉, '신앙과 행위' 혹은 '구원과 기독교적 삶'이 그 다음 단계의 성경 해석 출발이요, 전제가 되어야 한다. 그런데 성경 해석의 방법에 있어서 전통적으로 어거스틴과 칼빈은 이 성경은 신앙과 사랑을 중심으로 해석해야 한다는 것이다. 따라서 이전의 신앙고백인 '제2 스위스 신앙고백', "제2장 성경의 해석과 교부들, 공의회들 및 전통들에 관하여"에서 "신앙과 사랑의 규범에 일치하며 하나님의 영광과 인간의 구원에 크게 공헌하는 성경 해석이라야 정통적이며 참되다고 주장"[82]한다. 이와 같은 견해는 '스코틀랜드 신앙고백' 제18장에서 "우리는 어떤 성경의 해석도 그것이 우리 신앙의 주된 내용에 반대되거나 성경의

---

80) Ibid., 117.
81) Ibid., 53.
82) Ibid., 120.

명백한 본문에 위배되거나 혹은 사랑의 규범에 모순될 때 이를 감히 수용하지 않으며 허용할 수도 없다"[83]고 하면서 신앙과 사랑의 규범을 중심으로 성경을 해석해야 한다고 가르치고 있다. 따라서 '웨스트민스터 신앙고백'에서도 이와 같은 성경 해석에 대한 기준을 따르고 있음을 보게 된다.

우리가 성경을 해석함에 있어서 두 번째로 생각해야 할 것은 context라는 삶의 자리이다. 성경은 신앙인들의 공동체인 교회의 책이다. 그리고 성경은 개인적이고 사회적인 삶의 맥락(context)에 의해 형성되었다. 따라서 우리가 성경을 읽을 때 염두에 두어야 하는 것은 성경이 기록되었을 때의 개인적이면서도 시대적인 상황과 신앙 공동체인 교회 상황을 이해해야 한다는 사실이다. 뿐만 아니라 성경은 과거에 성경이 작성되었을 때의 맥락만이 아니라 오늘 이 시대의 개인적이면서도 신앙 공동체인 교회 맥락을 함께 생각해야 한다.

사실 성경을 그 맥락에 따라서 해석한다는 것은 더 많은 것을 의미한다. 성경이 여러 종류의 다양한 교회적, 사회적 맥락에서 읽혀지기에 모든 성경 해석은 우리와는 다른 경험, 환경, 필요, 희망 등에서 나오는 다른 해석들에 대하여 열려 있는 동시에 그 해석들에 의해 검증받아야 한다. 보다 구체적으로 우리의 성경 해석은 정의와 자유를 위하여 싸우는 가운데 고통당하는 공동체의 성경 해석에 의하여 검증되면서 동시에 더 깊어져야 하는 것이다.[84]

그런데 성경의 읽기와 해석함에 있어서 필요한 자세는 신앙 공동체 안에 있는 사람들은 과거와 현재를 포함한 더 큰 신앙 공동체의 교훈과 통찰력에 자신을 열어둘 수 있어야 한다는 것이다. 그런 점에서 교회의 신조와 신앙고백을 이해하는 것은 매우 중요하다. 물론 교회의 신조나 신앙고백이 성경보다 우위에 두는 것은 아니다. 그렇지만 이것들이 종종 성경에 대한 모범적 해석을 제공해주는 것도 사실이다. 신조나 신앙고백은 그 시대와

---

83) Ibid., 53.
84) 다니엘 L. 밀리오리, 93.

장소 안에서 '신앙의 잣대'(rule of faith)를 제공해주는데, 교회의 삶 속에서 일어나는 논쟁과 혼동의 와중에서 성경의 중심 주제가 어떻게 이해되어야 하는가를 가르쳐 준다. 그리고 교회에서의 교리에 대한 바른 이해도 필요하다고 해야 할 것이다. 왜냐하면 교회 오랜 역사 속에서 채택되고 받아들여져 왔던 교리들은 성경적 증언의 중심적이고 살아 있는 진리에로 우리를 인도하기 때문이다.[85]

지금까지 정리한 바와 같이 성경이라는 text와 삶의 자리라는 context에 대한 이해도 필요하지만 성경을 해석하는 방법도 우리는 알아야 한다. 이들 성경 해석에 관한 방법들에 대해서는 다음과 같이 살펴볼 수 있다.[86]

(1) 랍비의 해석 방법

랍비라는 직업은 공회당(Synagogue, 시나고그)에서 성경을 읽고 가르치는 전문적 지식을 가지고 있는 사람을 의미한다. 구약성경은 이 랍비들이 가르쳤는데 첫 위대한 랍비는 에스라라고 한다. 느헤미야 8장 8절에 학사 에스라가 "하나님의 율법책을 낭독하고 그 뜻을 해석하여"라는 말이 있다. 이것은 율법서를 읽기만 한 것이 아니라 설명도 했음을 의미한다. 여기에서 이른바 해석학, 또는 주석학의 역사적 효시를 발견하게 된다.

랍비들의 해석 방법에는 여러 가지가 있었는데 던비에 의하면 대체로 두 가지로 보고 있다.

① **미드라쉬(Midrash) 방법**: 이것은 율법서를 각 절마다 조직적으로 해석하는 방법이다. 유대교에서 더 중요하게 된 것은 미드라쉬 방법이었다. 이 방법은 믿음과 행동을 강조하다가 이후에는 행동을 지나치게 강조했기 때문에 율법주의에 빠졌다. 바리새인들은 대체로 성경을 미드라쉬 방

---

85) Ibid.
86) 성경 해석에 관한 방법들은 다음의 내용을 발췌했음을 밝힌다. 이종성,〈신앙과신학〉, 41-46.

법으로 해석했다.

② **미슈나(Mishnah) 방법**: 율법서 자체에 충실히 따르지 않고 대체로 유대인으로서 해야 할 행동에 관한 규칙을 강조하는 방법이었다. 이 방법은 대체로 구전(口傳)으로 전달되었다. 예를 들면, 예수님 당시 안식일에 관한 규정이 39가지가 있었다는 것은 미슈나적 해석에 속하는 것이다.

(2) 알레고리(萬話的, allegory) 방법

알레고리 방법은 이미 헬라 철학에 의해서 사용되었다. 그 목적은 숨겨져 있는 의미를 밝히기 위한 것이었다. 이 방법으로 헬라인들은 자신들의 신화와 의미를 밝히려고 했다. 이러한 해석 방법은 이미 플라톤(Platon, BC 427-BC 347) 이전에 적용되었는데, 이 해석 방법이 유대교에도 영향을 주었다. 예를 들면, 롯의 아내가 소금 기둥이 되었다는 것은 인간의 불신을 의미하고, 야곱이 천사와 씨름했다는 것은 경건을 의미한다는 식으로 해석했다.

따라서 이러한 해석 방법이 기독교 안에도 많은 영향을 주었다. 그리고 이 방법은 필로(Philon, BC 20?-BC 45?)에 의해서 더 극단화되었는데, 그의 영향을 받은 오리겐(Origen, 185-254)은 필로의 방법을 그대로 적용하였다. 그에 의하면 성경을 문자적으로 해석해서는 안 되는 조건으로서 ① 신에게 적용할 수 없는 표현(주로 의인법으로 표현한 부분), ② 모순된 말(창 4:17, 가인이 성을 쌓았다고 하나 한 가족 3명만 있었는데 그것이 필요했을까? 그리고 가인은 부인을 어디에서 데리고 왔을까?), ③ 성경 자체가 우화적으로 표현된 것(뱀과 하와의 대화―창세기 3장) 등이라고 한다. 이 방법은 이레니우스를 거쳐 어거스틴에 이르기까지 매우 보편적인 성경 해석 방법이었다.

(3) 종교개혁자들의 성경 해석

성경을 해석함에 있어서 종교개혁자인 루터는 성경은 모든 사람에게 알게 하기 위해 쓰여진 것이기 때문에 복잡한 의미를 첨가해서 이해할 것이 아니라 될 수 있는 대로 단순하게 해석해야 한다고 주장했다. 그래서 분명하지 않은 부분은 성경의 더 분명한 부분에 의해서 해석되고 이해되어야 한다. 따라서 그는 "성경은 자체의 해석자"라는 유명한 말을 하게 되었다. 그리고 그는 성경을 읽을 때에 이곳에서 그리스도를 발견할 것을 기대하면서 읽어야 한다고 했다.

반면에 칼빈은 루터의 원칙을 그대로 받아들이면서도 루터와는 달리 많은 주석을 쓰면서 언제든지 강조한 것은 세 가지 원칙이었다. 즉, '단순하고도 문자적인 의미'를 받아들일 것, '성경 자체가 성경의 해석자' 이다. 그리고 '그리스도를 발견할 것을 기대' 하면서 성경을 읽어야 한다. 그런데 칼빈은 여기에서 머물지 않고 '성경의 영감설' (靈感設)과 '신언' (神言)과 '성경의 동일성' (同一性)을 강조하여 후세 교회에 더 많은 영향을 주었다.

한편, 19세기의 역사적, 비판적 성서해석의 한계를 극복하기 위한 대안적 패러다임으로서 칼 바르트는 성서가 하나님의 말씀으로 새롭게 들려지기 위해서는 인간이 주체가 되어 성서를 비판적으로 연구하는 역사적 해석을 넘어서서(자유주의적 신학 해석 방법), 성서 자체가 주체가 되어 우리를 향해 말씀하시는 하나님의 음성을 순종하는 자세로 듣기 위한 신학적 해석으로 돌아가야 한다고 주장했다. 반면에 불트만은 성서의 텍스트는 그 시대의 언어적, 종교적, 철학적, 문화적, 역사적 형식적 배경 속에서 생성되었기 때문에 이러한 배경에 대한 역사적, 비판적 연구는 성서 해석에 불가피하다고 했다. 그렇기 때문에 성서 해석에 있어 전이해를 규명하는 일이 수행되지 않을 수 없는데, 모든 해석자는 자신의 틀에 따라 텍스트와 만나며 텍스트를 이해한다고 했다.

그러나 이런 불트만의 주장에 대해 칼 바르트는 모든 인간적인 원리나 방법은 하나님의 말씀을 파악하는데 적절하지 못하며 하나님은 결코 인간의 방법이나 원리에 근거한 해석 대상이 될 수 없다고 하였다. 오히려 성서에 기록되어 있는 역사, 도덕, 종교는 세속의 그것에 비추어볼 때 이 모든 것을 초월하는 새롭고 놀라운 세계가 있다고 하였다. 따라서 그는 성서 안에서 하나님 자신이 우리에게 오시며 우리에게 말씀하시도록 하는 데 있다는 것이다. 뿐만 아니라 성서의 주제를 바르게 파악하는 길은 하나님의 은혜에 이끌리면서 믿음 가운데서 하나님의 말씀을 듣는 데 있다고 했다.[87]

3. 성경의 영감설

성경은 모든 성경의 저자들이 성령의 감동하심을 받아 하나님께로부터 받아(벧후 1:21) 기록했다고 증언하고 있다. 즉, 성경의 저자들이 성경을 기록할 당시 하나님으로부터 영감을 받아 기록했다는 것으로 성경의 권위가 하나님께 있음을 의미한 다."[88] 이것은 칼빈의 말을 빌린다면 "성경의 기원이 하나님께 있다[89]는 말이다. 그런데 우리는 여기에서 '계시'(啓示, Revelation)와 '영감'(靈感, inspiration)의 차이를 이해해야 한다. 성경은 하나님의 영감을 받은 것이라고 주장하며, 성경의 권위는 이 하나님의 영감에 기초한다. 그러나 성경에 있는 모든 것이 계시는 아니다. 그렇지만 성경의 모든 것은 영감을 받은 것이다. 계시는 하나님이 자신을 드러내 보이시는 것을 의미한다. 따라서 성경에는 계시가 아닌 것도 많이 있음을 알 수 있다. 즉, 전도서나 죄 많은 불경건한 사람들의 말이 기록된 부분 속에는 전혀 계시가 담겨 있지 않다. 그럼에도 불구하고 성경은 이 모든 진술이 영

---

87) 김균진, "칼 바르트의 신학적 해석학," 〈신학논단〉, vol. 31(2003), 48-49.
88) 성경의 영감설에 관한 주요한 성경적 근거로는 딤후 3:16과 벧후 1:21, 행 1:16 등으로 성경 기자들이 성경을 기록할 때 하나님 또는 성령의 감동과 지시에 따라 기록했기 때문에 일점일획이라도 틀림이 없다고 한다.
89) 존 칼빈, 106.

감을 받아 기록된 것이라고 말한다. 다시 말해서 성경이 주장하는 바는 성경에 담겨 있는 모든 것이 영감된 기록이며, 따라서 무오하고 틀림 없는 것이라는 사실이다.[90]

그렇다면 영감이란 무엇인가? "영감되었다"는 것은 "하나님이 숨을 불어넣었다"는 뜻이다. 즉, 성경의 저자가 기록하는 가운데 오류를 범하지 않도록 하나님의 성령에 의해 통제받았다는 것을 의미한다.[91]

여기에서 성경의 영감설에 대한 이해가 중요한 이유는 이 성경의 영감설 부분을 어느 정도까지 인정하느냐에 따라서 성경을 해석하는 방법이 달라질 수 있기 때문이다. 즉, 성경의 완전한 영감설을 받아들이는 사람이라면 성경은 일점일획도 틀릴 수 없다는 전제 아래 모든 성경은 정확무오한 법칙이라고 이해한다. 이런 사람들은 성경을 해석하는데 있어서 고등비평을 거부하면서 문자적으로 해석하려고 할 것이다. 반면에 부분적으로 영감설을 받아들이는 사람이라면 성경은 얼마든지 오류가 있을 수 있다는 전제 아래 다양한 성경의 비평적 해석 방법을 통하여 성경을 연구하려고 한다. 따라서 우리는 성경의 영감설을 올바로 이해하는 것은 성경을 대하는 건전한 신앙에도 필요하다고 할 것이다. 한편, 영감설에도 영감의 범위에 따른 영감설과 영감의 종류에 따른 영감설로 이해할 수 있다.

1) 영감의 범위에 따른 영감설

성령께서 성경의 기자들에게 감동을 주셨지만 그들이 기록한 성경은 어느 부분까지 하나님의 영감이 미치고 있는가 하는 영감의 범위에 대하여서는 다음과 같은 다양한 논의가 있다.

① **사상적 영감설(Thought inspiration):** 성경의 전체적인 사상은

---

[90] 마틴 로이드 존스, 《로이드 존스 교리강좌시리즈 1》, 임범진 옮김(서울: 부흥과개혁사, 2012), 52-53.
[91] Ibid., 54-55.

영감되었지만, 그 사상을 표현하는 문자와 용어들은 성령님의 지도나 감독 없이 저자 자신이 선택하여 사용했다는 설이다. 즉, 하나님께서는 저자에게 사상만 주시고 언어의 선택은 저자 자신이 했다는 것이다. 때문에 성경 기록의 표현에 있어서 잘못이 있을 수 있고 따라서 성경은 불완전하다는 학설이다.

② **부분적 영감설**(Partial inspiration): 성경의 어느 부분은 영감되었고 어느 부분은 영감이 되지 않았다는 주장이다. 즉, 인간 기자들이 알지 못하는 진리를 포함한 교리적인 부분은 영감이 되었고, 역사적 부분 중에는 많은 부분이 영감되지 않았으므로 성경 기록에 있어서 역사적, 시대적, 고고학적, 과학적 오류들을 막을 수 없었다는 학설이다. 이것은 대체적으로 자유주의적 신학자들의 주장이다(슐라이에르마허).

③ **완전축자 영감설**(Plenary verbally lnspiration): 이것은 17세기 개신교 정통주의 신학자들이 주장하고 받아들인 학설이다. 성경의 모든 부분이 영감되었다고 믿는 입장이며 기록된 성경의 전체, 다시 말하면 성경의 문자 한자 한자에까지 하나님의 영감이 미쳐서 하나님께서 인간에게 전달하시려는 진리가 올바로 표현되고 오류 없이 완전하게 기록되었다는 것이다. 이것을 축자(逐字) 영감설이라고도 한다. 이 견해에 따르면 성경의 절대 영감설과 무오설을 주장한다. 다시 말해서 성령의 섭리 때문에 모든 오류에서 보호되었다는 것이다. 그런데 여기에서 기억해야 할 것은 완전축자 영감설은 성경의 저자들이 속기사처럼 가만히 앉아 있고 하나님이 모든 단어를 불러주어 받아 적게 했다는 그런 의미가 아니다.

2) 영감의 종류에 따른 영감설

① **기계적 영감설**(Mechanical inspiration): 이 견해는 성경의 저자들이 성경을 기록할 때 하나님께서 불러주시는 대로 기계처럼 받아쓰기만 했다고 주장하는 설이다. 기계적 영감을 주장하는 사람들은 성경을 기록할

당시 저자들의 정신 활동이 정지되어 있었기 때문에 그들의 사고나 지식이나 언어가 성경을 기록하는데 아무런 영향을 주지 않았을 것이라고 한다. 그래서 심지어 성경은 성령의 문체요, 성령의 문법이라고까지 말한다. 이 견해는 초대 교부들의 주장이기도 하다(Justin Martyr, Athenagoras, Augustine).

② **동력적 영감설(Dynamic inspiration)**: 이 견해는 성령이 저자를 감동시켜서 의도하는 목적을 정확하게 쓰도록 했다는 설이다. 전적인 성령의 영감이 아니라 사상이나 인격에 영향을 준다고 해서 사상 영감설로써 인격 영감설이라고도 한다.

③ **유기적 영감설(Organic inspiration)**: 기록자의 성품과 기질, 은사와 재능 교육과 어법을 그대로 사용하시되 오류가 없도록 보호하셨다는 설이다. 성령은 기자들의 인격을 억압 없이 부여하신 재능과 능력에 따라 쓰도록 지도하셨고, 그 때문에 그 특성과 자질에 따라 각각 특색 있게 기록하게 되었다. 그리고 기자들은 능동적으로 성경 기록에 참여하였으며, 성령에 감동되었다는 설이다. 일반적으로 개혁주의에서는 이 영감설을 받아들이고 있다.

3) 성경 무오설에 대한 이해

성경 무오설은 성경의 저자들이 성령의 감동하심을 받아 하나님께로부터 받아 기록한 것이라고 한다면 그 성경에는 오류가 있을 수 없다는 주장이다. 즉, 성경은 그것이 가르치는 모든 내용이 전적으로 신뢰할 만한 것이라는 교리이다. 그러므로 "성경의 권위는 다른 책들 상위에 있는 성경 자체의 위엄과 탁월성에 있으며, 그것 때문에 성경이 '믿을만하다', 즉 무오하게 '확실하다'고 주장되어야 한다. 따라서 성경은 그 저자가 하나님이기 때문에 모두가 믿고 순종해야 한다"(폴라누스, i.16).[92]

한편, 이와 같은 성경의 무오성에 대하여 '대한장로교회 신경' 내지는

'12신조'의 제1조에서는 다음과 같이 가르치고 있다.

> 구약 및 신약성서는 하나님의 말씀이며, 믿음과 의무에 대하여 오류가 없는[93] 유일한 기준입니다.[94]

위의 12신조 내용은 웨스트민스터 대요리문답 제3문을 대부분 차용하면서 다만 '오류가 없는'이라는 말을 부가하고 있다.[95] 여기에서 '오류가 없는'이라는 말은 아마도 웨일즈 칼빈주의 신앙고백(제2조)에 있는 "믿음과 마땅히 순종해야 할 것에 대한 오류가 없는 유일한 기준"이라는 구절에서 나온 것으로 보인다. '오류가 없는'이라는 말은 매우 포괄적인데 반하여 '정확무오한'이라는 말은 기계적 정확성을 의미하는 것으로 성경의 영적 가치보다는 문자적 가치가 중요하다는 뜻으로 해석될 가능성이 있기 때문이다.

그렇다면 기독교의 교회가 성경의 무오설을 강조하는 중요한 이유가 무엇인가? 그것은 성경의 영감설에 따른 권위의 문제와 직결되기 때문이다. 우리가 성경을 온전히 하나님의 영감으로 기록된 것으로 받아들인다면 전지하신 하나님께서는 어떠한 문제에 대해서도 모르시거나 오류를 범하실 수 없다는 것이다.[96] 그리고 성경의 영감설에 대한 우리의 견해는 논리적으로 성경의 무오설을 수반하고 있다. 다시 말해서 성경의 무오설에 관

---

92) 하인리히 헤페, 49.
93) infallible의 역어인데 1907년 초판에서는 '확실한'으로, 1930년 이후 판에서는 '정확무오한'으로 번역되어 왔다. 황재범, "'대한장로교회신경' 혹은 '12신조' 영어 원문의 새로운 번역과 신학적 분석," 〈한국기독교신학논총〉, Vol. 56(2008), 116.
94) Ibid.
95) 웨스트민스터 대요리문답 제3문 하나님의 말씀은 무엇인가? 답. 신, 구약성경이 하나님의 말씀이며 신앙과 행위의 유일한 법칙이다. 김의환, 183.
96) 밀라드 J. 에릭슨, 《조직신학개론》, 나용화, 황규일 공역(서울: 기독교문서선교회, 2007), 97.

한 교리는 완전축자 영감설을 받아들였을 때의 당연한 결과인 것이다.

그렇다면 성경의 무오설의 범위가 어디까지인가? 이 물음에 있어서 대답은 '웨스트민스터 대요리문답' 제3문에서 '신앙과 행위'에 있어서 오류가 없는 유일한 법칙이라고 가르치고 있다. 이것은 성경 그 자체가 '오류가 없다' 혹은 '정확무오하다'라는 것과는 매우 다르다. 그리고 제1조에서 중요한 말은 사실상에 있어서 '오류가 없는'이라는 말이 아니라 '웨스트민스터 신앙고백' 및 소요리문답이 제시하는 것처럼 '유일한' (only)이라는 말이다. 즉 성경이야말로 "신앙과 행위에 대한 유일한 기준", 즉 다른 기준이 필요가 없는 기준이라는 것이다. 성경이 '오류가 없는' 기준이라 하더라도, 그것이 '유일한' 기준이 아니라면 큰 의미가 없는 것이다.

사실 성경 무오설은 미국의 프린스톤신학교가 이성을 중심으로 한 자유주의 신학 물결이 미국에 들어올 때 칼빈주의적 신학을 지키려는 가운데 축자영감설을 수용하면서 더욱 강조하게 된 교리 가운데 하나이다. 특별히 프린스톤 신학자들 가운데 성경 영감설의 축자영감을 주장하고 그에 따라 무오설을 가장 강조했던 인물이 벤자민 워필드(Benjamin Breckinridge Warfield, 1851-1921)였다. 그런데 벤자민 워필드의 성경관에 대한 영감설은 많은 비판을 받았는데, 이것은 그가 주장했던 원본 무오설 때문이다. 즉, 영감은 성경 기자들의 손으로 기록되었던 원본에만 해당된다는 것이다. 성경 원본의 복사된 사본들이나 번역판에는 영감이 주어진 것이 아니라 원본에는 절대로 실수가 있을 수 없다는 것이 프린스톤의 입장으로 이것은 벤자민 워필드에 의해 더욱 분명해졌다. 그러나 이 이론은 많은 사람들에게 공격받았다. 그들은 벤자민 워필드의 무오설은 사라져야 한다고 주장한다. 왜냐하면 그가 말한 무오한 원본은 사라졌기 때문이다.[97]

---

97) 김기홍, 《프린스톤 신학과 근본주의》(서울: 아멘출판사, 1992), 67-70.

4. 나가는 글

조직신학에서 두 번째 주제로 성경에 대해 다루어야 했던 것은 계시의 분명한 형태가 하나님의 말씀인 성경이기 때문이었다. 그런데 이 성경이 정경화되기 이전에 이미 교회는 성장하고 있었고, 조직화되어 있었다. 그렇기 때문에 로마가톨릭교회에서는 교회의 권위가 성경의 권위보다 위에 있다고 주장하기도 한다. 뿐만 아니라 무오류한 권위를 가진 교황만이 성경을 해석할 수 있다고 했다. 그러나 종교개혁자들을 비롯한 개혁교회는 성경의 권위를 강조하면서 성령의 증언과 내적 조명에 의한 것으로 성경은 스스로가 그 권위를 가지고 있다고 했다. 그럼에도 불구하고 인간의 이성을 중요하게 생각하는 자유주의 신학자들이 성서를 단지 인간의 종교적 체험이나 신 체험을 기록한 문서 정도로만 이해하면서 성경의 권위가 심대하게 손상을 입었다. 그리고 이것을 신정통주의의 칼 바르트가 "하나님 말씀의 신학"을 주창하면서 말씀의 회복에 많은 영향을 주었다.

그러나 분명한 사실은 성경은 하나님의 말씀이다. 즉, 성경은 성경의 저자들이 하나님의 영감을 받아 기록한 책이다. 그렇기 때문에 인간의 사고력과 이해력만으로는 성경의 깊은 의미를 충분히 이해할 수 없다. 따라서 성경을 이해함에 있어서 중요한 것은 성경 자체가 가장 충실한 해석자라는 자세이다. 그리고 성경을 읽을 때에 그리스도 중심으로 성령의 도우심을 기대하면서 읽어야 한다. 뿐만 아니라 우리는 성경을 읽을 때에 성경 자체인 text와 그 시대적인 맥락과 교회의 자리인 context를 함께 이해하면서 읽어야 한다.

아울러서 성경 해석의 필수적인 맥락(context)은 아직도 구원받지 못한 이 세계 속에서 그리스도인의 신앙, 사랑, 희망의 삶을 실천하며 사는 것이다.[98] 그리고 기록된 '쉐마'의 말씀이 오늘 나에게 주시는 '레마'의 말

---

98) 다니엘 L 밀리오리, 94.

쏨을 기대하며 그 말씀에 순종하려는 자세로 성경을 읽어야 할 것이다. 우리가 신학을 이해하는 데에는 여러 가지 준비적인 지식이 필요하지만, 그 가운데에서도 종합적이고 건전한 복음적인 성경관이 무엇보다 필요하다고 할 것이다.

제4장 삼위일체 하나님에 대한 이해

조직신학을 공부하면서 세 번째로 다루어야 하는 교리의 주제는 '삼위일체 하나님'에 관한 것이다. 우리가 여기에서 '삼위일체 하나님'에 관한 교리를 살펴보아야 하는 것은 제3장에서 계시의 분명한 형태가 하나님의 말씀인 성경이라고 했기 때문이다. 그렇다면 이 성경이 가르치고 있는 내용이 무엇인가라고 했을 때 우리는 이 대답을 '웨스트민스터 소요리문답'(1647)의 "제3문 성경이 주로 가르치는 것은 무엇인가요?"에서 다음과 같이 대답한것으로 확인할 수 있다.

> 그것은 하나님에 대한 신앙과 하나님이 인간에게 요구하시는 의무에 관한 가르침입니다.[1]

위의 가르침에서 알 수 있듯이 한 마디로 말해서 성경은 하나님 자신에 관한 이야기이다. 성경은 하나님으로부터 시작한다. 이 사실에 있어서 성

---

1) 이형기,《세계개혁교회의 신앙고백서》(서울: 대한예수교장로회총회출판국, 1991), 330.

경은 처음부터 이렇게 증언하고 있다. "태초에 하나님이 천지를 창조하시니라"(창 1:1). 하나님을 아는 지식은 궁극적으로 다른 모든 교리의 총합이다. 따라서 우리가 성경에서 이야기하고 있는 하나님에 대한 교리로부터 출발하지 않는다면 그 이후에 다루어야 할 인간론과 구원론, 죄에 관한 교리들을 살펴보는 것은 아무 의미나 뜻이 없다고 해야 할 것이다. 즉, 창조주 하나님에 관한 교리가 없다면 우주 만물과 인간은 누가 창조했는가에 대한 이야기에서부터 막히고 만다. 그리고 이것은 그 다음으로 이어지는 타락한 인간을 위한 하나님의 구원 섭리로서의 예수 그리스도에 관한 교리도 설명할 수 없게 되고 말 것이다. 무엇보다 우리가 하나님에 대한 교리로부터 출발해야 하는 이유를 설명함에 있어서 로이드 존스는 "하나님은 하나님이시며, 때문에 어떤 사물이나 누군가를 하나님 보다 앞에 놓는다는 것은 하나님을 모독하는 것이기 때문"[2]이라고 했다. 그런 점에서 이 부분에서 창조주 하나님에 대해서 살펴보는 것은 참으로 중요하다고 해야 할 것이다.

그렇다면 우리는 여기에서 다음과 같은 질문을 할 수 있다. 즉, 우리가 믿는 하나님은 어떤 분이신가? 기독교에서 삼위일체 하나님을 믿는다는 것은 무엇을 의미하는가? 그리고 삼위일체 하나님에 대한 성경적 근거는 있는 것인가? 덧붙여서 교회사에 나타났던 왜곡된 삼위일체 사상은 어떤 것들이 있었는가? 우리는 이와 같은 삼위일체 하나님에 관한 질문에 대하여 살펴보려고 한다.

1. 성경에 나타난 하나님의 존재적 의미

모든 종교에는 그 종교의 고유한 신(神)을 가지고 있다. 뿐만 아니라

---

[2] 마틴 로이드 존스, 《로이드 존스 교리강좌시리즈 1》, 임범진 옮김 (서울: 부흥과개혁사, 2012), 92.

그 종교의 핵심은 그들이 믿고 있는 신(神)에 있다. 따라서 그 종교에서 제일 중요한 위치에 있는 것도 신이다. 그런데 세상 사람들이 섬기는 신에는 인간이 고안해 냈거나 체험한 신이 있는가 하면, 신이 직접 인간에게 자신의 존재적 이름을 가르쳐 준 신도 있다. 전자는 우리가 제2장(계시에 대한 이해)에서 살펴보았듯이 초등종교에 속하는 자연에 바탕을 둔 자연종교의 범신론적 신들이라고 할 수 있다. 이들의 신들은 인간이 자연들을 통해서 자신들의 필요와 체험을 바탕으로 신의 이름을 만들어 섬긴다. 이런 신들은 세상에 그 종류가 너무 많아서 정확하게 알 수 없을 정도이다. 심지어 일본에만 30만이 넘는 신들이 있다고 하지 않는가. 지난 2007년 7월 16일자 '조선일보'에 따르면 미국의 뉴욕타임스(NYT)가 조사한 바에 의하면 서울에서 무속인들이 섬기고 있는 신들의 숫자가 1만이 넘는다고 했다. 반면에 후자는 고등종교에 속하면서 계시론에 바탕을 둔 유일신이라고 할 수 있다. 이것은 인간이 필요에 따라 신의 이름을 고안해 낸 것이 아니라 신이 직접 인간에게 찾아와서 스스로 자신의 이름을 알려주셨다. 우리가 믿는 기독교의 하나님이 바로 그러한 분이라고 할 것이다.

그런데 우리가 성경을 읽다 보면 기독교에서 믿는 신에도 몇 가지 특유한 이름들이 있다는 사실을 발견하게 된다. 어떤 의미에서 신이 이름을 갖는다는 것은 기독교 신관에 적합하지 않은 것 같은 점도 있으나, 신이 인간과 구체적인 관계를 가지고 대화를 하기 위해서는 이름을 가져야 한다는 해석도 있다. 그런데 기독교 신학은 하나님에 대하여 모호하게 일반적으로 말하지 않으며, 성경에 증언된 하나님의 구체적 행위에 근거하여 진술하고 있다. 따라서 기독교 신학의 중심적 과제는 기독교 신앙에 고유한 하나님 이해를 명료하게 기술하는 것이며, 기독교 신앙에 고유한 하나님의 '논리'를 드러내는 것이다.[3]

---

3) 다니엘 L. 밀리오리, 《기독교 조직신학개론》, 장경철 옮김(서울: 한국장로교출판사, 2007), 95.

특별히 하나님의 이해에 있어서 '웨스트민스터 신앙고백' (1647)의 "제2장 하나님과 성 삼위일체에 관하여" 제1절에서는 다음과 같이 가르치고 있다.

> 살아 계시고 참된 유일무이(唯一無二)의 하나님이 존재하신다. 그의 존재와 완전성은 무한하시고, 가장 순결한 영으로서 육체를 지니지 아니하신고로 불가시적이요, 그 무엇의 부분이 되실 수 없으시고, 감정을 지니시지 아니하신다. 그는 또한 변치 않으시고, 광대하시고, 영원하시고, 인간의 이성으로 파악되실 수 없으시고, 전능하시고, 가장 지혜로우시고, 가장 거룩하시고, 가장 자유하시고, 절대적이시고, 모든 일을 자신의 영광을 위하여 불변하시고 가장 의로우신 그의 뜻을 따라 성취해 나가신다. (생략)[4]

위의 신앙고백에서 하나님은 유일무이하신 오직 한 분 하나님만이 계신다고 가르치면서 그분의 속성들에 대해서 이야기하고 있다(하나님의 속성들에 대해서는 뒷장에서 살펴보게 될 것이다). 그런데 이와 같은 하나님의 호칭에 관한 고백은 '웨스트민스터 신앙고백' 보다 훨씬 이전에 나온 '프랑스 신앙고백' (1559)에서 먼저 찾아볼 수 있다. 즉, '프랑스 신앙고백'의 제1조에서는 다음과 같이 가르치고 있다.

> 우리는 다음과 같이 믿고 고백한다. 유일하고, 단순한 한 본질이시며, 영적이고, 영원하고, 불가시적이며, 불변하시며, 무한하고, 불가해하고, 이루 말로 다할 수 없고, 전능하신 한 하나님만이 계신다. 그리고 가장 지혜로우시며, 가장 선하시며, 가장 의로우시며, 가장 자비로우신 한 하나님만이 계신다.[5]

---

4) 이형기, 247.
5) 총회교육자원부 편,《개혁교회의 신앙고백》(서울: 한국장로교출판사, 2007), 254.

위의 신앙고백에서 하나님에 관한 서술은 이전의 신앙고백서에서 보던 것과는 다른 것을 발견할 수 있다. '웨스트민스터 신앙고백'에 익숙한 눈으로 보아서는 별다른 것이 없으나, 그 이전까지의 신앙고백서에서는 하나님에 관하여 단지 소박하게 '전능하신 하나님'이라는 정도로 호칭하였다. 그런데 '프랑스 신앙고백'에서는 하나님에 관한 호칭을 길게 서술하고 있다. 이러한 신앙고백의 내용은 이후의 신앙고백서인 1560년의 '스코틀랜드 신앙고백'에서와 1561년의 '벨기에 신앙고백'에서도 거의 비슷한 서술과 형식을 볼 수 있다. 이것은 역시 칼빈의 신학적 영향에서 비롯되었다고 볼 수 있다. 아무튼 위의 신앙고백에서는 한 하나님만이 계시며 그 하나님이 어떠한 분이신지에 대한 속성들을 보다 분명하게 가르치고 있음을 볼 수가 있다.

특별히 기독교 신앙이 "하나님은 누구이시며, 어떻게 우리와 관계를 맺으시는가?"와 같은 질문에 답변할 때 기독교적 하나님 이해는 이스라엘 민족과 함께 한 하나님의 역사를 증언하고, 예수 그리스도 안에 나타난 하나님의 새로운 계약을 증언하는 성경적 증언의 빛에서 그 답변을 찾는다.[6]

성경을 읽으면 하나님은 자신과 자신의 속성들에 대한 진리를 매우 특별한 방식으로 우리에게 가르쳐주시는데 그것이 바로 하나님의 이름을 통해서이다. 즉, 하나님의 이름들은 하나님의 본성과 그분의 성품에 관하여 훨씬 더 구체적이고 사실적으로 가르쳐주고 있다. 그래서 성경의 어떤 인물들은 하나님께 이름을 알려 달라고 요청했던 것이다.[7] 이런 점에서 성경에 나타난 하나님이 직접 우리에게 말씀하신 하나님의 이름을 통해서 하나님이 누구이시며 어떻게 우리와 관계를 맺으시는가에 대한 하나님의 존재

---

6) 다니엘 L. 밀리오리, 95.
7) 마틴 로이드 존스, 148. 대표적인 예로, 야곱이 고향으로 돌아가는 길에 브니엘에서 혼자 밤을 보내던 중 천사와 더불어 씨름을 하게 된다. 야곱은 날이 새도록 씨름을 하는 가운데 지금 자신과 싸우고 있는 상대방이 단순히 사람이 아니라 어떤 신적인 존재임을 깨닫게 된다. 그리고 그는 자신과 싸우고 있는 천사에게 "당신의 이름을 알려주소서"(창 32:29)라고 요청하였던 것이다.

적 의미를 발견할 수 있을 것이다. 무엇보다 하나님의 이름은 하나님의 속성이나 하시는 일을 스스로 반영해 주는 것이다. 사람이 스스로 하나님을 알 수 없기 때문에 하나님께서 스스로 자신을 계시해 주시고 자신의 이름을 계시해 주셔야만 한다. 따라서 사람이 자의적으로 하나님의 이름을 만들어 부를 수는 없다. 그러므로 성경에는 하나님에 대한 칭호들은 사람들이 자의적으로 만들어서 부른 것이 아니라, 하나님 자신에 의해서 직접 계시되었다.[8]

구약성서가 제일 많이 사용하는 신의 이름에는 '엘', '엘로힘', 또는 '엘욘'이라는 이름이 있다.[9] '엘'이라는 이름은 최고라는 의미로서 '힘'과 '능력', '강력함'이라는 개념을 전달한다. 그리고 '엘로힘'은 복수 형태이다. 이 이름도 역시 하나님이 강력한 분일 뿐 아니라 두려워해야 하는 분이라는 개념을 전달한다. 그리고 이 이름은 하나님이 창조와 관련하여 자신에 대해 말씀하실 때 일반적으로 사용하시는 이름이다. 그런가 하면 '엘욘'이라는 이름은 '높고 고귀하신 분'이라는 의미이다.[10]

그 다음으로 전능하신 주, 만물이 복종하며 모든 사람이 섬기는 통치자라는 의미를 가진 위대한 이름 '아도나이'가 있다. 이 이름은 "심판한다", "지배한다"라는 뜻에서 나온 말이라고 한다. 따라서 이 말은 "전능하신 통치자", "주"(主)라는 뜻을 포함하고 있다. 특별히 이 이름은 하나님이 이스라엘의 자손에게 말씀하실 때 흔히 사용하신 이름이다. 이 이름들은

---

[8] 가령, 창세기 22:1-14에 나오는 '여호와 이레'라는 명칭은 아브라함이 여호와의 준비하시는 역사를 체험하였던 땅, 모리아산을 향하여 불렀던 이름이다. 여기서 '이레'로 번역되어 있는 단어는 '리아' (ראה: 준비하다, 제공하다)의 미래형으로서 '이르에'라고 되어 있다. 그러니까 문자적인 의미는 "여호와께서 준비(제공)하시리라!"는 뜻이다. 이 말의 넓은 의미는 "여호와께서 자기를 위하여 친히 준비하시리라"는 뜻이 된다.

[9] 엘욘(Elyon)은 아브라함의 대적을 그의 손에 붙이신 지극히 높으신 하나님이셨으며(창 14:20), 그분은 이스라엘의 구속자이셨고, 또 지금은 그러한 지존하신 하나님이시다는 뜻에서 불려진 이름이다(시 78:35).

[10] 마틴 로이드 존스, 149.

하나님을 위대하고, 높고, 강력하고, 영광 가운데 높이 들리우신 초월적인 하나님으로 묘사한다.

이와 반면에 우리에게 높으시고, 영원하시고, 전능하신 존재가 그의 피조물과 어떤 관계를 맺는지를 보여주시기 위한 이름들이 있다. '샤다이' 또는 '엘 샤다이' [11]라는 이름이다. 이 말은 "천지 간에서 가장 능력이 많은 자"라는 뜻이라고 한다. 즉, 하나님을 하늘과 땅의 모든 권세를 가지신 분으로 묘사하며, 특별히 이 모든 것을 굴복시켜서 그의 은혜의 사역에 복종하게 하시는 분으로 묘사한다. 무엇보다 이 이름은 하나님의 권능만이 아니라 그분의 은혜와 자비, 그리고 사람들과 맺으시는 관계를 위해 이 모든 것을 주관하시는 하나님의 통제권을 강조한다. 예를 들면, 하나님은 우리가 먹을 식량이 있도록 하기 위해서 바람과 비와 눈을 통제하신다. 그것이 '샤다이'의 의미이다.[12]

그런데 하나님께서 우리에게 가르쳐주신 이름들 가운데 가장 중요하고 의미 있는 이름은 바로 '야웨'라는 위대한 이름이다. '야웨'라는 이름은 이때까지 여호와라고 부르던 이름 대신 사용되는 이름이다. '여호와'라는 이름은 히브리어 성경에 나오는 '야웨'라는 이름의 원어를 잘못 발음한 데서 나온 이름이라는 사실이 밝혀졌기 때문에 현대 신학자들은 대개 더 정확한 발음인 '야웨'라는 이름을 사용한다. '야웨'라는 말의 의미에 대해서는 많은 학설과 논쟁이 근년에 이르러 전개되었으나 하와(hawah)라는 말에서 만들어진 이름으로 해석하는 설이 많다. 그렇다면 이 말의 뜻은 "자존자"(自存者)라는 뜻이 된다. 이 해석은 출애굽기 3장

---

11) '엘 샤다이' (전능하신 하나님)라는 이름은 최초로 아브라함에게 계시하신 이름이다. 아브라함의 나이 99세로(처음 약속으로부터 24년이 지남), 이제 하나님이 하신 약속이 성취되기란 인간적인 계산으로는 전혀 불가능한 때였다. 이러한 환경 가운데 있을 때, 하나님께서 그의 후손을 주시겠다는 약속을 재확중하신 것이다. 그리고 '아브람'의 이름을 '아브라함'으로 바꾸시고, 하나님 자신에 대해 '엘 샤다이' 곧 '전능하신 하나님'으로 계시해 주신 것이다.

12) 마틴 로이드 존스, 150.

14절의 모세와의 대화에 근거한 해석이다. 한국 성경에서 "나는 스스로 있는 자"(I am that I am)라고 번역한 것은 잘된 번역이라고 생각된다.[13] 이 이름은 하나님의 불변성, 특히 그의 백성들과의 관계에 있어서의 변함없음을 묘사한다.

신약성서에서 사용되는 신의 명칭에는 특별한 의미 없이 그 당시에 사용되던 헬라어의 신명(神名) '데오스'(Theos)를 그대로 사용하고 있다. '큐리오스'(Kyrios)라는 이름도 사용되지만, 이 말은 구약의 '아도나이'라는 말과 같은 뜻을 가지고 있는 말이다. 이 외에 신약성경은 신을 '아버지'라고 부르기도 하고 때로는 '알파와 오메가'라고도 부르지만, 이 명칭은 고유명칭이 아니라 신의 속성을 설명하기 위해서 사용한 명칭이다.[14]

우리는 위의 글에서와 같이 성경에서 기독교적 신의 이름에도 여러 명칭이 있다는 사실을 알 수 있다. 그러나 그렇다고 해서 하나님에 대한 명칭들이 마치 여러 신들을 나타내는 다신론적이라는 사실을 말하는 것은 아니다. 위의 이름은 하나님이 인간의 삶의 상황에서 스스로를 표현하기 위한 가장 적절한 이름에 지나지 않는다. 다시 말해서 신의 이름이 여럿이라고 해서 복잡한 신관을 가지고 있는 것이 아니라 유일신에 대한 여러 이름들에 지나지 않는다는 것이다. 그 중에서도 가장 고유한 이름으로 사용되는 이름이 '야웨'이다. 이 '야웨' 신은 때로는 '엘'이라고 부르고 '아도나이'라고도 부른다. 그러나 성경에서 이처럼 신에 대한 이름이 다양하다고 해서 기독교의 신이 다양한 신들을 믿는 다신론이라는 말이 아니다. 성경이 가르치는 기독교의 신은 오직 한 분이신 하나님이시다.[15]

이에 대해서 '웨스트민스터 신앙고백'의 "제2장 하나님과 성 삼위일체에 관하여"에서 기독교의 하나님에 대해서 "살아 계시고 참된 유일무이

---

13) 이종성, 《신앙과 신학》(서울: 대한기독교서회, 2000), 73-74.
14) Ibid., 74.
15) 이것은 출애굽기 20장에 기록되고 있는 십계명의 첫째 계명에서도 분명하게 가르치고 있다. "너는 나 외에는 다른 신들을 네게 두지 말라."

(唯一無二)의 하나님이 존재하신다"[16]라고 가르치고 있다. '웨스트민스터 소요리문답' 제 5 문에서도 "하나님은 오직 한 분이 계실 뿐인바, 이 하나님은 살아 계시고 참되십니다"[17]라면서 한 분이신 하나님에 대해 분명하게 가르치고 있다.

유일하신 하나님에 대한 성경적 가르침은 신명기 6장 4절에서 "이스라엘아 들으라 우리 하나님 여호와는 오직 유일한 여호와이시니"라고 하나님께서 스스로 말씀하신다. 예수께서도 요한복음 10장 30절에서 "나와 아버지는 하나이니라"고 말씀하셨고, 사도 바울도 고린도전서 8장 4절과 6절에서 "하나님은 한 분밖에 없다"고 말씀하고 있다. 뿐만 아니라 야고보도 역시 "네가 하나님은 한 분이신 줄을 믿느냐"(약 2:19)라고 하였다. 그러므로 계시적 종교인 기독교의 신은 유일하신 한 분 하나님이시며, 우리는 이 사실을 믿는다.[18]

그러나 그럼에도 불구하고 기독교에서 신으로 믿는 대상은 셋이다. 즉 야웨와 그리스도와 성령이시다. 이 셋을 합하여 한 신이라고 한다. 그리고 이것을 교리적으로 "삼위일체 하나님"(三位一體, Trinitas)이라고 부른다. 이와 같은 사실에 있어서 '웨스트민스터 소요리문답' 의 "제 6 문 하나님 안에 몇 위격(位格)이 계십니까?"라는 물음에 다음과 같이 대답하고 있다.

한 하나님 안에 세 위격(位格)이 계신 바, 이는 성부와 성자와 성령이십니다. 이 셋은 본질과 능력과 영광에 있어서 동등하십니다.[19]

위의 신앙고백에서와 같이 기독교에서 믿고 고백하는 하나님은 성부,

---

16) 이형기, 247.
17) Ibid., 331.
18) 성경에서 유일(唯一)하신 하나님에 대한 증거는 다음에서도 찾아볼 수 있다. 출 20:2-3; 34:6; 사 45:5, 21; 렘 10:10; 고전 8:4, 6.
19) 이형기, 331.

성자, 성령의 삼위일체 하나님이다. 따라서 우리는 삼위일체 하나님에 대한 바른 이해가 필요하다는 점에서 삼위일체 개념과 논쟁들을 중심으로 살펴보려고 한다.

2. 삼위일체론에 대한 개념 및 논쟁

삼위일체 하나님에 관한 교리는 기독교의 교리들 중에서도 가장 위대하고, 가장 필수적이며, 가장 중요한 측면이라고 할 수 있다. 뿐만 아니라 삼위일체 교리가 성경의 교리 중에서 가장 신비롭고 가장 어려운 것이라는 사실은 의심의 여지가 없다. 때문에 우리는 여기에서 삼위일체론에 대한 개념과 논쟁을 살펴보기에 앞서 제1장에서 다루었던 신앙과 신학을 함에 있어서 기본적인 자세에 대해서 다시 한 번 알아둘 필요가 있다.

자연신학의 뛰어난 학자였던 토마스 아퀴나스(Thomas Aquinas, 1225-1274)에 의하면 모든 진리는 다음의 두 영역 중 하나에 속한다고 했다. 즉, 자연에 속하는 낮은 영역과 은혜에 속하는 높은 영역이다. 여기에서 높은 영역에 속하는 주장은 권위(신앙고백)로 채택되어야 하는 반면, 낮은 영역에 속하는 것은 이성(reason)으로 알려져 있다. 따라서 토마스 아퀴나스는 어떤 믿음은 순수 이성으로 증명할 수 있다고 주장했다. 그러나 하나님의 존재, 인간 영혼의 불멸, 그리고 로마 가톨릭교회의 초자연적 근원, 하나님의 삼위 본질과 같은 세부적인 교리 요소들은 인간의 독자적인 이성만으로는 알 수 없기 때문에 권위(신앙고백)로 받아들여져야 한다. 이것들은 계시의 진리이고 이성의 진리가 아니다. 높은 영역이 신앙의 문제인데 반해 이성은 낮은 영역을 지배한다.[20] 따라서 기독교의 신앙과 신학은 이성으로 알아갈 수 있는 것은 세상의 모든 학문과 방법을 통하여 알아가

---

20) 밀라드 J. 에릭슨, 《조직신학개론》, 나용화, 황규일 공역(서울: 기독교문서선교회, 2007), 48.

야 한다. 기독교 신앙과 신학은 결코 이성을 거부하거나 무시하지 않는다. 그러나 신학을 함에 있어서 이성의 범위를 넘어서는 영역에 대해서는 신앙고백으로 받아들여야 한다. 이것까지 이성으로 알아갈 수 있다고 한다면 그는 결국 이단으로 넘어갈 수밖에 없을 것이다. 그 대표적인 이단이 영지주의(靈知主義, Gnosticism)이다. 영지주의는 '특별한 지식'(신비한 영적 지식)을 가진 자가 구원을 받는다는 잘못된 이단 사상이다. 이들은 신비한 영적 존재를 이해하려는 광범위한 욕구에 대한 지나친 응답으로 나타난 이단으로써 구원이 '앎'(gnosis, 그노시스)을 통해 가능하다고 주장하면서 인간의 지식을 과대평가하고 있다.

사실 유한(有限)한 인간의 이성으로 모든 것을 알 수 있다는 것은 대단히 무서운 교만이 아닐 수 없다. 그렇기 때문에 건강한 바른 신앙과 신학은 우리 이성으로 열심히 알아가다가 더 이상 이해하기 어려운 신비에 속하는 신학적인 문제에 있어서는 신앙고백으로 받아들여야 한다. 우리는 조직신학을 공부하면서 첫 번째로 다루었던 주제가 '계시'에 관한 것이었다. 그런데 이 계시에 전적으로 의존해야 한다는 사실을 가장 분명하게 보여주는 것이 바로 삼위일체 교리라고 할 수 있을 것이다. 즉, 삼위일체에 관한 교리를 철학적인 관점에서 이해하고 접근하려는 모든 시도를 포기해야 된다는 말이다. 이와 같은 시도는 우리에게 도움이 되지 않을 뿐만 아니라 대단히 위험할 수도 있기 때문이다. 따라서 우리는 이와 같은 신학적 자세를 염두에 두고 삼위일체 하나님과 이후에 다루어질 교리들을 공부해야 한다.

1) 삼위일체에 대한 개념 이해

성경을 읽는 사람은 그가 인식하든 아니든 간에 누구나 필연적으로 삼위일체 교리와 직면하게 된다. 그런데 이 삼위일체에 관한 교리는 세상의 모든 종교들 가운데 기독교 신앙만이 갖는 독특하면서도 이해하기 어려운 교리 가운데 하나이다.[21] 즉, 삼위일체는 하나님은 한 분(一體)이시지만 하나님이신 삼위(三位)가 있다고 가르치는 교리이다. 무엇보다 삼위일체에 해당하는 'οὐσία' (우시아, 본질, 본체), 'persona' (페르소나, 위격), 'Trinitas' (트리니타스, 삼위일체) 등과 같은 말이 성경에는 명확하게 기술되어 있지 않다. 그러나 삼위일체와 관련된 단어가 없다고 해서 성경이, 특히 신약성경이 삼위일체의 신앙을 증언하지 않는다는 것은 아니다. 삼위일체론에 대한 성경적 근거는 '증거 본문들'[22]에서 발견되기보다는 신약성경에 하나님의 계시와 행위를 묘사하는 데에 있어서 철저하게 삼위일체적 유형을 사용하고 있다는 점에서 찾을 수 있다.[23]

그렇기 때문에 삼위일체 하나님에 관한 교리는 매우 중요하다. 그 이유는 삼위일체론이 수용되지 않는다면 이후에 다루어질 기독론과 교회론에서도 심각한 문제가 발생하기 때문이다.[24] 즉, 삼위일체론을 받아들이지 않는다면 우리가 믿고 있는 예수 그리스도는 더 이상 우리의 구세주로서

---

21) 기독교 신앙이 본질적으로 명시된 삼위일체의 신앙이라고 교회가 선언하기까지는 2세기라는 긴 세월이 걸렸다. 해롤드 O. J. 브라운,《교회사 안에 나타난 이단과 정통》, 라운성 역(서울: 도서출판 그리심, 2006), 246. 그런데 로이드 존스는 교회가 삼위일체 하나님에 관한 교리를 강조하지 않는 것은 편안하고자 하는 바람, 경험에 안주하는 경향, 지적인 수고를 요구하는 일은 무엇이나 회피하려는 경향 등으로 나타나는 우리의 게으름이 하나의 요인이라고 했다. 마틴 로이드 존스, 155.
22) 마 28:18-20; 요 1:1; 5:26; 8:58; 17:2; 행 5:3-4; 롬 9:5; 고후 13:13; 딛 2:13; 히 13:8. 로이드 존스,《교리강좌시리즈 1》, 임범진 옮김(서울: 부흥과개혁사, 2012), 158-160. '웨스트민스터 소요리문답'에서는 삼위일체 하나님에 대한 성경적 근거를 다음과 같이 가르치고 있다. 마 3:16-17; 요 1:1; 4:18; 행 5:3-4; 고후 8:14; 13:13; 히 1:3.
23) 다니엘 L. 밀리오리, 100.
24) 그리스도인들이 하나님을 삼위일체로 고백하는 것은 예수 그리스도 안에서 성육신하시고 신앙공동체 안에서 경험되는 성령 하나님의 측량할 수 없는 사랑에 대한 성서적 증언을 요약한 것이다. Ibid., 99. 그런데 삼위일체 하나님을 수용할 수 없다면 우리는 예수 그리스도가 어떤 종교적 천재로 인식할 것이며 따라서 그는 우리의 구원자가 될 수 없을 것이다. 뿐만 아니라 신앙 공동체 안에서 경험되는 놀라운 구원의 역사를 설명할 길도 없을 것이다.

섬김의 대상이 아니라 종교적 천재이거나 성인에 불과할 것이다. 그리고 오늘 교회에서 일어나고 있는 성령의 구속사역을 설명할 수 있는 길도 없게 된다. 따라서 삼위일체에 관한 교리는 기독교의 가장 위대하고, 가장 영광스러울 뿐만 아니라, 가장 필수적이며, 가장 중요한 기본적인 교리이다. 하나님께서 자기 자신에 대해 우리에게 계시하시기를 기뻐하신 것들 중에 가장 놀라운 것이다.

이와 같은 삼위일체적 신앙에 대해 '웨스트민스터 신앙고백'은 "제2장 하나님과 성 삼위일체에 관하여"의 제3절에서 다음과 같이 가르치고 있다.

> 하나님은 유일무이(唯一無二)하시다. 그런데 이 하나님은 동일한 본질과 능력과 영원성을 공유하시고 계시는 3위격이시다. 즉, 하나님 아버지, 아들이신 하나님, 성령이신 하나님이시다. 성부는 그 누구로부터 태어나셨거나 그 누구에게서 유래하신 것이 아니다. 성자는 영원 전에 성부에게서 탄생하셨고, 성령은 영원 전에 아버지와 아들에게서 유래하셨다.[25]

위의 신앙고백에서 기독교에서 믿는 신(神)은 삼위일체의 한 분이신 하나님을 가르치고 있다. 뿐만 아니라 성경에서도 분명히 하나님은 오직 한 분이심을 강조하고 있다. 구약성경과 신약성경은 모두 하나님의 유일하신 주권에 대한 신앙을 공통적으로 가지고 있다(신 6:4; 막 12:29-30). 반면에, 하나님의 실재(reality)에 대한 삼위일체적 이해는 예수 그리스도 안에서 성령을 통하여 나타나는 세계를 향한 하나님의 사랑의 역사 안에 내포되어 있다.[26] 따라서 우리는 여기에서 먼저 삼위일체에 관한 개념을 이해하는 것이 필요하다고 생각을 한다.

---

25) 이형기, 248.
26) Ibid., 101.

(1) 위격(位格)에 대한 이해

'삼위일체'(三位一體)에서의 '위'(位, 히포스타시스, *hypostasis*)의 의미와 '체'(體, 오우시아, ousia)의 의미를 설명하는 것이 삼위일체론을 아는 첫 번째 일이다. '위'(位)는 한자어로 보면 지위와 높낮이를 말하는 것 같이 생각된다. 하지만 원어의 의미는 그렇지 않다. 라틴어로는 '페르소나'(persona), 헬라어로는 '히포스타시스'로 표기되는데, '페르소나'라는 용어에는 '얼굴'(또는 역할)과 '인격'이라는 두 가지 뜻이 있다. '얼굴'(face, 또는 mask)로 이해하는 사람은 삼위일체 하나님이 세 가지 얼굴을 가지신 한 분 하나님으로 설명할 것이다. 또는 역할로 이해하는 사람은 삼위(三位)를 세 가지 역할을 하시는 한 분 하나님으로 설명할 것이다. 그러나 이런 설명은 양태론적이라고 할 수 있는 잘못된 설명이다. 그렇게 되면 세상을 몇 세대(世代)로 나누어 성령운동을 주도하는 세대주의적인 이단이 등장할 수 있다.[27] 그러므로 위(位)의 개념을 어떤 역할로 설명하려 해서는 안 된다.

헬라어 '히포스타시스'는 '본질', '본체', '인격'으로 번역될 수 있다. 가장 좋은 번역이 '인격'이지만, 인격이란 의미를 '특성'(property, 재산)이라는 의미로 이해하는 것이 좋다. 인격 또는 위격이란 그분만이 가지고 있는 고유의 특성이라는 의미이다. 영어 'character'는 누구든지 가지고 있는 성격을 말하는 반면에 'property'는 그 사람에게만 있는 독특한 성격인 특성을 의미한다. 즉, 삼위일체에서 '삼위'(三位)는 세 특성을 의미한다. 그렇게 되면 삼위일체 하나님은 세 특성을 지니신 한 분 하나님을 의미한다고 할 수 있다. 이러한 삼위일체의 설명은 3명의 카파도키안들[28]

---

27) 라은성,《정통과 이단(上)》(서울: 도서출판 그리심, 2008), 81-82.
28) 3명의 카파도키안 교부는 가이사랴의 바실(Basil of Caesarea, 330-379), 그의 동생인 닛사의 그레고리(Gregory of Nyssa, 331-393), 그리고 그의 친구 나지안주스의 그레고리(Gregory of Nazianzus, 약 329-390)이다.

의 설명이다.²⁹⁾

카파도키안들은 두 가지를 고수했다. 하나는, 하나님은 한 분이시고, 단일(획일이 아니시고)하시며, 단 하나의 의지, 단 하나의 행위, 단 하나의 영광을 소유하시는 것처럼 스스로를 계시하신다. 성자도 성령도 성부와 다투지 않는다. 다음으로는, 이러한 한 분 하나님은 위격(位格)의 삼위일체이시다. 단 하나의 의지를 가지신 하나님의 행위들이 세상을 창조하시는 일에 관심을 가지기 때문에("외부적 사역들은 나뉘지 않는다") 행위에서 위격들의 차이점을 볼 수 없다.³⁰⁾

(2) 일체(一體)에 대한 이해

'체'(體, 오우시아, ousia)는 '본질' 또는 '본체'라는 의미로 세 가지 특성을 가진 한 본질(본체)이신 하나님이라는 뜻이다. 사람은 동물과 다른 본질이 있다. 하나님은 우리와 다른 본질, 혹은 본체가 있다. 그 본질이 '하나'이다. 성부, 성자, 성령은 동일본질이다. 세 가지 특성을 가진 '삼위'(三位) 하나님께서 '일체'(一體)라고 할 때는 동일하심을 의미한다. 영(靈)이신 하나님은 육체를 가진 분이 아니시다. 볼 수 있는 하나님은 예수 그리스도, 즉 성자 하나님뿐이다. 그러므로 가시적으로 한 분이라고 여겨서는 안 된다. 동일하신 한 분 하나님이심을 일체(一體)라는 의미로 알아야 한다.³¹⁾

하나님은 세 가지 특성을 가진 한 분 하나님이시다. 이를 세 개의 얼굴을 가지고 있다거나(삼신론), 3가지 역할을 하는 분(양태론)으로 이해해서는 안 된다. 성부 하나님만이 가지고 있는 고유의 특성을 성경에 있는 용어로 표현하면 "영원히 자존하심"이다. 성자 하나님의 고유한 특성은 "영원

---

29) 라은성, 82.
30) 해롤드 O. J. 브라운, 254.
31) 라은성, 83.

히 태어난다"는 것이다. 그리고 성령 하나님의 고유한 특성은 "영원히 나온다", 또는 "영원히 보냄을 받는다"는 것이다.[32] 이와 같은 사실을 '제2 스위스 신앙고백'은 "제3장 하나님, 그의 통일성과 삼위일체에 관하여"에서 다음과 같이 가르치고 있다.

> 그럼에도 불구하고 우리는 이 광대불변하시고 하나이며 나뉠 수 없는 동일한 하나님께서 성부와 성자와 성령으로 구별되지만 이분의 삼위(三位)의 인격은 결코 분리되거나 혼동될 수 없다는 것을 믿고 가르친다. 성부는 성자를 영원부터 낳으시고, 성자는 형언할 수 없는 출생 방법에 의하여 낳으심을 받으셨으며, 성령은 진실로 성부와 성자에게서 발출하시고, 이 성령 역시 영원부터 계시며 성부와 성자와 더불어 예배를 받으셔야 한다.[33]

사람은 하나의 본질과 하나의 특성을 가지고 있다. 그런데 인간이라는 본질은 똑같지만, 특성은 개인마다 다르다. 한 사람은 각자 하나의 특성을 가지고 있다. 우리는 누구도 공유하지 않는 것을 말할 때 특성이라는 말을 사용한다. 이것은 성격과는 다르다. 성격이란 공유적인 의미가 있지만 특성은 유일하다는 의미를 지니고 있다. 자신에게만 있는 특성이 무엇인가를 아는 사람은 많지 않을 것이다. 이것을 아는 사람은 '자기 정체성'을 아는 것이다.[34]

그런데 삼위 하나님에게는 세 가지 특성이 있다. 한 가지 특성을 가진 사람이 자신의 것도 이해하기가 쉽지 않은데 세 가지 특성을 가진 한 분 하나님을 이해한다는 것은 어렵다. 그러므로 여기에서 우리가 매우 주의해야 하는 것은 세 가지 특성을 우리의 입장에서 이해하려고 해서는 안 된다는

---

32) Ibid.
33) 이형기, 123.
34) 라은성, 83-84.

것이다. 단지 세 가지 특성에 대해서 설명할 수 있을 뿐이지 우리가 이해한다는 것은 아니다. 그렇다고 의미를 모른다고 부인해서도 안 된다. 아무튼 삼위 하나님은 세 특성을 지니신 한 분 하나님, 즉 본질에서 동일하신 하나님이시다.[35] 우리는 이것을 믿고 가르쳐야 한다.

2) 삼위일체론에 대한 논쟁

삼위일체 하나님에 대한 신앙은 교회가 정한 것이라기보다는 성경에 나타난 위격들의 구별을 이해하기 위한 것이다. 요한은 예수님에 대하여 말하기를 "아버지 앞에서 우리의 대언자"(요일 2:1)라고 하였다.

대언자는 심판자와는 분명히 다른 인격임에 틀림없다. 삼위일체론은 속죄론을 이해하기 위해서는 꼭 필요한 이론이다. 즉, 성부 하나님으로부터 구별시키는 그리스도를 이해하지 않고서는 어떻게 그가 하나님에게 우리의 대표가 되시거나 우리의 죄를 위해 속죄하셨는지를 알 수 없을 것이다. 속죄론을 믿지 않아도 그리스도는 우리의 교사나 모범이 될 수는 있겠지만 우리의 대리자는 될 수 없을 것이다.

따라서 삼위일체 하나님에 대한 신앙은 '하이델베르크 요리문답'(1563)의 제25문에서도 분명하게 가르치고 있다.

> **문 25.** 하나의 신적 존재가 계실 뿐인데 왜 당신은 세 분, 즉 아버지와 아들과 성령에 관하여 말해야 합니까?
> **답.** 하나님이 그의 말씀 안에서 자신을 계시하신 바에 의하면 이 삼위(三位)의 하나님은 곧 바로 참되고 영원한 한 하나님이시기 때문입니다.[36]

---

35) Ibid., 84.
36) 이형기, 78-79.

위의 '하이델베르크 요리문답'에서는 삼위일체 하나님을 거론함(24, 25문)에 있어서 성부와 그의 사역으로서 창조를 다루고 있고, 성자와 그의 사역으로써 구속에 대해 이야기하고 있다. 그리고 성령과 그의 사역으로써 성화에 대해서 이야기하고 있다.

그런데 삼위일체에 관한 논쟁은 교회사에서 끊임없이 있었다. 그리고 반(反) 삼위일체론을 주장하는 사람들은 오늘도 교회사 속에 존재하고 있다. 따라서 우리는 여기에서 삼위일체론과 관련된 대표적인 논쟁과 왜곡된 이론들에 대해서 살펴보려고 한다.

(1) 니케아 공의회(325년)

초기 기독교 신앙에서 가장 중요한 교리 가운데 하나는 성부와 성자의 관계에 관한 것이었다. 즉, 기독교의 복음이 헬라 세계로 확장되면서 신(神)이 어떻게 인간이 될 수 있느냐는 논쟁이다. 헬라 세계는 영과 육의 이원론(二元論, dualism)적인 가치관을 가지고 있었다. 때문에 그들은 인간의 육(肉)은 형이하(形而下)적인 것으로써 악하고 부패한 것이라고 생각했고, 영(靈)은 형이상(形而上)적인 것으로써 선한 것으로 생각했다. 따라서 그들은 육체를 벗어나는 것이 구원이라고 생각한 것이다. 이런 사고(思考)적인 세계에서 하나님이 인간이 되신다는 것은 상상할 수 없는 일이었다. 어떻게 전능하시고 무한하신 하나님이 악하고 더러운 육체를 입고 인간이 되실 수 있느냐는 것이 헬라 세계에서의 문제였다.

초대교회 당시 구원론에 대한 이해

> 1. 유일신적 교리 원리를 보존하고자 하였다.
> 2. 구원론을 강조하였는데, 그것은 그리스도의 신성한 성품에 참여하는 것이었다(벧후 1:4).

그런 가운데 특별히 초기의 기독교 교회는 하나님에 대한 신앙을 고백함에 있어서 유일신(唯一神)적 교리의 원리를 보존하려고 하였다. 그런데 문제는 하나님은 한 분이신데, 세 분의 위격(位格)이 존재한다는 교리를 가르친다는 것은 여간 어려운 문제가 아닐 수 없었다. 그럼에도 불구하고 삼위일체 하나님을 고백해야 하는 중요한 이유는 구원론에 관한 것이었다. 초대교회에서의 구원론은 신의 성품에 참여하는 것이었다. 이와 같은 사실을 베드로는 자신의 서신에서 이렇게 말하고 있다. "이로써 그 보배롭고 지극히 큰 약속을 우리에게 주사 이 약속으로 말미암아 너희가 정욕 때문에 세상에서 썩어질 것을 피하여 신성한 성품에 참여하는 자가 되게 하려 하셨느니라"(벧후 1:4).

그런데 신의 성품에 참여하는데 그 성자가 완전한 하나님이 아니라면 우리의 구원도 완전하지 않게 된다. 다시 말해서 만약 그리스도께서 사람이시라면 우리의 구원은 사라지고 만다. 무엇보다도 아리우스(Arius, 256-336)의 말처럼 그리스도께서 또 다른 피조물이시라면, 비록 처음 난 자이며 모든 피조물보다 가장 높은 자라 할지라도 그는 우리의 희생양으로 생각하기보다는 우리의 교사요 모본(模本)으로 생각하기 쉬울 것이다. 이렇게 된다면 그분을 믿는 것보다는 그분을 닮아가는 면을 더 강조하게 된다. 이와 같은 주장은 뒤에서 살펴보게 될 아리우스가 주장한 내용이다. 그리고 아리우스의 이러한 주장은 명백한 사기요 사이비라고 정죄하면서 이단으로 확정한 것이 바로 니케아 공의회(Concilium Nicaenum Primum, 325)이다.

그리스도인들 가운데는 예수님의 신성(神性, Divinity)에 더 관심을 갖는 사람이 있는가 하면, 반면에 예수님의 인성(人性, Humanity)에 더 관심을 갖는 사람들도 있다. 이것은 초대교회 당시에도 마찬가지였다. 초대교회에서도 예수님의 신성과 인성에 관련한 신학의 양대 산맥이 있었는데, 알렉산드리아 학파(School of Alexandria)와 안디옥 학파(The School of Antioch)였다. 이들 두 학파가 가르치는 사상은 오늘날에도 교회 속에 그대로 존재하고 있다.

　알렉산드리아 학파는 예수님의 신성과 영원성을 특별히 강조한 학파였다. 사도 바울이 선교를 시작한 것은 35년경이었다. 그리고 60년부터 325년까지 자리잡고 있었던 철학은 신플라톤주의(Neoplatonism)였다. 신플라톤주의는 만물의 궁극적인 근원인 일자(一者, hen)가 모든 것을 초월해 있다는 사상이다. 그런데 이런 신플라톤주의가 가장 강했던 초대교회의 장소가 알렉산드리아였다. 알렉산드리아 학파는 하나님이 사람이 되셨다는 것이 무엇을 의미하며 하나님이 되신 인간에게 무엇이 일어나는지에 대해 설명하려고 하였다.[37] 그래서 알렉산드리아 학파에서는 그리스도의 신성을 지나치게 강조한 나머지 양태론(樣態論, Modalism)이라는 잘못된 사상을 주장하기도 하였다. 알렉산드리아의 대표적인 이단으로는 영지주의를 들 수 있다. 그리고 대표적인 인물로는 필로(Philon, BC 20?-AD 45?), 알렉산드리아 알렉산더(Alexander of Alexandria, 250-328), 아타나시우스(Athanasius, 296-373), 시릴(Cyril, 376-444) 등이 있다.

---

37) 해롤드 O. J. 브라운, 267.

이에 반하여 안디옥 학파는 예수님의 인성과 역사성을 특별히 강조한 학파였다. 안디옥 학파는 역사적이고 개인적인 인간으로서 예수 그리스도의 분명한 성경적 그림을 확고히 붙잡고 있었다. 따라서 안디옥 학파는 기독론에 있어서 복음서에 나타난 그리스도의 역사적인 모습을 중요시했다.[38] 안디옥 학파의 대표적인 이단이 에비온주의(Ebionism)다. 에비온주의는 예수의 육체적 모습을 보았던 유대인 계열 입장에서 주장한다. 유대인 출신의 기독교인들에게 예수는 인간을 초월한 존재이지만 하나님과 같다고 보기에는 어려웠을 것이다. 그래서 그들은 양자론(養子論, adoptionism)을 주장했다. 이 양자론은 단일신론을 강조하다보니 한 분 하나님 외에 다른 분은 하나님이 되신 분이고, 하나님과 같은 분이라고 여기면서 예수 그리스도의 신성 대신 인성에 관심을 가진다. 예수 그리스도는 사람이었는데 어떤 계기로, 즉 예수께서 세례를 받으실 때에 하나님이 되었다는 견해이다. 다시 말해서 사람이 신적인 존재로 입양되었다는 것이다. 안디옥 학파의 대표적인 인물로는 오리겐, 루키안(Lucian, 312년에 순교), 아리우스, 네스토리우스(Nestorius, 386?-451) 등이 있다. 따라서 우리는 이후의 삼위일체론에 관한 논쟁과 기독론에 관한 논쟁을 살펴볼 때 이들 양대 계파를 염두에 두고 생각해야 한다.

① 니케아 회의의 주요 논쟁과 과정

초기 교회사에서 뚜렷하게 나타났고 교회 분쟁의 중심에 있었던 사상 가운데 하나로는 삼위일체론과 관련된 '양태론'(樣態論, modalism)과 '양자론'(養子論, adoptionism)이다. 양태론, 또는 '삼태론'(三態論)은 한 분 하나님이심을 지나치게 강조하면서 그리스도의 신성을 강조하는 반면, 양자론은 그리스도의 인성을 강조한다. 이 중심에 있었던 인물 가운데

---

38) Ibid., 268.

한 사람이 아리우스였다.

안디옥의 루키안의 제자요, 311년 알렉산드리아에서 장로가 되었던 아리우스는 금욕주의자였고, 알렉산드리아의 금욕적 경향을 가진 사람들로부터 존경 받은 인물이었다. 그는 영지주의로부터 사벨리우스주의(Sabellianism)[39]에 이르는 이단들의 반대자로 자처했기에 곧 성자는 또 다른 양태(樣態, mode)가 아니라 다른 본성, 피조물이었다고 가르쳤다.[40]

실상 아리우스에 의한 삼위일체 논쟁은 알렉산드리아에서 318년 아리우스에 의해서 시작되었다. 당시 알렉산드리아의 주교였던 알렉산더 감독 아래에서 "바우칼리스" 교회를 맡아보던 장로 아리우스는 성서 해석에 있어 "하나님의 아들이 피조물" 이라는 주장이 문제가 되어 감독과 갈등이 드러나게 되었다.[41]

아리우스와 알렉산드리아 주교인 알렉산더 사이의 가장 두드러진 차이점은 로고스(Logos)의 공유 영원성(coetemity)이었다. 즉, 알렉산더는 성부는 결코 성자 없이 있을 수 없다고 했고, 반면에 아리우스는 "그(로고스)가 없었던 때가 있었다"고 주장했다.[42] 다시 말해서 아리우스에 의하면 나사렛 예수께서는 모든 피조물보다는 우월하시지만 하나님 아버지보다는 열등한 존재로서, 아버지께 종속하는 분이요, 결국 그는 하나님의 영원하신 아들이 아니라는 것이다. 예수는 다른 피조물처럼 무(無)로부터 창조되었기 때문이다. 그래서 "예수 그리스도는 계시지 않았을 때가 있었다"는 것이요, "성자는 시작이 있으나 성부는 시작이 없다"고 주장하였다.[43] 반

---

39) 사벨리우스주의는 양태론자이다. 그는 신격의 엄중한 단일성을 강조하면서 하나님은 성부자이시고, 성부, 성자, 그리고 성령과 같은 다른 이름들은 단지 계시의 다른 형태들을 나타낼 뿐이라고 가르쳤다. 무엇보다 사벨리우스의 견해는 성자의 존재를 지상적 사역으로 제한했다는 것이다. Ibid., 187-188.

40) Ibid., 201-202.

41) 조병하, "니케야 회의와 니케야 신앙고백 형성," 〈성경과신학〉 Vol. 21(서울: 한국복음주의 신학회, 1997), 275.

42) Ibid., 203.

니케아 회의 모습

면에 알렉산더는 '성자는 영원하사 성부와 그 본질에 있어서 동일하며 창조된 일이 없는 완전자'라고 했다.[44]

결국 알렉산드리아 주교인 알렉산더는 321년에 아리우스를 출교시켰다. 이에 반발한 아리우스는 루키안에게서 배웠던 로마제국 황제 콘스탄틴 대제의 개인 교수였던 니코메디아(Nicomedia)의 유세비우스(Eusebius, 341년 사망)에게 도움을 요청하게 된다. 그리고 유세비우스는 아리우스가 억울하게 파직되었다는 것을 콘스탄틴 대제에게 알렸다. 한편, 324년 9월에 리키니우스를 제압하고 전 로마제국에 대한 단독 통치권을 획득했을 뿐만 아니라, 로마제국의 통일을 위해 교회를 활용하고자 했던 콘스탄틴 대제는 교회 내에 갈등하는 두 부류가 있음을 알게 되었다. 즉, 통일된 로마제국에는 통일된 교회가 반드시 필요하다는 생각을 가지고 이 문제에 개입하게 되었던 것이다. 그가 원했던 것은 바로 평화와 통일이었다.[45] 따라서

---

43) 총회교육자원부 편, 37.
44) Letter of Alexander in Socrates, *Church History*, Ⅰ, 6; Letter in Eusebius, The Life of Constantine, Ⅱ, 64-72.
45) J. Stevenson, *Studies in Eusebius* (Cambridge University Press, 1927), 91.

콘스탄틴 대제는 아리우스 논쟁에 대한 중재를 시도하였다.[46] 그는 먼저 자신의 교회문제 고문이었던 코르도바의 감독 호시우스를 시켜 알렉산더와 아리우스에게 서신을 보내 "무조건 화합"할 것을 호소했다. 그리고 그는 철학자들의 경우를 비유하면서 그들은 이의(異議)도 있고, 피차 논란을 벌이지만 그래도 화합하며 공존하는데 어째서 그리스도 교회들은 그렇게 못하느냐고 힐책하고, 시간만 낭비하는 논쟁을 지양하고, 설사 있다고 하더라도 그것을 내심에 가두어 놓아서 여러 사람들이 듣고 혼돈하거나 당황하여 교회의 평화를 깨치는 일이 없도록 해 달라고 부탁하였다. 그리고 그는 이 서신 끝에 다음과 같은 뜨거운 호소를 쓰고 있다.

> 여러분은 단 한 신앙을 가지고 있습니다. 신은 모든 분야에 걸쳐서 우리로 하여금 합치의 정신을 보존하시도록 하십니다. 여러분 사이의 작은 문제에서 생긴 상황이 여러분 사이에 분열과 부조화를 가져와서는 안 될 것입니다. (중략) 하나가 되십시오. 이 길 밖에는 신을 찬양할 다른 길이 없는 줄 믿습니다. 신앙의 자유도 그래야 찾아올 것입니다.[47]

그렇지만 콘스탄틴 대제의 이 시도는 결국 실패로 돌아가고 아무런 소득도 얻지 못했다. 따라서 콘스탄틴 대제는 324년 9월 코르도바의 감독 호시우스(Hosius of Cordova, 257-358)를 알렉산드리아로 파송하였다. 호시우스는 325년 초 안디옥을 거쳐 황제의 거주지인 니코메디아에 이르게

---

[46] 조병하, "니케야 회의와 니케야 신앙고백 형성," 274-275. 콘스탄틴 대제는 이미 314년 8월 1일에 아를레스(arles)에서 북 아프리카에서 있었던 도나투스 논쟁을 중재한 바 있었다. 그렇기 때문에 그는 아리우스 논쟁을 위한 중재자적인 돌봄을 제안하게 되었던 것이다. 그렇지만 도나투스주의자들이 판결문에 굴복하려고 하지 않음으로 콘스탄틴 대제는 아프리카의 일치를 위하여 군대를 동원해서 이 문제에 개입하였다. August Franzen, 《세계 교회사》, 최석우 옮김(경북: 분도출판사, 2001), 79.

[47] Philip Schaff & Henry Wace, *Nicene and Post-Nicene Fathers of the Christian Churches*, Vol. 1 (Eerdmans Grand Rapid, 1961), 517-518; A. H. M. Jones, *Constantine and Conversion of Europe* (New York: Collier Book, 1962), 124.

되었다. 이 과정에서 안디옥에서 호시우스의 주관으로 회의가 있었는데, 이때에 아리우스와 가이사랴의 감독 유세비우스(Eusebius of Caesarea, 260-340)는 정죄되었고, 안디옥의 신앙고백서가 작성되었다. 그러나 아리우스 논쟁을 중재하기 위한 평화의 사절로서의 호시우스의 시도는 사실상 실패로 끝났다.[48] 결국 325년 로마 제국에 흩어져 있는 5대 관구[49]의 지도자들 318명[50]을 니케아로 모았는데, 이것이 그 유명한 '니케아 종교회의'이며,[51] 여기에서 작성된 것이 바로 '니케아 신조'(Nicene Creed)이다.

---

48) 조병하, "니케야 회의와 니케야 신앙고백 형성," 276.
49) 당시 5대관구(pentarchy) 중 로마 대관구는 라틴어를 사용하는 서방교회의 중심지이고, 나머지 알렉산드리아 대관구, 예루살렘 대관구, 안디옥 대관구 및 콘스탄티노플 대관구는 헬라어를 사용하는 동방교회의 중심지들이다.
50) 이들 318명의 감독들 가운데 7명만이 로마 교회에서 왔다. 따라서 서방교회는 '사도신경'을 선호하고, 동방교회는 '니케아 신조'를 선호하는 이유가 여기에도 있다고 할 것이다. 이에 대해 조병하는 로마 교회 감독의 대변인들로서 2명의 감독들이 참석하였고, 이들과 호시우스를 포함하여 7명의 서방교회를 대표하는 사람들이 참석하였다고 했다. 그리고 니케아 회의에 참석하여 니케아 신조에 동의하여 서명한 자의 수가 200명 내외로 밝혀지고 있는데, 언제부터인가 니케아 신조를 따르는 교부들에 의하여 318명으로 확고하게 되었다고 했다. 니케아 회의의 참석자 수가 318명이라는 것이 최초로 발견된 것은 358년 말 혹은 359년 초 기록하였을 것으로 보이는 뽀아띠에르의 힐라리(Hilary of Poitiers)의 글에서이다. 그리고 뒤를 이어 후기 아타나시우스의 글에서와 그 밖의 교부들의 글에서 보편화되어 언급되고 있다. 조병하, "니케야 회의와 니케야 신앙고백 형성," 278-279. 가이사랴의 유세비우스는 250명 정도로 보고하였고, 교회사가 소크라테스(Socrates)는 300명 이상이라고 보고하고 있다. 그리고 서방에서 적게 참석한 것은 니케아까지 거리의 문제와 언어적인 장벽 때문이었다는 학설도 있다. 즉, 동방에서는 헬라어를 사용했고, 서방에서는 라틴어를 사용했었다.
51) 라은성, 73-74. 애초에 회의 장소는 앙퀴라(오늘날 Ankara)였는데, 니케아로 변경되었다. 그와 같은 이유에 대해 조병하는 앙퀴라가 내륙이어서 참석자들이 여행에 어려움이 있고 황제의 거주지인 니코메디아로부터 멀리 떨어져 있어서 대제 자신이 회의 참여에 효과적이지 못하였기 때문이라고 추측한다. 니케아는 황실이 있는 니코메디아와 불과 32km 밖에 떨어져 있지 않았다. 한 마디로 로마제국 전역에서 해로와 육로로 쉽게 갈 수 있는 곳이 니케아였다. 무엇보다 앙퀴라는 아리우스주의에 대한 열렬한 반대자였던 마르켈루스(Marcellus, ?-374)의 교구였기 때문에 콘스탄틴 대제는 앙퀴라의 파벌 분위기로부터 벗어나고자 하는 의도가 있었던 것으로 볼 수 있다.

니케아에서 회의를 소집한 콘스탄틴 대제는 감독들 사이의 격렬한 논쟁이 진행되는 긴 시간 동안 회의에 배석하였다. 그리고 콘스탄틴 대제는 회의의 사회를 코르도바의 감독인 호시우스에게 위임하였는데, 당시 이 회의에 참석한 사람들은 세 파로 나뉘게 되었다. 즉, 성자는 성부와 다르다고 주장했던 아리우스를 지지하는 파들로 이들은 처음에는 대다수의 지지를 쉽게 얻을 수 있을 것으로 생각하였다. 대표적인 인물이 니코메디아의 감독이었던 유세비우스로서 그는 황실의 가문과 가까웠으며 아리우스와 교분을 가지고 있었다.[52] 그리고 그리스도의 신성을 확고하게 주장했던 알렉산더를 중심으로 한 반아리우스파들로 이들은 아리우스의 주장에 반대하고 그를 단죄해야 한다고 주장했다. 대표적인 인물이 알렉산드리아의 알렉산더, 코르도바의 호시우스였다. 그리고 이들 양쪽에 속하지 않은 중도파들이 있었는데, 당시 참석했던 대부분이 중도파 인물들이었다. 그런데 이들은 정통신앙의 정서는 지니고 있었지만 진리를 분별하는 능력이 약했다. 이 회의는 6월 19일에 시작하여 거의 두 달 동안 계속되었는데, 8월 25일에 폐회가 된 것으로 보고 있다.[53]

한편, 코르도바의 감독 호시우스의 환영사가 있은 후 이어서 콘스탄틴 대제가 라틴어로 간결하고도 공식적인 어투로 개회사를 했는데 그 내용의 일부를 보면 그가 니케아 회의를 개최하게 된 목적과 의도가 그대로 나타나고 있음을 보게 된다.

---

52) 당시 아리우스는 감독이 아니었기 때문에 니케아 회의의 정식 회원은 아니었다. 그렇지만 논쟁의 중심에 있었기 때문에 콘스탄틴 대제의 명령으로 회의에 참석하였다.
53) 니케아 회의의 기간에 대해 L. Davis는 325년 5월 20일부터 7월 25일까지였다고 밝히고 있다. L. Donald Davis, *The First Sever Ecumenial Counsils(325-787) Their History and Theology* (Minnesota: The Liturgical Press, 1990), 57. 그런가 하면 H. S. Smith는 325년 5월 25일에 시작하여 7월까지 42일간 진행되었다고 했다. H. S. Smith, *Constantine the Great* (New york, 1971), 201. 회의는 니케아에 있는 교회에서 개최되었고, 교회문은 개방되어 평신도들과 이교학자들까지 방청할 수 있었다. T. D. Barnes, *Constantine and Eusebius* (Harvard University Press, 1981), 155.

(전략) 짐의 견해로는 신을 숭배하는 교회 내에서의 내부 투쟁은 어떤 종류의 전쟁이나 갈등보다도 더 사악하고 위험하기 때문입니다. 이러한 것은 외적 불화보다도 짐의 마음을 슬프게 합니다. (중략) 사랑하는 동반자들이여! 신의 대변자들이며, 우리들의 공통된 주와 구세주를 섬기는 충성스런 주의 종들이여! 지체하지 마십시오. 제발 지체하지 마십시다. 이 순간부터 당신들 사이에 존재하는 불화의 원인을 벗어버리고 평화라는 원칙을 수용함으로써 논쟁의 혼란을 그만두시기 바랍니다. 당신들은 이러한 행동으로써, 동시에 가장 위대하신 신에게 가장 영광을 돌리는 태도로 행동해야 할 것이며, 그렇게 되면 당신들은 당신들의 동반공복(同伴公僕)인 나에게 굉장한 도움을 베푸는 것이 될 것입니다.[54]

그런데 회의가 시작되면서 아리우스파는 성급하게 니코메디아의 유세비우스 감독에 의해 작성된 자신들의 신앙 성명서를 제출했다.

우리는 홀로 발생되지 않으셨으며(즉, 자존하시는), 홀로 영원하고, 홀로 시작이 없으시며, 홀로 참되시고, 홀로 불멸하시며, 홀로 지혜로우시고, 홀로 선하시고, 홀로 주권적이고, 홀로 만물에 대한 심판자이신 하나님을 인정한다.[55]

위와 같은 아리우스파의 주장은 결국 예수 그리스도의 신성을 부인하는 것이었다. 성자 예수가 아무리 그 위치가 높다고 할지라도 결국 그는 피조물에 지나지 않는다는 것이다. 그들의 이러한 주장은 중립적 위치에 있었던 대부분의 감독들에게는 아연실색할 만한 것이었다. 그들의 입장에서 보았을 때 아리우스주의는 다신교에 이르렀음을 볼 수 있다. 즉, 아리우스의

---

54) Philip Schaff & Henry Wace, 523.
55) John Norman Davidson Kelly, 《고대 기독교교리사》, 박희석 옮김 (경기도: 크리스챤다이제스트, 245.

주장에 따른다면 본래 인간이셨던 예수가 세례를 받을 때에 하나님의 아들이 되었다는 것으로 기독교적 신관은 다신론이 될 수밖에 없는 것이다.[56] 이에 대하여 자유주의 신학의 대표적인 신학자였던 하르낙(Adolf Von Harnack, 1851-1930)은 아리우스는 "우주론적인 관점에서 볼 때 엄격한 일신론자이고, 신학자로서 볼 때는 다신론자"라고 하였다.[57]

때문에 큰 실수를 감지한 아리우스파는 유명한 《교회사》(Ecclesiastical History)를 쓴 가이사랴 감독 유세비우스에게 도움을 청했다.[58] 그리고 가이사랴의 유세비우스는 자신의 교회에서 사용하던 하나의 신앙형식을 제시했다. 그 내용에 따르면 '말씀'은 "하나님으로부터 나온다"라고 표현하고 있지만 너무 일반적이며 모호한 표현이었다. 이것은 고대 팔레스타인 신앙고백문으로 니케아 신경과 매우 유사한 내용이었지만, '호모오우시오스'라는 말은 회피했는데, 그 내용은 다음과 같다.[59]

> 하나님의 말씀, 하나님의 하나님, 빛의 빛, 생명의 생명, 독생자, 모든 만물보다 먼저 나신 분, 모든 세대보다 앞서 성부로부터 나오신 분, 그로 말미암아 모든 만물이 만들어졌다.[60]

---

56) 이 점에 있어서 해롤드 O. J. 브라운은 "아리우스주의는 다신론과 일신론 간의 다리 역할을 했다"고 말하고 있다. 해롤드 O. J. 브라운, 207.
57) Ibid., 206.
58) 가이사랴의 감독 유세비우스는 아리우스파는 아니었지만 자신에게 마치 이론적 사벨리우스주의로 보는 알렉산더의 신앙 형식보다는 아리우스의 것을 쉽게 인정했던 자였다. Ibid., 209. 그렇지만 그는 말년에 아리우스파가 되었다.
59) Ibid. 교회사가 가이사랴 유세비우스의 변명의 편지에만 근거하여 니케아 신조의 표제어인 homoousios라는 단어가 콘스탄틴 황제에 의하여, 그리고 코르도바의 호시우스가 그 것을 황제에게 가르쳐 주었을 것으로 확신하고 있지만 실상은 다르다. 오히려 최근의 연구 결과들에 따르면 신조의 중심 되는 기초 문안은 코르도바의 호시우스에 의하여 제시되었다고 하는 자연스런 결론에 이른다. 조병하, "니케야 회의와 니케야 신앙고백 형성," 283.
60) Ibid.

아리우스를 정죄하는 그림으로 6세기에 그려졌다. 이 그림에는 니케아의 주교들이 보인다. 콘스탄티누스가 펼쳐놓은 복음서 바로 오른쪽에 앉아서 이제 막 아리우스를 정죄하려하고 있다. 아리우스는 그들의 발 밑에 그려져 있다.

가이사랴의 감독 유세비우스의 진술을 들은 콘스탄틴 대제는 그것에 호감을 가졌고, 코르도바의 감독 호시우스(Hosius, 257-358)의 제안에 따라 '호모오우시오스'(homoousios, '동일본질')라는 말을 첨가하기를 제안하면서 '니케아 신조'가 채택되었다. 그리고 '호모오우시오스'의 니케아 신조 인준을 거절한 두 명의 아리우스파는 면직되고 출교를 당했다. 뿐만 아니라 감독이 아니고 장로에 불과했던 아리우스도 면직되어 알렉산드리아에서 추방당하였다.[61]

---

61) 해롤드 O. J. 브라운, 209-210. 그렇지만 콘스탄틴 대제는 335년에 가이사랴 유세비우스의 충동으로 아타나시우스에게 하급자들을 심하게 다루었다는 이유를 붙여서 면직시키고 336년에 트리에(Trier)로 추방시켰다. 교리적으로는 아타나시우스가 승리했지만, 그러나 정치적으로는 아리우스에게 패한 것이다. 아타나시우스는 20년 동안 6번이나 추방생활을 당해야만 했다. 그가 그렇게까지 고난을 당하면서 삼위일체 사상을 지키려고 했던 것은 만약 그리스도께서 사람이시라면 우리의 구원은 사라진다는 것을 알고 있었기 때문이었다. 해롤드 O. J. 브라운, 211-217; 라은성, 77.

한편 아리우스를 출교시키고 니케아 종교회의 중심 인물이었던 알렉산드리아의 주교 알렉산더가 328년에 서거함으로써 알렉산더의 비서요 수행원으로 니케아 회의에 참석했던 아타나시우스(Athanasius, 295-373)가 주교 자리를 맡게 된다. 그런데 니케아 회의에서 아타나시우스의 역할에 대해서는 여러 논란들이 존재하고 있다. 즉, 아타나시우스의 니케아 회의에서의 역할에 대해 "니케아 회의에서 아리우스 두둔자들에 의해 정통 교부들이 궁지에 몰렸을 때에 유창한 연설로 그 회의 분위기를 제압하고 호모우시아를 주장하는 자들이 승리에 이르게 하였다"는 영웅적 역할론이 있다.

그러나 그의 이러한 역할에 대해 반론도 있다. 이유로는, 먼저 알렉산드리아 교회 대표로는 알렉산더 감독이 있었으며 아타나시우스는 당시 그의 개인 비서로 따라왔다. 당시 니케아 회의에 참여했던 아타나시우스의 직제가 'deacon', 즉 '집사'였다고 밝히고 있다. 당시 회의에서의 발언권은 관례상 감독들게만 있는 상황에서 교회의 집사였던 그가 할 수 있는 역할이 없었다는 것이다.[62] 또 다른 이유로는 당시 니케아 회의에 참석했던 아타나시우스의 나이가 23세였다. 따라서 이렇게 어린나이임에도 불구하고 교리적으로 원숙한 저술을 할 수 있겠느냐는 것이다. 무엇보다 아타나시우스의 역할에 대한 반론을 제기하는 가장 중요한 이유는 그의 문헌들을 자세히 관찰해보면 그가 교회의 역사에 등장했던 시기에 'ὁμοούσιος'라는 용어와 관련해서 358/9년 이전에 쓰여진 글들에서는 발견되지 않기 때문이다. 즉, 그는 최소한 25년 이상 니케아 신조에 대해서 소극적인 태도를 취하고 있었다는 것이다.[63]

그런데 놀랍게도 이 단어가 오랫동안 교회 내에서 중요한 역할을 하지 못하였음을 보게 된다. 325년 니케아의 교부들이 "아들의 아버지에 대한

---

62) 조병하, "니케야 회의와 니케야 신앙고백 형성," 273, 280.
63) 염창선, "아타나시우스와 니케아 신조(325)," 〈한국교회사학회지〉 Vol. 16 (2005), 91-92.

관계"를 'ὁμοούσιος'라는 용어로 표현했을 때 "반니케아파" 감독들은 마치 이미 264/8년에 정죄되었다 죽은 사모사타의 바울(Paul of Samosa-ta, 200-275)의 망령이 되살아나기라도 한 것처럼 생각했다. 그들은 아들을 아버지와 동등한 위치에 놓으려는 어떠한 시도도 인정하지 않았으며, 더 나아가서 350년대 말기에는 자신들의 방식대로 새로운 해석을 통해서 성경에 없는 단어이기 때문에 받아들이기를 거부했던 'ὁμοούσιος'라는 용어를 다른 단어로 대치하려고 했다. 이에 반해 아타나시우스는 350년대 이후부터 니케아 신조를 점점 더 기독교 신앙의 참된 표현으로 간주했으며, "반니케아파"와의 싸움에서 자신의 신학적 확신을 위한 대표적인 표현으로 보았다.[64]

특히 튀빙겐의 교회사가인 아브라모프스키(Luise Abramowski)는 1982년에 쓴 논문에서 330년대에 벌어진 니코메디아의 유세비우스와 앙쿼라의 마르켈루스 간의 신학적 논쟁에서 니케아 신조의 'ὁμοούσιος'는 전혀 언급되지 않았다는 점에 주목하면서 325년부터 350년 중반까지, 즉 30여 년간 삼위일체 논쟁에서 이 용어가 아무 역할을 못한 것은 잘 알려진 문제라고 지적하였다.[65] 따라서 니케아 신조와는 불가분의 관계로 연관된 아타나시우스의 주장은 그가 감독직에 오른 시기에는 찾아볼 수 없다는 점

---

[64] Ibid., 86. 실제로 당시의 교회정치적 상황을 고려하면 니케아 공의회의 결정이 로마제국 내 도처에서 효력을 지녔는지에 대해서는 의심이 된다. 동방에서는 소위 "아리우스" 논쟁을 통해서 'ὁμοούσιος'라는 용어와 더불어 니케아 신조에 대한 싸움이 일반적으로 알려진 반면에 서방에서는 이 문제가 잘 알려져 있지 않았기 때문이다. 한 예로, 뽀아띠에르의 힐라리(Hilary of Poitiers)를 꼽을 수 있을 것이다. 서방의 저명한 신학자였던 그도 니케아 신조와 'ὁμοούσιος'에 대한 논쟁을 전혀 몰랐다. 그러다가 356-360년에 소아시아의 갑바도기아 지방으로 유배되었을 때에 비로소 'ὁμοούσιος'라는 용어를 알게 되었다(W. A. Bienert, *Dogmengeschichte*, Stusstart u. a. 1997, 161; M. Jacobs, *Die Reichkirche und ihre Dogmen*, [Zugange zur Kirchengeschichte 3] (Göttingen, 1987), 56).

[65] Luise Abramowski, *Dionys von Rom (268) und Dionys von Alexanderien (264/5) in den arianischen Streitigkeiten des 4. Jahrhunderts*, in: ZKG 93 (1982), 240-272, 254.

과 현재 손에 넣을 수 있는 문헌을 고려하면 대략 351년부터 서서히 등장한다고 볼 수 있다.[66] 궁극적으로 362년 아타나시우스가 주관한 알렉산드리아 회의에서 아버지와 아들과 성령이 하나의 본질을 갖는다고 정리되었다. 논쟁의 성격상 주요하게 아버지와 아들의 동질성에 대한 것이 문제였으나 논쟁의 후기에 정통 교부들 사이에 삼위의 표현에 대한 문제로 아타나시우스와 세 카파도키아 교부들, 서방교회와 세 카파도키아 교부들 사이에 이의를 보이면서 진행되지만 381년 콘스탄티노플 신앙고백을 결의함으로써 논쟁의 대 단락을 맺는다.[67]

② 니케아 신조의 내용(325)[68]

니케아 신조에서 중요한 내용은 다음과 같다.

우리는 전능하신 아버지 하나님 한 분을 믿는다. 그는 하늘과 땅을 창조하신 이요, 보이는 것이나 보이지 않는 모든 것을 창조하신 자다. 우리는

---

66) 이 용어에 대한 관심이 350/1년부터라는 주장은 이 시기에 쓰여진 것으로 간주되는 아타나시우스의 문헌인 De dcretis Nicaenae synodi에 근거하고 있다. 이와 같은 주장은 오피츠(Hans G. Opotz), 슈바르츠(Edward Schwartz) 등이 이미 제기한 바 있다. 염창선, 88. 그런데 이처럼 니케아 신조가 심지어 아리우스파에서조차 문제를 삼지 않았던 것은 이것이 콘스탄틴 대제의 치하에서 작성되었을 뿐 아니라 공식적으로 선포된 것이 황제를 통해서 보증되었기 때문에 니케아 신조는 그의 생전인 337년까지는 불가침의 영역으로서 효력이 지속되었다고 할 수 있다.

67) 조병하, "우리가 고백하는 삼위일체 신앙," 〈기독교사상〉 40(서울: 대한기독교서회, 1996. 6), 68.

68) 17세기에 독일 신학자 요한 베네딕트 카르프초프(Johann Gottlob Carpzov, 1679-1767)가 니케아 신조의 내용을 발견하여 바르게 구분하여 낼 때까지 동서방 교회에서 381년 콘스탄티노플 신조를 325년 니케아 신조로 알고 고백하여 왔다. 이러한 발견 후에 콘스탄티노플 신조에 니케아 - 콘스탄티노플 신조라는 이름이 주어졌지만 아직도 독일 루터교회의 예배의식서에서와 그들의 신앙고백들을 모아놓은 책에서도 니케아 신조라는 이름 하에 제2차 공의회 콘스탄티노플 회의의 신조가 소개되고 있음을 본다(조병하, "니케야 회의와 니케야 신앙고백 형성," 262).

한 주 예수 그리스도를 믿는다. 그는 하나님의 독생자이시며, 모든 세상이 있기 전에 하나님으로부터 나셨으며, 하나님으로부터 나온 하나님이시요, 빛으로부터 나온 빛이시요, 참 하나님으로부터 나온 하나님이시다. 그는 피조되신 것이 아니라 하나님으로부터 태어나셨다. 그는 모든 것을 지으신 아버지와 동일 본질(homoousios)을 가지신다.(생략)[69]

여기에서 우리가 주목해야 하는 것은 호모오우시오스(homoousios)라는 '동일본질'(同一本質)의 단어이다. 정통신학에서는 성부 하나님과 성자 하나님과의 관계를 호모오우시오스(homoousios), 즉 '동일본질'로 이해했다. 반면에 아리우스주의자들은 호모오이우시오스(homoiousios)라는 '유사본질'(類似本質)을 강조했다. 그런데 예수 그리스도를 성부와 동일본질의 하나님(homoousios to patri, 정통적 입장)과 유사한 하나님(homoiousios, 가장 온건한 아리우스파의 신앙 형식으로 흔히 세미 아리우스파라고 부름)으로 보는 것에는 하찮은 것으로 보이는 이오타(ι)라는 하나의 철자였다. 즉, 정통 삼위일체 신앙에서는 이오타(ι)를 제외함으로써 예수 그리스도를 성부와 동일본질임을 고백하는데 있다. 그러나 단어로는 이오타(ι)라는 하나의 철자지만 실질적으로 이 헬라어의 두 단어에는 엄청난 차이점이 있다.

다시 말해서, 호모(homo, '동일한')와 호모이(homoi, '유사한') 간의 구별은 작은 것으로 보이겠지만 민감하게 받아들이지 않으면 평범한 기독교인들은 그 안에 감추어진 심각한 것을 파악하지 못할 수 있다. 예수께서 성부와 같이 동일본질이시라면 그분은 참된 하나님이시고, 그분에게 오는 모든 사람들을 "온전하게 구원하실"(히 7:25) 수 있는 분이다. 다시 말해서 아리우스파가 주장하는 것처럼 예수 그리스도가 유사본질이시라면 그는 전 인류의 구원을 위해 필요한 신적 능력과 권위를 가지실 수 없

---

69) 이형기, 20.

을 것이다.[70]

아리우스주의는 피조물이 할 수 있는 것을 강화하기 때문에 사람들, 특히 지위가 높은 사람들을 추앙한다. 만일 그리스도께서 하나님이시라면 우리와 같은 또 다른 사람인 황제를 포함하여 그분은 본질적으로 모든 사람들과 다르다. 하지만 그리스도께서 하나님과 유사한 피조물이시라면 피조물인 다른 사람들은 하나님을 닮을 수 있다는 것을 의미한다. 그래서 기독교인이라고 스스로 말하지만 아리우스주의는 신성을 갖지 않았고 황제를 높은 영적 위치로 격상시킬 수 있었다. 기독교의 생존에 위험한 입장을 취하는 아리우스주의는 혼합적이고 보다 다신론적이라는 사실에 있다.[71]

따라서 니케아 신조는 우리가 정통으로 알고 있는 삼위일체론적 교리를 세웠다는데 중요한 의의가 있다. 즉, 하나님으로부터 나온 하나님이시요, 빛으로부터 나온 빛이시요, 참 하나님으로부터 나온 하나님이신 예수 그리스도는 피조물이 아니라 성부 하나님과 동일본질이시다는 것이다. 다시 말해서 "피조되신 것이 아니라 하나님으로부터 태어나셨다"는 것은 하나님의 아들이 사실상 "되어지신 분"으로나 혹은 "창조되어진 존재"라고 주장하는 아리우스의 주장을 반박하고 있다.

그런데 325년 니케아 회의 이전의 교부들은 헬라 교부나 라틴 교부를 막론하고 그 신앙의 표현에 있어서 삼위의 종속적 관계에 따른 종속적 삼위일체론을 주장하고 있었다. 니케아 회의 이후에도 교회 안에서 니케아 신앙고백의 핵심 용어인 "아버지와 아들이 본질상 하나이시다"($\acute{o}\mu oo$- $\acute{v}\sigma\iota o\varsigma$ $\tau\hat{\omega}$ $\pi\alpha\tau\rho\iota$, unius substantiae sum patre)에 따라 니케아 신앙고백의 의미가 새롭게 자리를 잡게 된 것은 350년대 말에 가서이다. 특히 그와 같은 사실은 아타나시우스의 글에서 찾아볼 수 있다. 그도 역시 그가 속한 교회의 감독이었던 알렉산더 감독에 이어서 초창기는 종속적 삼위일체론

---

70) 해롤드 O. J. 브라운, 212.
71) Ibid., 212-213.

을 주장했음을 알 수 있다. 아타나시우스도 역시 350년 말에 가서야 니케아 신앙고백을 중요시하였고, 그리고 그가 주도한 362년 알렉산드리아 회의에서 비로소 아버지와 아들과 성령이 ὁμοούσιος라는 고백이 이루어지게 되었다.[72]

(2) 왜곡된 삼위일체 하나님에 대한 견해들

삼위일체 하나님을 올바로 이해한다는 것은 우리의 구원론과 교회론에 있어서 매우 중요하다. 그렇지 못할 때 삼위일체 하나님에 대해 왜곡된 일들이 일어나게 된다. 즉, 삼위일체 하나님을 이해하거나 설명함에 있어서 어느 한 위격만을 지나치게 강조했을 때 교리적으로 심각한 문제를 일으키게 된다.

특별히 교회사에서 나타난 삼위일체 하나님에 대한 왜곡된 사상들 가운데 대표적인 것으로 양자론(養子論, adoptionism)과 양태론(樣態論, modalism)이 있다. 왜곡된 두 가지 사상의 공통점은 아래의 그림과 같이 한 분 하나님을 너무 지나치게 강조하려고 했다는 점이다. 즉, 양태론자들은 예수 그리스도의 신성(神性)을 너무 지나치게 강조를 했고, 반면에 양자론자들은 예수 그리스도의 인성(人性)을 너무 지나치게 강조했다.

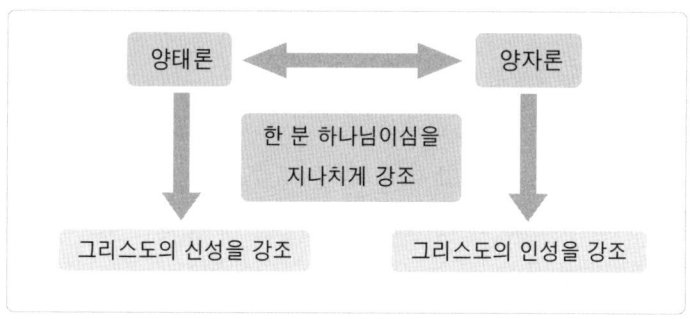

---

72) 조병하, "우리가 고백하는 삼위일체 신앙," 64-65.

또 하나의 공통점은 이들 모두가 '단일신론'을 주장하는 자들이라는 점이다. 그래서 양자론자들은 예수님은 하나님으로부터 특별한 능력을 부여받은 한 인간으로서 하나님의 아들로 양자가 되었다고 주장한다. 반면에 양태론은 단순히 삼위 양태론이라고도 부르는데 이 사상은 한 분 하나님을 너무 지나치게 강조한 나머지 삼위(三位)를 한 하나님의 다른 양태(樣態)로 보면서 삼위일체의 비밀을 풀려고 했다. 그러나 결론적으로 말하면 이와 같은 양자론과 양태론은 성경적이지 않을 뿐만 아니라 교회가 배척했던 사상이다. 그런 점에서 우리는 여기에서 왜곡된 삼위일체 하나님의 사상들을 살펴보려고 한다.

① 양자론(養子論, adoptionism)

단일신론이 지닌 보다 오래된 다양성은 역동적 군주신론(Dynamistischer Monarchianismus)으로부터 유래되었는데 이것을 '양자론'이라고도 부른다. 이 양자론은 단일신론을 강조하다가 한 분 하나님 외에 다른 분은 하나님이 되신 분이고, 하나님과 같은 분이라고 여기면서 예수님의 인성에 관심을 가진다.[73] 이들에 따르면 예수는 하나님으로부터 특별한 능력을 부여받은 한 인간으로서 하나님의 아들로 양자가 되었다. 즉, 예수가 때로는 하나님의 능력을 행사하기도 했지만, 그러나 그가 부활할 때까지는 단순한 사람이었다는 것이다.

양자론에 대한 사상은 약 190년경에 로마에서 그 모습을 드러냈다. 당시 로마에는 그리스도를 비물질적 이온으로 보았던 영지주의적 사색에 대한 반응이 있었다. 그리고 4세기 에피파니우스(Epiphanius, 315-403)의 《파나리온》(Panarion)을 보면 이단들의 목록이 실려 있는데, 여기에서 그는 양자론이 가죽을 무두질하는 사람인 데오도투스(Theodotus)로 알려진

---

[73] 라은성, 72.

사람에 의해 로마에서 발생했다고 전한다. 데오도투스는 처음에는 기독교인이었지만 비잔티움에 살면서 그리스도를 부인하였다. 그리고 로마로 이주한 후에는 예수님이 세례를 받을 때 특별한 방법으로 하나님의 영을 받은 '단순한 인간'(psilos anthropos)이라고 주장하였다.[74]

한편, 안디옥 교회 감독이었던 사모사타 바울(paul of Samosata, 약 200-275)은 예수님에 대해 설명하기를 그분은 단순한 인간이었는데 매우 도덕적인 삶을 살았고 세례를 받으면서 이적적인 능력을 가지게 되면서 하나님과 교제하게 되었다고 주장했다. 그는 268년에 이단으로 정죄받았다. 그런데 이러한 양자론적 사상은 이후 아리우스에게 영향을 끼치게 된다.[75]

하나님으로부터 특별한 능력을 부여받은 한 인간으로서 하나님의 아들로 양자가 되었다는 이 사상은 19세기 초반부터 그 기본 개념이 다시 폭넓은 지지를 받게 되었다. 대표적으로는 기독교 자유주의자로 유명한 하르낙인데 그는 그리스도의 양자론적 견해를 지지하는 자였다.[76] 그리고 알브레흐트 리츨(Albrecht Ritschl, 1822-1889)은 예수님을 가장 완벽한 임무를 자각한 자로 보았으며, 프리드리히 슐라이어마허(Friedrich Schleiermacher, 1768-1834)는 예수님을 가장 고상한 하나님의 의식을 가진 인간이었다고 여겼다.[77] 한 마디로 하나님을 인간의 자리에 놓으려고 했던 자유주의자들은 인간 예수를 강조했다.

② 양태론(樣態論, modalism)

양태론적 군주신론(Modalistic Monarchianism)이라고 불리는 양태론도 앞의 양자론과 마찬가지로 단일신론을 강조하고 있다. 즉, 그리스도

---

74) 해롤드 O. J. 브라운, 178-179.
75) 라은성, 72.
76) 해롤드 O. J. 브라운, 180.
77) Ibid., 177.

의 인성을 포기하면서 신격의 단일성을 보존하려고 한 사상이다. 따라서 이 양태론은 한 분 하나님이 군주적인 체제로 계시는데, 때에 따라 성부 하나님으로, 성자 하나님으로, 성령 하나님의 모습으로 나타난다고 주장한다. 쉽게 말하면, 한 사람이 가정에서는 남편이 되고, 직장에서는 직원이며, 부모님에게는 아들이라는 형태, 곧 한 분이 세 가지 역할을 하는 것으로 삼위일체 하나님을 이해하는 것이다.[78]

양태론은 본질적으로 가현적(假現的, Docetism)인데, 그리스도께서 외형상으로만 인간이셨다고 가르친다. 즉, 그리스도는 완전한 하나님이시지만 단지 인간으로 보일 뿐이라는 것이다. 다시 말해서, 그리스도께서는 실제로 물질적인 몸과 인간성을 갖지 않았고 오직 인간의 환영만을 가졌다는 것이다. 따라서 이 사상에서는 하나님 스스로가 십자가에서 죽으셨다는 '성부 수난설'(聖父受難說, Patripassianism)을 가르친다. 그러나 가현설은 영지주의적인 사상에 바탕을 둔 잘못된 사상이다.

한편 최초로 알려진 양태론자는 프락세아스(Praxeas)였다. 그는 여러 이단자들 가운데서도 헌신적인 신자였다. 그는 약 190년경 로마로 여행하기 전에 재판관 앞에 끌려갔을 때 그리스도를 믿는 자신의 신앙을 직접 고백했던 소아시아의 고백자(confessor)였다. 프락세아스가 로마에 도착했을 때 데오도투스에 의해 전파된 양자론을 억제시키기 위해 그리스도의 완전한 신성에 대한 그의 강조는 환영을 받았다. 그러나 예수님의 신성뿐만 아니라 예수님의 성부와 동일하심을 주장했고, 성부 하나님께서 시간 속에 태어나셨다는 것을 가르친다는 사실이 발각되면서 강한 반발을 받게 되었다.[79]

프락세아스의 사상을 발전시킨 사람이 로마에서 활동한 무명의 리비아 출신인 사벨리우스(Sabellius)였다. 그에 의하면, 하나님은 '성부자'(聖父

---

78) 라은성, 67.
79) 해롤드 O. J. 브라운, 184.

子, hyiopator)⁸⁰⁾이시고, 성부, 성자, 그리고 성령은 다른 이름을 가지고 있다고 하였다.⁸¹⁾ 그리고 이 이름들은 단지 계시의 다른 형태들(forms)을 나타낼 뿐이라고 가르쳤다. 성자는 광선이 태양을 나타내는 것처럼 성부를 계시하셨다. 이제 성자는 하늘로 되돌아가셨고, 하나님은 자신을 성령으로 계시하신다. 삼위일체가 다른 위격으로 자존하신다는 개념은 사라졌다. 사벨리우스의 견해는 성자의 존재를 지상적 사역으로 제한했다는 것이다. 결과적으로 그분은 '성부의 대변자'(요일 2:1)로 있을 수 없으며, 또 "항상 살아서 저희를 위하여 간구"(히 7:25)하신다고 할 수도 없다.⁸²⁾

그런데 이들 양자론자들과 양태론자들은 자신들의 가르침이 성경에 있다고 주장한다. 양자론자들은 '공관복음'을 강조하고 예수께서 세례를 받을 때에 임하신 성령의 현현에 많은 비중을 둔다. 반면에 양태론자들은 성부와 그리스도가 하나이심을 강조하는 진술들을 담고 있는 '요한복음'에 비중을 두고 있는데, 그 비근한 예로서 "나를 본 자는 아버지를 보았느니라"(요 10:30; 14:9)를 들 수 있다. 이러한 구절들을 그리스도께서 성부와 완전히 교통하시는 두 번째 위격으로 이해하지 않고 그분과 성자가 단일한 위격이라고 해석하며, 또 그를 성부라는 의미로 보고 있는 것이다.⁸³⁾

그런데 삼위일체에 대하여 그릇된 사상을 가지고 있는 이들 이단들에 대하여 '제2 스위스 신앙고백'은 "제3장 하나님, 그의 통일성과 삼위일체에 관하여"에서 다음과 같이 가르치고 있다.

> 그러므로 우리는 거룩하시고 예배 받으실 만한 삼위일체 하나님을 모독하는 유대인들과 회교도(이슬람교도, 혹은 모하메드교도) 등 모든 이단자들을 정죄한다. (중략) 즉 마치 성자와 성령은 한 분 성부의 심정의 표

---

80) '성부자'라는 말은 성부와 성자라는 말을 합성시킨 말이다.
81) 라은성, 67.
82) 해롤드 O. J. 브라운, 187-188.
83) Ibid., 183.

출이요, 특성에 불과한 것처럼 생각하는 모든 이단자들을 정죄한다. 군주신론자, 노바티안, 프락세아스, 성부수난주의자들, 양태론자인 사벨리우스, 사모사타의 바울과 아에티우스, 마케도니우스, 신앙동형론자들, 아리우스 등이 그렇게 생각했다.[84]

3. 삼위일체 하나님에 대한 신앙적 자세

기독교의 기본 교리이며, 은혜 계약의 교리 전체와 기독교 신관의 기초는 한 마디로 삼위일체 하나님에 관한 교리이다. 이 삼위일체 하나님에 대하여 설명하면 다음 그림과 같이 설명할 수 있다. 즉, 성부는 성자가 아니다. 성자도 성령이 아니다. 그러나 성부는 하나님이시다. 성자도 하나님이시다. 성령도 하나님이시다. 그 이상을 설명하려고 하면 안 된다. 다시 말해서 삼위일체 하나님을 이해시키기 위해서 지나치게 설명하려고 해서는 안 된다는 것이다.

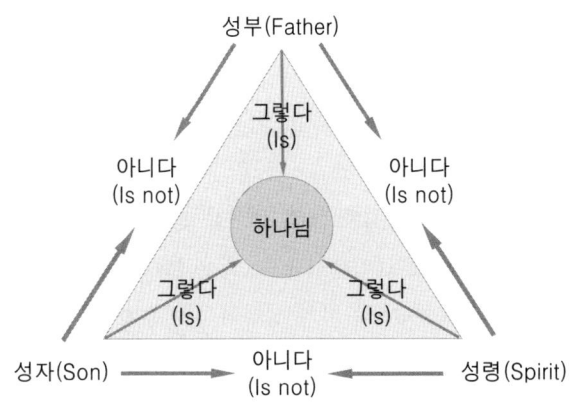

---

84) 이형기, 123-124.

그런데 어떤 사람들은 너무 지나치게 삼위일체 하나님에 대해서 알려고 한다. 아울러서 삼위일체 하나님에 대한 지적 호기심을 충족시키려고 한다. 그러나 우리가 삼위일체 하나님에 대해서 완전히, 완벽하게 이해하려고 해서는 안 된다. 다시 말해서 삼위일체 하나님에 대한 교리는 설명할 수 있을 뿐이지 이것을 누구든지 완전하게 이해시킬 수는 없으며, 또 그렇게 하려고 해서도 안 된다.

분명히 삼위일체에 대한 설명은 어렵다. 이에 대해 어거스틴도 삼위를 표현하는 적합한, 그리고 특별하고 일반적인 이름을 인간의 언어에서 찾기에는 불가능하다는 사실을 강조했다.[85] 그럼에도 불구하고 우리는 이해되지 않는다고 해서 삼위일체를 부인해서는 안 된다. 우리는 태양의 온도가 정확하게 몇 도인지 알 수 없다. 그렇다고 해서 우리가 태양의 존재를 무시하지는 않는다. 마찬가지로 삼위일체 하나님에 대해서 정확하게 이해하지 못한다고 해서 삼위일체 하나님의 존재를 부인할 수는 없다는 것이다. 왜냐하면 성경은 삼위일체 하나님에 대해서 분명하게 증거하고 있기 때문이다.

칼빈은 그의 《기독교 강요》 제1권 제13장의 "태초부터 하나님이 한 본질이시며 그 안에 삼위가 계심을 가르침"에서 그리스도께서 "모든 민족을 제자로 삼아 아버지와 아들과 성령의 이름으로 세례를 베풀고"(마 28:19)라는 말씀은 바로 세례가 성부와 성자와 성령 안에서 자기 자신을 완전히 명확하게 보여주신 한 분 하나님의 이름으로 베풀어질 것이라는 뜻이라고 하였다.[86] 특히 그는 삼위이신 하나님에 관한 진술을 다음과 같은 나지안주스의 그레고리(Gregory of Nazianzus, 약 329-390)의 말로 설명하고 있다.

한 분 하나님을 생각하자마자 즉시 삼위의 광채에 싸이게 되고, 삼위를

---

85) Augustin., trin., Ⅶ 7, S. 255. 조병하, "우리가 고백하는 삼위일체 신앙," 67.
86) 존 칼빈, 168.

구별하여 보자마자 곧바로 다시 한 분 하나님으로 되돌아가게 된다.[87]

그리고 삼위일체 하나님에 대해서 우리는 각 위격(位格)들의 속성을 구별할 수는 있지만 위격을 구분하려고 해서는 안 된다. 다시 말해서 세 위격에 대해서는 어디까지나 구별(a distinction)이지 분리(a division)는 아니다. 그러면 양태론이나 삼신론(三神論, tritheism)[88]으로 빠질 위험이 있다.

그런데 비록 삼위일체의 세 위격은 동등하시고 영원 전부터 신성 안에 함께 계셨지만 그럼에도 불구하고 우리의 구원을 위하여 삼위 간에 구분이 존재한다. 즉 '성부'와 '성자'와 '성령'이라는 단어 자체가 진정한 구별을 시사하기 때문이다.[89] 우리는 이것을 "경륜적 삼위일체"(economic Trinity)라는 용어로 이해한다. '경륜적 삼위일체'란 구원의 '경륜'(economy) 가운데 성부, 성자, 성령이 서로 구별된 행위자가 됨을 뜻하는 표현이다.[90] 즉, 성부께서는 창조하시고, 선택하시며 구원 계획을 세우신다. 성자는 성부께 보내심을 받아 이 구원을 이루신다. 그리고 성령은 성부와 성자에 의해 보내심을 받아 구원을 적용하신다. 다시 말해서 자비하신 삼위일체의 세 위격들께서 나의 구원을 위해 사역을 나누셨다는 것이다. 성자는 자신을 성부의 뜻에 맡기셨고, 성령은 자신을 성부와 성자의 뜻에 맡기셨다. 성령은 자신에 대해 말하는 것이 아니라 성자를 증거한다. 그리고 성자는 성부와 동등하고 영원한 분임에도 불구하고 자신에 대해 말하는 것이 아니라 자신의 말과 사역을 성부로부터 받으셨다. 이것이 경륜적 삼위일체이다. 그래서 어떤 의미에서 우리는 성자를 보내신 분은 성부이며, 오셔서

---

87) Gregory of Nazianzus, *On Holy Baptism*, xl. 41. 존 칼빈, 169에서 재인용.
88) 삼신론은 성부, 성자, 성령의 위격(位格)의 고유성을 주장하는 나머지 세 위격의 일치를 부정하고 각기 다른 세 분의 신이 존재한다는 이론이다. 따라서 삼신론은 양태론과는 본질적으로 다르다. 양태론은 단일신론을 강조하기 위해 한 분 하나님을 설명함에 있어서 각기 다른 양태로 나타나셨다는 것이지만 삼신론은 출발부터 다신론이다.
89) 존 칼빈, 170.
90) 다니엘 L. 밀리오리, 102.

사역을 하신 분은 성자이고 이것을 적용시킨 분은 성령이라고 말할 수 있지만, 동시에 하나님은 이 모든 것 안에 계셨다고 말해야 한다.[91]

그런데 기독교 신앙에서 삼위일체론은 19세기 자유주의 신학이 등장한 이후 한동안 헬라 철학의 산물로 취급되어 하나님에 대한 신학자의 사변이라는 푸대접을 받아왔다. 그러나 20세기에 이르러 칼 바르트를 중심으로 한 신정통주의에 의해 삼위일체론은 다시 신학의 중심 자리에 서게 된다. 특별히 칼 바르트는 삼위일체 교리는 단연코 성서적 근거를 가지고 있다고 하였다. 그는 셋 안에 하나로 계시는 하나님과 하나 안에 셋으로 계시는 하나님을 말하는 것만으로는 일방적이고 부족한 것으로 생각하고 이 양자를 직결시키는 삼위이신 하나님을 "삼일성"(Dereieinigkeit)으로 표현한다.[92] 그러면서 칼 바르트는 삼위일체 교리는 그 자체에 신비적 요소가 있다는 점에서 "내재적 삼위일체"(immanent trinity)와 "경륜적 삼위일체"(economic trinity)로 설명하고 있다.

여기에서 칼 바르트가 말하는 "내재적 삼위일체"란 세계가 창조되기 이전부터 이미 하나의 유기적 통일체, 즉 아버지, 아들, 영이 내적 삼위 안에 존재한다고 보는 것이다. 하나님은 홀로 고고하게 자족하는 하나님이 아니라 공동체로 존재하는 하나님이시라는 점에서 하나님의 자유는 영을 통하여 아버지가 아들과 함께 가지는 삶의 "내재적 삼위일체" 안에서의 자유이다. 그리고 이제 "내재적 삼위일체" 밖에서 무엇이 일어났다. 세 인격의 사역은 창조, 구원, 성화에서 각 인격이 서로 다른 인격에 참여하여 공동으로 이루어진다. 우리는 이것을 "경륜적 삼위일체"라고 한다고 했다.[93]

---

91) 마틴 로이드 존스, 163-164.
92) Karl Barth, der Sinn der Trinitatslehre, KD Ⅰ, 395-404.
93) 하나님의 구속 사역, 즉 경륜적 삼위일체론에 대해서는 초기 교부들 이레니우스, 히폴리투스, 터툴리안 등으로 시작하여 삼위일체론으로 발전시킨 것이고, 내재적 삼위일체론은 어거스틴을 비롯하여 칼 바르트, 칼 라너, 몰트만 등 많은 현대 신학자들에 의해 경륜적 삼위일체론과 함께 주장되고 있는 견해들이다(최종호, 《칼 바르트: 하느님 말씀의 신학》 (서울: 한들출판사, 2010), 232.

따라서 삼위일체 하나님을 위해 칼 바르트는 하나님의 세 가지 존재 방식을 계시와 관련지어 서술하고 있다. 즉, 그는 하나님은 계시자(Offenbarer)―계시(Offenbarung)―계시의 능력(Offenbarsein)으로 구분할 수 있고, 이것이 삼위일체 하나님의 근거가 된다고 하였다.[94]

한편, 이와 같은 삼위일체 하나님의 삼위의 구별된 특성에 대해 '웨스트민스터 대요리문답'의 제10문에서는 다음과 같이 가르치고 있다.

> 성부는 성자를 낳으신 분이고 성자는 성부에게 낳은 바 되셨으며, 성령은 성부와 성자에게 영원 전부터 나오신다. 이름과 속성과 사역과 예배를 성자와 성령에게 돌림으로써 성자와 성령이 성부와 동등하신 하나님이심을 나타낸다.[95]

한편 쯔빙글리(Ulrich Zwingli, 1484-1531)의 제자요 친구이며 후계자 관계였던 불링거(Heinrich Bullinger, 1504-1575)는 삼위일체 하나님에 대한 우리의 신앙적 자세에 대하여 다음과 같이 가르치고 있다.

> 삼위 하나님의 통일성이 성경에서 단순하고 명백하게 가르쳐지고 있기 때문에 우리도 성경과 동의해야 하며, 결코 신이 계시한 것보다 현세에서 더 완전한 지식을 추구한다든지 호기심을 충족시키려고 탐구하지 않는 것이 바람직하다. 그러므로 지금부터 천여년 전에 기독교인 황제들이 이 교의에 대하여 새로운 가르침을 퍼트린다든지 신에게 모독적인 다른 것을 가르치는 사람에게 사형을 부과한 것은 올바른 조치였다.[96]

위의 글에서 불링거는 성경이 가르치고 있는 것보다 더 완전한 지식을

---

94) 최종호, 232-233.
95) 김의환 편저, 《개혁주의 신앙고백집》(서울: 생명의말씀사, 2003), 184.
96) 하인리히 헤페, 《개혁과 정통교의학》, 이정석 옮김 (경기도: 크리스챤다이제스트, 2007), 166.

추구하거나 자신의 호기심을 충족하려고 탐구하는 것에 대해서는 단호하게 거부하고 있다. 사실 완전한 지식을 추구하거나 자신의 호기심을 충족하려고 탐구하는 철학적인 사색은 이단과 같은 사람들이 성경 밖에서 구하려고 하는 그릇된 자세라고 할 것이다.

따라서 칼빈도《기독교 강요》에서 이와 같은 이유로 삼위일체 교리를 될 수 있는 한 간단히 다루고 순수하게 성경의 언어와 연관시키도록 권하고 있다.

> 성경의 감추어진 신비들을 논하는 일에 있어서 우리는 진지하고도 각별히 삼가는 자세를 견지하여, 우리의 생각과 언어가 하나님의 말씀 자체가 허용하는 한계를 넘어서는 일이 없도록 지극히 조심하여야 할 것이다.[97]

위의 글과 같이 칼빈은 인간의 생각과 언어를 가지고 하나님의 말씀이 허용하는 한계를 넘어가지 않도록 조심해야 된다는 사실을 강조하고 있다. 측량할 수 없는 하나님의 본체를 태양의 본질조차 파악하지 못하는 인간의 작은 척도로 잴 수 없다. 다만 우리는 오직 거룩하신 말씀을 근거로만 하나님을 찾으며, 오직 그 말씀만을 인도자로 삼아서 말하고 생각하며, 그 이상을 벗어나지 않도록 해야 할 것이다. 그럼에도 불구하고 철학자들 가운데는 삼위일체 교리를 설명하면서 태양과 태양에서 나오는 빛과, 그 온도에 비유할 수 있다고 한다. 그러나 이러한 접근은 양태론적이다. 그렇기 때문에 철학적으로 시도하려는 자세는 매우 위험하다는 사실을 잊지 말아야 할 것이다.

무엇보다 삼위일체 하나님에 대한 신앙이 기독교 신앙에서 대단히 중요한 이유는 우리의 구원론에 관한 문제이다. 아타나시우스가 삼위일체 신앙을 지키려고 했던 중요한 이유도 우리의 구원론 때문이었다. 다시 말

---

97) 존 칼빈, 175.

해서 만약에 예수 그리스도가 참 하나님이 아니고 사람이라고 한다면 우리의 구원은 사라지고 만다는 사실을 잘 알고 있었기 때문이었다. 그러므로 그는 삼위일체를 이해할 수 없다고 할지라도 이 사실을 부인해서는 안 된다고 생각했다. 아리우스주의자들은 예수 그리스도의 신성과 인성을 인간적으로 이해하려고 했지만, 아타나시우스는 삼위일체를 이해하려 하기보다는 삼위일체 하나님이 계신다는 사실을 강조하려고 했던 것이다. 그리고 우리가 하나님을 온전히 아는 길도 삼위일체 외에는 없다고 보았던 것이다.

4. 나가는 글

삼위일체 하나님에 관한 교리는 기독교 신앙의 가장 위대한 신비에 접근하는 교리이다. 따라서 삼위일체 하나님에 관한 신앙을 인간의 이성으로 이해하려고 노력해서는 안 된다. 유한(有限)은 결코 무한(無限)을 담을 수 없다. 유한한 인간의 이성이 무한하신 하나님에 대해서 모두 알아갈 수 없다. 그러므로 신비에 관련된 삼위일체 하나님에 관한 신앙은 신앙고백으로 받아들여야 한다.

무엇보다 성경에서 삼위일체 하나님에 관한 설명은 우리의 이해를 위함이 아니라 삼위일체 하나님이 계심을 우리에게 알리는 데 그 목적이 있다. 정확히 아는 것은 우리 구원에 필수적이다. 삼위일체를 이해하기 전에 먼저 상천하지의 유일하신 하나님을 알고 설명하는 길은 삼위일체 외에는 없다는 사실을 분명히 해야 한다. 따라서 우리가 하나님을 안다거나 믿는다는 것은 '삼위일체' 하나님을 믿고 안다는 것이다. 그리고 그리스도 안에서 이 세상을 찾아오셨고, 성령의 능력 안에서 갱신과 변혁의 사역을 계속하게 하시는 주권 가운데 은혜로운 하나님에 대한 이해와 설명은 삼위일체 하나님이 아니고서는 달리 설명할 길이 없다.

우리가 신앙과 신학을 함에 있어서 중요한 것은 성경이 가르치는 올바른 삼위일체론에 대한 이해를 하지 못하면 결국 양자론이나 양태론, 혹은 삼신론과 같은 이단 사상에 빠지게 될 것이다. 따라서 삼위일체 하나님에 대한 성경적인 바른 신학적 이해가 필요하다. 신학적인 이해 없이 열정적인 믿음에만 치우치면 잘못되어 심각한 이단에 빠질 염려가 있다. 반면에 살아 있고 자라는 믿음이 동반되지 않는 교리는 죽은 정통만 수용할 뿐이다. 그러므로 우리는 겸손하고 어린아이와 같은 자세로 삼위일체 하나님에 대한 신앙을 계시된 그대로 받아들여서 경배와 놀라움으로 예배하는 자리에로 나아가야 할 것이다.

뿐만 아니라 우리에게 찾아오신 삼위일체 하나님은 자신의 삶을 내어주는 사랑이시다. 이 사실을 믿는다면 우리도 사랑을 내어주는 삶을 살아서 이 땅에서 하나님의 나라와 의를 실현해 가야 할 것이다. 분명한 것은 삼위일체 하나님은 우리 이해를 초월하는 것이지만 우리 구원을 위한 참된 진리이다.

제5장 하나님의 본성과 속성에 대한 이해

우리가 읽는 성경에는 하나님에 관한 이야기들로 충일하다. 그런데 성경은 하나님의 존재를 논증하려는 것이 아니라 계시다는 사실을 선언하고 있다. 성경은 우리에게 하나님의 존재에 대해 무엇인가 과학적으로 증거를 제시하는 것이 아니라 이것을 당연한 사실로 간주하고 있다. 즉, 성경의 첫 번째 구절인 창세기 1장 1절에서는 우리에게 하나님의 존재를 증명하려거나 설명하려는 것이 아니라 "태초에 하나님이 천지를 창조하시니라"고 선언하고 있다. 뿐만 아니라 사도 바울도 로마서 1장 20절에서 분명하게 선언하고 있다. "창세로부터 그의 보이지 아니하는 것들 곧 그의 영원하신 능력과 신성이 그가 만드신 만물에 분명히 보여 알려졌나니 그러므로 그들이 핑계하지 못할지니라." 그러므로 성경은 믿지 않는 사람들에게 하나님의 존재적 사실에 대해 변명할 여지가 없게 한다.

그런데 우리가 유념해야 할 것은 하나님의 존재에 대한 논증으로는 결코 믿음이 생겨나지 않는다는 것이다. 물론 논증이 소극적인 의미에서는 때로 유용하겠지만 결코 믿음으로 이끌지는 못한다. 성경에 따르면 누구든지 믿음이 없이는, 즉 믿음으로 이끄는 성령의 내적 역사 없이는 결코 하나님을 믿을 수 없음을 가르치고 있다. 때문에 히브리서 기자도 11장 6절에서 이 사실을 분명하게 말하고 있다. "믿음이 없이는 하나님을 기쁘시게 하지 못하나니 하나님께 나아가는 자는 반드시 그가 계신 것과 또한 그가 자기를 찾는 자들에게 상 주시는 이심을 믿어야 할지니라." 그러므로 근본적으로 하나님께서 주시는 선물인 믿음 없이는 결코 하나님을 믿을 수 없다는 사실을 깨닫고 우리 안에 믿음을 주시기를 기도해야 할 것이다.

하나님은 살아 계시며, 어제나 오늘이나 영원토록 우리와 함께 하신다. 그렇다면 우리가 믿는 하나님은 어떤 분이신가? 우리의 믿음의 대상이 하나님이시라고 한다면 우리는 그 믿음의 대상을 올바로 알아야 올바른 예배와 경배를 드릴 수 있다. 그렇기 때문에 성경은 우리로 하여금 하나님을 알아가야 한다고 가르치고 있다. 예레미야 선지자는 9장 24절에서 "자랑하는 자는 이것으로 자랑할지니 곧 명철하여 나를 아는 것"이라고 하면서 하나님을 알아가는 것을 자랑하라고 했다. 바울은 에베소서 4장 13절에서 다음과 같이 말하고 있다. "우리가 다 하나님의 아들을 믿는 것과 아는 일에 하나가 되어 온전한 사람을 이루어 그리스도의 장성한 분량이 충만한 데까지 이르리니." 우리가 하나님을 믿는 것도 중요하지만 그 믿음의 대상이신 하나님을 올바로 아는 것이 중요하다. 그것이 우리로 하여금 온전한 신앙인으로 만들어가게 될 것이다. 뿐만 아니라 골로새서에서도 다음과 같이 말하고 있다. "하나님을 아는 것에 자라게 하시고"(1:10).

그렇다면 우리는 여기에서 다음과 같은 질문을 하지 않을 수 없다. "피조물인 인간이 창조주이신 하나님을 아는 것이 가능한가?" 디모데전서 6장 16절의 말씀과 같이 분명히 하나님은 우리가 가까이 가지 못할 빛에 거하실 뿐만 아니라 영원하시고 절대적인 분이시다. '유한이 무한을 파악할 수 없듯이'(*finitum non possit capere infinitum*) 유한한 인간이 무한하신 하나님의 존재를 온전히 알 수는 없다. 우리가 열심히 성경을 읽고 교리를 알아간다고 할지라도 하나님은 불가해(不可解)한 분이시기 때문에 최종적이며 완벽한 의미에서 하나님을 안다는 것은 불가능하다. 그럼에도 불구하고 우리는 성경을 통해서 하나님을 알 수 있다고 말한다. 그러나 우리가 하나님을 알 수 있다는 말이 곧 하나님을 완전하게 혹은 남김 없이 이해할 수 있다는 의미는 아니다. 그런 점에서 성경은 하나님의 궁극적인 존재와 본질을 완전하게 이해한다는 것은 불가능하다는 사실을 강조하고 있다.

그러나 성경은 우리에게 하나님에 대해 더 많은 것을 말해주고 있는 것 또한 사실이다. 이렇게 하는 목적은 분명히 우리로 하여금 하나님을 알고 온전한 예배를 드리게 하려는 것이다. 우리가 하나님에 대해 성경에 근거해서 알아가야 하는 이유가 바로 여기에 있다. 성경이 하나님에 대해 말하는 것을 이해하지 못한다면 우리의 예배는 진실한 것이 되지 못하기 때문이다. 다시 말해 우리가 신학을 배우고, 성경을 연구하는 것은 지적인 즐거움을 얻고자 하는데 있는 것이 아니다. 이것은 하나님을 아는 것이고, 하나님을 아는 것은 곧 그분을 온전히 예배하는 것이다. 이 사실에 있어서 칼빈은 《기독교 강요》 제1권 제5장에서 "하나님을 아는 지식의 목적"을 다음과 같이 말하고 있다.

> 우리는 이렇게 해서 얻어지는 지식을 통해서 자극을 받아 하나님을 예배하도록 되어야 하며, 동시에 그 지식으로 말미암아 일깨움을 받고 격려를 받아 미래의 생명에 대하여 소망을 갖게 되어야 마땅할 것이다.[1]

위에서 볼 수 있듯이 하나님께서는 자신을 증거할 필요가 없으심에도 불구하고 친히 자비하신 역사하심으로 죄인된 우리 인간들에게 그를 아는 지식으로 이끄시는 것은 하나님을 온전히 예배하고, 또 미래의 영원한 생명에 대한 소망을 갖게 하시기 위해서이다. 성경은 분명히 하나님은 영원부터 영원까지 계신다는 사실에서부터 출발하고 있다. 그리고 무엇보다 우리가 하나님을 온전히 알아가는 문제는 모든 종교가 추구하는 가장 큰 목적이기도 하다. 그렇기 때문에 우리가 하나님을 온전히 바로 알아가는

---

1) 존 칼빈, 《기독교 강요 상》, 원광연 옮김 (서울: 크리스챤 다이제스트, 2011), 70.

것이 성경이 가르치고 있는 바라면 우리는 힘써 하나님을 알아가야 할 것이다.

그렇다면 우리는 여기에서 또 한 가지 질문을 하지 않을 수 없다. "우리가 하나님을 안다고 했을 때 하나님의 무엇을 알고 있는가?" 그것은 성경이 증거하며 가르치고 있는 하나님의 본성과 속성에 대해 알고 있고 또 알아가야 하는 것이다. 무엇보다 우리가 하나님의 속성에 대해서 알아간다는 것은 우리 신앙이 하나의 사변적(思辨的)이고 형이상학적(形而上學的)인 신학에만 머무는 것이 아니라 건강하고 생명력 있는 신앙생활을 위해서도 불가피하다. 그런 점에서 우리는 여기에서 하나님의 본성과 속성들에 대해 살펴보려고 한다.

1. 하나님의 본성에 대한 이해

전통적으로 신학에서 하나님의 본성(本性, essentia)과 속성(屬性, attributa)을 이야기할 때 하나님과 피조물과의 관계에 있어서 하나님이 가지고 계신 성격을 그의 '속성'이라고 했고, 피조물과의 관계를 떠나서 하나님 자신만이 가지신 성격을 '하나님의 본성'[2]이라고 불렀다.[3] 우리가 하나님과 창조 세계와의 관계를 올바로 이해하기 원한다면 무엇보다 그분의 본성을 이해하는 것이 중요하다.

하나님의 본성에 대한 가르침은 개혁교회의 신앙고백서들에서도 나타나고 있다. 가령, '프랑스 신앙고백'은 제1조에서 다음과 같이 하나님의

---

[2] 하나님의 본성에 대해 로버트 L. 레이몬드는 《최신 조직신학》에서 "어떤 주어진 실체에 본래부터 속해 있어서 여타의 다른 것으로부터 구별해주는 복합적인 속성이나 특성을 가리킨다"라고 정의를 하고 있다. 로버트 L. 레이몬드, 《최신 조직신학》, 나용화 외 3인 공역(서울: 기독교문서선교회, 2004), 230.
[3] 김균진, 《기독교조직신학 1》(서울: 연세대학교출판부, 1991), 300.

본성에 대해 가르치고 있다.

> 우리는 다음과 같이 믿고 고백한다. 유일하고, 단순한 한 본질이시며, 영적이고, 영원하고, 불가시적이며, 불변하시며, 무한하고, 불가해하고, 이루 말로 다할 수 없고, 전능하신 한 하나님만이 계신다.[4]

위의 신앙고백에서는 하나님에게서만 찾을 수 있는 본성에 대해 분명하게 가르치고 있다. 그런데 하나님의 본성에 대한 이러한 서술은 '프랑스 신앙고백' 이후의 개혁교회의 신앙고백에서만 볼 수 있는 서술이다. 즉, 1560년 '스코틀랜드 신앙고백'에서와 1561년의 '벨직 신앙고백'에서도 거의 비슷한 서술과 형식을 볼 수 있다. 이것은 역시 칼빈의 신학적 영향에서 비롯되었다고 볼 수 있다. 그렇지만 위의 신앙고백이나 '웨스트민스터 신앙고백' 등 다른 신앙고백서들에서는 하나님을 고백함에 있어서 본성과 속성을 별도로 구별하지 않고 있다.

우리는 여기에서 성경이 하나님 자신의 본성에 대해 무엇을 가르치고 있는지를 살펴보려고 한다.

1) 무한성(Infinity)

하나님은 무한하신 분이시다. 이 말은 달리 말하면, 하나님은 유한하지 않으신 분이시다. 그리고 이 말은 하나님은 아무런 제한도 받지 않으신다는 의미일 뿐 아니라 제한 받으실 수도 없는 분이시라는 것을 의미한다. 이점에서 하나님은 우리가 경험하는 어떤 것과도 같지 않으시다. 상식적으로 우리가 무한하고 끝이 없다고 알던 것들도 한계를 가지고 있는 것으로 나타나고 있다[5]는 사실을 알아야 한다.

---

[4] 총회교육자원부 편,《개혁교회의 신앙고백》(서울: 한국장로교출판사, 2007), 254.
[5] 밀라드 J. 에릭슨,《조직신학 개론》, 나용화, 황규일 공역(서울: 기독교문서선교회, 2007),

하나님의 무한성은 그분이 다른 모든 것의 원인이며, 모든 존재가 그로부터 유래하였다는 것을 의미한다. 뿐만 아니라 하나님의 무한성은 하나님이 모든 구속과 한계로부터 자유로우시다는 사실을 생각나게 한다. 하나님에 관한 한 그 어떤 제한도 전혀 없다. 그분은 모든 것이시며, 모든 곳에 계시고, 제한이 없으시다. 하나님의 무한하심을 고찰하는 가장 좋은 방법은 모든 만물을 넘어서는 하나님의 높으심, 장엄하심, 말할 수 없는 위엄, 탁월하심 등을 생각해 보는 것일 것이다.[6]

한편, 성경에는 무한하신 하나님의 본성에 대해 증언하고 있다. 그 가운데 우리가 가장 잘 알고 있는 말씀은 모세가 호렙산에서 불에 타고 있지만 타버리지 않는 떨기나무를 보려고 갔다가 그곳에서 이스라엘 백성들을 위해 애굽으로 가라는 하나님의 음성을 듣게 된다. 그때 모세는 하나님께서 나를 보내셨다면 하나님의 이름이 무엇이냐고 물을 때 어떻게 대답해야 하느냐고 묻는다. 모세의 물음에 하나님께서는 이렇게 대답을 하신다. "나는 스스로 있는 자이니라"(I AM WHO I AM, 출 3:14). 이 말은 궁극적이며 절대적인 존재로써 어느 누구에게도, 또 그 무엇으로부터도 영향을 받지 않는 하나님의 무한하심을 나타내고 있다. 다시 말해서 하나님의 무한성은 그분이 다른 모든 것의 원인이시며, 모든 실존, 모든 존재가 그로부터 유래하였다는 것을 시사한다. 하나님에 관한 한 그 어떤 제한도 전혀 없다.

하나님의 무한성에 관한 성경 내용은 사도행전 17장에서 바울이 아덴에서 설교를 한 다음의 내용에서도 찾아볼 수 있다. "우주와 그 가운데 있는 만물을 지으신 하나님께서는 천지의 주재시니 손으로 지은 전에 계시지 아니하시고"(24절). 이 말은 하나님께서 우주가 있기 이전에 계셨던 분으로 특정한 위치에 제한을 받지 않으시는 무한하신 분이라는 사실을 증거하고 있다. 뿐만 아니라 하나님은 물질적인 존재여서 어떤 형체 혹은 몸 안에

136.

6) 마틴 로이드 존스, 《로이드 존스 교리강좌 시리즈 1》, 임범진 옮김(서울: 부흥과개혁사, 2012), 100-101.

한정되어 있다는 일체의 개념을 배격한다. 하나님의 본성에는 물질에 속한 특성이 있을 수 없다는 사실을 기억해야 한다. 그러므로 우리는 육체적인 감각으로는 결코 하나님을 인지할 수 없다. 하나님의 이 무한성이 구약성경에서 형상들을 만드는 것을 금하셨던 이유 가운데 하나이기도 하다.

무한하신 하나님에 대한 증거는 시편 90편 1-2절에 나타나고 있다.

> 주여 주는 대대에 우리의 거처가 되셨나이다. 산이 생기기 전, 땅과 세계도 주께서 조성하시기 전 곧 영원부터 영원까지 주는 하나님이시니이다.

즉, 하나님은 시간의 제한을 받지 않고 항상 존재하시는 분으로 시간에 있어서도 무한하시다는 사실을 말하고 있다. 요한계시록에서는 하나님의 무한하심을 증언함에 있어서 그분은 "나는 알파와 오메가라 이제도 있고 전에도 있었고 장차 올 자요 전능한 자라"(1:8)고 증언하고 있다. 이와 같은 사실에서 알 수 있는 것은 하나님은 시간의 제한을 받지 않으시는 영원하시고 무한하신 분이라는 사실을 가르치고 있다. 뿐만 아니라 시편 기자는 "우리 주는 위대하시며 능력이 많으시며 그의 지혜가 무궁하시도다"(147:5)라고 하면서 하나님은 지식의 내용에 있어서도 무한하신 분이심을 고백하고 있다. 우리가 성경에서 하나님의 무한성은 처음부터 끝까지 모든 곳에서 강조되고 있다는 사실을 알게 된다.[7]

한편, 하나님의 무한하심에 대해 '웨스트민스터 신앙고백'은 "제 2 장 하나님과 성 삼위일체에 관하여"에서 다음과 같이 가르치고 있다.

> 살아 계시고 참된 유일무이(唯一無二)의 하나님이 존재하신다. 그의 존재와 완전성은 무한하시고, 가장 순결한 영으로서 육체를 지니지 아니하

---

7) 하나님의 무한성에 관한 다른 성경 구절로는 다음을 참조하기 바란다. 욥 11:7-9; 26:14; 시 139:7-12; 사 44:6; 렘 32:17; 마 19:26; 롬 11:33; 약 1:17; 히 4:13; 유 1:25; 계 4:8; 21:6; 22:13.

신고로 불가시적이요, 그 무엇의 부분이 되실 수 없으시고, 감정을 지니지 아니하신다.[8]

우리는 여기에서 성경이 하나님의 본성을 가르침에 있어서 그분의 무한하심을 강조하는 이유가 무엇인지에 대해 생각해 볼 필요가 있다. 그것은 하나님은 스스로의 존재에 있어서 어디에도 계시다는 사실을 우리에게 알게 하시려 했다는 것이다. 다시 말해 하나님은 어느 한 곳에만 계시는 분이 아니라 모든 공간적 한계를 초월하실 뿐만 아니라 모든 피조물 가운데 직접적으로 임재해 계신다. 즉, 모든 만물과 인간이 하나님 앞에 직접 대면하고 있다는 것이다. 그리고 하나님이 무한하시다는 말은 우리 인간의 언어로 그렇게 밖에 표현할 수 없지만 실상 우리가 이해하고 있는 그 무한이라는 개념을 넘어서는 무한이기 때문에 하나님의 무한하심이라는 개념을 온전히 파악하는 것은 불가능하다.

2) 영(Spirituality)

성경이 가르치고 있는 하나님의 본성 가운데 또 다른 하나가 "하나님은 영이시다"라는 사실이다. 즉, 하나님은 물질로 구성되어 있지 않고 물질적인 특성을 갖지 않으신 분이시다. 이 사실을 가장 분명하게 말해주고 있는 성경 본문이 예수님께서 친히 말씀하신 요한복음 4장 24절이다. "하나님은 영이시니 예배하는 자가 영과 진리로 예배할지니라."

성경이 하나님의 본성을 가르침에 있어서 영적이라는 사실은 하나님이 인격적이라는 것이다. 우리가 분명히 알아야 하는 것은 하나님은 인간들이 만든 비인격적인 존재로서의 여러 신들 가운데 한 분이 아니라는 사실이다. 하나님은 스스로 계시는 지극히 인격적인 분으로써 우주 만물의 창조주이시며 우리 필요를 넉넉하게 공급해 주시는 분이시며, 불꽃같은 눈

---

8) 이형기,《세계개혁교회의 신앙고백서》(서울: 대한예수교장로회총회출판국, 1991), 247.

동자로 우리를 돌보시는 분이시다.

그런데 성경이 인격적이신 하나님께서 또한 영적인 분이라는 것을 강조하고 있는 것은 하나님께서는 육체와 관련된 어떤 제한도 받지 않으신다는 사실을 가르치기 위해서이다. 영이신 하나님께서는 물질적인 물체나 형상으로 표현될 수 있는 분이 아니시다. 구약성경에서 어떤 형상으로든지 하나님을 설명하려는 것을 금하는 이유도 바로 하나님이 영적인 존재이시기 때문이다. 이와 같은 사실을 모세는 광야의 이스라엘 백성들에게 하나님에 대해 "너희가 어떤 형상도 보지 못하였은즉 너희는 깊이 삼가라"고 말하면서 하나님을 형상화하는 것을 금하고 있는 것에서 알 수 있다(신 4:15-16). 그리고 십계명의 두 번째 계명에서 이 사실은 분명해진다.

> 너를 위하여 새긴 우상을 만들지 말고 또 위로 하늘에 있는 것이나 아래로 땅에 있는 것이나 땅 아래 물 속에 있는 것의 어떤 형상도 만들지 말며(출 20:4).

따라서 영이신 하나님을 믿는 그리스도인들은 하나님에 대해 물질적인 특성을 가지고 계신 분으로 생각해서는 안 된다. 이와 같은 사실은 자신을 가리켜서 스스로 하나님이라고 하거나 하나님을 보았다고 말하는 자들의 그릇된 신앙을 깨닫게 해준다. 특별히 사도 요한이 다음과 같이 말하고 있음을 기억해야 할 것이다. "본래 하나님을 본 사람이 없으되"(요 1:18). 바울은 디모데에게 영이신 하나님에 대해 다음과 같이 말하고 있다. "영원하신 왕 곧 썩지 아니하고 보이지 아니하고 홀로 하나이신 하나님"(딤전 1:17)이라고 하셨다.[9]

---

9) 영적이신 하나님의 본성에 관한 성경 구절은 다음을 참조하라. 눅 24:36-43; 행 7:48; 17:24; 딤전 6:16.

3) 인격성(Personality)

성경은 하나님의 본성을 증언함에 있어서 그 인격성을 강조하고 있다. 즉, 하나님은 영이시고 살아 계실 뿐 아니라 지극히 인격적이신 분이시다. 하나님은 자의식과 의지를 가지고 계셔서 느끼시며 선택하실 수 있으시고, 다른 개인적이고 사회적인 존재들과도 상호관계를 갖고 계신다.[10]

인격은 마음, 지성, 의지, 이성, 개별성, 자의식, 자기 결정 등이 있는 곳에 존재한다. 이런 것들을 가지고 있을 때 인격이 있는 것이며, 따라서 성경은 하나님이 인격이라고 단언하고 있다. 특별히 하나님이 인격이라는 사실은 일반적으로 세상 사람들이 인식하고 있는 범신론적 존재가 아니라는 것을 가르치고 있다. 범신론은 존재하는 모든 것이 신이라고 가르치고 있다. 그래서 이들은 자연을 숭배한다. 이들은 자연 안에서 신을 발견한다.[11] 그러나 이들이 말하는 신은 인격이 없는 비인격체이다. 그에 반해 우리가 믿고 고백하는 하나님은 비인격적인 존재가 아니라 지극히 인격적인 분이시다.

성경에는 하나님께서 인격성을 가지고 계신다는 사실을 증언하고 있다. 그 중에 하나가 하나님께서 이름을 가지고 계신다는 사실이다. 하나님께서는 자기 자신에게 부여한 이름을 가지고 계시는데 그 이름을 통해서 자신을 드러내신다. 그 중에 모세가 이스라엘 백성들이 자기를 보낸 하나님의 이름이 무엇이냐고 물으면 어떻게 대답해야 하는지를 하나님께 물었을 때 하나님은 자신을 "스스로 있는 자"(출 3:14)라고 말씀하셨다. 이 이름을 통해 하나님은 자신이 관념적인 존재이거나 알 수 없는 존재가 아니라는 사실을 보여주셨다. 창세기 4장 26절에 보면 사람들이 여호와의 이름을 부르기 시작했다고 말하고 있다. 시편 20편에서도 여호와의 이름을 자랑할 것(7절)과 여호와 하나님을 부를 것(9절)을 말하고 있다.[12] 이와 같은

---
10) 밀라드 J. 에릭슨, 133.
11) 마틴 로이드 존스, 103.

사실을 통해서 우리는 성경이 하나님의 인격성을 증언하고 있다는 사실을 알 수 있다.

무엇보다 하나님이 인격이라는 사실은 하나님의 임재가 언제나 인격적인 방식으로 묘사되고 있다는 것이다. 성경에서는 하나님께서 자신을 나타내실 때 "나는 … 이다(I am)"라고 말할 수 있는 것은 인격적 존재이며, 하나님은 그분이 자신을 이런 식으로 말씀하심을 알리셨다. 뿐만 아니라 성경은 사람들이 하나님과 대화를 하며, 하나님은 사람들과 특별한 관계를 맺으시고, 특정한 사람들을 택하셔서 그들에게 복을 주신다고 가르치고 있다.[13] 하나님께서 인간과 관계를 맺으시는 최초의 모습은 창세기 3장에서 아담과 하와에게 말씀하시는 사건에서 나타난다. 그리고 성경에는 하나님께서 역사 속에서 끊임없이 인간을 찾아오셔서 선택하시고 복을 주시는 이야기들로 가득 차 있음을 알게 된다. 이와 같은 성경의 내용들도 하나님이 지극히 인격적인 존재이심을 증언하고 있는 것이다.

2. 하나님의 속성에 대한 이해

우리가 하나님을 믿고 고백할 때 중요한 것은 그분이 누구신가를 알아야 한다. 그리고 하나님께서도 우리에게 자신을 나타내 보이시기를 기뻐하셨다. 그러나 하나님은 우리의 이성으로는 파악될 수 없는 불가해하신 분이시기 때문에 우리가 하나님을 완전하게 안다는 것은 불가능하다. 그럼에도 하나님께서는 스스로 우리에게 자신을 알 수 있도록 하셨는데 그것은 바로 하나님의 속성들을 통해서이다. 이처럼 자신의 속성들을 통해서 우리에게 하나님 자신을 알리시는 중요한 이유는 우리로 하여금 좌절과 혼돈에서 빠져 나와 하나님이 자신에 대해 하신 말씀들을 알 수 있도록 하려는 것

---

12) 밀라드 J. 에릭슨, 134.
13) 마틴 로이드 존스, 104-105.

에 있다. 따라서 우리가 하나님의 속성에 대해 알아갈 때 우리가 믿고 고백하는 하나님은 우리와 동떨어진 저 높고 높은 곳에 계시는 분이 아니라 우리와 함께, 우리 안에, 우리를 위해 계시는 분이심을 알게 될 것이다. 이 사실을 알게 될 때 우리는 겸손히 하나님 앞에 예배와 찬양으로 감사를 드리지 않을 수 없게 된다.

그렇다면 하나님의 속성(屬性, attribute)이란 무엇인가? 여기에서 속성이라는 말은 하나님의 완전성의 일부분, 다른 말로는 하나님의 덕의 일부분을 의미한다. 김균진은 속성을 하나님과 피조물과의 관계에 있어서 하나님께서 가진 성격이라고 정의하고 있다.[14] 그런데 이 하나님의 속성에는 세계와의 관계를 떠나 하나님 자신 속에만 내재하는 절대적 속성(絶對的 屬性, attributa absoluta) 내지는 비공유적 속성(非共有的 屬性, incommunicable attributes)과 세계와 관계된 하나님의 상대적 속성(相對的 屬性, attributa respectiva) 내지는 공유적 속성(共有的 屬性, communicable attributes)으로 구분할 수 있다. 그러나 우리가 여기에서 알아야 하는 것은 하나님의 본성과 속성을 분리할 수 없듯이 절대적 속성과 상대적 속성도 하나님의 본질로부터 분리할 수 있는 것이 아니다. 다만 이와 같이 하는 것은 우리로 하여금 하나님을 알아감에 있어서 보다 쉽게 설명하기 위한 하나의 신학적 의도일 뿐이다.

하나님의 속성에 대한 이해

구 분	특 징	내 용
절대적 속성	하나님 자신에게만 내재하는 속성	영원성, 불변성, 편재성, 전지하심, 전능하심, 절대적 복되심, 하나님의 영광
상대적 속성	피조물들에게서도 찾아볼 수 있는 속성	거룩하심, 공의, 선하심, 사랑, 신실하심

---

14) 김균진, 300.

1) 하나님의 절대적 속성

하나님의 절대적 속성을 다른 말로는 하나님의 내재적 속성이라고 한다. 이 말의 의미는 하나님의 영원한 존재의 표상으로 피조물에게는 없고, 오직 하나님 자신에게서만 찾을 수 있는 속성이라는 말이다. 그런 의미에서 이것을 비공유적 속성이라고도 한다.[15]

하나님의 절대적 속성으로 주목해야 할 첫 번째 속성은 하나님의 영원성(eternity)과 불변성(immutability)이다. 하나님은 시작도 없고 끝도 없는 분이시다. 그분은 영원하시다. 이와 같은 사실에 대해 시편 기자는 다음과 같이 고백하고 있다. "산이 생기기 전, 땅과 세계도 주께서 조성하시기 전 곧 영원부터 영원까지 주는 하나님이시니이다"(시 90:2).[16] 요한은 요한계시록에서 영원하신 하나님에 대해 다음과 같이 말하고 있다. "나는 알파와 오메가요 처음과 마지막이요 시작과 마침이라"(계 22:13).

뿐만 아니라 하나님은 절대로 변하지 않는 불변하시는 분이시다. 이 분은 본질상 결코 달라질 수 없다. 어제나 오늘이나 영원토록 동일하신 하나님이시다(히 13:8). 다시 말해 하나님은 현재 항상 보여주고 계시는 모습과 과거에 계속해서 보여주셨던 모습, 그리고 앞으로 보여주실 모습으로부터 어떤 측면에서라도 변화가 있을 수 없다는 말이다. 시편 기자는 하나님의 불변성을 하늘과 땅을 대비시켜서 이렇게 말하고 있다. "천지는 없어지려니와 주는 영존하시겠고 그것들은 다 옷 같이 낡으리니 의복 같이 바꾸시면 바뀌려니와 주는 한결같으시고 주의 연대는 무궁하리이다"(시 102:26-27). 하나님은 자신의 불변성에 대해 이렇게 말씀하셨다. "하나님은 인생이 아니시니 식언치 않으시고 인자가 아니시니 후회가 없으시도

---

15) 김균진은 하나님의 절대적 속성으로 다음을 제시하고 있다. 완전, 고귀, 복, 단일성, 단순성, 영성, 불가시성, 진리, 선하심, 독립성, 영원하심, 헤아릴 수 없음, 불변, 파악될 수 없음. Ibid., 300.
16) 마틴 로이드 존스, 114.

다"(민 23:19). "나 여호와는 변하지 아니하나니"(말 3:6).

무엇보다 하나님의 이름 가운데 하나인 '여호와' 라는 단어가 갖는 의미에서 우리는 불변하시는 하나님의 속성을 알게 된다. 즉, 여호와라는 이름은 "나는 언제나 동일하다", "나는 변치 않는 자이다"라는 의미를 가지고 있다. 사실 우리 인간은 수시로 변한다. 우리는 똑같은 사람임에도 아침 저녁에도 전혀 다른 사람으로 변한다. 그렇지만 하나님께는 이런 일은 상상조차 할 수 없다. 하나님은 절대적 완전성 가운데 언제나 동일하시다. 이것은 야고보의 위대한 고백에서도 발견할 수 있다. "그는 변함도 없으시고 회전하는 그림자도 없으시니라"(약 1:17).[17] 하나님께서는 영원토록 변하지 않으신다는 이 속성은 그의 자녀들에게 힘과 위로가 된다. 우리와 맺으신 그분의 약속은 시간이나 환경에 따라 변하는 것이 아니라 영원토록 신실하시고 변하지 않으신다. 뿐만 아니라 우리 믿음의 좋고 나쁨의 상태와도 상관없이 우리를 향한 하나님의 약속과 사랑은 언제나 한결 같으시다. 따라서 절대로 변하지 않고 불변하시는 하나님을 안다는 사실은 우리에게 가장 실제적이면서도 위로가 된다고 할 것이다.

두 번째로, 하나님의 절대적 속성에는 편재성(omnipresence)이 있다. 이것은 하나님은 모든 곳에 존재하신다는 의미이다. 하나님께서 모든 곳에 존재하신다고 할 때, 그 하나님은 육체적인 의미가 아니다. 뿐만 아니라 하나님은 모든 곳에 항상 똑같은 방식으로 존재하시는 것도 아니라는 사실을 알아야 한다. 분명히 하나님은 모든 곳에 존재하시지만, 그러나 하나님이 특별히 임하시는 특정한 장소들이 있다는 사실을 기억해야 한다. 따라서 예레미야는 하나님의 편재성에 대해 이렇게 말하고 있다. "나는 가까운 데에 있는 하나님이요 먼 데에 있는 하나님은 아니냐 여호와의 말씀이니라 사람이 내게 보이지 아니하려고 누가 자신을 은밀한 곳에 숨길 수 있겠느냐 여호와가 말하노라 나는 천지에 충만하지 아니하냐"(렘 23:23-

---

17) Ibid.

24). 하나님은 하늘과 땅, 온 천지에 충만하신 분이시다. 시편 139편에서 기자도 내가 어디를 가든지 하나님은 거기에 계신다고 고백하고 있다. 이 말은 결국 우리 인간은 하나님의 편재성으로부터 벗어날 수 없다는 사실을 가르치고 있다. 다시 말해서 우리 모든 인간은 하나님의 임재와 불꽃같은 눈동자로부터, 즉 하나님의 편재성으로부터 벗어날 수 없다는 말이다. 그런데 하나님의 편재성에 대한 바른 이해는 모든 사람들에게 경고이자 위로가 된다. 사실 하나님에 대한 속성들은 모든 인간들을 향한 경고이자 동시에 위로를 담고 있다. 즉, 하나님께 죄를 지었다면 그는 편재하신 하나님으로부터 벗어나는 것이 불가능하다는 것을 깨닫게 될 것이다. 반면에 우리가 어떤 환경에 처하든 하나님이 여전히 나와 함께 계신다는 것을 생각하고 깨닫는 것은 놀라운 위로가 될 것이다.[18] 분명한 사실은 내가 있는 곳이 어디이든 하나님이 계시지 않는 곳은 세상 그 어디에도 없다는 것이다.

　세 번째로, 하나님의 절대적 속성에는 전지하심(omniscience)이 있다. 하나님은 모든 것을 아시며, 하나님의 지식은 언제나 절대적인 지식이다. 그것은 완벽한 지식이며, 모든 것에 대한 완전한 지식이다. 성경에는 이 사실을 증언하고 있는 많은 진술들이 있다. 예를 들면, 시편 147편 5절은 "우리 주는 위대하시며 능력이 많으시며 그의 지혜가 무궁하시도다"라고 했고, 잠언 15장 3절에는 "여호와의 눈은 어디서든지 악인과 선인을 감찰하시느니라"고 하였다. 뿐만 아니라 시편 147편 4절에서 하나님은 우주와 자연의 영역 안에 있는 모든 것을 아신다고 말하고 있다. "그가 별들의 수효를 세시고 그것들을 다 이름대로 부르시는도다."[19] 그러므로 하나님은 우리에게 무슨 일이 일어나고 있는지를 모두 알고 계신다. 예수님께서도 "너희에게는 심지어 머리털까지도 다 세신 바 되었나니"(눅 12:7)라고 말씀하셨다. 그런가 하면, 히브리서 기자는 4장 13절에서 다음과 같이 고백했다. "지으신 것이 하나도 그 앞에 나타나지 않음이 없고 우리의 결산을

---

18) Ibid., 116-117.
19) Ibid., 118.

받으실 이의 눈 앞에 만물이 벌거벗은 것 같이 드러나느니라." 하나님은 언제나 역사 안에 계시면서 우리의 앉고 일어섬과 생각을 비롯하여 모든 것을 알고 계신다. 뿐만 아니라 하나님께서는 나의 모든 행위와 심지어는 내 혀의 말을 알지 못하는 것이 하나도 없으시다(시 139:2-4). 그리고 하나님께서 과거와 현재와 미래의 인간 역사에 대한 완벽한 지식을 가지고 계신다. 따라서 전지하신 하나님 앞에 서는 순간 결국 모든 인간은 지극히 부족한 자신의 지식으로 지극히 겸손한 자세로 서지 않을 수 없게 한다. 무엇보다 교만한 자를 꺾으시는 하나님께서는 어리석은 자에게 한없는 지혜를 주시는 분이심을 깨닫는 순간 전지하신 하나님으로 인하여 우리에게는 기대와 위로가 넘치게 될 것이다.

네 번째로, 하나님의 절대적 속성에는 전능하심(omnipotence)이 있다. 하나님은 모든 능력을 가지고 계신다. 하나님은 자신이 전능하심을 통해 뜻하시는 모든 것을 이루게 하신다. 우리는 여기에서 하나님의 전능하심에 대해 살펴볼 때 하나님의 뜻과 능력이라는 두 부분으로 나누어서 살펴보아야 한다.

먼저, 전능하심이란 실행에 옮겨지고 있는 하나님의 뜻을 말한다. 성경은 이 사실에 대해 자주 언급하고 있다. 예를 들어, 바울은 에베소서에서 "모든 일을 그의 뜻의 결정대로 일하시는 이의 계획을 따라"(1:11)라고 말하고 있다. 여기에서 하나님의 뜻은 모든 것, 모든 실존의 최종 근거이다. 그것은 일찍이 일어난 모든 사건, 혹은 장차 일어날 모든 사건에 대한 최종적인 설명이다. 그리고 성경은 하나님의 뜻이 주권적이라고 가르치고 있다. 다시 말해 그것은 오직 하나님에 의해서만 결정된다. 그러나 우리가 기억해야 할 것은 하나님의 뜻은 결코 독단적인 것이 아니다. 그것은 반드시 하나님의 위대하시고 영광스러운 본성의 다른 모든 속성들과 완벽하게 조화를 이루어 시행된다. 이 하나님은 전지하시고 편재하신 바로 그 하나님이시다. 우리는 신앙의 유익을 위해 하나님이 어떠한 분이신가를 이해하기 위해 속성들을 나누어서 설명하고 있지만 그러나 결코 그 속성들을 나누어서는 안 된다.

다음으로 전능하심이란 하나님은 능력이 많으신 분이라는 뜻을 말하고 있다. 하나님은 나이가 많아서 아이를 낳을 수 없는 아브라함에게 "여호와께 능하지 못한 일이 있겠느냐?"(창 18:14)라고 말씀하셨다. 그리고 천사 가브리엘은 마리아에게 "대저 하나님의 모든 말씀은 능하지 못하심이 없느니라"(눅 1:37)고 하였다. 하나님의 힘, 하나님의 능력, 하나님의 강력함은 무한하다. 성경은 전능하신 하나님에 관한 이야기들로 가득 차 있다. 하나님은 아무 것도 없는 곳에서 모든 것을 만드셨으며, 말씀하시면 모든 것이 이루어졌다. "하나님이 이르시되 빛이 있으라 하시니 빛이 있었고"(창 1:3). 따라서 전능하신 하나님 앞에 서는 순간 우리는 경외와 두려움, 그리고 경배함으로 그분을 바라보아야 한다. 우리는 하나님의 전능하심이 아니었다면 우리에게는 전혀 소망이 없었다는 사실을 깨달아야 한다. 하나님의 전능하심이 아니었다면 단 한 영혼도 구원받을 수 없었을 것이다. 그렇지만 감사하게도 하나님은 전능하시며, 우리는 주 예수 그리스도 안에서 그분을 통해 하나님의 능력으로 구원을 받았다.[20]

다섯 번째로, 하나님의 절대적 속성에는 절대적 복되심(absolute blessedness)이 있다. 성경은 하나님의 철저하고 절대적인 완전성을 말하고 있다. 하나님보다 더 높거나 더 위대하거나 더 나은 것은 아무 것도 없다. 생각할 수 있는 모든 완전함이 절대적인 방식으로 하나님 안에 있으며, 그분은 모든 부족한 점과 모든 한계를 뛰어넘어 높임을 받으신다. 그래서 성경은 하나님의 완전하심에 대해 말하는 동시에 복되심에 대해서도 말하고 있다. 하나님의 복되심에 대한 표현은 바울의 서신서들에서 자주 나타나고 있다. 예를 들어 디모데전서 1장 11절에서 "이 교훈은 내게 맡기신 바 복되신 하나님의 영광의 복음을 따름이니라"면서 하나님을 복되신 분이라고 하였다. 하나님께서 복되신 분이라는 말이 의미하는 것은 하나님은 자

---

20) Ibid., 123-124.

신의 지식과 사랑과 대상은 바로 하나님 자신의 완전함이라는 사실이다. 하나님은 그분 자신을 기뻐하신다. 하나님은 자신을 즐거워하시며 완벽하고 절대적으로 자족하시는 분이다. 성경에 따르면 하나님은 그분 자신과 그분의 영광스러운 존재 안에서 기꺼이 만족하신다. 이것이 하나님의 복되심이다.[21] 그러므로 하나님이 복되신 분이라는 사실은 오직 하나님께만 우리 소망을 두어야 한다는 사실을 고백하게 한다.

마지막으로, 하나님의 절대적 속성에는 영광(glory)이 있다. 이것은 성경에서 그분의 위대하심, 그분의 광휘, 그분의 엄위하심을 묘사하는 말이다. 역대상 29장 11절에서는 이 사실을 이렇게 말하고 있다. "여호와여 광대하심과 권능과 영광과 이김과 위엄이 다 주께 속하였사오니." 우리는 하나님의 영광이 성전을 가득 채우고(왕상 8:11), 하나님의 영광이 어떤 사람들에게 희미하게 나타난 기록을 볼 수 있다. 이것은 그들이 하나님의 존재의 위대하심, 광휘, 엄위하심, 능력에 대해 어느 정도 이해하게 되었다는 의미이다.

지금까지 살펴본 하나님에게서만 찾아볼 수 있는 절대적 속성들은 우리로 하여금 하나님의 발 아래에 엎드려 우리 자신을 전적으로 드리고자 하는 마음으로 충만해지게 한다. 그리고 하나님께 나와 예배하고 교제하는 것은 우리에게 주어진 위대한 특권이요 축복임을 깨닫게 된다.

2) 하나님의 상대적 속성

하나님의 상대적 속성은 절대적 속성과는 달리 피조물들에게서도 찾아볼 수 있는 속성을 말한다. 다시 말해 하나님의 절대적 속성은 인간들에게는 적용되지 않는 오직 하나님에게만 있는 속성이다. 반면에 상대적 속성은 하나님께서 피조물인 인간들에게도 함께 공유할 수 있도록 하신 것으

---

21) Ibid., 125.

로 달리 말하면 공유적 속성이라고도 한다.[22]

하나님의 상대적 속성에는 첫째로, 하나님의 거룩하심(holiness)이 있다. '거룩'이라는 히브리어 "카도쉬"(kadosh)와 헬라어 "하기오스"(hagios)는 세상으로부터 구별된다는 뜻을 가지고 있다. 이런 의미에서 이 거룩함에는 소극적으로는 악으로부터의 분리를 의미한다. 우리의 문화권에서는 '거룩'이 특별히 잘 이해되는 면이 있다. 지금은 그렇지 않지만 과거 우리 가정에서는 대부분 아버지 수저와 밥그릇은 특별히 좋은 것으로 마련하고 아이들에게는 사용하지 못하게 했다. 같은 솥에서 나온 밥일지라도 어른의 밥은 구별하여 공경하는 마음을 나타낸다. 그런 의미에서 조금 어려운 이야기지만 경건한 마음은 구별되어야 한다. 안식일을 거룩히 지키라는 말도 '구별'하라는 뜻이다. 무엇인가 구별된 것이 있어야 한다. 따라서 여기에서 구별한다는 것은 소극적인 의미에서 거룩이다.

그러나 거룩함에는 적극적인 의미도 있는데 그것은 본질적이고 완벽한 순결이다. 성경에는 어디에서나 하나님은 거룩하시다고 가르치면서 이런 거룩함이 부분적으로는 하나님이 죄를 미워하시고 죄와 죄인과 모든 악한 것으로부터 떨어져 계심을 통해 표현되고 있다. 무엇보다 성경에는 하나님께 가까이 다가온 사람은 누구든지 하나님의 절대적인 거룩하심에 압도당했다는 것을 알게 된다. 그리고 성경은 하나님을 가리켜 "거룩하신 이"(사 40:25)라고 부르며, 또 하나님은 우리에게 "나는 여호와 너희의 하나님이라 내가 거룩하니 너희도 몸을 구별하여 거룩하게 하고"(레 11:44)라고 명령하셨다. 베드로도 이 말씀을 받아 "내가 거룩하니 너희도 거룩할지어다"(벧전 1:16)라고 말하고 있다.[23]

하나님의 거룩하심은 성막을 만들 때와 제사장들과 백성들이 하나님

---

22) 김균진은 상대적 속성으로 다음과 같이 말하고 있다. 생동성(生動性), 불사(不死), 이성, 의지, 전지(全知), 지혜, 자유, 인지함, 은혜, 자비, 인내, 거룩, 의, 능력, 참되심. 김균진, 300-301.
23) 마틴 로이드 존스, 129-131.

앞에 나아가 제사를 드릴 때보다 명확하게 구분하시는 사실에서도 알 수 있다. 하나님께서 성막과 제사들을 통해서 거룩한 규례들을 세우신 이유는 그들로 하여금 제사장 나라가 되며 거룩한 백성이 되게 하시기 위해서였다(출 19:6). 그렇기 때문에 선지자들도 하나님의 거룩하심을 외치면서 이스라엘 백성들에게 거룩하게 구별된 삶을 살 것을 가르쳤다. "주께서는 눈이 정결하시므로 악을 차마 보지 못하시며 패역을 차마 보지 못하시거늘"(합 1:13). 신약에서도 하나님의 거룩하심은 강조되고 있다. 즉, 예수님은 하나님을 "거룩하신 아버지"(요 17:11)라고 부르셨다.

따라서 우리는 여기에서 거룩하신 하나님께서 그의 피조물들에게 원하시는 것이 무엇인가를 깨닫게 된다. 그것은 하나님의 거룩하심을 드러내는 삶을 살아가는 것이다. 하나님의 거룩하심은 우리로 하여금 죄와는 구별된 삶을 말한다. 그런데 범죄하여 타락한 인간은 하나님 앞에 나아가지 않는 한 죄가 무엇인지 알지 못한다. 그러나 우리가 하나님 앞에 나아가는 순간 자신의 죄가 얼마나 크고 그 죄로 말미암는 비참이 얼마나 심각한 것인가를 깨닫게 된다. 다시 말해 우리의 죄성을 인식하는 방법은 하나님의 임재 안으로 들어가는 것이다. 그렇지만 우리가 알아야 하는 분명한 사실은 우리 행위로는 하나님의 거룩한 속성을 전적으로 만족시켜 드릴 수 없다는 것이다. 결국 하나님의 거룩하심은 속죄의 필요성을 깨닫게 한다. 따라서 우리는 예수 그리스도의 보혈에 의지하여 거룩한 삶에로 인도함을 받는다. 그리고 성도는 항상 하나님의 거룩함을 생각하면서 그분의 자녀로서 이 땅에서 그분의 거룩하심을 높여드리는 삶을 살아가야 한다.

두 번째로, 성경이 가르치고 있는 하나님의 상대적 속성에는 하나님의 의(義, righteousness)와 공의(公義, justice)가 있다. 여기에서의 의(義)는 하나님의 거룩하신 속성과 함께 따라온다. 의라는 것은 하나님이 우리와의 관계 가운데 나타내신 하나님의 거룩하심이다. 뿐만 아니라 의는 하나님을 옳은 일을 하는 분으로 계시하는 하나님의 특성이다. 따라서 의와 공의는 하나님의 거룩하심을 실행하는 것이며, 세상을 통치하는 가운데 하나님의 거룩하심을 표현하는 것이다. 그리고 하나님의 의는 거룩함에 대한 하나님의 사랑이며, 하나님의 공의는 죄에 대한 하나님의 혐오이다.

성경은 하나님의 의와 공의에 대해 많은 부분에서 진술하고 있다. 사실 성경 전체에서 가장 중요한 교리 가운데 하나는 하나님이 죄를 미워하시며 하나님의 진노는 이것의 표현이라는 것이다. 그러나 하나님의 의와 공의는 그분의 진노 안에서만 나타나는 것은 아니다. 하나님은 우리의 죄를 용서하실 때에도 의와 공의를 드러내신다. 이 사실을 요한은 요한일서에서 다음과 같이 말하고 있다.

> 만일 우리가 우리 죄를 자백하면 그는 미쁘시고 의로우사 우리 죄를 사하시며 우리를 모든 불의에서 깨끗하게 하실 것이요(요일 1:9).

하나님께서 죄사함의 길을 준비해 놓으셨기 때문에 우리가 그 길에 순종하면 하나님의 공의가 우리에게 들어오고, 그 공의로 말미암아 우리의 죄를 용서하신다. 그리고 하나님이 자신의 공의와 의를 나타내시는 또 다른 방법은 하나님께서 언제나 자신의 말씀을 지키신다는 사실을 보여주는 것이다. 뿐만 아니라 하나님은 의로운 자들에게 상을 주신다. 이와 같은 사실을 바울은 디모데후서 4장 8절에서 말하고 있다.

> 이제 후로는 나를 위하여 의의 면류관이 예비되었으므로 주 곧 의로우신 재판장이 그 날에 내게 주실 것이며 내게만 아니라 주의 나타나심을 사모하는 모든 자에게도니라.

바울은 하나님께서 의로우신 재판장이시기 때문에 약속하신 면류관을 반드시 주실 것이라고 고백하고 있다. 그리고 이후로는 이 놀라운 은혜가 그리스도 안에서 주어졌고, 하나님은 십자가에서 이 일을 하고 계신다.[24]

그런데 의로우신 하나님은 그의 자녀된 우리에게 그리스도의 의를 전가(轉嫁)시키시기를 원하신다(the imputation of Christ's rightieousness). 그래서 하나님께서 죄인된 우리를 구원하실 때 단순히 죄를 사하시는 것뿐만 아니라 보다 적극적으로 의로운 삶을 살게 하시는데 있다. 따라서 하나님께서는 죄인들을 의롭다고 선포하시고 의롭게 하신다. 이것이 '이신칭의'이다. 그리고 우리로 하여금 계속해서 의로운 삶을 살게 하신다. 이것이 바로 '성화의 삶'이다. 이 일은 우리가 궁극적으로 점도 없고 흠도 없이 책망할 것이 없게 되고, 심지어 그분 자신처럼 의롭고 거룩하게 될 때까지 계속될 것이다.[25]

세 번째로, 하나님의 상대적 속성에는 선하심(goodness)과 사랑(love)이 있다. 여기에서 선하심은 하나님으로 하여금 그분의 모든 피조물을 관대하고 친절하게 다루도록 하시는 하나님의 완전하심이다. 이 사실을 시편 기자는 다음과 같이 말하고 있다. "여호와께서는 모든 것을 선대하시며 그 지으신 모든 것에 긍휼을 베푸시는도다"(시 145:9). 뿐만 아니라 바울도 로마서에서 "그러므로 하나님의 인자하심과 준엄하심을 보라"(롬 11:22)고 하였다. 한편 하나님의 사랑은 그분이 자신을 다른 존재에게 영원히 전달하게 만드는 속성이다. 성경은 하나님의 사랑 스스로가 자신을 전달한다는 사실을 분명하게 증언하고 있다. 하나님은 영원하시며 그의 사랑도 또한 영원하시다. 그리고 하나님이 사랑이시라는 사실 자체가 우리를 삼위일체의 교리로 인도한다. 하나님은 영원하시고 또한 영원한 사랑이시기 때문에 그분이 언제나 사랑했던 누군가가 반드시 있어야만 한다. 이것은 필연적으로 삼위일체 교리를 만든다.[26]

무엇보다 성경은 하나님의 사랑에 대해 증언하고 있다. 요한복음 3장 16절은 우리가 너무나도 잘 아는 하나님의 사랑을 증언하고 있는 말씀이다. "하나님이 세상을 이처럼 사랑하사 독생자를 주셨으니 이는 그를 믿는

---

24) Ibid., 133-135.
25) Ibid., 136.
26) Ibid., 139.

자마다 멸망하지 않고 영생을 얻게 하려 하심이라." 그런데 사랑의 하나님은 우리로 하여금 이 땅에서 사랑의 삶을 살기를 원하고 계신다. 그 사랑은 우리의 사랑이 아니라 하나님의 사랑을 이 땅에 증거하는 것이다. 다시 말해 예수 그리스도께서 우리를 사랑하셔서 위하여 죽으셨던 것처럼 우리도 그 사랑의 삶을 살아야 하는 것이다. "그가 우리를 위하여 목숨을 버리셨으니 우리가 이로써 사랑을 알고"(요일 3:16).

네 번째로, 하나님의 상대적 속성에는 신실하심(faithfulness)이 있다. 하나님이 신실하시다는 말은 우리의 하나님은 안전하게 기댈 수 있는 분이라는 의미를 가지고 있다. 다시 말해 하나님은 갑자기 우리 손을 놓아버리거나 저버린다는 의심은 조금도 없이 절대적으로 의존할 수 있는 분이며, 안전하게 머물 수 있는 분이라는 것을 의미한다. 성경에는 신실하신 하나님에 대해 매우 강하게 강조하고 있음을 본다.[27] 신명기 7장 9절에서 하나님께서는 광야의 이스라엘 백성들에게 다음과 같이 말씀하신다. "그런즉 너는 알라 오직 네 하나님 여호와는 하나님이시요 신실하신 하나님이시라." 시편 기자는 하나님의 신실하심이 공중에 사무쳤다고 했다. "주의 진실하심이 공중에 사무쳤으며"(시 36:5). 이사야 선지자는 하나님께서는 언제나 그분의 입에서 나간 모든 말을 지키실 것이라고 말하고 있다. "내 입에서 나가는 말도 이와 같이 헛되이 내게로 되돌아오지 아니하고"(사 55:11).

하나님은 불변하시며 신실하시다. 그분은 결코 변하지 않으신다. 우리가 이 사실을 믿는다면 어떤 일을 만나든, 어떤 상황에 처하든 하나님을 신뢰할 수 있다. 그리고 우리가 해야 할 일은 신실하신 하나님을 절대적으로 의지하는 것이다. 뿐만 아니라 신실하신 하나님을 따라 우리도 하나님께서 우리에게 맡겨주신 일들과 세상에서 신실한 자의 삶을 살아가도록 요청 받는다는 사실을 잊지 말아야 할 것이다.

---

27) Ibid., 140-141.

3. 나가는 글

　지금까지 우리는 하나님의 본성과 속성들에 대해서 살펴 보았다. 우리가 이렇게 구별하여 하나님의 본성과 속성들을 살펴본 것은 하나님에 대해 지적으로 이해를 하는데 보다 도움을 주기 위해서였다. 무엇보다 우리의 제한된 이성으로 하나님을 이해한다는 것은 이런 방법이 나름대로 최선이기 때문에 많은 신학자들이 사용해 왔다. 그러나 우리가 기억해야 할 것은 이와 같은 하나님의 본성과 속성들은 따로 구분하거나 서로 분리해서 이해하려고 해서는 안 된다는 것이다. 하나님은 본성과 속성들을 완전하게 모두 가지고 계신다. 그리고 하나님의 본성과 속성들 가운데 어느 하나라도 따로 분리하여 나누는 것은 있을 수 없다. 하나님은 동시에 그 모든 속성들을 모두 가지고 계신다.

　하나님은 사랑의 하나님이시면서 동시에 공의의 하나님이시다. 하나님은 거룩하시면서 동시에 언제나 자비로우시다. 그런데 우리는 하나님의 속성에서 하나의 속성을 다른 속성과 대치시켜서는 안 된다. 그럼에도 불구하고 하나님의 사랑과 공의를 대립시키는 일들은 교회사에서 종종 있었다. 대표적인 것이 말시온(Marcion, 84-약 160)이다. 말시온은 하나님의 속성에서 사랑과 공의를 대비시키면서 신약의 하나님은 사랑의 하나님이시고, 구약의 하나님은 공의의 하나님이시기 때문에 구약은 버려야 한다고 주장했는데, 이것이 교회사에서 나타난 최초의 이단자였다.

　무엇보다 우리가 하나님의 본성과 속성들을 통해서 하나님을 알아가는 중요한 이유는 우리의 곤고함과 좌절 가운데서도 하나님을 절대적으로 신뢰하고 그분을 찬양하며 감사하는데 있다고 할 것이다.

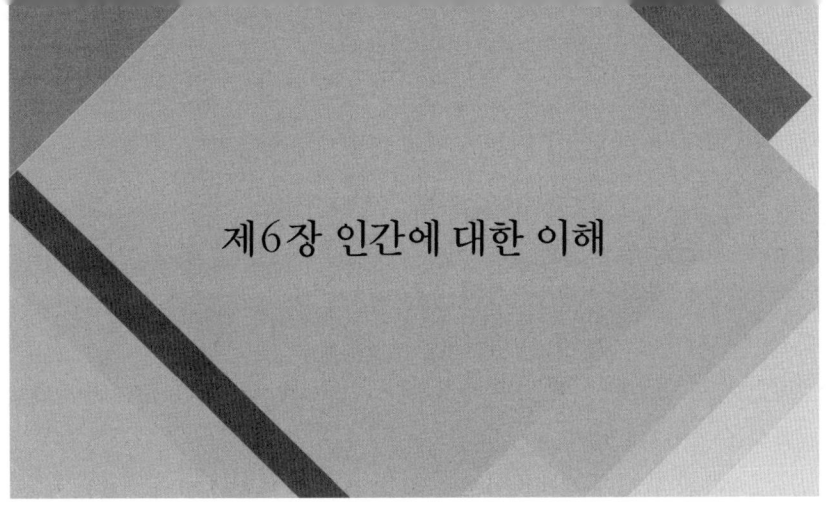

제6장 인간에 대한 이해

우리는 제4장 삼위일체 하나님에 대한 이해에서 삼위일체 하나님과 하나님의 속성들에 관한 교리를 살펴 보았다. 이것은 기독교가 계시의 종교라고 했을 때 계시 내용이 하나님의 말씀인 성경이며, 그 성경 말씀은 곧 삼위일체 하나님에 관한 말씀이기 때문이었다. 그래서 우리는 삼위일체 하나님에 관한 교리를 살펴 보았다. 뿐만 아니라 우리가 믿는 하나님은 우리 인간들의 필요에 의해서 만들어진 우상들처럼 비인격적인 존재가 아니라 지극히 인격적인 분이시라는 사실에서 그분의 본성과 속성들에 대해서 살펴 보았다.

그렇다면 이제 우리는 여기에서 또 한 가지 질문을 하게 된다. "하나님께서 하신 일들이 무엇인가?" 그것은 세상과 우주 만물을 창조하시고 유지하시는 일이다. 그런데 삼위일체 하나님께서 세상을 창조하신 것들 가운데 가장 관심을 가지고 계신 대상은 바로 인간이다.[1] 성경은 바로 인간에게

---

1) 전통적인 조직신학을 함에 있어서 과거에는 '신론' 다음에 인간에 관한 '인론'(人論)을 다루어왔다. 그러나 최근의 신학에서는 인간에 관한 것을 넘어서 우주 창조에 대한 전반적인 내용을 다루고 있다. 그래서 현대신학에서는 신론에 이어서 '창조론'(創造論)을 다

특별히 관심을 가지고 찾아오시는 삼위일체 하나님에 관한 이야기를 기록하고 있다. 그리고 성경은 우리 인간이 하나님과 관계를 갖기 위한 진리를 아는 지식에 도달하게 하기 위해 우리에게 주어진 하나님의 말씀이다. 이런 점에서 우리는 삼위일체 하나님에 관하여 살펴본 다음 인간에 대한 성경적인 바른 이해를 갖는 것이 중요하다고 할 것이다. 그리고 이것이 조직신학의 순서이기도 하다.

그렇다면 우리가 성경적인 인간에 대하여 살펴보기 전에 다음과 같은 질문을 하게 된다. 즉, 성경에서 말하는 인간이란 어떤 존재인가? 그리고 인간이 하나님의 형상을 따라 창조되었다고 했을 때 하나님의 형상이 갖는 의미는 무엇인가? 뿐만 아니라 하나님의 형상을 이야기함에 있어서 인류의 시조(始祖)인 아담과 하와가 범죄함으로 타락한 인간이 스스로 하나님의 은혜를 알 수 있는가를 말함에 있어서 인간이 전적으로 타락한 것인가, 아니면 부분적으로 타락한 것인가?

그런데 우리는 여기에서 인간에 대한 교리를 살펴보기 전에 먼저 하나님의 창조사역에 관한 교리를 살펴보려고 한다.

1859년 찰스 다윈이 《자연적 선택에 의한 종의 기원에 대하여》(*On The Origin of Species by Means of Natural Selection*)[2]를 출판하면서 지적 세계에는 엄청난 변화를 가져왔다. 뿐만 아니라 다윈의 진화론은 지구상의 모든 동식물과 우주가 하나님의 피조물이라고 믿어왔던 이전의 기독교적 가치관에 기름을 붓는 격이 되었다. 이러한 시대적 배경 속에서 등장했던 소위 "자유주의 신학"(自由主義 神學, Liberal Theology)은 하나님의 창조사역을 종교적 신화로 치부해 버렸다. 그렇다면 자유주의자들이

루고 있다.

2) 도킨스는 《눈먼 시계공》에서 다음과 같이 말하고 있다: "다윈 이전에서 무신론이 논리적으로는 가능하였을지 모르지만, 다윈의 등장으로 지적으로 충실한 무신론자가 되는 것이 가능해졌다." Richard Dawkins, *The Blind Watchmaker* (New York: Norton, 1986). 이 글에서 볼 수 있듯이 다윈의 진화론이 기독교 신앙에 얼마나 엄청난 충격을 주었는지를 짐작할 수 있다.

말하는 바와 같이 성경에 기록된 하나님의 창조 이야기는 신화인가, 아니면 어거스틴이나 칼빈을 비롯한 정통 기독교가 말하는 바와 같이 역사인가? 따라서 우리는 이러한 질문을 염두에 두고 성경이 말하는 기독교적 창조론과 인간에 대해 함께 살펴보고자 한다.

1. 하나님의 창조 사역에 대한 이해

우리가 성경을 펼치는 순간 "태초에 하나님이 천지를 창조하시니라"는 하나님의 천지 창조의 역사를 보게 된다. 이와 같은 천지 창조는 하나님의 외적 사역(operationes externae)[3]으로서 하나님의 본질 외부에서 수행되는 피조물들의 창조와 통치, 또는 신의 실재적 섭리의 결과이다.[4] 그런데 성경의 창조 이야기 앞에서 우리는 다음과 같은 질문을 하지 않을 수 없다. 즉, 성경에 기록된 창조의 이야기는 역사(歷史)인가, 아니면 신화(神話)인가?

오랜 교회사에서는 하나님에 의한 창조 이야기가 역사적 사실이라는 것을 의심 없이 믿어 왔다. 어거스틴(Aurelius Augustian, 354-430)은 자신이 쓴 《고백록》에서 "당신은 먼저 무로부터 하늘과 땅을 창조하셨습니다"[5]라고 하면서 하나님은 모든 피조물들을 무로부터 창조하셨지만(ex nihilo), 동시에 피조물들은 형태를 갖지 않는 질료로부터 창조되기도 했

---

[3] 스위스 바젤의 개혁파 정통주의 신학자였던 아만두스 폴라누스(Amandus Polanus von Polansdorf, 1561-1610)는 신의 외적 사역을 정의함에 있어서 내적 사역과 구별하기 위하여 다음의 세 가지가 명백히 설명되어야 한다고 했다. (1) 그것은 신이 자기의 능력을 밖으로(ad extra) 표출하는 것이기 때문에 신의 본질 외부에서 일어난다. (2) 신은 그것을 고정된 시간에 수행한다. (3) 신은 그것을 자기 의지의 영원한 결정 혹은 계획을 따라 시행한다. 하인리히 헤페, 《개혁파 정통교의학》(경기도: 크리스챤다이제스트, 2007), 285-286.

[4] Ibid., 285.

[5] 어거스틴, 《고백록》, 선한용 (서울: 기독교서회, 2015), 426.

다고 했다.⁶⁾ 이 사실에 있어서 어거스틴은《고백록》에서 다음과 같이 말하고 있다.

> 당신은 이 천지를 만들 어떤 질료도 당신의 손에 가지고 있지 않으셨습니다. 왜냐하면 당신이 무엇을 만드시려고 할 때 그 질료까지도 당신이 만드셨기 때문입니다. 당신이 존재하신다는 이유 이외에 다른 무엇이 존재해 있을 수 없습니다.⁷⁾

즉, 하늘과 땅은 하나님의 본체로부터 유출하여 나온 것이 아니라 무형의 질료에서 이 세상을 만드셨고 '거의 무' 인 이 무형의 질료는 절대무(絶對無, omnino nihil)로부터 창조하셨다는 것이다.⁸⁾ 하나님께서 물질로부터가 아니라 무로부터 천지를 창조하셨다는 것은 하나님 이외의 다른 모든 것들은 하나님의 계획과 자유로운 행위의 결과로 창조되었다는 것을 가르치고 있다. 그리고 이것은 전적으로 하나님께서 말씀하시매 이 모든 것들이 만들어진 것이다.⁹⁾ 뿐만 아니라 어거스틴은 하나님께서 만물을 한 순간에 창조하셨지만, 창세기 1장에 기록된 것처럼 모든 만물을 엿새 동안에 창조하시기도 하셨다고 했다.¹⁰⁾ 그런데 어거스틴은《고백록》에서 하나님이 창조하시지 않은 것이 둘이 있다고 하면서 다음과 같이 말하고 있다.

> 당신이 창조하시지 않은 것은 다만 존재하지 않은 (절대) 무와 최고의

---

6) 이종환, "창조와 시간에 대한 아우구스티누스의 해석,"〈기독교철학〉제3호(2006. 12), 71.
7) 어거스틴, 385.
8) Ibid., 427. 어거스틴이 하늘과 땅의 피조물들이 하나님 본체로부터 유출되었다고 한다면 피조물들은 독생자와 동등한 존재가 될 뿐만 아니라 삼위일체 하나님과도 동등한 존재가 되기 때문에 하나님의 본체로부터 유출되지 않았다고 한 것이다.
9) Ibid., 385.
10) Ibid., 474.

존재자이신 당신에게 등을 돌리어 열등한 것들에게 향하는 (왜곡된) 의지(意志)뿐입니다.[11]

위의 글에서 볼 수 있듯이 어거스틴은 절대무와 인간의 왜곡된 의지는 하나님이 창조하지 않으셨다고 했다. 여기에서 절대무는 무엇이 그것으로부터 창조될 수 있는 어떤 존재가 아니라 글자 그대로 무인 것이다. 그리고 왜곡된 의지는 하나님께 등을 들리는 죄이다. 그러나 하나님은 인간의 죄는 창조하지 않으셨으나 다스리시기는 하신다고 했다.

어거스틴의 "무로부터의 창조"(creatio ex nihilo)에 대한 주장은 교회사에서 그대로 수용되어 왔다. 칼빈(Jean Calvin, 1509-1564)도 《기독교 강요》 제1권 제14장에서 다음과 같이 주장하고 있다.

우리는 하나님께서 그의 말씀과 영의 능력으로 무에서 천지를 창조하셨으며, 그 이후에 온갖 종류의 생물과 무생물을 지으셨고, 무수한 각종 사물들을 질서정연하게 정리하셨으며, 각 종류마다 자체의 본질을 부여하시고 기능을 부여하시고 장소와 위치를 지정하셨으며.[12]

위의 주장에서와 같이 칼빈은 하나님께서는 무로부터 천지를 창조하셨는데, 이것이 하늘에서 아무런 활동을 하지 않고 있다가 갑자기 어느 한 순간에 창조한 것이 아니라 6일 동안 창조하셨다고 했다. 뿐만 아니라 그는 "마치 육천년이라는 긴 세월 동안 하나님께서 보여주신 무수한 증거"[13] 라고 하면서 성경을 문자적으로 받아들여 인류의 역사를 6,000년으로 보았다.[14]

---

11) Ibid., 430.
12) 존 칼빈, 《기독교 강요, 상》, 원광연(경기도: 크리스챤다이제스트, 2011), 217.
13) Ibid., 195.
14) 17세기 아일랜드 출신의 대주교인 제임스 엇셔(James Ussher, 1581-1656)는 세계 창조가 기원전 4004년이라고 주장했었다. 그런가 하면, 캐나다 동부의 작은 고등학교 교장

1. 하나님의 창조 사역에 대한 이해   209

그런데 1859년에 출판된 다윈(Charles Darwin, 1809-1882)의 《자연적 선택에 의한 종의 기원에 대하여》(*On The Origin of Species by Means of Natural Selection*)의 출판으로 제기된 진화론은 이제까지 모든 피조물들이 하나님의 창조 사역의 결과로 믿어왔던 기독교적 가치관에 엄청난 충격을 가져다주었다. 거기에다 소위 "자유주의 신학"(自由主義 神學, Liberal Theology)은 창세기에 기록된 창조 이야기는 철저하게 역사성을 잃어버린 하나의 신화, 내지는 종교적 문헌에 불과하다고 치부해 버렸다. 19세기 자유주의 신학의 역사관에서 나타난 결정적인 오류는 초월적 차원이 결여되었다는 점이다. 때문에 이들은 창세기에 기록된 하나님의 창조 사역을 비롯하여 예수 그리스도의 기적 사건의 역사성도 부정하였다. 그 결과 성경은 더 이상 우리가 절대적으로 신뢰하거나 믿을 수 있는 하나님의 말씀이 아니었다.

이러한 상황에서 칼 바르트는 성경의 창조 이야기를 독일어로 '자게'(Sage, 史話)[15]로 칭하면서 새로운 해석을 내놓음으로써 현대신학에 중요한 영향을 미쳤다. 그가 창조 이야기를 '자게'로 표현했을 때의 의도는 철저하게 역사성을 담지하고 있다는 것을 의미한다. 칼 바르트는 '자게'와 '신화'(Mythus)를 철저히 구별하였는데, 이 구별의 핵심은 '자게'란 역사

을 역임한 제7일 안식교 신자인 조지 맥크리디 프라이스(George McCready Price, 1870-1963)은 정통 지질학을 배우지 않았지만 독학으로 격변론적인 대홍수 지질학을 구축하면서 1923년에 발간한 《새로운 지질학》(*The New Geology*)에서 하나님께서는 세상을 6,000-8,000년 전에 창조하셨다고 주장했다. 조덕영, "창조 연대 논쟁의 신학적 딜레마," 「창조론오픈포럼」, vol. 6(2012. 1. 6-17), 7-8.

15) 많은 경우에 독일어 '자게'(Sage)를 설화(說話)로 번역하고 있는데, 가능성은 있지만 상당한 오해를 불러일으킬 가능성이 있다. 왜냐하면 한국어 설화는 옛날부터 구전되어 내려오는 이야기인데 역사성이 있는지에 대해 명확히 할 수 없는 특징의 단어이기 때문이다. 일반인들은 설화라고 언급하면 거의 역사성이 없는 옛이야기라고 생각한다. 사실 국어사전에서는 '설화'란 "있지 아니한 일에 대하여 사실처럼 재미 있게 말하는 이야기"라고 정의를 내리고 있다. 한편, 김명용은 《칼 바르트의 신학》에서 '자게'(Sage)를 사화(史話)로 표현하고 있다. 김명용, 《칼 바르트의 신학》(서울: 이레서원, 2014), 201.

적 사실에 대한 이야기인데 반해, 신화는 역사성이 없는 가공의 이야기라는데 있었다. "성경의 창조사화는 (중략) 하나의 역사로서의 창조에 대한 순수한 이야기"이다.[16] 그러나 신화는 '역사가 아니고', 따라서 신화에는 참된 '창조주도 없고', "주님도 없다."[17]

그런데 칼 바르트는 창조 이야기가 역사적 사건에 대한 이야기라고 분명히 언급했지만 그때의 역사적(geschichtlich)이라는 표현은 오늘의 일반인들이 생각하는 역사적(historisch)이라는 표현과는 구별하고 있다는 점을 유념해야 할 것이다. 즉, 칼 바르트는 독일어로 '게쉬흐테'(Geschichte)와 '히스토리'(Historie)를 구별하고 있다. 여기에서 '게쉬흐테'는 초월적 차원이 결합되어 있는 역사로서 하나님과의 '직접적' 관계를 향해 열려 있는 역사이다. 이것은 세상 밖에 있는 특별한 역사가 아니라 세상 속에서 하나님과 더불어 일어나는 역사인데, 이 역사가 참 역사이다. 즉, 세상 역사의 실체를 완전히 드러내는 역사가 바로 '게쉬흐테'이다. 하나님께서 말씀으로 세상을 창조하신 것은 세상의 역사 개념으로 보았을 때는 신화일 것이다. 그러나 칼 바르트는 하나님의 천지창조는 신화가 아니라 철저히 역사적 사건이고, 세계 역사가 시작되는 바탕을 마련한 전 역사로서의 역사적 사건으로 보았다. 그러므로 칼 바르트에 의하면 하나님의 천지창조를 보도하는 창세기 이야기를 신화의 범주에 넣으면 안 되고, 사화의 범주에서 읽어야 한다고 했다.[18]

하나님의 창조가 예수 그리스도 안에 맺혀진 계약에 근거하고 있기 때문에 창조세계는 하나님의 긍정의 빛 속에 있고 하나님은 처음부터 인간을 위한 하나님으로 존재하고 계셨다. 그런데 중요한 것은 하나님의 창조가 계약에 근거하고 있다는 이 사실은 일반인들에게 보여지는 진리가 아니라는 점이다. 칼 바르트에 의하면 이것은 믿음의 진리이다. 창조주가 계시고,

---

16) K. Barth, *Die Kirchliche Dogmatik* III/1 (Zürich, 1967), 95.
17) Ibid., 100. 김명용, 202에서 재인용.
18) 김명용, 202-204.

이 창조주의 사랑에 의해 천지가 창조되었으며 이 창조주께서 창조하신 궁극적인 목적이 있다는 사실은 말씀과 성령이 아니면 일반인들이 알지 못한다. "믿음으로 모든 세계가 하나님의 말씀으로 지어진 줄을 우리가 아나니"(히 11:3).[19]

칼 바르트에 의하면 계약이 창조의 내적 근거이다.[20] 즉, 하나님께서 세상과 인간을 창조하신 이유가 하나님의 사랑 때문이라는 것이다. 하나님께서는 인간과 사랑의 사귐을 원하셔서 세상을 창조하셨다는 말이다. 따라서 계약이 창조의 내적 근거라면 창조는 계약의 외적 근거이다. 칼 바르트가 창조를 계약의 외적 근거라고 하는 말은 계약이 성취되기 위해서는 창조라는 외적 형태가 필수적이라는 말이었다. 하나님께서는 사랑이 넘치는 기쁨의 세계를 건설하기 위해서 인간과 세상을 창조하셨다.[21]

따라서 칼 바르트에 의하면 말씀과 성령 없이는 창조가 어디에서 시작되었으며 어떤 방향과 목적으로 가고 있는지 모른다. 창조주께서 계시고 예수 그리스도 안에서 맺어진 계약이 창조의 근거이자 목적이라는 사실이 객관적인 진리이지만, 그것은 또한 믿음의 진리이다. 그러므로 그리스도 밖에 있는 자들에게는 창조세계에 대한 이해에 있어서 오류는 불가피하다. 창조의 진실은 계약이고, 하나님의 은총이며, 창조세계를 향한 하나님의 무한한 긍정이지만 이 놀라운 사실은 아직 세상 속에서는 비밀로 존재하고 있다. 이것이 객관적인 진실이지만 세상이 이를 알지 못하고 있기 때문에 진실이 아닌 어떤 것이 등장하는데 이것이 칼 바르트의 창조론에서 또 하나님의 중요한 주제인 '무'(無, Das Nichtige)인 것이다.

칼 바르트의 '무'에 대한 가르침은 앞의 어거스틴의 '무'에 대한 개념을 발전시킨 것이다. 그가 '무'라고 표현한 것은 표현 그대로 없는 것이다. 칼 바르트에 의하면 '무'(無)는 하나님께서 창조하신 것이 아니다. 전통적

---

19) Ibid., 212-213.
20) K. Barth, 258-377.
21) 김명용, 211.

으로 마귀는 타락한 천사로 이해되었지만 칼 바르트는 이러한 이해를 거부했다. 왜냐하면 '무'는 하나님께서 창조한 어떤 것이 아니기 때문이다. '무'는 하나님의 창조와 더불어 존재하기 시작한 이상한 어떤 것이다. 모든 존재는 비존재의 위협을 받고 있는데 바로 그 자리가 '무'가 존재하는 자리이다. '무'는 없는 것인데도 모든 존재의 경계 선상에 존재의 위협으로 존재하고 있다.[23]

칼 바르트에게 있어서 '무'란 하나님의 은혜에 대한 위협과 반역을 일으키는 모태이며 존재를 근본적으로 위협하고 부패하는 것으로써[24] 하나님께서 원하지 않는 것이다. 이 '무'는 존재의 경계 선상에 있다가 기회가 생기면 세상 속으로 들어온다. 죄는 '무'가 세상 속으로 들어오는 통로이자 '무'가 세상 속에 나타나는 양태이다. 질병과 죽음 역시 '무'가 나타나는 양태이다. '무'는 도덕적 악만으로 제한되지 않는다. '무'는 도덕적 악을 넘어서는 것으로 인간과 세상을 근원적으로 파괴시키는 무서운 힘이다. 이 '무'의 존재 근거는 역설적이지만 하나님의 원치 않음에 근거하고 있다. 존재하는 것은 존재하지 않음의 위협 속에 있는데 바로 이 존재하지 않음이 '무'이고, 이 '무'는 하나님께서 원하지 않는 것이다. 칼 바르트에 의하면 인간은 이 '무'의 힘을 이기지 못한다. 무'는 대단히 위험하고 매우 무서운 존재이다.[25]

그러나 이 '무'는 십자가에서 철저히 파괴되었고 없어졌다. 칼 바르트가 마귀를 '무'라고 표현한 이유도 여기에 있다. 마귀는 더 이상 존재할 수도 없으며 그 힘을 나타낼 수도 없다. 왜냐하면 십자가에서 철저히 심판을 받아 폐기되었기 때문이다. 예컨대 인간은 더 이상 비존재의 위협 속에 있지 않다. 모든 존재하는 것은 비존재의 위협 속에 있지만 이 비존재의 위협

---

22) Ibid., 213.
23) Ibid., 224.
24) 최종호, 《칼 바르트 하느님 말씀의 신학》(서울: 한들출판사, 2010), 316.
25) 김명용, 224-225.

까지도 완전히 폐기되었다. 이 비존재의 위협은 이제 더 이상 없다. 왜냐하면 인간은 비존재로 없어지는 것이 아니라 그리스도의 은혜로 영원히 살도록 규정되었기 때문이다.[26]

한편, 칼 바르트 창조론의 가장 큰 특징은 하나님께서 예수 그리스도 안에서 세상을 창조하셨다는 가르침이다. 개신교 정통주의 신학은 창조 계시와 그리스도 계시, 즉 일반계시와 특별계시로 나누었다. 그런데 칼 바르트는 이 거대한 체계를 뒤엎었다. 요한복음을 비롯한 성경의 증언들은 예수 그리스도를 통해서 세상이 창조되었다고 가르치고 있다. 말씀을 통하지 않고 창조된 것은 아무 것도 없다. 창조의 근거는 계약이고 은총이다. 그런 까닭에 칼 바르트는 "창조가 은총이다"라고 간단히 요약했다. 칼 바르트에 의하면 인간은 하나님의 언약의 파트너이고, 왕 같은 존재이다. 인간에 대한 모든 염세적인 사상은 인간에 대한 심각한 오류이다. 이런 염세적인 사상들은 인간이 예수 그리스도 안에 있고 예수 그리스도 안에서 시작해서 예수 그리스도 안에 있는 계약의 완성을 향해 가는 존재라는 인간 존재의 비밀을 모르는데서 나온 것들이다. 예수 그리스도를 모르면 인간 존재의 비밀을 모르고, 창조 세계의 참 모습도 모른다고 했다.[27]

우리는 성경에서의 하나님의 창조 역사가 과학적으로 증명하거나 논

성경의 창조 이야기에 대한 견해

정통주의	자유주의	칼 바르트
성경의 역사는 곧 일반 세속사이다.	성경의 창조 이야기는 종교적 신화일 뿐이다	창조 이야기를 역사성을 담지하고 있는 (Sage, 사화)로 표현하면서 '게쉬흐테' (Geschichte: 특별한 역사로 일반 세속사에 속하지 않는 역사)와 '히스토리' (Historie, 일반역사)로 구별하고 있다.

---

26) Ibid., 225.
27) Ibid., 213-215.

리적으로 설명하기 위해서 기록된 것이 아니라는 사실을 유념해야 할 필요가 있다. 즉, 전통적 신앙에서의 창조론에 대한 이해는 모든 것들의 출처와 근거로서 하나님의 절대성과 무조건성을 함축함과 동시에 세계가 끊임없이 의존하고 있는 분으로서 하나님의 관계성을 함축하고 있다고 할 수 있다. 따라서 하나님의 창조 이야기는 과학적 논증이 아니라 믿음으로 받아들여야 할 선언이다. 그렇기 때문에 칼빈은《기독교 강요》제1권 제14장에서 하나님의 창조 세계에 대한 긴 설명을 요하는 문제들은 생략하는 것이 적절하다고 하면서 독자들이 과연 자신이 천지를 지으신 창조주로서의 하나님 성품을 순전히 깨달은 것임을 알기 위해서는 다음 두 가지를 요청하고 있다.

> 첫째, 하나님께서 그의 피조물들 가운데서 드러내 보이시는 그 훌륭한 권능의 역사들을 감사하지도 않고 생각 없이 그냥 잊고 지나쳐서는 안 되며, 둘째, 그 역사들을 자기 자신에게 적용시켜서 마음에 감동이 생겨나게 하기를 배워야 하는 것이다.[28]

따라서 칼빈은 우리가 "천지의 창조주이신 하나님을 부를 때마다 항상 그가 지으신 모든 만물을 운영하는 일이 그의 손과 권능에 있다는 사실을 마음에 새기고, 또한 우리가 과연 하나님께서 그의 신실하신 보호하심 속으로 받아들이사 양육하시고 가르치시는 그의 자녀라는 사실을 명심해야 할 것"[29]이라고 했다. "그러므로 우리는 모든 좋은 것들의 충만함을 오직 하나님에게서만 기대하고, 우리의 구원에 필요한 것을 그가 결코 부족하도록 내버려두지 않으실 것임을 완전하게 신뢰하며, 그리하여 다른 어느 누구도 아니고 오직 하나님께만 우리의 소망을 두어야 할 것이다."[30]

---

28) 존 칼빈, 218.
29) Ibid., 220.
30) Ibid.

2. 하나님의 형상에 대한 이해

우리 인간은 스스로 생각하여도 신비(mystery)의 존재이다. 우리는 합리적인 동시에 비합리적이고, 문명화되어 있는 동시에 야만적이다. 깊은 우정을 나눌 수 있는 동시에 살인적 적개심을 가지고 있다. 우리는 렘브란트(Rembrandt Harmenszoon van Rijn, 1606-1669)인 동시에 히틀러(Adolf Hitler, 1889-1945)이고, 모차르트(Wolfgang Amadeus Mozart, 1756-1791)인 동시에 스탈린(Joseph Stalin, 1878-1953)이다.[31] 참으로 내 안에는 지킬 박사와 하이드(Dr Jekyll and Mr Hyde)라는 극단적인 두 얼굴이 존재하고 있다. 그렇기 때문에 인류 역사 이래로 가장 수수께끼로 남아 있는 것은 인간 자신에 관한 문제이다. 그래서 일찍이 소크라테스(Socrates, BC 470-399)는 "너 자신을 알라"($\gamma\nu\hat{\omega}\theta\iota\ \sigma\epsilon\alpha\upsilon\tau o\acute{\upsilon}$, Know yourself)고 했다. 사실 이 세상을 살아가고 있는 나에게 가장 쉬우면서도 어려운 말이 "너 자신을 알라"는 말일 것이다. 그럼에도 불구하고 중요한 것은 인간이 되려면 무엇보다 인간을 알아야 한다. 그래야만 인간다운 삶을 살아갈 수 있다. 그런데 "인간이 무엇이냐? 인생이 무엇이냐?" 하는 문제는 참으로 정의 내리기가 어려운 문제이다.

이러한 인간 존재에 관한 물음에 대해 승려인 이청담은 "인간이 도대체 어디서 왔으며 또한 어디로 돌아가는 것일까? 생각하면 인간은 한 조각 구름처럼 생겼다가 홀연히 없어지는 존재다"[32]라고 했다. 뿐만 아니라 "무엇이 사람이냐? 어디서 왔으며 잠깐 허덕이다가 어디로 가야 하는가? 누가 이렇게 만들 수 있었는가? 그렇지 않으면 저절로 생긴 것인가? 인생 문제는 파고들면 파고들수록 점점 몰라만 간다"[33]고 하였다. 한 마디로 말해

---

31) 다니엘 L. 밀리오리, 《기독교 조직신학개론》, 장경철 옮김(서울: 한국장로교출판사, 2007), 181.
32) 이혜성 편저, 《혼자 걷는 이 길을》(서울: 문양 1991), 18.
33) Ibid., 47.

서 인간이 어디에서 왔으며 종국적으로 어디로 가는지에 대해서 알 수 없다는 뜻이다. 인간 존재의 물음에 대해 세상의 모든 초등종교에서는 불교에서와 같은 대답을 할 것이다.

그러나 성경은 분명히 가르치고 있다. 태초에 천지를 창조하신 하나님께서 사람을 창조하셨다고. 그리고 하나님께로부터 창조된 인간은 결국 나의 창조자이신 하나님께로 돌아가야 한다는 사실을 분명하게 가르친다. 즉, 성경이 가르치고 있는 기독교적 인간관은 인간은 하나님의 형상을 따라 지음 받은 하나님의 피조물이라고 본다. 이것은 첫째, 인간은 우연한 진화 과정을 통해서가 아니라 하나님의 의도적인 행위로 말미암아 창조된 것으로 이해되어야 한다는 것을 의미한다. 둘째, 인간에게 있어서 하나님의 형상은 본질적인 것이다. 인간에게 하나님의 형상이 없다면 인간은 인간일 수 없다. 모든 피조물 가운데 오직 인간만이 창조주 하나님과 인격적인 관계를 가질 수 있으며 하나님께 응답할 수 있는 능력이 있다.[34]

그렇다면 우리는 여기에서 다음과 같은 질문을 하지 않을 수 없다. 인간이 하나님의 형상으로 지음 받았다면 그 하나님의 형상이라는 것이 무엇인가? 그리고 범죄한 인간에게 하나님의 형상은 남아 있는 것인가? 따라서 우리는 여기에서 이러한 물음을 가지고 교회가 하나님의 형상에 대해 어떻게 이해를 해왔는지에 대해 살펴보려고 한다.

1) 하나님의 형상에 대한 이해

성경의 첫 장을 펼치면 하나님께서 다음과 같이 말씀하시는 내용을 읽을 수 있다.

---

34) 밀라드 J. 에릭슨,《조직신학 개론》, 나용화, 황규일 공저(서울: 기독교문서선교회, 2007), 268.

하나님이 이르시되 우리의 형상을 따라 우리의 모양대로 우리가 사람을 만들고 그들로 바다의 물고기와 하늘의 새와 가축과 온 땅과 땅에 기는 모든 것을 다스리게 하자 하시고, 하나님이 자기 형상 곧 하나님의 형상대로 사람을 창조하시되 남자와 여자를 창조하시고(창 1:26-27).

창세기 1장을 보면 하나님께서 천지를 창조하실 때 계속해서 등장하는 하나의 단어를 찾아볼 수 있다. 즉, "각기 종류대로", 혹은 "그 종류대로"라는 말씀이다. 그런데 사람을 창조하실 때에는 이 단어를 사용하지 않으셨다. 사람은 종류대로 지음 받지 않았으며, 그 종류를 따라 복제되지도 않았다. 사람은 하나님의 형상을 따라 하나님 모양대로 만들어지고 창조되었다. 인간 창조에 대한 이 표현은 인간과 다른 피조물들을 구별하는 중요한 단서가 되었다. 그 이유는 인간에게만 유일하게 이 표현을 사용하였기 때문이다.

이와 같이 사람이 하나님의 형상대로 지음 받았다는 사실에 대해 '웨스트민스터 소요리문답'의 "제10문 하나님께서 사람을 어떻게 만드셨습니까?"라는 물음을 통해 다음과 같이 대답하고 있다.

하나님께서는 사람을 남자와 여자로 지으시되, 지식과 의와 거룩함에 있어서 하나님의 형상을 닮게 하셨고, 모든 피조물을 다스리게 하셨습니다.[35]

'제2스위스 신앙고백'에서도 "제7장 만물의 창조, 즉 천사와 마귀와 사람의 창조에 관하여"에서 "사람에 관하여 성경은 태초에 사람이 하나님의 형상과 모양에 따라 선하게 창조되었고"[36]라고 가르치고 있다. 사람이

---

35) 이형기, 《세계개혁교회의 신앙고백서》(서울: 대한예수교장로회총회 출판국, 1991), 331.
36) Ibid., 132.

흠이 없는 상태로 선하게 창조되었다는 사실은 칼빈에 의하면 "사람의 본성적인 악행들에 대해서만 관심을 갖고 결국 사람의 본성을 지으신 하나님을 탓하는 일이 있어서는 안 되겠다"[37]는 것으로 사람의 부패에 대한 책임을 창조주 하나님께 돌릴 수 없다고 하였다.[38] 그러므로 기독교의 인간관은 인간이 하나님의 형상을 따라 지음 받았다는 것에서부터 출발한다. 그렇다면 하나님의 형상은 무엇인가? 우리가 여기에서 이것을 묻는 것은 기독교에서 이해하는 인간학의 열쇠가 "인간은 하나님의 형상이다"라는 명제에 있기 때문이다.[39] 기독교 신학에서 "하나님의 형상"이라는 주제에 대한 논의는 삼위일체론에 관한 주제만큼이나 오랜 역사를 가지고 있다. 이 문제는 오늘날에도 여전히 논의되고 있는 주제이기도 하다. 그 이유는 인간을 인간 되게 하는 것은 하나님의 형상이기 때문이며, 이 개념을 어떻게 이해하느냐에 따라서 인간을 이해하는데 그 관점의 차이가 확연히 달라지기 때문이다.

무엇보다 신학에서 "하나님의 형상"에 관한 교리를 논하지 않을 수 없는 이유로 다음 세 가지를 말할 수 있다. 먼저는, 예수 그리스도의 기독론과 관련되어 있다. 즉, 사람 안에 있는 하나님의 형상에 대한 올바른 개념을 갖지 않고서는 그리스도에 대한 우리의 신앙적 이해와 지식이 명확해진다는 것은 기대하기 어렵다. 다음으로는, 우리의 구원에 관하여 깊은 관련이 있다. 예수 그리스도가 우리를 위해 무엇을 하셨으며 우리를 어떤 신분으로 만드셨는지 정말로 알기 원한다면 우리는 하나님의 형상이라는 문제와 대면하지 않을 수 없다. 마지막으로, 하나님의 형상에 관하여 논하지 않을 수 없는 이유는 소위 '신 접촉점'에 관한 문제 때문이다.[40] 범죄하여 타

---

37) 존 칼빈, 221.
38) 칼빈은 《기독교 강요》 제1권 제15장에서 사람이 흙으로 지음을 받았다는 사실은 인간에게는 교만할 거리가 전혀 없다는 사실을 알아야 할 것이라고 했다. 뿐만 아니라 질그릇에 불과한 아담에게 생명을 주셨을 뿐만 아니라, 불멸의 영혼을 거처하게 하셨으니 창조주의 크나큰 자비하심에 영광을 돌려야 마땅할 것이라고 했다. Ibid., 222.
39) 김균진,《기독교조직신학 II》(서울: 연세대학교 출판부, 1987), 55.

락한 인간에게는 하나님의 형상이 조금이라도 남아 있어서 인간 스스로 하나님을 알아갈 수 있는가? 아니면 하나님의 형상이 완전히 파괴되어서 인간 스스로는 하나님을 알아갈 수 없는가? 이와 같은 물음에 대한 대답은 하나님 형상의 존재 여부를 어떻게 인지하고 받아들이느냐에 따라 완전히 달라질 수 있다.

따라서 여기에서는 '하나님의 형상'에 대한 성경의 구절들에 대해 먼저 살펴보고, 다음으로는 "하나님의 형상"이 무엇을 의미하는지에 대해 살펴보려고 한다.

(1) 하나님의 형상에 대한 성경 구절과 진화론

하나님의 형상에 대한 가장 기본적인 구절은 우리가 잘 알고 있듯이 창세기 1장 26-27절의 말씀이다. 이 구절에서 우리는 하나님의 형상과 관련된 두 가지 단어를 발견하게 된다. 즉, '형상'(צֶלֶם, tsehlem, imago)이라는 단어와 '모양'(דְמוּת, demooth, similitudo)이라는 단어이다.[41]

사람이 하나님의 형상을 따라 지음 받았다는 구절은 창세기 5장 1절에서도 계속 기록하고 있다. "이것은 아담의 계보를 적은 책이니라 하나님이 사람을 창조하실 때에 하나님의 모양대로 지으시되." 여기에서는 '모양'(demooth)라는 단어가 사용되고 있다. 창세기 9장 6절[42]에서는 하나님께서 노아와 언약을 세우시면서 살인을 금지하셨는데 그 이유는 인간이 하나님의 형상을 따라 지음 받았기 때문이라고 하셨다. 덧붙이면 살인은 곧 하나님의 형상을 파괴하는 행위라는 것이다.

---

40) "신 접촉점"에 관한 내용은 앞의 "제2장. 계시론에 대한 이해"의 각주 18)을 참조하기 바란다.
41) 김균진, 55-56.
42) "다른 사람의 피를 흘리면 그 사람의 피도 흘릴 것이니 이는 하나님이 자기 형상대로 사람을 지으셨음이니라."

신약성경에서도 하나님의 형상과 관련하여 언급되는 구절들이 있다. 바울은 고린도전서 11장 7절에서 "남자는 하나님의 형상과 영광이니 그 머리를 마땅히 가리지 않거니와 여자는 남자의 영광이니라"고 말하고 있다. 그리고 야고보는 야고보서 3장 9절[43]에서 인간이 하나님의 형상으로 지음 받았기 때문에 혀로 다른 사람을 저주하는 잘못됨을 지적하고 있다. 그리고 로마서 8장 29절에서는 신자들이 구원 과정을 통하여 무엇이 되어가는지와 관련하여 하나님의 형상을 언급하는 구절들을 볼 수 있다.[44] "하나님이 미리 아신 자들을 또한 그 아들의 형상을 본받게 하기 위하여 미리 정하셨으니 이는 그로 많은 형제 중에서 맏아들이 되게 하려 하심이니라."

그런데 신약성경에서 하나님의 형상은 두 가지 의미로 사용된다. 첫째, 하나님의 형상은 그리스도께서 인간의 참 형상이라는 의미로 사용되고 있다. 다시 말해서 그리스도께서 "참 하나님의 형상"(고후 4:4)이요, 그리스도께서 "보이지 않는 하나님이 형상"(골 1:15)이다. 둘째, 하나님의 형상은 그리스도를 믿는 모든 사람들에 대하여 사용된다. 앞의 구절에서 보았듯이 "남자는 하나님의 형상과 영광을 지니고 있다"(고전 11:7), 사람은 "하나님의 형상에 따라" 창조되었으므로 저주 받아서는 안 된다(약 3:9), 새 사람은 "창조주의 형상을 따라" 끊임없이 새로워져야 한다(골 3:10), 하나님은 그가 택하신 사람들이 "당신의 아들과 같은 형상을 갖도록 미리 정하였다"(롬 8:29)는 말씀이다.[45]

특별히 창세기 2장 7절을 보면 이전에 다른 것들이 창조될 때 하셨던 행동과는 전혀 다른 하나님의 모습을 볼 수 있다. 즉, 이전의 창조물들은 모두가 "하나님이 이르시되"라고 하면서 말씀으로 창조하신 하나님의 모습을 보게 된다. 그런데 이전과는 다른 독특한 것이 바로 인간을 창조하시

---

43) "이것으로 우리가 주 아버지를 찬송하고 또 이것으로 하나님의 형상대로 지음을 받은 사람을 저주하나니."
44) 밀라드 J. 에릭슨, 280.
45) 김균진, 56.

는 하나님 모습이다. 하나님은 땅의 흙을 취하사 그것으로 사람의 몸을 만드셨다. 그리고 그 코에 생기를 불어넣으시니 그 사람이 새 생명체가 되었다. 따라서 성경은 천지창조의 전체 과정에서 사람에게서만 갖는 독특성을 강조하고 있다.

성경의 이러한 진술은 곧 사람이 원래 어떤 생명체로부터 만들어졌다고 주장하는 진화론을 단호히 거부하는 것이다. 진화론의 과정은 항상 상향적이라고 주장한다. 즉, 원시적이고 단순한 어떤 것으로부터 고도로 조직화되고 복잡한 것으로 완벽함을 향하여 끊임없이 발전하고 있다는 것이다. 따라서 진화론에 의하면 사람은 짐승과 다를 바 없는 낮은 상태로 출발했으나 점점 동물들과는 다른 존재로 발전하여 결국에는 오늘과 같이 완벽함에 이르게 되었다는 것이다. 그러나 성경은 이 진화론의 주장을 단호히 거부한다. 성경은 사람이 하나님께로부터 지음을 받아 출발한 후 타락하였다고 가르치고 있다. 기독교 신앙이 진화론을 받아들일 수 없는 중요한 이유가 바로 여기에 있다. 다시 말해 구원에 대한 성경의 전체가 가르치는 주장은 하나님으로부터 완전하게 만들어졌던 사람이 타락하여 불완전하게 되었다는 사실에 근거하고 있다.[46]

그렇다면 하나님의 형상으로 지음 받은 인간이 범죄함으로 그 하나님의 형상이 여전히 남아 있는가? 남아 있다면 어느 정도 남아 있는가? 이제 우리는 이 물음에 대한 여러 가지 견해들에 대하여 살펴보려고 한다.

(2) 타락한 인간과 하나님의 형상

인류의 시조인 아담과 하와가 범죄함으로써 타락한 인간에게 하나님 형상이 남아 있느냐 하는 것은 지나온 교회사에서 신학적인 논쟁 가운데

---

[46] 마틴 로이드 존스, 《로이드 존스 교리강좌 시리즈 1》, 임범진 옮김(서울: 부흥과 개혁사, 2012), 268-269.

또 하나의 중요한 자리를 차지하고 있다. 그리고 주장하는 바에 따라 신학적 내용은 정반대로 갈라진다. 만약 하나님의 형상이 조금이라도 남아 있다면 인간은 하나님의 도움 없이 스스로 하나님을 알아갈 수 있고 하나님께로 나아갈 수 있다고 주장할 것이다. 즉, 하나님의 형상으로 지음 받은 인간은 스스로 하나님께서 창조하신 자연만물을 통해서 하나님을 알아갈 수 있다는 것이다. 그리고 이와 같은 입장을 주장하는 사람은 인간의 자유의지와 선택을 강조할 뿐만 아니라 자연신학을 강하게 받아들이게 된다. 반면에 범죄한 인간에게는 하나님의 형상이 완전히 파괴되어 남은 것이 없다고 한다면 인간은 스스로 하나님을 알 수 없고, 하나님께로 나아갈 수도 없게 된다고 주장할 것이다. 그리고 이와 같은 입장을 지지하는 사람은 하나님의 절대적인 은총과 예정을 받아들이게 된다.

그렇다면 타락한 인간에게 하나님의 형상은 남아 있는가? 이 물음에 있어서 일반적으로 인간의 범죄함으로 하나님의 형상이 창조 때와는 다르다는 사실에 있어서는 모든 기독교 신학에서 동의한다. 그리고 정도의 차이는 있지만 하나님의 형상이 온전히 남아있지 않다는 사실에도 동의한다. 다만 논쟁의 주제는 하나님의 형상이 어느 정도 남아 있느냐는 것이다.

어거스틴에 의하면 타락 이전의 인간은 하나님과 올바른 관계 속에 있었다고 했다. 그는 소위 말하는 '본래적 의'(本來的 義, *iustitia originalis*)를 가지고 있었다는 것이다. 그러나 타락으로 인하여 하나님의 형상은 파괴되었으며 그 본래적 의는 상실되었고, 하나님과 인간의 관계는 깨어졌다. 그러나 하나님의 형상이 완전히 없어진 것은 아니다. 하나님의 '모양'은 상실되었지만 '형상'은 상실되지 않았다. 타락한 인간도 타락 이전의 인간과 같이 이성(理性, *ratio*)과 오성(悟性, *intellectus*)을 가지고 있다. 그러므로 타락한 인간은 "그의 이성과 오성 때문에" 하나님의 형상이다.[47]

하나님의 형상에 대한 중세교회 견해는 어거스틴의 견해에 전적으로

---

47) 김균진, 57-58.

의존하고 있다. 중세교회는 '형상'(imago)과 '모양'(similitudo)을 구분한다.⁴⁸⁾ '모양'이 인간이 타락과 함께 잃어버린 본래적인 의(義)를 뜻한다면, '형상'은 타락하면서도 없어지지 않은 인간 본연의 것, 다시 말해 인간의 이성, 의지의 자유, 동물에 대한 인간의 초월성을 뜻한다.⁴⁹⁾ 따라서 로마 가톨릭의 신학에서는 사람은 타락할 때 그 타락으로 말미암아 '모양'을 상실하였으나 사람으로서 하나님의 형상을 여전히 지니고 있는 것이라고 한다. 이로써 타락한 인간은 거룩과 의로움 등 '추가적 은사'들을 본질적으로 상실하였지만 도덕적으로 인간 전체는 부패되지 않았다는 것이다. 그러므로 인간은 죄의 상태에 있는 것이 아니라 범죄할 성향의 상태에 있을 뿐이라는 것이 로마 가톨릭의 주장이다.⁵⁰⁾

한편 어거스틴의 하나님의 '형상'과 '모양'을 구분하는 견해에 대해 마틴 루터는 이렇게 구분해야 하는 근거가 없다면서 반대한다. 즉, 형상과 모양은 구분될 수 있는 것이 아니라 같은 것이다. 그리고 그는 중세신학이 인간의 본성으로 간주한 자유의지를 인간은 더 이상 가지고 있지 않다고 보았다. 루터는 "타락 이후의 자유의지는 하나의 이름에 불과하다. 그것은 죄의 포로이며 노예이다. 그것은 아무 것도 아니라는 말이 아니라 오직 악에 대하여 자유롭다"는 것이다.⁵¹⁾

한편, 칼빈도 《기독교 강요》 제1권 제15장에서 '형상'과 '모양'에 대해서 적지 않은 논란이 있지만 이 두 단어가 서로 차이가 없는데도 불구

---

48) 에밀 브루너는 하나님의 형상에 대해 형식적인 하나님의 형상과 내용적인 하나님의 형상을 구분하고 있다. 그에 따르면 내용적인 하나님의 형상은 타락과 함께 상실되었으나 형식적인 하나님의 형상은 상실되지 않았다고 한다. 그러므로 타락한 인간은 말의 능력과 책임성을 가지고 있으며 죄가 무엇인가를 알고 있다고 한다. 그러나 칼 바르트는 에밀 브루너의 이와 같은 구분을 반대하고 있다. 칼 바르트는 하나님의 형상을 "존재유비(存在類比)"로 이해하지 않고 "관계유비(關係類比)"로 이해를 하고 있다. Ibid., 61-62.
49) Ibid., 58.
50) 로버드 L. 레이몬드, 《최신 조직신학》, 나용화 외 3인 공역(서울: 기독교문서선교회, 2004), 544.
51) 김균진, 59.

하고 있지도 않은 차이를 찾느라 애를 쓰고 있다면서 '형상'과 '모양'을 구분하는 것에 반대한다. 즉, '모양'이라는 단어는 설명을 위하여 첨가된 것 외에 다른 뜻이 없다는 것이다. 무엇보다 히브리인들에게는 한 가지 사실을 반복하여 표현하는 예가 매우 흔한데, 하나님께서 그의 형상대로 사람을 창조하기로 작정하셨는데 그것이 다소 설명이 희미하기 때문에 좀 더 분명한 설명을 위해 "그의 모양대로"라는 표현을 반복한 것이라고 했다.[52]

그리고 칼빈은 타락한 인간에게 하나님의 형상이 남아 있는가에 대해 《기독교 강요》 제1권 제15장에서 다음과 같이 말하고 있다.

> 그때에(타락하였을 때) 아담에게서 하나님의 형상이 전적으로 소멸되었거나 파괴된 것은 아니라 할지라도 그 형상이 너무나도 부패하여져서 남아 있는 것도 모두 끔찍한 기형이 되어버린 것이다.[53]

위의 글에서와 같이 칼빈에 의하면 타락한 인간에게는 하나님의 형상이 어느 정도 남아 있다는 것이다. 즉, 타락한 인간에게는 하나님의 형상이 파편처럼 어느 정도 남아 있다고 했다. 그리하여 인간은 다른 동물들과는 구별된다. 그러나 이것은 너무나 부패되어 있기 때문에 남아 있는 것은 소름이 끼칠 정도의 기형물 밖에는 없다. 그러므로 타락 후에 하나님의 형상은 그 형태는 있다고 해도 아무 기능을 발휘하지 못하게 되었다는 것이다.[54]

종교개혁자들과 오늘의 학자들에게는 '형상'과 '모양'을 구별지어서는 안 된다는 것에 일반적으로 의견이 일치되었다. 즉, '형상'과 '모양'이라는 말 사이에는 실제적인 차이가 없다는 것이다. 창세기 1장 26절에 이 두 단어가 사용되고 있지만 면밀히 살펴보면 '형상'과 '모양'은 서로 교환하여 사용할 수 있는 완전히 같은 단어임을 알 수 있다고 한다.[55]

---

52) 존 칼빈, 226-227.
53) Ibid., 228.
54) 김균진, 59.

우리는 이제 여기에서 타락한 인간에게도 하나님의 형상이 남아 있는가에 대한 물음에 정리를 할 필요가 있다. 루터는 인간의 타락과 함께 하나님의 형상은 완전히 상실되었다고 했다. 반면에 칼빈은 하나님의 형상이 타락한 인간에게 파편처럼 조금은 남아 있지만 그것으로는 아무 역할도 할 수 없다는 것이다. 그런데 성경을 보면 타락한 인간도 하나님의 형상이라는 사실을 이야기하고 있다. 창세기 9장 6절에 보면 타락한 인간도 하나님의 형상이라는 사실을 선언하고 있다. "다른 사람의 피를 흘리면 그 사람의 피도 흘릴 것이니 이는 하나님이 자기 형상대로 사람을 지으셨음이니라." 이 말씀을 보게 되면 하나님의 계명은 타락한 인간을 여전히 하나님의 형상으로 보고 그가 어떻게 살아야 할 것인가를 요구하고 있다. 야고보서 3장 9절에서도 사람은 하나님의 형상으로 창조되었기 때문에 사람이 사람을 저주해서는 안 된다고 가르치고 있다. "이것으로 우리가 주 아버지를 찬송하고 또 이것으로 하나님의 형상대로 지음을 받은 사람을 저주하나니." 따라서 죄인도 하나님의 형상이기 때문에 죄인의 생명도 보호되어야 한다는 것이 성경의 가르침이다. 그러나 타락한 인간이 가진 하나님의 형상은 인간 자신의 죄로 인하여 현저히 파괴되었다. 인간이 가진 하나님의 형상은 파괴된 형상이다. 따라서 칼빈이 말하는 바와 같이 "타락 후에 하나님의 형상이 남아 있다고 해도 그것으로는 아무 기능을 발휘하지 못하게 되었다."[56]

그렇다면 우리는 또 다른 질문을 던지지 않을 수 없다. 그것은 인간이 가지고 있는 하나님의 형상은 무엇을 의미하는가? 달리 말하면 인간이 하나님의 형상을 따라 지음 받았다고 한다면 인간의 무엇이 하나님의 형상과 닮았다는 것인가? 이러한 물음에 대해서는 여러 의견이 존재하고 있다.

---

55) 마틴 로이드 존스, 289.
56) 김균진, 81-82.

2) 하나님의 형상에 대한 견해들

기독교 신학에 있어서 "하나님의 형상"이라는 표현은 매우 다양한 방식으로 해석되어 왔다. 그 가운데 하나가 인간이 서서 걸을 수 있는 것은 하나님과 육체적 유사성을 갖는다는 견해이다. 성경의 어떤 구절은 하나님을 묘사할 때 신인동형론적(anthropomorphic) 묘사 방법을 사용하고 있다(예를 들면, 창 3:8 이하).[57] 그리고 어떤 의미에서는 우리의 육체가 하나님을 닮았음을 시사하는 구절들이 있다. 즉, 바울은 예수님이 성육신 이전에 하나님의 본체(형체)이셨다고 했고(빌 2:6), 빌립보서 3장에서는 우리가 그리스도로부터 하늘로부터 강림하실 것을 기다리고 있으며, 그리스도는 "우리의 낮은 몸을 자기 영광의 몸 —즉, 영적인 몸— 의 형체와 같이" 변하게 하실 것이라고 했다.[58]

그러나 하나님의 초월성과 감추어짐을 강조하는 가운데 구약성경은 하나님과 인간 사이에 육체적 유사성이 있다는 견해를 거의 지지하지 않는다. 오히려 구약성경은 하나님에 대한 어떤 형상도 만들지 말 것을 분명히 명령하고 있다(출 20:4). 비록 칼빈이 하나님의 형상을 육체적 유사성으로 해석하는 것을 전적으로 거부하고 있지는 않지만 그는 지나친 신인동형론을 명백하게 경계하고 있다.[59] 즉, 칼빈은 《기독교 강요》 제1권 제15장에서 "하나님의 영광이 사람의 외모에서도 드러나지만, (중략) 우리의 겉모양이 짐승들과는 분명히 구별하고 분리시켜서 우리를 하나님과 더 가까운 존재로 보게 만든다는 점을 부인하지 않는다"고 하면서 "단, 하나님의 형상이 어디까지나 영적인 것이라는 점을 확정된 원리로 인정하기만 한다면" 하나님의 형상이 사람들의 외형적인 표지들에서 드러나는 것을 받아들일 수 있다고 했다.[60]

---

57) 다니엘 L. 밀리오리, 182.
58) 마틴 로이드 존스, 295-296.
59) 다니엘 L. 밀리오리, 182.

두 번째로는, 하나님의 형상을 사고(思考)하는 능력에서 찾는 견해가 있다. 하나님의 형상에 대한 이런 견해는 서구에서 가장 지배적인 해석이라고 할 수 있다. 토마스 아퀴나스를 비롯한 많은 고전적 신학자들은 인간의 이성이 이 세계를 창조한 신적인 로고스의 반영인 동시에 그 로고스에 참여한다고 생각하였다. 이와 같은 견해는 인간의 이성을 높이 평가하면서 기독교 인간학에 지성 중심적인 방법을 제공했다. 그리고 이러한 견해와 관련해서 창세기 본문의 암시를 따라 하나님 형상을 인간이 땅을 다스릴 지배권을 받는 것으로 해석하기도 했다.[61] 이러한 견해를 지지하는 학자들은 창세기 1장 26절의 말씀을 우선적인 근거로 제시하고 있다. "하나님이 이르시되 우리의 형상을 따라 우리의 모양대로 우리가 사람을 만들고 그들로 바다의 물고기와 하늘의 새와 가축과 온 땅과 땅에 기는 모든 것을 다스리게 하자 하시고." 그리고 시편 8편에서도 "주의 손으로 만드신 것을 다스리게 하시고 만물을 그의 발 아래 두셨으니"라는 말씀에서 하나님의 형상을 피조물들에 대한 지배권과 통제권으로 해석하고 있다. 그러나 하나님의 형상에 대한 견해는 모든 관계를 위계서열적으로 이해하는 세계관과 관련을 가지고 있다. 뿐만 아니라 이러한 견해가 근대에 인간이 무분별하게 자연을 훼손한 것을 정당화하는 것에 사용하였다는데서 문제가 있다.

　세 번째는, 인간의 자유를 강조하는 견해가 있다. 현대 철학자들과 신학자들은 인간을 자유롭고 스스로 결정할 수 있으며, 자신을 초월하는 존재로 묘사해 왔다. 인간은 자신을 만들어 가면서 동시에 자연 질서를 변형하여 문화의 세계를 만들어간다. 이러한 자유로운 창조의 행위 안에서 인간은 하나님의 자유로운 창조 행위를 반영하고, 이 점에서 인간은 하나님의 형상으로 지음 받았다는 것이다. 이러한 견해는 나름대로 타당한 측면을 가지고 있지만 현대 문화가 자유를 단지 다른 존재로부터 독립적인 것으로만 보거나 심지어 자기 마음대로 하는 것으로 이해하는 것을 볼 때 심

---

60) 존 칼빈, 225.
61) 다니엘 L. 밀리오리, 183.

각한 한계가 있음을 발견하게 된다.⁶²⁾

　마지막으로, 20세기의 많은 신학자들이 동의하는 견해로서 "하나님의 형상"을 하나님 및 다른 피조물들과 인간이 관계를 맺는 가운데 있음을 나타내는 것으로 이해한다. 창세기의 첫 번째 창조 이야기에 따르면 "하나님께서 자신의 형상대로 인간을 창조하셨다"는 말씀 뒤에 "하나님께서 그들을 남자와 여자로 창조하셨다"(창 1:27)는 구절이 이어진다. 인간됨이란 자유롭게, 그리고 기꺼이 서로 존경하며 사랑하는 관계 안에서 사는 것을 의미한다. 관계 안에 있는 인간의 삶은 남자와 여자의 공존 가운데 그 대표적 형태가 발견된다. 이 관계의 삶은 영원 가운데 고독한 존재로 살지 않고 공동체 안에서 사시는 하나님의 삶을 반영하는 것이다. 그러므로 하나님의 형상은 일차적으로 인간의 능력이나 소유, 자산 등으로 이해되어서는 안 된다. 오히려 하나님의 형상은 다른 존재와 관계를 맺는 가운데 자신을 초월하는 삶으로 이해되어야 한다.⁶³⁾

　지금까지 살펴본 하나님의 형상에 대한 견해들을 정리해 보자. 하나님의 형상이란 동전 안에 영원히 각인된 형상(image)과 같은 것이 아니라, 거울 안에 반사된 형상과 같은 것이다. 다시 말하자면, 인간은 관계 안에 사시는 하나님의 삶을 반사하는 관계 안에서 살도록 창조되었다. 예수 그리스도의 역사에 비추어 볼 때, 기독교 신앙과 신학은 하나님의 형상(*imago Dei*)을 그리스도의 형상(*imago Christi*)과 삼위일체의 형상(*imago trinitatis*)으로 해석하도록 인도함을 받는다. 성육신한 주님이 죄인들, 가난한 사람들과 깊은 연대함 가운데 살았듯이, 또 영원한 하나님의 삶이 세계를 향해 열려 있는 사랑의 삼위일체적 공동체를 이루고 있듯이, 우리 인간도 다른 존재와 함께 살아가는 가운데 창조주 하나님을 반사(反射)하도록 지어진 것이다.

---

62) Ibid., 184.
63) Ibid.

3. 창조물로서의 인간에 대한 이해

성경은 우주와 세상의 모든 것들, 그리고 인간 창조에 관한 이야기를 분명하게 가르치고 있다. 그것은 하나님께서 말씀으로 창조하셨다는 것이다. 그래서 히브리서 기자는 "믿음으로 모든 세계가 하나님의 말씀으로 지어진 줄을 우리가 아나니"(11:3)라고 했다. 바울도 "만물이 그 안에 함께 섰다"(골 1:17)고 하였다. 그러므로 세상의 창조에 관한 이야기는 사람들이 만들어낸 이야기가 아니라 하나님께서 우리에게 말씀하신 그 내용이다. 그리고 성경은 하나님께서 이 세상을 창조하시고 보시기에 심히 좋아하셨다고 기록하고 있다.

그런데 우리가 앞에서도 다루었지만 신학을 함에 있어서 모든 것을 이성으로 풀려고 해서는 안 된다는 것이다. 유한한 인간이 무한하신 하나님의 뜻과 섭리를 온전히 알 수는 없다. 따라서 우리는 할 수 있는 한 최대한의 것을 알아내려는 노력은 해야겠지만 더 이상 알 수 없는 문제(이성으로 해결할 수 없는)에 대해서는 신앙고백의 영역으로 두어야지 억지로 이성으로 풀려고 해서는 안 된다. 이와 같은 신학적 자세는 인간의 창조에 관한 교리에서도 예외일 수는 없다. 다만 우리는 성경이 말씀하시고, 성경이 가르치는 내용 안에서 이야기를 해야 한다. 그런 점에서 여기에서는 인간 창조에 있어서 교리사적으로 논란이 되는 부분을 중심으로 살펴보려고 한다. 그리고 무엇보다 유념해야 할 것은 인간 구성에 대한 견해들은 우리의 구원을 결정할 교리가 아니라는 사실이다. 다만 신앙생활의 유익을 위해 필요한 교리이다.

1) 인간의 구성에 대한 견해들

우리가 여기에서 하나님으로부터 창조된 인간에 대해 살펴보려는 것은 인간이 '혼'과 '영'으로 구성되었는가 하는 구조적 본질에 관한 것이다. 다시 말해서 인간이 어떻게 구성되어 있는가 하는 것이다. 보다 구체적으로 문제를 제기한다면, 인간은 단일체인 전인적 존재인가? 아니면 둘, 또는 그 이상의 요소로 구성되어 있는가?

일반적으로 인간의 구성을 이해하는 데는 이분설(dichotomism)과 삼분설(trichotomism)로 구분해서 보고 있다. 즉, 이분설은 사람은 육체와 영혼(soul)으로 되어 있다는 것이고, 삼분설은 영과 혼과 육체로 구성되어 있다는 것이다. 따라서 우리는 여기에서 먼저 인간의 구성 요소에 대해 일반적으로 이해를 하고 있는 이론들에 대해 살펴보려고 한다.

(1) **삼분설**(Trichotomism)

삼분설은 인간을 구성하고 있는 요소가 세 가지라는 견해이다. 첫 번째 요소는 육체적인 몸(肉, flesh)이다. 육체적인 본성은 인간이 동물이나 식물과 공유하고 있는 것으로 다른 동식물들과의 차이라면 인간은 보다 복잡한 육체적 구조를 가지고 있다는 정도의 차이이다. 두 번째 요소는 혼(魂, soul)이다. 이것은 심리적인 요소로써 이성과 감정, 그리고 사회적 상관관계 등의 토대가 된다. 동물은 기본적인 혼을 가지고 있는 것으로 생각된다. 혼을 가지고 있느냐 없느냐 하는 것이 인간과 동물을 식물과 구별하는 척도가 된다. 세 번째 요소는 영(靈, spirit)이다. 이것은 하나님과 관련된 이성적이고 불멸하는 요소라고 보고 있다.[64] 따라서 이 영은 종교적 요소로서 인간으로 하여금 영적인 문제를 인식하고 영적인 자극에 반응하게 한다. 이러한 삼분설에 의한 인간관은 최근에 이르기까지 대부분의 개신교에서 받아들인 견해라고 할 수 있다. 그리고 이것은 기독교 역사 초기의 알렉산드리아 교부들 사이에서도 많은 지지를 받았다.[65]

---

64) 마틴 로이드 존스, 273.

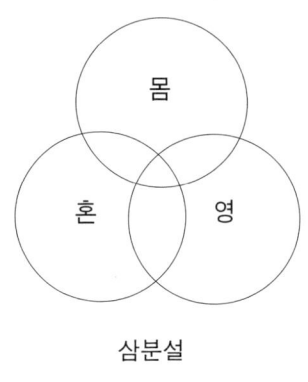
삼분설

삼분설을 주장하는 사람들은 데살로니가전서 5장 23절의 "평강의 하나님이 친히 너희를 온전히 거룩하게 하시고 또 너희의 온 영과 혼과 몸이 우리 주 예수 그리스도께서 강림하실 때에 흠 없게 보전되기를 원하노라"는 말씀을 성경 근거로 들고 있다. 그리고 히브리서 4장 12절과 고린도전서 2장 14절부터 3장 4절을 들 수 있다.

(2) 이분설(Dichotomism)

이분설은 인간을 구성하는 요소가 물질적인 요소인 육체(肉體)와 비물질적인 요소인 영혼(soul)의 두 가지로 구성되어 있다는 견해이다. 이분설은 기독교 사상사 초기부터 일반적인 지지를 받았는데 381년에 있었던 콘스탄티노플 회의를 축으로 이분설에 대한 지지가 점차 가속화하여 마침내는 교회의 보편적인 신앙으로 받아들였다.[66]

특별히 이분설에서 일어나는 대부분의 논쟁은 그 본질에 있어서 삼분설과 견해와 상충하는데서 오는 것들이다. 가령, 데살로니가전서 5장 23절과 같은 구절에 나타나는 몸과 혼과 영이 각기 독립된 실체를 가리킨다는 원리를 따른다면 다른 성경 본문들에서 심각한 문제가 생긴다는 것이다. 즉, 누가복음 10장 27절에서 예수님은 "네 마음을 다하며 목숨(soul)을 다하며 힘을 다하며 뜻을 다하여 주 너의 하나님을 사랑하라"고 말씀하셨다. 여기에서는 세 가지가 아닌 네 가지 실체를 보게 되는데, 이 네 가지 실체는 데살로니가전서에 나오는 세 가지 실체와 조화를 이루지 못한다는

---

65) 밀라드 J. 에릭슨, 294-295.
66) Ibid., 296.

것이다.[67]

따라서 이분설을 주장하는 사람들은 성경에서 사용된 '혼'이라는 말과 '영'이라는 말은 상호교환이 가능하다고 한다. 그리고 '영'이라는 단어와 '혼'이라는 단어는 둘 모두 동물들에게 사용되었다는 것이다.[68] 뿐만 아니라 요한계시록에서 육체

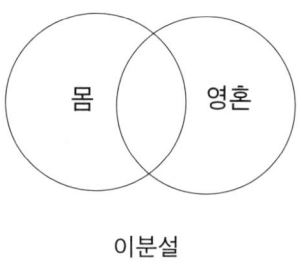

이분설

의 분리된 죽은 자들을 '영들'(spirits)이 아닌 '혼들'(souls)이라고 지칭했다. 요한계시록 6장 9절은 제단 아래 있는 "죽임을 당한 영혼들(souls)"에 대해 말하고 있다고 주장한다. 무엇보다 앞에서 거론했던 누가복음 10장 27절에서의 예수님의 말씀은 '뜻'(mind)과 '목숨'(soul)의 차이를 보여주는 것이 아니며, '뜻'(mind)과 '마음'(heart) — 사고와 감정 — 이 혼(soul)의 일부라고 주장한다.[69]

한편, 이분설을 주장하는 신학자들은 이 근거를 성경에서 찾고 있다. 즉, 마리아의 찬송에서 "내 영혼(soul)이 주를 찬양하며…"(눅 1:46)라는 구절과 히브리서 6장 19절에서 "우리가 이 소망을 가지고 있는 것은 영혼의 닻 같아서 튼튼하고 견고하여 휘장 안에 들어가나니"라는 말씀이다. 그리고 야고보서 1장 21절에서는 "너희 영혼을 능히 구원할 바 마음에 심어진 말씀"에 대해 말하고 있다는 사실에서 이분설을 주장하고 있다.

이와 같은 성경적 근거를 중심으로 칼빈은 《기독교 강요》 제1권 제15장에서 "사람이 영혼과 육체로 구성되어 있다는 것에 대해서는 논란이 있을 수 없다"고 하면서 "'영혼'이라는 것은 불멸하나 창조된 본질로서 사람의 구성 요소 중 더 고상한 부분"이라고 했다. 그리고 '영혼'과 '영'이 같

---

67) Ibid.
68) 전 3:21에 보면, "인생들의 혼은 위로 올라가고 짐승의 혼은 아래 곧 땅으로 내려가는 줄을 누가 알랴"라는 말씀이 있다.
69) 마틴 로이드 존스, 274-275.

은 의미로 사용된다고 했다.[70]

그리고 개혁교회의 여러 신앙고백들에서도 인간을 구성하고 있는 요소에 대해 이분설을 지지하고 있다. 그 가운데 '웨스트민스터 신앙고백'은 "제32장 사람의 죽음 이후의 상태와 죽은 자들의 부활에 관하여" 제1항에서는 이 사실을 분명하게 가르치고 있다.

> 사람의 육체는 사후에 티끌로 돌아가서 썩어 버린다. 그러나 불멸의 생존을 누리는 사람의 영혼(죽지도 않고 잠을 자지도 않는다)은 그것을 주신 하나님께로 곧장 되돌아 간다. (중략) 사악한 불신자의 영혼은 지옥에 던지어지며 이들은 여기에서 큰 고통과 흑암 가운데 머물러 있으면서 최후의 심판을 기다린다. 성경은 육체로부터 분리된 영혼이 가야될 곳은 바로 이 두 장소 이외에는 없다고 가르친다.[71]

위의 내용을 보면 사람은 죽어서 썩음을 당하게 되어 있는 하나의 존재론적 실체를 가지고 있다. 그리고 성경은 이 실체를 몸(육체)이라고 부른다. 그러나 사람에게는 또 하나의 다른 존재론적 실체가 있는데 그것은 바로 사람이 죽는 때에 몸을 떠나도 죽거나 잠들지 않는 불멸의 존재로서의 영혼이라고 가르치면서 이분설을 지지하고 있다. 이분설에 대한 인간의 이해는 '하이델베르크 요리문답' "제57문 몸의 부활이 당신에게 주는 위로는 무엇입니까?"라는 대답에서도 찾아볼 수 있다. "이 세상에서의 육체와 생명이 끝난 후에 나의 영혼은 그것의 머리되시는 그리스도에게 올리워질 것이고, 이 나의 육체는 그리스도의 능력에 힘입어 부활함으로 나의 영혼과 다시 연합해서 그리스도의 영화롭게 된 몸을 닮게 될 것입니다."[72]

'제2 스위스 신앙고백'은 "제7장 만물의 창조, 즉 천사와 마귀와 사

---

70) 존 칼빈, 222.
71) 이형기, 293-294.
72) Ibid., 87.

람의 창조에 관하여"에서 인간에 대한 이해를 다음과 같이 가르치고 있다.

> (전략) 우리 역시 인간의 한 인격 안에는 두 개의 서로 다른 실체가 있음을 주장한다. 즉, 하나는 불멸의 영으로서 육신으로부터 분리될 경우 자지도 않고 죽지도 않으며, 다른 하나는 죽어야 할 육체로서 최후심판 때에 죽은 자들 가운데서 부활할 것이니 살아 있는 때이든 죽어서든 간에 전인(全人)이 영원히 보존되는 것이다.[73]

그런데 삼분설과 이분설은 헬라 철학에서 영향받았다고 해야 할 것이다. 헬라 철학에서는 인간을 영혼과 육체의 결합으로 보았다. 다시 말해서 헬라 철학에서는 인간을 영혼과 육체의 이분설 내지는 영, 혼, 육의 삼분설로 구분해서 보고 있다. 참된 인간의 표상은 영혼에 있으며 육체는 영혼을 붙잡아 두는 감옥과 같은 곳이다. 소크라테스(Socrates, BC 469?-BC 399)는 사형 집행을 앞두고 방문한 친구 크리톤(Kriton)과의 대화에서 육체가 영혼보다 덜 소중한 것이라고 말한다.[74] 또한 육체가 영혼보다 열등한 것이라고 생각했는데 소크라테스는 파이돈(Phaidon)에게 "영혼과 육체가 함께 결합되어 있을 때, 자연은 영혼으로 하여금 주인이 되어 지배하게 하고 육체는 노예가 되어 섬기도록 해 놓았다"[75]고 하였다. 따라서 그들에게 있어서 죽음이란 두려움의 대상이 아니라 해방으로 이해했다. 죽음이 해방이기 때문에 죽음 후의 육체는 썩어버리지만 영혼은 영혼처럼 보이지 않는 하데스(Hades), 즉 순수하고 고상한 곳, 선하시고 지혜로우신 신이 계신 곳으로 간다. 영혼은 무형한 것으로 역시 무형한 세계인 신적이고 불멸하며 예지적인 세계를 향해 가게 된다는 것이다.[76]

---

73) Ibid., 132.
74) 플라톤, "크리톤,"《플라톤의 대화》, 최명관 역(서울: 종로서적, 1987), 98.
75) Ibid., 154.
76) Ibid., 155-156.

한편, 플라톤(Plato, BC 427-347)은 그의 다양한 대화록에서, 특히 *Phaedo*(《파이돈》)[77]에서 육체와 영혼은 두 개의 구별되는 특징적인 본체라는 견해를 제시했다. 즉, 사고하는 영혼은 신성한 반면 질료로 구성되어 있는 열등한 본체인 육체는 영혼보다는 가치 없다는 견해이다. 따라서 플라톤 이래로 헬라 철학은 인간을 본질적으로 두 부분으로 나누어 생각했는데, 하나는 저급하고 일시적이며 썩어지는 존재인 육체와, 다른 하나는 고등하고 영원하고 불멸한 존재인 영혼이다.[78] 즉, 육체와 영혼을 분리해서 생각하고 나누는 것이다.

(3) 성경적인 인간관

구약에서의 인간 이해는 인간의 육체적인 부분과 긴밀하게 관계하고 있다. 특별히 생명이 숨과 피에 있으며 우리가 통상적으로 정신과 영혼으로 번역하는 '루아흐'(ruach)나 '네페쉬'(nephesh)에 대한 이해를 보더라도 그것이 단순히 헬라 철학적인 사유의 틀 속에서 이해될 수 없는 것이다. 구약성경에는 육체와 질적으로 다른 고귀한 영혼이라는 개념이 드러나지 않는다. 다시 말해서 인간을 이해함에 있어서 히브리적 관점에서는 전인적(全人的)으로 보고 있지, 인간을 분리해서 구분하지 않는다. 일반적으로 히브리인의 종합적이고 입체적인 사고[79]는 신체의 어느 부분을 그 기관

---

77) Phaedo: 플라톤의 철학적 대화편(對話篇)으로 기원전 4세기 경에 소크라테스의 죽음을 서술하는 것을 취지로 하여 영혼의 불멸을 다루면서 이데아론을 전개하고 있다.
78) 옥민호, "인간의 죽음과 죽은 자의 부활,"(석사학위 논문, 장로회신학대학교 대학원, 1997), 43.
79) 몰트만(Jürgen Moltmann, 1926 -)에 의하면 히브리적 사고의 틀에서는 사멸하는 존재와 사멸하지 않는 존재 사이의 존재론적 구분에 매우 낯설며, 어떤 일의 본질과 구성 요소를 묻지 않고 그것의 되어감과 작용을 묻기에 사람도 자기 자신을 성찰과 반성을 통하여 인식하지 않고 그의 하나님과의 계약과 약속의 역사에 대한 경험을 통하여 인식한다. 사람은 본래 어떠한 실체도 자기 안에 지니고 있지 않으며 오히려 그는 하나님의 역사이다. 몰트만, 《창조 안에 계신 하느님》, 김균진 역 (서울: 한국신학연구소, 1999), 368-

의 특수한 행동이나 기능과 관련시켜 보고 있으며, 또 이런 기관은 다시 인간 전체를 투사하는 것으로 생각되었다. 따라서 네페쉬의 경우 특히 인간의 신체와 긴밀하게 관계되어 있으며, 인간의 심장(lebab, 레바브)은 다양하게 인간의 감성적, 이성적, 윤리적인 부분에 사용되고 있다. 루아흐나 네페쉬는 단순하게 인간의 특정한 부분, 특별히 비물질적인 부분만을 가리키는 것이 아니라 오히려 육체와 관련하여 더 잘 이해될 수 있고, 인간 전체를 가리키거나 인간의 특정한 모습을 설명하기 위해 사용되고 있다. 반대로 심장(레바브)은 다양하게 인간의 비물질적인 특징을 설명하는데 사용되고 있다. 이러한 교차적인 사용을 통해 우리는 구약성경이 인간을 이해함에 있어서 전인적으로 인식하고 있다고 보아야 한다.

그런가 하면, 신약에서 바울은 영혼과 몸을 형상과 질료와 같은 아리스토텔레스의 용어와 유사하게 이해하고 있지 않다. 전통적 견해 가운데 영혼이 육체에 비하여 우수하다는 개념이 나오지만 바울은 영혼($\psi\nu\chi\eta$, 프쉬케)이 몸($\sigma\omega\mu\alpha$, 소마)보다 더 낫다는 어떤 생각도 가지고 있지 않다. 고린도전서 15장 44절에서 바울은 땅의 몸을 '육의 몸'으로 묘사하지 않았다. 구에 의하면 영혼은 죽는 것이다. 여기에서 우리는 구성적인 관점에서 인간이 무엇인가를 생각하게 된다. 인간은 몸이다. 인간은 영혼이다. 그리고 인간은 영혼과 몸이다. 인간은 영혼이면서 몸이고 몸이면서 영혼이다.

로핑크(Gerhard Lohfink, 1934-)는 몸과 영혼이 인간의 두 부분이 아니라 하나의 유일하고도 나뉠 수 없는 실재라고 하였다.[80] 콘첼만(Hans Conzelmann, 1915-1989)도 《고린도전서 주석》에서 몸($\sigma\omega\mu\alpha$)을 존재 양식으로 보고 있다. 그는 바울이 몸($\sigma\omega\mu\alpha$)을 다른 실체, 곧 육과 영과 같은 실체와 함께 존재할 수 있는 형식으로 생각하였을 것으로 보았다. 그리하여 그는 '형식-실체' 이론을 옹호하며 몸은 그 자체만으로는 존재하지 않

369.

80) G. Lohfink, 《죽음이 마지막 말은 아니다》, 신교선, 이석재 역(서울: 성바오로출판사, 1989), 41.

는다고 주장하였다. 칼 바르트는 구약의 인간 이해와 신약의 인간 이해가 다르지 않으며 신약에서조차 영혼에 대한 헬라적 개념을 발견할 수 없다고 하였다. 마태복음 10장 28절에서도 영혼이 죽임 당할 수 없음을 말하지 않고 단지 하나님만이 영혼과 몸을 죽이고 다음 세계에서 멸망되게 하는 능력을 가졌기 때문에 어떤 사람도 그것을 죽일 수 없다고 하였다.[81] 전통적으로 인간이 죽으면 그 영혼은 몸에서 분리되어 천국으로 가거나 지옥으로 가고, 육신은 땅에 묻힌다고 생각한다. 그리고 역사의 마지막 날에 몸이 소생하고 영혼이 여기에 결합되어 선악간의 심판을 받게 된다고 이해되었다.

그러나 인간을 이해함에 있어서 육체는 참되고 영원한 것이 아니며 선한 것이 아니라는 헬라주의와 여기에 영향을 받은 영지주의적 사고는 마땅히 지양되어야 한다. 육체와 영혼을 분리하여 육체를 무시하는 사고도 사라져야 하고, 현세의 육체적 삶보다 영적인 내세의 삶만을 강조하는 생각도 벗어야 한다. 하나님이 우리의 몸을 귀하게 만드셨는데 귀하게 만든 우리 육체를 부정하다고 말할 수 있는 피조물은 없다. 육과 영은 분리가 되는 것이 아니라 하나이고, 어느 것도 우월의 개념을 가지고 있지 않은 것이다. 따라서 인간을 이해함에 있어서 인간은 육과 영이 조화를 이루고 일치를 이루는 전인적(全人的)인 존재로서의 인간이다. 다시 말해서 전인적인 존재로써의 인간을 이해하는 것이 바로 성경적이라고 할 것이다.

2) 영혼의 기원에 관한 견해들

교회는 오랜 신학의 역사를 통해 인간 구성을 이분법 내지는 삼분법으로 이해하였다. 그렇다면 여기에서 함께 제기되는 문제는 영혼의 기원에 관한 문제였다. 그런데 개인의 영혼이 어디에서 기원했는가에 대한 정확한 대답을 우리는 알지 못한다. 그럼에도 불구하고 교회가 영혼의 기원에 관

---

81) Karl Barth, *Church Dogmatics* III/2 (Edinburgh: T.&T. Clark, 1960), 379.

한 문제를 다루어야 하는 이유는 이 문제를 살펴보지 않고서는 인간의 원죄에 관한 교리를 다룰 수 없기 때문이다. 다시 말해서, "어떻게 아담의 죄가 나에게 영향을 미칠 수가 있는가? 나와 아담은 정확히 어떤 관계인가?"에 관한 문제에 대답을 하기 위해서는 영혼의 기원에 관한 문제를 다루지 않을 수 없다는 것이다.

영혼의 기원에 관한 문제는 전통적으로 세 가지 이론들이 있다. 즉, 영혼 선재설과 영혼 유전설, 그리고 영혼 창조설이 그것이다.

(1) 영혼 선재설(靈魂 先在說, Pre-existence)

영혼 선재설은 영혼이 물질적인 육체와는 따로 먼저 존재하고 있다가 잉태 또는 출산과 함께 육체와 결합한다는 교리이다.[82] 이러한 생각은 예수님의 제자들도 가지고 있었다.[83] 요세푸스(Flavius Josephus, 37-100)의 기록에 의하면 에세네인들(Essenes)은 사람의 영혼은 영원불멸하는 것으로 가장 신비한 에데르 안에 살다가 어떤 자연적인 유인력에 의하여 육체라는 감옥에 빠져들게 되었다고 이해했음을 볼 수 있다.

플라톤의 영향이 당시의 모든 철학과 종교를 지배하던 때라 교부들 중에도 플라톤의 영혼 선재설을 받아들이는 경향이 있었다. 특히 초대 교회 때는 알렉산드리아 학파만이 영혼의 선재에 대한 교리를 주장하였고, 오리겐은 이 견해를 대표하는 주자가 되었다.[84] 이들의 주장에 의하면 인간의 영혼은 신적 세계에서 최고의 신(主神)과 정복의 삶을 가져다가 신의 명령에 따라 육체에 들어오게 되었다. 그러나 육체는 악한 것이기 때문에 하루

---

82) "영혼 선재설," 《기독교대백과사전》 제11권(서울: 기독교문사, 1990), 725-726.
83) 요 9:2, "제자들이 물어 가로되 랍비여 이 사람이 소경으로 난 것이 뉘 죄로 인함이오니이까 자기오니이까 그 부모오니이까."
84) L. Berkhof, 《조직신학, 하》, 권수경, 이상원 옮김(서울: 크리스챤 다이제스트, 1991), 406.

라도 빨리 육체를 떠나 본향인 이데아의 세계로 돌아가야 한다. 감옥인 육체에서 해방되는 것이 육체에 대해서는 죽음이지만 영혼에 대해서는 진정한 해방인 것이다. 그런 점에서 이 이론에서 영혼의 최고 목적은 하루라도 빨리 육체를 떠나 본향으로 돌아가는 것이다.

이러한 사상은 1세기와 2세기의 교부들에게 상당한 호응을 얻었고, 위에서 말했듯이 알렉산더 학파의 신학자(교부들)들은 플라톤과 필론(Philon, BC 25-AD 50)의 조화철학을 받아들였다. 그리고 오리겐과 중세기의 에리게나(John Scotus Eregena 800-877)와 19세기의 뮬러(Julius Müller, 1801-1878)가 이론을 받아들였다. 무엇보다도 영지주의자들 중에는 인간의 영혼이 신의 본질에서 유출되어 나온 것이라고 하여 성경의 근본 교리에서 벗어나기도 했다.[85]

그러나 이러한 견해에 대해 루이스 벌코프(Louis Berkhof, 1873-1957)는 4가지의 반론을 제기한다.[86] 첫째, 이 이론은 성경적으로나 철학적으로 지지 받을 만한 근거를 갖지 못한다. 그것은 영과 육을 분리시켜 영은 선하지만 육은 악이라는 이원론에 근거한다. 둘째, 이 이론은 인간의 육체를 단순히 우연히 생긴 것으로 이해한다. 즉, 영혼은 육체를 처음에는 갖지 못하다가 나중에 가지게 되었다는 주장인데, 이것은 인간은 몸이 없어도 완전한 존재라는 말이 된다. 그리고 인간과 천사의 구분이 없어졌다는 점에서 반론을 제기하고 있다. 셋째, 이 이론은 인류의 통일성을 파괴했다는 것이다. 왜냐하면 그것은 모든 개체로서의 혼이 현재의 생명으로 들어오기 전에 이미 존재했다고 가정하기 때문이다. 넷째, 인간에게는 그의 전(前) 실존에 대한 기억이 전혀 없다는 것에서 이 이론은 지지를 받지 못하고 있다.

---

85) 이종성, 《종말론 Ⅰ》(서울: 대한기독교출판사, 1990), 117.
86) L. Berkhof, 407.

(2) 영혼 유전설(靈魂 遺傳說, Traducianism)

이 이론은 인간의 영혼은 몸과 함께 선조인 부모로부터 혈통을 통해 자식에게 유전된다는 설이다.[87] 즉, 인간의 영혼도 육체와 함께 생식(生殖)에 의해 유전된다는 의미이다. 그리고 영혼은 하나님이 처음 사람의 코를 통하여 넣어주신 것이 아담의 후손에게 유전되었다. 이 이론은 원죄의 유전을 잘 설명해 준다는 강점을 가지고 있다.

영혼의 유전설을 지지했던 학자로는 초대 교회 때에 터툴리안(Tertullian, 160-220), 루피누스(Rufinus, 345-412), 닛사의 그레고리(Gregory of Nyssa, 약 335-395) 등이다. 루터 이후에는 유전설이 루터 교회의 지도적인 견해가 되었다. 루이스 벌코프는 그의 조직신학에서 이 이론이 지지를 받는 이유를 4가지로 설명한다.[88]

첫째, 이 이론은 성경의 지지를 받는다(창 1:28; 2:7; 고전 11:3).[89] 성경에서는 오직 한 번 하나님께서 인간의 코에 생기를 불어넣으시고 이후의 종족의 번성에 대해서는 인간에게 일임하셨으며, 하나님께서는 인간을 창조하신 후에 그의 사역을 중단하셨기 때문이다. 둘째, 이 이론은 식물 및 동물의 생명의 상호간에 동일하다는 점에서도 뒷받침 받는다. 모든 생물은 하나님의 반복되는 창조에 의한 것이 아니라 부모에 의해서 태어난다. 유전의 법칙이 이를 증명해 준다. 셋째, 이 이론은 또한 정신적 특징과 가족의 개성이 유전된다는 사실의 뒷받침 받기도 한다. 즉, 후손이 선조를 닮는다는 자연현상이 이것을 지지한다. 넷째, 이 이론은 도덕적, 영적 부패의 유전을 설명하여 주는데도 최적의 기초가 된다. 즉, 모든 인간이 아담과 같은 범죄를 하는 것을 보아 이 이론이 정당하다고 생각된다.[90]

---

87) "영혼 유전설," 《기독교대백과사전》 제11권, 725-726.
88) L. Berkhof, 407-408.
89) 영혼의 유전설을 지지하는 그 외 성경의 근거로는 다음의 구절이 있다. 창 2:2, 21; 롬 5: 12; 히 7:9-10. 로버트 L. 레이몬드, 542.

그러나 이러한 장점에도 이 영혼의 유전설은 나름대로 커다란 반론에 직면해 있다. 첫째, 이 이론은 영혼의 단순성이라는 철학적 교리와 배치된다는 점이다. 영혼이 유전되었다고 말하게 되면 인간의 영혼이 자녀의 영혼과 부모의 영혼으로 분리되었다는 추론을 하게 되기 때문이다. 즉, 아이의 영혼은 아버지로부터 받은 것인가, 아니면 어머니로부터 받은 것인가? 그리고 영혼이 부모 안에서 선재하고 있었다면 어떤 상태로 존재하고 있었는가에 대한 문제가 발생하게 된다. 둘째, 이 이론은 최초의 창조가 있은 후에 하나님이 오직 간접적으로만 활동하신다는 가정으로 나아가게 된다. 셋째, 이 이론의 가장 어려운 점은 기독론에서 나타나게 되는데 아담 안에서 인간의 본성 전체가 범죄했다면 그리스도의 인성도 또한 범죄하여 죄책을 가지고 있다는 결론을 피할 수 없게 된다. 즉, 예수님의 영혼도 인간에게서 받은 것이라면 결국 예수님의 본성이신 인성(人性)도 아담 안에서 범죄한 셈이 되기 때문이다.

(3) 영혼 창조설(靈魂創造說, Creationism)

영혼 창조설은 사람 각자의 영혼이 그들의 부모에 의해 잉태될 때 하나님이 직접 창조해 주셨다는 이론으로 로마 가톨릭교회의 공식 교리이다.[91] 즉, 우리의 육체는 부모로부터 오지만 영혼은 어느 한 시점에 우리 안에 들어온다는 것이다. 물론 하나님이 언제 영혼을 창조하시는지는 정확히 알 수 없다. 그것이 초기 태아의 시기일 수 있고, 시간이 좀 더 지나 아이가 생

---

90) 마틴 로이드 존스도 벌코프의 주장을 받아들여 두 가지 이유로 이 이론이 지지를 받고 있다고 했다. 첫째, 하나님이 사람에게 생기를 불어넣으신 사건이 반복되었다는 기록은 전혀 없으며 단 한 번 불어넣으신 후 사람에게 세상에 번성하라는 명령을 하셨다는 것이다. 둘째, 우리는 하와의 영혼이 특별히 창조되었다거나 하나님이 아담의 옆구리에서 육체를 만드신 후 생기를 불어넣으셨다는 말을 듣지 못했다는 것이다. 마틴 로이드 존스, 279.
91) "영혼 창조설," 《기독교대백과사전》 제11권, 726.

존 가능하게 되었을 때일 수도 있으며, 아니면 태어나는 순간일 수도 있다. 영혼은 순수하게 창조되지만 부패한 육체와 연합된다. 이 창조설이 의미하는 바에 대하여 루이스 벌코프는 "영혼은 하나님의 창조 행위에 의해 존재하게 되었으면서도 태아의 심령적 생명, 곧 부모의 생명 안에서 미리 형성되었고 따라서 그 생명을 위로나 밖으로부터가 아닌 인류 전체를 짓누르고 있는 복합적인 죄 아래서, 그리고 그 안에서 획득했다는 것이다"[92]라고 말한다.

루이스 벌코프는 이 영혼 창조설이 지지를 받는 이유를 3가지로 들고 있다. 첫째, 이 이론이 영혼 유전설보다 성경의 지배적인 표현에 부합된다는 점이다.[93] 원초적인 창조에서 몸의 창조와 영혼의 창조는 엄격히 구분된다. 하나는 땅에서 다른 하나는 하나님에게서 이러한 다른 기원을 가졌다는 것이 성경의 중심 개념이다. 둘째, 이 이론은 영혼 유전설보다 인간 영혼의 본질에 더 잘 부합된다. 이 이론은 인간 영혼의 비물질성, 영성, 불가분성을 잘 드러내주고 있다. 셋째, 이 이론은 영혼 유전설이 빠진 그리스도론의 함정을 피하면서 그리스도의 인성에 관한 성경의 표현을 더 바르게 평가하고 있다.

그러나 이와 같은 영혼 창조설에 대한 반론이 스트롱(James Strong 1822-1894)에 의해 제기되었는데 그는 창조설이 원래 영혼의 부패 성향을 소유하고 있는 것을 뜻한다면 하나님을 도덕적인 악의 직접적인 창시자로 만들게 된다고 하였다. 만일 이 이론이 영혼이 순수하게 창조되었다고 한다면 하나님은 도덕적인 악의 간접적인 조성자가 된다. 왜냐하면 이 이론은 하나님이 영혼을 몸에 집어넣어 필연적으로 부패시킨 장본인이라고 가르치기 때문이라고 비판한다. 두 번째 난점은 이 세상의 아버지를 다만 육적인 아버지로만 만들고 있다는 비난을 피할 수 없다. 세 번째는 하나님이

---

92) L. Berkhof, 409.
93) 영혼의 창조설을 주장하는 자들은 다음의 성경 구절에서 근거를 두고 있다. 창 2:7; 전 12:7; 사 57:16; 슥 12:1; 히 12:9. 로버트 L. 레이몬드, 542.

현재 세계와 관계하는 방법과 세계 안에서 사역하는 방법과 조화되지 않는다는 점이다.

루이스 벌코프는 이와 같은 영혼의 기원에 관한 문제를 나름대로 논하고 난 후에 성경이 아담의 경우를 제외하고는 직접적인 언급을 하지 않음을 다시 상기시키며 기록된 내용 이상을 넘지 말 것에 주의를 주고 있다. 하지만 그는 개인적으로는 창조설의 한 형식을 선호하고 있음을 밝히고 있다.[94] 그리고 이 이론은 칼빈과 개혁교회의 신학자들이 대체로 지지하고 있다.[95]

한편, 영혼의 유전설과 창조설에 대한 이해 차이는 좀처럼 해소되지 않는다. 이 어려운 문제에 대하여 에밀 브루너(Emil Brunner, 1889-1966)는 그 나름대로의 해결을 시도하고 있으나 역시 독자들에게 전폭적인 납득을 주지 못하고 있다. 그는 이 두 가지 견해를 두고 이것이냐, 저것이냐는 식으로 문제를 해결하려는 것은 잘못된 문제 제시(a pseudo problem)라고 한다.

> 이 인간적 존재인 나는 분명히 나의 조상들의 산물이요 하나님의 새 창조물이다. 우리는 보존을 위한 계속성을 인정하고 하나님의 창조에 따르는 새 요소를 말해야 한다. (중략) 모든 인간 존재는 하나님의 새 창조물이다. 모든 사람은 독자적 존재다. 때로는 문화적 표현에 있어서 독자성이 극히 약하게 나타난다 해도 그는 어떤 연속적 작품의 하나는 아니다. 각 개인은 단지 한 개인이 아니라 한 인격적 존재다. 그러므로 직접적으로 창조자인 하나님께 관련된다.[96]

위와 같은 에밀 브루너의 견해는 유전설과 창조설을 양자택일적 논리

---

94) L. Berkhof, 410-411.
95) 이종성, 121.
96) Ibid., 122.

로 이해할 것이 아니라 다른 차원에서 이해해야 한다지만 결국 창조설을 지지하는 듯한 인상을 주고 있다.[97] 그런데 우리가 여기에서 기억해야 하는 것은 인간의 구성 요소와 영혼의 기원에 관한 문제는 우리의 구원에 필수적인 것은 아니라는 사실이다. 따라서 우리가 교리를 공부함에 있어서 겸손함과 경외심, 그리고 경건한 두려움을 가지고 학문을 하되 성경이 말하는 것 이상으로 나가지 않도록 주의해야 한다. 즉, 앞에서도 강조했듯이 신학을 함에 있어서 중요한 자세는 인간의 이성으로 설명할 수 없는 문제에 도달했을 때에는 신앙의 권위로 받아들일 수 있어야 한다는 것이다. 그렇지만 성경에서 명백하고 분명하게 가르치는 교리들은 가능한 한 완전하게 이해하도록 해야 한다.

따라서 영혼의 기원에 관한 문제를 정리하면서 분명한 것은 하나님께서는 악한 것은 아무 것도 창조하지 않으셨다는 사실이다. 다시 말해서 하나님은 악을 창조하시지 않으셨다. 따라서 하나님은 죄 있는 영혼을 창조하지도 않으셨다. 그리고 인간의 부패성이 유전된다는 사실에 대해서도 성경에서 분명히 확인할 수 있다. 시편 기자는 "내가 죄악 중에서 출생하였음이여 어머니가 죄 중에서 나를 잉태하였나이다"(시 51:5)라고 말했다.

4. 인간의 타락과 그 결과

하나님의 형상으로 지음 받은 우리 인간은 하나님의 영광의 일부를 반영하면서 하나님과 교통하고 관계를 가졌다. 하나님이 만드신 에덴동산에서 수고하지 않고서도 동산의 각종 열매를 먹으며 행복하게 살 수 있었다.

---

97) 마틴 로이드 존스는 영혼 유전설은 원죄의 문제를 쉽게 설명할 수 있다는 점에서 장점을 가지고 있는 반면에 영혼 창조설은 영혼의 본성에 대해서는 올바른 견해이지만 원죄의 문제를 설명하는 데에 심각한 어려움이 있다고 했다. 즉, 영혼 창조설은 결과적으로 하나님이 악을 창조하셨다고 가르치는 것과 마찬가지이기 때문에 결코 받아들일 수 없다는 것이다. 마틴 로이드 존스, 280.

그러나 오늘 우리가 사는 사회는 죄악으로 가득하며 사람들은 이기적이고 악한 마음으로 가득 차 있다. 뿐만 아니라 우리는 매일 아침 눈을 뜨는 순간부터 약육강식의 사회 속에서 무한경쟁으로 내몰리고 있다. 그리고 우리는 매 순간마다 삶과 죽음에 대한 새로운 일련의 현상들에 직면해 있다. 그 이유가 무엇 때문인가? 이와 같은 질문에 대해 성경은 한 마디로 타락한 인간 때문에 들어온 죄 때문이라는 사실을 가르치고 있다.

기독교의 신학과 신앙에서 죄에 대한 교리는 중심적 위치를 차지하고 있다. 루터가 말한 바와 같이 "죄인이며 희망이 없는 인간과 의롭게 하시는 하나님 내지 구원자"가 신학의 주제라면 인간의 죄에 대한 교리는 신학과 기독교의 중심적 내용에 속한다고 말할 수 있다.[98]

1) 타락 전 인간 최초의 모습

우리가 인간의 타락에 관한 이야기를 하자면 가끔씩 듣게 되는 말이 있다. 최초의 아담과 하와의 모습은 어떠했을까? 그리고 전지하신 하나님께서 아담과 하와에게 범죄하지 못하도록 하실 수 있지 않았을까? 우리는 성경을 읽으면서 때때로 이와 같은 상상의 질문을 던질 때가 있다. 그러나 이와 같은 성경에 없는 상상의 물음에 대해 '제2스위스 신앙고백'은 "제8장 인간의 타락과 죄와 죄의 원인에 관하여"에서 다음과 같이 가르치고 있다.

> 하나님께서 아담이 타락하기를 원하셨는지, 아담이 타락하도록 자극하셨는지, 왜 하나님께서는 아담의 타락을 미리 막지 않으셨는지 등의 질문들은 호기심에서 나온 질문들이다. 그 이유는 이단과 심술궂은 사람들이 이 질문들의 해답을 말씀 밖에서 구하기 때문이다.[99]

---

98) 김균진, 88.
99) 이형기, 135.

위의 내용에서와 같이 우리는 지적인 호기심으로 성경이 말씀하고 있지 않은 내용에 대해서 이야기하려고 해서는 안 된다. 이와 같은 것은 이단들이 그렇게 하고 있다. 이단들은 성경에 없는 이야기를 가지고 그럴듯하게 해석하여 사람들을 현혹시키고 있다. 무엇보다 성경에 없는 것들로 호기심에 찬 질문을 하는 것은 하나님의 말씀에서 벗어나게 하는 것이 된다. 그러므로 우리는 성경이 무엇을 말씀하고 있으며, 그 성경이 가르치고 있는 것이 무엇인지에 대해서만 관심을 가져야 한다. 사실 성경이 말씀하고 있는 내용만 이야기를 해도 우리 평생에 다 하지 못할 내용들이다.

그렇다면 범죄하기 이전의 사람의 상태는 어떠했을까? 하나님께서 태초에 사람을 지었을 때의 모습에 대해 성경은 이렇게 기록하고 있다. "하나님이 지으신 그 모든 것을 보시니 보시기에 심히 좋았더라"(창 1:31). 그러므로 하나님께서 태초에 사람을 지으셨을 때에 그 모습은 심히 보시기에 좋았다는 것이다. 그리고 '제2스위스 신앙고백'도 "제8장 인간의 타락과 죄와 죄의 원인에 관하여"에서 다음과 같이 가르치고 있다.

> 태초에 하나님의 형상대로 지음 받은 인간은 의롭고, 참으로 거룩하고, 선하고 방정하였다.[100]

위의 내용은 하나님께서 태초에 인간을 창조하셨을 때 인간은 의롭고, 거룩하고, 선하고, 방정한 상태로써 완전한 모습이었다고 한다. 이에 대해 로이드 존스는 《교리 강좌 시리즈》에서 성경은 사람이 적극적인 거룩함과 참된 의의 상태에 있었다고 말하고 있다. 따라서 로이드 존스는 구원은 우리를 적어도 처음의 상태로, 또는 그 이상으로 되돌려 놓는 것이어야 한다고 주장한다. 그리고 타락하기 이전 아담과 하와의 처음 상태는 지식과 의와 참된 거룩함이 배아(胚芽, 어린아이가 어머니 태에 있는 것과 같은)이지만 완벽한 상태였다고 한다. 그렇지만 완전하게 발달한 것은 아니고 시험

---

[100] Ibid., 133.

대에 올려져 있었다. 따라서 무한히 더 큰 존엄과 영광에 이를 수 있고, 아니면 타락으로 끝나 버릴 수도 있는 최초의 상태에 있었다는 것이다. 그러면서 그는 아담이 죄를 범하지 않았으므로 선하지도 악하지도 않은 중립이었다고 주장하는 것에 반대하고 있다.[101]

한편, 타락 이전의 최초 인간 상태에 대하여 칼빈은 《기독교 강요》 제1권 제15장 "사람의 창조된 본성, 영호의 기능, 하나님의 형상, 자유 의지, 원시의"에서 다음과 같이 말하고 있다.

> 하나님은 사람의 영혼에 지성을 주셔서 그것으로 선과 악을, 옳고 그름을 분별하게 하셨고, 또한 이성의 빛을 안내자로 주셔서 우리가 피해야 할 것과 좇아야 할 것을 구별하게 하셨다.[102]

위의 내용에서와 같이 하나님께서는 최초의 인간인 아담과 하와에게는 이성의 빛을 주셔서 스스로 선택할 수 있는 자유를 주셨다고 했다. 그리고 거기에 의지를 결합시켜 선택을 좌우하게 하셨다고 했다. 따라서 이와 같은 순전한 상태에서 사람은 원하기만 하면 자유 의지로써 영생에 도달할 능력이 있다고 했다. 즉, "아담은 자기가 원하면 얼마든지 설 수 있었는데, 전적으로 자신의 의지로 타락한 것"[103]이라고 했다. 따라서 칼빈은 "순전한 상태에서사람은 원하기만 하면 자유의지로써 영생에 도달할 능력이 있었다"[104]고 하면서 하나님의 은밀하신 예정의 문제를 제기하는 것은 적절하지 못하다고 했다. 왜냐하면 지금 일어날 수 있는 일과 일어날 수 없는 일의 문제를 다루는 것이 아니라 사람의 본성 상태가 어떠했느냐 하는 것을 다루고 있기 때문이라는 것이다. 그런 점에서 최초의 인간에게서 선과 악을

---

101) 마틴 로이드 존스, 300-301.
102) 존 칼빈, 235.
103) Ibid.
104) Ibid.

선택하는 일은 전적으로 그의 자유였다는 것이다. 그렇지만 인간 스스로 자기 자신을 파괴시키고 자신의 이러한 축복들을 부패시켰다고 했다.[105]

칼빈이 주장한 바와 같이 '하이델베르크 요리문답'도 제6문에서 최초의 인간 상태에 대하여 다음과 같이 답을 하고 있다.

> 하나님은 사람을 선하게 창조하셨고, 그의 형상을 따라 창조하셨습니다. 하나님은 그의 참된 의와 거룩함을 따라 사람을 창조하셨으므로 사람은 그의 창조자이신 하나님을 옳게 알 수 있었고, 전심전력으로 그를 사랑할 수 있었으며, 하나님과 함께 영원한 축복 가운데서 살면서 그를 찬양하고 영화롭게 할 수 있었습니다.[106]

위의 요리문답에서와 같이 하나님의 형상을 따라 지음을 받은 타락 이전의 인간 모습은 하나님을 옳게 알아갈 수 있을 뿐만 아니라 그를 전심으로 사랑할 수 있었고, 하나님과 함께 영원한 축복 가운데 살 수 있었다고 가르치고 있다. 그런가 하면 '제2 스위스 신앙고백'은 "제9장 자유의지와 인간의 능력에 관하여"에서 다음과 같이 가르치고 있다.

> 인간에게는 타락 이전의 상태가 있었다. 이 상태에서 인간은 방정하고 자유하였다. 그래서 그는 계속 선에 머물러 있을 수 있었고 악으로 기울어질 수도 있었다. 그러나 인간은 악을 선택하여 악으로 넘어갔으며, 이미 지적한 대로 그 사람 자신뿐만 아니라 전인류가 죄와 죽음에 사로잡히게 되었다. 그래서 우리는 타락 후의 인간 모습에 대하여 생각해야 한다. 인간은 타락으로 이성과 의지를 결코 상실하지 않았다. 인간은 결코 목석(木石)이 아니다.[107]

---

105) Ibid., 235-236.
106) 이형기, 74-75.
107) Ibid., 136.

위의 내용을 보면, 인간의 자유의지를 거론하면서 하나님께서는 최초 인간의 상태를 선도 아니고 악도 아닌 중간 상태였다고 가르치고 있다. 그렇다고 해서 하나님께서는 인간을 아무런 판단도 할 수 없는 목석(木石)으로 만들지 않으셨다는 것이다. 따라서 죄의 선택은 인간의 전적인 자유의지의 결과라고 하면서 그 책임을 인간에게 두고 있다. 그리고 죄를 지은 인간은 어거스틴의 사상을 따라 내적인 부패로 말미암아 사악한 욕망에 빠져 있으며 모든 선을 싫어하고 모든 악의 성향을 갖는다고 가르치고 있다.

2) 타락 후 인간의 모습

창세기 3장을 읽기 시작하면서 우리는 뱀(사단)의 시험을 받아 하나님의 말씀에 불순종하고 범죄하는 아담과 하와의 모습을 대면하게 된다. 이 사실에 대해 로이드 존스는 《교리 강좌 시리즈》에서 이 시험은 전적으로 외부로부터 온 것이며 사람은 그 시험에 대해 어떻게 행동할지 결정할 수 있는 완벽한 자유의지를 가지고 있었다고 주장하고 있다. 다시 말해 우리는 몸, 즉 인간의 골격 또는 인간의 육신 안에 있는 어떤 형태의 본능적 욕구가 인간을 타락하도록 이끌었다는 개념들을 완전히 버려야 한다는 것이다.[108]

그런데 성경의 내용을 보면 인간이 지은 죄의 결과에 대해 죽음과 어두움 등 여러 표상으로 표현하고 있지만 그 내용을 조직적으로 기술하고 있지는 않다. 그러므로 우리는 성경에서 인간의 죄가 어떤 결과를 가져왔는가를 살펴보아야 할 것이다.

'웨스트민스터 신앙고백'은 "제6장 인간의 타락과 죄와 죄의 형벌에 관하여"에서 타락한 인간의 모습에 대해 다음과 같이 가르치고 있다.

최초 인류의 조상은 이 원죄로 말미암아 그들의 원의(原義)와 하나님과의 사귐으로부터 멀어졌고, 죄로 말미암아 죽을 수밖에 없게 되었고, 죽

---

108) 마틴 로이드 존스, 311.

음의 상태에 처하게 되었고, 영혼과 몸의 모든 기능과 모든 부분들이 죄로 오염되고 말았다.[109]

위의 내용에서 신앙고백은 타락한 인간이 태초에 하나님께서 창조하셨던 그 본래의 의(義)를 상실했을 뿐만 아니라 하나님과의 사귐으로부터도 멀어졌다고 했다. 뿐만 아니라 죄로 인하여 죽을 수밖에 없게 되었으며 인간의 모든 부분들이 죄로 오염되었다고 가르치고 있다. 그런가 하면 '제2 스위스 신앙고백'은 "제9장 자유의지와 인간의 능력에 관하여"에서 타락 이후의 인간의 모습에 대해 다음과 같이 가르치고 있다.

(전략) 그러나 인간은 너무나도 크게 변했고 악화되어서 타락 이전에 할 수 있었던 것을 더 이상 할 수 없게 되었다. 왜냐하면 이성은 어두워졌고, 의지는 노예의지가 되었기 때문이다. 이제 이성과 의지는 죄를 섬기되 억지로 하는 것이 아니라 자발적으로 한다. 분명히 죄를 짓는 것은 의지이다. 이것은 의지 아닌 그 무엇도 아니다.[110]

위의 내용에서 눈여겨볼 수 있는 것은 인간의 의지를 노예의지로 규정하고 있다는 것이다. 즉, 죄로 인해 인간 이성과 의지도 오염되어서 자발적으로 죄를 섬기게 되었을 뿐만 아니라 인간 의지는 노예의지가 되었다는 것이다. 이와 같은 가르침은 '웨스트민스터 신앙고백'에서도 그대로 나타나고 있다. 즉, 웨스트민스터 신앙고백에서 "인간은 악이나 죄에 관하여 하나님이나 마귀에 의하여 강요당하는 것이 아니라 자기 자신의 자유의지에 의해 악을 행하고 범죄한다. 이 점에서 인간은 전적인 자유의지를 가지고 있는 것이다"[111]라고 하면서 인간 의지의 노예의지를 가르치고 있다. 그

---

109) 이형기, 253-254.
110) Ibid., 136.
111) Ibid.

리고 "인간의 이성은 구원과 하나님의 요구(선과 덕망을 포함하여)에 관하여 스스로 올바른 판단을 내릴 수 없다. (중략) 따라서 타락 이후 인간은 자신의 구원에 아무 것도 공헌할 수 없다"[112]고 가르치고 있다.[113]

칼빈은 타락한 인간의 모습에 대해 "처음 창조 때의 사람 상태는 그 이후의 후손 전체와는 너무나도 다르다"[114]면서 다음과 같이 말하고 있다.

> 첫 사람 아담의 후손들은 그에게서 부패한 상태를 이어받았고, 그로부터 유전적인 오염을 물려받은 것이다.[115]

위의 내용에서와 같이 하나님께서는 인간의 정신과 의지가 최고 상태를 유지하도록 창조하셨지만 결국 첫 사람 아담 타락으로 그의 죄가 후손들에게 유전적으로 물려주게 되었다는 것이다. 따라서 하나님께서 정하시고 합당한 목적들을 향해 나아가도록 창조하셨지만 타락한 인간의 의지는 이제 무절제하고 과도하고 죄짓는 방법으로 그 일을 이루어간다. 우리의 행동뿐만 아니라 우리의 욕망까지도 죄를 짓게 된다.[116] 그것은 아담과 하와의 범죄가 우리 인간들에게 원죄(原罪)[117]가 되기 때문이다. 여기에서 원죄라는 말의 의미는 죄가 인류의 원래 뿌리인 아담에게서 유래되었으며,

---

112) Ibid., 137.
113) 인간의 자유의지가 오염되어 죄의 노예가 되었다는 가르침은 종교개혁자들의 신앙고백에서 일관되게 강조되어 가르치고 있다. 참고, 스코틀랜드신앙고백 제3장, 벨직 신앙고백 제14장.
114) 존 칼빈, 236.
115) Ibid.
116) 해롤드 O. J. 브라운, 《교회사 안에 나타난 이단과 정통》, 라은성 역(서울: 도서출판 그리심, 2006), 326.
117) 원죄(原罪)에 대한 논쟁에서 펠라기우스는 원죄란 없다고 했다. 아담이 불순종한 잘못을 우리가 전가 받아야 할 이유가 없다는 것이다. 그는 아담의 죄는 자신에게만 영향을 끼친 것이지 후손에게는 아무런 영향이 없다고 했다. 라은성, 《정통과 이단》(서울: 도사출판 그리심, 2008), 110-111. 무엇보다 펠라기우스는 아담의 불순종을 일시적인 나쁜 선택으로 보았기 때문에 바뀔 수 있다고 했다. 해롤드 O. J. 브라운, 328.

모든 죄가 아담에게서 나왔다는 것이다. 즉, 죄는 우리가 앞선 세대(世代)의 사람을 보고 흉내냄으로써 발생한 것이 아니라 사람의 본성에는 태어날 때부터 죄가 내재되어 있기 때문에 우리 모두는 죄의 상태에서 태어난 것이다.[118] 덧붙여 이야기하자면 시편 기자가 말한 것처럼 우리 모두는 죄에서 잉태된다. "내가 죄악 중에서 출생하였음이여 어머니가 죄 중에서 나를 잉태하였나이다"(시 51:5).[119]

그렇다면 죄란 무엇인가? 죄에 대하여 《레이든 신학통론》에서 "죄(peccare, ἁμαρτάνειν)란 길이나 표적을 벗어나는 것, 즉 신의 법이 명령한 것으로부터 이탈하는 행위이다"라고 했다. 따라서 하이데거(J. H. Heidegger, 1633-1698)는 "죄는 불법(ἀνομία), 또는 신법과의 상위, 즉 본성을 거스려 지성적인 본성에 따라 행동하지 못하는 것으로서 신의 법에 저항하며, 그 결과 신적 공의의 질서에 따라 형벌을 받게 된다"고 하였다.[120] 그런데 죄의 문제를 다룸에 있어서 개혁주의에서는 죄를 오히려 죄의 비참으로 이해하고 있다는 사실을 인식해야 한다. 루터파는 이것을 보다 죄의 책임으로 생각하지만, 개혁파는 매우 독특하게 인간이 신의 은혜로부터 유기된 점을 중시하고 있다.[121]

한편, 원죄에 있어서 '벨직 신앙고백'은 "제15조 원죄"에서 다음과 같이 가르치고 있다.

> 우리는 아담의 불순종으로 말미암아 원죄가 모든 인간에게 내려졌음을 믿는다. 이것은 전적인 부패와 유전적인 질병으로서 심지어 모태(母胎)에 있는 아이에게까지도 전염되어 온갖 종류의 죄악을 낳게 함으로 죄의

---

118) 마틴 로이드 존스, 334.
119) 원죄와 관련된 성경구절은 다음과 같은 구절이 있다. 시 51:5; 잠 20:9; 전 7:20; 마 15:19; 롬 5:12-19; 7:5, 7, 8, 14, 17, 18, 23; 8:7-8; 고전 15:22; 갈 5:17; 엡 2:1-3; 약 1:14-15; 3:2.
120) 하인리히 헤페, 467-468.
121) Ibid., 467.

온상이 되었고 따라서 이 모든 죄악이 하나님 보시기에 너무나 천하고 혐오할 만한 것이라 모든 인간이 저주를 받기에 충분한 것이다. (중략) 따라서 우리는 죄란 단지 모방하는데서 생겨난다고 주장하는 펠라기우스 학파의 잘못을 배격하는 바이다.[122]

그런데 칼빈은 인간의 타락 이전과 이후 모습에 대해 이야기하면서 하나님께서는 얼마든지 사람에게 인내를 주셔서 본래의 상태대로 유지되게 하실 수 있었는데도 왜 그렇게 하지 않았는가 하는 것은 하나님의 계획 속에 감추어져 있기 때문에 우리로서는 이 문제에 대해서 탐구하기를 절제하는 것이 지혜로운 처사일 것이라고 경계하고 있다.[123]

3) 인간의 자유의지

범죄하여 타락한 인간에게 선을 행할 수 있는 자유의지가 있느냐 없느냐 하는 논쟁은 교회사에서 오래된 논쟁 가운데 하나이다. 심지어 에라스무스(Desiderius Erasmus, 1466/1469-1536)는 자신의 논문인 《자유의지에 관하여》에서 "성경에 나타나는 적지 않은 어려움 가운데 '자유선택'의 문제만큼 복잡하게 얽혀 있는 미로는 거의 없을 것이다"[124]라고 했다. 실제로 이 문제는 오랫동안 철학자들 뿐만 아니라 신학자들 사이에서 격한 논쟁의 중심에 있었던 것이 사실이다. 무엇보다 이 논쟁의 중심에는 어거스틴과 동시대의 인물이었던 펠라기우스(Pelagius, 400-420년경까지 로마에서 활동함)가 있다. 따라서 우리는 여기에서 어거스틴과 펠라기우스의 자유의지에 대한 이해를 살펴보는 것이 필요할 것이다.

---

122) 김의환 편저, 《개혁주의 신앙고백집》(서울: 생명의 말씀사, 2003), 295.
123) 존 칼빈, 237.
124) 에라스무스, "자유의지에 관하여," 이성덕, 김주환 역, 《루터와 에라스무스: 자유의지와 구원》(서울: 두란노아카데미, 2011), 70.

어거스틴:
정통 은혜론
범죄한 인간에게 선을 행할 의지는 없다.

펠라기우스:
자유 의지론
인간에게 자유의지를 가진 능력이 있다.

    그런데 우리는 먼저 '자유의지'라는 용어 정의를 먼저 정립해야 할 것 같다. 오리겐은 "자유의지란 선과 악을 서로 분간하는 이성의 한 기능이요, 둘 중의 하나를 선택하는 의지의 한 기능"[125]이라고 하였다. 이에 대해 어거스틴도 오리겐의 정의에 동의하면서 다음과 같이 정의내리고 있다.

    자유의지란 은혜의 도움을 받을 때에는 선을 선택하며, 은혜가 없을 때에는 악을 선택하는 이성과 의지의 한 가능이다.[126]

    위의 글에서와 같이 어거스틴은 선과 악을 선택할 때의 이성과 의지의 한 기능이 자유의지인데, 이 자유의지는 은혜의 유무에 따라 선과 악을 선택하게 된다는 것이다. 즉, 인간 스스로의 이성적 의지에 의해 선과 악을 선택하는 것이 아니라 인간은 악을 선택할 수 있을 뿐 선을 행하기 위해서는 은혜의 빛이 와야 한다. 따라서 어거스틴의 이와 같은 주장을 정통 은혜론이라고 한다.[127] 어거스틴은 기원적 상태에서의 인간은 참으로 자유로웠

---

125) Origen, *De principis*, Ⅲ. i, 3. 존 칼빈, 317에서 재인용.
126) Augustine, *Sermons*, clvi, 9-13. 존 칼빈, 317에서 재인용.
127) 어거스틴의 은혜론은 전적으로 자신의 경험을 바탕으로 하고 있다. 그는 자신의 죄와 악의 세계로부터 벗어나려고 무단히 노력했던 사람 가운데 한 사람이다. 17세 때 마니

다고 가르친다. 그러므로 어거스틴도 인간의 자유의지를 부정하지는 않는다. 심지어 타락한 인간일지라도 신적 은혜를 부여받았으며, 그 안에 있는 활동적인 은혜로 말미암아 아담은 하나님을 사랑했고 지각에 순종할 수 있었다고 한다. 그러나 타락은 이러한 은혜를 빼앗아 갔고 악한 욕망이 우리를 지배하도록 했다는 것이다.[128] 즉, 타락한 인간의 의지가 정욕에 사로잡히고 정복당한 상태에 있기 때문에 성령이 함께 계시지 않으면 사람의 의지는 자유롭지 못할 뿐만 아니라 그 의지가 노예가 되어버렸으므로 의를 행할 능력이 전혀 없다고 한다.[129]

어거스틴에 의하면 인간은 스스로 선하게 창조되지 않았고 도덕적으로 중립적이었다. 신적 은혜가 그를 옷처럼 덮어서 선을 가능하도록 했다. 이런 가능성에도 불구하고 아담은 어리석게도 자신의 자유의지를 남용하여 모반하고 불순종했다. 그 결과 아담은 형벌을 받아 그의 육체는 더 이상 지성에 따라 살지 못하게 되었다.[130] 어거스틴은 죄를 선에 대한 상실로 표현하였는데, 죄가 세상에 들어옴으로써 참 선을 행할 수 없으며 자기의 운

교에 빠진 그는 흑인 노예 소녀와의 동거생활에서 아들 아데오다투스(Adeodatus)를 낳았다. 29살에 더 높은 보수와 성공의 기회가 있는 로마로 갔다가 그곳에서 암브로시우스를 만나게 된 그는 암브로시우스의 친절함과 삶에 감동을 받아 그의 제자가 된다. 그는 기독교 신앙에 몸과 마음을 바치고 싶었지만 다른 한편으로는 돈과 명예와 정욕을 버릴 수 없어 마음의 안정을 찾지 못했다. 때문에 갈등하던 그는 32세 때인 386년 늦은 여름, 자기가 살고 있던 집의 정원에 들어가 어느 무화과나무 밑에 주저앉아 하나님 앞에 기도하는 가운데 이웃집 뜰에서 "들고 읽어라! 들고 읽어라!"(Tolle lege! Tolle lege!)는 어린아이들의 노랫소리를 듣고 일어나 성경을 펴들고 첫눈에 들어온 구절을 읽었는데 그 구절이 로마서 13:13-14이었다. 이 성경을 읽은 후 그는 통회의 눈물과 함께 옛 사람은 죽고 새 사람으로 태어난 것이다. 따라서 그는 이러한 체험을 한 후 하나님의 은총으로 다음과 같이 고백했다: "나는 이 문제를 해결하기 위하여 인간의 의지의 자유를 위하여 퍽 애를 썼으나 하나님의 은총이 승리하였다." 어거스틴,《고백록》, 28-32; 기스벨트 그레사케,《은총 - 선사된 자유》, 심상태 옮김(서울: 성바오로, 1979), 57.

128) 해롤드 O. J. 브라운, 327.
129) Augustine, *On Man's Perfection in Righteousness*, iv, 9. 존 칼빈, 321-322에서 재인용.
130) Ibid., 327.

명을 실현할 수 없고 더 깊은 죄의 노예 상태로 빠져들어 가게 된다고 말한다. 따라서 은총 이전 인간의 자유의지는 죄를 범할 뿐이며 율법은 그러한 자연인을 정죄하여 사망에 던져 버린다고 한다. 다시 말해서 죄인된 인간은 죄를 향해 나아가고자 하는 의지는 있지만 선을 행하려는 의지는 없다는 것이다. 그렇기 때문에 범죄한 인간에게는 하나님의 은혜가 절대적으로 필요하다는 것이다.

반면에 펠라기우스는 어거스틴의 이와 같은 인간의 자유의지론에 대해서 반대하였다. 아담으로부터의 원죄를 부인했던 펠라기우스는 모든 사람은 아담과 같은 상태로 태어나며, 도덕적인 삶을 살아갈 수 있는 자유의지를 가진 능력이 있다고 주장했다. 하나님이 은혜를 베풀어주시면 도덕적인 능력이 강화되는 것이고, 은혜가 없을지라도 선행으로 하나님이 원하시는 것을 행할 수 있다. 다시 말해 하나님의 은혜는 구원에 있어 필연적인 것이 아니라 단지 선택이고 혜택이라는 것이다. 그가 강조하는 것은 사람이 책임 있는 삶을 살아야 한다는 것이다. 펠라기우스가 주장했던 것은 인간이 의지를 통해서 하나님의 영광에 이를 수 있다. 왜냐하면 사람이 원죄를 짓지 않았기 때문에 선을 행할 수 있는 능력을 갖고 있다는 것이다.[131] 즉, 아담과 하와의 범죄는 모방일 뿐이지 그 죄가 유전적으로 인간에게 전해지지 않는다. 그렇지만 펠라기우스의 이와 같은 주장은 418년 카르타고 공의회(Council of Carthage)에서 이단으로 정죄되었고, 431년 에베소 공의회(Concilium Ephesinum)에서는 그를 이단자로 정죄하였다.

기독교 정통 신앙에서는 분명히 어거스틴의 신학사상을 받아들인다. 루터도 "노예의지에 관하여"에서 인간의 자유의지와 선택을 강하게 부정하고 있다. 뿐만 아니라 루터는 하나님의 절대적 예정을 강조하면서 인간의 자유의지와 선택이 개입할 수 있는 여지를 철저하게 차단시켰다. 즉, 선택 받은 사람들은 회개하고 하나님을 믿게 된다는 것이다. 반면에 선택을

---

131) 라은성, 110-112.

받지 못한 사람들은 하나님을 믿으려고 하지 않고, 죄악 가운데서 멸망당하게 된다는 것이다. 루터는 이러한 입장에 따라 다음과 같이 자유선택을 강하게 반대할 뿐만 아니라 자유선택에 관한 교리는 포기되어야 한다고 주장했다.[132]

> 하나님께서 우연하게 미리 아시는 것은 하나도 없고, 자신의 영원하고 변치 않으며 한 치의 오류도 없는 의지에 따라 모든 것들을 예지하시고 목적하시며 실행하신다는 점을 아는 것이다. 이 점은 바로 자유선택을 완전히 전복시키고 산산조각 내리는 청천벽력이다.[133]

한편, 칼빈은 펠라기우스의 아담의 범죄가 죄의 모방이라는 주장에 대해 반대하면서 인간의 본성과 관련하여 아담은 단순히 인류의 시조(始祖)만이 아니라 인류의 뿌리였고, 그리하여 그의 부패로 말미암아 온 인류가 부패한 상태 속에 있게 되었다고 한다.[134] 심지어 칼빈은 우리가 '자유의지'라는 용어를 사용하는 것조차 부적절하다고 지적하고 있다. 칼빈이 이렇게 말하는 이유는, 사람에게 자유의지가 있다는 말을 들을 때에 곧 바로 사람이 자기의 지성과 의지의 주인이요 자기 힘으로 선을 향해서든 악을 향해서든 나아갈 수 있다는 식으로 생각하게 되기 때문이라는 것이다.[135]

---

132) 김명수, "에라스무스와 마틴 루터의 비교 연구," 〈국제신학〉, Vol. 17(2015. 12), 192-194.
133) 루터, "노예의지에 관하여", 이성덕, 김주환 역, 169.
134) 존 칼빈, 302-303.
135) Ibid., 321. 칼빈은 그의 《기독교 강요》에서 자유의지를 이야기함에 있어서 타락한 인간에게 자유의지가 없다든지, 아니면 티끌이라도 아직 자유의지가 남아 있다든지 양쪽의 논쟁에서 발생할 수 있는 두 가지 위험 요소를 지적하고 있다. 첫째로, 사람은 자신에게 올바른 것이 있다는 것이 완전히 부인되면 곧바로 그 사실을 안일에 빠질 기회로 삼는다는 것이다. 그리고 스스로 의를 추구할 능력이 전혀 없다고 말하기 때문에 그는 자신이 그것을 아무리 추구해도 전혀 소득이 없다고 생각하여 마치 그 일이 자기와는 전혀 관계없는 일인 것처럼 여기는 것이다. 둘째로, 아무리 사소한 것이라도 사람에게

자유의지 및 자유선택에 관한 어거스틴을 비롯한 루터 및 칼빈과 같은 견해는 종교개혁자들의 신앙고백에서도 강조되고 있다. 그 가운데 '웨스트민스터 신앙고백'은 "제9장 자유의지에 관하여"에서 "하나님께서는 인간에게 의지를 부여하셨는데 이 의지는 본성상 자유하다. 따라서 이 인간의 자유의지는 억지로 선을 결정하거나 억지로 악을 결정하지 않는다. 자연의 필연성이 아무리 강해도 이 인간의 자유의지를 강제할 수는 없다"[136] 고 가르치고 있다. 계속해서 3항에서 다음과 같이 가르치고 있다.

> 그러나 인간은 죄의 상태로 타락함으로 구원을 가져올 그 어떤 영적 선(善)에 대한 그 어떤 의지능력도 상실하고 말았다. 따라서 인간은 자연인이 되었으므로 저 선에 대하여 전적으로 등을 돌려댔고 죄 가운데 죽은 상태에 있으므로 자신의 의지능력으로는 결코 저 선에로 돌아설 수 없게 되었고, 이 선을 위하여 그 어떤 준비 작업도 할 수 없게 되었다.[137]

결론적으로 교회사에서는 사람에게 있는 이성의 건전함이 죄로 말미암아 심각하게 손상되었으며 또한 의지가 악한 욕심들에게 종노릇하는 상태에 있다는 것을 받아들여 왔다. 그런데 우리는 여기에서 인간의 자유의

공로를 들리면 그것은 곧바로 하나님의 존귀를 빼앗는 것이 되며 결국 그로 인하여 사람이 자기에 대한 뻔뻔스러운 과신으로 말미암아 스스로 멸망에 빠지고 만다는 것이다. 따라서 칼빈은 다음과 같이 권고하고 있다. 즉, 첫째로, 사람에게 선한 것이 하나도 남아 있지 않으면 또한 지극히 비참한 빈곤이 사방으로 에워싸고 있음을 가르치는 것이요, 둘째로, 그에게 결핍된 그 선과 그가 빼앗긴 자유를 사모하도록 가르쳐서 사람 자신이 최고의 덕을 소유했다고 상상할 경우보다도 그 일에 더 힘쓸 수 있도록 강력한 자극을 주는 것이다. Ibid., 311-312.

136) 이형기, 259.
137) Ibid., 259-260. 원죄와 관련하여 '스코틀랜드 신앙고백'은 제3장에서 다음과 같이 가르치고 있다. "보통 원죄라고 알려져 있는 이 범죄로 인하여 하나님의 형상은 전적으로 파손되었다. 그래서 아담과 그의 후손들은 본성상 하나님과 적대관계에 놓이게 되었고, 사단의 노예가 되었으며, 죄의 종이 되었다." Ibid., 40.

지에 따른 펠라기우스주의자들의 문제와 오늘 신앙생활에서의 한계성을 지적하지 않을 수 없다. 즉, 펠라기우스주의자들의 주장을 받아들이게 된다면 하나님의 은혜가 필요 없게 된다. 물론 하나님의 은혜가 있으면 좋겠지만 없어도 자신의 의지로 얼마든지 하나님이 원하시는 것을 행할 수 있다고 한다. 한 마디로 말하면 신앙은 전적인 하나님의 은혜가 아니라 내 의지와 능력으로 구원을 받겠다는 것이다. 그렇게 되면 예수 그리스도의 대속적인 죽음도 필요 없게 된다. 따라서 사도 바울은 이 사실에 대해 로마서 10장 3절에서 엄하게 경고하고 있다. "하나님의 의를 모르고 자기 의를 세우려고 힘써 하나님의 의에 복종하지 아니하였느니라." 뿐만 아니라 에베소서 2장 8-9절의 말씀을 보면 우리의 구원은 행위로 얻어지는 어떤 자랑거리가 아니라 하나님의 은혜로 주어지는 선물이라고 분명하게 가르치고 있다. "너희는 그 은혜에 의하여 믿음으로 말미암아 구원을 받았으니 이것은 너희에게서 난 것이 아니요 하나님의 선물이라. 행위에서 난 것이 아니니 이는 누구든지 자랑하지 못하게 함이라."

그러나 그럼에도 불구하고 교회가 이들을 이단으로 정죄하였지만 로마 가톨릭교회는 심정적으로는 펠라기우스의 자유의지론을 따랐다. 뿐만 아니라 예정론을 받아들이고 있는 오늘 다수의 교회와 우리 신앙에서도 교회의 역사가 정통 신앙으로 받아들여왔던 어거스틴의 견해보다는 펠라기우스주의에 가깝고, 칼빈주의보다는 알미니안주의에 더 가깝다고 해야 할 것이다.

4) 전적 타락과 부분적 타락

우리는 여기에서 또 하나의 질문을 하려고 한다. 그것은 범죄한 인간의 타락은 전적인 타락이냐, 아니면 부분적으로 타락한 것이냐는 것이다. 이것은 앞에서 살펴보았던 어거스틴과 펠라기우스, 칼빈주의자들과 알미니안과의 논쟁에서 볼 수 있듯이 교회사에서 오래된 논쟁 가운데 하나이기도 할만큼 중요한 문제였다.

특별히 전적 타락과 부분적 타락에 관한 논쟁은 '도르트 신앙고백' (1618-1619)[138]에서 칼빈주의의 전적인 타락과 알미니안주의의 부분적 타락에 관한 차이를 보다 분명하게 살펴볼 수 있다. 먼저 '도르트 신조'가 채택한 전적 타락에 관한 내용은 셋째와 넷째 교리의 제3장에서 다음과 같이 가르치고 있다.

> 따라서 모든 인간은 죄 속에서 잉태되어 본질상 진노의 자식으로서 선행할 수 없고 죄악에 빠져서 죄 가운데 죽을 수밖에 없는 노예가 되었다. 그러므로 성령의 중생하는 은혜가 없이는 하나님께로 올 수도 없고 하나님께로 오려고 하지도 않으며 그 죄악에서 새롭게 될 수도 없는 것이다.[139]

반면에 알미니안주의자들이 주장했던 부분적 타락에 관한 내용은 다음과 같다.

---

138) 도르트 신앙고백은 1618-1619년 네덜란드의 도르트레흐트(Dordrecht)에서 소위 '도르트 장로회총회'(the National Synod)에서 결정된 문서가 영어로는 '도르트 신조'(Connons of Dordt)로 번역되었고, 이 신조의 주요 내용은 소위 '칼빈주의 5대 강령'이다. '칼빈주의 5대 강령'이란, 전적 타락(Total depravity), 무조건적 예정(Unconditional election), 제한적 속죄(Limited atonement), 불가항력적 은총(Irresistible grace), 성도의 견인(Perseverance of the Saints)이다. 이것을 영어의 머리글자를 모아 **'튤립'(TULIP)**이라는 꽃 이름으로 명명되곤 했다. 알미니안주의자들이 자기들의 신조를 다섯 항목으로 구체화시켜(위텐보가르트가 작성하였음), 1610년 '항의각서'(Remonstrance)라는 이름으로 네덜란드와 서(西)프리스란드의 국회에 제출했다. 이에 칼빈주의자들은 '반 항의각서'(Counter-Remonstrance)를 제출했다. 도르트 총회에서 다섯 조항으로 된 항론파의 항의각서는 만장일치로 배척되고, 벨직 신앙고백과 하이델베르크 요리문답과 함께 칼빈주의 5대 교리가 채택되었다. 도르트 신조는 기술적인 입장에서 칼빈주의의 체계라고 불리우는 사상을 표현하고 있다.
139) 김의환 편저, 386.

영적인 사망에 있어서 영적 은사들은 인간의 의지에서 떨어져 나간 것이 아닌데, 그 이유는 의지(意志)는 그 자체에 있어서 결코 부패된 것이 아니요 다만 깨달음이 어두워졌고 마음이 둔화됨으로 의지가 방해를 받았을 뿐이다. 이 방해된 요소를 제거함으로써 인간의 의지는 그 본래의 능력을 발휘할 수 있다. 다시 말해서 의지 그 자체로서, 원함으로 선택하든지 원치 않음으로 버릴 수 있든지 등의 온갖 선한 행위를 보일 수 있다.[140]

'도르트 신앙고백'은 위의 알미니안주의자들의 주장에 대해 다음과 같이 반박하고 있다.

이것은 다음의 선지자의 말과 모순되는 이상한 주장으로서 자유의지의 능력을 지나치게 높이고자 하는 잘못된 주장이다. "만물보다 거짓되고 심히 부패한 것은 마음이라"(렘 17:9). 또한 사도 바울도 이렇게 말했다. "우리도 다 그 가운데서(불순종하는 가운데서) 우리 육체의 욕심을 따라 지내며 육체와 마음의 원하는 것을 하여"(엡 2:3).[141]

종교개혁자들의 신앙고백에 따르면 하나님의 형상으로 지음 받은 인간이 타락한 것은 선한 일을 할 수 없고 악한 일을 하려는 습성이 있다면서 전적인 타락을 강조하고 있다.[142] 그런데 우리가 전적인 타락, 혹은 완전한 타락을 이야기할 때 조심해야 할 것이 있다. 그것은 전적인 타락을 강조하고 있다고 해서 이 전적인 타락이 모든 사람이 그들이 이를 수 있는 최고의 상태까지 철저하게 악하게 되고 타락했다는 의미가 아니다. 그리고 타락한 상태의 사람들이 하나님께 대한 본유적 지식을 가지고 있지 않다는 의미도

---

140) Ibid., 393-394.
141) Ibid., 394.
142) 전적 타락을 강조하고 있는 신앙고백서들은 다음과 같다. 스코틀랜드 신앙고백 제3장, 벨직 신앙고백 제15장, 하이델베르크 요리문답 제7문, 웨스트민스터 신앙고백 제6장 2항, 4항, 5항.

아니다. 그리고 사람들이 양심을 가지고 있지 않다는 의미는 더더욱 아니다. 덧붙여서 전적인 타락은 사람들이 미덕(美德)들을 인식하고 칭찬할 능력이 없다거나 공평무사한 감정과 행동을 할 능력이 없다는 의미가 아니다.[143] 전적으로 타락했지만 사람들 안에는 하나님에 대한 의식을 여전히 가지고 있을 뿐만 아니라 중생하지 못한 믿지 않는 사람들도 양심을 가지고 있어서 선(善)과 악(惡) 간의 차이를 인식하기 때문이다.

여기에서 전적인 타락이라는 말의 의미는 타락한 상태의 사람은 선천적으로 부패한 본성을 가지고 있으며, 이 부패는 사람의 존재의 모든 부분, 즉 영혼과 몸의 모든 기능에까지 확장된다는 것이다. 또한 사람에게는 영적인 선이 전혀 없다는 의미이다. 물론 사람에게는 자연적인 선과 자연적인 도덕은 많이 있다. 사람은 무엇이 미덕(美德)인지 인식할 수 있다. 하지만 영적인 선은 전혀 없다.[144]

따라서 전적인 타락은 우리가 살고 있는 사람들과 함께 하나님을 사랑하고 또 사랑 받을 수 있는 마음의 자유가 없는 상태를 의미한다. 이런 의미에서 선한 사람과 나쁜 사람들도 그리스도인과 비그리스도인이라는 구별을 떠나서 우리는 죄의 단순한 노예일 뿐이다.[145]

우리가 성경을 보면 범죄한 인간이 전적으로 타락했다는 내용은 얼마든지 찾아볼 수 있다. 그 첫 번째가 창세기 6장 5절 말씀이다. "여호와께서 사람의 죄악이 세상에 가득함과 그의 마음으로 생각하는 모든 계획이 항상 악할 뿐임을 보시고." 창세기 8장 21절에서도 "여호와께서 그 향기를 받으시고 그 중심에 이르시되 내가 다시는 사람으로 말미암아 땅을 저주하지 아니하리니 이는 사람의 마음이 계획하는 바가 어려서부터 악함이라"고 말씀하신다. 이 말씀은 노아의 홍수가 끝나고 하나님 앞에 번제를 드렸을 때 하나님께서 그 제물을 받으시고 친히 하신 말씀이시다.

---

143) 마틴 로이드 존스, 344.
144) Ibid., 345.
145) 셔리 C. 구스리에,《기독교 신학입문》, 김영선 옮김(서울: 도서출판 은성, 1988), 321.

예레미야 17장 9절에서도 인간의 전적인 타락에 대해 가르치고 있다. "만물보다 거짓되고 심히 부패한 것은 마음이라 누가 능히 이를 알리요마는." 무엇보다 로마서 7장은 죄의 결과로서의 사람을 묘사하는 다양한 용어를 사용하여 전적인 타락을 완벽하게 설명하고 있다. 그리고 로마서 8장 7절에서도 인간이 전적으로 타락했다는 사실을 가르치고 있다. "육신의 생각은 하나님과 원수가 되나니 이는 하나님의 법에 굴복하지 아니할 뿐 아니라 할 수도 없음이라." 디도서 3장 3절의 말씀도 같은 내용이다. "우리도 전에는 어리석은 자요 순종하지 아니한 자요 속은 자요 여러 가지 정욕과 행락에 종 노릇 한 자요 악독과 투기를 일삼은 자요 가증스러운 자요 피차 미워한 자였으나." 결국 성경은 모든 곳에서 범죄한 인간이 전적으로, 완전히 타락했다는 사실을 증거하고 있다.[146]

5. 나가는 글

지금까지 우리는 교회사에서 논의되어 왔던 창조의 이야기와 인간에 대한 견해들에 대해서 살펴 보았다. 태초에 하나님께서는 천지를 창조하시고, 여섯째 되는 날에 인간을 창조하셨다. 그런데 선하게 창조한 인간이 범죄하여 타락함으로 하나님의 본의(本義)를 상실했을 뿐만 아니라 오염되고 전적으로 타락함으로써 죄와 사탄의 지배 아래 놓여 있는 인간의 모습을 보았다. 죄악으로 인해 우리의 눈이 가리워졌기 때문에 영적인 진리를 인식하지 못한다. 뿐만 아니라 우리는 하나님의 진노 아래에 놓여 있으며 사망의 종노릇을 하게 되었다. 창조 때 우리 인간에게 부여된 하나님의 형상은 죄로 인하여 흐려지고 파괴되었다. 그 결과 우리는 하나님으로부터

---

146) 인간의 전적인 타락을 가르치는 성경의 구절로는 다음과 같다. 왕상 8:21; 시 14:1-3; 51:5; 58:3; 130:3; 143:2; 전 7:20; 9:3; 사 53:6; 64:6; 요 5:42; 롬 1:29-32; 3:9-23; 갈 3:22; 엡 2:1-3; 4:17-19; 요일 1:8, 10; 5:19.

소외되어 있을 뿐만 아니라 우리의 이웃과 우리 자신으로부터도 소외되어 있다.

　죄와 타락으로 인간에게 주어진 결과는 실로 끔찍하다고 하지 않을 수 없다. 이와 같은 현실 앞에서 우리가 무엇을 할 수 있을 것인가? 그리고 우리에게 희망이 있는 것인가? 기독교 신앙은 그럼에도 불구하고 희망은 있다는 것이다. 그것은 바로 우리에게 오신 하나님이신 예수 그리스도 안에서 가능하다. 그리고 하나님은 예수 그리스도 안에서 새로운 창조와 구속의 사역이 최종적으로 완성될 그 날을 향하여 나아가도록 하신다.

　인간은 반역하여 범죄하였지만 그 하나님은 스스로 약속하셨다. 더 놀라운 사실은 하나님의 인간을 향한 약속은 아담과 하와가 범죄한 직후에, 그것도 이들이 에덴 동산에서 쫓겨나기 전에 주셨다는 것이다. 즉, 여자의 후손이 뱀의 머리를 상하게 하실 것이라는 약속이다(창 3:15).

　그래서 우리가 다음 장에서 인간을 사랑하시고 타락한 인류를 구원하시기 위해 스스로 인간의 몸을 입으시고 이 땅에 오신 하나님이신 예수 그리스도에 대해서 살펴보는 것은 의미 있는 일이라고 생각된다.

제7장 그리스도의 본성에 대한 이해

　조직신학을 시작하면서 우리는 우리가 믿는 기독교의 신앙이 어떤 대상을 세워놓고 그 신들을 찾아가는 것이 아니라 신이신 하나님이 직접 우리에게 찾아오심에 대한 것이라고 하였다. 그래서 기독교의 신학에서 중요한 것은 계시에 대한 올바른 이해를 갖는 것이라고 했다. 물론 계시에는 일반계시가 있어서 사람들이 자연을 보고 하나님을 알 수 있는 것이 있다. 그러나 범죄한 인간은 그 죄로 인해 자연을 통해서는 하나님을 온전히 알아갈 수 없다. 그래서 하나님께서는 자신에 관한 이야기를 성경을 통해서 말씀하셨다. 다시 말해 우리가 하나님이나 우리 자신, 또는 세상에 대해 진정으로 알기를 원한다면 반드시 하나님의 말씀이며 하나님의 영감을 받아 무오(無誤)하다고 고백하는 성경을 알아야 한다.

　우리가 성경에 우리 자신을 복종시킬 때 가장 먼저 발견하게 되는 것은 하나님께서 은혜 가운데 자기를 우리에게 계시하시기를 기뻐하셨다는 사실이다. 그래서 우리는 성경을 읽는 가운데 삼위일체 하나님을 만나게 된다. 그리고 삼위일체 하나님께서 태초에 우주를 창조하시고 하나님의 형상과 모양을 따라 사람을 지으시고 교제를 나누셨다는 것도 알게 되었다. 그런데 오늘날 하나님께서 아름답고 선하게 창조하신 이 세계와 사람들의 모습을 보면 결코 아름답지 않을 뿐만 아니라 절망을 느끼지 않을 수 없게 된다. 이와 같은 이유가 바로 범죄한 인간의 타락 때문이라는 사실도 알게 되었다. 사람들은 하나님 앞에서 범죄했고 본성 자체가 오염되고 왜곡되었으며 아무 것도 할 수 없는 상태이다. 더구나 사람들은 하나님께로 돌아가 하나님을 아는 지식에 이르는 일에 대해서도 스스로는 아무 것도 할 수 없다.

그런 점에서 우리는 이제 여기에서 기독교 신학의 핵심적인 교리라 할 수 있는 구원 교리에 직면하지 않을 수 없게 된다. 우리가 그래야만 하는 이유는 범죄하여 타락한 인간과 온 우주를 향한 하나님의 섭리가 바로 구원의 계획이기 때문이다. 무엇보다 성경은 사람이 창조되기 이전에 하나님의 마음 속에는 구원의 계획이 있었다고 가르치고 있다.[1] 그런데 이 구원계획은 바로 예수 그리스도를 중심으로 하고 있다. 오늘날 종교 다원주의자들은 구원이 예수 그리스도와 관계 없이도 가능하다고 가르치고 있지만 그러나 성경은 그렇게 말씀하고 있지 않다. 기독교 신앙은 오직 하나의 복음만이 있고, 오직 하나의 구원의 길만이 있다. 그것은 바로 예수 그리스도를 통한 구원이다. 하나님은 그리스도 안에서 모든 것을 자신과 화목하게 하셨으며 다른 화목의 길을 허락하지 않으셨다. 그렇기 때문에 전통적 조직신학에서는 인간과 창조의 교리를 다룬 이후에 계속해서 예수 그리스도에 관한 교리를 다루고 있다.

그렇다면 우리는 이제 여기에서 하나의 질문을 던지지 않을 수 없다. 그것은 예수 그리스도가 과연 누구이신가? 그가 어떻게 우리의 구원자가 되실 수 있는가? 그리고 성경은 예수 그리스도에 대해 어떻게 증언하고 있는가?

---

[1] 이에 관해서는 특별히 에베소서 1장을 읽어 볼 것을 권한다.

1. 성경에서의 예수에 대한 증언

기독교 신학에서 다루는 많은 교리들 가운데 가장 핵심적인 교리는 예수 그리스도에 관한 것이다. 이 교리가 기독교 신앙과 세상의 다른 모든 종교를 구분해주고 있기 때문이다. 다른 종교에서의 창설자들은 중요한 존재이기는 하지만 그렇다고 그 종교의 핵심은 아니다. 고타마 싯달타(석가모니, 불교의 창시자)가 없었더라도 불교는 존재할 수 있다.[2] 왜냐하면 다른 종교들에서 중요한 것은 가르침이지 설립자가 아니기 때문이다. 그러나 기독교의 신앙은 그렇지 않다. 기독교는 그리스도 자신이다. 그리스도는 한 명의 중요한 인물이 아니라 절대적인 중요성을 가진 분이시다. 따라서 기독교의 신앙은 전적으로 예수 그리스도에 대한 신앙이다. 그리고 성경도 예수 그리스도에 관한 이야기들로 가득하다. 그런 점에서 우리는 예수 그리스도에 대한 성경적인 올바른 이해가 무엇보다 필요하다.[3]

그렇다면 성경에서는 예수 그리스도를 어떻게 증언하고 있는가? 이와 같은 질문을 던지는 이유는 예수 그리스도가 누구인가를 알기 위해서는 성경으로 돌아가지 않을 수 없기 때문이다. 다시 말해 우리는 성경에 기초하여 예수 그리스도가 누구인가를 알아야 한다.

성경에 보면 예수에 대하여 메시아, 하나님의 아들, 그리스도 등으로 부르고 있다. 하나님의 아들이라는 말은 별다른 설명이 필요 없지만 메시아(Messiah)라는 말과 그리스도(Christ)라는 말에 대하여는 간단한 설명이 필요하다. 먼저, 메시아라는 말을 설명한다면, 이 말은 히브리어 '마쉬아' (מָשִׁיחַ), 아랍어 '메쉬하' (משיחא)라는 말의 음을 그대로 따서 우리말로

---

2) 실제적으로 불교에서의 신관은 발달되어져 있지 않다. 부처라는 것은 '깨달은 자'라는 뜻이다. 불교는 그 나라의 토속종교와 혼합되어 존재해왔다. 우리나라도 '유불선'이라고 하듯이 유교와 불교, 도교가 혼합되어 민중 속에서 자리를 잡아왔다. 그렇기 때문에 불교에서 부처가 없어도 불교는 존재할 수 있고, 다른 신들을 얼마든지 받아들일 수 있다.
3) 마틴 로이드 존스, 《교리강좌 시리즈 1》, 임범진 옮김(서울: 부흥과개혁사, 2012), 412-413.

'메시아'라고 부르게 되었다. 그 뜻은 누구든지 "부름을 받아, 거룩한 기름부음을 받은 사람"에 대한 호칭이었다. 이것은 제사장과 아브라함과 이삭에게 적용되었으며 심지어 바사왕 고레스에게도 적용되었다. 그러나 유대교와 기독교에 있어서는 하나님의 영을 받아 하나님의 백성을 해방시키고 신국(神國)을 건설할 사람으로 이해하였다. 이러한 의미에서 기독교에서 메시아는 예수만을 의미하는 것으로 이해하고 있다.[4]

'메시아'라는 히브리어를 헬라어로는 '크리스토스'($Χριστός$)라고 부른다. 시편 2편 2절에 "기름 받은 자"라는 말이 있는데, 이 말의 히브리어는 '메쉬하'로 되어 있으며, 이 말이 70인역에서는 '$Χριστός$'로 번역되어 있다. '$Χριστός$'라는 말을 영어로는 Christ로, 우리말로는 '그리스도'로 번역하게 되었다. 따라서 메시아라는 말과 그리스도라는 말은 같은 의미를 가지고 있음을 알 수 있다.[5]

그렇다면 예수와 그리스도는 어떤 관계를 가지고 있을까? '예수'라는 말은 히브리어 '예슈아'(ישוע)라는 말을 헬라어로 번역한 말인데, '예슈아'라는 말은 '여호아', '요슈아'라는 말이 변형된 것이다. 예수라는 말의 뜻은 '야웨는 구원'이라는 뜻이다. 예수를 때로는 그리스도라고 부르기도 했으며, 특별히 바울은 예수라는 말과 그리스도라는 말을 합쳐서 부른 것이 보통이었다.[6]

1) 구약에서의 예수에 대한 증언

학자들 가운데는 구약성경과 신약성경의 그리스도와의 관계성을 부인하려는 자들도 있지만 구약성경은 그리스도에 대하여 분명하게 증언하고 있다. 즉, 구약성경은 예수 그리스도가 모든 구약의 예언과 약속의 성취라

---

4) 이종성, 《조직신학 개론》(서울: 종로서적, 1987), 96.
5) Ibid.
6) Ibid.

고 말해주는 구절들이 있다. 예수 그리스도를 통한 최초 약속의 예언은 창세기 3장 15절에서 하나님이 범죄한 인간에게 주신 여자의 후손이 뱀의 머리를 상하게 할 것이라는 약속의 성취이다. 뿐만 아니라 창세기 17장에서 아브라함에게 주어진 후손에 대한 약속도 있는데 바울은 갈라디아서 3장 16절에서 이 약속을 언급하고 있다. "이 약속들은 아브라함과 그 자손에게 말씀하신 것인데 여럿을 가리켜 그 자손들이라 하지 아니하시고 오직 한 사람을 가리켜 네 자손이라 하셨으니 곧 그리스도라."[7]

그런가 하면 성경은 예수 그리스도의 탄생이 구약성경에서 예언된 것이라고 분명하게 증언하고 있다. 즉, 미가 선지자는 예수 그리스도의 탄생 장소가 베들레헴이라는 곳이라고 정확히 예언하면서 그 기원은 상고요, 영원이라고 했다(5:2). 예레미야 23장 5-6절에서는 예수 그리스도가 유다의 집에서 나올 것이며 "그의 이름은 여호와 우리의 공의라 일컬음을 받으리라"고 하였다. 그리고 우리가 잘 아는 이사야 7장 14절에서는 예수 그리스도가 처녀에게서 태어날 것이며 "그의 이름을 임마누엘이라 하라"고 기록되어 있다.[8]

다음으로 우리는 예수 그리스도의 사역과 관련된 구약성경의 예언들을 살펴볼 필요가 있다. 구약성경이 예수 그리스도의 사역과 관련하여 기록하고 있는 결정적인 증언은 이사야 53장에 예언된 '주의 종', 또는 '고난의 종'에 관한 내용이다.[9] 그리고 이사야 42장 6절과 60장 3절에서는 예수 그리스도가 '이방을 비추는 빛'이 될 것이라고 예언하고 있다. 뿐만 아니라 스가랴 9장 9절에서는 예수 그리스도가 나귀를 타고 예루살렘에 입성하실 것이라고 예언하고 있다. 스가랴 11장 12절과 13절에서는 메시아이

---

7) 그 외에 예수 그리스도에 대한 약속의 성취를 알려주는 구약성경으로는 다음 구절을 읽어보기를 권한다. 창 49:10; 단 9:24-26.
8) 예수의 탄생과 관련된 구약성경으로는 다음의 구절을 읽어보기를 권한다. 학 2:9; 말 3:1.
9) 구약성경에서 '주의 종'에 관한 대표적인 구절로는 다음의 구절들이 있다. 사 42:1-4; 49:1-6; 50:4-9; 52:13. 이종성, 97.

신 예수 그리스도가 은 삼십에 팔릴 것이며, 그 돈으로 토기장이의 밭을 살 것이라고 예언되어 있다. 그리고 시편 22편 18절에서는 예수 그리스도의 옷이 제비 뽑히게 될 것이라고 하였다.[10]

정리하면 구약성경은 예수 그리스도가 하나님께서 범죄한 이 땅을 구원하시기 위해 예언된 분이라는 사실을 가르치고 있다. 뿐만 아니라 하나님의 때가 찼을 때 이 땅에 오셔서 하나님의 뜻을 이루실 것이라고 분명하게 말씀하고 있다. 즉, 구약성경의 예언들이 예수 그리스도를 가리키고 있을 뿐만 아니라 예수 그리스도가 그 예언들의 성취라는 사실을 분명하게 보여주고 있다.

2) 신약에서의 예수에 대한 증언

신약성경에서는 예수 그리스도를 하나님과의 관계를 설명하면서 삼위일체론적으로 이해하고 있다. 물론 앞에서 살펴보았지만 신약성경에서는 삼위일체(三位一體, Trinitas)라는 단어가 사용되고 있지 않다. 그러나 삼위일체 하나님에 대한 증언은 신약성경에서 일관되게 가르치고 있다. 그 가운데 요한복음 1장 1절은 부인할 수 없는 결정적인 중요성을 가지고 있다. "태초에 말씀이 계시니라 이 말씀이 하나님과 함께 계셨으니 이 말씀은 곧 하나님이시니라." 즉, 말씀(logos)이 태초에 계셨는데 그 말씀이 하나님과 함께 계셨다. 이 말씀이 곧 하나님이시다. 그리고 1장 14절에서도 "말씀이 육신이 되어 우리 가운데 거하시매"라고 함으로써 우리에게 오신 성육신하신 하나님에 대해 증언하고 있다. 마태복음은 이 사건을 "임마누엘의 사건"이라고 하였다(마 1:23; 사 8:8, 10).[11]

---

10) 예수 그리스도의 십자가와 고난의 사역과 관련된 구약성경으로는 다음의 구절을 읽어보기를 권한다. 시 22:1; 16; 69:21; 슥 12:10; 사 53:9.
11) 이종성, 98.

특별히 신약성경에서는 예수 그리스도에 대해 증언함에 있어서 그가 우리의 유일한 중보자요 구원자라는 사실을 고백하고 있다. 이 사실에 있어서는 예수 자신도 "내가 곧 길이요 진리요 생명이니 나로 말미암지 않고는 아버지께로 올 자가 없느니라"(요 14:6)고 말씀하셨다. 사도 베드로는 제사장들 앞에서 심문을 받을 때 예수에 대해 이렇게 증언하였다. "다른 이로써는 구원을 받을 수 없나니 천하 사람 중에 구원을 받을 만한 다른 이름을 우리에게 주신 일이 없음이라"(행 4:12). 예수 그리스도의 중보자이심에 대한 증언은 디모데전서 2장 5절에서도 기록되고 있다. "하나님은 한 분이시요 또 하나님과 사람 사이에 중보자도 한 분이시니 곧 사람이신 그리스도 예수라."[12]

이처럼 성경은 우리가 하나님을 알고 화목하게 되는 것은 오직 예수 그리스도 안에서만 가능하다고 가르친다. 그렇기 때문에 우리는 오직 예수 그리스도 안에서만 구원 받을 수 있다. 이것은 성경이 일관되게 우리에게 가르치고 있는 변할 수 없는 내용이다. 그리고 성경이 기록된 이유도 우리로 하여금 예수가 하나님의 아들 그리스도이심을 믿게 하려는데 있다고 가르치고 있다. "오직 이것을 기록함은 너희로 예수께서 하나님의 아들 그리스도이심을 믿게 하려 함이요 또 너희로 믿고 그 이름을 힘입어 생명을 얻게 하려 함이니라"(요 20:31).

2. 그리스도의 본성과 관련된 견해들

기독교 신학의 모든 주제의 결정적 기초와 기준은 예수 그리스도의 인격과 사역이다. 어떤 주제에 대한 것이든 신학적 성찰은 그것이 예수 그리스도와 그의 구원에 중심을 둘 때에만 기독교적인 것이다. 그런 의미에서 사도신경의 두 번째 부분(나는 그의 유일하신 아들 우리 주 예수 그리스도

---

[12] 마틴 로이드 존스, 420-421.

를 믿습니다)은 대단히 중요하다. 만약 두 번째 항목과의 관련성을 잃어버린다면 창조주 하나님에 관한 첫 번째 항목과 성령에 관한 세 번째 항목은 모두 기독교적인 내용을 상실할 것이다. 즉, 기독교 신앙에 있어서 "전능하사 천지를 만드신 하나님 아버지"는 우리 주 예수 그리스도의 아버지로 여겨지며, 성령은 무엇보다도 예수님에게 권능을 주며 이 세계 가운데 예수 그리스도의 사역을 지속하는 분으로 규정되기 때문이다.[13]

한편, 예수님의 정체성에 있어서 예수님이 누구신가(Person = 위격)의 문제가 그가 무엇을 행하셨는가(Work = 사역)의 문제보다 역사적으로 더 중요시되었다. 다시 말하면, 예수께서 이 땅에서 어떤 사역을 하셨는가 하는 사실보다, 하나님의 나라를 선포하시고, 십자가에 달리셨다가 부활하신 예수께서 누구신가의 문제가 더욱 중요했다는 말이다. 그도 그럴 것이 어떤 종교적인 천재가 하나님 나라를 선포하였고, 십자가에 달리셨다가 부활하신 것이 아니라, 메시아시며 성육신하신 하나님의 아들이 그런 행동을 하셨다는 것이 중요하기 때문이다.

그런데 예수님에 대하여는 처음부터 많은 논쟁이 있었다. 하도 왈가왈부하기에 한 번은 예수님이 제자들에게 물어 보았다. "사람들이 나를 누구라고 하느냐?" 이 물음에 대하여 제자들은 자기들이 들은 대로 대답했다. "세례 요한, 더러는 엘리야, 더러는 선지자 중의 하나라 하나이다." 예수께서는 거듭 물었다. "너희는 나를 누구라 하느냐?" 이에 대하여 베드로가 대답했다. "주는 그리스도시니이다"(막 8:27-29).[14]

그러므로 예수님 당시의 사람들은 예수님을 사람으로 보는데 아무런 문제가 없었다는 것이다. 우리 곁에, 우리와 함께 하시는 인간이신 예수님에 대해서 아무 거부감이 없었다. 다만 문제는 예수님을 하나님으로 보는

---

13) 다니엘 L. 밀리오리, 《기독교 조직신학개론》, 장경철 옮김(서울: 한국장로교출판사, 2007), 207-208.
14) 마태복음에서는 "살아 계신 하나님의 아들이시니이다"(마 16:16)라는 말이 첨가되어 있다.

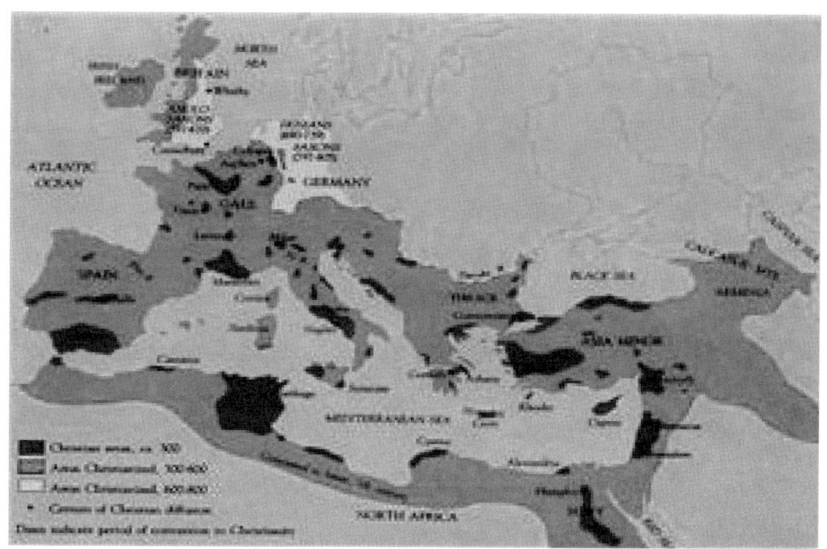

것이었다. 그런데 베드로는 예수님을 하나님으로 본 것이다. 그리고 예수님의 부활하심으로 제자들은 예수님을 하나님으로 보는데 아무런 문제가 되지 않았다. 그래서 요한은 예수님을 '말씀'이라고 했으며(요 1:1), 바울은 빌립보서 2장에서 예수님의 본체에 대하여 좀 더 분명하게 말하고 있다. "그는 근본 하나님의 본체시나 하나님과 동등됨을 취할 것으로 여기지 아니하시고, 오히려 자기를 비어 종의 형체를 가져 사람들과 같이 되었고, 사람의 모양으로 나타나셨다"(빌 2:6-8).

그런데 기독교의 복음이 유럽과 헬라 지역으로 확장되면서 문제가 생기기 시작했다. 당시 헬라는 이원론(二元論)적 사고방식이 지배하던 사회였다. 이원론은 쉽게 말하면, 육(肉)은 악(惡)하고, 영(靈)은 선(善)하다는 사상이다. 그들에게 진정한 구원은 영혼이 더러운 육체로부터 자유하는 데 있었다. 그러므로 헬라적 가치관에서 보았을 때 신(神)은 높고 높은 곳에만 계셔야 했다. 그런데 하나님이신 예수님이 더러운 육체를 입고 인간이 되셨다. 이처럼 초기 교회 공동체에서는 예수님이 인간이었다는 것이 문제 되지 않았지만, 복음이 헬라 세계로 확장되면서 이제는 하나님이신 예수님

2. 그리스도의 본성과 관련된 견해들   275

이 어떻게 인간이 될 수가 있었는가 하는 것이 문제가 되었다.

우리는 제4장 삼위일체 하나님에 대한 이해의 삼위일체 하나님에 대한 교리에서 살펴보았던 것처럼 4세기 말에 기독교에서는 "예수 그리스도가 하나님이시다"라는 삼위일체 하나님에 관한 교리를 확정했다.[15] 무엇보다 초대교회로부터 계속되는 예수 그리스도에 대한 선포에는 두 가지 주제가 있었는데, 그분은 영원하시고 선재하신 성자이시며, 역사적이고 개인적인 인간이시라는 것이다. 그런데 '태초에'(요 1:1) 계셨던 말씀이 어떻게 "하나님과 사람 사이에 중보자도 한 분"(딤전 2:5)으로서 "육체가 될 수"(요 1:14) 있는가? 예수 그리스도의 단 한 분의 위격 안에서 인성(人性)과 신성(神性)은 어떤 관계를 가질 수 있는가?[16] 쉽게 말하면 예수 그리스도의 한 위격 안에 인성과 신성이라는 두 본성(本性)이 어떻게 함께할 수 있는가 하는 문제였다.

이후에 살펴보겠지만 기독론에 관한 논쟁은 칼케돈 회의를 통해 일단락되었음에도 교회사에서는 끊임없이 나타났다. 이 논쟁의 중심은 특히 현대신학에서의 기독론에서 강하게 나타나는 현상 가운데 하나인데, 그것은 기독론의 많은 주제들 중에서 특정한 주제에 집중하는 경우가 많다는 것이다. 즉, 역사적 예수에 치중하거나, 해방신학적 관점에서 다루거나 아니면 여성신학적 입장에서 다룬다. 다시 말하면, 현대신학에서는 기독론에서의 전통적인 주제들이 더 이상 관심 대상이 되지 않는다. 덧붙이면, 예수가 "참 하나님이며 참 인간"이라는 두 본성론은 전통 기독론에서 대단히 중요한 주제였음에도 불구하고(지금도 중요한 주제이지만) 지금은 이 주제에 관심을 가지는 사람들이 많지 않다는 것이다.

---

15) 325년 니케아 신조에서는 성부 하나님과 성자 하나님의 동일본질(homoousios)이라는 교리와 381년 니케아-콘스탄티노플 신조에서는 성부와 성자로부터(Filioque) 성령이 나신다는 교리가 확정되었다.

16) 해롤드 O. J. 브라운, 《교회사 안에 나타난 이단과 정통》, 라운성 역(서울: 도서출판 그리심, 2006), 264-267.

예수 그리스도는 누구이신가?	
위로부터의 기독론	아래로부터의 기독론
※ 하나님으로부터 찾으려는 일련의 노력들 ※ 자신을 계시해 주지 않으면 알 수 없기에 하나님으로부터 출발함 ※ 예수의 신성을 강조함	※ 역사적인 예수 그리스도를 연구함으로부터 그 해답을 추구하려는 노력 ※ 신화적 요소를 제거하는 자유주의적 신학 ※ 예수의 인성을 강조함

위의 그림에서 보듯이 기독론은 "위로부터의 기독론"(Christology from above)과 "아래로부터의 기독론"(Christology from below)[17]이라는 서로 대별되는 두 가지 관점에서 다루고 있다. 여기에서 "위로부터의 기독론"이란 "예수 그리스도는 누구이신가?"라는 질문에 대한 해답을 "위로부터", 즉 하나님으로부터 찾으려는 노력들을 말한다. 이에 반해 "아래로부터의 기독론"이란 "지상에서부터", 즉 역사적인 예수 그리스도를 연구함으로부터 그 해답을 추구하려는 노력을 말한다. "위로부터의 기독론"은 타락한 이후 인간은 인간과 전적으로 다른 존재이신 하나님이 자신을 인간에게 계시해주지 않는 이상 그에 대해 알 수 있는 어떤 가능성도 없음을 전제로 한다. 그렇기 때문에 인간이 아닌 하나님으로부터 출발하는 것을 의미한다. 이러한 점에서 초대교회 기독론과 정통개혁주의 기독론은 모

---

17) 이 용어는 에릭슨(M. J. Ericson)의 《기독론》, 28-38에서 빌어온 것인데, 여기서 그는 "위로부터의 기독론"에 성경을 역사적으로 신뢰하는 초기 교회 기독론과 20세기의 칼 바르트, 루돌프 불트만(Rudolf Karl Bultmann, 1884-1976), 에밀 브루너(Emil Brunner, 1889-1966)의 역사성이 배제된 케리그마적(kerygmatic) 기독론을 다같이 포함시키지만, 브루너를 위시하여 20세기 이후의 신학자들을 중심으로 다룬다. 그리고 "아래로부터의 기독론"에는 예수를 한 사람의 역사적 도덕적 인물로 파악하려고 했던 자유주의 기독론과 현대신학자 중에는 판넨베르크(Wolfhart Pannenberg, 1928-2014)의 기독론을 포함시킨다(황대우, "바르트의 기독론," 〈기독교사상연구〉 제4호(1997. 7), 107.

두 "위로부터의 기독론"이라고 부를 수 있다. 그렇지만 신인으로 이 땅에 오신 예수 그리스도의 역사성에서 출발하는 기독론, 즉 "아래로부터의 기독론"에 대해서도 중요하게 취급을 했다. 그러나 자유주의 신학과 현대신학에서는 "아래로부터의 기독론"을 강조하면서 신화적인 요소를 제거하고 역사적 예수 그리스도에 관해서만 이야기하려고 한다.[18]

그런데 우리가 유념해야 할 사실은 예수의 본성 가운데 신성을 강조하는 "위로부터의 기독론"과 인성을 강조하는 "아래로부터의 기독론"을 분리하거나 한쪽만을 강조하려고 해서는 안 된다는 것이다. 더구나 우리가 예수 그리스도에 관한 기독론을 살펴봄에 있어서 주의해야 할 것은 이 교리는 신비에 관한 것이다. 신비에 관한 것이라는 말은 우리 이성 영역을 넘어선다는 것이다. 따라서 성육신하신 예수 그리스도에 관한 교리는 우리의 이성으로 알아가야 하지만 그러나 마지막 결론은 신앙고백으로 남겨두어야 할 내용이다. 그렇기 때문에 예수의 한 위격 안에 존재하는 인성과 신성에 관한 것도 두 속성을 설명하고 구별할 수는 있지만 그것을 보다 정확하게 이해하기 위해 구분하거나 한 쪽만을 강조하려고 해서는 안 된다. 그렇게 되면 결국 이단에 빠지게 된다. 이에 대하여 《레이든 신학통론》은 다음과 같이 기술하고 있다.

> 두 개의 완전한 본성이 하나님의 아들이라는 한 인격 안에 연합되어 있다. 그래서 사도는 디모데전서 3장 19절에서 신이 육신으로 나타난 것을 신비, 위대한 경건의 비밀이라고 불렀다. (중략) 그것은 인간 이성에 의해 가르쳐질 수 없고 수용될 수도 없다. 따라서 그것은 성경으로부터 신적으로 가르쳐지고 증명되며 믿음의 눈으로 수용되어야 한다.[19]

---

18) Ibid., 107-108.
19) 하인리히 헤페, 《개혁파 정통 교의학》, 이정석 옮김(경기도: 크리스챤다이제스트, 2007), 588.

그럼에도 불구하고 교회사에서는 그리스도 안에 있는 인성과 신성을 따로 구분하거나 한 쪽만 강조하려는 일들이 일어났다. 따라서 여기에서는 이와 같은 내용을 중심으로 살펴보면서 성경적이면서도 올바른 기독론을 정립하는 계기가 되었으면 한다.

1) 예수 그리스도의 신성(神性)

성경에는 예수 그리스도의 신성에 대해서 일관되게 가르치고 있다. 그 가운데 요한은 요한복음 1장 1절에서 예수 그리스도의 신성에 대해 증언하기를 '태초에' 계신 말씀이라고 하면서 "아버지 품 속에 있는 독생하신 하나님이 나타내셨다"고 했다(요 1:18). 베드로는 가이사랴 빌립보에서 예수님을 향해 "주는 그리스도시요 살아 계신 하나님의 아들이시니이다"(마 16:16)라고 고백했으며, 부활하신 예수님을 만난 도마도 "나의 주님이시요 나의 하나님이시니이다"(요 20:28)라고 고백했다. 요한계시록 1장 17절에서는 예수 그리스도를 가리켜 "처음이요 마지막"이라고 묘사했고, 같은 1장 8절에서는 "나는 알파와 오메가라 이제도 있고 전에도 있었고 장차 올 자요 전능한 자라"고 하였다. 뿐만 아니라 마태복음 1장 23절에는 예수님의 탄생을 앞두고 주의 천사가 요셉에게 태어나실 그는 '임마누엘' (하나님이 우리와 함께 계시다)이라고 하였다.[20]

성경은 예수님의 하나님 되심과 그의 위격 안에는 신성이 있다는 사실을 가르치고 있다. 그런데 교회사에서는 예수님의 신성을 지나치게 강조함으로써 문제가 되는 일들이 있었다. 신성을 지나치게 강조했다는 말은 상대적으로 예수님의 인성을 무시했다는 말이기도 하다. 그 대표적 인물이

---

20) 이 외에도 예수님의 신성을 증언하는 성경 구절은 많다. 성경 전체가 예수의 신성에 대해 증언하고 있다. 그 중 다음의 구절을 참고하기 바란다. 마 11:27; 18:20; 28:20; 요 1:3; 2:24-25; 3:13; 17:5; 행 3:14; 17:31; 롬 1:7; 9:5; 고전 2:8; 고후 13:13; 빌 2:6; 골 1:16, 17; 2:9; 딤후 4:1; 딛 2:13; 살전 3:11; 히 1:3, 10, 13:8.

아폴리나리스(Apollinaris, 약 315-390)였다. 그에 의하면 그리스도가 전적인 하나님이 되기 위해서는 반드시 불변해야만 하고 또 인간의 영을 소유하지 말아야 한다고 했다.[21] 그래서 예수님은 인간의 마음 대신 로고스(λόγος, logos)를 지녔다고 하였다. 그에 의하면 예수님은 완전한 신이지만 인간은 아니라는 것이다. 예수님의 육체는 보통 인간의 육체와는 다른 신적 육체, 즉 신성이 인성을 완전히 주관하는 신성화된 육체라고 했다.[22] 신적인 로고스가 예수님의 육체를 지배하고 있었다는 것이고, 그런 육체는 오래 전부터 있었던 것이 아니라 성육신을 통해서 이루어졌다고 보았다.[23]

교회는 아폴리나리스와 그를 따르는 아폴리나리스주의자들을 381년 콘스탄티노플 종교회의에서 이단으로 정죄하였다. 이것은 그들의 주장을 따른다면 정통적인 구원 방법이 불가능하기 때문이다. 그리스도께서 인류의 구원을 정당하게 이루시기 위해서는 반드시 사람이 되셔야만 했다. 다시 말해서 우리의 구원을 위해서는 인간 예수님께서 죽으시고, 우리를 위해 부활하시고, 그리고 하나님 우편에서 우리를 위해 대언자가 되셔야만 했다.[24] 그런데 아폴리나리스에 의하면 감소된 그분의 인성으로 말미암아 이 사실을 외면했다는 것이다.

그런데 예수님의 신성을 너무 지나치게 강조하다 보면, 성부 하나님이 십자가에서 고난을 당하시고 죽으셨다는 성부수난설(聖父受難說, Patripassianism)과 외형적으로는 인간 예수처럼 보였을 뿐이지 실제로는 하나님이셨다는 가현설(假現說, Docetism)[25]에 빠지게 된다. 그리고 이와 같

---

21) 해롤드 O. J. 브라운, 272.
22) 라은성, 《정통과 이단》(서울: 도서출판 그리심, 2008), 94.
23) 아폴리나리스의 이러한 그리스도에 대한 기독론을 가리켜서 3.2설이라고도 한다. 즉 그는 예수 그리스도는 2/3만 인간이었다는 것이다. 예수의 무죄성을 변호하기 위하여 노력하려다가 예수를 2/3만 인간이었고, 나머지 1/3은 신성이었다고 주장했다.
24) 해롤드 O. J. 브라운, 274-275.
25) 가현설(假現說), 또는 도케티즘(Docetism)은 영지주의자들의 주장으로 이들에 의하면 그리스도는 도저히 육체를 가질 수 없다고 선언한다. 따라서 그들은 성육신의 교리를 부

은 것은 양태론(樣態論, Modalism)을 주장하게 된다.

2) 예수 그리스도의 인성(人性)

성경에는 예수 그리스도의 신성(神性)에 대해 가르치고 있지만 동일하게 그의 인성(人性)에 대해서도 분명하게 가르치고 있다. 예수님의 인성에 대한 가장 확실한 증거는 동정녀 탄생과 관련된 내용이다. 예수님께서는 동정녀 마리아의 몸을 통하여 실제 사람의 몸을 입으시고 이 땅에 태어나셨다. 예수님의 인성에 대해 이것보다 확실한 논증은 없을 것이다. 그리고 복음서 기자들이 증언하고 있는 예수님의 행적들은 그가 인간 예수였음을 증거하고 있다.

그런가 하면 사도 바울은 디모데전서 2장 5절에서 "하나님은 한 분이시요 또 하나님과 사람 사이에 중보자도 한 분이시니 곧 사람이신 그리스도 예수라"며 사람이신 그리스도에 대해 말하고 있다. 히브리서 기자는 2장 5절에서 "자녀들은 혈과 육에 속하였으매 그도 또한 같은 모양으로 혈과 육을 함께 지니셨다"면서 예수님이 우리와 같은 존재였다는 사실을 강조하고 있다. 그런가 하면, 사도 바울은 빌립보서 3장 21절에서 "우리의 낮은 몸을 자기 영광의 몸의 형체와 같이 변하게 하시리라"고 말씀하면서 예수님께서 우리와 똑같은 인간의 몸을 입으셨다고 했다.

예수님의 인성에 관한 증거로는 예수께서 공생애 사역 가운데 겪으셨던 일들에서도 알 수 있다. 즉, 마가복음 11장 13절에 보면 배가 고프셨던 예수님께서 잎만 무성한 무화과나무를 보시고 저주하셨다. 요한복음 4장 6절에는 사마리아에 있는 수가라는 동네를 지나가시던 "예수께서 길 가시

인하였다. 왜냐하면, ① 절대적 존재는 유한한 존재와 진정한 결함을 이룰 수 없기 때문이며, ② 물질은 악하고 영적 세계는 항상 물질과 충돌되는 것이기 때문이라는 것이다. 보다 자세한 내용은 이어지는 "3. 그리스도의 본성에 대한 잘못된 견해들"을 참조하기 바란다.

다가 피곤하여 우물곁에 그대로 앉으셨다"는 내용이 있다. 그런가 하면 마가복음 4장 36절 이하에서 예수님이 제자들과 함께 갈릴리 바다를 건너는 배 위에서 잠드셨다는 내용도 있다. 예수께서 배가 고프셨고, 피곤하셨으며, 잠드셨다는 내용은 우리와 똑같은 인간이시라는 사실을 가르치고 있다. 무엇보다 예수께서 우리 인간의 몸을 입으셨다는 보다 분명한 성경 구절은 히브리서 4장 15절의 말씀이다. "우리에게 있는 대제사장은 우리의 연약함을 동정하지 못하실 이가 아니요 모든 일에 우리와 똑같이 시험을 받으신 이로되 죄는 없으시니라."[26]

앞에서 살펴보았듯이 교회사에서는 예수님의 신성을 지나치게 강조함으로 문제가 된 이단이 있지만 반대로 예수님의 인성을 너무 지나치게 강조함으로 문제가 되었던 이단들도 있었다. 그 대표적인 인물로는 사모사타 바울(Paul of Samosata, 200-275)과 루키안(Lucian, 120-200), 그리고 아리우스(Arius, 250-336)[27]와 콘스탄티노플 대주교였던 네스토리우스(Nestorius, 386?-451)였다. 그런데 이들의 공통점은 모두 안디옥 학파 출신이라는 것이다.[28] 안디옥 학파의 기독론에는 공통된 특징이 있다. 그것은 형이상학적인 사변을 배척하고, 복음서에 나타난 그리스도의 역사적 모습을 중시한다는 것이다. 그리고 그리스도의 인간성에 진정한 도덕적 발전이 있었다고 주장하면서 윤리적인 면에 관심을 가졌다. 안디옥 학파는 본질적인 로고스에 대한 뚜렷한 교리 없기 때문에 예수님의 역사성에 관심을 가지다 보니 그의 인성을 강조하고 히브리적 영향을 받아서 삼위일체를 부정하면서 예수님의 신성도 부인하게 되었다.

---

26) 이 외에도 성경에는 예수님의 인성(人性)을 증거하는 내용들이 많이 있는데 그 가운데 다음의 구절을 참고하기를 바란다. 마 26:38; 눅 2:40, 52; 24:39; 요 19:28; 20:27; 히 2:10, 17, 18; 5:8.
27) 아리우스와 관련된 이야기는 앞 장의 삼위일체 하나님에 관한 글에서 이미 살펴보았으므로 참조하기 바란다.
28) 알렉산드리아 학파와 안디옥 학파에 대해서는 이미 제4장 삼위일체 하나님에 관한 글에서 살폈으므로 참조 바란다.

예수님의 인성을 강조했던 자들에 따르면 예수님은 태어나지 않았을 때가 있었으며, 성부에 종속된다고 주장했다. 한 마디로 말해서 예수님은 하나님이 아니고 피조물로 태어나셨다는 것이다. 그리고 그가 특별한 방법을 통하여 즉, 세례 받을 때 하나님의 아들이 되었다고 주장한다. 따라서 예수님의 인성을 지나치게 강조하는 사람들은 양자론(養子論, Adoptionism)을 주장하게 된다.

3) 두 본성에 대한 논쟁

예수님의 한 위격 안에 신성과 인성이라는 두 본성이 있을 수 있느냐는 논쟁은 교회사에서 끊임없이 계속되었다. 대표적인 논쟁이 알렉산드리아 감독 시릴(Cyril, 376-444)과 콘스탄티노플 대주교 네스토리우스와의 논쟁이다. 이들은 알렉산드리아 학파(The School of Alexndria)와 안디옥 학파(The School of Antioch)의 대표적 인물이라고 할 수 있다. 즉, 알렉산드리아 학파는 예수님의 신성에 관심을 가지고 하나님이 사람이 되셨

다는 것이 무엇을 의미하며 하나님이 되신 인간에게 무엇이 일어났는지에 대해 설명하려고 노력했다. 반면에 안디옥 학파는 예수님의 인성에 관심을 가지고 역사적이고 개인적인 인간으로서 예수 그리스도의 분명한 성경적 그림을 확고히 붙잡고 있었다.[29]

아폴리나리스는 신성이 인성을 지배하는 격상된 인성을 강조했지만, 네스토리우스의 경우에 그의 관심은 예수님의 인성이었다. 아폴리나리스에게 영향 받은 사람들이 예수님의 신성화된 인성을 강조하는 것에 반하여 시릴을 중심으로 한 알렉산드리아의 사람들은 그리스도의 신성과 인성 중 신성을 강조하기 위해 마리아를 '데오토코스'(theotokos, 하나님의 어머니)라고 칭했다. 하나님을 낳은 마리아를 그냥 평범하게 대할 수 없었기 때문에 마리아를 격상시키고 숭배하기에 이르렀던 것이다.[30]

마리아에 대한 논쟁에 있어서 네스토리우스는 예수 그리스도 안에 신성과 인성이 같이 있는 것이며, 마리아는 예수 그리스도를 낳았기 때문에 '크리스토토코스'(christotokos, 그리스도의 어머니)라는 용어를 사용했다. 마리아는 인성을 가지신 그리스도를 낳은 어머니라고 보았던 것이다. 그러나 그리스도의 신성을 강조하는 사람들이 볼 때 이것은 망령된 소리였다. 왜냐하면, '안드로포토코스'(anthropotokos, 인간의 어머니)로 볼 수 있기 때문이었다. 알렉산드리아의 감독 시릴에게는 '크리스토토코스'라는 용어가 사람을 낳은 자라고 말하는 것처럼 들렸다. 하지만 네스토리우스는 '안드로포토코스'라 하지 않고 '크리스토토코스'라고 하였다.[31]

그런데 네스토리우스가 그리스도의 신성과 인성의 결합관계를 설명하면서 정통 신앙에서 조금 벗어나게 설명한 것이 문제가 되었다. 그리스도가 지니신 신·인성의 이중성(二重性, duality, 또는 twofold)이 한 인격 안에 있다고 하면서 마치 한 분 하나님 안에 네 인격이—성부의 신격, 성자

---

29) 해롤드 O. J. 브라운, 267-268.
30) 라은성, 97-98.
31) Ibid., 98.

칼케돈 공의회 모습

의 신격과 인격, 그리고 성령의 신격—이 있는 것으로 보았다. 다시 말하면, 네스토리우스는 신·인성이 뚜렷하게 구분되는 것처럼 말했던 것이다.

이에 반하여 시릴은 신·인성은 구분되는 것이 아니라 구별될 뿐이라고 했다. 두 사람의 주장에는 큰 차이가 아닌 것처럼 보이지만 시릴은 네스토리우스의 견해에 민감하게 반응했다. 네스토리우스가 예수님을 사람이라고 강조하고 신성과 인성을 너무 명확하게 말하기 때문에 시릴은 그를 이단으로 몰아갔던 것이다. 시릴은 네스토리우스가 신·인성의 '위격적 연합'(hypostatic union)을 거절하고 그리스도의 신·인성의 연합을 축소한다고 보았던 것이다. 그리고 네스토리우스가 그리스도를 두 위격을, 즉 신격과 인격을 구분하고 두 인격을 가진 분으로 보았다고 여겼다. 결국 시릴은 네스토리우스가 신·인성의 연합을 거절했다고 보았던 것이다.

결국 이 문제를 해결하기 위해 동로마제국 황제 데오도시우스 2세(Flavius Theodosius, 401-450)는 431년에 에베소 공의회를 개최하도록 했다. 이 공의회의 사회를 맡은 시릴은 네스토리우스를 이단자로 정죄하고 감독직을 파직시켰다. 이 회의가 진행되는 동안 교회사에 훌륭한 세 명의 교부들이 등장하는데, 프랑스의 감독이었던 뽀아띠에르의 힐라리(Hilary,

315-368), 암브로시우스(Ambrosius, 339-397), 어거스틴이다. 이들은 모두 시릴과 같은 견해를 가졌다. 예수 그리스도는 인간을 덧입은 것이 아니고, 인성을 사용한 것도 아니며, 단지 인간이 되셨다고 하였다. 예수 그리스도는 두 본성을, 즉 양성을 가지고 있다. 신·인성의 비율을 7:3으로 보아서는 안 되고, 5:5로 보아서도 안 된다. 온전한 신성과 온전한 인성, 즉 온전한 두 본성이 그리스도 안에 있다. 이것이 정통신앙의 양성론이다.[32]

마리아에 대한 이 논쟁은 431년 에베소 공의회에서 마리아를 '하나님의 어머니'(theotokos)라고 주장한 알렉산드리아의 시릴이 마리아를 '그리스도의 어머니'(christotokos) 혹은 '인간의 어머니'(anthropotokos)라고 주장한 네스토리우스에게 승리한 이래, 451년 칼케돈 공의회에서는 마리아를 '하나님의 어머니'라고 부르게 되었다. 이것은 후에 로마 가톨릭에서 성모 마리아를 숭배하는 마리아 몽소승천(蒙召昇天, Assumptio Mariae) 교리를 내세우게 된다.[33]

칼케돈 공의회의 논쟁점은 "삼위일체 하나님의 제2위격이신 하나님의 아들 예수 그리스도께서 완전한 신성과 완전한 인성을 지니시면서, 어떻게 이 둘이 한 위격이신 예수 그리스도 안에서 상호 교류하고 내주하는가?"(페리코레시스)[34]의 문제에 집중되었다. 따라서 우리는 여기에서 칼케돈 공의

---

32) Ibid., 99.
33) 마리아 몽소승천이란? 예수님과 같이 당신의 능력으로 승천하신 것이 아니라 한자로 '몽'(蒙)은 '피동'을 말하며 '소'(召)는 '불림'이란 뜻이니 "불려 올림을 받았다"는 즉, 주님의 특별한 은총으로 영혼과 육신 모두가 천국으로 들려 올려졌다는 말이다. 그리고 마리아의 승천(Assumption)이란? "원죄 없으신 하나님의 어머니, 평생 동정녀 마리아는 지상 생활을 마친 후 그 영혼과 육신을 지닌 채 하늘의 영광으로 영입(迎入)되었다(Munificentissimus Deus)는 교의를 말한다. 이 교리는 교황 비오 12세가 1950년에 교의로 선포하였다.
34) 페리코레시스($περιξρησι$, perichoresis)는 '상호 내주', '상호 침투', '상호 보완'을 의미하는 헬라어이다. 이 단어는 동방 교부들에 의해서 발전된 용어로 삼위일체 하나님을 설명하는 중요한 핵심용어이다. 삼위 하나님의 관계를 잘 설명하면서 일체로서의 한 분 하나님을 잘 표현한 용어라고 할 수 있다. 즉, 삼위일체되시는 하나님은 상호내주하시는

회에서 결정된 '칼케돈 신조'의 중요한 내용을 살펴볼 필요가 있다.

> (전략) 그는 신성에 있어서 아버지와 동일본질(consubstantial = coessential)이시고, 인성에 있어서 우리와 동일 본질이시지만 죄를 제외하고는 우리와 똑같으시다. 그는 신성에 관한 한 창세 전에 아버지로부터 태어나시고, 그의 인성에 관하여는 이 동일하신 분이 마지막 날에 우리와 우리의 구원을 위해서 동정녀 마리아에게서 나셨으니, 이 마리아는 (예수 그리스도의) 인성과 관련하여 하나님의 어머니이시다. 이 동일하신 그리스도는 하나님의 아들이시요, 주님이시요, 독생자이시며, 우리에게 두 본성으로 되어 있으심이 알려진 바 이 두 본성은 혼합도 없고(inconfusedly), 변화도 없으며(unchangeably), 분리될 수도 없고(indivisibly), 동떨어질 수도 없다(inseparably). 그런데 이 두 본성의 차이는 연합으로 인해서 결코 없어질 수 없으며, 각 본성의 속성들은 한 위격(one = person = prosopon)과 한 본체(one hypostasis) 안에서 둘 다 보존되고 함께 역사한다. 주 예수 그리스도는 두 위격(two prosopa)으로 나뉘시거나 분리되실 수 없다(생략).[35]

위의 내용에서 볼 수 있듯이 칼케돈 공의회의 결정은 두 본성이 한 위격 안에 있다는 것이다. 예수 그리스도는 한 '위격'(hypostasis)을 지니시고, 그 안에 두 본성이 있는데, 그 본성은 나눌 수 없고, 혼합되거나 변화되지 않고, 분리될 수도 없으며 단지 구별될 뿐이라고 했다. 예수 그리스도 안에 신성과 인성이 '있다'는 것은 분명하다. 그러나 구분할 수는 없다. 이것을 이해하지 못한다고 해서 없다고 해서는 안 된다. 특별히 여기에서 눈여겨볼 것은 "혼합도 없고, 변화도 없으며, 분리될 수도 없고, 동떨어질 수도 없다"는 것이다. 이것은 어떤 설명이나 이해를 위해서가 아니라 제한이

하나님이시라는 것이다.
35) 총회교육자원부 편,《개혁교회의 신앙고백》(서울: 한국장로교출판사, 2007), 73-74.

나 한계를 분명하게 두는 것이라고 보아야 한다. 다시 말해서 정통의 울타리를 쌓은 것으로 그리스도의 양성을 혼동하지 말고, 혼란스러워하지도 말며, 나누지도 말고, 그리고 서로 변하지도 않는다는 한계를 긋는 것이라고 여겨진다. 이 한계를 넘어 그리스도를 이해하면 이단이 된다는 것이다.

4) 예수의 양성이 갖는 중요성

기독교 교회사에서 예수 그리스도의 한 위격 안에 계시는 신성과 인성에 관한 논쟁은 끊임 없었다. 그렇다면 우리는 여기에서 다음과 같은 질문을 던지지 않을 수 없다. 이 교리가 왜 그렇게 중요한가? 그리고 우리가 예수 그리스도의 두 본성을 주장하는 것이 그렇게도 중요한 것인가?

먼저 예수 그리스도의 인성에 관한 교리가 중요한 이유는 사람이 죄를 범한 이후 그 벌이 사람에게 직접 지워져야했기 때문이다. 그런데 그 자신이 사람이 되지 않고서는 인간의 벌을 짊어질 수 없다. 이것이 사람을 구속하는 유일한 길이다. 뿐만 아니라 이 벌의 대가는 인간의 전인적인 고통도 포함되는데 이것은 오직 사람만이 짊어질 수 있는 것이다. 하나님은 이런 고통을 경험할 수 없다. 겟세마네 동산에서 예수님은 "내 마음이 심히 고민하여 죽게 되었으니"(막 14:34)라고 말씀하셨다. 인간이 겪는 전인적인 고난이 반드시 포함되어야 했기에 예수님은 반드시 사람이 되셔야만 했다.[36] 무엇보다 세상을 구속하고 하나님의 은혜로 예정된 사역을 완성하기 위해서는 성부의 영원한 아들이 인간의 모양을 취하는 비하(卑下)를 통해서만 가능하다는 사실에서 예수님은 사람이 되셔야만 했던 것이다.[37]

이 같은 사실에 있어서 '하이델베르크 요리문답'에서는 아담의 범죄로 비참의 상태에 빠진 인간을 구속하기 위해서는 그가 반드시 참 인간이시요, 의로운 인간이셔야 한다고 하면서 그래야 하는 이유에 대해서 문 16

---

36) 마틴 로이드 존스, 469.
37) 하인리히 헤페, 589.

에서 다음과 같이 가르치고 있다.

> 하나님의 의는 범죄한 인간에게 그의 죄에 대한 배상을 요구하시지만, 자신이 죄인인 인간은 다른 사람들을 위하여 이 배상을 할 수 없기 때문입니다.[38]

위의 내용에서 볼 수 있듯이 한 사람 아담으로 말미암아 세상에 들어온 죄와 사망이 결국에는 모든 사람에게 이르렀다는 것이다(롬 5:12). 따라서 이 죄를 배상해야 하지만 죄가 있는 인간으로서는 이것을 감당할 수 없다. 그렇기 때문에 한 사람 예수 그리스도의 은혜가 절대적으로 필요하게 되었던 것이다(롬 5:14). 그러므로 '웨스트민스터 대요리문답'에서는 "제39문 중보자가 반드시 사람이어야 하는가?"라는 물음에서 다음과 같이 가르치고 있다.

> 중보자가 사람이어야 하는 것은 우리의 성품을 붙들어 주시고 율법을 순종하시고 우리의 성품을 입고 우리를 위해 고난을 받으시고 대신 간구하시며 우리의 연약을 체휼(동정)하시기 위함이었다. 그리하여 우리로 하여금 양자의 명분을 받고 위로를 받으며 보좌 앞에 담대히 나아가게 하시기 위함이었다.[39]

위의 내용에서 예수 그리스도가 사람이 되신 이유는 그가 우리의 연약함을 체휼(동정)하시기 위함이었다고 가르치고 있다. 이와 같은 사실에 대해 히브리서 기자도 다음과 같이 말하고 있다. "우리에게 있는 대제사장은 우리의 연약함을 동정하지 못하실 이가 아니요 모든 일에 우리와 똑같이 시험을 받으신 이로되 죄는 없으시니라"(4:15). 그러므로 우리의 죄를 대

---

38) 이형기, 77.
39) 김의환 편저, 191.

속할 수 있는 사람은 우리와 똑같은 사람이어야 하면서도 죄가 없어야 한다. 이와 같은 하나님의 요구를 만족시킬 수 있는 사람은 없다. 그래서 하나님이 스스로 인간이 되신 것이다. 그런 점에서 우리가 예수 그리스도의 인성을 받아들여야 하는 중요한 이유가 될 것이다.

그리고 예수 그리스도의 인성과 함께 신성을 강조하는 중요한 이유는 그것이 우리의 구원과 관련되기 때문이다. 초대교회 당시 구원론은 신의 성품에 참여하는 것이다. 이 사실을 베드로는 서신에서 이렇게 말하고 있다. "이로써 그 보배롭고 지극히 큰 약속을 우리에게 주사 이 약속으로 말미암아 너희로 정욕을 인하여 세상에서 썩어질 것을 피하여 신의 성품에 참예하는 자가 되게 하려 하셨으니"(벧후 1:4). 그러므로 신의 성품에 참여하는데 예수 그리스도가 완전한 하나님이 아니시라면 우리의 구원도 완전하지 않다는 것이 된다. 다시 말해서 만약 그리스도께서 사람이시라면 우리의 구원은 사라진다는 것이다.

이와 같은 사실에 있어서 '하이델베르크 요리문답'은 우리의 구원자는 참 인간이시요, 의로운 인간이셔야 하지만 동시에 그는 모든 피조물보다 더 큰 힘을 지니신 참 하나님이셔야 한다고 하면서 그 이유를 문 17에서 다음과 같이 가르치고 있다.

> 인간이신 그가 참 하나님이셔야 그의 신적인 능력으로 하나님의 진노의 짐을 지닐 수 있었고, 의와 생명을 우리에게 회복시킬 수 있었습니다.[40]

위의 내용에서 볼 수 있듯이 범죄한 인간은 결코 하나님의 형벌을 피할 수 없다. 그런데 아주 그 방법이 없는 것은 아니다. 그것은 하나님의 의(義)를 만족시키는 것이다. 즉, 하나님의 의의 요구대로 전부 보상하지 않으면 안 된다. 즉, 하나님의 진노를 면하려면 하나님의 공의를 손상시키지 않도록 처벌에 상응하는 보상을 치러야만 한다는 것이다. 그런데 범죄한

---

40) 이형기, 77.

인간은 스스로 이를 보상할 능력을 잃고 말았다. 왜냐하면 "우리의 빚을 날마다 증가시킬 뿐"이기 때문이다. 그래서 이 보상을 위한 존재는 참 인간이시요, 의로운 인간이시면서 동시에 그는 모든 피조물보다 더 큰 힘을 지니셔야 한다. 즉, 그는 참 하나님이셔야 한다. 그래서 하나님인 동시에 인간이신 그리스도를 통하여 배상이 이루어져야 한다는 점에서 그는 한 위격 안에 인성과 신성을 모두 포함하고 있는 두 본성을 강조하지 않을 수 없는 것이다.[41] 그리고 성육신을 예수 그리스도의 신성이 인성으로 전환되었거나 혼합된 것으로 이해해서는 안 된다는 사실에서 칼빈은《기독교 강요》제2권 제14장에서 다음과 같이 말하고 있다.

> 그러나 말씀이 육신이 되셨다(요 1:14)고 말할 때에 말씀이 육신으로 변했다거나 육신과 뒤섞여 혼합되었다는 의미로 이해해서는 안 된다. 오히려 이 말은 말씀이 동정녀의 몸을 자신이 거할 성전으로 선택하셨으므로 하나님의 아들이신 그가 사람의 아들이 되신 것이요, 이는 본질의 혼합으로 된 일이 아니고 위격의 통일로 된 일이라는 의미인 것이다.[42]

칼빈은 위와 같이 그리스도의 신성과 인성의 연합을 설명한 후에 "그리스도의 신성이 그의 인성과 하나로 연합하였으되 그 각각의 본성이 손상되지 않고 그대로 보존되었고, 그러면서도 두 본성이 한 그리스도를 이루었다"[43]고 단언하고 있다. 잔키우스(Jerome Zanchius, 1516-1590)도 그리스도의 두 본성에 대해 칼빈의 주장과 같은 말을 하고 있다.

---

41) 우리는 여기에서 예수 그리스도의 속죄론에 있어서 그리스도의 배상설을 주장하고 있음을 보게 된다. 이 속죄론은 예수의 죽음을 마가복음 10: 45과 디모데전서 2:6 등에 있는 말을 토대로 마귀와의 거래의 결과로 일어난 사건으로 이해를 하는데 근거를 두고 있다. 하나님은 자기의 권능으로 인류를 해방시킬 수 있었으나 그러한 방법을 쓰시지 않으시고 오히려 마귀에게 값을 치르시고 인류를 석방하는 방법을 취하셨다는 것이다.
42) 존 칼빈,《기독교 강요 상》, 원광연(경기도: 크리스챤다이제스트, 2011), 592.
43) Ibid.

우리가 하나님의 아들이 인간이 되었다고 믿는 것은 그가 육신으로 변화되었다든지 육신 안에서 변질되었다든지, 또는 신성과 인성의 혼합에 의해서가 아니라, 단지 그 인격의 통일성 안에서 인성을 입으심으로 그리 되었다고 믿는 것이다.[44]

따라서 우리는 예수 그리스도의 두 본성에 있어서 '제2스위스 신앙고백'의 "제11장 예수 그리스도, 곧 참 하나님과 참 인간이시요, 이 세상의 유일한 구주에 관하여"에서 다음과 가르치고 있다는 사실을 기억해야 할 것이다.

그러므로 우리는 한 분 예수 그리스도 우리 주님 안에 두 본성 혹은 두 본질, 즉 신성과 인성이 있음을 인정한다(히 2:). 그리고 이 두 본성은 서로서로 묶여 있고 연합되어 있는데, 한 본성이 다른 본성에 흡수되지도 않고, 혼돈되거나 혼합되지도 않는다. 이 두 본성은 한 위격 안에 연합되고 결합되어 있다. 그러나 두 본성이 지닌 각각의 고유한 특성들은 손상을 받지 아니하고 영속한다. 우리는 두 그리스도가 아니라 한 그리스도 주님을 예배한다. 반복하면 이 예수 그리스도는 참 하나님과 참 인간으로서 한 분이시다. 그의 신성에 관하여는 아버지 하나님과 동일본질이시고 그의 인성에 관하여는 우리 인간과 동일본질이시다. 그의 인간성은 죄만 빼놓고 모든 점에서 우리와 같으신 분이다(히 4:15).[45]

위의 내용은 정통 기독론이라고 할 수 있는 니케아 신조와 칼케돈 신조를 그대로 받아들이고 있다. 즉, 아들은 하나님과 동등하시고 동일본체이시라는 것은 니케아 신조에서 확정한 기독론이다. 그리고 예수 그리스도 안에 있는 인성과 신성의 두 본성에 관한 것은 칼케돈 신조에서 확정한 기

---

44) 하인리히 헤페, 593.
45) 이형기, 145-146.

독론이다. 따라서 우리는 예수 그리스도의 두 본성인 신성과 인성을 따로 떼어서 구분하거나 한쪽만을 강조하려고 해서는 안 된다. 그리스도는 두 본성인 신성과 인성을 단 하나의 인격 속에 가지고 있으며, 따라서 그는 참 하나님이시며 참 인간이시다. 특별히 아만두스 폴라누스(Amandus Polanus von Polansdorf, 1561-1610)는 그리스도께서 남성의 개입 없이 오로지 동정녀로부터 태어난 인간이 된 이유를 네 가지로 말하고 있다.

(1) 그가 완전히 무죄해야 했다. 그가 우리를 죄에서 구원해야 되었기 때문이다. 그러나 남녀로부터 태어난 사람은 요한복음 3장 6절이 말하는 대로 죄가 없지 않다: "육으로 난 것은 육이다." (2) 하늘에 친아버지가 있는데 지상에 또 친아버지가 있어서는 안 되었다. 히브리서 기자가 말한 대로(히 7:3),[46] 그는 멜기세덱의 예표로 예언되었으며, 멜기세덱이 아버지가 없는 것처럼 그리스도도 아버지가 없는($ἀπάτωρ$) 인간으로서 신비스럽게 잉태되었다. 그는 본래 어머니가 없이($ἀμητωρ$) 신비스럽게 발생하였다. (3) 그리스도는 두 인격이 아니라 한 인격이어야 했다. 그런데 만일 그가 두 아버지로부터 태어났다면 두 인격을 가지게 되었을 것이다. (4) 파멸이 동정녀를 통하여 세계에 임한 것처럼(하와가 자기 남자에게 범죄의 원인이 되었을 때 그녀는 아직 아담과 관계하지 않은 동정녀의 상태에 있었다), 세계의 구원도 동정녀의 사역에 의해 발생하여야 했다.[47]

그런데 칼빈은 "측량할 수 없는 본질을 지니신 말씀이 사람의 본성과 연합하여 한 인격이 되셨다 하시더라도 우리는 그가 그 속에 갇히게 되었다고는 상상하지 않는다"[48]고 했다. 즉, "하나님의 아들이 하늘로부터 내

---

46) 하인리히 헤페는 히브리서의 저자를 바울로 인식하여 바울이 말한 것으로 말하고 있으나, 히브리서의 저자가 미상이기 때문에 여기에서는 "히브리서 기자"로 표기했다.
47) 하인리히 헤페, 604.
48) 존 칼빈, 591.

려오셨으나 하늘을 떠나지 않으셨으며, 그가 동정녀의 몸에서 나시고 이 땅에서 사시고 또한 십자가에 달리시기를 바라셨으나 그는 태초부터 하셨던 것처럼 언제나 세상을 가득 채우고 계셨던 것이다."[49]

예수님의 인성은 동정녀 마리아의 피와 요소로부터 남성의 개입 없이 성령의 능력으로 형성되는 행위였다는 사실에서 예수 그리스도께서는 죄가 없다. 그리스도께서 죄가 없다고 하는 것은 비단 모친이 남자와 동침하지 않고 낳으셨기 때문만이 아니라 그가 성령으로 말미암아 거룩하게 되어 아담의 타락 이전에 있었을 순전하고도 더럽혀지지 않은 상태로 태어나셨기 때문이다. 따라서 성경이 그리스도의 순결하심을 말씀하실 때에는 언제나 그의 참된 인성을 두고 하는 말로 이해해야 한다. 왜냐하면 하나님이 순결하시다는 말은 구태여 할 필요가 없는 말이기 때문이다.[50] 하이데거(J. H. Heidegger, 1633-1698)도 "그리스도의 인성이 동일한 성령의 능력으로 죄의 모든 오염으로부터 성별되고 보존되는 사실로 구성되는 성화가 이어진다"고 하였다. 이 성화 또한 그리스도 수태의 무죄성은 한편으로는 성령이 동정녀의 태에서 예수의 인성으로부터 모든 죄의 오염을 제거하며, 또 한편으로는 아담의 죄가 예수의 인성에 가산되지 않는 결과를 가져왔다.[51]

특별히 그리스도 안에 있는 양성이 서로 한편으로는 혼합이나 변질 없이, 다른 한편으로는 분할이나 분리할 수 없이 결합되었으며, 따라서 인성과 신성의 속성들이 그리스도의 한 인격 안에 혼합되지 않고 존재한다. 덧붙여 이야기하면, 신성은 신성의 속성들을 보존하고 본질적으로 무한하게 유지되는 한편, 인성도 피조된 인간의 속성들을 완전한 상태로 보존하며, '유한자가 무한자를 포용할 수 없기' (finitum non capax infiniti) 때문에 본질적으로 유한하게 유지한다.[52] 그러므로 그리스도의 인성의 편재성을

---

49) Ibid.
50) Ibid.
51) 하인리히 헤페, 609-610.

주장하는 루터파의 교리는 거부될 수밖에 없는 것이다. 왜냐하면, 인간 육체의 진실성은 편재성을 허용하지 않으며, 따라서 우리와 똑같은 인성을 입으신 그리스도의 몸도 제한성을 가지고 유지되기 때문이다.

그러므로 그리스도의 두 본성에 대한 그릇된 견해를 가지고 있는 자들에 대해서 제2스위스 신앙고백에서는 다음과 같이 가르치고 있음을 기억해야 한다.

> 우리는 한 그리스도를 둘로 만들어 그의 위격의 통일성을 분해시켜 버리는 네스토리우스주의자들(Nestorians)[53]을 싫어한다. 마찬가지로 우리는 인간이 지닌 고유한 특성을 파괴하는 유티케스(Eutyches)[54]의 광기와 단의론자들(Monothelites, 單議論者), 혹은 단성론자(Monophysites, 單性論者)의 광기를 싫어한다.[55]

---

52) Ibid., 619.
53) 네스토리우스주의: 시리아 출신인 네스토리우스(386?-451)를 따르는 자들로서 네스토리우스주의는 안디옥 학파의 특징이 발전된 형태의 이단이다. 유대교에 영향을 받았던 안디옥 사람들은 그리스도께서 진정한 인간임을 특별히 강조했다. 왜냐하면 당시에 그리스도의 인성을 허구로 보는 경향이 많았기 때문이다. 이른바 신인설(神人說) · 신모설(神母說)에 반대하여 성모 마리아는 예수 그리스도의 어머니(christokos)이지만 신(神)의 어머니(theotokos)는 아니라는, 즉 비성모설(非聖母說)을 주장하여 알렉산드리아의 주교 시릴로부터 공격을 받았다. 그의 주장은 그리스도의 신인격(神人格)에 있어서 신성과 인성은 엄격히 구분되어야 하며, 이는 다만 윤리적 굴레로 결합되어 있음에 불과하다며 그리스도 이성설(二性說)을 주장하였다. 이것은 그리스도에게 유일한 위격(位格)밖에 인정하지 않는 설과 대립하였다. 결국 431년 에베소 공의회에서 이단으로 선고된 후, 451년 칼케돈 공의회에서 재차 단죄되었다.
54) 유티케스는 네스토리우스주의와 정반대되는 이단으로 그는 콘스탄티노플의 수도사였다. 유티케스는 과격한 시릴주의자(Cyrillian)로서 그리스도의 인성의 신격화를 주장한 나머지 급기야 그리스도의 몸은 우리의 몸과 동질의 것임을 인정하기를 주저하기까지 이르렀던 자다. 유티케스주의자들은 그리스도 안에는 두 성품이 없다고 주장했다. 그리하여 그리스도 안의 신성과 인성은 하나로 혼합되어 그것은 결국 제3의 성질을 형성했다. 따라서 이들을 가리켜 소위 단성론자라고 부르기도 한다. 이들은 451년 칼케돈 회의에서 정죄를 받고, 681년 콘스탄티노플 회의 제6차 대회에서 단성론 교리에 대해 이단으로 정죄를 내렸다.

3. 그리스도의 본성에 대한 잘못된 견해들

교회사에서 예수 그리스도의 한 위격 안에 있는 두 본성을 설명함에 있어서 한쪽만을 지나치게 강조하거나 다른 한쪽을 무시하는 경향이 있었다. 다시 말해 예수 그리스도의 한 위격 안에는 신성과 인성이 함께 있다. 그런데 인성을 더 강조하여 신성을 무시하거나 신성을 강조해서 인성을 무시하는 사람들이 있었는데 이들을 가리켜 '단성론자'들이라고 한다. 이러한 견해는 정통 기독론에 의하면 분명히 잘못된 것이다. 따라서 우리는 여기에서 예수 그리스도의 두 본성과 관련해서 잘못된 견해들에 대해서 함께 살펴보려고 한다.

1) 그리스도의 인성을 강조한 이단들

특별히 교회사에서 그리스도의 인성을 지나치게 강조한 것은 안디옥 학파를 중심으로 일어났다. 앞에서 살펴보았듯이 안디옥 학파는 히브리적인 영향을 받아서 역사적이고 인간적인 예수를 강조했다. 이들 가운데 예수의 인성을 강조하고 신성을 무시했던 대표적인 인물로는 에비온파와 안디옥의 감독이었던 사모사타 바울, 알렉산드리아의 장로였던 아리우스, 그리고 콘스탄티노플의 대주교였던 네스토리우스가 있다.

(1) 에비온파(Ebionism)

성경을 보면 초대 교회에서는 예수께서 그리스도이심을 부인하는 자들이 있었다는 사실을 알 수 있다(요일 2:22). 그러한 잘못된 견해를 가진 자들 가운데는 유대 기독교인들의 이단 분파였던 에비온파가 있다. 이들은 예

---

55) 이형기, 146.

수님의 신성을 부인했다. 이들에 따르면 예수님은 초인간적이고 초자연적인 의로움과 지혜를 가진 것이 아니라 특이한 재능을 가진 평범한 인간이었다는 것이다. 그들은 예수께서 요셉과 마리아 사이에서 태어났다고 주장하면서 동정녀 탄생을 부인하였다. 그리고는 세례를 예수님의 생애에 있어서 매우 중요한 사건으로 보았는데 이는 그리스도께서 비둘기 형상으로 예수께 강림하신 것이 바로 그때라고 생각하기 때문이다. 즉, 인격적이고 형이상학적인 실체라기보다는 예수라는 사람 안에 하나님의 능력과 권세가 임한 것으로 이해하였다. 그리고 예수님의 죽음이 임박했을 때 그리스도는 그에게서 떠났다. 그래서 예수는 잠시 동안이나마 자기 안에 하나님의 능력이 있었지만 이제는 본래의 사람이 되었다는 것이다.[56]

예수님의 신성을 부인하는 이들 에비온파의 견해는 예수님의 신성에 대한 믿음과 하나님에 대한 여호와 유일신을 신앙하는 유대교 전통에 대한 견해 사이에 나타나는 긴장을 해소하려는 노력에서 나온 이단이었다. 그러나 이들은 그렇게 함으로써 예수님의 선재하심과 동정녀 탄생 등의 성경적인 가르침을 무시하는 결과를 가져왔다.

(2) 아리우스파(Arianism)

알렉산드리아의 장로였던 아리우스 주장은 예수님의 신성에 대해 교회가 전적으로 지지해왔던 견해들에 대한 최초의 심각한 위협이 되었던 견해이다. 즉, 아리우스의 견해는 범교회 종교회의의 주도 하에 공식적으로 이루어진 기독론에 관한 최초의 논쟁이었다는 점에서 주목할 만하다. 그의 견해는 니케아 공의회를 낳게 했으며 여기에서 나온 니케아 신조(The Nicene Creed, 325년)는 아리우스주의에 대한 교회의 반응이었다.[57]

---

56) 밀라드 J. 에릭슨,《조직신학 개론》, 나용화, 황규일 공역(서울: 기독교문서선교회, 2007), 363.
57) 니케아 신조와 아리우스의 논쟁에 관해서는 제4장 "삼위일체 하나님"에서 다루었으므

아리우스에 의하면 나사렛 예수께서는 모든 피조물보다는 우월하시지만 하나님 아버지보다는 열등한 존재로서 아버지께 종속하는 분이요, 결국 그는 하나님의 영원하신 아들이 아니라는 것이다. 예수님은 다른 피조물들처럼 무(無)로부터 창조되었기 때문이다. 그래서 "예수 그리스도는 계시지 않았을 때가 있었다"는 것이요, "성자는 시작이 있으나 성부는 시작이 없다"는 것이다. 이와 같은 아리우스의 견해는 예수께서 하나님의 율법을 완전하게 지키시어 하나님처럼 거룩하고 완벽해졌기 때문에 하나님께서 자신과 같은 아들로 삼으셨다는 예수님의 양자설(養子說)로 기울어졌다.[58] 한편, 이와 같은 아리우스주의자들은 오늘날에도 여전히 다양한 형태들로 남아 있는데 그 대표적인 것이 여호와의 증인이다.

그리스도의 인성을 지나치게 강조하는 이들은 예수님의 인간적인 모습을 강조하면서 상대적으로 그의 신성을 무시했다. 즉, 이들은 예수님은 원래 인간이었는데 하나님이 되셨다고 강조하면서 그분을 도덕적으로 닮고 싶어 했던 사람들이다. 덧붙이면 이들은 구속사역을 완성하시고 우리 구세주이신 그리스도를 보다 닮고 싶어 하는 열망에서 시작되었다고 여겨진다. 따라서 이들은 죄를 짓지 않는 '하늘 육체'(heavenly body)를 갖고 싶어 했던 수도사들 가운데 인성을 강조하는 단성론을 지지하는 경향이 있었다. 결국 인성을 강조하고 신성을 약화시키면 세상을 좋아하고 교회에는 출석만 하거나, 사회문제나 정치문제에 더 관심이 많고 영적인 일은 등한히 하게 된다. 따라서 인성을 강조하면서 신성을 덜 강조하게 되면 자유주의 신학자가 될 수 있다.[59]

로 참조하기 바란다.
58) 총회교육자원부 편, 35-36.
59) 라은성, 92-94.

2) 그리스도의 신성을 강조한 이단들

인성을 강조한 것과는 반대로 교회사에서는 신성을 지나치게 강조했던 것은 주로 알렉산드리아 학파를 중심으로 일어났다. 알렉산드리아 학파 가운데 어떤 이들은 그리스도의 신성을 너무 강조한 나머지 인성을 무시함으로써 소위 단성론자를 낳기까지 하였다. 무엇보다 알렉산드리아 학파의 신학은 대체적으로 동양적 신비주의의 영향을 받았다고 할 수 있다. 그렇기 때문에 성서 해석에서도 안디옥 학파처럼 비평적이 아니라 비유적이고 문자적인 해석을 무시하면서 우화적인 방법에 중점을 두었다. 무엇보다 알렉산드리아는 헬라 여신 숭배의 본거지이기도 했다. 따라서 알렉산드리아 학파에서 신성을 지나치게 강조한 대표적인 인물로는 무명의 리비아 출신인 사벨리우스와 라오디게아 감독이었던 아폴리나리스가 있다. 그리고 예수의 신성을 특별히 강조한 이단들로는 다음과 같이 이야기할 수 있다.

(1) 도케티즘(Docetism)

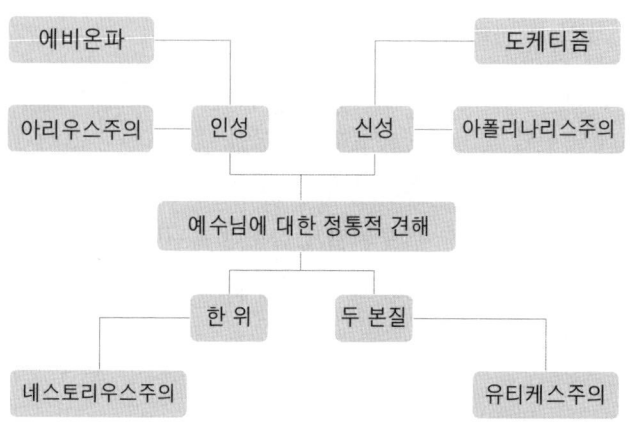

그리스도의 위격에 관한 잘못된 이단들

성경을 보게 되면 초대교회 당시에 예수님이 완전한 인간이시라는 인성의 실재를 부인하는 이단들이 있었다. 이와 같은 사실을 사도 요한이 요한서를 통해서 다음과 같이 강력히 경고했던 것에서 찾아볼 수 있다. "미혹하는 자가 세상에 많이 나왔나니 이는 예수 그리스도께서 육체로 오심을 부인하는 자라 이런 자가 미혹하는 자요 적그리스도니"(요이 1:7).

예수님의 인성에 대한 근본적인 부인은 영지주의자들이나 말시온주의자들 외에 도케티즘으로 불리는 이단들을 통해서 나타났다. '도케티즘'이라는 말은 "~으로 보이다. 나타나다"라는 의미를 가진 헬라어의 도케오($\delta o\kappa \acute{\epsilon}\omega$)라는 동사에서 유래한 것이다. 즉, 이름이 의미하는 바와 같이 이것의 중심 사상은 예수님이 단지 인간처럼 보였다는 것이다. 덧붙여 말하면, 예수의 인간성은 오직 '겉모양' 뿐이었다는 것이다. 이들의 주장에 의하면, 모든 물질적인 것은 악하고 하나님은 악이 전혀 없으신 순수하고 거룩하신 분이시기에 물질적인 형태를 가진 인간의 몸으로 오실 수 없었다. 초월자이신 하나님이 더럽혀진 육체와 연합될 수 없다는 것이다. 따라서 예수님이 인간의 육체적인 본성을 따라 육신의 몸을 가지신 것은 실재가 아니라 환영(幻影)일 뿐이다. 때문에 예수는 참으로 고통을 당하거나 죽지 않았다. 심지어 어떤 가현설을 주창하는 자들은 예수가 결코 발자국을 남기거나 눈꺼풀을 깜빡거리지도 않았다고 주장했다.

이와 같은 기독론은 신성과 인성이 한 인격 안에서 연합되었다는 긴장을 해결하기 위한 시도였다. 이것은 신성이 실제적이고 완전한 반면 인성은 단지 모양뿐이라고 말함으로써 그 해결의 실마리를 풀어가려고 했다. 그러나 이와 같은 견해는 예수님의 인성뿐만 아니라 예수님과 우리 사이의 실제적인 관계도 잃어버리게 만드는 결과를 가져왔다.[60]

---

60) 밀라드 J. 에릭슨, 《조직신학 개론》, 나용화, 황규일 공역(서울: 기독교문서선교회, 2007), 373-374.

(2) 아폴리나리스주의(Apollinarianism)

4세기 라오디게아 감독이었던 아폴리나리스는 예수께서 인성을 소유했다는 명제, 즉 하나님과 연합한 사람이라는 그리스도에 대한 생각을 거부했다. 그 대신 그는 육체가 되신 하나님의 개념, 즉 성육신하신 하나님의 개념을 제안했다. 그는 하나님이 감정적이고, 약하고, 죄를 지을 수 있는 인간의 육체가 될 수 있다고 추측하는 것은 신성모독이라고 했다. 그래서 그리스도의 육체는 신적인 어떤 것이라고 가정할 필요가 있었다는 것이다.[61]

그리하여 아폴리나리스는 예수님의 육체는 보통 인간의 육체와는 다른 신성이 인성을 완전히 주관하는 신성화된 육체라고 생각했다. 무엇보다 그는 인간이 죄를 범하는 것은 육체와 영혼과 이성 중 이성이 죄를 범하는 것이므로 예수는 이성 대신 로고스를 가지셨다고 함으로써 예수의 유죄성을 부인하려고 했다. 즉, 예수 그리스도는 2/3만 인간이었다는 것이다. 따라서 그의 이러한 견해를 소위 3·2설이라고도 한다. 그의 이러한 견해는 예수님의 무죄성을 변호하기 위해 노력한 것이 장점이라고 할 수 있지만, 결국 예수님은 2/3는 인간이었고, 1/3은 신성이었다고 함으로써 괴이한 인간을 주장하게 되었다.[62]

예수 그리스도의 신성을 강조하고 인성을 무시하면 가현설에 빠지게 된다. 가현설은 그리스도의 신성 내지 하나님이심을 중요시하기 때문에 하나님의 아들이신 예수가 인간의 육신을 입을 수는 없으며 참으로 인간일 수 없다고 본 것이다. 따라서 하나님의 아들이신 그리스도는 단지 가상적으로, 겉으로만 사람처럼 보였을 뿐이라는 것이다. 그리고 신성을 강조하는 이와 같은 가현설은 양태론을 따르게 된다.[63]

---

61) 해롤드 O. J. 브라운, 271.
62) 이종성, 《조직신학 개론》(서울: 종로서적, 1987), 107-108.
63) 김균진, 《기독교조직신학 II》(서울: 연세대학교 출판부, 1987), 249-250.

이처럼 예수님의 신성을 강조하고 인성을 무시하는 사람들은 영적인 삶에만 치중하고 육적인 세상의 일에는 등한히 할 수 있다. 영적인 문제가 해결되면 육적인 문제는 자연스럽게 해결된다는 식으로 발전될 수 있기 때문이다. 따라서 신성을 강조하면서 인성을 덜 강조하면 신비주의에 빠질 염려가 있다.[64]

3) 그리스도의 단일의지론(單一意志論)

앞에서 살펴보았던 단성론이 예수 그리스도의 한 위격 안에 존재하는 신성과 인성에 관한 견해에서 발생한 잘못된 견해라면 단일의지론은 예수 그리스도의 의지가 신적인가, 아니면 인간적인가에 대한 문제라고 할 수 있다. 즉, 예수님 안에는 하나의 의지만 있었는가 하는 것이다. 다시 말해 예수님 안에는 두 본성이 있었지만 오직 하나의 의지만 있다는 것인데, 이것을 가리켜 소위 '단일의지론'이라고 한다. 이와 같은 견해는 그리스도를 한 분 참된 인격적 주체로 보지만 그분의 인성을 비인격적이고 생명이 없는 것으로 본다는 의미이기도 하다.[65]

4. 현대신학에서의 기독론에 대한 이해

18세기에 인간의 이성을 우위에 둔 계몽주의 운동과 슐라이에르마허의 영향을 받았던 19세기 자유주의 신학은 예수 그리스도에게서 신성(神性)을 제거한 "인간 성자 예수"로 이해하였다.[66] 19세기 자유주의 신학자

---

64) 라은성, 94.
65) 해롤드 O. J. 브라운, 306.
66) 스트라우스(David F. Strauss, 1808-1874)와 르낭(Ernest Renan, 1823-1892)과 같은 자유주의 신학자들이 저술한 《예수의 생애》에서 예수는 근본적으로 선한 사람, 위대한

요, 현대신학의 시조라고 일컬어지는 슐라이에르마허는 자신의 《종교론》 (*Über die Religion: Reden an die Gebildeten unter ihren Verachtern*)[67]에 의하면, 시적이며 예언자적으로 묘사되는 종교 개념은 종래의 기독교 전통과 확실히 다르다. 종래의 신학에서는 신론과 인간론을 별개의 제목으로 다루었다. 그러나 여기에서는 '신'이라는 제목은 인간의 종교성의 차원, 인간의 계시 체험, 종교심, 신 체험, 신 의식 등과 동일한 것으로 서술된다. 자유주의 신학자인 리츨도 인간의 종교심보다는 윤리성과 그 실현을 제창했지만 역시 신학을 역사에 있어서의 종교적 혹은 윤리적 가치의식에 집중시켰다. 결국 19세기 자유주의 신학자들은 한결 같이 문화기독교 사조의 시초를 마련했다.[68] 따라서 자유주의 신학에서는 "아래로부터의 기독론"을 강조하면서 신화적인 요소를 제거하고 역사적 예수 그리스도에 관해서만 이야기하였다. 즉, 자유주의 신학은 예수 그리스도에게서 신성(神性)을 제거한 "인간 성자 예수"로 제한시켰다.

그러나 20세기에 들어서면서 칼 바르트는 칼케돈 신조의 결론인 그리스도는 "참 하나님이시며, 참 인간이심"(*vere Deus vere Homo*)을 재천명함으로써 자유주의 기독론에 정면으로 반기를 들었다. 칼 바르트의 신학은 기독론 중심적 신학이다. 그는 《교회교의학》 전 11권 모두에서 예수 그리스도라는 한 이름을 중심으로 전개시키고 있다. 바르트 자신도 그리스도에게서 계시된 것이 신학 전체의 알파(*A*)요, 오메가(Ω)일 뿐만 아니라 그 중심이라고 했던 것이다.[69]

영적 진리의 선생으로 묘사되기는 했지만, 예수가 기적을 행하거나 태초부터 선재하는 삼위일체 하나님으로 묘사되지는 않았다.
67) 슐라이에르마허, 《종교론》, 최신한 옮김(서울: 한들출판사, 1997).
68) 최종호, 《칼 바르트 하느님 말씀의 신학》(서울: 한들출판사, 2010), 91-92. 여기에서 "문화기독교 사조"란 인간의 노력으로 기독교적 바탕 위에서 인류의 문화를 창조해 갈 수 있다는 극도의 낙관주의적 성격을 띠고 있는 사상이다. 즉, 자유주의 신학자들은 인간의 이성과 노력으로 얼마든지 세상을 이상적인 세상으로 만들어갈 수 있다고 생각했다.
69) 최종호, 89.

특히 칼 바르트는 전통적인 기독론의 모든 주제들을 다루었다. 그러나 칼 바르트가 전통적인 주제를 모두 다루었다고 해서 그가 다루는 방법이 과거의 신학방법을 답습한 것은 아니다. 특히 칼 바르트의 기독론은 형식적으로는 "위로부터의 기독론", 즉 하나님의 말씀과 계시로부터 그리스도를 파악하려고 하였지만, 그의 기독론에서 일반 역사의 역사성을 제거시킴으로써 내용적으로는 초대교회의 기독론과 정통 개혁주의 기독론과는 다르다. 즉, 그의 기독론은 하나님의 주권적 초월성에 근거를 둔 변증법적 요소를 지닌 것[70]으로 실존과 위기 속에서 하나님의 궁극적 진리로서의 말씀에 대한 강조를 두었고, 이 말씀에 의한 하나님에 대한 지식의 유일한 통로로서 성육신한 그리스도임을 강조했다.

특별히 바르트는 《로마서 강해》 제2판(1922년)을 쓰면서 하나님은 세상이 절대로 알 수 없는 전적 타자(Der ganz Andere)임을 강조했다. 전적 타자이신 하나님은 세상을 새롭게 하시는 영역 속에 있는 것이 아니라 세상성과 관련 없는 영원성 속에 있다. "하나님은 하늘에 계시고, 너는 땅에 있다"(Gott ist im Himmel und du auf Erden).[71] 즉, "하나님은 하늘에, 인간은 땅에!"라는 바르트의 변증법적인 사고는 이른 바 죄렌 키에르케고르(Søren Kierkegaard, 1813-1855)의 "하나님과 인간", "영원과 시간 사이의 질적인 구별"과 관련이 있다.[72] 바르트는 하나님과 인간의 절대적인 구별에 있어서 하나님이 계시는 영역과 인간이 사는 영역은 근본적으로 구분된다. 그리고 세상은 하나님의 나라와 철저히 단절되어 있다고 보았다.[73]

---

70) 바르트에게 있어서 하나님의 초월성이란 죄의 지배로 인한 인간의 모습과 대비되는 것이며, 그의 변증법적 신학이란 기독교 진리에 대해 일종의 긴장관계를 나타내는 바, 유한과 무한, 영원과 시간, 신과 인간 등을 정반합((正反合)으로 전개하는 것을 말한다.

71) Karl Barth, *Der Römerbrief*, Unveraderter Nachdruck der II. Auflage von 1919 (Zürich: 1936), XⅢ. 김명용, 《칼 바르트의 신학》(서울: 도서출판 이레서원, 2014), 75.

72) 최종호, 93.

73) 칼 바르트가 이처럼 전적 타자로서의 하나님의 신성을 강조했던 것은 세상이나 역사의 문화 속에 신성이 존재하고 이 신성이 세상과 역사와 문화를 발전시킨다는 19세기 자유

그러나 바르트에게 있어서 계시의 주체이신 하나님은 "절대적 초월자"이며, "전적 타자"인데, 이 개념은 개혁 정통주의의 개념과는 다른 것이다. 바르트에 의하면 이 절대적 초월적 하나님, 인간과는 무한한 질적 차이가 있는 하나님이 자기 계시인 그리스도 사건을 통해 역사에 침투해 들어오시며, 이 사건을 통해서야 비로소 인간과 관계를 맺으시며 자신을 나타내신다. 그러나 개혁 정통주의의 기독론은 하나님께서 그리스도로 성육신하기 전에도 삼위 하나님으로 자신을 계시하셨으며, 자신의 백성들과 함께 하실 뿐만 아니라, 일반역사와 자연을 주관하고 다스려 오신 것을 인정한다. 이러한 점에서 개혁주의는 하나님의 특별계시 뿐만 아니라 일반계시도 인정한다.[74]

따라서 바르트의 기독론은 비역사적이라는 비판을 받고 있다. 그는 역사를 초월하시는 그리스도의 실존적 구원사역에 대한 강조를 통해 자유주의 신학의 역사화되고 화석화된 기독론을 건져내려다가 오히려 비역사화된 기독론을 탄생시켰다는 비난을 받고 있다. 즉, 바르트의 초역사 개념은 기독교를 역사화된 기독론으로부터 벗어날 수 있게 만들 수는 있었지만 비역사화된 기독론으로 빠지는 것을 막을 수는 없었다는 것이다.

주의 신학에 대한 강한 반발에서 비롯되었다고 할 수 있다. 그는 1956년에 "하나님의 인간성"(Die Menschlichkeit Gottes)이라는 강연에서 《로마서 강해》 제2판에서 언급하지 않았던 하나님의 인간성을 강조했다. 그러나 본질에 있어서 바르트의 신학사상이 변한 것은 아니다. 《로마서 강해》 제2판에서 하나님은 인간과 다른 전적 타자이신데, "하나님의 인간성"에서는 예수 그리스도를 통해 얻게 된 새로운 신(神) 인식의 중심에 있는데, 곧 사람인 인간 예수께서 하나님이시라는 사실에서 하나님께서 인간적이라는 사실의 발견의 중심에 있다. 다시 말해서 후기 바르트에 있어서도 하나님은 여전히 전적 타자이시고 거룩하시다. 김명용, 179-180.

74) 황대우, 126.

개혁 정통주의와 칼 바르트의 기독론의 차이점

개혁정통주의	칼 바르트
초월성과 일반 역사성을 포함함.	초월성을 강조하면서 일반역사의 역사성을 제거함.
εἰς θεός (동일 하나님)이라는 용어를 사용함.	μόνος θεός (하나의 하나님)이라는 용어를 사용함.
절대적 초월자이면서 우리와 함께 하시는 하나님.	전적 타자로서의 절대적 초월자이신 하나님

바르트는 Homoousios를 '동일본질'이라는 단어보다는 '하나'라는 단어를 선택하고 있다. 동일이라는 것은 동등한 여러 다른 것으로 오해될 수 있고, 그렇게 된다면 다신적이 될 수 있기 때문에 하나라는 단어를 사용하는 것이다. εἰς θεός(동일 하나님)이라는 용어 대신에 μόνος θεός(하나의 하나님)라는 용어를 사용하고 있다. 여기에서 소위 '동시성'이라는 단어가 나오게 된다. 아버지가 일할 때 동시적으로 아들도 일하신다. 그러나 바르트의 이와 같은 주장은 그를 비판하는 자들로부터 그가 양태론자라는 공격을 받고 있다.

5. 나가는 글

지금까지 우리는 예수 그리스도의 참 하나님 되심과 참 인간이 되심에 대하여 살펴보았다. 우리의 궁극적인 관심은 구원이다. 그런데 이 구원을 올바로 이해하기 위해서는 그리스도가 누구이신지를 올바로 이해를 해야 한다. 교회사에서 "예수 그리스도가 누구이신가?" 하는 문제는 "그가 무엇을 행하셨는가?"의 문제보다 훨씬 더 중요했다. 그도 그럴 것이 어떤 종교적인 천재가 하나님 나라를 선포하였고, 십자가에 달리셨다고 부활하신 것이 아니라 성육신하신 하나님의 아들이 그와 같이 행동하셨다고 하는 것이

중요하기 때문이다.[75]

    기독론에 있어서 성경적인 가르침은 하나님이신 예수 그리스도가 종의 형체를 가지셨고, "사람들과 같이" 되셨으며, "사람의 모양으로" 나타나셨다는 것이다(빌 2:5-8). 영원하신 하나님이셨던 분이 동시에 사람도 되신 것이다. 그리고 그는 이 세상에서 종으로 사셨고 종으로서 일하셨다. 그리고 예수 그리스도는 하나가 아닌 두 개의 본성을 가지신 한 인격체로서 사람이 되기로 결정하시고 실제로도 사람으로서의 삶을 사셨다.[76]

    예수님은 만물이 창조되도록 하신 영원하신 성자 하나님이시면서도 마리아의 태에 들어가셔서 아기로 태어나시고 구유에 누우셨다. 심지어는 "죄인이 이같이 자기에게 거역한 일"(히 12:3)을 참으셨고, 침 뱉음을 당하셨으며, 십자가에 못 박혀 죽으시고 부활하셨다. 예수님이 이 모든 일을 하신 이유는 죄인된 우리가 구원받을 수 있는 유일한 길이었기 때문이다. 우리의 죄를 용서받는 유일한 길은 하나님이신 예수님이 우리 죄의 형벌을 스스로 지시는 것이었다. 무엇보다 우리가 신의 성품에 참여하는 자가 되는 유일한 길은 주님이 사람의 본성을 취하시는 것이었다(벧후 1:4).

    그러나 우리가 여기에서 기억해야 하는 것은 어떻게 하나님이신 예수님께서 인간의 본성을 취할 수 있었느냐 하는 문제를 인간의 이성으로는 이해할 수 없다는 것이다. 그럼에도 불구하고 사람들은 그리스도의 한 위격 안에 어떻게 신성과 인성이라는 두 본성이 존재할 수 있느냐면서 궁금해 한다. 이 문제에 있어서 어느 누구도 충분하고 완전한 설명을 할 수 없다. 예수 그리스도의 두 본성에 관한 문제는 "경건의 비밀"(딤전 3:16)에 관한 신비에 속한 문제이다. 이것은 우리의 능력과 이성, 이해력의 범주를 벗어난 문제이다. 앞의 삼위일체 하나님과 다른 여러 교리들에 대해 그러했듯이 우리가 해야 할 일은 이해가 아니라 우리 자신을 성경에 복종시키고 믿음으로 받아들이는 일이다.

---

75) 총회교육자원부 편, 75.
76) 마틴 로이드 존스, 475-476.

앞에서도 자주 밝혔듯이 신학을 하는 우리는 기독교 교리를 공부함에 있어서 우리의 이성과 이해가 필요하지만 어느 지점에 이르면 이해하려는 시도를 멈추어야 한다. 우리의 유한하고 죄악된 이성으로 무한한 것을 측량하려는 노력을 멈추어야 한다는 것이다. 이제는 온전한 믿음으로 받아들여야 한다. 예수 그리스도의 두 본성에 대한 칼케돈 신조도 우리에게 설명하거나 이해시키려고 하지 않는다. 이것은 제한을 두는 것이요, 한계를 설정한 것이다. 그리스도의 두 본성을 혼동하지 말고, 혼란스러워하지도 말며, 나누지도 말고, 그리고 서로 변하지도 않는다는 한계를 분명하게 긋는 것이라고 해야 할 것이다. 그리고 이 한계를 넘어 그리스도를 이해하려고 하거나 두 본성을 구분하여 설명하려고 하면 이단이 된다는 것이다. 무엇보다 그리스도의 두 본성인 신성과 인성 가운데 어느 하나만을 강조하려고 해서는 안 된다. 예수 그리스도는 "참 하나님이시며, 참 인간이시다"라는 사실을 기억해야 할 것이다.

제8장 그리스도의 사역에 대한 이해

　우리가 그리스도인으로서 기독교적 교리에 대해 올바로 안다는 것은 매우 중요하다. 베드로가 말한 바와 같이 우리가 마음에 그리스도를 구주로 모시고 다른 사람들에게 도움을 주기 위해 "너희 마음에 그리스도를 주로 삼아 거룩하게 하고 너희 속에 있는 소망에 관한 이유를 묻는 자에게는 대답할 것을 항상 준비"(벧전 3:15)하는 일을 할 수 있으려면 무엇보다 성경의 교리를 바로 알아야 한다.

　그러나 사도 바울이 고린도전서 1장 21절에서 말한 대로 "하나님의 지혜에 있어서는 이 세상이 자기 지혜로 하나님을 알지 못하므로" 인간의 사색과 이성으로는 하나님께 이를 수 없다. 그렇기 때문에 하나님은 스스로 자신을 기꺼이 계시하셨다. 그런데 역사와 자연을 통한 계시만으로는 범죄하여 타락한 인간이 하나님의 뜻을 온전히 알 수 없기 때문에 자연에 나타난 계시 그 이상의 것을 주셨는데 이것이 바로 성경이다. 이것은 권위의 문제이다. 즉, 성경은 하나님의 말씀이다. 그리고 이 성경은 믿음과 행위에 있어서 무오하다. 그렇기 때문에 우리는 성경이 우리의 출발점이었으며 성경이 무엇을 말씀하시는가에 귀를 기울어야 한다. 다시 말해서 우리가 공부하고 있는 교리에 대한 것은 우리 인간이 생각해서 만들어낸 그 어떤 것이 아니라 성경이 가르쳐 주고 있는 바로 그것이다.

우리는 이 사실을 염두에 두면서 계시의 중심이 되는 예수 그리스도에 대해 생각해 보려고 한다. 7장에서는 예수 그리스도의 본성에 관한 인격에 대해 살펴 보았다면 8장에서는 성경이 그의 사역에 대해 무엇을 말하고 있는지를 살펴 보려고 한다. 우리가 앞에서 예수 그리스도의 인격에 관한 부분을 먼저 살펴 본 이유는 예수님이 누구신지를 명확하게 알기 전에는 주님의 사역도 결코 온전히 이해할 수 없기 때문이다. 우리는 이와 같은 사실을 예수님께서 제자들에게 자신의 죽음에 대해 말씀하셨을 때 그것을 이해하지 못한 사실에서도 알 수 있다. 다시 말해서 예수 그리스도가 누구이신지에 대해 분명히 알기 전에는 주님의 사역을 이해하는 것은 불가능하다. 실제로 제자들은 부활의 빛 아래에서만 주님의 사역을 올바로 이해하게 되었다. 따라서 성경은 예수 그리스도가 어떤 일을 하셨는가 하는 문제보다 그 일을 하신 분이 누구신가에 초점을 두고 있음을 기억해야 한다. 중요한 것은 예수 그리스도가 누구신지를 알아야 지금부터 살펴 보려는 예수님의 죽으심과 속죄에 대한 교리를 올바로 이해할 수 있다는 것이다.

1. 예수 그리스도의 사역

예수께서 이 땅에서 하신 일들에 대해서는 성경에서 증거하고 있다. 그는 우리를 하나님과 화해시키기 위해 세상에 오셨다. 예수 그리스도의 사역은 '화해'와 '회복'의 사역이었다. 따라서 사도 바울은 디모데전서 2장 5절에서 이렇게 말씀한다. "하나님은 한 분이시요 또 하나님과 사람 사이에 중보자도 한 분이시니 곧 사람이신 그리스도 예수라." 에베소서 2장 14절에서도 "그는 우리의 화평이신지라 둘로 하나를 만드사 원수된 것 곧 중간에 막힌 담을 자기 육체로 허시고"라고 말씀하셨다. 다시 말해 성경은 예수 그리스도께서는 우리의 중보자로 이 땅에 오셨다고 증언하고 있다.

영원한 로고스가 육신을 입고 이 땅에 오신 목적은 범죄한 인간과 의롭고 거룩한 하나님 사이에 중보자가 되기 위함이었다. 그렇다면 우리는 여기에서 다음과 같은 질문을 던지지 않을 수 없다. 중보자이신 예수 그리스도는 정확히 무슨 일을 하셨으며, 어떻게 그 일을 하셨는가? 그리고 어떻게 그가 하나님과 사람 사이를 연결하는 중보자가 되시는가?

우리는 이와 같은 물음에 대해 그리스도의 직무를 중심으로 해서 살펴보려고 한다. 역사적으로 그리스도의 사역은 선지자(prophetia), 제사장(sacerdotium), 왕(regium munus)이라는 '삼중직'으로 분류해 왔다. 그런데 그리스도의 삼중직은 초대교회로부터 교부들에 의하여 개별적으로 언급되기도 했지만 그리스도의 세 가지 직능(삼중직)을 체계적으로 취급한 것은 칼빈이었다.[1] 칼빈은 《기독교 강요》 제2권 제15장에서 다음과 같이 말하고 있다.

> 아버지께서 그리스도께 명하신 직분이 세 부분으로 되어 있다는 것이 그것이다. 그리스도께서는 선지자와 왕과 제사장으로 주어지셨기 때문이다.[2]

그리스도의 삼중직에 관하여 '웨스트민스터 소요리문답'에서도 "문 23 그리스도께서는 우리의 구속자로서 어떠한 직책을 수행하십니까?"라는 물음에서 다음과 같이 가르치고 있다.

---

[1] 이종성, 《조직신학개론》(서울: 종로서적, 1987), 114. 개혁신학에서 그리스도의 삼중직은 참으로 중요한 위치를 차지하고 있다. 반면에 루터파에서는 벤델린(Marcus Friedrich Wendelin, German, 1584-1652) 시대에 이르도록 대개 왕직과 제사장직만 언급했을 뿐이다.
[2] 존 칼빈, 《기독교 강요 상》, 원광연(경기도: 크리스챤다이제스트, 2011), 606.

그리스도는 우리의 구속자로서 그의 낮아지심의 신분과 그의 높아지심의 신분에 있어서 예언자와 제사장과 왕의 직분을 수행하십니다.[3]

위의 대답에서와 같이 개혁교회의 신학자들은 그리스도께서 이 땅에서 행하신 사역을 설명함에 있어서 선지자, 제사장, 그리고 왕이라는 세 가지 직능으로 말한다. 이러한 직들이 구약에서 공통점을 갖는 것은 이들에게는 기름부음을 받는 관습이 있었다는 것이다. 따라서 하이데거(J. H. Heidegger)는 그리스도라는 이름에는 이미 기름 부음을 받았다는 의미를 언급하고 있다는 사실에서 다음과 같이 말하고 있다.

구약에서 진정한 중보자를 그리스도로 표현한 것은 바로 기름 부음이었다. 그리스도는 다원적인 실체로서 그에게 극단적인 기름 부음은 없었지만 그가 기름 부음 받은 자, 즉 그리스도라고 불린 것은 기름 부음에서 연유하였다.[4]

그런데 칼빈은 그리스도인으로서 "믿음이 그리스도 안에 있는 구원을 위한 확고한 기반을 찾고 그리스도 안에서 안식을 누리기 위해서"[5]는 그리스도의 삼중직의 원리를 알아야 한다고 했다. 즉, 그 직분들의 목적과 용도를 올바로 이해하지 못하고 그 이름들만 아는 것은 별 가치가 없다는 것이다. 따라서 그리스도의 삼중직에 대한 칼빈의 교리는 우리의 속죄론 이해를 보다 열려 있고 포괄적으로 만드는데 도움이 된다. 칼빈은 예수 그리스도께서 우리의 선지자, 제사장, 왕으로 행동하셨다고 말한다. 그에 따르면 이 삼중직의 교리는 예수님의 가르침과 그의 희생적 죽음과 그의 왕적 통

---

3) 이형기, 《세계개혁교회의 신앙고백서》(서울: 대한예수교장로교회총회 출판국, 1991), 333.
4) 하인리히 헤페, 《개혁파 정통교의학》, 이정석 옮김(경기도: 크리스챤다이제스트, 2007), 947.
5) 존 칼빈, 606.

치를 모두 포함한다. 우리는 그리스도의 삼중직에 대한 칼빈의 가르침을 다음과 같이 표현해 볼 수 있다. 선지자로서의 그리스도는 다가오는 하나님의 통치를 선포함으로 우리에게 그 나라에 합당한 삶을 살도록 권면한다(도덕감화설). 제사장으로서 그리스도는 우리를 대신하여 하나님께 완전한 사랑과 순종의 제사를 드린다(만족설). 왕으로서의 그리스도는 악의 세력의 완악함에도 불구하고 이 세계를 다스리며, 하나님의 공의와 평화의 다스림이 궁극적으로 승리할 것을 약속하신다(승리자 그리스도).[6]

그리스도의 삼중직	
예언자(선지자)	하나님의 뜻을 백성들에게 계시함.
제사장	하나님께 백성들의 죄를 가지고 나아가 중보의 기도를 함
왕	그의 백성들을 보호하고 다스림

예수님이 온 인류에게 하나님을 계시하셨다는 것과 하나님과 우리 사이의 관계를 화해하게 하셨다는 것, 그리고 인간을 포함한 모든 창조 세계를 지금도 통치하시고 장래에도 통치하실 것이라는 진리를 계속해서 견지한다는 것은 중요하다.[7] 따라서 우리는 여기에서 예수님의 삼중직을 중심으로 그의 사역에 대해 살펴보려고 한다.

1) 선지자로서의 예수 그리스도

'웨스트민스터 소요리문답'은 "문 24 그리스도께서는 예언자의 직분을 어떻게 수행하십니까?"라는 물음을 통해 선지자로서의 예수 그리스도 사역에 대해 다음과 같이 가르치고 있다.

---

6) 다니엘 L. 밀리오리,《기독교 조직신학개론》, 장경철 옮김(서울: 한국장로교출판사, 2007), 227-228.
7) 밀라드 J. 에릭슨,《조직신학 개론》, 나용화, 황규일 공저(서울: 기독교문서선교회, 2007), 407.

그리스도께서는 그의 말씀과 성령에 의하여 우리를 구원하시는 하나님의 뜻을 우리에게 계시하심으로 그의 예언자의 직책을 수행하십니다.[8]

위의 내용에서 예수님께서는 우리를 구원하시는 하나님의 뜻을 우리에게 계시하심에 있어서 선지자의 직책을 수행하신다고 보았다. 이와 같은 고백적인 가르침은 칼빈이 쓴 《제네바 요리문답》(1541/1542)[9]의 "제39문 어떻게 당신은 예수 그리스도를 예언자라고 부르십니까?"라는 대답에서도 알 수 있다.

그는 이 세상에 내려오심으로서(사 7:14) 최고의 사자요, 최고의 대사가 되어 하나님의 뜻을 충분히 제시하셨고, 모든 예언과 계시를 완성시켰기 때문입니다(히 1:2).[10]

여기에서 우리는 우리에게 선지자가 필요한 이유를 알게 된다. 그것은 우리가 죄에 대한 무지로부터 해방되고 구원받을 필요가 있기 때문이다. 이 사실에 있어서 사도 바울은 에베소서 4장 17절과 18절에서 인간들의 총명이 어두워지고 그들 가운데 있는 무지함과 그들의 마음이 굳어짐으로 말미암아 하나님의 생명에서 떠나 죄 가운데 있는 사람의 비참한 상태에 대해서 말씀하고 있다. 이사야 9장 22절에는 "흑암에 행하던 백성이 큰 빛을 보고"라고 기록하고 있다. 따라서 우리가 죄의 무지로부터 해방되기 위해서는 선지자이신 그리스도가 반드시 필요하다.[11] 그런 점에서 하이데거는 "그리스

---

8) 이형기, 334.
9) '제네바 요리문답'은 칼빈이 제1차 제네바 시절(1536)에 프랑스어로 된 요리문답서를 치리서와 함께 작성하여 제네바 시에서 새로 조직된 개혁교회의 교육의 기초로 삼았던 것이다. 그것은 기독교를 짤막하게 요약해 놓은 것이었고, 그의 《기독교 강요》를 발췌해 놓은 것이었다.
10) 총회교육자원부편집, 《개혁교회의 신앙고백》(서울: 한국장로교출판사, 2007), 153-154.

도가 자기에게 직접 보여준 하나님의 구원 의지를 우리에게 완전하고 분명하게 계시한 것은 바로 그의 선지자직에 의한 것이었다"[12]고 했다.

그렇다면 선지자는 어떤 존재인가? 구약성경에서 선지자는 언제나 '하나님의 사람', '하나님으로부터 온 사람', '하나님으로부터 할 말을 받은 사람'이라고 불린다. 그리고 선지자는 다양한 방법으로 하나님께 받은 메시지를 전했다. 성경에 보면, "여호와께서 내게 말씀하시기를"(사 8:5; 렘 30:2)이라는 표현을 볼 수 있다. 따라서 선지자는 사람들을 가르치고 계몽하도록 하나님께로부터 메시지를 받아 전하는 사람이라고 할 수 있다. 그러나 선지자는 예언만 한 것이 아니다. 그들의 기록에는 많은 양의 이스라엘에 대한 견책과 책망이 담겨져 있다. 예언을 하는 것 외에도 하나님은 선지자들을 보내어 사람들에게 경고와 훈계와 책망을 전하고 율법과 하나님의 약속을 상기시키셨다.[13]

이제 우리는 여기에서 예수님과 선지자의 관계에 대해서 생각해 보아야 한다. 성경에는 예수 그리스도가 선지자라는 사실을 보여주는 증거들이 많이 있다. 무엇보다 신명기 18장 15절의 구절은 예수님이 어떤 분이신가에 대한 가장 기본적인 성경 본문 가운데 하나이다. "네 하나님 여호와께서 너희 가운데 네 형제 중에서 너를 위하여 나와 같은 선지자 하나를 일으키시리니 너희는 그의 말을 들을지니라." 복음서를 보면 예수님을 갑자기 '그 선지자'라고 지칭하는 장면을 볼 수 있다. "이는 참으로 세상에 오실 그 선지자라"(요 6:14). "이 사람이 참으로 그 선지자라"(요 7:40). 그러므로 온 민족이 이 선지자, 하나님의 말씀을 전할 선지자를 기다리고 있었던 것이다. 베드로는 사도행전 3장 19절부터 28절에 기록된 설교에서 신명기 18장에 기록된 모세의 말을 인용하여 다음과 같이 말했다. "또한 사무엘 때부터 이어 말한 모든 선지자도 이 때를 가리켜 말하였느니라"(24절). 따

---

11) 마틴 로이드 존스, 《교리강좌 시리즈 1》, 임범진 옮김(서울: 부흥과개혁사, 2012), 484.
12) 하인리히 헤페, 649.
13) 마틴 로이드 존스, 486.

라서 이와 같은 구절들은 세상의 구세주이신 하나님의 아들이 선지자라는 것을 보여주는 확실한 증거들이다.[14]

그리고 성경에는 예수님 스스로 자신을 가리켜 선지자라고 주장하셨다. 누가복음 13장 33절에서 예수님께서는 예루살렘에 가지 말라고 경고하는 몇몇 사람들에게 이렇게 대답하셨다. "그러나 오늘과 내일과 모레는 내가 갈 길을 가야 하리니 선지자가 예루살렘 밖에서는 죽는 법이 없느니라." 요한복음에서도 예수님이 자신이 가르치는 모든 것은 하나님이 주신 것이라고 반복해서 말씀하시는 것을 볼 수 있다. "내가 너희에게 이르는 말은 스스로 하는 것이 아니라 아버지께서 내 안에 계셔서 그의 일을 하시는 것이라"(요 14:10). 요한복음 8장 26절에는 "나를 보내신 이가 참되시매 내가 그에게 들은 그것을 세상에 말하노라"는 말씀이 있다. 이 말씀의 의미는 예수님은 선지자로써 자신에게 주어진 메시지를 말하고 계셨던 것이다.[15]

그러나 예수님과 구약의 선지자 사이에는 분명한 차이가 있었다. 예수님은 결코 선지자들 가운데 한 선지자가 아니었다. 그는 하나님의 능력을 가진 분으로서 랍비들과는 달리 권위 있게 말씀하셨다. "그가 가르치시는 것이 권위 있는 자와 같고 서기관들과 같지 아니함일러라"(막 1:22). 예수님은 선지자들처럼 "주께서 말씀하시니"라고 말씀하지 않고 "그러나 나는 너희에게 이렇게 말한다"(마 5:22, 28, 32, 34, 44; 막 1:8; 요 4:35)라고 하시면서 자신의 권위를 모세의 권위보다 더 높이 세우셨다. 뿐만 아니라 예수님께서 하시는 말씀은 선지자들처럼 단지 하나님께로부터 받아 전하는 말씀이 아니라 그 자신의 말씀이다. 그는 선지자들과는 달리 하나님의 성육신된 말씀이었다(요 1:14).[16]

요한복음 3장 19절에 보면 이런 말씀이 있다. "그 정죄는 이것이니 곧

---

14) Ibid., 486-487.
15) Ibid., 487.
16) 김균진,《기독교조직신학 II》(서울: 연세대학교 출판국, 1987), 270.

빛이 세상에 왔으되 사람들이 자기 행위가 악하므로 빛보다 어둠을 더 사랑한 것이니라." 죄는 '무지'와 '어두움'이다. 스스로 빛이라고 말씀하신 예수님은 요한복음 15장 22절에서 이렇게 말씀하셨다. "내가 와서 그들에게 말하지 아니하였더라면 죄가 없었으려니와 지금은 그 죄를 핑계할 수 없느니라." 이것은 한마디로 말해서 빛이신 예수님께서 오셨기 때문에 아무도 자기 죄에 대해서 핑계할 수 없다는 것이다.[17]

따라서 우리는 여기에서 선지자로서의 예수님이 갖는 의의를 찾을 수 있다. 그것은 선지자이신 예수님은 이 세상에 없었던 빛과 지식을 가지고 오셨다. 그러므로 예수님만이 우리를 하나님께로 인도할 수 있으며 우리가 바라는 하나님에 대한 지식을 주실 수 있다. 무지와 죄의 어두움 가운데 길을 잃은 사람들에게 마침내 모든 지식과 교훈을 주시는 분은 선지자이신 예수 그리스도이시다.[18] 이와 같은 사실에 대해 '제네바 요리문답'은 "제44문 그리스도의 예언자직(선지자직)이 우리에게 소용되는 바는 무엇입니까?"라는 물음에 대해서 다음과 같이 가르치고 있다.

> 이 직무가 주 예수님께 주어진 것은 그가 당신의 백성들의 주(主)와 스승이 되기 위해서입니다. 즉, 이 직무의 목적은 아버지와 아버지의 진리에 대한 참된 지식을 우리에게 가르쳐 줌으로써 우리로 하여금 하나님의 집의 제자가 되게 하는데 있습니다.[19]

위의 내용에서 볼 수 있듯이 죄로 인한 무지의 결과, 하나님과 하나님의 진리에 대한 참된 지식을 가르쳐 줄 누군가가 우리에게 필요하다. 이 점에 있어서 사무엘 마레시우스(Samuel Maresius, 1599-1573)[20]는 "그리스

---

17) 마틴 로이드 존스, 491.
18) Ibid., 491.
19) 총회교육자원부 편, 154-155.
20) 사무엘 마레시우스는 잔키우스(Jerome Zanchius, 1516-1590), 우르시누스(Zacharias Ursinus, 1534-1583), 토사누스(Daniel Tossanus, 1541-1602)의 가르침을 받았으며,

도의 선지자직은 그가 자기에게 전적이며 완전하게 알려진 하나님의 뜻을 자기 백성에게 계시하여 주는 것으로서 일부는 직접 자기 자신을 통하여, 일부는 간접적으로 그의 종들을 통하여 외적으로 계시할 뿐 아니라 성령을 통하여 내적으로도 그리한다"[21]고 했다. 따라서 세상의 빛이신 예수님은 이 땅에 우리의 선지자로 오셔서 우리로 하여금 하나님 앞에서 제자로서의 바른 삶을 살게 하신다.

2) 제사장으로서의 예수 그리스도

'웨스트민스터 소요리문답'은 "문 25 그리스도께서는 제사장의 직책을 어떻게 수행하십니까?"라는 물음을 통해 제사장으로서의 예수 그리스도의 사역에 대해서 다음과 같이 가르치고 있다.

> 그리스도께서는 하나님의 의(義)를 만족시키시고, 우리를 하나님과 화해시키시고, 계속해서 하나님께 우리를 위하여 중보의 기도를 올리심으로 제사장의 직책을 수행하십니다.[22]

위의 내용에서 알 수 있듯이 예수 그리스도는 죄로 인하여 하나님과 원수가 되었던 우리를 화해시키실 뿐만 아니라 우리를 위하여 계속해서 중보의 기도를 올리심으로 제사장의 사역을 감당하신다. 앞에서 살펴보았던 선지자가 우리에게 하나님을 대표하는 존재라고 한다면 제사장은 하나님 앞에서 우리를 대표하는 존재이시다. 선지자는 하나님의 메시지를 가지고 사람에게 나아오고, 제사장은 사람을 대신하여 하나님께로 나아간다. 그런

고마루스(Franciscus Gomarus, 1563-1641)의 제자요, 프랑스 네델란드 계통의 개혁파 정통주의 학자로서 엄밀한 고백적 개혁주의 입장을 고수했던 인물이다.
21) 하인리히 헤페, 650.
22) 이형기, 334.

데 성경을 보면 예수 그리스도가 우리의 위대한 대제사장이 되신다는 사실을 가르치고 있다. 대표적인 내용이 히브리서 5장 1절에서 5절에 기록된 말씀이다. 여기에서 히브리서 기자는 예수 그리스도가 아론보다 탁월한 멜기세덱의 반차를 따른 위대한 대제사장이시라는 사실에 대해 증언하고 있다. 즉, 교회 교의학자들은 그리스도의 제사장직 예표가 아론과 레위 제사장직보다 멜기세덱에서 발견되어 한다고 주장한다. 이에 대해 부르만(Franz Burman, 1632-1679)은 다음과 같이 말하고 있다.

> 그는 아론 계열의 제도가 아니라 아론의 제사장들보다 더 오래되고 위대한 멜기세덱의 반차와 의식을 따르는 제사장이었다. 시 110:4. 이 멜기세덱과 같은 인물은 홍수 이후 세계의 새로운 시작 조금 이후에 가나안 지역에서 만나게 되며, 왕직과 제사장직을 공유한 사람들 중의 하나이다.[23]

마레시우스는 멜기세덱이 그리스도의 예표인 이유에 대해 다음과 같이 여섯 가지로 제시하고 있다.

> (1) 그가 멜기-세덱, 즉 의의 왕이라고 불렸기 때문에, (2) 동시에 그가 살렘 왕, 즉 평화의 왕(rex Salem)이었기 때문에, (3) 그의 족보가 기록되지 않아서, 이러한 침묵으로 그리스도의 영원성이 예표될 수 있기 때문에, (4) 그가 동시에 왕과 제사장이었기 때문에, (5) 그가 상급자로서 아브라함을 축복하고 그로부터, 즉 그의 혈통에 있는 레위 자손으로부터 십일조를 받았기 때문에, 그리고 (6) 그의 제사장직에는 선임자도 없고 후임자도 없다고 말하기 때문이다.[24]

그렇다면 제사장은 어떤 사람이며, 그가 하는 일은 무엇인가? 우리는

---

23) 하인리히 헤페, 654.
24) Ibid.

이와 같은 대답을 성경에서 찾아볼 수 있다. 특별히 레위기 21장의 말씀은 제사장에 대해 가르치고 있다. 즉, 제사장은 거룩하고 도덕적으로 순결하며, 하나님께 전념해야 한다는 것이다. 한마디로 말해서 제사장은 구별된 사람이었다.

따라서 제사장의 직무는 본질적으로 두 가지로 요약할 수 있다. 첫째, 그는 제사를 통해 화목하게 해야 한다. 여기에서 화목은 손상된 거룩함의 요구를 만족시키는 것으로 하나님 자신의 거룩함이 손상되었을 때 이것을 만족시키기 위해 드려지는 것을 말한다. 따라서 제사장은 예물과 제사를 통해 화목을 이루는 일을 한다. 그리고 둘째, 그는 사람들을 대신하여 중재 역할을 한다. 구약의 제사들은 하나님께서 택하신 백성인 이스라엘의 자손들을 위해 드려졌다. 그런데 구약의 이와 같은 제사장과 그가 감당했던 제사는 예수 그리스도의 모형이었다. 그러므로 구약에서 제사의 중요한 기능은 하나님이 사람들을 자신과 화해시키시려는 방법에 대한 모형으로의 역할이었다. 그리고 이러한 것은 예수 그리스도를 가리키고 있는 것이 사실이다. 따라서 예수 그리스도는 우리의 대제사장이시다.

성경에는 예수 그리스도가 우리의 위대한 대제사장이라고 분명하게 증언하고 있다. 대표적인 것이 히브리서이다. 히브리서 3장 1절, 4장 14절, 5장 5절, 6장 20절, 7장 26절, 8장 1절 등에서 그리스도를 제사장으로 묘사하고 있다. 그리고 제사장이라는 분명한 내용은 아니지만 예수께서 우리의 제사장이 되심을 암시하는 구절들도 있다. 가령, 마가복음 10장 45절에서 예수님은 스스로를 이렇게 말씀하셨다. "인자가 온 것은 섬김을 받으려 함이 아니라 도리어 섬기려 하고 자기 목숨을 많은 사람의 대속물로 주려 함이니라." 사도 바울도 끊임없이 이 사실을 가르치고 있는데 로마서 3장 24-25절에서 이렇게 말한다. "그리스도 예수 안에 있는 속량으로 말미암아 하나님의 은혜로 값 없이 의롭다 하심을 얻은 자 되었느니라. 이 예수를 하나님이 그의 피로써 믿음으로 말미암는 화목제물로 세우셨으니 이는 하나님께서 길이 참으시는 중에 전에 지은 죄를 간과하심으로 자기의 의로

우심을 나타내려 하심이니." 로마서 5장 6절에서 8절과 고린도전서 5장 7절에서도 동일한 말을 하고 있다. "우리의 유월절 양 곧 그리스도께서 희생되셨느니라." 요한일서 2장 2절에서도 이렇게 말한다. "그는 우리 죄를 위한 화목 제물이니 우리만 위할 뿐 아니요 온 세상의 죄를 위하심이라."[25]

이와 같은 성경의 증거들은 예수 그리스도가 우리의 위대한 대제사장이시라는 것이다. 그리고 예수님에 대한 이러한 증거들을 히브리서 5장에 있는 제사장의 자격에 비추어 본다면 우리는 예수께서 그 모든 자격 요건을 만족시키신다는 사실을 알게 될 것이다. 예수님은 사람들 가운데서 취하심을 받으셨다. 제사장의 직분을 스스로 취하신 것이 아니라 하나님께서 그를 세우셨다. 더 나아가 예수님은 하나님께 속한 일들에 대해 사람의 대표가 되셔서 예물과 제사를 드린다. 그뿐이 아니다. 제사장으로서 제사를 드리신 후 예수님은 자기 백성들을 대신하여 친히 간구하신다. 예수님께서는 십자가에 못 박히시기 전에 제자들을 위해 기도하셨다. 이 사실을 요한복음 17장에 기록된 대제사장적 기도에서 볼 수 있다. 여기에서 예수님은 우리가 악에 빠지지 않고 진리로 거룩하게 되며, 주님이 계신 곳에 함께 거하여 창세 전부터 예수님이 아버지와 함께 가지셨던 영광을 볼 수 있도록 기도하셨다. 그리고 히브리서 기자는 예수님이 하늘에 하나님과 함께 계시면서 "항상 살아 계셔서 그들을 위하여 간구"하신다고 했다(7:25). 예수님은 우리의 대언자이시다. 그가 우리를 위해 탄원하실 때 예수님의 존재 자체가 간구임이 분명하다. 왜냐하면 예수님의 존재는 속죄가 이루어지고 화목 제물이 바쳐졌다는 것을 상기시키기 때문이다.[26]

우리는 제사장으로서의 예수 그리스도에 대한 이해를 정리함에 있어서 '제네바 요리문답'의 "문 43 그리스도의 제사장직이 우리에게 소용되는 바가 무엇입니까?"라는 물음에서 대답하고 있는 바를 기억할 필요가 있다.

---

25) 마틴 로이드 존스, 504-505. 성경에는 이 외에도 예수 그리스도의 제사장 되심에 대하여 다음의 구절들이 있다. 요 1:29; 3:14-15; 롬 3:24; 고전 15:3; 벧전 1:19; 2:24; 3:18.
26) Ibid., 505-506.

첫째로, 그리스도께서 이 직무를 통해 우리를 하나님 아버지와 화해시키시는 중보자가 되신다는 것입니다. 둘째로, 우리는 그의 직무를 통해서 하나님 앞에 나아가 우리 자신으로부터 나오는 모든 것과 더불어 우리 자신을 하나님께 제물로 바칠 수 있는 길을 얻게 되었다는 것입니다. 바로 이 점에서 우리는 그의 제사장직에 참여하고 있는 자들입니다.[27]

3) 왕으로서의 예수 그리스도

예수 그리스도의 삼중직에 대해 살펴봄에 있어서 '웨스트민스터 소요리문답'의 "문 26 그리스도께서는 왕의 직책을 어떻게 수행하십니까?"라는 물음을 통해 왕으로서의 예수 그리스도에 대한 가르침을 볼 수 있다.

그리스도께서는 우리를 자기에게 복종시키시고, 우리를 다스리시고, 방어해주시고, 그와 우리의 모든 원수들을 제재하시고 정복하심으로 왕의 직책을 수행하십니다.[28]

우리는 위의 내용에서 예수께서 왕으로서 어떤 일을 하시는가를 알 수 있다. 즉, 예수님은 우리로 하여금 왕이신 자신에게 복종시키심으로써 우리를 다스리실 뿐만 아니라 지켜주시고, 원수들의 공격으로부터도 지켜주신다는 것이다. 성경이 가르치는 바에 따르면 예수님의 왕으로서의 사역은 십자가 위에서 하신 일의 직접적인 결과이다. 그런데 우리가 여기에서 기억해야 할 것은 예수님의 사역들은 분리되거나 구분되는 각각의 사역이 아니라는 것이다. 예수님의 삼중직에 대한 사역은 우리의 사고(思考)를 위해 구별한 것이며 실제로 예수님의 사역은 서로 연결되어 있다.

우리는 왕으로서의 예수 그리스도를 생각함에 있어서 이 왕권은 세상

---

27) 총회교육자원부 편, 154.
28) 이형기, 334.

적인 것과는 구별된다는 것을 기억해야 한다. 즉, 예수님의 왕권은 이 땅에서의 왕권이 아니라 하늘나라의 왕권이었으며, 물리적인 왕권이 아니라 정신적이고 영적인 왕권이었다. 오로지 영적으로 중생한 자, 즉 교회의 성도들만이 이 나라에 속하며, 따라서 이것은 본질적으로 그리스도의 구속 상태에서 모습을 드러낸다. 이에 대해 칼빈도 이 영원성은 두 종류거나 혹은 두 가지로 생각해야 한다고 했다. 즉, "첫째는 교회의 몸 전체에 관한 것이요, 둘째는 그 개개의 지체에게 해당되는 것이다."[29] 그리고 그의 왕권은 평화와 행복과 희망과 생명을 주는 왕권이었다. 이것은 전쟁을 일삼는 왕권, 사람들에게 불행을 가져다주는 왕권, 파괴와 늑탈과 살상과 절망을 주는 왕권은 아니었다.[30] 그렇기 때문에 칼빈은 《기독교 강요》 제2권 제15장에서 그리스도의 왕직에 대해 다음과 같이 말하고 있다.

> 먼저 독자들에게 이것이(왕직) 영적인 성격을 띤 것이라는 사실을 미리 경계하지 않으면 이것을 논의하는 것이 무의미해질 것이다. 그리스도의 왕직의 힘과 영원성은 물론 우리에게 미치는 효능과 유익이 바로 이 영적인 성격을 근거로 추론되는 것이기 때문이다.[31]

성경을 보면 예수님께서는 왕이요 온 우주를 다스리시는 통치자이심을 증거하고 있다. 특별히 구약성경에서 이사야는 9장 7절에서 다윗의 위(位)에 앉으실 장차 올 통치자를 다음과 같이 예언하였다. "그 정사와 평강의 더함이 무궁하며 또 다윗의 왕좌와 그의 나라에 군림하여 그 나라를 굳게 세우고 지금 이후로 영원히 정의와 공의로 그것을 보존하실 것이라 만군의 여호와의 열심이 이를 이루시리라." 히브리서 기자는 시편 45편 6절과 7절을 하나님의 아들에게 적용시켰다. "아들에 관하여는 하나님이여

---

29) 존 칼빈, 609.
30) 이종성, 114.
31) 존 칼빈, 609.

주의 보좌는 영영하며 주의 나라의 규는 공평한 규이니이다"(히 1:8). 뿐만 아니라 예수님 자신도 세상이 새롭게 되어 인자가 자기 영광의 보좌에 앉을 것(마 19:28)과 천국이 자신의 것임을 말씀하셨다(마 13:41).[32]

삼위일체의 두 번째 위격으로서의 예수님은 창조의 시작으로부터 언제나 만물에 대한 하나님의 통치권을 공유하셨다. 하지만 성육신하신 예수님은 일반적으로 중보적 왕권(mediatorial kingship)이라고 부르는 특별한 왕권을 가지고 계신다. 여기에서 중보적 왕권이라는 의미는 하나님의 영광을 위해, 하나님의 구원 목적을 이루기 위해 하늘과 땅에 있는 모든 것을 다스리는 주님의 권세를 말한다. 그런데 예수께서 중보적 왕이심을 분명하고 공개적으로 선포된 것은 승천하실 때였다. 물론 예수께서는 이 땅에서 계실 때에도 왕이셨지만 그 때에는 보좌에 앉지 않으셨다. 이 일은 예수께서 높임을 받으신 승귀(昇貴)의 때에 분명하게 일어났다.[33]

이와 같은 사실을 분명하게 보여주는 성경 구절들은 많이 있다. 예를 들어, 사도행전 2장 29절과 30절에서 베드로는 이렇게 말했다. "형제들아 내가 조상 다윗에 대하여 담대히 말할 수 있노니 다윗이 죽어 장사되어 그 묘가 오늘까지 우리 중에 있도다. 그는 선지자라 하나님이 이미 맹세하사 그 자손 중에서 한 사람을 그 위에 앉게 하리라 하심을 알고." 그리고 이어서 36절에서는 "그런즉 이스라엘 온 집은 확실히 알지니 너희가 십자가에 못 박은 이 예수를 하나님이 주와 그리스도가 되게 하셨느니라 하니라"고 하였다. 하나님께서는 예수께서 승천하실 때 주와 그리스도가 되게 하셨는데 이것은 예수께서 왕좌에 오르셨다는 것이다.[34] 이와 같은 사실은 빌립보서 2장 9절부터 11절에서 보다 분명하게 증언하고 있다.[35]

---

32) 밀라드 J. 에릭슨, 《조직신학 개론》, 나용화, 황규일 공역(서울: 기독교문서선교회, 2007), 410.
33) 마틴 로이드 존스, 608-609.
34) Ibid., 609.
35) 예수 그리스도의 왕되심에 대한 성경적 증언은 이 외에도 다음의 구절을 참고하기 바란다. 시 2:8; 마 28:18; 요 17:2; 롬 1:4; 고후 4:5; 히 2:8-9; 엡 1:20-23.

우리는 여기에서 주님이 통치하시는 주님의 나라에 대해서 생각할 필요가 있다. 즉, 하나님의 나라, 예수 그리스도의 나라는 주님의 통치와 주께서 다스리시는 나라를 의미한다. 따라서 예수 그리스도의 통치가 인식되고 기쁘게 여김을 받는 곳이면 어디나 그리스도의 나라이며, 그곳에서 그리스도는 왕이시다. 그런데 예수 그리스도의 중보적 왕권은 새 하늘과 새 땅이 나타날 때까지, 즉 "피조물도 썩어짐의 종 노릇 한데서 해방되어 하나님의 자녀들의 영광의 자유에 이르게"(롬 8:21) 될 때까지 지속될 것이다. 예수님의 이 왕권은 고린도전서 15장 24절부터 28절의 위대한 말씀이 성취될 때까지 지속될 것이다.[36] 그리고 보다 중요한 것은 그리스도의 통치가 완전하게 될 그날과 그 시간은 다가오고 있다는 것이다. 그때에는 모든 인간과 만물이 간절히 원하던 원하지 않던 예수 그리스도의 통치 아래 있게 될 것이다.

그리스도의 왕권에 대해 케커만(Bartholomaeus Keckermann, 1572-1609)[37]은 다음과 같이 말하고 있다.

> 선지자와 제사장의 기능이 주로 비하의 상태에 속한다면, 왕의 기능은 비록 어떤 경우 비하의 상태에서도 그 왕적 영광과 권능을 나타내었지만, 주로 승귀의 상태에 속한다.[38]

한편, 우리가 왕되신 예수 그리스도를 믿는다면 이 말씀에 위로를 받아 더 나은 생명에 대한 소망을 갖게 될 것이다. 그리고 현재의 생명이 그리스도의 손으로 보호하심을 받고 있으므로 이 은혜가 내세(來世)에서 완전히 결실할 것을 기다려야 할 것이다. 그러므로 그리스도께서 우리의 왕이 되신다는 사실은 비록 우리가 온갖 비참함과 괴로움을 다 견디며 인생

---

36) 마틴 로이드 존스, 610-611.
37) 케커만은 독일 단치히(Danzig)의 개혁파 출신으로 17세기 정통주의 신학자이다.
38) 하인리히 헤페, 689.

을 살아간다고 할지라도 우리의 싸움이 끝나고 승리로 개선할 그때까지 결코 우리를 핍절한 상태로 내버려두지 않으시고 우리의 필요를 채워주실 것이다[39]라는 위로와 소망을 갖게 한다. 따라서 하이데거(J. H. Heidegger)는 다음과 같이 말하고 있다.

> 예수 그리스도가 어제나 오늘이나 영원히 동일한 것처럼, 그는 영원한 왕이고 미래에도 그러하며, 그의 나라도 영원하다.[40]

4) 예수의 삼중직에 대한 순서

삼중직으로 예수 그리스도의 사역을 체계적으로 설명한 것은 칼빈이었다. 그런데 그가 그리스도의 삼중직을 이야기함에 있어서 그 순서가 각기 다르다는 것을 볼 수 있다. 칼빈은《기독교 강요》1536년과 1539년 판에서는 두 개의 직위인 제사장직과 왕의 직위만을 언급했다. 이것이《제네바교회교리문답》(1537)에서 선지자직을 포함한 삼중직분을 확립했다. 그리고 그 순서에 있어서도《제네바교회교리문답》에서는 왕의 직무가 첫 번째로 나오는 반면에《기독교 강요》최종판(1559)에는 왕의 직무가 두 번째 나오고 있다. 이와 같은 사실에 있어서 오토 베버(Otto Weber)는 칼빈은 직무를 배열하는 순서에 그다지 큰 관심을 두지 않았다고 한다. "웨스트민스터 소요리문답"에서는 선지자, 제사장, 왕의 순서로 언급하고 있다. 그런가 하면 칼 바르트는 화해자로서의 그리스도론을 강조하면서 제사장, 왕, 선지자의 순서로 언급하고 있다.

그런데 그리스도의 삼중직에 대해 하인리히 헤페는 "그리스도의 직책이 의도된 순서는 실행된 순서와 다르다. 의도에 있어서는 왕직이 다른 두 직책의 목적으로 처음 왔지만 이 행위들이 실행된 역사적 순서는 그 반대

---

39) 존 칼빈, 611-612.
40) 하인리히 헤페, 692.

이다"라고 하면서 하이데거의 말을 빌어서 다음과 같이 말하고 있다.

> 의도의 순서와 실행 순서는 다르다. 의도의 순서에서는 왕직이 중보의 목적으로서 처음 온다. 만물이 존재하기 이전에 하나님은 자기 아들에게 왕으로서 영원한 영광으로 충만하도록 많은 형제들을 주었다. 그런 다음 이 목적을 달성할 방편으로 제사장직을 받는다. 그것이 그로 하여금 의를 예비하도록 주어졌기 때문이다. 그리고는 마지막으로 선지자직이 주어졌다. 그것이 그에게 선지자로서 주어진 목적이 신앙의 순종에 대하여 의와 구원과 영광을 선포하는 것이었기 때문이다. 실행의 순서는 분명히 그 역순이다. 그리스도가 처음에는 의를 전하는 선지자와 구원의 선포자로 활동하였다. 그 다음에, 제사장으로서 제단에 나아가 자신을 제물로 성부에게 바쳤고, 마지막으로 그가 왕으로서 하나님의 우편에 좌정하였다.[41]

그러나 그리스도의 삼중직을 이야기함에 있어서 유념해야 할 것은 이것이 각각 따로 분리하거나 구분하여 설명하려고 해서는 안 된다는 것이다. 다시 말해서 그리스도의 사역에서 어느 부분은 선지자직에 해당하고, 어느 부분은 제사장직에 해당한다고 구분해서 설명하지 말아야 한다. 그리스도의 삼중직은 서로 연결되어 있을 뿐만 아니라 연관되어 있기 때문에 제사장이 선지자를 중단할 수 없고, 왕이 제사장직을 확실히 제거할 수도 없다. 이것은 그리스도의 사역을 보다 쉽고 유익하게 설명하기 위해서이지 그것을 구분하거나 분리해서 설명하려면 안 되는 것이다.

5) 칼 바르트의 예수의 삼중직에 대한 이해

칼 바르트(Karl Barth)는 그의 정교한 화해론에서 그리스도의 삼중직의 개념을 사용하면서 이것들을 고전적 두 본성론(신성과 인성)과 두 상태

---

41) Ibid., 649.

론(낮아짐과 높아짐)을 가지고 창의적으로 결합하고 있다. 그 결과 다음과 같이 세 가지 주제가 얻어지는데, '종이신 주님'과 '주님이신 종', 그리고 '참된 증인'이다. 여기에서 '종이신 주님'은 예수 그리스도 안에서 그의 신성은 우리의 제사장으로 겸손하게 행하시는 가운데 교만의 죄로부터 우리를 구속한다는 것이다. '주님이신 종'은 예수 그리스도 안에서 그의 인성은 은혜에 의해 하나님의 왕적 동반자로 높여지는 가운데 우리를 태만의 죄에서 구속한다는 것이다. 그리고 '참된 증인'은 예수 그리스도 안에서 신성과 인성의 하나됨은 그 자신의 예언적 능력을 행사함으로 우리로부터 거짓됨의 죄를 몰아낸다는 것이다. 그리스도의 인격과 삶에 대한 칼 바르트의 신학은 신약성경에 기록된 증언의 다양한 은유들을 포괄적으로 처리하고 고전적 신학의 상호보완적 주제들을 잘 다루는 점에 있어서 매우 풍성한 모습을 보여주고 있다.[42]

2. 예수 그리스도의 속죄에 대한 견해들

예수께서 이루고자 했던 일, 곧 그의 사역은 무엇일까? 이 질문에 대해 우리는 구원이라고 간단하게 대답할 수 있을 것이다. 예수 그리스도가 하나님의 '구원자'라는 기독교의 공통된 인식에서 우리는 이 대답에 대한 근거를 발견할 수 있다. 그러나 신약성서와 기독교 역사에서 우리는 이 질문에 대한 다양한 대답의 모델을 발견할 수 있다. 먼저, 신약성서에서 예수의 사역은 예수의 속죄제물의 죽음을 통한 인간의 죄 용서, 불의한 인간을 의롭게 함(칭의), 하나님과 인간의 화해(화목), 영원한 생명의 중재, 하나님의 권세의 회복 등으로 대답 모델을 발견할 수 있다. 또 신학의 역사에서 예수의 사역은 마귀와 죽음의 세력의 극복, 모든 인간이 도달해야 할 원형적 하나님 의식의 계시, 하나님과 인간의 중재(중보), 하나님의 자기계시,

---

42) 다니엘 L. 밀리오리, 228.

모든 인간이 실현해야 할 "새 존재"의 계시 등이 있다.

특별히 우리는 앞에서 제사장으로서의 예수 그리스도 사역에 관한 내용을 다루면서 제사장의 두 가지 주된 기능은 예물과 제사드리는 것과 중보 역할이라는 것을 살펴 보았다. 그렇다면 이제 우리는 예수께서 위대한 제사장으로서 바치시는 것이 무엇인지, 그리고 하나님께 무엇을 바치셨는지에 대해서 살펴보지 않을 수 없다. 이 문제는 예수 그리스도의 십자가에서의 죽으심이라는 속죄의 교리에 직면하게 된다. 물론 속죄 교리가 예수 그리스도의 십자가에서 죽으심과만 관련이 있는 것은 아니지만 그럼에도 불구하고 이것에 대한 성경적인 가르침을 살펴보는 것은 중요하다고 할 것이다.

사실 신약성경에는 상당한 부분에서 예수님의 십자가에서 죽으심에 대해 직·간접적으로 다루고 있다. 이와 같은 사실은 예수님의 성육신과 생애와 가르침도 대단히 중요하지만 이 모든 것보다도 예수님이 십자가에서 죽으신 일이 훨씬 더 중요하다는 것을 보여주고 있다. 무엇보다 서양신학의 속죄론에도 예수님의 십자가가 그 관심의 중심이 되어왔던 것이 사실이다. 그런데 교회사를 보면 예수님의 십자가에서의 죽으심에 대한 속죄론에 대한 신학적 해석을 놓고 논쟁해 왔다. 그 만큼 속죄 교리가 중요하다는 반증일 것이다. 그런데 우리가 여기에서 살펴보려는 속죄의 교리들은 결국 두 가지 측면에서 다루어지고 있다고 할 것이다. 즉, 예수님의 십자가에서의 죽으심이 인류의 죄를 향한 하나님의 사랑의 완성이냐, 아니면 하나님의 공의의 만족이냐에 대한 것이다. 따라서 우리는 여기에서 기독교 교회사에서 논의되어 왔던 속죄론에 대해서 살펴보려고 한다.

1) 배상설(賠償設, Ransom Theory)

이 속죄론은 예수님의 죽음을 마가복음 10장 45절과 디모데전서 2장 6절 등에 있는 말씀을 토대로 마귀와의 거래 결과로 일어난 사건으로 이해하는데 근거를 두고 있다. 마귀의 권세 아래 있었던 인류를 해방시켜 자유와 생명을 주려고 했으나 마귀가 응하지 않았다. 그래서 하나님은 자기의 권능으로 인류를 해방시킬 수 있었으나 그 방법을 쓰지 않으시고 오히려 마귀에게 값을 치르시고 인류를 구속하는 방법을 취하셨다. 인간은 죄 아래 팔려 있으므로(롬 7:14) 그를 석방하려면 값을 치러야 한다. 구속을 의미하는 희랍어 '아고라조'(Agorazo)는 "시장에서 물건을 산다"는 것을 의미하는 말이다. 그러므로 하나님이 인류를 마귀로부터 구속시킬 때 마귀에게 일정한 대가를 지불해야만 했다. 그런데 마귀는 다른 것을 요구하지 않고 하나님의 아들이신 예수님의 생명을 요구했다. 그래서 예수님은 십자가의 죽음을 통하여 마귀에게 값을 지불했다.[43] 예수 그리스도의 속죄론에 대한 이와 같은 해석을 배상설이라고 부른다.[44]

2) 만족설(滿足說, satisfaction theory)

이 속죄론은 11세기 영국 남부에 있는 켄터베리 대성당의 대주교였던 안셀름(Anselm of Canterbury, 1033-1109)이 주장한 것으로 이것은 인간이 구속되는 방법으로서 대속적 고통을 강조한 성경구절들(예를 들어, 사 53장; 갈 3:13)에 근거를 두고 있다. 이 속죄론은 안셀름의 *Cur Deus Homo?*《인간이 되신 하나님》[45]에서 그 고전적 진술을 발견할 수 있다. 이 질문에 대한 안셀름의 성찰은 중세의 사상 세계로부터 비롯되는 것으로서 그 당시의 법, 범법, 보상, 사회적 의무들에 대한 이해를 전제하는 것이다. 여기서 하나님과 인간은 중세의 영주와 농노 사이의 관계로 이해된다. 어떤 종류의 불순종이건 그 행동은 영주를 모독하는 것이기 때문에, 반드시 그 보상이 있어야만 한다.

---

43) 롬 6:20; 7:23; 벧후 2:1; 계 5:9; 14:3, 4.
44) 이종성, 115.
45) 안셀름,《인간이 되신 하나님》, 이은재 옮김(서울: 한들출판사, 2007).

그러므로 아담이 하나님의 명령을 어기어 죄를 범함으로써 자기는 죽음이라는 벌을 받게 되었으나 하나님은 그 일에 대하여 진노하신 동시에 아담의 행동에 의해 자기 명예에 큰 손상이 주어졌다고 느꼈다. 하나님은 공의(公義)의 하나님이시기에 아담의 죄를 그대로 둘 수 없었다. 벌을 내려야 하는데 그렇게 되면 인류는 완전히 죽을 수밖에 없다. 그런데 하나님은 그것을 원하지 않으셨다. 때문에 하나님은 자기의 의를 확립하고 인간의 죄를 벌하고 상처 입은 명예를 회복하는 길을 택하셨다.[46] 인간이 이러한 만족을 제공해야 하지만, 오직 하나님만이 이 만족을 제공하실 수 있다. 그러므로 그리스도 안에서 하나님께서 인간이 되셨다. 그리고 그리스도께서 죽음에 이르기까지 순종하심을 통해 세 가지가 성취되었다. 하나님의 명예가 회복되었고, 죄는 벌을 받았으며, 인류가 구원을 받게 되었다. 예수의 십자가는 사람을 향하여 일어난 사건이 아니라 하나님을 향하여 일어난 사건이요, 그 결과는 하나님에게 만족을 주게 되었다. 이러한 논거에 의해서 안셀름의 십자가 이해를 만족설, 또는 객관설이라고도 한다.

이 속죄론은 우주적 갈등론보다는 그리스도의 인간성에 보다 중요한 역할을 부여한다. 이 속죄론은 중세시대의 교회적 상황에서 이해가 되는 방법으로 죄의 심각성을 보여주며, 구속을 얻기 위하여 치룬 커다란 희생을 표현해 주고 있다.

그러나 이 만족설에는 몇 가지 문제를 가지고 있다. 첫째, 이 속죄론은 하나님을 하나님 자신과 모순되도록 만드는 것으로 보인다. 이 속죄론은 신약성경의 법률적 은유를 사용하는 가운데 하나님의 자비와 공의를 충돌하게 만든다. 다시 말하면, 안셀름의 속죄론은 용서의 행위를 하나님에게 문제가 되는 것으로 인정한다. 은혜는 만족이 주어져야만 되는 조건적인 것이 된다. 신약성경에 따르면 회개가 필요한 대상은 인간이지 하나님이 아니다. 다시 말하면, 하나님은 그리스도 안에서 화해의 대상이기보다는

---

46) 이종성, 115.

화해의 주체이시다. 둘째, 전통적인 만족설은 대체물(substitute)과 대표자(representative)를 적절하게 구분하지 못하고 있다. 대체물의 세계는 대체 가능한 사물의 세계이다. 기계의 한 부분이 모두 닳으면, 새로운 부분으로 대체된다. 그러나 대표자는 사람과의 인격적 관계의 세계에 속하는 것이다.

3) 도덕설(道德說, Moral Theory)

안셀름의 만족설에 대하여 강한 반대 해석으로 아벨라드(Pierre Abelard, 1079-1142)가 주장한 속죄론이 있다. 중세신학자 아벨라드는 안셀름의 만족설이 신을 너무나 무정하고도 냉혹한 신으로 만들고 말았다고 비난하면서, 예수의 십자가는 신에게 만족을 주기 위한 사건이 아니라 사람에게 감화를 주기 위한 것이었다고 주장했다. 성경이 가르치는 하나님은 자기의 명예를 회복하기 위하여 자기의 아들을 죽이기까지 하는 그러한 냉혹한 하나님이 아니라 사랑과 자비가 풍성하신 하나님이시다. 그렇기 때문에 그의 아들 예수의 십자가는 그의 사랑이 얼마나 큰가를 사람에게 보여주는 것이다. 그리고 동시에 누구든지 십자가 위에서 나타나신 하나님의 사랑을 목격할 때 그 사람의 마음에 하나님의 사랑에 상응하는 사랑이 일어나서 자기도 사랑의 생활을 하도록 하기 위해서 일어난 사건이라고 했다. 이 속죄론을 때로는 주관설이라고도 부른다.[47]

4) 도덕감화설(道德感化說, moral influence theory)

이 속죄론은 아벨라드의 도덕설을 확대한 것으로 '주관적' 속죄론으로 불리기도 하는데, 이것은 앞의 두 속죄론이 '객관적' 측면을 강조하는

---

47) Ibid., 116.

것과 대비하기 위함이다. 도덕감화설에서는 그리스도께서 인간과의 화해를 이룰 때, 우주적 전쟁을 치루거나 법적인 행동을 취한다고 보지 않는다. 이전의 속죄론은 모두 속죄의 대상이 되는 사람들의 참여 없이도 속죄 행위가 완성됨을 주장한다. 도덕감화설은 하나님께서 우리에 대한 사랑을 매우 많이 주심으로 우리가 경이와 감사 가운데 응답하지 않을 수 없도록 만듦으로써 화해를 이루신다고 말한다.

도덕감화설의 장점은 하나님의 사랑의 무조건성을 강조하고 인간의 응답의 중요성을 강조한다는 점에 있다. 그러나 약점으로는 하나님의 사랑을 감상화 하는 방향으로 나아가고, 이 세계의 악의 능력과 그 집요함을 과소평가하며, 예수님을 단지 사람들이 따라야 할 하나의 좋은 모범으로 간주한다는 것이다. 무엇보다 이 이론은 하나님의 공의에 대해서는 전혀 언급하지 않고 있다. 하나님께는 아무런 장애가 없었고 문제는 오직 사람에게만 있었다는 것이다. 따라서 이 이론에 따르면 그리스도는 중보자가 아니다. 그리스도는 사람과 관계는 있을 뿐 하나님과는 아무런 관계가 없기 때문이다.[48]

5) 형벌 만족설(刑罰 滿足說, Penal Satisfaction Theory)

루터와 칼빈을 포함한 종교개혁자들은 대체로 안셀름의 만족설을 따랐으나 이것을 더 보완하는 입장을 취했다. 안셀름의 만족설에는 죄에 대한 벌이 별로 강조되지 않았으나, 종교개혁자들은 성서, 특히 바울의 편지에서 그리스도의 십자가의 죽음이 인간의 죄와 불가분리의 관계에 있다는 점과 십자가에 의해서 죄가 벌을 받은 동시에 용서함을 받았다는 점이 강조되었음을 알고 이 점을 안셀름의 만족설에 첨가하여 강조하였다.

십자가는 단지 하나님에게 만족을 주기 위해 일어난 사건만은 아니었다. 또는 인간에게 도덕적으로 감화를 주기 위해서 일어난 사건만도 아니

---

48) 마틴 로이드 존스, 522.

었다. 오히려 십자가는 죄에 대하여 내려진 하나님의 공의의 심판으로서 일어난 사건이었다. 죄의 벌을 사람이 감당할 수 없었기 때문에 하나님의 아들이신 예수 그리스도가 그 벌을 인류를 대신하여 받으심으로 죄의 문제가 해결되었다. 그 결과 하나님이 만족을 느끼시고 인류의 모든 죄를 용서해 주었다는 것이다.

6) 통치설(統治設, Governmental Theory)

종교개혁 당시 그로튜스(H. Grotius, 1583-1645)가 제안한 이론으로써 그는 개혁자들의 속죄론에 반대하고 신의 세계 통치라는 시각에서 십자가를 보았다. 신은 공의와 권능으로써 우주와 인류 역사를 지배하신다. 신은 결코 그의 본질에 모순되는 것을 용납하지 않으신다. 인간은 피조된 본질에서 이탈하여 죄를 범함으로써 신의 공의를 범했으며 신의 세계 통치에 차질을 초래하였다. 신은 이러한 사건이 계속해서 일어나기를 원치 않으셨기 때문에 그의 통치권을 재건하고 확립하기 위하여 죄를 벌하셨다. 그런데 죄를 벌하는 데 있어서 사람을 직접 벌할 수 없다. 이유는 신의 벌을 감당해 낼 수 있는 사람이 없었기 때문이다. 그래서 신은 그의 아들 예수 그리스도를 세상에 보내셔서 그의 무너진 통치권을 재확립하시기 위하여 죄를 벌하셨다. 그 길은 십자가의 길 밖에 없었다. 하나님의 아들 예수 그리스도만이 그 일을 감당할 수 있었다. 그래서 십자가의 사건이 일어났다. 신의 통치권을 확립하기 위하여 일어난 사건이라는 뜻에서 통치설이라고 부른다.[49]

7) 우주적 갈등론 또는 승리자 그리스도론(Chrise the Victor)

이 속죄론은 신약성경에서 발견되는 군사적 은유들(예를 들어 골 2:15)을 발전시킨다. 이 견해에 따르면, 속죄의 사역은 하나님과 이 세상 악

---

49) 이종성, 117-118.

의 세력 간의 극적인 전쟁이다. 성육신된 주님 안에는 신성이 깊이 숨겨져 있다. 그리스도는 인간성의 가면 뒤에 숨어서 인간을 사로잡고 있는 마귀와 모든 악한 권세들과 전쟁을 벌인다. 결국 그리스도는 십자가와 부활을 통해 이러한 권세를 결정적으로 무찌르고, 포로된 자들을 자유케 한다.

이 속죄론은 악의 실재와 세력을 강조하는 점에서 도움이 되며, 하나님의 승리가 값비싼 대가를 치룬 것과 그 승리의 확신을 심어주는 데에서 올바르다. 하지만 이 속죄론의 한계는 그 장면이 문제 그대로 받아들여질 때 우리를 잘못 인도할 수 있다. 즉, 예수의 인성을 단지 악의 세력을 속이기 위한 술수로만 축소시킨다는 점과 또는 신자들을 이 우주적 전쟁에서 단지 방관자로 만든다는 점에서, 그리고 역사와 우리의 삶 속에 아직도 존재하는 악과 죄의 세력의 지속성을 부인하고 있다는 점에서 이 속죄론의 문제점들이 발견된다.

8) 고전설(Classical Theory)

스웨덴의 신학자 아울렌(Gustav Aulen, 1879- ?)이 루터의 속죄 사상을 재해석하면서 주장한 속죄론이다. 아울렌에 의하면 예수의 십자가의 사건은 배상설론과 만족설론들의 주장처럼 마귀에 대해서나 하나님에 대하여 만족을 주기 위하여 일어난 사건이 아니라 아벨라드가 주장한 것처럼 하나님의 사랑의 시현(示顯)으로서의 사건이었다. 그러나 아벨라드처럼 도덕적으로 인간에게 감화를 주기 위한 것이라기보다 하나님의 사랑의 승리를 의미하는 사건이었다.

아울렌은 루터교회의 신학자였기 때문에 루터의 사랑 사상을 강조했다. 루터는 하나님의 사랑을 강조했다. 사랑은 하나님의 본래적 사역이지만 진노는 비본래적 사역이라고 할 정도로 루터는 하나님의 사랑을 강조했다. 이러한 하나님의 견지에서 십자가를 볼 때 하나님이 죄의 벌을 예수에게 감당시켜 십자가를 지게 했다는 것은 하나님의 본질에 맞지 않는다. 아울렌에 의하면 십자가 사건은 마귀의 세력과 하나님 사랑과의 투쟁이었으며, 그 결과 하나님의 사랑의 승리로 끝났다. 즉 3일 후에 예수께서 부활하심으로 하나님의 사랑이 승리했다. 이러한 사상은 초대교회의 교부 신학자들의 사상에서도 발견되는 사랑이라고 한다. 따라서 고대로부터 일관되게 현재까지 강조된 설이라고 하여 고전설이라고 부른다.

9) 그리스도의 속죄론에 대한 바른 이해

우리는 지금까지 예수 그리스도의 십자가와 관련된 여러 가지의 속죄론에 대해 살펴보았다. 물론 예수 그리스도의 속죄론에 대한 각각의 주장들은 나름대로 성경적 근거에 의한 것이라고 할 것이다. 그런데 이러한 속죄론과 그 속죄론이 기초한 성경의 은유들은 사실 서로 배타적인 것은 아니다. 오직 하나의 표상(image)이나 하나의 이론만을 절대화하게 될 때, 신약성경의 선포가 가지고 있는 풍성함은 사라지게 되고, 교회가 그리스도의 속죄 사역의 의미를 수세기 동안 묵상했던 풍성함 역시 상실된다. 다시 말해서 앞에서 살펴보았던 이들 속죄론에 대해 하나의 이론만 절대화한다면 십자가의 넓고 오묘한 진리는 왜곡될 것이다. 따라서 예수 그리스도의 십자가에 의한 속죄론을 보다 정확하고 충분히 이해하려면 가능한 모든 측면과 차원을 종합한 통전적 입장에서 해석하고 받아들여야 할 것이다. 십자가 사건에는 두 가지 측면이 있다. 하나님의 공의 확립과 사랑의 실천이다. 이 두 가지를 종합하여 이해할 때 십자가 사건에 대한 정당한 이해가 가능할 것이다.[50]

한편, 다니엘 밀리오리(Daniel L. Migliore)는 그리스도의 속죄론을 이해함에 있어서 다음과 같은 원칙에 의해서 인도를 받기를 요청하고 있다. 첫째, 우리는 모든 것을 하나의 공동분모로 환원시키려 하기보다는 속죄함에 대한 신약성경의 은유들의 풍성함과 고전적인 표현들의 다양성을

---

50) 이종성, 119.

존중해야 한다. 둘째, 그리스도의 속죄 사역은 전복음서 이야기, 곧 그의 사역, 가르침, 십자가, 그리고 부활을 모두 포괄하는 것이다. 셋째, 속죄의 사역은 하나님의 은혜로운 주도하심에 기초하는 가운데 동시에 인간의 응답을 요청한다. 적절한 속죄론은 이 두 가지 요소에 적합한 중요성을 부과한다. 넷째, 하나님의 은혜는 심판을 포함하며, 하나님의 심판은 은혜의 목적을 위해 봉사한다. 속죄론은 하나님의 은혜와 심판을 서로 상충하는 것으로 보아서는 안 된다. 마지막으로, 그리스도 안에서 일어난 하나님의 속죄의 사역은 개인과 사회, 전우주에 모두 그 중요성을 가진다.[51]

3. 화해론에 대한 이해[52]

지금까지 예수 그리스도의 십자가 사역에서의 속죄론을 이해하는 다양한 모델들을 살펴보았다. 그런데 이러한 모델 가운데 가장 대표적인 것은 예수의 희생의 죽음을 통해 이루어진 인간의 죄 용서, 그리고 이를 통한 하나님과 인간의 화해 모델이다.[53] 여기서 예수의 희생제물의 죽음을 통한 하나님과 인간의 화해(화목)가 예수님께서 행하신 사역들 가운데 중요한 사역으로 받아들여진다. 교회에서는 지금도 이것을 예수의 주요 사역으로 간주하며 이것을 구원과 동일시한다. 그런데 현대신학에서 화해론으로 가장 많은 논쟁의 중심에 서 있는 신학자가 바로 칼 바르트이다.

---

51) 다니엘 L. 밀리오리, 228-229.
52) 칼 바르트의 화해론에 대해서는 다음 책을 요약했다. 김명용, 《칼 바르트의 신학》(서울: 도서출판 이레서원, 2014), 230-257.
53) '화해'의 라틴어 개념 re-conciliatio가 시사하는 것처럼, 화해는 과거에 있었던 것이 회복되는 것을 뜻한다. 곧 태초에 이상적인 파라다이스가 있었고, 하나님과 인간의 완전한 관계가 있었다. 이 관계는 인간의 죄로 말미암아 파괴되었다. 예수의 희생제물의 죽음을 통해 이 관계가 회복되었다. 따라서 화해는 부정적인 것의 부정을 통한 긍정적인 것의 회복, 곧 완전한 상태로의 회복을 뜻한다.

칼 바르트의 화해론에서 가장 큰 특징과 독특성은 객관적 화해론을 주장했다는 점에 있다.[54] 객관적 화해론은 주관적 화해론과 대립되는 개념인데, 만인은 예수 그리스도에 대한 주관적 믿음과 관계없이 객관적으로 하나님과 화해되어 있다는 주장이다.[55] 전통적 화해론에 의하면 인간이 하나님과 화해되는 순간은 예수 그리스도를 구주로 받아들이는 순간이다. 즉, 예수 그리스도께서 나의 죄를 위해 십자가에서 죽으시고 나의 모든 죄의 문제를 해결하셨다는 것을 믿는 순간이 하나님과 화해되는 순간이다. 인간과 하나님과의 화해가 인간이 예수 그리스도를 주관적으로 믿음으로 받아들이는 순간에 일어나기 때문에 이 화해론을 주관적 화해론이라고 한다.

그러나 칼 바르트에 의하면 이 주관적 화해론은 잘못되었다. 왜냐하면 인류가 하나님과 화해된 순간은 자신의 믿음의 순간이 아니라 이천년 전에 예수 그리스도께서 십자가에서 인류의 죄악을 짊어지고 죽으신 순간이기 때문이다. 예수 그리스도께서 인류의 죄악 때문에 십자가에서 죽으실 때 모든 인류의 죄는 해결되었다. 즉, 이 사실을 인간이 믿든지 그렇지 않든지 상관없이 인류의 죄는 해결되었고, 인류는 하나님과 화해되었다. 칼 바르트에 의하면 하나님과 인류와의 화해 사건은 객관적으로 이미 십

---

54) 화해론은 중세시대 이후 캔터베리의 주교 안셀름이 주장한 객관적 화해론과 아벨라드가 주장한 주관적 화해론으로 나누어진다. 즉, 예수의 죽음은 하나님의 정의와 인간의 죄값의 차이를 상쇄하는 일종의 객관적 보상행위로 생각된다는 점에서 객관적 화해론이라고 하며, 이 이론은 기독교 신학의 대표적 위치를 치지한다. 반면에 주관적 화해론에서 화해는 인간의 마음 속에 숨어 있는 하나님에 대한 사랑이 깨어나며 하나님과의 교통이 회복되는 내면적 변화를 뜻한다. 그것은 법적, 객관적 사건이 아니라, 인간의 마음 속에 잠재적으로 숨어 있는 것이 깨어남을 뜻한다. 이 이론은 슐라이어마허, 리츨에게 영향을 준다. 슐라이어마허에 의하면 화해는 인간의 본래적인 삶을 방해하는 요소들을 제거하는데 있다.

55) Karl Barth, *Die Kirchliche Dogmatik* IV/1 (Zürich: 1967), 573-718; H. King, *Rechtfertigung* (München/Zürich: Piper, 2004), 21-101. 바르트의 객관적 화해론은 전통적 화해론의 주관주의와도 다르지만 바르트의 동시대 신학자인 불트만(R. Bultmann)의 실존주의 신학의 주관주의와도 크게 대립된다. 바르트의 객관적 화해론은 불트만 신학의 실존주의적 주관주의에 대한 비판의 성격을 강하게 띠고 있다.

자가에서 일어났다. 인류는 하나님과 화해되었고, 만인의 죄는 이미 용서된 것이다.

칼 바르트에 의하면 예수 그리스도께서는 인류를 심판하실 진정한 심판자이심에도 불구하고 우리를 대신해서 심판을 받으셨다. 십자가에서 일어난 사건은 놀라운 하나님과 인간의 교환 사건이었다. 심판하셔야 할 예수 그리스도께서 오히려 심판을 받으시고, 심판 받아야 할 인간은 심판을 받지 않고 살아났다. 모든 인류는 사실상 예수 그리스도 안에서 심판을 받았는데, 곧 예수 그리스도께서 모든 인류를 대신해서 죽으신 예수 그리스도의 사건이었고, 우리를 대신해서 당하신 하나님의 고난이었다. 십자가에서 인간과 하나님의 교환이 일어났고, 예수 그리스도께서는 죽으셨으며, 인류의 죄에 대한 형벌은 사실상 완료되었다.

십자가는 극단적인 하나님의 사랑과 자비의 계시이다. 하나님은 극단적인 사랑과 자비로 모든 인류의 죄악의 짐을 스스로 감당하시고, 그 고통을 겪으시면서 인류를 용서하시고 죄를 사면하셨다. 칼 바르트에 의하면 이 십자가의 극단적인 하나님의 사랑과 자비에 의해 모든 인류는 하나님과 화해되었다. 아직 하나님을 향해 반역을 행하고, 깊은 죄 속에 있는 자들의 죄까지 하나님은 이미 십자가에서 용서하셨고, 그들에게 영원히 자비한 신으로 존재하시기로 작정하셨다. 십자가는 영원히 하나님께서 우리와 함께 계심을 나타내신 사건이었고, 인간과 하나님은 이미 영원히 하나님과 화해되어 있음을 계시한 사건이었다.

칼 바르트에 의하면 하나님과 인간 사이의 화해는 인간의 믿음에 의해 규정되지 않는다. 인간을 향한 하나님의 용서는 이미 영원히 결정되었고, 하나님은 인간에게 영원히 자비하신 하나님이시다. 인간이 이 영원히 자비하신 하나님을 모를 수는 있어도, 하나님께서 인간을 향한 그의 자비하심을 거두시지는 않으신다. 인간이 십자가에 계시된 놀라운 화해의 사건을 모를 수는 있어도 그 화해의 사건을 철회시킬 수는 없다. 왜냐하면 이 화해의 사건은 이미 객관적으로 일어났고, 인간의 죄악의 형벌은 이미 객관적으로 해결되었기 때문이다.
　칼 바르트의 화해론은 하나님과 인간 사이의 화해 순간을 지금 여기에서 믿는 믿음의 순간에서 이천년 전 십자가에서 예수 그리스도께서 죽으신 순간으로 옮겨놓은 화해론이다. 예수 그리스도께서는 만인의 죄를 짊어지고 죽으셨고 만인은 하나님과 화해되었다. 그리고 이 예수 그리스도의 사건은 단 한번 일어난 사건이지만 동시에 영원한 사건이다. 예수 그리스도 이전에 살았던 사람들도 예수 그리스도 사건의 소급하는 능력으로 그들 역시 하나님과 화해된 사람들이었다. 예수 그리스도의 사건은 단 한번 일어난 사건이지만 영원한 사건이라는 말의 뜻은 이 사건이 모든 인류의 역사를 관통하는 사건이기 때문이다. 예수 그리스도의 화해의 사건은 모든 인류의 역사를 관통하고 있고, 그런 까닭에 모든 인류는 하나님과 화해되어 있다.

칼 바르트의 화해론의 신학적 파장
1) 만인구원론에 대한 신학적 논쟁을 불러일으킴
2) 이중예정과 이중심판에 대한 신학적 논쟁을 불러일으킴

　예수 그리스도의 화해의 사건이 모든 인류의 역사를 관통하고 모든 인류가 하나님과 화해되어 있다면, 모든 인류는 결국 구원에 이르는 것이 아닐까? 바르트의 화해론은 결국 만인구원론을 주장하려는 이론이 아닐까? 인간의 믿음과 관계없이 모든 인류가 객관적으로 화해되어 있다면 그것은 결국 인간의 믿음이 불필요한 만인구원론의 이단적 이론이 아닐까?
　칼 바르트가《교회교의학》의 화해론에서 객관적 화해론을 주장하자마자 전 세계에 걸쳐 위와 같은 질문이 빗발치듯 바르트를 향하게 되었다. 바르트의 객관적 화해론은 만인구원론과 동일한 이론일까 아니면 다른 이론일까?
　칼 바르트의 화해론이 만인구원론과 동일한 이론이 아니냐는 세계의

빗발치는 질문과 비판에 대해 자신의 이론은 만인구원론이 아니고 만인화해론이라고 밝혔다. 칼 바르트는 만인구원론(Allerlosungslehre)과 만인화해론(Allversohnungslehre)은 같은 이론이 아니고 다른 이론이라고 주장했다. 칼 바르트 연구에서 칼 바르트 신학을 세밀하게 관찰하지 않는 학자들은 칼 바르트가 표기한 만인화해론을 만인구원론으로 잘못 번역하여 칼 바르트의 만인구원론을 주장하기도 한다. 이러한 주장은 특히 미국의 근본주의와 복음주의 계열의 학자들에게서 자주 나타난다. 우리가 유념해야 하는 것은 칼 바르트는 만인구원론을 주장한 것이 아니고 만인화해론을 주장했다는 점이다.

그렇다면 만인구원론과 만인화해론은 무엇이 다른가? 칼 바르트에 의하면 화해와 구원은 다른 사건이다. 화해는 객관적으로 일어났지만 구원은 주관적으로 지금 일어나고 있고, 또한 앞으로도 일어날 사건이다. 무엇보다 칼 바르트의 그리스도를 통한 객관적 화해론은 시간을 넘어 죽은 자들에게까지 소급된다. 왜냐하면 그들도 그리스도의 은총의 빛 속에 있기 때문이다. 여기서 중요한 것은 하나님의 영원한 결단이다. 인간은 시간 안에서 결단하지만 하나님은 영원에서 결단하신다. 인간은 하나님의 결단을 측량할 수 없다. 초대교회 전승과 관련하여 그리스도가 십자가에 달려 죽은 후부터 부활하기까지 음부에 내려가 복음을 전파하는 사건은 십자가의 의미가 죽은 사람에게까지 확대되고 있다. 죽은 자들에게도 복음이 전파되고 있는 것이다. 그리스도의 십자가는 지옥문을 파괴시킨 것이다.[56] 초대교회의 정신은 지옥과 사망 권세를 완전히 파괴시킨 분이 예수 그리스도라고 믿고 있었다.

이러한 칼 바르트의 객관적 화해론의 근거는 정통주의 신학의 기계적 이중예정의 교리도, 그리고 개인의 신앙을 구원의 조건으로 삼는 주관적 화해론도 모두 거부된다. 오직 그리스도의 십자가 아래에서만 만인이 구원을 받게 되었다는 것이다. 그리스도로 말미암아 인간에게 화해의 길이 열린 것이다. 다시 말하면, 그리스도 안에서 인간은 모두 한결같이 용서 받은 자라는 것이다. 이러한 칼 바르트의 은총의 선택론, 즉 그의 화해의 사건은 결국 보편적 구원, 즉 "만인구원론"을 말하는 것이나 다름없지 않은가라는 우려와 비판이 존재하고 있다.

여기서 그리스도로 말미암은 화해 사건이 객관적 사실이라면, 그것은 시간과 공간을 뛰어넘은 사건으로 이해된다. 그 사건은 인간의 신앙과 상관없이 인류를 향한 하나님의 무조건적 사랑의 결단으로 단번에 이루어진 것으로 하나의 객관적 사실이다. 우리는 하나님과 화해되는 것이 자신의 신앙에 달려 있다고 믿었다. 그러나 칼 바르트에 의하면 화해의 근거는 인간의 주관적 신앙고백에 있는 것이 아니라 객관적으로 화해가 이루어진 것이다. 그러므로 칼 바르트에게 있어서 예수 그리스도는 화해의 핵심이며, 화해자 예수 그리스도는 세상을 향한 화해의 근원이시다.

칼 바르트가 주장한 객관적 화해론은 너무나도 놀랍고 매우 극적이어서 세계 신학계에 당혹감과 충격은 물론 깊은 신학적 파장을 몰고 왔다. 먼저 가까운 신학적 파장으로는 만인구원론에 대한 신학적 논쟁이었다. 칼

---

56) 몰트만은 그리스도가 죽은 후 3일 동안 음부에 내려가서 복음을 전한 사건을 '지옥 파괴', '열려진 지옥'이라는 표현을 쓴다. 이어서 그는 초대교회가 죽은 자들을 위한 기도가 있었다는 것을 말한다. 그러나 문제는 로마 가톨릭교회가 이것을 연옥교리로 발전시켜 공덕사상과 결탁하고 복음적인 특성을 탈색시킨 것이 문제라고 지적한다.

바르트가 자신의 화해론은 '만인구원론'이 아니라고 주장했음에도 그의 화해론이 만인구원론을 향하고 있는 것이 아니냐는 신학적 논쟁이었다. 하나님께서 만인의 죄를 십자가에서 용서하셨다면, 마지막 심판 때 하나님께서 그 누구도 심판하지 않고 모든 사람을 용서하고 결국 구원하게 된다는 것이 칼 바르트를 향한 신학적 비판이었다. 에밀 브루너(Emil Brunner, 1889-1966)와 게하르트 에벨링(Gerhart Ebeling, 1912-2001)에 의하면 하나님께서는 믿는 자에게는 구원과 긍휼을, 믿지 않는 자에게는 심판을 하신다는 것이 성서의 가르침이기 때문에 만인구원론을 주장해서는 안 되고, 마지막 날의 이중 심판론을 주장해야 된다고 칼 바르트를 향해 비판의 포문을 터뜨렸다.

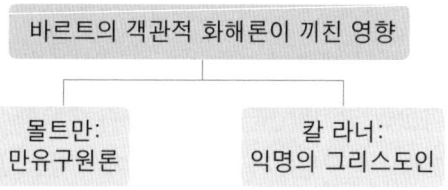

그런가 하면 위르겐 몰트만에게도 영향을 미쳤다. 몰트만은 1995년에 출판한 《오시는 하나님》(Das Kommen Gottes)에서 칼 바르트의 화해론에 영향을 받아 만유구원론을 주장했다. 그는 2003년 《마지막 속에 시작이 있다》(Am Ende-Der Anfang)를 계속 저술하면서 자신의 만유구원에 대한 희망을 더욱 자세히 체계화시켰다. 몰트만의 만유구원에 대한 희망은 칼 바르트가 《교회교의학》 '예정론'에서 이미 기초를 세우고 그의 '화해론'에서 거대하게 발전시킨 20세기 기독교의 새로운 구원론의 기나긴 여정 가운데 하나의 완성이었다. 몰트만에 의하면, 예수 그리스도를 받아들이지 않는 잘못된 결정으로 인간은 지옥의 고통 속에 끝없이 머물러 있을 수 있다. 그러나 인간의 결정이 아무리 크다 할지라도 인간을 살리고자 하시는 하나님이 결정을 뒤엎을 수는 없다. 그런 까닭에 이 문제에 대한 마지막 답은 만유구원일 것이라고 확언하였다.

몰트만에 의하면 칼 바르트의 화해론이 남긴 큰 신학적 숙제는 십자가에서 나타난 하나님의 결정과 이에 대한 응답으로서의 인간의 자유와의 관계였다. 인간이 끝까지 하나님의 은총에 거부할 때, 곧 복음에 대해 인간이 끝까지 거부한다면 마지막 날 하나님은 인간을 심판하고 지옥에 넣을 것인가의 문제였다. 그런데 몰트만에 의하면 십자가에서 계시된 하나님의 의지는 인간만 구원하는 것이 아니라, 만유를 구원하고자 하는 의지였다. 칼 바르트의 화해론의 초점이 인간을 향해 있다면, 몰트만의 십자가 신학은 그 초점이 만유를 향하고 있다. 이는 칼 바르트가 세상을 떠난 이후 생태학적 신학이 크게 발전된 것과 깊은 연관이 있다. 몰트만은 십자가에 계시된 하나님의 의지는 인간만 살리는 것이 아니라 만유를 살리려는 의지였다고 본 것이다.

나아가 칼 바르트의 객관적 화해로은 로마 가톨릭교회 안에도 대단히 중요한 신학적 파장을 발견할 수 있는데, 특히 중요한 것은 칼 라너(Karl Rahner, 1904-1984)의 구원론과 관련해서 이 파장을 발견할 수 있다. 칼 라너가 20세기 후반에 발전시켜 로마 가톨릭교회 안에 큰 신학적 변혁을 몰고 온 "익명의 그리스도인"(Annoymous Christian)이라는 개념은 칼 바르트의 객관적 화해론으로부터 영향을 받은 신학이론이다.

칼 라너는 "칭의론에 관해 논쟁이 되는 신학적 문제들"(Fragen der Kontreverstheologie uber die Rechtfertigung)이라는 유명한 글에서 칼 바르트의 화해론에 대한 상당한 긍정을 표하고 있는데, 특히 모든 인간은 이미 선험적으로 의화된 인간이라는 칼 라너의 신학적 관점이 칼 바르트의 객관적 화해론과 일치하고 있고, 칼 바르트 화해론의 신학적 파장을 느낄 수 있다는 점을 유념할 필요가 있다. 칼 바르트의 객관적 화해론이 모든 인류가 이미 하나님과 화해되어 있고, 화해된 존재로 모든 인류를 바라보아야 한다는 것을 가르치고 있다면, 칼 라너는 모든 인류가 이미 선험적으로 의화된 인간이고, 이 사실이 그리스도 사건 속에 계시되어 있다고 가르치고 있는 것이다. 우리는 이 두 가르침 사이에 근본적인 차이가 없다는 점을 유념해야 한다.

칼 라너는 "익명의 그리스도인" 이론에서 모든 인류는 그리스도의 은총에 의해 객관적으로 관통되어 있다고 주장했다. 칼 라너의 이러한 주장은 칼 바르트의 객관적 화해론의 신학적 발전으로 보인다. 칼 라너는 그리스도의 은총에 의해 객관적으로 관통되어 있는 인류라는 개념에서 익명의 그리스도인 이론을 발전시켰다. 그에 의하면 모든 인류는 의화된 존재이고 그리스도의 은총을 경험할 가능성을 선험적으로 갖고 있다. 왜냐하면 모든 인류에게 그리스도의 은총이 객관적으로 관통하고 있기 때문이다. 이런 까닭에 모든 인류는 그리스도의 은총을 사실상 경험하며 사는데, 특히 초월적 존재를 향해 자신을 개방하는 사람들, 이웃과 선을 위해 자신을 개방하는 사람들은 그리스도의 은총을 더욱 경험할 가능성이 높다. 칼 라너는 모든 사람들이 잠정적인 그리스도인이지만 특히 초월적 존재를 향해 자신을 개방하고, 이웃과 선을 위해 자신을 개방해서 그리스도의 은총을 경험하고, 그리스도의 은총에 힘입어 살고, 이를 다른 사람들에게 나누어주는 사람을 익명의 그리스도인이라고 불렀다. 그에 의하면 이 익명의 그리스도인은 특히 고등종교인들 속에 많이 존재하고, 이들은 구원에 이를 가능성이 높다. 왜냐하면 그들은 그리스도의 은총에 힘입어 살아가는 사람들이기 때문이다.

칼 라너의 익명의 그리스도인 이론은 로마 가톨릭교회의 제2차 바티간 공의회에 영향을 미쳤고, 로마 가톨릭교회는 이 신학적 빛에서 타종교와의 대화를 향해 크게 문호를 개방했다. 로마 가톨릭교회는 더 이상 타종교를 마귀시하지 않고, 타종교인들을 존경할 것을 명했고, 타종교나 세상 속에 존재하는 진리를 반영하는 것들, 말씀의 씨앗에 대해 유념할 것을 가르쳤다.

칼 바르트의 객관적 화해론은 칼 라너라는 로마 가톨릭 신학의 또 한 사람의 신학적 천재에 의해 익명의 그리스도인 이론으로 발전했고, 이 이론은 20세기의 로마 가톨릭교회의 방향을 바꾸는 분수령이었다. 물론 칼 바르트의 신학 이론은 칼 라너의 익명의 그리스도인 이론이나 로마 가톨릭의 타종교에 대한 포용주의적 관점과는 일치하지 않는다. 그럼에도 불구하고 칼 바르트의 객관적 화해론은 칼 바르트 자신의 의지와는 상관없이 독자적인 힘을 가지고 있어서 로마 가톨릭 신학의 방향을 바꾸는 큰 신학적 파장을 일으켰다. 결국 칼 바르트의 객관적 화해론은 자신의 의도와는 상관없이 20세기 후반 개신교와 가톨릭을 망라해서 구원론의 방향이 새롭게 정립되는 큰 신학적 파장을 몰고 온 것이다.

3. 나가는 글

지금까지 우리는 예수 그리스도의 사역과 그의 십자가에서 돌아가셨을 때의 속죄론에 대한 견해들에 대해 살펴보았다. 범죄하여 타락한 인간을 구원하시려고 이 땅에 오신 예수 그리스도는 선지자로, 제사장으로, 왕으로 사역을 감당하셨다. 범죄한 우리 인간이 의롭다 함을 받기 위해서는 죄 사함을 받고 하나님과 완전히 화해를 해야 한다. 그런데 이것은 죄가 없는 참 인간이면서도 참 하나님이신 예수 그리스도만이 하나님과 우리 사이의 중보자가 되셔서 화해 역할을 감당하실 수 있다. 따라서 범죄한 아담으로 말미암아 모든 사람에게 저주와 사망이 왔지만 살려주는 영이신 예수 그리스도로 말미암아 모든 사람이 살게 된 것이다. 그러므로 전에는 우리가 아담 안에 있었던 것처럼 이제는 그리스도 안에 있다. 그리스도께서 행하신 모든 것이 우리에게도 해당된다. 따라서 우리는 다음과 같은 사도 바울의 말씀을 믿음으로 받아들인다. "너희가 법 아래에 있지 아니하고 은혜 아래에 있음이라"(롬 6:14). 그런데 이 모든 은혜는 결국 십자가에 돌아가시고 부활하신 예수 그리스도의 대속적인 사랑이 있었기 때문이었다.

무엇보다 우리가 예수 그리스도의 사역과 속죄에 대해서 어느 한 가지의 방식 내지는 견해만을 고집해서는 안 된다. 그것은 성경이 주는 다양성과 풍성함을 상실하는 잘못을 범하게 된다. 신학을 하고 예수 그리스도를 믿는 우리는 어느 한 쪽의 극단적인 배타주의와 상대주의를 주의해야 한다. 우리는 예수 그리스도의 사역과 십자가에서의 속죄에 대한 성경적인 뜻을 충분히 이해하려면 가능한 모든 측면과 차원을 종합한 통전적으로 바라보고자 하는 자세가 있어야 할 것이다.

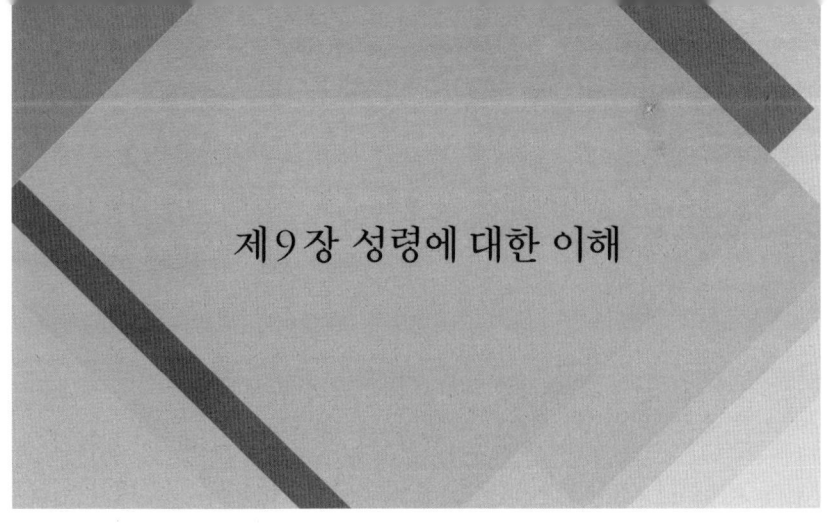

제9장 성령에 대한 이해

　우리는 성경의 여러 중요한 교리들을 조직신학의 정통적인 순서에 따라 살펴보고 있다. 그리고 이와 같은 순서는 구원의 순서와 계획에 따른 것이기도 하다. 뿐만 아니라 각각의 교리가 다음 교리로 연결되어 결국 전체가 파노라마처럼 완벽하게 조화를 이루는 모습에서 우리는 놀라지 않을 수 없게 된다. 그런 점에서 우리는 이제 성령에 관한 교리에 대해서 살펴보게 될 것이다.
　그리스도인들은 하나님께서 은혜 가운데 이 세계를 창조하셨으며 인간을 자신의 형상대로 만드신 창조주이심을 고백한다. 또한 그리스도인들은 하나님께서 이 세계를 화해하게 하시고 인간을 죄와 죽음, 그리고 하나님의 선한 창조를 위협하는 모든 악의 권세로부터 자유하게 하시는 가운데 그리스도의 인격과 사역 안에서 결정적으로 현존하셨음도 고백한다. 그런데 만약에 교회의 신조가 창조주(성부)와 화해자 하나님(성자)에 대한 두 조항의 신앙고백으로만 끝난다면 그것은 추상적이며 우리와는 멀리 떨어져 있고 희미한 하나님에 대해서만 고백하는 모양이 되고 말 것이다.[1] 이 사실에 대해 종교개혁자 칼빈(Jean Calvin, 1509-1564)은 이렇게 말했다.

우리가 그리스도 밖에 있고 그로부터 분리되어 있는 한, 그가 인류의 구원을 위하여 친히 당하시고 행하신 모든 것이 우리에게 아무 소용이 없고 또한 전혀 유익이 되지를 못한다는 점이다.[2]

그런데 사도신경의 세 번째 조항은 하나님이 우리 위에(over us) 계시고, 우리를 위하여(for us) 계실 뿐만 아니라, 우리 안에서(in us) 일하시는 분임을 고백한다. 그와 같이 고백할 수 있는 것은 한마디로 성령에 대한 고백이 있기 때문이다. 따라서 제8장에서 살펴보았던 하나님의 아들이신 예수 그리스도께서 이 땅에 오셔서 그가 감당하신 사역들과 십자가의 죽음을 통한 속죄의 사건들이 오늘 우리에게 구원을 가져다주고, 이것이 우리 안에 실현되도록 하는 것은 성령의 사역이다. 이것이 우리가 성령에 관한 교리를 살펴보아야 하는 중요한 이유이기도 하다. 다시 말해서 성령은 하나님의 위대한 구원의 계획을 오늘 우리의 삶에서, 그리고 온 우주 속에서 구체적으로 적용하시는 삼위일체의 하나님이시다.

1. 성령론에 대한 역설적 이해

교회사에서 기독교의 교리들 가운데 예수 그리스도의 기독론과 성경의 권위에 관한 교리들에 비하면 성령론은 거의 주목을 받지 못했던 것이 사실이다. 물론 초대교회와 그리스도인들이 성령에 관한 교리를 믿었던 것은 분명하다. 이와 같은 사실은 고대 신조인 '사도신경'에서 "나는 성령을 믿으며"라는 고백과 '니케아 신조'(325)에서 "그리고 성령을 믿는다"라는 고백에서 알 수 있다. 그러나 우리가 고대 신조들의 내용에서 알 수 있듯이

---

1) 다니엘 L. 밀리오리, 《기독교 조직신학개론》, 장경철 옮김(서울: 한국장로교출판사, 2007), 241.
2) 존 칼빈, 《기독교 강요 중》, 원광연 옮김(경기도: 크리스챤다이제스트, 2012), 9.

교회가 성령의 인격과 사역에 대한 교리를 소홀히 여긴 것도 사실이다. 뿐만 아니라 심지어는 초기 기독교의 몇 세기 동안에는 성령의 교리에 대해 거의 언급하지 않았다.

이처럼 초대교회가 성령의 교리에 대해 상대적으로 소홀히 할 수밖에 없었던 것은 초기 몇 세기 동안 교회는 예수 그리스도의 기독론에 대한 교리를 지키는 일에 끊임없이 매달렸기 때문에 어느 정도 불가피한 일이었다. 하나님의 아들이 육신을 입고 이 땅에 오셨다. 교회는 이 예수를 그리스도라고 선포하였고 하나님의 아들로 인정하였다.[3] 반면에 이단들은 끊임없이 예수의 신성과 인성을 문제 삼으며 그의 하나님 되심을 의심할 뿐만 아니라 가만히 교회에 들어와 가르치려고 했다. 예수가 우리의 그리스도시요, 주님이시며, 하나님의 아들이 되신다는 사실은 우리의 구원과 관련된 중요한 문제일 뿐만 아니라 복음 전체의 핵심이기도 하였다. 만약 정통 기독론이 의심을 받거나 무너졌다면 기독교의 본질과 복음도 무너졌을 것이다. 그렇기 때문에 교회는 예수 그리스도의 기독론에 관한 교리를 확립하는데 전력을 다하지 않을 수 없었다. 따라서 상대적으로 성령에 대한 교리는 소홀히 할 수밖에 없었던 것이다. 이와 같은 성령에 대한 상대적 소홀함은 우리가 모든 예배시간에 부르는 찬송가를 보면 성령에 할애된 부분이 대단히 적다는 데서도 이 사실을 알 수 있다.

따라서 어떤 신학자들은 초기의 신조들이 규정한 성령론을 "너절한 것"으로 보기도 하였다. 그런데 교회의 신조들이 성령에 대하여 무관함을 보인 것보다 더 문제가 있는 것은 제도 교회가 성령의 임재와 능력을 강조한 많은 운동들에 반대해 왔다.[4] 그렇기때문에 성령의 사역에 대한 무시와

---

3) 마틴 로이드 존스, 《로이드 존스 교리강좌 시리즈 2》, 임범진 옮김(서울: 부흥과개혁사, 2011), 19.
4) 교회사에서 일어났던 이와 같은 운동들에는 대표적으로 다음과 같은 것들이 있다: 2세기의 몬타누스운동, 12세기의 발덴파의 운동, 16세기의 급진적 개혁자들의 운동, 그리고 우리 시대의 기독교 기초공동체운동. 다니엘 L. 밀리오리, 242.

의심으로 인하여 그리스도인의 삶과 기독교 신학에 적지 않은 손상을 입었다. 무엇보다 성령의 사역이 잊혀지거나 억압될 때 하나님의 능력은 멀리 떨어져 있는 가운데 계급적이고 강제적인 것으로 오해될 수 있다. 그리고 그리스도 중심적 신앙은 그리스도 일원론으로 변질되고, 성경의 권위는 타율적 권위로 변질될 것이다. 뿐만 아니라, 교회는 지배와 다스림만 있는 경직된 권력구조로 생각되어지고, 성례는 목회자 엘리트의 통제에 따라 행해지는 마술적 의례로 또한 변질될 것이다.[5]

이처럼 교회사에서 성령에 관한 교리가 상대적으로 외면받은 이유에 대해 마틴 로이드 존스(David Martyn Lloyd-Jones, 1899-1981)는 다음과 같이 말하고 있다. 즉, 성령의 교리가 무시되는 이유는 사람들이 위조와 거짓과 과장을 너무 싫어한 나머지 성령에 대한 모든 것을 멀리해 버리기 때문이라는 것이다. 이것은 많은 사람들이 예언, 종말, 그리고 재림에 대한 교리를 무시하는 이유이기도 하다. 무엇보다 몇몇 과장과 무절제와 기현상들, 그리고 영적인 것으로부터 과학적이고 정치적이며 순전히 감정적인 영역으로 넘어가는 일들 때문에 많은 사람들이 성령의 교리와 지나치게 주관적이 되는 것을 두려워 한다는 것이다. 뿐만 아니라 어떤 사람들은 성령의 인격에 대한 가르침을 잘못 알고 있기 때문에 이 교리를 무시해 왔다고 지적하고 있다.[6]

그러나 우리가 성령에 대한 교리를 중요하게 다루어야 하는 이유가 있는데, 그것은 성령은 삼위일체 하나님의 한 위격이시기 때문이다. 우리가 믿고 고백하는 기독교의 하나님은 일신론적 하나님이 아니고, 이위일체(二位一體)론적 하나님도 아니다. 우리는 삼위일체(三位一體, Trinitas) 하나님을 믿고 고백한다. 그렇다면 우리가 성부 하나님과 성자 하나님에 대해서 알아가려는 열심과 경외심을 성령 하나님께도 동일하게 드리지 않을 수 없다. 그리고 보다 중요한 것은 우리가 하나님의 말씀이라고 믿고 고백

---

5) Ibid., 242-243.
6) 마틴 로이드 존스, 20.

하는 성경이 성령의 감동으로 기록된 하나님의 영감된 말씀이라고 한다면(딤후 3:16), 우리는 마땅히 성경이 성령에 대해 무엇을 가르치고 있는지에 대해 알아야 한다.

이와 같은 성령에 대한 고백은 '스코틀랜드 신앙고백서'가 "제12장 성령에 대한 믿음"에서 보다 분명하게 가르치고 있다.

> 우리의 믿음과 이 믿음의 확실성은 혈과 육, 곧 우리 안에 있는 자연적 능력에서 오는 것이 아니라 성령의 영감이다. 우리는 이 성령이 하나님이시오, 아버지와 아들과 동일본질이심을 고백한다. 이 성령이 우리를 성화시키고 자신의 활동으로 우리를 모든 진리에로 인도하신다. 이 성령이 안 계셨더라면 우리는 영원히 하나님의 원수로 남아 있을 뻔하였고, 그의 아들 그리스도 예수를 영원히 알지 못했을 것이다.[7]

위의 신앙고백에서 알 수 있듯이 성령은 우리로 하여금 믿음을 갖게 하고, 우리를 성화시키며 진리에로 인도하신다. 뿐만 아니라 우리가 하나님과 예수 그리스도와 관계를 맺고 그분을 알 수 있는 것도 성령의 도우심이 있기 때문이다. 그럼에도 불구하고 교회사에서는 성령의 교리에 대해 소홀히 해온 것은 모순이 아닐 수 없다.

그런데 최근 교회에서는 성령에 대한 관심이 새롭게 부각되고 있는 것이 사실이다. 이처럼 성령에 대한 새로운 관심은 최근에 수많은 사회적, 정치적 개혁운동에 참여해 온 목회자와 교회 지도자들, 그리고 그 외의 많은 사람들이 느끼는 공허함과 '지쳐버린' 경험과 무관하지 않다고 한다. 뿐만 아니라 성령에 대하여 새로운 관심을 불러일으킨 이유는 오늘 세계교회 안에서 나타나는 새로운 사건이나 경험들과 연관된다고 보아야 한다. 사실 오늘 세계의 교회는 역사적으로 성령을 많이 강조해 온 오순절 교회가 급

---

7) 이형기, 《세계개혁교회의 신앙고백서》(서울: 대한예수교장로회총회 출판국, 1991), 45-46.

속히 팽창하고 있을 뿐만 아니라 세계 여러 곳에서 기독교 기초 공동체가 등장한데 그 원인이 있다고 할 것이다.[8] 이와 같은 현상은 한국교회도 예외가 아니다. 오늘 한국의 교회도 오순절 계통의 교회나 장로교에 속해 있으면서도 성령운동을 강조하고 있는 교회들이 급성장하고 있다.

2. 성령의 유출에 대한 논쟁

성령은 언제부터 존재하셨는가? 성경에 근거해서 형성된 정통 교리에 의하면 성령은 성부 하나님과 동시적으로 존재했다. 물론 성자 하나님과도 동시적으로 존재하였다. 다시 말하면, 성부와 성자와 성령의 삼위일체 하나님은 시간이 시작되기 전에 동시적으로 존재하셨다. 그때에는 시간이라는 것이 없었기 때문에 동시적이라는 말이 해당되지 않지만 사람의 말로는 달리 표현할 방법이 없기 때문에 이렇게 표현할 수밖에 없다. 오히려 성령은 성부와 성자와 함께 무시간적 존재라고 할까, 초시간적 존재라고 부르는 것이 더 정확하다고 할 수 있다.[9]

그럼에도 불구하고 교회사에서는 성령의 유출에 관하여 끊임없이 논쟁을 벌여왔다. 다시 말해 성령이 성부로부터 유출되었느냐, 아니면 성부와 성자로부터 유출되었느냐 하는 논쟁은 콘스탄티노플을 중심으로 한 동방교회와 로마를 중심으로 한 서방교회의 삼위일체 신학의 오랜 논쟁 가운데 중심적 쟁점이 되어 왔다.

그리고 우리가 성령에 대하여 무엇을 말해야 하는가? 성령은 인격적인가? 성령은 성부, 성자와 전적으로 동등한가, 아니면 성부와 성자에 종속되는 면을 가지고 있는가? 이러한 질문은 신약성경의 본문들로부터 비롯되는데, 그 이유는 성경 본문 자체가 성부와 성자에 비하면 성령의 신성

---

8) 다니엘 L. 밀리오리, 243-244.
9) 이종성, 《조직신학 개론》(서울: 종로서적, 1987), 126-127.

과 인격에 대하여 훨씬 적게 언급하고 있기 때문이다. 이러한 성령에 대한 교회의 합의는 다음과 같다. 만일 성령이 성부, 성자와 함께 삶의 해방과 변혁의 주체자라면 성령은 인격적이며 신성을 가지고 있다.[10]

고전적 삼위일체 신학에서는 성자와 성령의 '사명'(missions)과 '유출'(processions)을 구분하고 있다. '사명'은 세계의 창조, 화해, 구속 가운데 성부와 성자와 성령의 활동을 지칭한다. 동방교회와 서방교회 모두 하나님의 모든 사역이 삼위일체 하나님의 협력에 의한 것임을 말한다. 이 세계와 관계된 하나님의 사명에 상응한 것으로써 삼위일체 안에서 성자와 성령의 영원한 '유출'(processions)을 말하는데, 이 점에서 동방교회와 서방교회는 다른 의견을 가지고 있다.[11] 즉, 성령이 성부와 성자에게서 출생했다고 주장하는 서방교회와는 달리 동방교회에서는 성령은 성부에게서만 나왔다고 주장한다. 결국 두 견해는 1054년에 교회를 둘로 갈라지게 하는 하나의 요인이 되었다.[12]

서방교회에서는 586년에 스페인의 수도 톨레도에서 성령이 성부로부터만이 아니고 성자에게서도(filioque, 그리고 또한 아들에게서도) 나온다는 내용을 첨가하였다. 여기에서 "Filioque"라는 말은 '아들'이라는 'Filius'와 '그리고(and)'라는 'que'의 합성어로써 "그리고 아들로부터"라는 뜻이다. 그러니까 개정된 '니케아-콘스탄티노플 신조'(381)에 따르면 성령은 아버지와 '또한 아들로부터' 유출된다는 것이다.

---

10) 다니엘 L. 밀리오리, 246.
11) Ibid.
12) 동서방교회의 분열 요인들 가운데 하나로 작용했던 'Filioque'에 대한 것은 1981년 콘스탄티노플 공의회 1600년 축하기념예배(제네바) 이후 에큐메니칼 차원에서 급진전되어 1991년 "하나의 신앙을 고백하며"(Confessing the One Faith: An Ecumenical Explication of the Apostolic Faith as it is Confessed in the Nicene-Constantinopolitan Creed, 381)라는 문서가 WCC에서 받아들여졌다. 따라서 오늘날 세계교회들은 에큐메니칼 차원에서 'Filioque'가 없는 "니케아-콘스탄티노플 신조"(381)를 에큐메니칼 공예배 시에 고백한다. 총회교육자원부편,《개혁교회의 신앙고백》(서울: 한국장로교출판사, 2007), 51.

따라서 개정된 '니케아 - 콘스탄티노플 신조'의 중요한 내용을 보면 다음과 같다.

(전략)우리는 성령을 믿습니다. 우리는 이 성령이 생명의 주시요, 생명의 창시자로서 성부에게서 나왔음을 믿사오며, 이 성령께서 성부와 성자와 함께 우리의 예배를 받으시오며 영광을 받으시는 분임을 믿습니다. 그리고 우리는 이 성령이 예언자들에 의해서 선포된 분임을 믿습니다. (생략)[13]

그러나 동방교회는 서방교회의 이러한 개정을 반대하면서, 성령은 오직 성부로부터만 유출된다고 주장한다. 이와 같이 주장하는 것은 요한복음 15장 26절의 말씀에 근거를 두고 있기 때문이다. "내가 아버지께로부터 너희에게 보낼 보혜사 곧 아버지께로부터 나오시는 진리의 성령이 오실 때에 그가 나를 증언하실 것이요." 여기 본문에 보면 성령은 아버지께로부터 나온다고 말씀하고 있다.

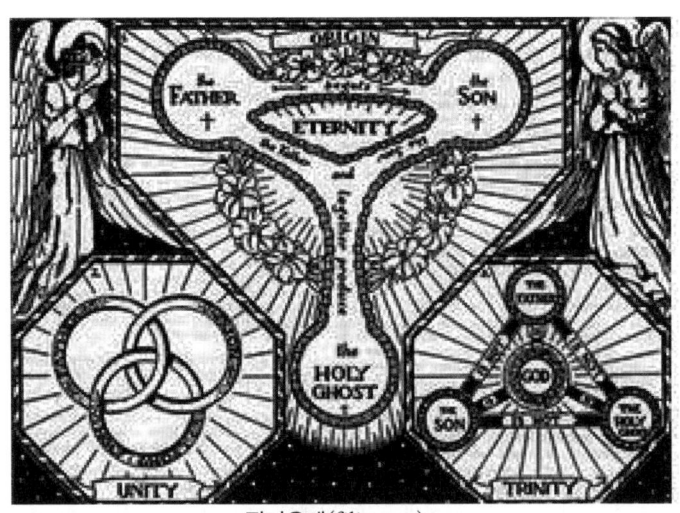

필리오케(filioque)

---

13) 이형기, 25-26.

그런데 서방교회의 신학은 filioque 교리가 그리스도와 성령 사이에 밀접한 관계가 있음을 강조한다고 주장한다. 이 교리는 하나님의 하나됨 뿐만 아니라 영들을 분별할 수 있는 근거를 제공한다는 것이다. 만일 성령의 사역이 그리스도의 사역과 분리된다면, 교회는 여러 가지 영적인 운동들에 대해 책임 있게 분별할 수 없게 되고, 그리스도를 하나님의 결정적 계시로 인정하지 않는 온갖 종류의 자연신학 위협 아래 놓이게 된다는 것이다.[14]

반면에 동방교회의 신학자들은 filioque 교리가 성령을 그리스도에게 종속시키는 결과를 가져오고, 그 결과로 성령이 빠진 기독론과 교회론을 조장하게 하여 성령의 능력과 성령의 임재를 서로 동떨어지게 만든다는 것이다. 동방교회에 따르면 filioque 교리는 그리스도와 성령의 근원으로서의 성부의 독특성을 모호하게 만든다. 뿐만 아니라 이 교리는 모든 창조와 역사 안에서 활동하시는 성령을 강조하기보다는 오직 성육신된 말씀이 명시적으로 선포되고 고백되는 곳에만 성령을 인정하게 된다는 것이다.[15]

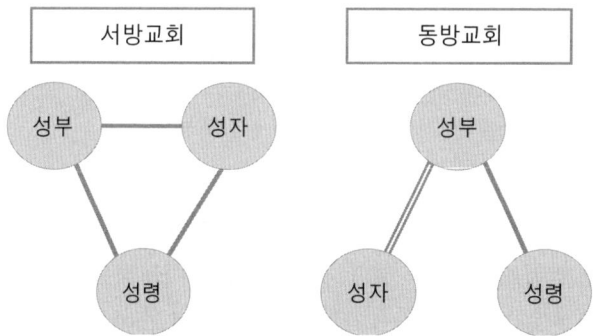

따라서 우리는 서방교회와 동방교회의 성령론에 대한 신학적 차이점을 그림과 같이 설명할 수 있다.

---

14) 다니엘 L. 밀리오리, 247.
15) Ibid.

위의 그림에서 우리는 서방교회와 동방교회의 성령론에 대한 차이점을 발견할 수 있다. 서방교회는 그림에서 이해할 수 있듯이 성부와 성자에게서 성령의 유출을 강조한다. 따라서 서방교회는 삼위일체의 관계성을 강조하고 있다. 그러나 서방교회의 주장은 잘못 설명하면 양태론으로 빠질 우려가 있다. 한편, 칼 바르트는 성부와 성자의 사랑의 유대(bond)를 강조한다. 이 사랑의 힘이 성령이라는 것이다. 반면에 동방교회는 성부에게서 성자와 성령의 유출을 강조한다. 그렇지만 동방교회의 성령론에 대한 이와 같은 이해는 성부에게 성자와 성령이 종속되는 위험에 빠질 우려가 있다.

3. 성령에 대한 성경적 이해

기독교의 교리들을 살펴봄에 있어서 언제나 기준이 되어야 하는 것은 성경이다. 성경이 그것에 대해 무엇이라고 증언하며, 가르치고 있는지에 대해 알아 가는 것은 매우 중요하다. 왜냐하면 우리는 성경에 없는 어떤 교리를 만들거나 그것을 이야기하는 것이 아니기 때문이다.

그렇다면 성경에서는 성령에 대해 어떻게 가르치고 있는가? 우리가 이 물음을 가지고 성경을 보면 성경은 의외로 성령에 대해 그 증언하는 내용이 적다는 사실에 놀라지 않을 수 없다. 성령에 대해 비교적 자세하게 다루고 있는 부분은 요한복음 14장부터 16장에 기록된 것과 같이 예수님께서 설명하신 내용이 전부이다. 더구나 성령에 관하여 언급하는 대부분의 경우는 다른 주제와 연결되어 다루어진다. 더 큰 문제는 성령에 대한 구체적인 이미지가 결여되어 있다는 것이다. 성부 하나님은 모든 사람들이 아버지라는 개념에 익숙해 있기 때문에 잘 이해가 된다. 성자 예수님에 대한 이미지도 그리 어렵지 않은데, 이는 그가 실제로 인간의 몸으로 이 땅에 오셨으며 사람들이 관찰하고 기록할 수 있는 대상이었기 때문이다. 그러나 성령은 만져보거나, 우리 눈으로 확인할 수 없는 분이시다.[16] 그럼에도 불구하고 성경은 성령에 대해 충분하게 증언할 뿐만 아니라 가르치고 있다. 따라서 우리는 여기에서 성경이 증언하고 있는 성령에 대해 살펴보려고 한다.

1) 성령의 호칭에 대한 증언

사실 우리가 성령을 알아감에 있어서 가장 좋은 방법은 성경에서 말씀하고 있는 성령에 관한 이름들과 호칭들을 살펴보는 것이다. 우리가 이름을 부르는 이유는 누군가를 다른 존재로부터 구분하기 위한 것이다. 따라서 성경에서 성령의 이름들을 기록하고 있는 것은 곧 성령이 어떤 분이신가를 알려주고 있다고 해야 할 것이다.

먼저 성경에는 성령을 성부 하나님과 관련시키는 많은 이름들이 있다. 예를 들면, 태초에 하나님께서 천지를 창조하실 때 "하나님의 영"(창 1:2)이 수면 위에 운행하셨다고 했다. 그리고 예수께서 40일의 금식을 마치시고 그가 자라나신 나사렛에서 회당에 들어가 가르치실 때 이사야의 글을 읽으시며 "주의 성령이 내게 임하셨으니"(눅 4:18)라고 하셨다. 사도 바울이 고린도 교회에 보낸 편지에서도 "우리 하나님의 성령 안에서"(고전 6:11)라고 했다. 또 이사야 61장 1절에 나오는 "주 여호와의 영"이라는 이름도 있다. 예수께서는 마태복음 10장 20절에서 "너희 아버지의 성령"이라고 말씀하셨고, 사도 바울은 "살아 계신 하나님의 영"(고후 3:3)이라고 했다. 하나님께서는 창세기 6장 3절에서 "나의 영"이라고 말씀하셨고, 시편 기자는 "내가 주의 영을 떠나 어디로 가며"(시 139:7)라고 묻는다. 사도 바울은 로마서 8장 11절에서 "예수를 죽은 자 가운데서 살리신 이(성부 하나님)의 영"이라는 이름도 사용하고 있다.[17]

---

16) 밀라드 J. 에릭슨, 《조직신학 개론》, 나용화, 황규일 공역(서울: 기독교문서선교회, 2007), 443.
17) 마틴 로이드 존스, 22.

다음으로는 성령을 성자와 관련시키는 호칭들이 있다. 가장 중요한 구절로는 "누구든지 그리스도의 영이 없으면 그리스도의 사람이 아니라"(롬 8:9)는 말씀을 들 수 있는데 여기에서 '영'은 '성령'을 가리킨다. 빌립보서 1장 19절에서 사도 바울은 예수 그리스도의 성령에 대해 말하고 있고, 갈라디아서 4장 6절에서는 "하나님이 그 아들의 영을 우리 마음 가운데 보내사"라고 하였다. 그리고 마지막으로 사도행전 5장 9절에 보면, 성령을 속였던 아나니아와 삽비라를 향해 베드로가 "주의 영"이라고 했다.[18]

그런가 하면 성경에는 직접적이거나 개인적인 호칭들도 있다. 여기에서는 먼저 성령(Holy Spirit, 또는 Holy Ghost)이라는 이름을 들 수 있다. 여기에서 "Ghost"는 옛 앵글로 색슨어인 반면에, "Spirit"는 라틴어인 *spiritus*에서 유래한 단어이다. 그리고 두 번째 직접적인 호칭은 "성결의 영"이다. 로마서 1장 4절에는 "성결의 영으로는 죽은 자들 가운데서 부활하사 능력으로 하나님의 아들로 선포되셨으니"라고 기록되어 있다. 또 하나의 칭호는 "거룩하신 자"이다. "너희는 거룩하신 자에게서 기름 부음을 받고"(요일 2:20). 히브리서 9장 14절에서 그분은 "영원하신 성령"이라고 했으며, 사도 바울은 로마서 8장 2절에서 "이는 그리스도 예수 안에 있는 생명의 성령의 법이 죄와 사망의 법에서 너를 해방하였음이라"고 말한다. 요한복음 14장 17절에서는 "진리의 영"이라고 했으며, 요한복음 14, 15, 16장에서는 성령을 "보혜사"라고 불렀다.[19]

지금까지 성경에 기록되어 있는 성령의 이름들을 살펴보면 공통적으로 가장 많이 사용되는 단어가 '영'이라는 말이다. 이 '영'이라는 말은 히브리어 '루아흐'(רוח)와 헬라어 '프슈케'($\psi\upsilon\chi\acute{\eta}$, Pseuche), 또는 '프뉴마'($\pi\nu\epsilon\tilde{\upsilon}\mu\acute{\alpha}$, Pneuma)라는 뜻을 번역한 말이다.

이 말은 세 가지 다른 뜻을 가지고 있는데 그 첫째로, 바람이라는 뜻이

---

18) Ibid.
19) Ibid., 22-23.

있다. 이 바람은 자연적인 바람이 아니라 하나님의 사역의 방편으로서 나타나는 바람이다(렘 4:11-12).

둘째로, 호흡을 의미한다. 이것을 구약성경에서는 '생명'이라고 번역했다. 욥기 34장 14절과 15절에 보면, "그가 만일 뜻을 정하시고 그의 영과 목숨을 거두실진대, 모든 육체가 다 함께 죽으며 사람은 흙으로 돌아가리라."는 말씀에서 '기운'이라는 말로 번역한 것이 바로 '루아흐'(רוּחַ, ruach)라는 말이다. 이것은 하나님께서 사람을 흙으로 빚어 만드신 후에 그에게 '생기'를 넣어 주셨다는 뜻인 생기와 같은 것이다(창 2:7).

세 번째로, 영(靈)이라는 뜻이 있다. 성경에 의하면 사람은 흙으로 되어 있으나 그 속에 하나님과 인격적 관계를 갖게 하기 위한 요소를 주었는데 그것이 곧 영이라는 것이다(soul). 그러나 이사야 31장 2절과 욥기 20장 3절에서는 '마음'이라는 말로 표현했으며, 이사야 57장 15절에서는 마음과 영이라는 두 가지 말을 같이 쓰고 있다. 이와 같이 육체가 아닌 것으로서 사람 안에 있는 중요한 요소를 영이라고 부른다.

마지막으로, 정신(spirit)이라는 뜻이 있다. 이 말에는 선령(善靈)과 악령(惡靈)이 다같이 포함되어 있다. 사무엘상 16장 14절을 보면 악령과 선령이 같이 언급되고 있다. "여호와의 영이 사울에게서 떠나고 여호와께서 부리시는 악령이 그를 번뇌하게 한지라."[20]

우리가 성령의 이름들을 살펴보면서 결론적으로 정리할 수 있는 것은 성령은 거룩하신 분이라는 것이다. 그러나 성령이 거룩하시다는 것은 그리스도의 구원 사역을 적용하시는 모든 일들에 있어서 거룩함과 질서를 만들어내신다는 성령의 특별한 사역 때문에 거룩하신 것이다. 따라서 성령의 궁극적인 사역은 우리를 하나님의 자녀로 거룩한 백성이 되게 만드는 것이다.

---

20) 이종성, 124-125.

2) 성령의 인격성에 대한 증언

우리가 믿고 고백하는 성령은 비인격적인 어떤 힘이 아니다. 사실 우리 주위를 보면 많은 그리스도인들이 성령과 그분의 사역을 나와는 전혀 관계가 없는 비인격적인 어떤 것(it)으로 생각하고 있다. 그리고 그리스도인들이 성부와 성자를 이해하는 것보다 세 번째 위격이신 성령을 이해하는데 많은 어려움을 느끼고 있는 것도 사실이다. 뿐만 아니라 한국의 전통적인 영에 대한 샤머니즘적 이해로 인해 성령을 성삼위 하나님의 한 위격이 아닌, 단순한 힘이나 세력으로 간주하여 물량적인 또는 범신론적인 사고를 일으키기 쉽다.[21]

이와 같은 물음에 마틴 로이드 존스는 다음과 같이 그 이유를 말하고 있다. 첫째, 성령의 사역은 무엇인가 신비스럽고 은밀한 사역이기 때문에 비인격적인 사역으로 보인다는 것이다. 둘째, 성령의 이름과 호칭 자체가 이런 생각을 갖도록 만든다고 한다. 즉, 영(spirit)은 같은 단어로 '숨결', 혹은 '바람', '능력' 등을 의미하기도 하는데 그렇기 때문에 스스로 주의하지 않으면 성령을 인격이 아닌 단순한 영향력으로 생각하게 된다는 것이다. 그리고 세 번째 이유는 성령을 묘사하기 위해 사용된 상징들 자체가 이런 태도를 취하게 만드는 경향이 있다는 것이다. 가령, 예수님이 요단강에서 요한에게 세례를 받으셨을 때 성령이 비둘기 모양으로 예수님의 머리 위에 임하셨다(마 3:16). 또한 성령과 성령의 사역을 묘사하는데 사용되는 상징들은 '기름'과 '물'과 '불'이다. 특히 오순절날 예루살렘에서 베드로가 인용한 요엘의 예언에는 성령이 부어지는 것에 대한 구절이 나온다(행 2:17). 이 때문에 우리는 성령을 인격이 아니라 물과 같이 움직일 수 있는 존재인 것처럼 생각하게 된다.[22]

그러나 성경은 여러 면에서 성령이 한 인격자이시며 또 인격자로서의

---

21) 김길성,《개혁신학과 교회》(서울: 총신대학교 출판부, 1996), 153.
22) 마틴 로이드 존스, 24-25.

모든 특성들을 갖추신 분이라는 것을 명확하게 가르치고 있다. 성령의 인격성에 대한 첫 번째 증거는 성경에서 성령을 표현할 때 남성대명사가 사용되었다는 점이다.[23] 요한복음 16장 7-8절과 13-15절에는 열두 번에 걸쳐 성령을 남성대명사인 "그(He)"로 지칭하고 있다.[24] 예수님은 13절에서 다음과 같이 말씀하셨다. "그러나 진리의 성령이 오시면 그가 너희를 모든 진리 가운데로 인도하시리니 그가 스스로 말하지 않고 오직 들은 것을 말하며 장래 일을 너희에게 알리시리라." 여기에서 사용하고 있는 성령은 남성대명사 에케이노스($\acute{\epsilon}\kappa\epsilon\hat{\iota}\nu o\varsigma$, He)가 쓰여져 있음을 발견하게 된다. 이것은 예수님께서 비인격적인 물체를 언급하신 것이 아니라 인격자를 언급하고 있다는 것이다.

성령의 인격성에 대한 두 번째 증거는 성령을 성부와 성자와 깊이 동일시한다는 사실에서 성령이 인격이심을 보여주고 있다. 이와 같은 사실을 가장 잘 언급하고 있는 것은 마태복음 28장 19절에 기록된 세례 문구인 "아버지와 아들과 성령의 이름으로 세례를 베풀고"라는 구절이다. 여기에서 성령이 성부 및 성자와 연결되어 있는 것은 그분이 분명히 인격이심을 보여주고 있다. 이 구절에서는 "이름들로 세례를 베풀고"가 아니라 "이름으로 세례를 베풀고"라고 기록되어 있다. 이것은 세 위격의 하나됨, 하나 안에 계신 세 분을 말한다. 한 이름, 한 하나님이지만 여전히 성부와 성자와 성령이시다.[25]

그리고 고린도후서 13장 13절에 있는 사도적 축도에서도 성령이 성부 및 성자의 인격과 동등한 인격이심을 증거하고 있다. "주 예수 그리스도의 은혜와 하나님의 사랑과 성령의 교통하심이 …." 또 다른 예로는 유다서 20절과 21절이 있다. "사랑하는 자들아 너희는 너희의 지극히 거룩한 믿음 위에 자신을 세우며 성령으로 기도하며, 하나님의 사랑 안에서 자신을 지

---

23) 밀라드 J. 에릭슨, 447.
24) 마틴 로이드 존스, 26.
25) Ibid., 27.

키며 영생에 이르도록 우리 주 예수 그리스도의 긍휼을 기다리라."[26] 이 구절에서도 우리는 성령이 성부와 성자와 같이 인격적인 존재임을 보여주고 있다.[27]

성령의 인격성에 대한 세 번째 증거는 성경이 성령께 인격적 속성들이 있다고 말하고 있다.[28] 인격적인 속성들에 대해 이야기할 때 전통적으로 인격의 3요소로 여겨지고 있는 '지성'(知性, intelligence), '감정'(感情, emotion), 그리고 '의지'(意志, will)이다. 성령의 지성과 지식을 언급하고 있는 많은 구절들 가운데 요한복음 14장 26절의 말씀을 볼 수 있다. "보혜사 곧 아버지께서 내 이름으로 보내실 성령 그가 너희에게 모든 것을 가르치고 내가 너희에게 말한 모든 것을 생각나게 하리라." 성령의 의지적인 속성에 관하여는 고린도전서 12장 11절에서 찾아볼 수 있는데, 이 구절에서 사도 바울은 각종 성령의 은사를 받은 자들이 같은 한 성령으로 감동을 받았다고 말하고 있다. "이 모든 일은 같은 한 성령이 행하사 그의 뜻대로 각 사람에게 나누어주시는 것이니라." 그리고 성령이 감정을 가지고 계시다는 사실은 에베소서 4장 30절에 나타나는데, 이 구절에서 사도 바울은 성령을 근심하게 하는 일에 대하여 경고하고 있다.[29] "하나님의 성령을 근심하게 하지 말라."[30]

지금까지 내용을 정리하면 앞에서 살펴보았던 모든 성경의 내용들은 우리로 하여금 한 가지 결론을 내리게 한다. 즉, 성령은 비인격적인 힘이 아니라 한 인격체라는 사실이다. 따라서 성령은 우리와 인격적인 관계를 가질 수 있는 삼위일체 하나님이시며, 우리가 기도할 수 있고 또 기도해야

---

26) 밀라드 J. 에릭슨, 448.
27) 이 외에도 성령을 성부와 성자와 동일시하는 인격적 존재임을 증거하는 성경 구절로는 다음이 있다. 마 3:16-17; 12:28; 벧전 1:2.
28) 마틴 로이드 존스, 27.
29) 밀라드 J. 에릭슨, 449.
30) 이 외에 성령의 인격적 속성들을 가르치고 있는 성경의 구절로는 다음을 참조하라. 마 12:21; 막 3:29; 행 7:51; 롬 5:5; 8:26, 27; 고전 2:11; 6:19; 갈 5:22.

하는 분이시다. 그리고 성부와 성자가 하나님이신 것과 같이 그분도 하나님이시다. 성령의 사역은 삼위 하나님이 함께 계획하셨던 일들을 실행하시는 것이다. 뿐만 아니라 하나님은 우리와 멀리 동떨어져 계신 분이 아니다. 성령 안에서 삼위 하나님은 우리와 가까이 계신 분으로 성도들 안에 내주하실 정도로 가까이 하신다. 하나님께서는 성육신 때보다도 지금 우리와 더 밀접한 관계를 갖고 계신다.

우리는 이와 같은 성령에 대한 이해를 '하이델베르크 요리문답'의 "문 53 당신은 성령에 관하여 무엇을 믿습니까?"라는 물음에서 다음과 같은 대답으로 성령에 대해 올바른 결론을 내릴 수 있다.

> 첫째로 성령은 성부와 성자처럼 영원하신 하나님이십니다. 둘째로 하나님의 영은 나에게도 주어져서 나에게 참 믿음이 생겨남으로 내가 그리스도와 그의 모든 선물에 참여할 수 있고, 그는 나를 위로하시고 영원토록 나와 함께 거하실 것입니다.[31]

4. 성령의 사역에 대한 이해

우리는 교회와 그리스도인들에게 있어서 특별한 관심 가운데 하나라고 할 수 있는 성령의 사역에 대해 살펴보아야 하겠다. 왜냐하면 하나님께서 교회와 그리스도인들의 삶에 깊숙이 관여하여 활동하시는 것이 바로 성령 사역을 통해 이루어지기 때문이다. 앞에서도 이야기했듯이 교회사에서 다른 교리들에 비하면 성령에 관한 교리는 소홀히 했던 것이 사실이다. 이와 같은 것은 성령의 사역(the work of the Spirit)에 관한 것도 예외는 아니다. 세계 안에서 인간의 삶을 변혁하시며 일하시는 성령 사역에 관해서는 미발달되었다고 생각될 정도로 적게 다루어져 왔다. 그러나 성경에서는

---

31) 이형기, 86.

성령의 사역에 대해 여러 차원에서 많은 것을 증거하고 있다. 무엇보다 우리가 구주로 믿고 고백하는 예수 그리스도는 저 멀리 떨어져 있는 이천년 전의 어떤 분이 아니라 오늘 우리와 함께 하시며 예수 그리스도가 성취하신 구속을 우리에게 구체적으로 적용한다는 점에 있어서 성령의 사역에 관한 이해는 대단히 중요하다. 우리는 이와 같은 사실을 '웨스트민스터 소요리문답'의 "문 29 우리는 그리스도께서 값 주고 사신 구속에 어떻게 참여합니까?"라는 물음의 가르침에서 확실히 알 수 있다.

> 성령께서 이 예수 그리스도가 성취하신 구속을 우리에게 적용하실 때에 우리는 이 구속에 참여할 수 있습니다.[32]

그러므로 여기에서는 우리와 함께 하시고 우리로 하여금 그리스도의 구속에 참여할 수 있도록 하시는 성령의 사역에 대해 살펴보려고 한다.

1) 구약 시대에서의 성령의 사역

구약성경에서 성령의 사역을 확인하는 일은 결코 쉽지 않다. 그 이유는 점진적인 계시의 초기 단계일 뿐만 아니라 '성령'이라는 용어 자체가 구약성경에 거의 사용되지 않고 있기 때문이다.[33] 그렇다고 해서 구약성경에 성령에 관한 증거가 없다는 말은 아니다. 앞에서도 살펴보았지만 구약성경을 보면 거기에는 성령을 가리키는 용어들이 많이 있다.[34] 구약성경에 있는 "하나님의 영"[35]이라는 말이 성령을 가리키는 말이라는 것을 분명히 증거해주는 신약성경의 관련된 구절들이 있다. 이러한 본문 가운데 가장

---

32) 이형기, 334.
33) 밀라드 J. 에릭슨, 452.
34) 구약성경에서의 성령에 대한 용어는 앞의 '성령의 호칭에 대한 증언'을 참고하라.
35) 구약성경에 '하나님의 영', '여호와의 영', '나의 영'이라고 기록된 구절이 약 120여 구절이나 된다.

두드러진 성경 구절은 사도행전 2장 16절에서 21절까지 기록된 요엘의 인용 구절이다. 즉 베드로는 오순절에 일어난 사건이 선지자 요엘의 예언이 성취된 것이라고 했던 것이다. "말세에 내가 내 영을 모든 육체에 부어 주리니." 우리가 알고 있듯이 오순절의 사건은 부활하시고 승천하시면서 예수께서 약속하신 것이 구체적으로 실현된 것이었다. "오직 성령이 너희에게 임하시면 너희가 권능을 받고"(행 1:8). 따라서 구약성경에서의 "하나님의 영"은 성령과 동의어인 것이다.[36]

성령은 하나님의 창조 사역 이전부터 계셨다. 그러나 구약성경에서 성령의 사역이 구체적으로 드러난 것은 창조 사역이다. 창세기 1장 2절을 보면 "땅이 혼돈하고 공허하며 흑암이 깊음 위에 있고 하나님의 영은 수면 위에 운행하시니라"고 하면서 성령의 창조 사역에 대해 증거하고 있다. 뿐만 아니라 욥기 26장 13절에서도 성령의 창조 사역에 대해 기록하고 있다. "그의 입김으로 하늘을 맑게 하시고 손으로 날렵한 뱀을 무찌르시나니." 여기에서 '입김'이라는 말은 히브리어로 '루아흐'(רוּחַ, ruach)로 번역하고 있다. 따라서 이 말은 성령에 의한 계속적인 사역을 가르치고 있다. 성령의 창조 사역 때 뿐만 아니라 창조 사역 이후에도 계속해서 사역했다는 사실을 시편 104편 30절의 내용을 통해서도 확인할 수 있다. "주의 영을 보내어 그들을 창조하사 지면을 새롭게 하시나이다."

구약성경에서 성령의 일반적인 사역 가운데는 예언과 하나님의 말씀인 성경을 기록하는 일도 있다. 구약시대에 예언자가 되기 위해서는 무엇보다 성령을 받아야 했다. "네게는 여호와의 영이 크게 임하리니 너도 그들과 함께 예언을 하고 변하여 새 사람이 되리라"(삼상 10:6). 예언자들에게 성령이 임해야 그들이 사명을 감당할 수 있다는 말은 구약성경의 여러 곳에서 발견된다. 엘리야, 엘리사, 이사야, 에스겔 등 많은 예언자들이 성령의 역사를 받아 그와 같은 위대한 예언을 했던 것이다. 특히 미가는 말하

---

36) 밀라드 J. 에릭슨, 453.

기를 "오직 나는 여호와의 영으로 말미암아 능력과 정의와 용기로 충만해 져서"(3:8)라고 하였다.[37]

뿐만 아니라 구약의 예언자들은 그들이 말하고 글을 쓰는 것이 성령이 자신들에게 역사한 결과라고 증거하고 있다. 이 사실을 가장 잘 보여주고 있는 것으로 우리는 에스겔을 들 수 있다. "그가 내게 말씀하실 때에 그 영이 내게 임하사 나를 일으켜 내 발로 세우시기로 내가 그 말씀하시는 자의 소리를 들으니"(겔 2:2; 비교. 8:3, 11:1, 24; 벧후 1:21).[38]

구약성경에 나타난 성령의 또 다른 사역은 여러 임무를 수행하거나 그 임무를 수행하기 위해 필요한 기술들을 제공해주는 것이었다. 이스라엘 민족이 애굽에서 나와 가나안 땅에 들어가서 정착한 후에 사사시대를 맞이하게 되는데, 이 때 사사가 될 사람은 성령을 받아야 했다. "여호와의 영이 그에게 임하셨으므로 그가 이스라엘의 사사가 되어"(삿 3:10; 비교. 6:10, 34; 14:6; 참조. 창 41:38). 그리고 출애굽기에서 이스라엘 백성들이 성막을 짓고 그 안에 필요한 것들을 만드는 일을 위해 브사렐을 지명했을 때 하나님께서는 이렇게 말씀하셨다. "하나님의 영을 그에게 충만하게 하여 지혜와 총명과 지식과 여러 가지 재주로 정교한 일을 연구하여 금과 은과 놋으로 만들게 하며 보석을 깎아 물리며 여러 가지 기술로 나무를 새겨 만들게 하리라"(출 31:3-5).

우리가 구약성경을 보면 성령의 사역은 반드시 위와 같은 어떤 특별한 사건이나 인물에게만 적용되는 것이 아니라 이스라엘 백성들의 영적인 삶 속에서도 역사하셨다는 것을 알 수 있다. 대표적인 예로, 포로에서 돌아온 이스라엘 백성들에게 에스라는 광야에서 조상들의 필요를 채워주셨던 성령의 사역에 대해 가르쳤다. "또 주의 선한 영을 주사 그들을 가르치시며 주의 만나가 그들의 입에서 끊어지지 않게 하시고 그들의 목마름을 인하여 그들에게 물을 주어"(느 9:20). 다윗은 그가 밧세바와 동침한 후 선지자 나

---

37) 이종성, 129.
38) 밀라드 J. 에릭슨, 453.

단이 찾아와서 이 사실을 책망했을 때 자신의 죄를 사하여 줄 것을 기도하면서 "주의 성령을 내게서 거두지 마소서"(시 51:11)라고 하였다.

구약성경에 나타나는 성경의 사역들 가운데는 그분의 사역이 더 온전히 이루어질 때가 올 것이라는 기대가 있다. 이러한 증언의 일부는 메시아의 오심과 관련이 있는데, 예수께서는 이사야 61장 1절과 2절의 내용을 인용하시면서 이것들이 지금 자신에게서 성취되고 있다고 말씀하셨다(눅 4:18-21). 그리고 베드로는 오순절에 일어난 성령의 역사에 대해 요엘 2장 28절과 29절의 내용을 인용하면서 그 예언이 지금 성취되었다고 하였다.

2) 신약 시대에서의 성령의 사역

신약성경은 예수님의 탄생 사건에서부터 성령께서 사역하셨다는 사실을 증거하고 있다. 즉, 예수께서 마리아의 몸에 잉태하신 것은 성령의 사역으로 이루어졌다는 사실을 천사가 마리아에게 전한 말을 통해서 증거하고 있다. "성령이 네게 임하시고 지극히 높으신 이의 능력이 너를 덮으시리니 이러므로 나실 바 거룩한 이는 하나님의 아들이라 일컬어지리라"(눅 1:35). 그리고 세례 요한이 자신은 단지 물로만 세례를 주었지만 예수님은 성령으로 세례를 베푸실 것이라는 사실을 통해서 예수님의 사역에서 성령의 역할을 강조하였다(막 1:8).

따라서 신약 시대에서의 성령은 예수님의 공생애 초기부터 극적인 형태로 임재하셨다고 말할 수 있다. 왜냐하면 그때에는 예수님에게 성령이 임하시는 것을 충분히 인식할 수 있는 모습으로 오셨기 때문이다(마 3:16; 막 1:10; 눅 3:22; 요 1:32). 이러한 일이 있은 직후에 예수님은 "성령의 충만함을 입으셨다"(눅 4:1). 그리고 예수께서는 광야로 나가셔서 40일 동안 금식 기도를 하셨고, 이 금식 후에 사단의 시험을 받으셨다. 그런데 마가는 이 사실에 대해 매우 강한 어조로 이렇게 증거하고 있다. "성령이 곧 예수를 광야로 몰아내신지라"(막 1:12). 여기에서 중요한 것은 예수님의 생애에 있어 성령의 임재는 그를 직접적이고 즉각적으로 악의 세력들과 맞부딪치게 하였다는 점이다. 이것은 성령과 이 세상의 악(惡)과의 사이에 존재하는 상반성(相反性, antithesis)이 밝히 드러나야 한다는 것을 보여준다.[39]

우리가 복음서를 통해서 알 수 있는 사실은 예수님의 많은 사역들에는 성령의 사역도 함께 이루어졌다는 것이다. 이 사실을 누가는 예수께서 시험을 받으신 후에 "예수께서 성령의 능력으로 갈릴리에 돌아가셨다"(4:14)라고 말하고 있다. 뿐만 아니라 마태는 예수님의 사역 가운데 귀신을 쫓아내는 일에도 성령께서 함께 하셨다는 사실을 예수님의 말씀을 통해서 말하고 있다. "내가 하나님의 성령을 힘입어 귀신을 쫓아내는 것이면"(마 12:28). 그리고 예수께서는 바리새인들이 자신의 사역을 방해하는 일에 대해 그것은 곧 "성령을 훼방하는 것"(31절)이며, 따라서 "누구든지 말로 성령을 거역하면 이 세상과 오는 세상에서도 사하심을 얻지 못한다"고 분명하게 경고하심으로 자신의 사역이 성령의 능력을 힘입은 바 되어 행한 것임을 보여주고 있다.[40]

사도행전을 보면 예수님께서 승천하신 이후에 베드로가 고넬료의 집안 사람들에게 말씀을 전할 때 예수님의 사역에 대해 다음과 같이 말했다. "하나님이 나사렛 예수에게 성령과 능력을 기름 붓듯 하셨으매 그가 두루 다니시며 선한 일을 행하시고 마귀에게 눌린 모든 사람을 고치셨으니 이는 하나님이 함께 하셨음이라"(행 10:38). 그리고 히브리서 기자는 예수님께서 성령의 능력으로 십자가에 달리셨다고 했다. "영원하신 성령으로 말미암아 흠 없는 자기를 하나님께 드렸다"(9:14). 사도 바울은 로마서 1장 4절에서 예수님께서 성령의 능력으로 부활하셨다고 했다. "성결의 영으로는 죽은 자들 가운데서 부활하사 능력으로 하나님의 아들로 선포되셨으니 곧 우리 주 예수 그리스도시니라." 따라서 지금까지의 성경을 보면 예수님의

---

39) Ibid., 456.
40) Ibid., 456-457.

전 생애에 걸친 사역에서 성령이 함께 하셨음을 알 수 있다.

신약 시대에서 성령의 사역은 특별히 사도행전에 기록된 내용에서도 알 수 있다. 우리가 사도행전을 일명 성령행전이라고 하는 이유는 사도행전에 나타난 오순절의 성령강림절을 비롯한 교회의 역사가 성령의 사역으로 말미암았기 때문이다. 사도행전 2장에 기록된 오순절의 성령강림 사건은 그리스도의 몸인 교회가 형성되게 했다는 점에서 중요하다. 그리고 이후에 성령의 사역으로 교회가 예루살렘과 유다와 사마리아와 땅 끝으로 세워지게 되었다.

3) 구속사역에서의 성령의 역할

우리가 거룩한 믿음의 공동체인 교회에서 설교를 하거나, 아니면 세상 속에서 그리스도의 복음을 전할 때 두 종류의 사람들을 만나게 됨으로써 적잖은 갈등을 경험하게 된다. 그것은 똑같은 설교를 들었음에도 어떤 사람은 믿고 삶의 변화를 경험하는가 하면, 반대로 어떤 사람은 믿지 않을 뿐만 아니라 오히려 그 마음이 더 강퍅해진다. 이와 같은 현상은 예수님께서도 말씀하셨지만 교회사에서 처음부터 오늘날에 이르기까지 수없이 경험되는 사실이다. 더 나아가서 이와 같은 현상은 하나님께서 인간을 창조하시고 이후 모든 인간들에게서 나타나는 현상이며, 구약성경에서도 볼 수 있다. 한 부모의 자녀로 태어나 똑같은 집에서, 똑같은 신앙적 환경에서 자라지만 장성했을 때 어떤 자녀는 구원받은 자로서의 삶을 살고, 어떤 자녀는 신앙을 떠나 세상 속에서 살아간다. 이런 현상들을 보면서 우리는 다음과 같은 질문을 던지지 않을 수 없다. "이런 차이가 생기는 이유가 무엇인가?"

우리가 성령의 사역에 대해 다루려고 한다면 반드시 이 문제를 해결해야 한다. 왜냐하면 성령의 사역 가운데서 가장 중요한 사역은 예수 그리스도께서 성취하신 구속을 우리에게 적용하는 일이기 때문이다. 앞에서 이야기한 것처럼 모든 사람들에게 똑같은 구원에로의 초청이 주어졌지만 그 반응이 달랐다는 사실을 설명하기 위해 교회사에서는 나름대로 여러 해결책이 제시된 것이 사실이다. 그 가운데 가장 상반된 극단적인 견해가 있는데, 그것은 인간의 의지에 관한 것으로 어거스틴의 은혜론(恩惠論)과 펠라기우스(Pelagius, 360?-420)의 의지론(意志論)이다. 이것은 곧 범죄함으로 타락한 인간이 하나님의 은혜에 스스로 반응할 수 있느냐 하는 것에 대한 대답의 차이라고 해야 할 것이다.

(1) 어거스틴의 은혜론(Aurelius Augustian, 354-430)

에베소서 2장 8절과 9절 말씀을 보면 믿음도 하나님께서 주셔야 가질 수 있다는 사실을 알게 된다. 이것이 은혜이다. 하나님께서 은혜를 주셔야만 우리에게 믿음이 생겨난다. 이 하나님의 은혜를 받는데는 아무런 전제조건이 없다. 하나님께서 정하신 그 사람에게 은혜를 베푸신다. 하나님께서 은혜를 베푸시는데 그 사람이 받기를 싫어하면 불가항력적으로 역사하신다.[41] 어거스틴은 자신의 《고백록》에서 이렇게 고백하고 있다.

> 당신의 아들의 인성(人性)과 당신의 설교자의 사역을 통해서 나에게 불어넣어 주신 내 믿음이 당신을 불러 아뢰옵니다.[42]

위의 글에서 볼 수 있듯이 믿음은 인간의 내면에서 스스로 일어나는 것이 아니라 하나님께서 우리 안에 불어넣어 주신다. 그리고 어거스틴은 "자유의지란 은혜의 도움을 받을 때에는 선을 선택하며, 은혜가 없을 때에는 악을 선택하는 이성과 의지의 한 기능"[43]이라고 했는데, 이것이 어거스틴

---

41) 라은성, 《정통과 이단(上)》(서울: 도서출판 그리심, 2008), 116.
42) 어거스틴, 《고백록》, 선한용 옮김(서울: 대한 기독교서회, 2015), 45.
43) 존 칼빈, 《기독교 강요 상》, 원광연 옮김 (경기도: 크리스챤다이제스트, 2011), 317.

의 은혜론이다.

인간의 타락에 있어서 어거스틴도 인간에게 있어서의 자유의지를 이야기하고 있다. 그에 따르면 기원적 상태에서의 인간은 참으로 자유로웠다고 가르치고 있다. 심지어 타락한 인간일지라도 신적 은혜를 부여받았으며, 그 안에 있는 활동적인 은혜로 말미암아 아담은 하나님을 사랑했고 지각에 순종할 수 있었다. 그러나 타락은 이러한 은혜를 빼앗아 갔으며 악한 욕망이 우리를 지배하도록 했다. 즉, 사람은 창조함 받을 때에 자유 의지라는 위대한 능력을 부여받았으나, 죄를 지음으로써 그것들을 잃고 말았다.[44] 어거스틴에 의하면 타락한 인간의 의지를 가리켜 '노예'라고 부른다. 따라서 성령이 함께 하시지 않으면 사람의 의지는 자유롭지 못하다고 했다. 이와 같은 이유는 그 의지가 정욕에게 사로잡히고 정복당한 상태에 있기 때문이라는 것이다. 뿐만 아니라 의지가 타락하여 악에게 정복당했을 때에 인간 본성이 그 자유를 잃기 시작했다고 했다.[45] 그리고 사람이 자유 의지를 악하게 사용하여 자기 자신은 물론 자기의 의지까지도 잃어버렸다고 했다. 또한 자유 의지가 노예가 되었으므로 의를 행할 능력이 전혀 없다고 했다.[46] 어거스틴은 인간의 의지에 대해 자신의 경험을 바탕으로 다음과 같이 말했다.

> 그렇게 된 것은 내 의지가 왜곡되어(voluntas perversa) 육욕(libido)이 생겼고, 육욕을 계속 따름으로 버릇(consuetudo)이 생겼으며, 그 버릇을 저항하지 못해 필연(necessitas)이 생겼기 때문입니다. 이것들은 쇠사슬의 고리처럼 서로 연결되어 나를 노예의 상태에 강하게 붙들어 매어 놓았습니다.[47]

---

44) Augustine, *Sermons*, cxxxi, 6. 존 칼빈, 322에서 재인용.
45) Augustine, On Man's Perfection in Righteousness, iv. 9. 존 칼빈, 322에서 재인용.
46) Ibid., 321-322.
47) 어거스틴, 254.

한편, 어거스틴은 인간은 스스로 선하게 창조되지 않았고 도덕적으로 중립적이었다고 했다. 신적 은혜가 그를 옷처럼 덮어서 선을 가능하도록 했는데 어리석게도 아담이 자신의 자유의지를 남용하여 불순종함으로 죄를 짓게 된 것이다. 그리고 아담의 범죄 행위는 자신의 자세를 변화시켰고, 자신의 기원적 자유를 전멸시켰으며, 죄를 짓지 않고는 계속해서 살아갈 수 없도록 만들었다. 뿐만 아니라 아담의 자손은 모두가 유죄의 조건에서 태어나고 조상들과 동일한 본성을 이어받았고 개인적 죄를 범하게 되었다. 이것을 우리는 원죄라고 한다. 어거스틴은 아담의 전가된 죄가 사람들 안에 있어서 사람들도 무질서하고 잘못된 욕구를 가지고 있다고 주장한다.[48] 이와 같은 어거스틴의 원죄에 따른 은혜론은 종교개혁자들과 칼빈에게 영향을 주었을 뿐만 아니라 기독교 교리의 공식적인 입장이기도 하다.

이와 같은 인간의 죄성에 관한 견해는 '하이델베르크 요리문답'의 문 5에서 율법을 완전히 지킬 수 있느냐는 물음에 "나는 본성적으로 하나님과 이웃을 미워하는 성향을 갖고 있습니다"[49]라고 가르치고 있다. 그리고 계속해서 문 8에서 "우리는 모두가 선한 일들을 할 수 없고 악한 일들을 행할 성향을 가질 만큼 그렇게 부패되었습니까?"라는 물음에 다음과 같이 가르치고 있다.

예, 그렇습니다. 하나님의 영을 통하여 중생하지 않는다면 우리는 선을 행할 수가 없습니다.[50]

한번 생각해 보라. 똑같은 상황에서 같은 내용의 말씀을 전하는데도 어떤 사람은 그 말씀을 받아들이지만, 어떤 사람은 아무런 반응을 하지 않

---

48) 해롤드 O. J. 브라운,《교회사 안에 나타난 이단과 정통》, 라은성 역(서울: 도서출판 그리심, 2006), 327-332.
49) 이형기, 74.
50) Ibid., 75.

는 이유가 무엇인가? 위의 내용에서 볼 수 있듯이 어거스틴과 정통 은혜론에 따르면 그것은 구원에 있어서 성령의 특별한 사역 때문이라고 한다. 다시 말해서 하나님의 성령이 어떤 사람에게는 반응할 수 있는 능력을 주셨다는 것이다. 그러므로 성령을 통하지 않고는 결코 중생할 수 없을 뿐만 아니라 선을 행할 수도 없다. 다만 우리가 선을 행할 수 있는 것은 우리 안에 있는 의지 때문이 아니라 그 선을 행할 수 있도록 그 마음을 주시는 성령의 은혜이다. 그러므로 우리는 성령의 주도적인 구속의 사역과 관련하여 인간의 자유의지에 있어서 '제2스위스 신앙고백'의 "제9장 자유의지와 인간의 능력에 관하여"에서 다음과 같이 가르치고 있음을 기억할 필요가 있다.

> 인간의 이성은 구원과 하나님의 요구(선과 덕망을 포함하여)에 관하여 스스로 올바른 판단을 내릴 수 없다. 복음서들과 사도들의 글들은 누구든지 구원받기를 원하는 사람은 중생해야 할 것을 요구한다. 따라서 타락 이후의 인간은 자신의 구원에 아무 것도 공헌할 수 없다.[51]

(2) **펠라기우스의 의지론**(Pelagius, 360?-420)

펠라기우스는 어거스틴의 은혜론에 반대하여 하나님을 기쁘시게 하는 책임 있는 도덕적인 삶이 사람들에게 가능하다고 보았다. 그는 원죄를 부인하였다. 그는 아담이 죄를 지어서 자기 자신만 잃어버린 바 되었을 뿐 그 후손들에게는 전혀 해가 미치지 않았다고 했다. 그는 죄가 첫 사람에게서 그의 모든 후손들에게 전달되었다(롬 5:12)는 성경에 대해 아담의 범죄는 모방을 통한 것이었지 번식을 통한 것이 아니라고 하였다.[52] 따라서 사람은 원죄를 짓지 않았기 때문에 선을 행할 수 있는 능력을 갖고 있다고 주장한다.[53] 펠라기우스는 사람들은 일종의 중립적 상태에서 태어나 살아가며,

---

51) Ibid., 137.
52) 존 칼빈, 301-302.

모든 사람은 완벽한 자유의지를 가지고 있어서 선이나 악을 선택할 능력이 있고, 하나님의 말씀을 믿거나 거부할 능력이 있다고 하였다. 그의 주장에 따르면 성령이 하신 유일한 일은 사람을 사용하여 성경을 만들어낸 일이었으며, 그 후에는 더 이상 사람 안에서 아무 일도 하시지 않는다.[54)]

그런데 펠라기우스주의자들이 아담으로 인한 원죄를 부인하는데 대해 '프랑스 신앙고백' (1559)은 10조에서 다음과 같이 고백하고 있다.

> 아담의 모든 후손은 펠라기우스주의자들이 선언했던 단순한 악에 대한 모방이 아니라 유전적 악인 원죄에 묶여 있다는 사실을 우리는 믿는다. 우리는 그들의 오류들을 혐오한다.[55)]

한편, 펠라기우스의 주장에 따르면 인간의 힘으로 책임 있는 도덕적 삶을 살자는 것인데, 그렇게 된다면 구원은 성령의 구속적인 사역 없이도 가능하게 된다는 것이 된다. 따라서 예수 그리스도의 대속적인 죽음도 아무런 의미가 없게 되고 만다. 자신의 의지적인 노력으로 얼마든지 구원에 이를 수 있다고 생각하기 때문이다. 이들의 견해에 따르면 은혜의 자리라는 것은 있을 수 없다.[56)] 오직 인간의 노력만 있을 뿐이다. 그러나 문제는 펠라기우스의 주장에 따른다면 똑같은 상황과 똑같은 내용의 말씀 앞에서 각기 다르게 반응하는 사람에 대해서 대답을 줄 수 없다는 것이다.

---

53) 라은성, 112.
54) 마틴 로이드 존스, 100.
55) 총회교육자원부 편, 《개혁교회의 신앙고백》(서울: 한국장로교출판사, 2007), 256.
56) 펠라기우스의 인간에게 하나님의 은혜가 필요 없다고 주장하는 극단적인 견해와는 달리 펠라기우스처럼 원죄는 인정하지 않지만 하나님의 은혜가 필요하다고 생각하는 타협적인 사람들이 있는데 이들을 가리켜서 '세미 펠라기우스주의자' (semi-Pelagians)라고 한다. 이들은 성령은 사람을 도우시지만 사랑은 사람들 자신에게서 생겨난다고 했다. 사람들이 하나님을 아는 것을 소망하고 진리를 알고 싶어 하기 때문에 성령이 그들에게 오셔서 도우신다는 것이다. 세미 펠라기우스주의는 529년 오렌지 종교회의에서 이단으로 정죄받았다.

지금까지 우리는 성령의 구속 사역에 있어서 성령께서 주도적으로 역사하시는 어거스틴의 은혜론과 인간이 자기 의지로 책임적 삶을 살아갈 수 있다면서 성령의 은혜를 부인하는 펠라기우스의 의지론에 대해서 살펴보았다. 여기에서 우리가 어떤 견해를 따를 것인가 하는 문제는 타락시에 인류에게 일어난 일과 그 타락의 결과로 죄 가운데 있는 인류의 상태에 대해 어떤 견해를 가지고 있느냐에 따라 결정될 것이다. 물론 교회는 어거스틴의 은혜론을 정통 교리로 확정하였고, 펠라기우스의 의지론을 418년 카르타고 종교회의와 431년 에베소 공의회에서 이단으로 정죄하였다.

사람은 전적으로 부패하였고 완전히 무력하며 무능력하기 때문에 성령께서 주도적으로 사람들 안에서 구원의 사역을 행하신다는 어거스틴의 은혜론에 근거한 견해는 중교개혁 시대에 작성된 신앙고백에서도 그대로 반영되고 있다. 즉, '웨스트민스터 소요리문답'은 "문 30 성령께서는 그리스도께서 값 주고 사신 구속을 어떻게 우리에게 적용하십니까?"라는 물음에서 다음과 같이 가르치고 있다.

> 성령께서는 우리 안에 신앙을 불러일으키심으로 예수 그리스도께서 성취하신 구속을 우리에게 적용하시고, 우리를 효과적으로 부르사 우리를 이 신앙에 의하여 예수 그리스도와 연합시키는 것입니다.[57]

위의 신앙고백에서 알 수 있듯이 우리 안에 있는 신앙은 우리의 자유의지에 따라 생긴 것이 아니라 성령께서 주도적으로 신앙을 불러일으키시고, 예수님께서 성취하신 구속을 우리에게 적용시키신다. '웨스트민스터 신앙고백'은 "제14장 구원에 이르게 할 믿음에 관하여"에서 "믿음이란 택함을 받은 자들의 마음속에 역사하시는 그리스도의 성령의 선물이다"라고 했다. 다시 말해서 믿음이란 성령께서 택함 받은 자들의 마음속에 일으키시

---

57) 이형기, 335.

는 선물이라는 것이다. 따라서 우리 안에 있는 신앙은 성령의 주도적인 역사에 의해서 생긴다는 교리적 견해는 개혁교회가 주장하는 것임을 알 수 있다.

그럼에도 불구하고 서방 로마 가톨릭교회는 이론적으로는 어거스틴의 은혜론을 지지하지만 실천적인 면에서는 세미 펠라기우스주의자들의 자유의지를 지지했다.[58] 그리고 이러한 현상은 오늘 한국교회 현장에서도 여실히 드러나고 있다. 어떤 면에서 한국교회의 강단에서 선포되는 설교는 상당 부분이 세미 펠라기우스주의적이라고 해야 할지도 모르겠다. 따라서 여기에서 우리가 결론적으로 알아야 하는 것은 이 교리가 우리를 구원하는 것은 아니라는 것이다. 우리가 구원받는 것은 예수 그리스도를 믿는 믿음이다. 물론 어떤 사람은 선택하시고 어떤 사람은 파멸로 향하도록 버려두시는지에 대해 의문을 가질 수는 있을 것이다. 그러나 이것은 우리의 이해를 요구하는 것이 아니라 하나님의 의지의 신비에 감추어 있는 사건이다. 따라서 우리가 해야 할 일은 범죄하여 타락한 인간이 스스로 구원에로 나아갈 수 없기 때문에 성령 하나님께서 주도적으로 역사하셔서 우리를 선택하시는 이 사실 앞에 찬양과 감사를 드리는 것이다.

5. 성령의 사역으로서의 구원의 순서(서정)

앞에서 우리는 예수 그리스도가 성취하신 구속을 성령께서 주도적으로 선택된 자에게 적용하신다는 사실을 살펴보았다. 그렇다면 이제 여기에서는 다음과 같은 질문을 던져야 할 것 같다. 구원받을 사람들의 영혼 속에서 행해지는 특별한 사역이 있다면 성령은 어떤 순서에 따라 이 사역을 행하시는가? 소위 구원의 여정(Ordo Salutis)이라고도 하는 구원의 순서에 관한 이야기이다. 교회사에서 하나님의 작정과 관련하여 성령의 선택된 자

---

58) 해롤드 O. J. 브라운, 335.

들에게 행하시는 구원의 적용에 관한 순서는 많은 논쟁이 있었던 것이 사실이다. 그러나 분명한 것은 성경에는 구원의 순서에 대해 정확한 순서를 제시하지 않고 있다. 따라서 구원의 순서에 관한 교리는 우리의 구원에 필수적인 것이 아니라는 사실을 알아야 한다. 뿐만 아니라 어느 누구도 이러한 것들을 올바른 순서로 배열했다고 해서 구원받지는 않을 것이다. 그럼에도 이것은 그리스도인들의 신앙생활에 나름대로 유익하고 가치 있는 것이다. 그리고 그리스도인들에게 유익한 영적 훈련이 될 것이다.[59]

하나님의 성령은 모든 생명의 근원이며 모든 삶을 새롭게 하시는 분이지만, 그분은 특별히 그리스도 안에 있는 새로운 삶의 능력이다. 그리스도인의 삶은 하나님의 은혜에 기초한다. 그리스도인의 삶은 그리스도와의 하나 됨에 그 뿌리를 두고 있고, 성령에 의해 능력과 인도함을 받는다. 그리고 성령의 능력 아래 거하는 그리스도인의 삶은 그리스도를 닮아가는 가운데 변화되는 역동적인 과정인데 이것은 하나님의 은혜로운 주도하심에 의해 움직여진다.[60]

그렇다면 성령께서 우리에게 그리스도께서 성취하신 구속의 사역을 구체적으로 어떤 일을 하시는지에 대해 살펴볼 필요가 있다. 앞에서도 이야기했듯이 어느 특정 인물이나 교파가 내세우는 구원의 순서가 절대적으로 옳다고 주장할 수는 없다. 뿐만 아니라 우리 안에서 경험되는 구원의 순서가 시간적이거나 단계적으로 설명할 수 있는 것도 아니다. 이것은 신학적이고 논리적으로 이해하기 위해서 구분하고 있지만 이것은 동시적인 하나의 사건으로 파악해야 한다는 것이다. 그런 점에서 우리는 여기에서 '웨스트민스터 신앙고백'에서 가르치고 있는 구원의 순서에 따라 그리스도인들의 삶에서 경험되는 성령의 은혜를 살펴보려고 한다.

---

59) 마틴 로이드 존스, 107.
60) 다니엘 L. 밀리오리, 253.

1) 구원의 순서[61]에 대한 이해

성령의 사역에 의한 구원의 순서를 알아볼 수 있는 성경의 구절로는 로마서 8장 28절에서 30절까지의 말씀이 있다. 여기에서 사도 바울은 구원의 순서를 다음과 같이 말하고 있다. 미리 정하시고(29절), 부르시고(30절), 의롭다 하시고(30절), 또한 영화롭게(30절) 하셨다. 이것은 분명히 구원의 순서를 말하는 것이다. 그러나 유감스럽게도 이것이 완전한 목록은 아니다. 여기에서 사도 바울이 말하고자 했던 것은 합력하여 선을 이루시는 하나님께서 부르심을 입은 자들을 영화롭게 하신다는 것에 관심을 두고 있다.[62]

그런데 우리가 구원의 순서에 대해서 살펴본다면 개혁주의 정통 교리에서도 의견이 일치하지 않는다는 사실을 알게 된다. 가령, '웨스트민스터 신앙고백'에서는 효과적 부르심, 칭의, 양자, 성화라는 4단계로 설명하고 있는데 반하여, 칼 바르트는 칭의, 성화, 소명이라는 3단계로 설명하고 있다.[63] 한편, '웨스트민스터 신앙고백서'는 제10장부터 제18장까지 인간의 구원 순서에 대해서 말하고 있다. 그러므로 타락한 자유의지를 지닌 인간이 하나님의 선택의 부름에 효과적으로 응답하여(제10장), 칭의(稱義)

---

61) 구원순서는 라틴어로 'Ordo Salutis', 영어로 'Order of Salvation'이다. 이 구절은 루터교도인 카르포브(Jakob Karpov)에 의해 1737년에 신학적인 용어로 사용한 것으로 나타나 있다. 기독교대백과사전편찬위원회 편,《기독교대백과사전 제2권》(서울: 기독교문사, 1985), 402.
62) 다니엘 L. 밀리오리, 105-106.
63) 구원의 순서에 있어서 김종탁은 그의 박사학위 논문에서 각 교파들의 주장을 다음과 같이 밝히고 있다. 루터파의 구원 순서: 소명, 조명, 회개, 중생, 신앙, 칭의, 수양, 그리스도와 신비적 연합, 갱신, 보존(박형룡,《박형룡박사저작전집: 교의신학》(서울: 한국기독교교육연구원, 1988), 35-36); 칼빈의 기독교 강요에 나타난 구원 순서: 소명, 신앙, 중생, 회심, 성화, 칭의, 예정, 부활(Ibid., 30); 알미니안파의 구원 순서: 소명, 회개, 신앙, 칭의, 중생, 성화, 견인(Ibid., 39); 웨슬리파의 구원 순서: 칭의, 그리스도와 연합, 갱신, 성화(Ibid., 40). 김종탁, "개혁주의 신학에 있어서 구원 순서에 대한 연구," (박사학위 논문, 계명대학교 대학원, 2010), 87.

를 얻고(제11장), 양자(養子)가 되어(제12장), 성화(聖化)의 삶을 살고(제13장), 구원의 신앙으로(제14장), 항상 회개하며(제15장), 선행을 행해야 하는 것이다(제16장). 그리고 하나님은 그의 택하신 백성들을 끝까지 참고 붙드시기 때문에(제17장), 성도들은 항상 은혜와 구원에 대한 확신을 가지고 살아야 한다(제18장). 이러한 이신칭의에 의한 구원에 대한 순서는 신앙과 행위로 말미암는 칭의교리를 주장한 로마 가톨릭교회의 트랜트 회의의 주장과 맞서 프로테스탄트의 입장을 잘 변호해 주고 있다.

그런데 우리가 구원의 순서를 이야기할 때 그것이 시간적이고 단계적이냐, 아니면 동시적인 하나의 사건이냐에 대한 논란이 있다. 가령, '웨스트민스터 신앙고백'에서는 이 구원의 순서들을 시간적이고 단계적인 것으로 파악하고 있는데 반하여 칼빈이나 칼 바르트는 신학적이고 논리적으로 이해하면서 이것은 동시적인 하나의 사건으로 파악하고 있다. 그리고 구원의 순서를 말함에 있어서 루터파에서는 칭의를 강조하고 있다. 칼빈도 《기독교 강요》 초판에서는 칭의를 강조했다. 그러나 《기독교 강요》 최종판에서는 성화를 강조하면서 먼저 다루었다. 이와 같은 이유는 칭의를 일방적으로 강조한 나머지 성화가 무시되어 윤리적, 도덕적 해이함이 나타날 위험이 있었을 뿐만 아니라 로마 가톨릭교회나 알미니안주의자들과 같은 반대 진영으로부터 비판이 제기될 수도 있었기 때문이었다. 그리고 칼빈은 하나님의 선택의 문제를 신론에서 다루지 않고 구원론의 마지막인 몸의 부활 앞에서 다루고 있다.

그런데 우리가 구원의 순서에 관한 교리를 다루면서 유념해야 하는 것은 이것을 너무 지나치게 연대기적 사고를 가지고 접근하는 것은 위험하다는 것이다. 시간적인 요소를 너무 강조한 나머지 이 요소들이 서로 대단히 엄격하고 기계적인 시간의 순서에 따라 이어져야 한다고 말하는 것은 위험할 뿐만 아니라 심각한 오류에 빠질 수 있다. 궁극적으로 하나님의 행동은 인간의 시간에 제한을 받지 않으신다. 뿐만 아니라 우리가 사건들을 시간 속에서 주어진 순서에 따라 경험한다고 해서 그 일이 반드시 그런 순서로 일어나는 것은 아니다. 그럼에도 불구하고 구원의 순서에 대해서 탐구해야 하는 것은 이 특정한 순서를 부여하지 않고서는 우리 안에 경험되고 일어나는 구원의 사역들에 대해 이야기할 수 없기 때문이다.[64]

2) 효과적 부르심(Effectual Calling)

복음의 진리를 모든 사람에게 선포되도록 하는 것이 성령 사역의 일부인데, 이것을 우리는 일반적 부르심이라고 말한다. 일종의 보편적인 복음의 제시라고 할 것이다. 이와 같은 일반적 부르심은 구원받는 사람과 그렇지 않는 사람 모두에게 주어진다. 즉, 하나님이 창조자로서 자연과 양심에 자기를 증거하신 바 모든 사람들을 자기에게 그리고 자기와의 교제로 부르는 행위이다. 그러나 이러한 복음의 부르심은 오직 일부의 선택된 사람들에게만 유효하다고 말해야 할 것이다.[65] 다시 말해 어떤 사람이 구원받아 참된 그리스도인이 되는 것은 복음의 부르심이 유효하기 때문인데, 우리는 이것을 가리켜 소위 효과적 부르심(소명)이라고 한다.[66] 즉, 이 부르심(소명)은 개인을 구속자와의 교제와 은혜 언약의 향유에로 초대하는 부르심이다. 이 소명은 오로지 선택받은 자에게만 주어진다. 하나님은 그의 말씀이 인간을 통하여 그들에게 전달되도록 할 뿐 아니라(외적 소명, *vocatio externa*), 성령을 통하여 그것을 그들의 마음속으로 도입시켜 그리스도와 생명적 교제를 개설하도록 만든다(내적 소명, *vocatio interna*).[67] 하인리히 헤페는 외적 소명과 내적 소명은 구별되어야 한다면서 다음과 같이 리센(Riessen)의 말을 전하고 있다.

---

64) 마틴 로이드 존스, 108-109.
65) 복음의 부르심을 하인리히 헤페는 특별 소명(vocatio specialis), 초자연적 소명(supra-naturalis), 또는 복음적 소명(evangelica vocatio)라고 했다. 하인리히 헤페, 《개혁파 정통교의학》, 이정석 옮김(경기도: 크리스챤다이제스트, 2007), 725-726.
66) 마틴 로이드 존스, 114-115.
67) 하인리히 헤페, 726-728.

소명은 외적이나 내적이다. 전자는 그것을 적용하는 외적 방편인 말씀과 성례의 사역에 의해 발생하며, 후자는 추가적으로 내적인 능력과 전능한 성령에 의해 일어난다. 전자는 육체의 귀만을 울리지만, 후자는 설복시키고 유효하게 인도한다.[68]

한편, '웨스트민스터 소요리문답'의 "문 31 효과적인 부르심이란 무엇입니까?"라는 물음에 대해 다음과 같이 가르치고 있다.

효과적 부르심이란 성령이 하시는 일인데, 이 성령께서는 이 효과적인 부르심에 의하여 우리의 유죄함과 비참한 상태를 알려 주시고, 우리의 마음을 밝히사 그리스도를 인식할 수 있게 하시고, 우리의 의지를 새롭게 하심으로 우리로 하여금 복음을 통하여 값없이 제공된 예수 그리스도를 받아들이도록 권고하실 뿐만 아니라 받아들일 수 있게 하십니다.[69]

위의 신앙고백을 통해서 알 수 있듯이 성령께서는 선택받은 특별한 사람들에게 죄와 그 죄로 인한 비참한 상태를 알려주시고, 우리로 하여금 그리스도를 알게 하고 복음을 통하여 그리스도를 받아들일 수 있도록 하신다는 것이다. 동일한 질문에 대해 '웨스트민스터 대요리문답'의 문 67의 답에서는 효과적 부르심이 하나님의 전능하신 권능과 은혜의 역사인데, 이로 말미암아 하나님은 그의 받으실만한 때에 그 말씀과 영으로 말미암아 그들을 불러 예수 그리스도께 가까이 나아오게 하셔서 그들의 마음을 성령으로 밝히시어 구원을 깨닫게 하신다고 했다. 그리고 모든 선택함을 입은 자들만이 효과적 부르심을 받는다고 했다.[70] 따라서 이와 같은 하나님의 효과적인 부르심은 예지된 인간의 공로에서가 아니라 오직 하나님의 무조건적이고

---

68) Ibid., 729.
69) 이형기, 335.
70) 김의환 편역, 《개혁주의 신앙고백》(서울: 대한예수교장로회총회 출판부, 2004), 128.

특별한 은혜에서 온 것이다(딤후 1:9; 딛 3:4; 엡 2:4, 5, 8, 9; 롬 9:11).[71]

우리가 성경을 보면 이러한 성령의 구속 사역 가운데 효과적인 부르심을 확증해주는 구절을 찾을 수 있다. 그 가운데 하나가 로마서 8장 28절에서 39절의 말씀이다. 이 본문에서 사도 바울은 "우리가 알거니와 하나님을 사랑하는 자 곧 그의 뜻대로 부르심을 입은 자들에게는 모든 것이 합력하여 선을 이루느니라"고 말한다. 그러므로 모든 사람에게가 아니라 "하나님을 사랑하는 자"에게라고 하였다. 그리고 그들은 "그의 뜻대로 부르심을 입은 자들"이다. 이어지는 말씀에서 사도 바울은 "또 미리 정하신 그들을 또한 부르시고 부르신 그들을 또한 의롭다 하시고 의롭다 하신 그들을 또한 영화롭게 하셨느니라"고 하였다. 여기에 보면 구원받은 사람들은 부르심을 받은 사람들이라고 했다. 그리고 그들은 다른 사람들과는 다른 방식으로 부르심을 받았다. 그렇기 때문에 이것은 성령의 구속사역에서의 효과적인 부르심에 대한 성경의 진술인 것이다.[72]

성경에서 효과적인 부르심을 확증하는 또 하나의 구절로는 고린도전서 1장 2절의 말씀이다. "고린도에 있는 하나님의 교회 곧 그리스도 예수 안에서 거룩하여지고 성도라 부르심을 받은 자들." 고린도 교회에 모인 사람들은 단순히 성도로 불리는 것이 아니라 성령의 주도적인 사역에 의해서 성도가 되도록 부르심을 받은 사람들이다. 그러므로 바울은 23절 이하에서 "우리는 십자가에 못 박힌 그리스도를 전하니 유대인에게는 거리끼는 것이요 이방인에게는 미련한 것이로되, 오직 부르심을 받은 자들에게는 유대인이나 헬라인이나 그리스도는 하나님의 능력이요 하나님의 지혜니라"고 하였다. 똑같이 선포되는 그리스도의 복음이 어떤 사람에게는 미련한 것이다. 이와 같은 사람들은 구원받지 못한 사람들이다. 그렇지만 바울은 구원받은 사람들을 가리켜 부르심을 받은 자들이라고 하면서 그들에게 그

---

71) 이형기, 261.
72) 마틴 로이드 존스, 115. 이 외에도 효과적 부르심과 관련된 성경 구절로는 다음의 구절을 참조하기 바란다. 벧전 2:9-10; 요 6장; 엡 1:17; 빌 2:12-13.

리스도의 복음은 하나님의 능력이요 지혜라고 했다.73)

이 효과적인 부르심은 내적이고 영적인 부르심이라고 할 수 있다. 다시 말해서 이 부르심은 어떤 사람에게 단순히 외부로부터 온 것이 아니라 그리스도인이 될 사람에게 오는 내적인 부르심을 말한다. 우리가 효과적인 부르심을 이야기할 수밖에 없는 이유는 타락한 인간의 본성 때문이다. 인간은 타락의 결과 본성상 하나님을 거역할 뿐만 아니라 하나님을 싫어하며 원수가 되었다. 이와 같은 사실을 바울은 로마서 8장 7절과 8절에서 이렇게 말하고 있다. "육신의 생각은 하나님과 원수가 되나니 이는 하나님의 법에 굴복하지 아니할 뿐 아니라 할 수도 없음이라. 육신에 있는 자들은 하나님을 기쁘시게 할 수 없느니라." 따라서 인간은 스스로 하나님께로 나아갈 수 없을 뿐만 아니라 하나님을 기쁘시게 할 수도 없다. 그렇기 때문에 어떤 사람이 하나님의 복음을 믿고 받아들여 그것을 즐거워하기 위해서는 성령의 내적 사역이 절대적으로 필요하다는 것이다.74)

지금까지의 내용을 통해서 알 수 있듯이 성령께서 어떤 사람을 불러서 세우실 때에는 그 결과도 절대적으로 확실하다는 사실을 받아들여야 한다. 따라서 우리는 불가항력적 은혜라는 말을 사용한다. 그러므로 성령은 나의 의지에 역사하신다. 이와 같은 사실에 있어서 사도 바울은 이렇게 말한다. "너희 안에서 행하시는 이는 하나님이시니 자기의 기쁘신 뜻을 위하여 너희에게 소원을 두고 행하게 하시나니"(빌 2:13). 성령이 하시는 일은 내 의지에 작용하여 나로 하여금 이 일들을 바라고, 기뻐하고, 사랑하게 만드는 것이다. 성령은 인도하시고, 설득하시고, 나의 의지에 작용하셔서 복음의 부르심을 효과 있게 만드신다. 이 일은 절대적으로 확실하다. 하나님의 역사는 절대 실패하지 않으며 하나님이 사람들 안에서 역사하실 때 그 역사는 효력이 있다. 우리가 이 사실을 받아들이고 믿음으로 고백하게 될 때 우

---

73) Ibid., 115.
74) Ibid., 119-120. 성경에 효과적인 부르심이 필요한 이유를 알 수 있는 구절로는 다음을 참조하기 바란다. 고전 2:14; 고후 4:3-4; 엡 2:1.

리는 사도 바울과 같이 이렇게 고백할 수 있을 것이다. "내가 나 된 것은 하나님의 은혜로 된 것이니 내게 주신 그의 은혜가 헛되지 아니하여 내가 모든 사도보다 더 많이 수고하였으나 내가 한 것이 아니요 오직 나와 함께 하신 하나님의 은혜로라"(고전 15:10).

3) 칭의(Justification)

'웨스트민스터 소요리문답'은 "문 33 칭의란 무엇입니까?"라는 물음에서 다음과 같이 칭의에 대해 가르치고 있다.

> 칭의란 하나님께서 값없이 베푸시는 은혜의 행위입니다. 하나님께서는 이 은혜의 행동에 의하여 우리의 모든 죄를 용서하시고, 우리를 하나님 존전에서 의롭다고 보시고 용납하시는 것입니다. 그런데 하나님께서 이렇게 우리를 칭의하시는 것은 우리에게 전가된 그리스도의 의(義)를 우리가 믿기 때문입니다.[75]

위의 내용에서 보듯이 그리스도인이 의롭게 되는 것은 자신들의 신앙 자체나 신앙하는 행동이나 복음적인 순종 때문이 아니라 그리스도의 순종과 만족케 하심이 이들에게 전가됨으로써 일어나는 것이다. 하나님께서 효과적으로 부르신 이들을 의롭다고 칭(稱)하시는 것은 전적으로 그리스도로 인한 까닭이기 때문에 그리스도인들은 그리스도와 그의 의를 받아들이고 의지할 뿐이다.[76]

그리스도인의 삶은 그리스도 안에 나타난 새로운 인간성의 충만함을 계속적으로 경험하는 과정이다. 이 과정에서 중요한 것은 하나님의 죄 용서의 사건으로 오직 믿음으로만 의롭게 된다는 칭의(稱義)이다. 그런데 이

---

75) 이형기, 335.
76) Ibid., 262.

칭의는 종교개혁자 마틴 루터의 삶을 변혁시킨 것으로 종교개혁자들의 중요한 교리 가운데 하나였다.[77] 루터의 위대한 영적 발견은 "사람이 의롭다 하심을 얻는 것은 율법의 행위에 있지 않고 믿음으로 '만'"(롬 3:28)이라는 메시지, 즉 복음 그 자체였다. '만'(alone)이라는 말은 루터도 알았다시피 원문에는 없다. 그는 원문에서 성경을 독일어로 번역할 때 그것을 삽입해야 할 필요가 있었다고 주장했다. 그러나 이신칭의라는 의미는 결코 루터로부터 시작된 것이 아니다. 한스 큉(Hans Küng, 1928-)은 루터의 교리는 그야말로 전적으로 가톨릭적이라고 주장한다.

이신칭의는 사도 바울의 가르침과도 정확하게 일치하는 개념이고, 성경에서 분명하게 설명하고 있다.[78] 무엇보다 이신칭의는 그리스도가 성취하신 사역에 대해 초대교회가 전적으로 강조했던 말씀 그 자체였다. 그리스도의 구속사역이 성취되셨다면, 그리고 더 이상 희생이 필요하지 않다면 하나님 앞에 죄인의 조건은 죄인이 무엇을 할 수 있다는 것에 있는 것이 아니라 그리스도께서 행하신 것과의 관계에 달려 있다는 것이 논리적일 것이다. 이러한 관계는 믿음으로 이루어지는 것이고 믿음이 구원을 위한 충분조건이 되는 셈이다. 따라서 《레이든 신학통론》은 다음과 같이 진술하고 있다.

> 신학에서 칭의라는 주제는 대개 우선적이며 우리에게 가장 구원적이다. 만일 그것이 불분명하거나 변질되거나 왜곡된다면, 다른 부분에서 교리적 순수성의 유지나 진정한 교회의 존재가 불가능해진다.[79]

---

77) 루터는 비텐베르크 대학에서 신학박사와 성경 교수로 가르치고 있을 때 1512년 말엽에 수도원 종탑 아랫방에서 "의인은 믿음으로 살리라"(롬 1:17)는 말씀을 읽고 성경의 권위와 오직 믿음에 의한 칭의를 확신하게 되었다. 무섭게 심판하시는 하나님의 의에서 우리를 용납하시고 사랑하시는 하나님의 의로 이해했다. 그는 가장 미워했던 로마서 1:17이 가장 사랑하는 구절로 되었고 바로 천국의 문이 되었다고 고백하면서 이 경험을 '탑의 경험'이라고 표현하였다(1545년 라틴어 저술 편집에서 자서전적 고백). 이 시기에 대해서는 논란이 있는데 대체적으로 정확한 연대는 1511년과 1513년 사이의 어떤 시기라고 본다.

78) 롬 5:1; 엡 2:8-9.

우리는 여기에서 칭의에 대한 올바른 이해가 필요하다. 칭의에 대해 우리가 쉽게 범하는 실수는 칭의라는 것은 우리가 의롭게 되거나 선하게 되거나 바르게 되거나 거룩해지는 것을 의미한다고 생각하는 것이다. 그러나 칭의는 그런 것이 아니다. 칭의에서 우리는 의롭게 되는 것이 아니라 '의롭다고 선포되는 것'이다. 칭의는 법정적인 것으로 자신의 율법을 집행하는 재판관이신 하나님이 그리스도의 의로 인해 율법에 대해 만족하셨다고 말씀하시는 것이다. 따라서 칭의는 하나님의 선언적인 행동으로 우리에게 무엇을 행하는 것이 아니라 우리에 대해 무엇인가를 말하는 것이다. 우리가 기억해야 할 것은 칭의는 나의 실제 지위나 내면의 상태와는 아무 관계가 없다. 다만 하나님 앞에 섰을 때의 나의 위치와 나의 지위, 하나님이 나를 어떻게 보시느냐와 관계 있는 것이다. 이것이 칭의에 대한 성경적인 교리이다.[80]

그렇다면 성경에서는 칭의에 대해 어떻게 가르치고 있는가? 우리가 이 질문을 던질 수밖에 없는 것은 기독교의 모든 교리는 인간이 만들어낸 것이 아니라 성경이 말씀하고 있는 바로 그것이어야 하기 때문이다. 분명한 것은 그리스도의 의가 아무런 대가 없이 우리에게 주어졌으며, 그리하여 우리의 의가 되었다는 사실을 성경은 증언하고 있다는 것이다.

먼저 우리는 칭의가 법정적이고 선포적인 것이라는 성경의 증거를 살펴보려고 한다. 왜냐하면 칭의는 법률적인 용어로서 '무죄로 놓아줌' 또는 '바르게 만듦'이라는 뜻을 가지고 있기 때문이다.[81] 따라서 이와 관련된 구약성경의 구절로는 출애굽기 23장 7절에 "거짓 일을 멀리 하며 무죄한 자와 의로운 자를 죽이지 말라 나는 악인을 의롭다 하지 아니하겠노라"는 말씀이 있다. 이것은 이스라엘 자녀들에게 선포하시는 하나님의 말씀이다. 신명기 25장 1절에 "사람들 사이에 시비가 생겨 재판을 청하면 재판장은

---

79) 하인리히 헤페, 772.
80) 마틴 로이드 존스, 284-285.
81) 다니엘 L. 밀리오리, 254.

그들을 재판하여 의인은 의롭다 하고 악인은 정죄할 것이며"라는 말씀이 있다. 여기에서는 두 사람 사이에 다툼이 생겨 재판장에게 오게 된다. 그리고 이 사건을 판결하는 재판장은 "의인은 의롭다 하고 악인은 정죄하라"고 선포한다. 잠언 17장 15절에서도 "악인을 의롭다 하고 의인을 악하다 하는 이 두 사람은 다 여호와께 미움을 받느니라"고 했는데, 여기에서 칭의는 정죄와 대비되어 있다. 이와 같은 성경의 구절들은 모두가 명백히 순수한 법적인 행동이다.[82]

신약성경에서 칭의에 관한 가장 고전적인 성경 구절로는 로마서 3장 20절에서 28절의 내용이다. 특별히 28절에서는 "그러므로 사람이 의롭다 하심을 얻는 것은 율법의 행위에 있지 않고 믿음으로 되는 줄 우리가 인정하노라"고 했다. 뿐만 아니라 로마서 4장 5절에는, "일을 아니할지라도 경건하지 아니한 자를 의롭다 하시는 이를 믿는 자에게는 그의 믿음을 의로 여기시나니"라는 말씀이 있다. 우리가 이 구절들에서 알 수 있듯이 하나님은 사람이 선하기 때문에 그를 의롭다고 하시지 않는다. 하나님은 경건하지 않은 자들을 의롭다고 하신다.[83] 로마서 5장 1절에도, "그러므로 우리가 믿음으로 의롭다 하심을 받았으니 우리 주 예수 그리스도로 말미암아 하나님과 화평을 누리자"라고 한다. 하나님과 원수가 되었던 우리가 하나님과 교제할 수 있는 것은 우리가 믿음으로 의롭다 하심을 받았기 때문이라는 것이다.[84]

이제 우리는 여기에서 칭의 교리가 중요한 이유에 대해서 생각하지 않을 수 없다. 일반적으로 사람들은 칭의가 나의 죄성이 용서받고 타락 이전의 아담과 같은 상태로 회복된 것만을 의미한다고 생각한다. 그러나 이것은 잘못된 생각이다. 왜냐하면 그와 같이 스스로를 의롭게 생각하는 것은

---

82) 마틴 로이드 존스, 285-286.
83) Ibid., 286-287.
84) 칭의가 법정적인 선언이라는 성경적 증거로는 다음의 구절들을 참고하기 바란다. 행 13:39; 롬 4:5-7; 5:9; 8:30-34; 고전 6:11; 갈 2:16.

나 자신의 의로운 삶에 달려 있다고 보기 때문이다. 그러나 우리가 기억해야 할 것은 칭의에 대해 내가 해야 할 일은 아무 것도 없다. 이것은 전적으로 하나님의 행동이다. 하나님께서 예수 그리스도의 적극적인 의를 나에게 돌리시며, 나의 것으로 삼으시며 전가시키신다. 그리고 단순히 타락 이전 아담의 상태로 회복되는 것이 아니라 그보다 훨씬 더 나아간다. 아담은 그리스도의 적극적인 의를 갖고 있지 않았다. 그러나 그리스도인인 나는 그리스도의 의를 갖고 있다. 하나님께서 그것을 내 것으로 삼아주셨기 때문이다.[85]

우리가 의롭다 함을 받았다는 것은 우리와 하나님 사이의 단절된 관계가 어떠한 대가도 없이 오직 하나님의 무조건적인 은혜와 용서의 행위로 인하여 회복되었음을 의미한다. 하나님께서 우리를 위해 하신 것은 전적인 은혜이며(오직 은혜로만), 하나님께서 하신 일은 오직 믿음과 신뢰로만 얻어질 수 있다(오직 믿음으로).[86] 그리고 선택된 자에게 주어지는 칭의는 신앙의 온갖 동요와 변화에도 불구하고 그들 각자에게 칭의가 완전하게 부여되며, 그리스도 이전과 이후라는 은혜 언약의 세대 차이에도 불구하고 언제나 동일한 방식으로 칭의된다.

한편, 칭의의 일차적인 목적은 하나님의 영광, 즉 무엇보다도 하나님의 절대적인 자비와 의를 드러내는 데 있으며, 시간과 영원에서 선택받은 자를 축복하는 것은 부차적인 목적이다.[87] 이 점에 있어서 하이데거(J. H. Heidegger, 1633-1698)도 다음과 같이 말하고 있다.

> 칭의의 지고한 목적은 은혜의 영광을 찬송하며($\check{\epsilon}\pi\alpha\iota\nu os$ $\delta \acute{o} \xi \eta s$, gratiae, 엡 1:6), 하나님을 영화롭게 하고 자비와 의로움과 같은 하나님의 덕을 인정하는 것이다. 이 최고의 목적 다음에 부차적인 목적이 선택

---

85) 마틴 로이드 존스, 289-290.
86) 다니엘 L. 밀리오리, 254.
87) 하인리히 헤페, 801.

받은 자의 구원과 생사를 초월하는 가장 확고한 위안이다.[88]

특별히 칼빈은 값없이 주어지는 칭의의 교리에서 유념해야 할 두 가지 사실을 다음과 같이 말하고 있다.

첫째로, 주의 영광이 흐려지거나 손상 받지 않고 그대로 유지되어야 한다는 것과, 둘째로, 우리의 양심이 하나님의 심판을 바라보며 평안한 안식과 고요한 마음의 평정을 가져야 한다는 것이다.[89]

4) 양자(Adoption)

'웨스트민스터 소요리문답'은 "문 34 양자란 무엇입니까?"라는 물음에서 양자에 대하여 다음과 같이 가르치고 있다.

양자 역시 하나님께서 값없이 베푸시는 은혜의 사역입니다. 우리는 이 양자에 의하여 하나님의 자녀가 되는 것은 물론 하나님의 자녀가 누릴 모든 특권을 받을 만한 권한이 있습니다.[90]

우리는 바로 앞에서 이신칭의에 대해 살펴 보았다. 그렇다면 이제 여기에서 그 칭의로 인해 발생하는 몇 가지 결과들을 살펴보아야 하는데 그 중에 하나가 성경이 가르치고 있는 양자됨의 교리이다. 이 양자됨의 교리는 위의 신앙고백에서와 같이 하나님의 자녀가 되는 것은 물론이고 그 자녀가 누릴 수 있는 모든 특권을 받앗음을 말한다. 따라서 이 교리는 그리스도인들에게 크나큰 위로와 용기를 주는 것이 아닐 수 없다. 그럼에도 불구

---

88) 하인리히 헤페, 801.
89) 존 칼빈,《기독교 강요 중》, 299.
90) 이형기, 335.

하고 오늘 많은 교회와 그리스도인들은 이 교리에 대해 거의 침묵하고 있는 것이 현실이다.

양자됨이라는 말은 원래 아들의 자리에 앉히는 것이라는 의미이다. 고대에서 이 말은 한 가족에서 다른 가족으로 사람을 보내어 그렇게 보내어진 사람을 두 번째 가족의 아들이나 딸이 되도록 한다는 의미이다. 이것이 양자 됨이라는 용어의 일차적이고 근본적인 의미라면 우리는 여기에서 성경에서 사용된 의미를 살펴보아야 한다. 성경 전체를 살펴보면 '아들' 이라는 말이 다음과 같은 방법으로 사용된 것을 알 수 있다.

이 말이 단수로 사용되었을 때는 언제나 예수 그리스도만을 가리킨다. 예수 그리스도는 유일한 아들이시다. 심지어 정관사 없이 'Son' 이라고 말하는 경우도 있다. 그런 의미에서 예수 그리스도는 하나님의 아들(the Son of God)이시다. 그런가 하면 이 용어는 복수형으로 천사들에 대해서도 사용된다. 욥기 1장과 2장에서 사용하고 있는데, 이 용어를 사용한 방식과 문맥을 살펴보면 천사들이 하나님의 총애를 받는 피조물이었으며 지상이나 다른 몇 가지 면에서 그들이 하나님 자신과 닮아 있기 때문이다.[91]

세 번째로 시편 82편 6절에서는 '아들' 이라는 말은 인간 관원들에게 사용되고 있다. "내가 말하기를 너희는 신들이며 다 지존자의 아들들이라 하였으나." 이 구절은 요한복음 10장 34절에서 유대인들이 예수님께서 자신이 하나님의 아들이라고 주장했을 때 반대하는 상황에서 인용하신 말씀이다. 이 말은 하나님이 관원들에게 권위를 위임하셨고, 그들이 관원의 일을 수행할 때 이것은 하나님 자신이 하시는 일이라는 의미에서 관원들이 하나님의 아들들이라는 의미이다.[92]

마지막으로 이 용어는 신적 양자됨의 대상인 사람들을 지칭하는 것이다. 여기에서 우리는 일반적 양자됨과 특별한 양자됨을 구분해야 한다. 로마서 9장 4절의 진술에서 사도 바울은 이스라엘 민족을 언급하고 있다. "그

---

91) 마틴 로이드 존스, 303.
92) Ibid.

들은 이스라엘 사람이라 그들에게는 양자됨과 영광과 언약들과 율법을 세우신 것과 예배와 약속들이 있고." 이 말씀은 하나님이 이스라엘 민족을 자신의 아들로 삼으신다고 말씀하시는 출애굽기 4장 22절을 언급한 것이다. 따라서 양자됨은 이스라엘 민족에게 일반적으로 사용할 수 있는 말이다. 그러나 이 용어는 특별히 영적인 의미로 사용될 수 있다. 그러므로 하나님이 어떤 사람들을 영적인 방법으로 자기 아들이 되게 하신다는 것이다.[93]

우리는 양자됨이라는 의미가 위의 용어 설명에서 신적 양자됨의 대상인 사람들을 지칭한다는 것을 알게 되었다. 성경은 예수 그리스도를 구주로 믿는 모든 사람들을 가리켜 하나님의 아들이라고 부르고 있음을 본다. 가령, 갈라디아서 3장 26절에 보면, 사도 바울은 "너희가 다 믿음으로 말미암아 그리스도 예수 안에서 하나님의 아들이 되었으니"라고 하였다. 여기에서 '너희'는 일부 특별한 그리스도인들이 아니라 모든 그리스도인들을 가리킨다. 에베소서 1장에서도 모든 그리스도인들에 대해 말하고 있는데, 5절에서는 이렇게 말하고 있다. "그 기쁘신 뜻대로 우리를 예정하사 예수 그리스도로 말미암아 자기의 아들들이 되게 하셨으니." 그러므로 구원받고 그리스도의 피로 구속함을 받은 사람들은 모두가 하나님의 아들이 되는 양자됨의 구속을 받은 것이다. 따라서 예수 그리스도를 구주로 믿은 우리 모두는 예수 그리스도로 인하여 하나님의 아들로 양자가 되었다.

그렇다면 양자가 되었다는 증거가 무엇인지에 대해 성경에서 찾아볼 필요가 있다. 우리가 양자가 되었다는 증거는 앞에서 보았던 갈라디아서 3장 26절의 말씀이 있다. 그리고 베드로전서 1장 3절부터 6절에서도 찾아볼 수 있다. "예수 그리스도를 죽은 자 가운데서 부활하게 하심으로 말미암아 우리를 거듭나게 하사 산 소망이 있게 하시며, 썩지 않고 더럽지 않고 쇠하지 아니하는 유업을 잇게 하시나니 곧 너희를 위하여 하늘에 간직하신 것이라." 이 말씀은 그리스도를 믿는 우리를 위한 것으로 우리는 유업을

---

[93] Ibid., 303-304.

잇는 상속자, 즉 자녀라는 것이다. 로마서 8장 15절에서도 양자됨의 분명한 증거가 있다. "양자의 영을 받았으므로 우리가 아빠 아버지라고 부르짖느니라." 갈라디아서 4장 5절에서도 다음과 같이 양자됨의 증거를 말하고 있다. "우리로 아들의 명분을 얻게 하려 하심이라." 우리가 양자가 되었다는 분명한 증거는 성령의 인도하심을 받고 있다는 사실이다. 이 사실에 대해 사도 바울은 로마서 8장 14절에서 이렇게 말하고 있다. "무릇 하나님의 영으로 인도함을 받는 사람은 곧 하나님의 아들이라." 여기에서 우리가 기억해야 하는 것은 하나님의 아들로 양자된 사람은 모두가 하나님의 영이신 성령으로 인도함을 받는다는 것이다.

이제 우리는 양자됨의 결과에 대해서 살펴보려고 한다. 첫째로, 양자의 영을 가진 사람은 "무서워하는 종의 영"(롬 8:15)을 잃어 버렸다. 둘째로, 적극적으로는 우리에게 자유의 영이 주어졌다. 다시 말해서, 우리는 더 이상 율법과 율법의 정죄를 두려워하지 않는다. 더 이상 죽음을 두려워 하지 않는다. 우리는 하나님의 자녀의 영광의 자유를 누리고 있다. 셋째로, 우리는 내주하시는 성령을 통해 이 양자의 영을 받는다. 넷째로, 우리는 하나님의 가족으로 입양되었기 때문에 하나님의 이름을 지닐 권리가 있다. 우리는 하나님의 가족의 일원이다. 하나님의 이름이 우리에게 있다. 이 사실에 대해 하나님께서는 다음과 같이 말씀하셨다. "나는 너희 중에 행하여 너희의 하나님이 되고 너희는 내 백성이 될 것이니라"(레 26:12). 이 말씀을 베드로는 모든 그리스도인들에게 적용되었다는 사실을 말하고 있다. "너희는 택하신 족속이요 왕 같은 제사장들이요 거룩한 나라요 그의 소유가 된 백성이니"(벧전 2:9).

양자됨의 결과로 다섯 번째는, 오직 하나님만이 주실 수 있는 현재의 보호와 위로, 그리고 하나님이 자기 자녀에게 주시는 공급하심을 누린다는 것이다. 하나님 없이는 그의 자녀된 우리에게 아무 일도 일어날 수 없다는 사실에 대해 누가는 이렇게 말하고 있다. "너희에게는 심지어 머리털까지도 다 세신 바 되었나니 두려워하지 말라"(눅 12:7). 히브리서 기자는 하나님께서는 어떤 일이 닥치더라도 "내가 결코 너희를 버리지 아니하고 너희를 떠나지 아니하리라"고 말씀하고 있다.[94] 그리스도의 의로 칭의를 얻어 하나님의 양자가 된 모든 사람들이 누리게 될 특혜에 대해 '웨스트민스터 신앙고백'은 "제12장 양자에 관하여"에서 다음과 같이 말하고 있다.

> 또한 이 칭의 얻은 사람들은 양자가 됨으로 하나님의 자녀의 수에 들어가게 되고, 하나님의 자녀의 자유와 특권을 누린다(롬 8:17; 요 1:12). 이들은 또한 하나님의 이름을 갖게 되고(렘 14:9; 고후 6:18; 계 3:12), 양자의 성령을 받고(롬 8:15), 담대하게 은혜의 보좌 앞에 나갈 수 있고(엡 3:12; 롬 5:2), 아바 아버지라고 부를 수 있으며(갈 4:6), 불쌍히 여김과(시 103:13), 보호를 받으며(잠 14:26), 하나님이 필요한 것을 우리에게 베풀어 주시고(마 6:30, 32; 벧전 5:7), 육신의 아버지께 징계를 받는 것처럼 하나님 아버지의 징계를 받는다. 그러나 이들은 결코 버림받지 않고(애 3:31), 오히려 구속의 날이 인 치심을 받고(엡 4:30), 영원한 구원의 상속자로서(벧전 1:3, 4) 약속들을 물려받는다(히 6:12).[95]

그런데 우리가 하나님의 아들이 되었다고 했을 때 우리의 아들 됨과 예수님의 아들 되심과의 사이에는 분명한 차이가 있음을 알아야 한다. 다시 말해서 우리가 하나님의 자녀가 되었다고 해서 예수님과 똑같은 존재가 되는 것은 아니라는 것이다. 예수님은 신인(神人), 하나님 자신이시자 완벽한 사람이시다. 그렇지만 우리가 하나님의 자녀가 될 때 우리도 예수님이 하나님이셨던 것처럼 하나님이 되는 것이 아니다. 우리가 하나님의 자녀가 되었다는 것은 예수 그리스도의 대속으로 인하여 자녀의 신분을 부여받은 것이다. 다시 말해, 예수 그리스도께서 성취하신 구속을 적용시키시는 성령의 특별한 사역으로 우리가 하나님의 자녀가 된 것이다.

---

94) Ibid., 313-314.
95) 이형기, 263-264.

앞에서 이야기했듯이 우리가 하나님의 자녀가 되었다는 이 교리는 자녀된 그리스도인들이 이 땅을 살아가면서 가장 위로가 되고, 위안이 되며, 격려가 되는 교리이다. 그럼에도 불구하고 사람들이 죄사함이나 혹은 성화에서 더 나아가지 못해 우리와 하나님의 관계를 직접적으로 생각나게 해주고, 우리로 하여금 놀라운 유업, 우리가 장차 받을 말할 수 없는 영광을 깨닫게 해주는 이 양자됨의 교리가 소홀히 여겨진다는 것은 참으로 안타까운 일이 아닐 수 없다. 우리는 단지 죄사함만이 아니라 하나님의 자녀로 입양되기 위해 구원받는다. 단지 의롭다고 선포되는 것만도 아니다. 그 위에, 거기에 더하여 우리는 하나님의 자녀요, 하나님의 아들이요, 하나님의 상속자이다. 아무 것도, 그 누구도 나에게서 이 놀라운 유업을 빼앗아가지 못한다.

5) 성화(Sanctification)

'웨스트민스터 소요리문답'은 "문 35 성화란 무엇입니까?"라는 물음에서 성화에 대해 다음과 같이 가르치고 있다.

> 성화 역시 하나님께서 값없이 베풀어주시는 은혜의 사역입니다. 우리는 이 하나님의 은혜에 의하여 전인적으로 하나님의 형상에 따라 새롭게 되고, 날마다 죄에 대하여는 죽을 수 있고 의(義)에 대하여는 살 수 있는 것입니다.[96]

위의 내용에서 볼 수 있듯이 성화는 하나님의 은혜로 죄에 대하여는 죽고 의에 대하여는 삶으로써 전인적으로 하나님의 형상에 따라 새롭게 되는 것이다. 따라서 만약에 하나님의 은혜에 의하여 믿음으로 의롭다 함을 받는 칭의가 그리스도인의 삶의 시작이라면 성화는 기독교 사랑 안에서 성장

---

[96] 이형기, 336.

의 과정을 밟아 가는 것이라고 할 것이다. 따라서 볼레비우스(Johannes Wollebius, 1586-1629)[97]는 "성화는 하나님의 은혜스러운 행위로서 그가 믿음으로 그리스도와 접붙여지고 성령을 통하여 칭의된 신자를 보다 더 그들의 선천적인 악으로부터 구조하여 자기 형상에 따라 그들을 새롭게 함으로써 그들이 선행으로 하나님을 영화롭게 하는데 적합하도록 만드는 것"[98] 이라고 하였다.

우리는 여기에서 성화에 대해 이야기를 하기 전에 성령의 사역으로 그리스도인들에게 적용하시는 구원의 과정을 정리할 필요가 있다. 우리는 성령의 특별한 사역으로 그리스도의 복음을 알게 하고 그 복음을 통하여 그리스도를 받아들일 수 있도록 부르심을 받았다(효과적 부르심). 그리고 효과적으로 부르심을 받은 우리를 하나님께서 예수 그리스도의 적극적인 의를 전가시키시며 의롭다고 선언하셨다(칭의). 뿐만 아니라 하나님의 영원한 가족으로 입양이 되었다(양자). 즉, 하나님으로부터 선택 받아 부르심을 받은 죄인이 칭의되면, 하나님의 자녀로서 성화가 시작된다. 그러면 죄의 문제는 어떻게 되는가? 그리스도를 구주로 믿고 하나님의 자녀로 살아가는 우리는 여전히 죄 가운데 살아가고 있다. 우리는 육신의 생각과 정욕에 사로잡혀 살아가고 있다. 이와 같은 현실적인 삶에서 우리는 이제 성화에 대한 교리를 생각하게 된다.

그렇다면 성화의 의미가 무엇인가? 구약성경에 사용된 단어에는 두 가지 의미가 있다. 즉, 어떤 사람들은 이 단어가 밝은 빛처럼 '빛나다' 라는 의미라고 말하고, 어떤 사람들은 그것이 '자르다', '분리하다' 라는 의미라고도 말한다. 그러나 우리는 이 두 가지 의미를 결합하여 생각할 필요가 있다. 다시 말해서, 성화의 문제에는 이 두 가지가 모두 포함되기 때문이다.

---

[97] 바젤의 신학자인 볼레비우스는 아만두스 폴라누스의 제자이며 정통주의 신학자로써 그의 신학은 고전적인 17세기 대륙 정통주의를 보여주고 있다. 그는 《웨스트민스터 소요리》와 《대요리 문답》의 작성에도 영향을 미쳤다.

[98] 하인리히 헤페, 802.

구약성경에 보면 성화를 이야기할 때 잘라냄과 분리가 있다. 그렇지만 참된 성화는 모세가 산에 올라가 하나님과 함께 있은 후 그의 얼굴에 나타났던 것과 같은 종류의 빛남도 포함하고 있다. 거룩함에는 하나님의 임재의 영광(shekinah glory)과 같은 일종의 밝음이 있다. 그런데 신약성경에 이르러서는 여러 단어들이 주로 분리의 개념을 의미하고 있다.[99]

이제 우리는 성화의 주된 두 가지 의미에 대해 살펴보려고 한다. 첫째는 하나님을 위해, 그리고 하나님을 섬기기 위해 따로 떼어놓는다는 것이다. 이것은 신, 구약성경 모두에서 갖는 성화의 중대한 의미이다. 더욱이 이 개념은 사람들뿐 아니라 무생물에게까지 적용되고 있음을 볼 수 있다. 하나님께서 모세에게 십계명을 주신 산은 "거룩한 산", 혹은 "거룩하게 된 산"이라고 불렀다. 그 산이 특정한 목적을 위해 따로 떼어졌기 때문에 거룩한 산이 된 것이다. 성전 건물을 거룩하다고 말했는데, 그 안에는 성소와 지성소가 있었다. 성전의 기구와 모든 기물들 역시 구별하여 거룩하게 된 것으로 묘사하고 있다(출 28:29).

구별된다는 것에는 이중의 의미가 있다. 그 첫째는, 불경하거나 부정하거나 불결한 모든 것에서 분리된다는 것이다. 성전의 기구들은 다시는 일상적인 용도로 사용할 수 없었다. 일단 거룩하게 되면 그것들은 일상적인 용도에서 구별되었다. 두 번째로 적극적인 의미에서 거룩하게 된다는 것은 하나님이 뜻대로 사용하실 수 있도록 전적으로 하나님께 드려지는 것을 의미한다. 이런 맥락에서 "거룩하게 하다"라는 말은 실제로 예수 그리스도 자신에 대해 사용된 것을 볼 수 있다(요 10:36; 17:19). 뿐만 아니라 "거룩하게 하다"라는 말은 같은 의미로 성도들에게도 매우 자주 사용되고 있음을 발견하게 된다. 가령, 부활하신 예수께서 다메섹 도상에서 사도 바울에게 사명을 주시면서 이렇게 말씀하셨다. "그 눈을 뜨게 하여 어둠에서 빛으로, 사탄의 권세에서 하나님께로 돌아오게 하고 죄 사함과 나를 믿어

---

99) 마틴 로이드 존스, 322.

거룩하게 된 무리 가운데서 기업을 얻게 하리라"(행 26:18). 여기에서 "거룩하다"는 말은 사람들을 하나님께로 구분한다는 의미이다. 히브리서 10장 10절에서도 같은 의미로 사용되고 있다. "이 뜻을 따라 예수 그리스도의 몸을 단번에 드리심으로 말미암아 우리가 거룩함을 얻었노라." 이 말씀의 의미는 구별되었다는 뜻이다. 14절에서도 동일한 의미로 기록되어 있다. "그가 거룩하게 된 자들을 한 번의 제사로 영원히 온전하게 하셨느니라."[100]

성화의 두 번째 의미는 지위에 대한 것이라기보다는 내적인 의미이다. 성화는 우리가 하나님께로 구별되었다는 것뿐 아니라, 그로 인해 우리를 새로운 지위에 합당한 존재로 만들기 위해 무엇인가가 우리 안에서 일어났다는 것을 말해준다. 이것은 윤리적인 의미에서 "거룩하게 만드는" 것이다. 그런데 여기에서 우리가 기억해야 하는 것은 하나님께로 구별되는 것이 우리를 거룩하게 만들지 않는다는 사실이다. 우리는 거룩하게 여겨지는 것으로 이 의미는 우리가 어떻게 거룩하게 만들어지는가를 보여주고 있다. 그러므로 성화는 우리 안에서 일어나서 우리를 점점 더 예수 그리스도와 닮아가게 하고, 영광에서 영광에 이르도록 우리를 주의 형상으로 바꿔나가는 정화와 씻음의 역사를 의미한다. 이것이 성화라는 말의 일반적인 의미이다.[101]

그런데 우리가 성경의 여러 곳에서 발견할 수 있는 것은 성화는 우리를 향하신 하나님의 뜻이라는 사실이다. 이 사실을 사도 바울은 데살로니가전서 4장 3절에서 이렇게 말하고 있다. "하나님의 뜻은 이것이니 너희의 거룩함이라." 하나님께서 구약에서 하신 모든 일의 궁극적인 목적은 우리의 성화이다. 뿐만 아니라 하나님께서 "하나님이 그 아들을 보내사 여자에게서 나게 하시고 율법 아래에 나게 하신"(갈 4:4) 목적도 우리의 성화였다. 예수 그리스도께서 십자가에 죽으신 목적은 우리가 완전하게 되는 것이었으며, 성령을 주신 목적도 마찬가지였다. 하나님께서 우리와 우리의 구원

---

100) Ibid., 323-324.
101) Ibid., 325.

에 대해 하신 모든 일의 목적과 목표는 우리의 성화이다.[102]

성화는 단지 도덕적인 측면만이 아니라 성령의 실체적 효과로서 하나님이 사람 안에 성결의 영, 즉 하나님을 불쾌하게 만드는 일을 혐오하고 하나님을 기쁘게 하는 영을 받아 사람으로 하여금 그를 기쁘게 하는 행위들을 요청한다. 따라서 코케이우스(Johannes Cocceius, 1603-1669)는 "화해와 중생과 칭의는 성화의 은혜 없이 존재할 수 없다"고 했다.[103] 그러므로 그리스도인은 성화의 삶에 관심을 가져야 한다. 그저 일시적인 위안과 해방을 주는 것에만 관심이 있고 성화의 중대성을 강조하지 않는 그릇된 복음 전도는 대단히 위험하지 않을 수 없다. 죄사함에서 멈추는 복음 전도는 성경적인 복음 전도가 아니다. 우리가 하나님과의 화목을 선포한다면 마땅히 성화를 선포하지 않을 수 없다. 그런데 사람들 가운데는 칭의가 전적으로 하나님의 사역이라고 한다면 반면에 성화는 전적으로 우리가 하는 일이라고 생각하고 있다. 그래서 성화와 관련된 모든 문제는 하나님이 아닌 우리 자신에게서 출발하려고 생각한다. 그러나 이것은 매우 잘못된 생각이다.

우리가 여기에서 분명하게 잊지 말아야 하는 것은 성화의 일차적인 주체는 성삼위 하나님이시라는 사실이다. 우리 안에 소원을 두고 행하시는 이는 하나님이시다. 이것을 가르치는 성경 구절들이 있다. 데살로니가전서 5장 23절은 성화가 하나님의 사역이라고 가르치고 있다. "평강의 하나님이 친히 너희를 온전히 거룩하게 하시고 또 너희의 온 영과 혼과 몸이 우리 주 예수 그리스도께서 강림하실 때에 흠 없게 보전되기를 원하노라." 히브리서 기자도 이와 같은 사실을 말하고 있다. "평강의 하나님이, 모든 선한 일에 너희를 온전하게 하사 자기 뜻을 행하게 하시고 그 앞에 즐거운 것을 예수 그리스도로 말미암아 우리 가운데서 이루시기를 원하노라"(13:20-21).

---

102) Ibid., 335-336.
103) 하인리히 헤페, 802.

그렇다면 우리는 이 성화의 과정에서 아무 것도 하지 말아야 하는가? 우리가 지금까지의 교리들을 살펴보면서 일부는 오직 하나님만이 행하시는 일이라는 것을 살펴 보았다. 예를 들어, 중생에서 우리는 아무 것도 하지 않는다. 이것은 전적으로 하나님의 행동이다. 칭의에서도 마찬가지로 우리는 아무 것도 하지 않는다. 이것은 우리를 의롭다고 선포하시는 하나님의 행동이시다. 양자됨에서도 마찬가지이다. 우리는 우리의 양자됨과 아무 상관이 없다. 이것도 하나님의 선포이며 행동이시다.

그러나 반면에 교리들 가운데는 성령에 의해 시작되지만 그럼에도 불구하고 우리가 해야 할 일들도 있다. 예를 들면, 회개는 성령께서 우리가 자복할 수 있는 마음을 주셔야 한다. 그러나 그 죄를 고백하고 버려야 하는 것은 우리가 해야 할 일이다. 믿음이라는 것도 우리는 예수 그리스도를 믿지만 이 믿음은 성령께서 믿을 수 있는 은혜를 주셔야 한다. 성령께서 예수 그리스도를 알 수 있고, 믿을 수 있도록 역사하지 않으면 우리는 믿을 수 없다. 따라서 믿음은 하나님에 의해 시작된다. 그러나 우리는 그 믿음을 표현해야 한다. 이와 같은 것은 성화도 마찬가지이다.[104]

그렇다면 우리는 여기에서 다음과 같은 또 하나의 질문을 던지지 않을 수 없다. 즉, 하나님의 주권적인 은혜의 산물로 하나님의 백성이 된 그리스도인들이 그리스도를 본받아 그리스도에게까지 자라가는 성화가 어느 한 순간의 결정적인 역사에 완성되는 것이냐(완전 성화, Entire Sanctification), 아니면 점진적인 과정을 통해서 죽음 이후에 이루어지는 것이냐? (점진적 성화, Progressive Sanctification)

이러한 질문에 대해 종교개혁자 마틴 루터는 점진적 성화를 주장했다. 실상 루터는 칭의와 성화를 구분하지 않고 하나님의 동일한 역사로 보았다. 단지 칭의의 경우에는 사죄의 본질을 강조한 반면에 성화의 경우에는 인생의 혁신을 강조할 따름인 것이다.[105] 그리고 루터에 의하면 그리스도인

---

104) 마틴 로이드 존스, 342.
105) 지원용, 《루터와 종교개혁》(서울: 컨콜디아사, 1993), 302.

은 육을 가지는 한 완성품이 아니고 영생의 완성을 향하여 전진하고 있다고 했다.[106] 즉, 성화는 신앙의 선한 싸움과 병행된다는 것이다. 신앙이 있는 곳에는 수많은 싸움이 이전보다 많이 일어나는데 여기에 대항해야 하므로 참된 그리스도인의 생활은 결코 완전한 안식(Perfect Rest)을 얻을 수 없다는 것이다. 따라서 성화는 우리 안에서 단번에 완성되는 것이 아니며 거룩한 생활을 계속 발전시켜가야 할 것이라고 했다.[107] 그런데 루터의 이러한 성화에 대한 이해는 그가 철저하게 인간의 수동성을 강조했다는 한계를 드러내고 있다. 루터는 인간에게 하나님의 의가 덧입혀지는 것은 수동적인 사건이며 결코 능동적일 수 없다. 뿐만 아니라 칭의 이후의 인간도 역시 수동적인 존재에 불과하다. 따라서 인간의 수동성은 자연히 인간의 무능력과 연결되며 그것은 인간의 노력을 없애는 결과를 초래하였다는 점에서 루터의 성화 사상은 소극적일 수밖에 없다.[108]

칼빈도 성화는 계속해서 진행되는 점진적 성화론을 주장했다. 그는 의인과 성화라는 이 두 가지는 불가분리하게 연결된 것이며 시간적으로 선후를 가릴 수 없는 것이라고 생각했다. 무엇보다 그는 당시 루터를 비롯한 종교개혁자들이 칭의를 중요하게 강조했던 것과는 달리 《기독교 강요》 최종판(1559년)에서 칭의를 지나가는 말로 언급하면서 중생(성화)에 관하여는 꽤 긴 분량을 다루고 있다.

칼빈은 우리가 성령의 거룩하게 하심(성화)으로 말미암아 깨끗이 씻음 받지만, 우리의 육체의 감옥에 매여 있는 한 우리가 온갖 악행과 많은 연약함에 둘러싸여 있다고 했다. 때문에 우리는 완전과는 거리가 먼 상태에 있기 때문에 꾸준히 전진해야 하며, 온갖 악행에 얽히더라도 날마다 그것들과 싸워야 하는 것이라고 하였다.[109] 칼빈의 성화에 대한 이러한 입장은 점

---

106) Ibid., 301.
107) 최희범, "성화론에 대한 개혁자들의 견해," 〈활천〉, Vol. 336(1969), 23-24.
108) 김신권, "말틴 루터 성화사상의 발전 과정에 대한 역사적 고찰," 〈루터 연구〉, Vol. 12 (서울: 루터신학대학교 루터연구소, 1997), 108.

진적인 성화를 말하고 있는 것이다. 무엇보다 칼빈은 새로운 회심자들에게 특정한 기간을 지정하여 그동안 고해성사(penance)를 하도록 종용하고 그 기간이 지나면 그들을 복음의 은혜의 성례에 참여하게 하는 사람들을 비난하면서, 그리스도인들에게 있어서 회개는 평생을 기간으로 삼아야 한다고 했다.[110] 한 마디로 말해서 이 땅에서의 완전함은 있을 수 없다는 것이다. 따라서 성화는 어느 한 순간에 한정되는 것이 아니고 일생을 두고 지속해야 하는 것으로써 완전한 성화의 시기는 이 땅에서 이루어지지 않는다는 사실을 보여주고 있다.

감리교 창시자인 존 웨슬리(John Wesley, 1703-1791)는 완전 성화론을 주장하고 있다. 웨슬리는 성화의 과정에는 두 개의 순간적인 단계가 있다고 했다. 즉, 칭의와 동시에 일어나는 초기의 성화와 그 후에 또 하나의 순간적인 체험이다.[111] 이 두 번째 단계의 체험을 웨슬리는 여러 가지 말로 표현하고 있다. 즉, '온전한 성화', '기독자 완전', '제2의 축복', '완전', '사랑', '순수한 사랑', 또는 '기독자의 전체적인 구원', '두 번째의 변화', '온전한 구원' 등이다. 그리고 그는 성경적인 완전에 대한 개념에 입각한 기독교적인 전통을 따라서 주로 그리스도인의 완전이라는 표현을 썼다.[112]

웨슬리는 종교개혁자들과 같이 "오직 믿음만으로"(Sola Fide)를 주장하였지만, 성화는 하나님의 역사라고 보고 이 성화가 인간이 죽은 후 연옥에서 이루어지는 것이 아니라 이 땅 위에 있는 동안에 성취될 수 있다고 했다. 그는 사도 요한의 "하나님께로부터 난 자마다 죄를 짓지 아니하나니"(요일 3:9)라는 말씀과 "하나님께로부터 난 자는 다 범죄하지 아니하는 줄을 우리가 아노라"(요일 5:18)는 말씀 등을 인용하여 다음과 같이 말한다.

---

109) 존 칼빈,《기독교 강요 중》, 99.
110) Ibid., 84.
111) 조종남,《요한 웨슬레의 신학》(서울: 대한기독교출판사, 1984), 234-235.
112) Ibid., 186.

그리스도인들은 이 세상에서 모든 죄와 모든 불의에서 구원을 받으며 그들은 죄를 범하지 아니한다는 의미에서와 또한 악한 성장에서 벗어난다는 의미에서 완전하다. 이는 하나님의 은혜가 그리스도인에게 넉넉하게 임하였기 때문이다.[113]

뿐만 아니라 웨슬리는 갈라디아서 2장 20절에 의하여 그리스도인의 완전이란 소극적으로는 악한 생각과 악한 성질에서 벗어난다는 것이요, 적극적으로는 마음과 뜻과 성품을 다하여 하나님을 사랑하고 이웃을 자기 몸과 같이 사랑하라(마 22:37-39)는 계명이 우리의 생활 속에 성취되는 것을 말한다고 하였다.[114] 특별히 웨슬리에 의하면 신생과 함께 우리 성화는 시작된다고 보았다. 그에게 있어서 성화란 하나님을 아는 지식과 사랑에서 매일 은혜로 진보해가는 점진적 변화이다. 그런 과정에 우리가 죽기 전 우리 안에 있는 모든 죄가 멈추게 되면 그것이 바로 그리스도인의 완전이다. 따라서 웨슬리는 인간에게 죄가 더 이상 있지 않는 순간을 믿었다. 종교개혁자들은 윤리적 완전은 죽음 이후에나 가능하다고 보았다. 그렇지만 웨슬리는 그리스도인의 완전이 현세에서도 가능하다고 보았다.[115] 그런 점에서 웨슬리는 그리스도인의 완전한 성화를 믿었다.

그런데 웨슬리에게 있어서 완전은 더 이상의 발전이 없다든지 다시 타락하지 않는다는 절대적 완전이 아니라 상대적 의미에서의 완전이다. 이 상대적 의미에서의 완전은 최고 수준의 성숙한 신앙의 단계이다. 그러나 그것은 독립적 혹은 자력적 완전이 아니라 의존적 완전이며, 충만한 사랑에서 나오는 동기의 완전이다.[116] 따라서 그가 말하는 완전의 개념은 인간의 약점을 초월한 절대적인 완전이나 계속적인 성장의 여지를 불허하는 완

---

113) 조종남, 20.
114) 김홍기,《존 웨슬리의 구원론》(서울: 성서연구사, 1996), 173.
115) 유정우, "구원론에 있어서 성화의 위치: 칼빈과 웨슬리를 중심 하에,"〈논문집〉, Vol. 7 (경기도: 평택대학교, 1995), 47-48.
116) Ibid., 48.

전이 아니라 하나님의 은혜가 그리스도인에게 넉넉히 임하였기 때문에 모든 죄와 모든 불의에서 구원을 받아 악한 성질에서 벗어나며 마음과 뜻과 성품을 다하여 하나님을 사랑하고 이웃을 자기 몸같이 사랑하는 것이라는 것이다.[117] 웨슬리는 1738년에 경험했던 신앙적 회심[118]을 한 이후부터 현세에서 완전은 실현될 수 있는, 그리고 또 실현되어야 할 것으로 간주하게 되었는데 그것은 하나님의 선물이요 성령의 역사라고 인식하게 되었다.

칼 바르트는 《교회교의학》 제4권 2부에서 삼위일체적 구조에 의해서 칭의론, 성화론, 소명론을 다루고 있다. 즉, 칼 바르트의 성화론은 단독으로 이해할 수 없고 칭의론과 소명론을 유기적으로 관련시킴으로써만 그 의미를 파악할 수 있다는 것이다. 특히 그는 그리스도의 기독론을 삼중적 운동에 따른 표현으로 설명하고 있다. 즉, (1) 종으로서의 주님(the Lord as Servant)인데, 이것은 예수 그리스도의 비하 안에서 나타나는 그 분의 신성이 곧 칭의론의 근거이다. (2) 주로서의 종(the Servant as Lord)인데, 이것은 예수 그리스도의 고양(exaltation) 안에서 나타난 그분의 인성이 곧 성화론의 근거이다. (3) 참 증인(the True Wit-ness)인데, 중보자로서 신-인의 일치가 곧 소명론의 근거이다.

그런가 하면 칼 바르트는 이것을 개신교의 전통적 교리 가운데 하나인 그리스도의 삼중직과 연결시켜서 설명하고 있다. 즉, (1) 제사장적 직분으로써 칭의는 재판관이 우리를 대신하여 재판받는 격인 하나님의 아들의 순종함에 근거한다. (2) 왕적 직분으로써 성화는 사람들의 아들이 왕적 인간성으로 고양됨에 뿌리를 두고 있다. (3) 예언자적 직분으로써 소명은 승리자 예수로서 중보자의 영광에 관련되어 있다. 칼 바르트는 이러한 큰 틀 안

---

117) 존 웨슬리, 《기독자 완전에 대한 해설》, 조종남 역(안양: 한국복음문서간행회, 2000), 137.
118) 1738년 5월 24일 웨슬리는 영국의 올더스게잇(Aldersgate) 거리를 걷다가 거리의 한쪽에 모여 집회를 갖는 모라비안이라 불리는 그리스도인들의 전도집회에 참석했다가 거기에서 성서 봉독자가 루터의 로마서 주석을 낭독하는 것을 듣고 마음이 뜨거워지는 회심을 체험하였다.

에서 성화를 성령의 능력 안에서 사람의 아들이 인도하심에 대한 그리스도인의 응답으로 이해하고 있다.[119]

그에 의하면 성화는 결국 성령의 인도하심에 따라 그리스도의 사역에 참여함에 있다. 그리스도인들은 이 성령의 지혜로운 인도에 의해 교란된 죄인(disturbed sinners)들로 정의되며, 그리고 그 인도하심에 따라 제자도, 회심, 선행, 그리고 십자가를 지는 성화의 과정을 거쳐야 한다.[120] 그는 개신교 신학들이 그동안 성화론을 무시해 온 경향을 비판하면서 화해론의 첫 번째 주제인 칭의론과 버금가게 중요한 교리로서 반드시 동등하게 취급되어야 한다고 주장하고 있다.

칼 바르트에 의하면 우리의 신앙생활은 예수 그리스도를 본받는 생활이어야 한다. "예수 그리스도를 본받아"(imitatio Christi)의 생활이 곧 성화 형식이요, 부단한 죄의 회개와 그리스도의 십자가를 환기시키며 회개에 대한 새로운 각성이 언제나 따르는 생활이어야 한다. 이 회개의 각성은 언제나 새롭게 우리 신앙생활을 자극하여 게으르지 못하게 하는 것이다. 여기서 언제나 그리스도인은 십자가의 존엄을 피부로 느껴야 하며 이러한 칭의의 사실을 깨닫고 사는 사람이어야만 '그리스도인'이라고 할 수 있으며, 이러한 사람들로 이루어진 모임이 바로 '교회'라고 할 수 있는 것이다. 그리고 이러한 칭의에서 사는 교회만이 성화의 경지에서 자라고 새로운 하나님의 사랑의 질서 속에서 유지되며 따라서 이것이 세계만큼 확대될 수 있는 것이다.[121]

칼 바르트에 의하면 성화란 거룩하신 이와 성도들 간의 상호성에 근거를 두고 있다. 성화는 "합법적으로"(de jure) 세상을 위하여, 그리고 모든

---

119) 김흡영, "칼 바르트의 성화론," 〈한국조직신학논총〉, Vol. 1(서울: 한국조직신학회, 1995), 182.
120) Ibid., 182-183.
121) 윤성범, "칼 바르트의 성화론," 〈활천〉, Vol. 336(서울: 기독교대한성결교회 활천사, 1969), 20-21.

인류를 위하여 발생된 '변화' 또는 '새로운 결단' 이다. 그러나 이것은 '사실상'(de facto) 믿음으로 일깨워진 이들에게만 파악되고, 승인되며, 고백된다. 그리고 성화는 특별한 부류의 사람들을 위한 "개인적인 배려"가 아니라, 모든 사람들을 위한 것이다. 그에 의하면 성화는 "종교적 자기 추구와 자기 만족의 교만"을 의미하는 것이 아니라, 오히려 "하나님의 창조라는 더 넓은 영역"에 놓여진다.[122]

칼 바르트의 이와 같은 성화론은 이전에 루터와 칼빈을 비롯한 종교개혁자들과 개혁 정통주의가 성화론을 개인의 성화에 강조점을 둠으로써 그리스도 안에 있는 모든 사람들뿐만 아니라 다른 사람들과의 관계 속에서의 성화를 약화시켰다는 점에서 분명한 차이가 있다고 할 것이다. 즉, 칼 바르트가 인간성의 정의를 공동적 인간성이라고 강조한 점에서 그의 성화론은 개인적이면서도 모든 사람들과의 관계론적 의미를 갖는다. 다시 말해서, 제자도가 '공적 책임성'을 수용하지 않는다면 우리의 영혼을 잃게 되고 우리의 영원한 구원을 위태롭게 한다고 경고한다.[123]

칼 바르트 성화론의 또 다른 특징은 우리가 하나님의 동역자들로서 하나님의 선행에 참여하게 된다는 것이다. 즉, 우리는 죄를 짓는 과정 속에 있는 죄인들임에도 불구하고 선한 일을 행할 수 있다. 우리는 선행을 우리들의 공로로서 주장하지 않고, 오직 하나님의 선행이라고 선언하면서 하나님의 동역자들로서 하나님의 선행에 참여하게 되는 것이다. 특별히 칼 바르트는 성화가 이미 예수 그리스도 안에서 존재론적으로 모든 사람들을 위해 완성되었다고 했다. 그는 우리가 그리스도에게 참여하기 이전에도 우리의 거룩성은 예수 그리스도의 거룩성에서 성취되어졌다. 즉 성화의 보편성을 말하고 있다. 즉, 칼 바르트에게 있어서 성화는 교회론적이거나 인신론적인 것이 아닌 모든 인류에게 관련된 존재론적인 문제인 것이다.

한편, 로마 가톨릭교회는 1547년 트리엔트 공의회에서 현재의 성화론

---

122) 김흡영, 199-200.
123) Ibid., 213.

을 확정하였다. 트리엔트 공의회에서는 어거스틴과 펠라기우스 사이의 논쟁에 대해 답변하였던 이전의 제16차 카르타고 공의회(418년)와 제2차 오랑제 공의회(529년)의 입장인 '의화'(칭의)를 위해 하나님의 은총이 절대적으로 필요하다는 입장을 다음과 같이 재천명하였다.[124]

> 예수 그리스도를 통한 하나님의 은총 없이 인간이 하나님 앞에서 그 자신의 업적으로 의화될 수 있다고 말하는 사람, 그 행동이 자신의 본성적인 힘으로 행하거나 혹은 모세의 법의 가르침의 빛을 따라서 행하거나 그 업적으로 의화될 수 있다고 말하는 사람은 단죄된다.[125]

위의 글에서 볼 수 있듯이 인간은 은총 없이 자신의 본성의 힘으로, 혹은 자신의 업적으로, 또는 모세의 율법으로 의화될 수 없으며, 은총 없이 하나님께로 향할 수도 없음을 명확하게 밝히고 있다. 그렇지만 트리엔트 공의회에서는 하나님의 은총을 통해서 이루어지는 의화(義化)를 위해서 인간의 협력의 필요성을 지적하고 있다. 즉, 한 인간이 은총의 영향 하에서 적극적이 될 수 있음을 언급하고 있는 것이다. 동시에 트리엔트 공의회에서는 의화의 은총을 받았을지라도 다시 죄를 짓게 되면 그것이 경중을 떠나 의화 은총을 잃을 수 있다고 강조한다. 그러나 잃게 된 의화를 성사적 고백[고해성사]인 회개를 통해서 다시 얻을 수 있음을 밝히고 있다. 그리고 인간은 은총 안에서 선한 행위를 통하여 구원을 위한 진정한 공로를 이룰 수 있다고 한다.[126] 로마 가톨릭교회의 의화에 대한 준비와 그 선물을 받음에 있어서 인간의 동의로써 하나님께 협력할 수 있다는 주장은 인간 스스

---

124) R. Haight, *The Experience and Language of Grace* (New York: Paulist Press, 1979), 110.
125) H. Denzinger, A. Schomnetzer, *Romea, Ehchiridion Symbolorum-Definitionum et Edclarationum de rebus fidei et morum*, ed., 1973, 1551항.
126) R. Haight, 110-113; 조규만, "가톨릭 교회의 성화론," 〈가톨릭 신학과 사상〉 48 (신학과사상학회, 2004. 6), 110-112.

로에게는 구원에 협력할 어떠한 능력도 없다고 고백하는 어거스틴과 루터 및 종교개혁자들의 신앙과는 차이를 두고 있음을 보게 된다.

정리하면, 그리스도 안에서의 성화는 평생을 통하여 전인적으로 이루어진다(살전 5:23). 그렇지만 이 땅에서 우리의 성화는 불완전하다. 우리의 전인의 구석구석에는 부패의 잔재가 아직도 여전히 남아 있기 때문이다(요일 1:10; 롬 7:18, 23; 빌 3:12). 그러므로 우리는 영과 육체, 혹은 육체와 영은 계속해서 싸우고 있는 것이다(갈 5:17; 벧전 2:11).[127] 즉, 그리스도인들이 예수 그리스도의 의를 통한 하나님의 주권적인 은혜의 산물로 하나님의 백성이 되었다 할지라도 그들은 날마다 죄와의 치열한 싸움 속에서 살아가지 않을 수 없다. 이것이 개혁교회 정통주의가 주장하고 받아들이는 성화에 대한 이해이다.

성화의 일차적인 주체는 분명히 하나님이시다. 그러나 이 성화에는 우리의 행동이 요구된다. 성경에는 성화를 위해 우리가 해야 할 일들이 있다는 사실을 가르치는 구절들이 있다. 로마서 6장 11절에서 사도 바울은 이렇게 말한다. "이와 같이 너희도 너희 자신을 죄에 대하여는 죽은 자요 그리스도 예수 안에서 하나님께 대하여는 살아 있는 자로 여길지어다." 이것은 내가 해야 할 일이다. 내 안에서 역사하시는 성령께서 나로 하여금 이런 인식을 하게 만드시지만 나는 그렇게 여기라는 권면을 받는다. 이것은 나에게 호소하는 것이며 성화의 일부이다. 로마서 8장 13절에서도 이렇게 말한다. "너희가 육신대로 살면 반드시 죽을 것이로되 영으로써 몸의 행실을 죽이면 살리니." 우리는 성령을 통해 몸의 행실을 죽여야 한다. 분명한 것은 성령 없이는 그 일을 할 수 없다. 그렇지만 성령을 받고 성령이 우리 안에서 일하시면 성령을 통해 우리는 우리 몸의 행실을 죽여야 한다. 골로새서 3장 5절에서도 동일한 말씀을 하고 있다. "그러므로 땅에 있는 지체를 죽이라." 우리는 그렇게 해야만 한다. 성화에 대한 우리의 행동을 요구하

---

127) 이형기, 264.

는 가장 분명한 성경은 고린도후서 7장 1절의 말씀이다. "이 약속을 가진 우리는 하나님을 두려워하는 가운데서 거룩함을 온전히 이루어 육과 영의 온갖 더러운 것에서 자신을 깨끗하게 하자."[128]

6. 나가는 글

지금까지 우리는 성경의 교리들을 조직신학의 정통적인 순서에 따라 성령에 대해 살펴 보았다. 성삼위 하나님의 한 분이신 성령에 대한 이해는 삼위일체 신앙에 있어서도 중요하다. 뿐만 아니라 예수 그리스도께서 성취하신 구속의 사역이 오늘 나에게 적용됨으로써 구원의 감격과 기쁨의 삶을 살아가게 하시는 것도 성령의 사역 가운데 일부분이라는 사실에서도 성령의 올바른 이해는 건강한 성경적 신앙생활을 위해서도 필요하다.

그럼에도 교회사에서는 성령에 대해 극단적인 견해가 있었다. 하나는 성령의 역사를 소홀히 함으로써 역동적인 기독교의 신앙을 잃어버렸다. 반면에 또 다른 하나는 성령의 역사를 너무 지나치게 강조함으로 인하여 기독교적 신앙을 신비적 종교로 인식하게 만들어버렸다. 이 모두가 성령에 대해 왜곡된 이해를 가진 결과라고 할 것이다. 성령은 우리로 하여금 믿음을 갖게 하고, 우리를 성화시키며 진리에로 인도하신다. 뿐만 아니라 성령은 우리로 하여금 하나님과 예수 그리스도와 관계를 맺고 그분을 알아갈 수 있게 하신다. 그리고 성령께서는 우리가 성령 안에서 기쁨과 은혜의 증가와 그 은혜 안에서 사랑으로 살아갈 수 있게 하신다.

무엇보다 우리 그리스도인들은 하나님의 약속에 의해 살아가기에 창조적인 희망 안에서 살아간다. 따라서 우리의 인생에서는 행해져야 할 일이 있으며, 선포되어야 할 소식이 있고, 펼쳐져야 할 섬김이 있으며, 극복

---

128) 마틴 로이드 존스, 346-347. 성화에 있어서 우리의 행동을 가르치는 성경 구절로는 다음을 참조하라. 롬 6:12, 13; 고전 6:13; 엡 4:22, 24; 딤전 6:11, 12; 딤후 2:22.

되어야 할 적대감이 있고, 시정되어야 할 불의가 있다. 이러한 과제들은 하나님의 말씀과 성령의 인도함을 받는 가운데서 감당할 수 있다. 그리고 더 나아가 우리는 하나님께서 새 하늘과 새 땅 안에 새로운 인간을 지으신다는 그 약속을 궁극적으로 성취할 것을 믿고 희망하는 가운데 사명을 감당해야 한다. 그런데 우리가 이와 같은 그리스도인들에게 부여된 과제와 사명을 온전히 감당하기 위해서는 성령의 인도하심이 절대적으로 필요하다.

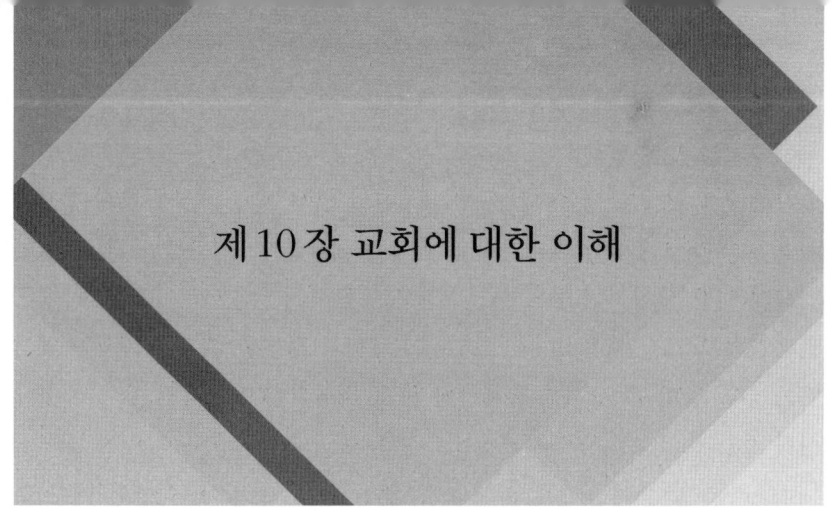

제10장 교회에 대한 이해

　예수 그리스도께서 성취하신 구속을 성령의 효과적인 부르심과 사역으로 우리에게 적용하실 때 우리는 이제 교회에 들어와서 그리스도의 신비스러운 몸의 지체가 된다. 즉, 하나님은 그의 은혜로운 경륜 가운데 그가 선택한 모든 사람들을 불러 동일한 은총을 향유하게 하며, 그의 영원한 은혜의 경륜에 따라 그들을 각자 고립시키지 않고 은혜 언약에 참여하는 하나의 공동체를 만들어 그들을 그리스도 안으로 이식시킨다.[1] 그리고 우리는 성령께서 주님의 몸된 교회에 대해 무엇인가를 말해 주리라고 기대하게 된다. 따라서 그리스도인의 삶은 혼자만의 문제가 아니다. 사도행전에서 우리는 회심이 개인을 신자들의 모임의 교제로 인도하는 것을 발견하게 된다. 그리고 그리스도인의 삶의 집단적인 차원을 우리는 교회라고 부른다. 따라서 그리스도인들의 삶에서 교회는 참으로 중요한 의미를 갖는다.

　그런데 교회사에서 삼위일체론과 기독론과 같은 교리들이 주목을 받았던 것과는 대조적으로 교회론은 그렇게 주목받지 못했다. 심지어 5세기

---

1) 하인리히 헤페, 《개혁파 정통교의학》, 이정석 옮김(경기도: 크리스챤다이제스트, 2007), 929.

초의 어거스틴과 도나투스파(Donatism)의 논쟁[2]과, 또한 은혜의 방편에 대한 16세기 논쟁도 교회의 성질에 관한 양상들을 다루었지만 교회가 무엇인가에 대한 중심적인 문제에는 실제로 도달하지 않았다. 이에 대해 콜린 윌리엄스(Colin Williams)는 "아마도 교회가 당연한 것으로 생각되었기 때문인지, 교회 그 자체에 대해서는 거의 직접적인 신학적인 주목이 주어지지 않았다"고 말하였다.[3]

우리는 앞 장에서 성령의 사역에 대해서 살펴 보았다. 성령은 예수 그

---

2) 도나투스파(Donatists): 303-305년 G. A. 디오클레티아누스(Gaius Aurelius Valerius Diocletianus, 244-311) 황제의 박해 때 교회에는 많은 배교자가 생겼다. 그 후 신앙의 자유가 찾아오자, 배교의 문제가 대두되었다. 당시 새로 선출된 주교 카에킬리아누스(Caecilianus)를 배교한 주교 펠릭스(Felix)를 포함한 3명만의 주교가 안수(按手)한 것에 대하여 인정하기를 거부했다. 이때 도나투스(Donatus, 313-347)를 중심으로 한 일련의 무리들이 교회 구성원은 범죄하지 않는 자라야 한다고 주장하면서, 배교자들이 행한 성례는 무효이며, 그런 주교가 행하는 성사도 무효이기 때문에 다시 세례를 받아야 한다고 주장하였다. 그리하여 순교자를 공경하고 신앙에 투철한 70명의 주교들은 카르타고의 마요리누스(Majorinus)를 새 주교로 선출했다.

결국 논쟁은 세례의 정당성과 교회의 거룩성의 문제로 확대되었다. 도나투스주의자들은 그들이 세운 교회만이 진정한 교회라면서 기존 교회와 분리하여 북아프리카에 대등하고 대립적인 관계를 갖게 되었다. 그들은 세례를 포함한 성례의 효력은 이를 집행하는 성직자의 도덕적 성결성에 달려 있다고 주장했다.

반면에 히포의 감독으로 부임했던 어거스틴은 교회의 그 어떤 예식도 이를 집전하는 인간의 도덕의 적법성에 의존하지 않는다고 응답하였다. 교회는 이단자에게 받은 세례까지도 인정해야 한다고 주장했다(성례는 성직자가 아니라 그리스도에게 속한 것이기 때문). 성직자는 단지 그것을 위임받았으며, 다만 성례의 유효성은 교회의 통일성이 유지되어 있는 곳에서만 이루어진다고 하였다.

"교회의 통일성을 사랑하지 않는 사람은 그 속에 하나님의 사랑이 없는 자이기 때문에, 이로 미루어 사람이 성령을 받을 수 있는 곳은 오로지 보편적인 교회(Catholic Church) 안에서 뿐이라고 말하는 것이 정확한 말이다."

이러한 어거스틴의 주장은 분파적 행동과 재세례 주장을 반박하면서, 또한 중세 로마 가톨릭교회가 성직자는 교회를 위한 은혜의 통로라고 하면서 사제 중심적 교회로 발전하는 데 지대한 영향을 미쳤다.

3) 밀라드 J. 에릭슨, 《복음주의 조직신학 하》, 신경수 옮김(경기도: 크리스챤다이제스트, 2007), 216-217.

리스도께서 성취하신 구속을 선택된 자들에게 적용하신다. 그런데 성령께서 구체적으로 구속의 사역을 감당하는 사람들이 모인 단체가 바로 교회이다. 주님의 몸된 교회에는 예수 그리스도의 주(主) 되심이 인정되고 주님은 영이신 성령으로 거기에 계신다. 그리고 교회에 모인 성도들은 성령의 각양의 은사를 따라 섬김의 사역을 감당한다. 성령께서는 모든 은사를 교회와 성도들에게 주셨다.

따라서 우리가 제10장에서 교회에 관한 교리를 살펴야 하는 이유 가운데 하나가 바로 성령께서 행하시는 구속 사역의 중심이 교회이기 때문이다. 이 말은 지금까지 우리가 살폈던 모든 기독교의 교리들은 교회를 위한 것이다. 이것은 신약성경의 서신들이 작성된 이유에서도 알 수 있다. 신약성경의 서신들은 대부분 교회를 위해 쓰여진 것이다. 따라서 우리가 신학을 해야 하는 이유도 분명해진다. 이것은 교회의 유익을 위한 것이어야 한다는 것이다.

우리가 교회에 관한 교리를 살펴야 하는 또 다른 이유는 성령이 거하시는 교회의 거룩성과 하나됨에 있기 때문이다. 그렇지만 오늘의 교회는 결코 거룩하지 않을 뿐만 아니라 하나가 되지 못하고 있다. 우리뿐만 아니라 비신앙인들까지도 주님의 몸된 교회라고 하면서 이 땅에는 왜 그렇게 교파가 많은지에 대해 비난하고 있다. 이런 점에서 우리는 구별된 성도들이 모인 교회의 본질이 무엇인가에 대해 살펴보지 않을 수 없다. 그리고 주님의 몸된 교회에 대해 성경은 무엇이라고 가르치고 있는지에 대해서도 살펴야 한다.

그러므로 교회에 관한 교리를 살펴보기에 앞서 우리는 다음과 같은 질문을 해야 할 것이다. 교회란 무엇인가? 성경에서는 교회에 대해 어떻게 가르치고 있는가? 그리고 교회가 하나라고 하면서 오늘의 교회에는 왜 이렇게 많은 교파들이 있는가? 우리는 이와 같은 질문을 염두에 두고 교회에 대해 살펴 보자.

1. 교회의 본질

교회는 교인이든 아니든 상관없이 매우 친숙한 단어이다. 사람들은 교회에 속해 있으며, 그들은 일요일에 교회에 간다. 그러나 이렇게 익숙한 교회임에도 불구하고 교회에 대한 상당한 혼란과 오해가 존재하고 있는 것도 사실이다. 이런 의미에서 교회는 매우 친숙하면서도 동시에 매우 오해받기 쉬운 주제이다. 전통적으로 교회란 세계와 구별되는 것으로 그것과 마주 대하여 서 있으면서 변화시키려고 하는 것으로 생각되었다. 교회는 은혜의 보고(寶庫)로서 구원의 복된 소식을 선포하며 세계를 변혁시키는 주체였다. 그러나 오늘의 교회는 복음으로 세계를 변혁시키는 주체가 아니라 복지와 구제라는 것에 집중하면서 사회사업에 관심을 가지고 있다. 이러한 오해와 갈등은 교회 본질에 대한 이해의 차이에서 온다. 그런 점에서 우리는 여기에서 교회의 본질을 성경적인 관점에서 함께 살펴보려고 한다.

1) 교회의 정의

교회란 무엇인가? 이 물음에 대해 '제2스위스 신앙고백'은 "제17장 하나님이 보편적이고 거룩한 교회와 교회의 유일하신 머리에 관하여"에서 다음과 같이 정의하고 있다.

> 교회란 세상으로부터 불러냄을 받은 혹은 부름 받은 신자들의 모임, 즉 모든 성도들의 교제이다. 교회란 말씀과 성령으로 구주이신 그리스도 안에 계시된 참 하나님을 참으로 인식하고, 옳게 예배하고, 그리스도를 통하여 그냥 제공된 모든 은혜에 신앙으로 동참하는 사람들의 교제이다.[4]

---

4) 이형기, 《세계개혁교회의 신앙고백서》(서울: 대한예수교장로회총회출판국, 1991), 170-171.

위의 내용에서 교회란 세상으로부터 불러냄을 받은 신자들의 모임이라고 정의하면서 성도들의 교제를 강조하고 있다. 특히 여기에서 성도들이란 비신자들과는 달리 구주이신 그리스도 안에 나타난 참 하나님의 말씀과 성령의 은혜로 신앙을 고백하고 예배하며 섬기는 사람들이요, 예수 그리스도를 통해서 제공된 모든 은혜를 나누는 사람들이다. 이 말은 다시 말하면, 교회의 성도들은 말씀과 성령의 은혜로 그리스도 안에서 참 하나님을 알고, 그분을 옳바르게 예배하며, 모든 은혜에 신앙으로 동참하는 사람들의 교제이어야 한다는 것이다. 그리고 이러한 교회에 대한 이해는 개혁교회의 정통 교리이다. 따라서 하이데거는 교회를 다음과 같이 정의하고 있다.

> 교회는 하나님이 말씀과 성령을 통하여 죄의 상태에서 영원한 영광을 받는 은혜의 상태로 부르신 선택되고 소명되고 신앙하는 사람들의 회집 또는 집결체이다.[5]

위의 글에서 알 수 있듯이 교회는 일반적인 의미에서 선택받은 자들의 공동체라고 하기보다는 하나님께서 유효적으로 소명하였고, 그리스도의 중보에 근거하여 단지 자기와의 언약을 약속하였을 뿐 아니라 또한 그것을 실제적으로 부여한 선택된 자들의 공동체이다.

그렇다면 성경에서는 교회에 대해 어떻게 가르치고 있는가? 현재 우리가 사용하고 있는 교회라는 말의 어원에는 두 가지가 있다. 히브리어로는 '카할'(קהל)이라는 단어와 헬라어로는 '에클레시아'(ἐκκλησία)라는 단어이다.

먼저, 구약성경에서 사용하고 있는 '카할'이라는 단어는 '회중'(會衆)이라고 번역된 말이다. 가령, 열왕기상 8장 13절과 14절을 보면 솔로몬이 성전을 건축하고 많은 사람들을 모아 놓고 이렇게 말하고 있다. "내가 참으로 주를 위하여 계실 성전을 건축하였사오니 주께서 영원히 계실 처소로

---

5) 하인리히 헤페, 930.

소이다 하고, 얼굴을 돌이켜 이스라엘의 온 회중을 위하여 축복하니 그 때에 이스라엘의 온 회중이 서 있더라." 여기에서 '회중'이라는 말이 히브리어로 '카할'이다. 그런가 하면 역대하 30장 2절에 보면 히스기야가 온 이스라엘과 유다에 사람을 보내어 예루살렘 여호와의 전에 와서 유월절을 지키라고 하면서 다음과 같이 기록하고 있다. "왕이 방백들과 예루살렘 온 회중과 더불어 의논하고 둘째 달에 유월절을 지키려 하였으니." 여기에서도 '회중'이라는 말이 '카할'로 되어 있다. 이와 같이 구약에서는 하나님의 부르심을 받아 하나님 앞에 모여 있는 무리를 회중이라고 불렀다. 이들은 하나님의 부르심을 받아 하나님께 예배하고 그분이 주시는 말씀을 듣고 다시 세상에 나가서 하나님이 분부해 주신 일을 하기 위하여 모인 무리를 의미했다.[6]

그런데 구약성경에는 '회중'이라는 단어가 '카할'만이 아니라 '에다' (עֵדָה)라는 단어도 사용되고 있다. 이 단어는 특별히 모세 오경에 나타나며, 이것의 절반 이상이 신명기에 있다. 이것은 특별히 회막(會幕) 앞에 모여 있는 백성들을 지칭한다. 이 용어가 출애굽기 12장 3절에서 처음으로 나타난다는 사실은 이스라엘 '회중'이 유월절을 기념하고 애굽을 떠나라는 명령과 더불어 존재하게 되었음을 암시한다. 따라서 '에다'라는 단어는 의식과 율법을 중심으로 모여 있는 공동체를 지시한다. 이러한 히브리 용어들을 번역하기 위하여 70인역에서 사용되는 헬라어 단어들을 살펴보면, 우리는 '에클레시아'(ἐκκλησία)가 결코 '에다'가 아니라, '카할'을 번역하기 위하여 종종 사용되고 있음을 발견하게 된다. '에다'는 역시 '카할'을 번역하기 위해서도 사용되는 '수나고게'(συναγωγή)로 번역되기도 한다. 그러므로 신약성경의 교회 개념을 이해하는 주된 근거는 '에클레시아'이다.[7]

신약성경에서는 교회라는 말에 해당하는 헬라어로 두 가지 단어를 가지고 있다. 하나는 '큐리아콘'(κύριακον)이라는 단어인데 이 말의 뜻은

---

6) 이종성, 《조직신학개론》(서울: 종로서적, 1987), 159-160.
7) 밀라드 J. 에릭슨, 222-223.

'주의 것' 이라는 뜻이다.[8] 또 다른 하나의 단어는 '에클레시아' 라는 말인데, 이 말은 구역성경의 '카할' 이라는 단어와 같은 뜻을 가지고 있다. 그리고 이 단어는 주 예수 그리스도를 최고 지배자로 믿으면서 그를 예배하기 위하여 모인 일정한 조직체를 가진 종교적 공동체를 의미한다.[9]

그런데 이 '에클레시아' 라는 단어는 주전 5세기 이전에 이미 발견된다. 이것은 폴리스(도시)의 시민들의 총회를 지칭하며, 이러한 총회들은 아테네의 경우에 일년에 30-40회 정도로 자주 소집되었다. 에클레시아의 권위가 어떤 문제들에 대하여 제한받았을 때에는 전체 시민 모두가 이러한 문제들에 투표하도록 허용되었다. 그러므로 세속적인 의미에서 에클레시아는 사도행전 19장 32, 39, 41절에서도 발견되고 있는 의미인 '모임' 이나 '사람들의 총회' 를 단순히 지칭한다. 고전 헬라어에서는 단 세 가지 예외적인 경우에만 이 단어가 종교적인 친교나 의식적인 조합에 대해서 사용되었다. 그리고 이러한 예들에서 이 단어는 연합 그 자체가 아니라 그들의 업무상의 모임을 지칭하고 있다.[10]

바울은 신약성경의 다른 저자들보다 에클레시아라는 단어를 더 많이 사용한다. 그의 저작들의 대부분은 신자들의 특정한 지역적 모임들에 전달되는 서신들이었기 때문에, 이 용어가 일반적으로 특정한 도시에 있는 신자들의 모임을 언급하고 있다는 사실은 놀라운 것이 아니다. 이렇게 해서 우리는 "고린도에 있는 하나님의 교회"(고전 1:2; 고후 1:1)와 "갈라디아의 여러 교회들"(갈 1:2), 그리고 "데살로니가인들의 교회"(살전 1:1)에 보낸 바울의 서신들에서 발견된다.[11]

이와 같은 사실은 신약성경의 다른 저서들에 대해서도 마찬가지로 적용된다. 요한계시록의 시작하는 부분(계 1-3장)은 일곱 개의 특정한 교회

---

8) 이 단어는 신약성경에서 롬 14:8; 고전 10:26에서 사용되고 있다.
9) 이종성, 160.
10) 밀라드 J. 에릭슨, 222.
11) Ibid., 223.

들에 전달되고 있다. 사도행전에서도 역시 에클레시아는 예루살렘(행 5: 11; 8:1; 11:22)이나 안디옥(13:1)과 같은 특별한 도시에서 살고 모이는 모든 그리스도인들을 일차적으로 지칭하고 있다. 바울은 장로들을 임명하거나(행 14:23) 혹은 가르치고 격려하기 위하여 지역 교회들을 방문하였다. 교회의 이러한 지역적인 의미는 대단히 많은 에클레시아라는 단어의 쓰임새 속에서 분명히 의도되고 있다.[12]

특정한 도시들에 있는 교회들에 대한 언급 이외에도 개인의 집에서 모이는 교회들에 대한 언급들도 역시 존재한다. 브리스길라와 아굴라에게 문안하면서 바울은 또한 "그들의 집에 있는 교회"(롬 16:5; 고전 16:19)에도 문안한다. 골로새서에서 그는 "라오디게아에 있는 형제들과 눔바와 그 여자의 집에 있는 교회에 문안하라"(골 4:15)고 쓰고 있다. 그러나 대부분의 경우에 에클레시아라는 단어는 더 넓은 것—주어진 도시에 있는 모든 신자들(행 8:1; 13:1)—을 지칭한다. 어떤 예들에서는 더 큰 지리적인 지역을 고려하고 있다. 한 예가 사도행전 9장 31절이다. "그리하여 온 유대와 갈릴리와 사마리아 교회가 평안하여 든든히 서가고 주를 경외함과 성령의 위로로 진행하여 수가 더 많아지니라." 또 다른 보기는 고린도전서 16장 19절이다. "아시아의 교회들이 너희에게 문안하고." 그런데 앞의 참조절이 단수인 반면에 뒤의 것은 복수임을 유의해야 할 필요가 있다.[13]

분명히 교회는 세계의 어느 곳에 있든지 그리스도와 관련된 모든 사람들을 구원적으로 포함하고 있다. 이것은 또한 지금까지 살아온 그리스도의 몸의 일부였던 모든 사람들과 또한 앞으로 살게 될 그의 몸의 일부가 될 모든 사람들을 포함하고 있다. 이러한 포괄성은 히브리서 12장 23절에서 다음과 같이 두드러지게 묘사된다. "하늘에 기록된 장자들의 모임과 교회." 이러한 포괄성을 고려하면서 우리는 그리스도의 죽음을 통하여 하나님과 구원적으로 화해되고 새로운 생명을 받은 사람들의 전체적인 몸으로서 교

---

12) Ibid.
13) Ibid., 223-224.

회에 대한 잠정적인 신학적 정의를 제시할 수 있을 것이다. 즉, 이것은 하늘에 있든지, 아니면 땅 위에 있든지, 모든 사람들을 포함한다. 그리고 이것은 본성상 보편적이지만 전체로서의 그리스도의 몸과 동일한 특성을 나타내는 신자들의 지역적인 집단들 속에서도 발견된다.[14]

위의 내용에서 알 수 있듯이 교회는 하나님의 특별하신 계획에 따라 불러주심을 받은 사람들이 함께 모여 먼저 하나님께 기도하고 예배드리고 또한 하나님이 맡겨주신 일을 하기 위한 모임이라는 사실을 알 수 있다. 사실 성경이 '카할'이라는 말과 '에클레시아'라는 말을 사용할 때 교인들이 모이는 건물을 의미한 적은 없다. 언제든지 모이는 단체를 의미했다. 이 점에 있어서 오늘 우리가 교회에 대해 이해하는 것과 다르다는 것을 알 수 있다.

2) 교회의 본질

'벨직신앙고백'(1561)은 27장에서 참된 교회의 본질에 대해 다음과 같이 가르치고 있다.

> 우리는 하나의 보편적인 또는 우주적인 교회를 믿고 고백한다. 이 교회는 예수 그리스도 안에 있는 그들 모두의 구원을 기다리면서 예수 그리스도의 피로 씻어졌고, 성령에 의해서 성화되었으며, 인친 바 된 참된 기독교 신자들의 거룩한 모임이다.[15]

위의 신앙고백에서 알 수 있듯이 교회의 본질은 참된 기독교 신자들의 거룩한 모임으로 규정하고 있다. 그러나 이와 같은 교회의 본질에 대한 이해는 세 가지로 그 입장을 달리하고 있는데, 로마가톨릭교회와 동방 정교회, 그리고 개신교회이다. 그런데 교회의 본질에 대한 견해 차이는 마태복

---

14) Ibid., 225.
15) 총회교육자원부 편, 《개혁교회의 신앙고백》(서울: 한국장로교출판사, 2007), 281.

음 16장 18절에서 예수께서 베드로에게 "내가 이 반석 위에 내 교회를 세우리니 음부의 권세가 이기지 못하리라"고 하신 말씀 가운데 '반석'이라는 해석의 차이에서 온다.

로마가톨릭교회에서는 '반석'을 베드로의 한 인격으로 이해하고 있다. 그래서 주님께서 베드로의 인격 위에 교회를 세우셨고 그에게 천국의 열쇠를 주셨다는 것이다. 따라서 이들은 교황 중심의 교회론을 강조하고 있다. 그러므로 이들에게 교회란 그리스도를 중심으로 한 신자들의 예배 모임이 아니라 지상에서 사람의 구원을 취급하는 기관이며, 신의 은사를 받아 신도들에게 나누어주는 신적 기관이라고 주장하면서 다음과 같이 정의한다.

> 교회는 세례를 받고, 같은 신앙을 고백하고, 같은 성례전에 참여하는 모든 성실한 무리들의 모임이다. 그들은 합법적인 성직자의 지배를 받고, 지상에서는 한 분밖에 없는 한 가견적 교주의 지배를 받는다.

이런 주장에 따라 그들은 교회란 주를 예배하기 위하여 모인 회중이라기보다 그 회중을 지배하고 가르치는 성직단에게 더 중점을 두고 있다.[16]

그런가 하면 동방 정교회에서는 교회의 본질을 이해함에 있어 로마 가톨릭교회와 비슷한 견해를 가지고 있다. 다만 그들은 교황 한 사람에게 절대권을 부여하지 않고 교회 회의가 가장 중요하며, 교회 회의는 절대 오류를 범할 수 없다고 한다. 그리고 이 교회는 가견교회(可見敎會)를 의미함으로써 동방정교회라고 불리는 유형적 교회의 절대권을 주장한다. 이러한 동방정교회의 교회관 역시 주의 부르심을 받아 예배하기 위하여 모인 회중보다는 지상에 일정한 조직체를 가진 가견교회를 더 중요시함으로써 성경이 말하는 '에클레시아'라는 개념에서 이탈하고 있다.[17]

---

16) 이종성, 160-161.

개신교회는 로마가톨릭교회의 교회 본질에 대한 입장에 반대한다. 즉, '반석'을 베드로의 인격으로 이해를 하는 로마가톨릭교회의 입장과 달리 '반석'을 신앙고백으로 이해를 한다. 그래서 누구든지 예수 그리스도를 구주로 신앙고백하는 그곳이 교회라는 것이다. 이와 같은 견해는 종교개혁자 루터(Martin Luther)와 칼빈(Jean Calvin)의 견해이기도 하다. 루터는 교회란 믿음 안에 있는 성도의 공동체 또는 회중이라고 했으며, 칼빈은 교회를 선택받은 자의 무리, 입양의 은사에 의해서 신의 자녀가 된 사람들과 성령의 성화에 의해서 그리스도의 참 지체가 된 사람들의 모임이라고 함으로써 조직체로서의 교회에 중점을 둔 것이 아니라 신의 백성의 모임(회중)에 더 강조점을 두고 있다.

그렇다면 우리는 교회의 본질을 어떻게 이해를 해야 하는 것인가? 이에 대한 대답은 '제네바 요리문답'의 "문 93 보편적 교회란 무엇입니까?"라는 물음의 답에서 찾을 수 있다.

> 보편적 교회란 하나님께서 영생으로 작정하시고, 선택하신 신자들의 모임입니다.[18]

위의 내용에서 볼 수 있듯이 종교개혁자들을 비롯한 개혁교회는 교회를 하나님께서 선택하신 신자들의 모임으로 이해를 하고 있다. 이와 같은 입장은 앞에서 살펴보았듯이 '제2 스위스 신앙고백'의 "제17장 하나님의 보편적이고 거룩한 교회와 교회의 유일하신 머리에 관하여"에서도 분명하게 가르치고 있다. 즉, "교회란 세상으로부터 불러냄을 받은 혹은 부름 받은 신자들의 모임, 즉 모든 성도들의 교제이다."[19] 그러므로 교회란 성령의 효과적인 부르심으로 그리스도의 임재와 주권이 인정되는 성도들의 모임

---

17) Ibid., 161.
18) 총회교육자원부, 161.
19) 이형기, 170-171.

을 이야기한다. 17세기 개혁 정통주의 신학자 가운데 한 사람이었던 하이데거도 교회를 다음과 같이 규정하고 있다.

> 교회는 하나님이 말씀과 성령을 통하여 죄의 상태에서 영원한 영광을 받는 은혜의 상태로 부르신 선택되고 소명되고 신앙하는 사람들의 회집 또는 집결체이다.[20]

위의 글에서와 같이 하이데거는 신약에서 교회라는 말은 소명 받은 사람들(ἐκκληθέντες)의 거룩한 모임을 의미한다고 했다. 그리고 ἐκκλησία라는 말에는 일반적으로 사도행전 2장 39절[21]과 47절[22]에서 보는 대로 소명(κλῆσις)의 개념이 들어 있다고 하였다. 그렇기 때문에 교회는 주님에 의해서 부름 받은 사람들의 모임인 것이다.[23] 그렇다면 우리는 여기에서 로마가톨릭교회가 주장하는 교황의 수위권의 근거로 내세우고 있는 예수께서 베드로에게 열쇠를 주시겠다(마 16:19)고 하신 말씀을 살펴볼 필요가 있다. 그들은 예수께서 베드로에게 열쇠를 주시겠다고 약속하셨을 때 그를 온 교회를 다스리는 군주로 지명한 것이라고 한다. 그렇지만 예수께서는 그때에 베드로 한 사람에게 약속하신 내용을 다른 곳에서는 그와 동시에 모든 이들에게도 약속하시고, 그들의 손에 쥐어주셨다는 것이다(마 18:18; 요 20:23). 뿐만 아니라 로마가톨릭교회는 베드로의 이름이 특별하게 거명되었기 때문에 그가 다른 사람들 위에 있는 것이라고 하였다. 그렇지만 성경을 읽어보면 베드로도 열두 사도들 가운데 한 사람이었고, 다른 사도들과 동등한 위치에 있었으며, 그들의 주인이나 스승이 아니라 동료였

---

20) 하인리히 헤페, 930.
21) 행 2:39, "이 약속은 너희와 너희 자녀와 모든 먼 데 사람 곧 주 우리 하나님이 얼마든지 부르시는 자들에게 하신 것이라 하고."
22) 행 2:47, "하나님을 찬미하며 또 온 백성에게 칭송을 받으니 주께서 구원 받는 사람을 날마다 더하게 하시니라."
23) 하인리히 헤페, 930.

다는 것 외에는 아무 것도 찾을 수 없다.[24]

무엇보다 베드로가 로마의 교회를 감독으로써 다스렸다는 로마가톨릭 교회의 주장도 역사적 신빙성을 찾을 길이 없다. 이 점에 있어서 칼빈은 《기독교 강요》 제4권 제6장에서 베드로의 로마 거주는 근거가 없고, 오히려 바울의 거주가 분명하게 드러난다고 했다. 바울의 거주는 갈라디아서 1장과 2장에서 분명하게 드러나지만 베드로는 예수께서 죽으신 후 20년 가까이 예루살렘에 있었고(갈 1:18; 2:1 이하), 그 후 안디옥으로 왔으며(갈 2:11), 그곳에서 얼마나 오래 머물렀는지는 분명하지 않다. 그런데 예수께서 죽으신 때로부터 네로의 통치 종말(베드로가 네로의 통치 때에 순교를 당했다고 하므로)까지의 기간은 모두 37년에 지나지 않는다.

바울의 증언에 의하면 베드로가 예루살렘에 거하고 있었던 것으로 나타나는 20년을 제하고 남은 기간을 다시 두 관구—안디옥과 로마—에 거주했던 기간들로 다시 나누어야 한다. 그리고 베드로가 안디옥에 오래 거주했다면 그가 로마에 감독(주교)이 될 수 있었던 기간은 매우 짧았을 것으로 볼 수밖에 없다. 뿐만 아니라 바울이 예루살렘을 거쳐서 로마로 가려는 계획을 세우고 제3차 전도여행 중 고린도에서 로마교회와 교인들에게 편지를 썼다(롬 15:25). 그러므로 이 편지는 그가 로마로 오기 4년 전에 기록되었을 개연성이 높다. 그런데 이 편지에는 베드로에 대한 언급이 전혀 없다. 그가 당시 로마 교회를 다스리고 있었다면 그의 이름이 언급되지 않을 수 없었을 것이다. 더욱이 누가는 사도행전을 기록하면서 바울이 죄수가 되어 로마로 끌려갔을 때 많은 형제들의 영접을 받았다고 기록하고 있다(행 28:15). 그런데 베드로에 대해서는 아무 말이 없다. 한 가지를 더 말하면, 바울이 로마에서 여러 교회에게 편지를 썼다. 그리고 몇몇 편지들에는 특정한 사람들의 이름을 거명하며 인사를 하고 있다. 그런데 여기에서도 베드

---

24) 존 칼빈, 《기독교 강요 하》, 원광연 옮김(경기도: 크리스챤다이제스트, 2010), 120-125. 특별히 베드로가 다른 사도들과 동등하게 교제하는 위치에 있었다는 사실에 관하여는 다음의 구절들을 보라. 행 15:5-12; 벧전 5:1 이하; 행 11:3-18; 8:14.

로가 로마에 있다는 어떠한 암시도 나타나지 않고 있다.[25] 그렇기 때문에 로마 가톨릭교회가 주장하는 것과 같이 베드로가 로마교회에 감독으로 있었으므로 교황과의 수위권을 연계시키는 것은 성경적으로나 역사적으로 잘못된 주장이 아닐 수 없다.

3) 교회의 특징

'니케아 - 콘스탄티노플 신조'에서는 교회에 대해 다음과 같이 고백하고 있다.

우리는 또한 하나의 거룩하고 보편적이며 사도적인 교회를 믿는다.[26]

위의 내용에서 '하나의 거룩하고 보편적이며 사도적인 교회'는 16세기 루터와 칼빈으로 대표되는 종교개혁 전통의 '교회 표지론'(말씀 설교와 성례전)과 더불어 모든 신학자들이 교회의 특징을 규정하는데 있어서 근간을 이루었다. 따라서 여기에서는 신학의 전통적 표현에 따라 참된 교회의 본질적 특징, 내지는 표지라고 불려지는 네 가지에 대해 살펴보자.

(1) 교회는 하나(unity)다

우리는 교회가 하나라고 선포한다. 그러나 교회가 하나라는 것은 외형적으로 하나라든가 기구적으로 하나라는 뜻이 아니다. 모이는 목적이 하나요, 가지는 신앙이 하나요, 믿음의 대상이 하나요, 모든 신자들의 생각의 중심이 동일하다는 뜻에서 하나라는 것이다. 따라서 이 하나됨은 그리스도

---

25) Ibid., 132-134.
26) 총회교육자원부 편, 49.

를 통하여 성령 안에서 하나님과 가지는 새로운 교제에 근거한 독특한 하나됨을 말한다. 교회의 하나됨은 하나님의 선물이다. 왜냐하면 교회는 그리스도의 몸이기 때문이다. "몸은 하나인데 많은 지체가 있고 몸의 지체가 많으나 한 몸임과 같이 그리스도도 그러하니라"(고전 12:12).

그러나 여기에서 하나됨이라는 것은 'one'을 쓰지 않고 'unity'로 사용하는 것은 하나됨이란 단순히 획일적인 하나를 의미하는 것이 아니라 다양성 속에서의 '통일성, 조화, 일치'를 의미하기 때문이다. 하나님의 사랑과 그 사랑에 근거한 교회의 하나됨은 서로 다른 존재들이 함께 이루는 교제를 풍성하게 축하하는 것이다. 천지의 창조자로서 하나님은 다양한 존재들에게 생명을 주신다. 화해자로서 하나님은 새로운 교제 안에서 이전에는 서로 멀어졌던 하나님과 피조물, 그리고 피조물과 피조물들을 하나 되게 하신다. 거룩하게 하시는 성령은 많은 나라와 문화와 인종의 사람들을 하나의 공동체로 모으시고, 교회와 세계 안에서 서로 섬기도록 다양한 은사를 주시는 가운데 능력을 주신다.[27]

교회는 하나이다. 이 사실에 있어서 사도 바울은 에베소서 4장 3절에서 "평안의 매는 줄로 성령이 하나 되게 하신 것을 힘써 지키라"고 하고, 5절과 6절에서 "주도 한 분이시요 믿음도 하나요 세례도 하나요 하나님도 한 분이시다"라고 하였다. 무엇보다 바울은 마음을 같이 하고 뜻을 합하라고 가르칠 때마다 즉시 "그리스도 안에서"(빌 2:1, 5), 또는 "그리스도 예수를 본받아"(롬 15:5) 그렇게 하라고 덧붙이고 있음을 기억해야 한다. 즉, 주님의 말씀을 떠나서는 신자들의 일치가 있을 수 없으며, 다만 사악한 자들의 무리가 있을 뿐이라는 것이다. 그러므로 칼빈은 《기독교 강요》 제4권 제2장에서 교회의 하나됨을 위한 교제는 건전한 교리와 형제 사랑이라는 두 가지 끈에 의해서 유지되는 것이라고 했다. 특히 어거스틴은 다음의 글에서 볼 수 있듯이 이단과 분리주의자들을 구분하고 있다.

---

27) 다니엘 L. 밀리오리, 《기독교 조직신학》, 장경철 옮김 (서울: 한국장로교출판사, 2007), 287-288.

이단들은 거짓 가르침으로 믿음의 신실성을 더럽히는 자들이요, 분리주의자들은 때로는 동일한 믿음을 갖고 있으면서도 교제의 끈을 깨뜨리는 자들이다.[28]

위와 같은 어거스틴의 주장에 대해 칼빈은 이러한 사랑의 연합이 믿음의 통일성에 의존하기 때문에 믿음이 사랑의 연합의 시작이요 끝이며, 결국 그 유일한 규범이 된다고 하였다. 그러므로 교회의 연합(하나됨)을 명할 때에는 언제든지 우리의 마음이 그리스도 안에서 일치하는 가운데 우리의 의지가 또한 그리스도 안에 있는 상호 간의 사랑으로 연결되어야 한다는 사실이 요구된다고 했다.[29]

그렇다면 오늘날 교회는 과연 하나가 되어 있는가? 교회는 오히려 수없이 많은 인종적, 민족적, 계급적 당파들로 나뉘어져 있지 않는가? 이러한 물음에 있어서 우리는 다음의 사실을 고백해야 할 것이다. 즉, 주님의 몸된 교회가 아직은 불완전하지만 실질적으로 실현되는 하나됨을 믿고 성령 안에서 교회의 하나됨을 추구해 나가야 할 것이다.

(2) 교회는 거룩하다

우리는 교회가 거룩하다고 선포한다. 하나의 교회는 말씀과 성례들을 통하여 자기 백성을 거룩하게 하시는 한 분 하나님의 거룩성을 반사시키기 때문이다. 여기에서 거룩함이란 "내가 너보다 더 거룩하다"는 식으로 다른 사람들보다 도덕적으로 우위에 있음을 자랑하는 바리새적인 분리적 자세를 의미하지 않는다. 교회는 용서받은 죄인들의 공동체이다. 따라서 교회

---

28) Augustine, *Questions on the Gospel according to Matthew*, xi. 1-2. 존 칼빈, 52에서 재인용.
29) Ibid.

가 거룩하다고 여겨질 때 그것은 자신 안에 그 뿌리를 두는 도덕적 의미에서의 거룩함이 아니라 그리스도 안에 둔 거룩함을 말한다. 다시 말해 그리스도인들은 예수 그리스도의 삶, 죽음, 부활을 통하여 은혜에 의해서 의롭다 여김을 받으며 성화의 길에 놓여져 있다. 교회는 하나님의 거룩한 사랑에 참여함으로 거룩하다. 비록 자격이 없음에도 하나님께서 죄인들을 의롭다 하시고 받아 주시며 사랑하시는 것이 곧 예수 그리스도 안에 계시된 하나님의 거룩이다.[30]

그러나 교회는 거룩하다는 선포 앞에 많은 사람들은 질문을 던지고 있다. 교회가 과연 거룩한가? 교회는 오히려 늘 실수하고 죄를 짓는 사람들로 가득 차 있지 않는가? 사실 제도적이고 개인적인 죄가 교회들과 교인들 안에 존재하고 있다. 그렇지만 그럼에도 불구하고 교회는 거룩하다고 선포하지 않을 수 없다. 그 이유는 앞에서 말했듯이 거룩함이라는 것이 자신의 도덕적 뿌리에 두고 있는 것이 아니라 예수 그리스도 안에 계시된 하나님의 거룩성 때문이다. 그리고 성령께서는 교인들로 하여금 이들의 연약성에도 불구하고 끊임없는 회개를 통해서 거룩성에 있어서 성장하게 하신다. 따라서 죄는 교회를 결코 파괴할 수 없으며, 세상 끝날까지 교회의 선교적 소명과 사명을 방해할 수 없을 것이다. 우리는 이와 같은 사실을 예수님께서 베드로에게 하신 약속의 말씀에서 확인할 수 있다.

> 또 내가 네게 이르노니 너는 베드로라 내가 이 반석 위에 내 교회를 세우리니 음부의 권세가 이기지 못하리라(마 16:18).

한편, 칼빈은 《기독교 강요》 제4권 제1장에서 교회의 거룩함에 대해 다음과 같이 말하고 있음을 보게 된다.

---

30) 다니엘 L. 밀리오리, 288.

교회의 거룩함이란 아직 완전한 것이 아니다. 그러므로 교회는 날마다 거룩함을 향하여 전진한다는 의미에서 거룩하다. 그러나 아직 완전한 것은 아니다. 교회는 날마다 발전해가는 중이지만 아직 그 거룩의 목표에는 이르지 못하였다는 것이다.[31]

(3) 교회는 보편적이다

우리는 교회가 보편적이라고 선포한다. 보편성에 대한 고전적 정의는 "언제나 모든 곳에서 모든 사람들에 의하여 믿어지는 것"이다. 교회는 여러 가지 의미에서 보편적이다. 교회는 세계 모든 곳에 현존하며 역사의 모든 때에 존재한다.[32] 따라서 각 지역, 혹은 개 교회는 성령을 통하여 그리스도의 은혜와 진리의 충만함 가운데 서로 교제함으로 자신의 보편성을 나타낸다. 그런 의미에서 교회는 인종의 차이나 국가의 차이나 신분의 차이 없이 그가 어디에 있든지 그리스도를 구주로 고백하면 다 한 교인이다. 이와 같은 보편적 교회에 대해 '제2 스위스 신앙고백'은 "제17장 하나님의 보편적이고 거룩한 교회와 교회의 유일하신 머리에 관하여"에서 다음과 같이 정의내리고 있다.

그러므로 우리는 이 교회를 보편적이라 일컫는다. 그 이유는 이 교회가 세상의 도처에 확산되어 있으며 모든 시대에 걸쳐 있으며 시간과 장소에 제약을 받지 않기 때문이다.[33]

즉, 교회는 특정한 장소나 시간에 제한되지 않기 때문에, 그리고 존재하는 하나의 교회가 지상 전체에서 유일한 교회인 성격을 가지고 있기 때

---

31) 존 칼빈, 33.
32) 다니엘 L. 밀리오리, 289.
33) 이형기, 171.

문에 교회는 우주적이고 보편적이다. 특별히 17세기 네덜란드 개혁 정통주의 신학자인 리쎈(H. Van Rissen)은 교회가 보편적이라는 이유를 다음의 네 가지 측면에서 이야기하고 있다.

(1) 공간적 측면에서 특정한 지역이나 도시나 장소에 제한되지 않기 때문에(요 4:23), (2) 인간적인 측면에서 특정한 연령이나 조건과 연결되지 않기 때문에(행 10:34-35), (3) 시간적 측면에서 모든 시대를 무차별적으로 포함하기 때문에(요일 1:1-3), (4) 지체적 측면에서 지금까지 존재했고 앞으로 존재할 모든 개교회들은 그들이 그리스도를 따르는 한 교회에 속하기 때문이다.[34]

그러나 교회가 보편적이라고 말하지만 오늘의 많은 사람들은 보편적인 교회라는 선포 앞에 갈등하고 있다. 그것은 교회가 오히려 더 편협하며 자기의 이익만 챙기려 하고 있지 않는가? 예수를 구주로 믿는 모든 교회와 교인들은 보편적 하나의 교회라고 강단에서 선포하지만 실제적인 삶에서는 전혀 다른 이중적인 모습을 보이고 있지 않는가?

그렇지만 교회가 이와 같은 왜곡된 모습을 보이고 있음에도 교회는 보편적이어야 할뿐만 아니라 보편적이다. 왜냐하면 성령의 사역을 통한 교회의 사명은 복음을 모든 백성들, 모든 민족들, 모든 종족들, 모든 계층들, 남성과 여성들, 그리고 모든 연령층에 선포하는 것이요, 이들에게 구원의 메시지를 줄 뿐만 아니라 그리스도께서 다시 오실 때까지 이들을 그리스도의 한 몸 안으로 모으는 것이기 때문이다.[35] 따라서 이 하나의 거룩하고 보편적인 교회는 불멸적 계속성을 가진다. 즉, 교회의 존재는 우연이 아니라 하나님의 작정과 성령의 활동에 근거하기 때문이다.[36]

---

34) 하인리히 헤페, 938-939.
35) 총회교육자원부 편, 69.
36) 하인리히 헤페, 939.

(4) 교회는 사도적이다

우리는 교회가 사도적이라고 선포한다. 교회의 사도성이란 모든 시대를 통해서 그리스도인들의 정체성을 표현하는 것이다. 이들의 정체성은 최초의 선택된 증인들(사도들)에 의해서 선포되었고, 삶으로 실천되었던 사도적 전통을 물려받은 자들이라는 것이다.[37] 일반적으로 사도성을 이야기할 때 그것은 교회의 기원이 제자들, 다시 말해 사도들에게 있다는 뜻으로 이해한다.[38] 그러나 교회의 사도성이란 교회가 외적이거나 기계적인 의미에서 사도적 계승의 사슬을 잇고 있음을 의미하지 않는다. 또한 사도성은 안수를 받은 성직자에게만 국한되지도 않는다.[39] 교회의 사도성은 교회가 예언자들과 사도들에 의해 증거된 예수 그리스도의 복음에 삶의 모든 영역에서 순종함을 의미한다. 복음에 충성함 가운데 나타나는 교회의 사도적 계승은 교회가 선포하는 것에서 뿐만 아니라 교회가 살아가는 것에서도 그 모습이 나타나야 한다.

그러나 오늘의 교회와 교인들의 삶의 모습을 보면 실제적 실천 사이에 커다란 괴리가 있다는 사실을 깨닫게 된다. 즉, 교회는 오히려 사도들보다 스스로를 더 높게 올려놓고 있지는 않는가? 그러므로 오늘의 교회는 사도 바울이 그의 사도됨을 증거하기 위해 자신의 상처와 박해를 받았던 사실을 지적하였듯이(고후 11:23 이하), 사도적 교회도 복음에 대한 자신의 신실성을 드러내되 하나님의 은혜가 하나님이 영광과 인간의 구원을 위하여 사용하는 약함과 가난함 안에서 자신의 사명을 다하는 방법으로 드러내야 할 것이다.[40] 따라서 교회의 사도성이란 교회들로 하여금 사도적 공동체의 신

---

37) 총회교육자원부 편, 69.
38) 이종성, 163.
39) 로마 가톨릭에서는 사도성을 성직자에게만 국한하려고 한다. 그들은 합법적인 성직자의 지배를 받고, 지상에서는 한 분밖에 없는 한 가견적 교주의 지배를 받는다고 가르치면서 사도성을 사제와 교황에게 두고 있다.
40) 다니엘 L. 밀리오리, 290.

앙, 삶, 증거 및 교역(ministry)과 연속성 속에서 살고, 성도들과 함께 이러한 것을 따르는 모든 신자들과의 연속성 속에서 살라고 하는 부름이다.[41]

4) 무형교회와 유형교회

우리는 교회를 이야기할 때 이 세상에는 모든 시대를 위한 단 하나의 보편적 교회가 있다고 말한다. 그런데 오늘의 실상은 결코 교회는 하나가 아니며, 교파도 많이 존재하고 있다. 더구나 같은 지역에서도 같은 교파의 교회들이 다수 존재하고 있는 것이 사실이다. 그렇다면 교회는 하나가 아니라는 말인가? 이와 같은 문제를 설명함에 있어서 우리는 여기에서 무형교회와 유형교회를 다루지 않을 수 없다. 즉, 교회는 불가시적이면서도 보편적인 하나의 교회로서의 무형교회와 가시적이면서 이 세상에 흩어져 있는 다양한 유형교회가 있다.

교회론에 있어서 무형교회와 유형교회에 대한 명확한 구분은 종교개혁과 함께 시작되었다고 해야 할 것이다. 그와 같은 이유는 로마 가톨릭교회가 교회란 사도로부터 끊임없이 계승되어 온 가시적인 조직이라고 주장하는 것에 대한 반대로 무형교회와 유형교회를 구분하게 된 것이다. 다시 말해 로마가톨릭교회는 자신들의 유형의 교회만이 유일하게 참된 교회라고 주장하였다. 그러나 이 교회는 타락했고 부패했으며 개혁의 대상이 되었다. 따라서 저들의 교회만이 참된 교회라고 말할 수는 없었다는 점에서 무형교회와 유형교회의 교리적 구분이 필요했던 것이다. 이에 대해 칼빈도 《기독교 강요》 제4권 제1장에서 "성경은 교회에 대해서 두 가지로 말씀하고 있다"[42]고 하면서 불가시적 교회와 가시적 교회를 이야기하고 있다. 하인리히 헤페는 "교회의 상태를 기준으로 볼 때 승리한 교회와 전투적 교회의 구별은 본질적으로 교회의 개념에 포함된다"[43]면서 교회를 구분하고

---

41) 총회교육자원부 편, 69.
42) 존 칼빈, 21.

있다.[44]

그렇다면 무형교회란 어떤 교회를 말하는가? 이에 대해 칼빈은 《기독교강요》 제4권 제1장에서 불가시적인 교회에 대해 다음과 같이 말하고 있다.

> 여기(교회)에는 오직 양자 됨의 은혜를 입어 하나님의 자녀들이요 성령의 거룩하게 하심으로 말미암아 그리스도의 참된 지체들인 자들 이외에는 어느 누구도 속할 수가 없다. 이렇게 볼 때 이 교회에는 현재 이 땅에 살고 있는 성도들만이 아니라 세상이 시작된 이래 모든 택하심을 받은 자들이 포함되는 것이다.[45]

그런가 하면 '웨스트민스터 신앙고백'은 "제25장 교회에 관하여"에서 다음과 같이 가르치고 있다.

> 불가시적인 보편적(catholic) 교회는 택정함을 받은 자의 총수로 되어 있다. 이 교회는 그리스도를 머리로 하여 과거나 현재나 미래에 있어서 하나의 모임이다. 이 교회는 그리스도의 신부요, 그의 몸이요, 만물을 충만케 하시는 자의 충만이다.[46]

위의 내용에서 볼 수 있듯이 무형교회는 불가시적인 교회로 모든 민족과 모든 시대에 하나님에게 선택된 모든 사람들을 포함하는 교회이다. 따라서 칼빈은 무형교회, 즉 "불가시적 교회는 오직 하나님의 눈에만 보이는

---

43) 하인리히 헤페, 935.
44) 무형교회와 유형교회에 대한 구분에 있어서 루터는 '내적인 교회'와 '외적인 교회'인 교회라는 명칭으로 구분했고, 불링거는 '제2스위스 신앙고백'에서 이 땅 위에 있는 동안 죄악과 싸우는 '전투적 교회'와 하늘 나라에서만 가능한 '승리적 교회'로 그 명칭을 사용하고 있다. 그런가 하면, 칼빈은 '가시적 교회'와 '불가시적 교회'로 명칭을 구분하고 있다.
45) 존 칼빈, 21.
46) 이형기, 284.

것으로 믿어야 한다"⁴⁷⁾고 했다.

하인리히 헤페는 "모두가 성령에 의해 그리스도 안으로 이식되며 영원히 예수 그리스도의 공동체 안에 보존되기 때문에, 모든 장소와 모든 시간의 신자들은 이 우주적 교회(ecclesia universalis)에 속한다"⁴⁸⁾면서 "교회는 죽은 신자들과 지상에 살아 있는 신자들을 포함한다"⁴⁹⁾고 했다. 즉, 무형교회(승리한 교회, ecclesia triumphans)는 "여기 지상에서 참된 신앙 가운데 죽어 지금은 죄와 사망으로부터의 완전한 자유와 하나님의 완전한 평화, 그리고 완전한 축복에 들어간 사람들의 공동체"⁵⁰⁾라고 했다. 그러므로 무형교회는 성령의 성화에 의해 중생된 그리스도인들로서 지역적인 교회만이 아니라 모든 민족과 시대를 넘어선 천지 창조 이후 지금까지 선택받은 사람들의 모임이라고 할 수 있다. 그런데 무형교회와 유형교회의 구별은 두 종류 사이의 차이가 아니라 하나의 동일한 주체를 그 구성의 다른 관계에 따라 다르게 정의하는 것일 뿐이라는 사실을 알아야 한다. 즉, 교회를 무형과 유형교회로 구별할 때 마치 우리가 두 개의 상호 대립되는 종류의 교회를 말하는 것이 아니라 단지 다양한 상태에 따라 주체를 제한하는 것이다. 그러므로 이 둘은 두 교회가 아니라 오로지 한 교회이다.

한편, 17세기 네덜란드의 개혁파 정통주의 신학자인 마스트리히트(Petrus van Mastricht, 1630-1706)에 의하면 여러 교파들이 불가시적인 무형교회를 받아들이고 있는 정도에 대해 다음과 같이 이야기하고 있다.

> 소시니안(Socinian)은 사람이 죽은 후에 영혼과 육체가 모두 멸절한다고 말하기 때문에 승리한 교회(무형교회)를 부정한다. 비록 재세례파는 죽음 후에도 영혼이 존속한다는 것을 인정하지만, 아무런 기쁨도 느끼지

---

47) 존 칼빈, 21.
48) 하인리히 헤페, 935.
49) Ibid.
50) Ibid.

못하고 잔다고 주장하며 소시니안과 함께 천상에 승리가 없다고 선언한다. 한편, 교황파(로마 가톨릭교회)는 천상의 승리한 교회와 지상의 전투적 교회(유형교회)에 추가하여 과도한 범죄자들이 연옥에서 고생하는 자들의 교회를 포함하여 세 부분으로 나눈다. 개혁파는 신자의 영혼이 죽음 후에 단지 존속할 뿐 아니라 천상에서 기쁨을 경험한다고 주장하기 때문에 승리한 교회를 가르친다.[51]

한편 교회는 각 지역에 존재하는 유형교회로서의 모습도 가지고 있다. 무엇보다 신약성경에 쓰여진 대부분의 서신들은 지역 교회들에게 보내진 것이었다. 예를 들면, 바울은 고린도전서를 쓰면서 "고린도에 있는 하나님의 교회"(1:2)라고 했고, 데살로니가전서를 쓰면서는 "데살로니가인의 교회"(1:1)라고 했다. 뿐만 아니라 빌레몬서는 "네 집에 있는 교회에 편지"(1:2)한다고 말하고 있다.

그렇다면 유형교회란 어떤 교회를 말하는가? 이 물음에 대해 칼빈은 《기독교 강요》제 4 권 제 1 장에서 다음과 같이 말하고 있다.

세례를 통하여 믿음에 속한 생활을 시작하고, 성찬에 참여함으로써 참된 교리와 사랑으로 하나가 되었음을 증거하며, 주의 말씀 안에서 일치하며 또한 말씀 전하는 일을 위하여 그리스도께서 제정하신 사역을 보존하는 무리들을 가리키는 것이다.[52]

'웨스트민스터 신앙고백'은 "제 25 장 교회에 관하여"에서 가시적 교회로서의 유형교회에 대해 다음과 같이 가르치고 있다.

가시적 교회 역시 복음 아래 있는 보편적 교회로서(구약시대처럼 어느

---

51) Ibid., 935-936.
52) 존 칼빈, 21.

한 민족에 국한될 수 없다.) 자기들의 자녀와 더불어 참된 종교인 기독교를 신봉하는 이 세상에 흩어져 있는 모든 사람들로 구성되어 있다.[53]

위의 내용에서 볼 수 있듯이 유형교회는 역사와 문화 속에 형태를 갖추어 존재하면서 택함을 받은 사람이나 그렇지 못한 사람들이 다함께 속해 있는 제도적인 현실 교회를 말한다. 이 유형교회 안에는 이름은 그리스도인이라고 하지만 실상은 거듭나지 못한 사람들이 있다. 이들은 그 내면에 있어서 성령의 조명과 신앙과 마음의 신실함과 끝까지 견디는 견인을 결핍하고 있는 사람들이다. 어거스틴은 이 사실을 "많은 양들이 바깥에도 있고, 많은 늑대들이 안에 있는 것이다"[54]라는 말로 가시적 교회가 갖고 있는 한계를 말하고 있다. 칼빈도 유형교회에는 "그리스도와는 아무 관계가 없고 그저 이름과 외양(外樣) 뿐인 많은 외식자들이 뒤섞여 있다"[55]고 하였다. 즉, 이들 가운데는 야심을 가진 자들과 탐욕스러운 자들, 쟁투를 일삼는 자들, 악담하는 자들, 그리고 생활이 매우 부정한 자들이 많이 섞여 있다는 것이다. 그렇기 때문에 유형교회에는 각 지역과 개 교회들, 심지어는 한 교회 안에서도 갈등이 존재할 수 있다.

그러나 그럼에도 불구하고 그리스도인들은 누구나 유형교회에 들어가 그 속에서 하나가 되어 예배와 헌신의 삶을 살아야 한다. 이에 대해 칼빈은 《기독교 강요》에서 가시적인 유형교회를 설명함에 있어서 '어머니'라는 단순한 칭호를 통해서 설명하고 있다. 즉, 어머니가 우리를 잉태하고 낳으며 젖을 먹여 기르고 우리가 이 육신을 벗고 천사같이 될 때까지 보살펴 주시고 지도해 주시지 않는다면 우리는 생명으로 들어갈 길이 없다.[56] 마찬가지로 연약한 우리는 일평생 교회에서 양육을 받고 가르침을 받지 않는다

---

53) 이형기, 284.
54) 존 칼빈, 22.
55) Ibid., 21.
56) Ibid., 10.

면 진정한 구원을 받을 수 없다는 것이다. 그러므로 칼빈은 《기독교 강요》 제4권 제1장에서 "우리는 교회와의 교제를 절연시켜서도 안 되며, 또한 교회와의 교제를 유지하면서 그 교회의 평화와 정당하게 세워진 그 질서를 방해해서도 안 되는 것"[57]이라고 하였다. 심지어 그는 비본질적인 문제들에 대해서 견해가 다르다는 것으로 인해서 그리스도인들 가운데 분열의 근거가 되어서는 안 된다고 하면서 다음과 같이 말하고 있다.

> 교리나 혹은 성례를 시행하는 데에 약간의 오류가 끼어들 수도 있지만, 그렇다고 해서 그것 때문에 그 교회와의 교제를 끊어서는 안 될 것이다. 왜냐하면 참된 교리의 모든 조목들이 전부 다 동일한 종류에 속하는 것이 아니기 때문이다.[58]

즉, 칼빈은 기독교 신앙에서 모든 사람들이 신앙의 적절한 원리들로 확실하게 의심 없이 인정하는 본질적인 것, 예컨대 하나님은 한 분이시다, 그리스도께서 하나님이시요 또한 하나님의 아들이시다는 교리로 인해서 믿음의 통일성이 깨어져서는 안 된다고 했다. 반면에 죽은 영혼의 상태에 관한 교리 등과 같은 비본질적인 것들로 인해 교회의 분열의 근거가 되어서는 안 된다. 칼빈은 "신앙의 총체에 해가 되지 않고 구원을 잃어버리지 않는 그런 문제들에 대한 이견(異見)을 용인해야 할 것"[59]이라고 했다.

이에 대해서 카르타고(Carthago)의 감독이었던 키프리아누스(Cyprianus, 200?-258)는 다음과 같이 말하고 있다.

> 교회 안에 가라지나 부정한 그릇들이 있는 것처럼 보인다고 할지라도 우리 자신이 그 교회에서 물러 나와야 할 이유는 없다. 오히려 우리는 알곡

---

57) Ibid., 27.
58) Ibid., 26.
59) Ibid.

이 되기 위하여 힘써야 하며, 금과 은으로 만든 그릇들이 되기 위하여 할 수 있는 만큼 수고해야 한다. 질그릇을 깨뜨리는 일은 오직 주님께 속한 것이요, 그가 철장으로 그것들을 깨뜨리실 것이다(시 2:9; 계 2:27).[60]

'웨스트민스터 신앙고백'은 "제25장 교회에 관하여"에서 다음과 같이 가르치고 있다.

우리는 이 교회를 통해서만 정상적으로 구원을 얻고 최선의 성장과 섬김을 위해서 우리는 이 교회와 연합해야 한다.[61]

위의 신앙고백은 우리가 가시적인 유형교회에 들어가야 하는 이유로 교회를 통해서만 구원을 얻을 수 있을 뿐만 아니라 최선의 성장과 섬김을 위해서라고 가르치고 있다. 이처럼 교회를 떠나서는 정상적인 구원이 없다는 것에 대하여 '벨직 신앙고백'은 제28조에서 "이 거룩한 모임은 구원받은 자들의 회집이어서 그 밖에서는 구원이 없기 때문에"라고 함으로써 교회 밖에는 구원이 없다고 규정하고 있다.

우리는 지금까지 가시적인 유형교회와 불가시적인 무형교회에 대해 살펴보았다. 그런데 교회사를 보면(오늘의 교회에서도 볼 수 있는 현상이지만) 어느 한쪽만을 강조하는 사람들이 있었다. 그러나 우리가 분명히 알아야 하는 것은 이들 두 가지 종류의 교회 가운데 어느 하나만을 지나치게 강조하거나 다른 하나를 과소평가해서는 안 된다. 기독교는 공동의 문제이며, 그리스도인의 삶은 다른 사람들과의 관계에서만 온전히 실현될 수 있다. 그렇기 때문에 가시적이거나 경험적인 유형교회와 불가시적이거나 영적인 무형교회와의 구별을 인정하면서도 우리는 이 둘이 일치되도록 하기 위해 할 수 있는 모든 일을 다해야 할 것이다. 어떤 참된 신자도 친교 바깥

---

60) Ibid., 35.
61) 이형기, 284.

에 있어서는 안 되는 것처럼 오직 참된 신자들만이 안에 있다는 사실도 부지런히 확증되어야 한다. 그런 점에서 우리는 이후로 살펴보게 될 교회의 표지에 대한 바른 이해가 중요하다고 해야 할 것이다.

2. 교회의 표지

앞에서 살펴보았던 '니케아 신조'(381)[62]가 규정한 교회의 특징을 다른 말로는 고전적 교회의 표지라고도 한다. 그리고 이것은 모든 기독교 전통에서 공통적으로 받아들여졌다. 그런데 종교개혁자들과 개혁교회의 신앙고백서들은 참된 교회의 표지들을 다른 방법으로 규정했다. 다시 말해 종교개혁자들은 다음의 질문을 던졌다. "무엇이 교회의 하나됨, 거룩함, 보편성, 그리고 사도성의 근거인가?" 이 질문의 대답은 "하나님의 말씀에 대한 순수한 선포와 들음, 그리고 성례전의 올바른 집행"이라고 보았다. 그런데 이 두 종류의 표지는 서로 보완적이다. 종교개혁에서의 표지가 결여된다면 '니케아 신조'(381)에서의 표지는 도덕주의적으로 해석될 수 있으며, 반대로 '니케아 신조'(381)에서의 교회의 표지가 결여된다면 종교개혁의 표지는 분열적으로 해석될 수 있다.[63]

우리가 여기에서 교회 표지에 대해 살펴보는 것은 교회가 무엇을 위해

---

[62] 니케아 신조를 표기함에 있어서 '니케아 신조'(325)와 '니케아 신조'(381)이 있다. '니케아 신조'(325)는 325년 니케아에 소집된 공의회에서 작성된 것으로 이 신조의 초점은 나사렛 예수께서는 하나님의 영원한 아들이시요, 성부 하나님과 동일본질(homoousios)이라는 것이다. 그런데 이 신조에서는 "그리고 성령을 믿는다"고 끝나면서 교회론에 관한 내용이 없다. 반면에 '니케아-콘스탄티노플 신조'은 381년 콘스탄티노플 공의회에서 작성된 것으로 그 내용은 325년에 작성된 '니케아 신조'와 대동소이하고 다만 확장된 내용은 성령론에 관한 것이다. 그리고 이 신조에서는 '교회론'과 '하나의 세례'에 대한 고백까지 포함하고 있다. 따라서 '니케아 신조'(325)와 구별하기 위하여 '니케아-콘스탄티노플 신조'라고 불리지만 통상적으로는 '니케아 신조'(381)라고 불리고 있다.
[63] 다니엘 L. 밀리오리, 290-291.

이 땅에 존재하며, 교회가 무엇을 할 때 참된 교회로서 세상에 나타날 수 있는가에 대한 물음에 대답을 하기 위해서다. 이것은 결국 교회의 본질을 회복하는 것이기도 하다. 다시 말해 참된 교회 표지를 가진 교회만이 참된 교회라고 할 수 있다. 즉, 그 사역(말씀과 성례의 사역)이 순전하고도 부패하지 않은 상태로 유지된다면 아무리 도덕적인 결점이나 흠이 있다 할지라도 '교회'라는 이름을 지니지 못할 이유가 없다. 반면에 신앙의 보루에 거짓 것이 끼어들고, 필수적인 교리의 요강이 무너지며, 성례의 바른 시행이 파괴된다면 그 즉시 교회의 죽음이 반드시 이어지는 법이다.[64] 결국 교회의 존재 여부를 가늠하는 기본 원리가 교회에서 표지가 정당하게 시행되고 있느냐의 여부에 있다는 것이다.

그렇다면 참된 교회가 가지고 있어야 할 표지는 무엇인가? 이 물음에 대해 칼빈은 《기독교 강요》 제4권 제1장에서 이렇게 말하고 있다.

> 어디서든 하나님의 말씀이 순결하게 전해지고 또한 그 말씀을 들으며, 그리스도께서 정하신 규례를 따라서 성례가 시행되면 거기에 하나님의 교회가 존재한다.[65]

위의 글에서와 같이 교회에 말씀의 사역이 있고 또한 그 사역을 공경하고 있다면, 그리고 성례를 정당하게 시행한다면 의심의 여지없이 그 무리는 교회로 인정받아야 마땅하다는 것이다. 그리고 칼빈은 이와 같은 교회의 표지가 중요한 이유는 '교회'라는 명칭에 속지 않기 위해서라고 했다. 다시 말해서, '교회'라는 명칭을 주장하는 모든 회중에 대해서 이와 같은 표준을 시금석으로 삼아 테스트해야 한다는 것이다. 즉, 말씀과 성례에서 주께서 제정하신 질서가 유지되고 있다면 교회라는 그 명칭이 우리를 속이는 것이 아니라는 것이다.[66]

---

64) 존 칼빈, 45.
65) Ibid., 23.

한편, '벨직 신앙고백'은 "제29조 참된 교회와 거짓 교회를 구별하는 참된 교회의 표지들에 대하여"에서 참된 교회의 표지에 대해 다음과 같이 가르치고 있다.

> 참된 교회가 알려지는 표지들은 다음과 같다. 만약 복음의 순수한 교리가 교회 안에서 선포되어진다면, 그리고 만약 교회가 그리스도에 의해 제정된 성례전의 순수한 시행을 유지하고 있다면, 그리고 만약 교회 치리가 죄에 대한 처벌로 실시되고 있다면, 간단하게 말하면 만약 모든 것이 하나님의 순수한 말씀에 따라 운영되고, 하나님의 순수한 말씀에 반대되는 모든 것이 거부되고, 예수 그리스도가 교회의 유일한 머리로서 인정되어진다면, 바로 여기에 참된 교회가 확실하게 알려질 수 있다.[67]

위의 신앙고백에서 본다면 참된 교회의 표지는 첫째, 하나님의 말씀에 대한 참된 설교이며, 둘째, 예수 그리스도께서 제정하신 성례전을 올바르게 집행하는 것과 그리고 셋째, 하나님의 말씀에 근거한 교회의 치리(권징)를 바르게 행사하는 것이다. 따라서 이러한 세 가지 표지들이 어느 때에든지 지속하고 있는 곳에는 어디든지 숫자에 관계없이 그리스도의 참된 교회가 존립하고 있다고 해야 할 것이다.

그런데 '제2스위스 신앙고백'은 "제17장 하나님의 보편적이고 거룩한 교회와 교회의 유일하신 머리에 관하여"에서 교회의 표지를 다음과 같이 두 가지로 규정하고 있다.

> (전략) 이 표시 가운데에 특히 예언자와 사도들의 책이 우리에게 전하는 하나님의 말씀에 대한 합법적이고 신실한 설교가 가장 중요한 바 이 기록된 말씀과 설교 말씀은 모두 우리를 그리스도께로 인도한다. (중략)

---

66) Ibid., 25.
67) 총회교육자원부 편, 282.

동시에 이들은 그리스도에 의하여 제정되었고 사도들에 의해서 우리에게 전승된 성례전에 참여하는 바 주님께로부터 받은 그대로 사용한다.[68]

위의 신앙고백에서는 참된 교회 표지를 합법적인 설교와 성례전이라고 규정하고 있다. 여기에서 대해서 '프랑스 신앙고백'은 제28조에서 "하나님의 말씀이 받아들여지지 않거나 신앙고백이 하나님의 말씀에 종속되지 않거나 성례전이 사용되지 않는 곳에는 교회가 있을 수 없다"[69]고 규정하고 있다. 그런가 하면 '웨스트민스터 소요리문답'에서는 "문 88 그리스도께서 우리에게 구원의 은혜를 베푸시는 외적 수단들이란 무엇입니까?"라는 물음에서 교회의 표지를 다음과 같이 가르치고 있다.

그것들은 하나님이 정하신 제도들입니다. 즉, 그것은 말씀, 성례전(세례 + 성만찬), 기도인데, 이 모든 것은 택함을 받은 자들에게 구원을 일으킵니다.[70]

위의 신앙고백에서는 참된 교회 표지를 하나님께서 우리에게 은혜를 베푸시는 외적 수단이라고 하면서 그것은 말씀과 성례전, 그리고 기도라고 가르치고 있다. 이처럼 교회 표지에 대해서는 약간의 차이가 있음을 볼 수 있다. 그러나 루터와 칼빈은 교회 표지를 '설교'와 '성례전'이라고 했고, 존 녹스(John Knox, 1513-1572)는 '설교'와 '성례전', 그리고 '치리'를 교회 표지라고 하였다. 개혁교회에서 교회의 표지를 이야기할 때는 일반적으로 설교와 성례전, 그리고 치리를 가르킨다. 《레이든 신학통론》에서는 이 사실에 대해서 "가시적 교회는 외적인 말씀과 성례의 사용, 그리고 교회의 권징을 통하여 하나의 외적인 몸과 사회에 가입된 사람들의 회집

---

68) 이형기, 176.
69) 총회교육자원부 편, 262.
70) 이형기, 344.

이다"[71]라고 했다. 이와 같은 사실에서 우리는 세 가지 교회 표지에 대해서 살펴보고자 한다.

1) 말씀 선포

교회의 일차적인 임무는 하나님의 말씀을 선포하는 것이다. 어떤 의미에서 교회는 이 목적을 위해서 만들어졌고 생겨났다고 해야 할 것이다. 뿐만 아니라 하나님의 말씀 선포는 제자들을 향한 예수님의 위대한 명령이기도 하다(마 28:19-20). 성경에 보면 사도들은 예수님의 이 명령 앞에 자신들을 복종시켜서 그들이 가는 곳마다 하나님의 말씀을 선포했던 사실을 볼 수 있다. 그리고 선포되는 하나님의 말씀을 중심으로 교회가 형성되었다.

하나님의 말씀을 선포해야 하는 데는 두 가지 목적을 생각해 볼 수 있다. 하나는, 하나님의 말씀을 선포하는 것은 교회에서 교인들을 세우고 견고하게 하기 위해서이다. 교인들은 함께 모여 교제를 나눈다. 교회는 그리스도를 믿고 그분의 머리되심과 주(主) 되심을 인정하는 사람들의 교제이며 말씀은 이들이 믿음 안에서 강건해지도록 하기 위해 선포된다. 신약의 서신서들은 이와 같은 분명한 목적을 가지고 기록되었으며, 사도들과 선지자들도 동일한 목적을 가지고 말씀을 선포했다. 사람들이 회심하는 것은 시작에 불과했다. 그들은 그리스도 안에서 어린아이로 태어났으며 교훈을 받아야 했다. 잘못된 신학적 사상들에 대해 경고를 받고 이단으로부터 보호 받아야 했다. 그래서 교회에서의 말씀 선포는 교인들에게 필수적인 것이었다.[72]

하나님의 말씀을 선포해야 하는 두 번째 목적은 복음 전도이다. 믿지 않는 자들을 향해 하나님의 말씀을 전파하는 것은 교회의 특별한 과업이

---

71) 하인리히 헤페, 941.
72) 마틴 로이드 존스, 《로이드 존스 교리강좌 시리즈 3》, 임범진 옮김(서울: 부흥과개혁사, 2012), 33-34.

다. 예수님은 요한복음 17장의 대제사장적인 기도에서 아버지께서 자기를 세상에 보내신 것처럼 예수님도 당시 제자들과 그들을 통해 주님을 믿게 될 사람들을 세상에 보내고 있다고 분명하게 말씀하셨다(18절). 예수님이 세상에 보내심을 받은 것처럼 그들도 세상에 보내심을 받았다. 예수님은 하나님 나라의 메시지를 가지고 오셨으며, 우리도 같은 메시지를 가지고 보냄을 받는다. 세상에서 믿지 않는 자들이 자신들의 죄를 자각하고 우리 주님이시며 구세주이신 예수 그리스도에 대한 생명력 있는 믿음에 이르도록 하기 위해 복음을 전하는 것은 교회의 중요한 사역 가운데 하나이다.[73]

무엇보다 하나님의 말씀을 선포하는 것은 목회자들에게 있어서 중요한 의무이기도 하다. 이 사실을 '제2스위스 신앙고백'은 "제18장 교회의 교역자들, 이들의 제정 및 이들의 의무에 관하여"에서 다음과 같이 가르치고 있다.

> 교역자들의 의무에는 여러 가지가 있다. 그러나 대체로 두 가지에 국한하는데 이 두 가지 속에 나머지가 포함되어 있다. 그 두 가지란 그리스도의 복음을 가르치는 것과 성례전(세례와 성만찬)을 집행하는 일이다. 그도 그럴 것이 예배를 위하여 회중을 모으고 여기에서 하나님의 말씀을 풀이하고, 이 말씀의 모든 가르침을 교회를 돌보며 교회를 유익하게 하는 일에 적용함으로 선포된 말씀이 듣는 자들에게 유익을 주게 하고 믿는 자들을 세우는 것이 바로 교역자들이 해야 할 의무이기 때문이다. 또한 교역자는 복음과 성경에 무식한 사람을 가르쳐야 하고 권고해야 하고, 게으른 자들과 망설이는 자들로 하여금 주님의 길을 계속 따르도록 강권해야 한다. 내 생각엔 이것 역시 교역자의 의무라고 말하고 싶다.[74]

우리는 여기에서 너무나도 분명한 사실이지만 그럼에도 불구하고 다

---

73) Ibid., 34.
74) 이형기, 188.

음과 같은 질문을 하여야 한다. 교회가 전해야 할 설교 내용이 무엇이어야 하는가? 물론 그것은 복음이다. 교회가 전해야 할 설교 내용은 세상의 어떤 사상이나 철학이 아니다. 이와 같은 것은 메스컴이나 세상에서도 얼마든지 들을 수 있다. 그러나 교회가 전해야 할 내용은 그런 것이 아니라 예수 그리스도의 복음이다. 사도 바울은 로마서 16장 25절에서 "나의 복음과 예수 그리스도를 전파함"이라고 하면서 이 복음은 곧 예수 그리스도를 전하는 것이라고 했다. 바울은 복음을 예수 그리스도께서 하나님이 되심과 그가 우리를 구속하시기 위해서 행하신 일들에 집중되어 있다고 보았다. 그에게 있어서 이 복음은 가장 중요한 것이었다. 그래서 바울은 로마에 있는 교회에 이렇게 선포했다. "이 복음은 모든 믿는 자에게 구원을 주시는 하나님의 능력이 됨이라"(롬 1:16). 사실이 그렇다. 이 복음을 들었던 자는 그의 인생이 변하고, 이 복음을 받아들였던 나라는 세상의 중심이 되었다. 이 복음을 믿고 순종할 때 거기에는 산 소망이 있었다(벧전 1:3).

그렇기 때문에 그는 오직 예수 그리스도의 복음만이 구원과 그에 따르는 모든 축복을 가져다 줄 수 있다고 믿었기 때문에 이 복음이 절대적이며 유일한 것이라고 가르치고 있다. 이와 같은 경험적이고 사실적인 이유 때문에 바울은 이 복음을 지키고 전하는 일에 생명을 걸었다. 그래서 그는 갈라디아 교회에 가만히 들어와서 다른 복음을 전하는 유대인들을 향해 이렇게 말했다. "만일 누구든지 너희가 받은 것 외에 다른 복음을 전하면 저주를 받을지어다"(갈 1:9). 뿐만 아니라 자신은 "복음의 일꾼이 되었노라"(골 1:23)면서 "만일 복음을 전하지 아니하면 내게 화가 있을 것이다"(고전 9:16)라고 하였다. 바울의 복음에 대한 청지기로서의 사명은 오늘 하나님의 말씀을 전해야 할 모든 그리스도인들이 지향해야 할 자세이다.

그런데 오늘의 교회가 직면해 있는 문제 중 하나는 하나님의 말씀을 선포함에 있어서 권위의 상실이다. 사람들은 강단에서 선포되는 하나님의 말씀을 거룩한 경외심을 가지고 들으려 하지 않는다. 어떤 사람은 설교를 세상에서 들을 수 있는 강연쯤으로 생각하기도 한다. 뿐만 아니라 목회자의 설교를 자신의 감정과 목회자와의 관계에 따라 듣는 자세가 달라지기도 한다. 한 마디로 오늘 많은 교인들은 강단에서 선포되는 말씀을 하나님의 말씀이 아니라 단지 목회자(인간)의 말로 듣는다. 비단 이와 같은 현상은 오늘의 문제만은 아닐 것이다. 사도행전에도 보면 베드로의 설교를 들었던 많은 사람들은 그 마음에 찔려 "우리가 어찌할꼬"(2:37-41) 하면서 회개를 했는가 하면, 반대로 스데반의 설교를 들었던 많은 사람들은 마음에 찔려 그를 향하여 이를 갈며 돌로 그를 쳤다(7:54-60). 이와 같은 현상은 결국 교인들의 신앙의 질적 저하를 가져온다.

따라서 칼빈은 《기독교 강요》 제4권 제1장에서 공적인 집회들을 소홀히 하며, 설교를 쓸데없는 것으로 간주하여 사사로이 말씀을 읽고 묵상하는 것으로 충분한 유익을 얻을 수 있다고 확신하는 사람들을 향해 다음과 같이 경고하고 있다.

> 그러므로 하나님의 명령에 따라서 친히 그의 입으로 선포하시는 구원의 도리를 순종으로 받아들이기를 싫어해서는 안 될 것이다. 하나님의 권능은 외적인 수단에 매여 있지 않지만, 그럼에도 불구하고 하나님께서는 우리를 이러한 일상적인 가르침의 방식에 매어 두셨기 때문이다.[75]

위의 글에서 칼빈이 말하는 "일상적인 가르침의 방식"은 목사를 통한 가르침을 의미한다. 그는 하나님께서는 절대로 선지자 없이 그들을 버려두지 않으시겠다고 하셨다(신 18:15). 고대의 백성들을 천사들에게 맡기지 않으시고 땅에서 교사들을 일으키사 그들로 하여금 천사들의 직분을 수행하게 하신 것처럼 오늘날에도 하나님은 인간적인 수단을 통하여 우리를 가르치시기를 원하신다는 것이다. 다시 말해서, 하나님께서는 우리에게 친히 뇌성(雷聲)을 발하셔서 놀라 도망하도록 하기보다는 해석자들을 통하

---

[75] 존 칼빈, 17.

여 인간적인 방식으로 우리에게 말씀하셔서 우리를 그에게로 이끄시기를 원하신다는 것이다. 따라서 칼빈은 다음과 같이 말하고 있다.

> 한편으로는 우리가 그의 보내신 사역자들의 말을 들으면서 마치 하나님께서 말씀하신 것처럼 듣는지를 아주 합당한 테스트를 통하여 시험하셔서 우리의 순종을 입증하시며, 또 다른 한편으로는 우리의 연약함을 그런 방식으로 배려하시는 것이기도 하다.[76]

위의 글에서와 같이 하나님께서는 연약한 인간들을 배려하셔서 지극히 보편적이고 상식적인 방법으로 말씀하시는데 이것이 목사를 통한 말씀의 가르침이라는 것이다. 따라서 눈에 보이는 목사의 말씀에 대한 순종이 곧 보이지 않는 하나님에 대한 순종의 척도로 본다는 것이다. 그렇기 때문에 칼빈은 "말씀을 가르치도록 부르심을 받은 자들이 미천하기 때문에 그로 인하여 말씀의 권위가 손상된다고 생각하는 자들은 자기들의 감사할 줄 모르는 마음을 스스로 드러내는 것 이외에 아무 것도 아니다"[77]라고 했다.

그런가 하면, '제2스위스 신앙고백'은 "제18장 교회의 교역자들, 이들의 제정 및 이들의 의무에 관하여"에서 "심지어 사악한 교역자의 말까지도 들어야 한다"고 하면서 다음과 같이 가르치고 있다.

> 뿐만 아니라 우리는 도나티스트주의자들[78]의 오류를 몹시 싫어한다. 왜냐하면 이들은 성례전에 대한 가르침과 집례가 교역자들의 삶의 좋고 나쁨에 따라 효력이 있기도 하고 효력이 없기도 하다고 생각하기 때문이다. 주님께서 "무엇이든지 저희의 말하는 바는 행하고 지키되 저희의 하는 행위는 본받지 말라"(마 23:3)고 하셨기 때문에 우리는 그리스도의

---

76) Ibid., 16.
77) Ibid., 16-17.
78) 도나투스주의자들에 관하여는 앞의 각주 2)를 참조하기 바란다.

음성이 사악한 교역자의 입을 통해서 나오더라도 그것에 귀를 기울어야 할 것을 안다.[79]

위의 신앙고백에서는 비록 사악한 교역자의 입술을 통해서 설교가 선포될 때에라도 그것에 귀를 기울여야 한다고 가르치고 있다. 우리가 그래야 하는 이유로 본 신앙고백은 "제1장 하나님의 참된 말씀인 성경에 관하여"에서 다음과 같이 분명하게 가르치고 있다.

이 하나님의 말씀이 합법적으로 부름 받은 설교자들에 의해서 설교될 때, 우리는 하나님의 말씀 자체가 선포된다는 사실과 이 하나님의 말씀 자체가 믿는 자들에 의하여 받아들여진다는 사실을 믿는다. (중략) 설교된 하나님의 말씀 자체는 그것을 설교한 사람에 관계없이 하나님의 말씀이다. 즉, 그 설교자가 악한 사람이요, 죄인이라 해도 하나님의 말씀은 항상 참되고 선하다.[80]

위의 신앙고백에서 알 수 있듯이 어떤 설교자가 훌륭해서 그 설교가 하나님의 말씀으로 전해지는 것이 아니라 이것을 설교한 사람에 관계없이 하나님의 말씀이기 때문에 하나님의 말씀으로 들어야 한다. 만약에 설교의 중심이 어떤 설교자에게 있다면 우리는 큰 교회 목사에게 훌륭하고 능력이 있으며 그의 설교가 참된 것이라고 하게 될 것이다. 그렇게 된다면 하나님의 은혜와 복음의 본질은 사라지고 말 것이다. 설교자의 설교가 하나님의 말씀을 전달한다면, 이것은 설교자가 총명하거나 학문적인 지식이 뛰어나기 때문이 아니라 피조물의 섬김을 효과적으로 사용하시는 성령의 주권적이며 자유로운 은혜가 있기 때문이다. 따라서 우리가 말씀을 들을 때 성령께서 역사하셔서 죄인들을 회심시키는 효과적인 수단이 될 뿐만 아니라 믿

---

79) 이형기, 190.
80) Ibid., 118.

음으로 구원에 이르게 함으로써 거룩한 삶과 위로 받는 삶을 살 수 있게 한다[81]는 사실을 알아야 한다.

그러므로 '웨스트민스터 소요리문답'이 "문 90 우리가 말씀을 어떻게 읽고 들어야 이 말씀이 우리에게 구원을 일으킵니까?"라는 물음에서 다음과 가르치고 있음을 기억해야 할 것이다.

> 말씀이 우리에게 구원을 일으키게 하려면 우리는 근면과 준비와 기도로써 말씀을 청종해야 하고, 신앙과 사랑으로 이 말씀을 받아들여야 하고, 그것을 우리들의 마음 속 깊이 간직해야 하고, 우리의 삶 속에서 실천해야 하는 것입니다.[82]

위의 신앙고백에서 알 수 있듯이 우리는 하나님의 말씀을 듣기 전에 먼저 근면과 준비와 기도로 청종해야 하며, 신앙과 사랑으로 그 말씀을 받아들여야 한다. 뿐만 아니라 그 말씀을 마음 속에 간직하고 우리의 삶 속에서 구체적으로 실천해야 한다.

2) 성례전

참된 교회는 복음의 순수한 하나님의 말씀이 선포되고, 예수님께서 제정하신 성례전이 올바르게 집행되어야 한다. 이것은 하나님께서 우리에게 구원의 은혜를 베푸시는 외적인 수단들로써 보이지 않는 말씀인 설교와 눈에 보이는 말씀으로 은총이 예수 그리스도 안에 드러난 하나님의 사랑을 구체적으로 증거하는 성례전이라고 할 것이다.[83] 따라서 칼빈은 《기독교

---

81) 이형기, 344.
82) Ibid.
83) 어거스틴은 성례를 가리켜 "눈에 보이는 말씀"이라고 부르는데, 이것은 성례가 하나님의 약속을 마치 그림으로 그려놓은 것처럼 우리 눈 앞에 놓고 형상화하여 회화적으로 드

강요》제4권 제14장에서 성례의 정의를 다음과 같이 하고 있다.

> 그것(성례)은 주께서 우리의 연약한 믿음을 지탱시켜주시기 위하여 우리를 향하신 그의 선하신 약속들을 우리의 양심에 인치시는 하나의 외형적인 표지(sign)이며, 또한 우리 편에서는 주와 그의 천사들과 사람들 앞에서 그를 향한 우리의 경건을 인증하는 표지라 할 수 있을 것 같다.[84]

위의 글에서 볼 수 있듯이 칼빈은 성례를 우리에게 향하신 하나님의 은혜에 대한 증거를 외형적인 증표로써 확증하는 것일 뿐만 아니라 주님을 향한 우리의 경건을 인증하는 것이라고 했다. 그리고 그는 복음을 전하는 일과 유사하게 성례도 우리의 믿음에 도움을 준다고 했다. 따라서 '웨스트민스터 소요리문답'의 "문 92 성례전이란 무엇입니까?"라는 물음에서 성례전의 정의를 다음과 같이 가르치고 있다.

> 성례전이란 그리스도께서 제정하신 거룩한 제도입니다. 그리스도와 새 계약의 은혜들은 믿는 자들에게 감각의 징표들에 의하여 대표되고, 인쳐지고, 적용되는 것입니다.[85]

위의 내용에서 볼 수 있듯이 성례전이란 말씀의 선포와는 달리 눈에 보이고 만져지는 것으로 이것을 통하여 성령께서 예수 그리스도 안에 있는 하나님의 사랑을 보다 구체적으로 적용하는 것이다. 뿐만 아니라 말씀의 선포로 우리에게 믿음을 낳게 되었을 때 그 믿음을 확증하는 역할을 하는 것이 성례이다. 그러나 칼빈은 엄격한 의미에서 "성례가 주의 거룩하신 말

러내 보여주기 때문인 것이다. Augustine, *John's Gospel*, lxxx. 3; Agsinst Faustus, xix. 16. 존 칼빈, 338에서 재인용.
84) Ibid., 333.
85) 이형기, 344.

쏨을 확증한다기보다는 그 말씀을 믿는 믿음 가운데 우리를 세워준다"[86]고 했다. 즉, 성례전이 결코 은혜의 구원을 물질적으로 내포하고 전달하는 담지자, 매개체 또는 통로가 아니라는 것이다.[87]

그런데 이 성례전에 대한 이해는 결국 종교개혁을 하게 된 하나의 원인이기도 하지만 반면에 개신교회가 분열하게 된 원인이기도 하다. 로마 가톨릭교회는 성례전을 이해함에 있어서 7성례(七星禮)라고 해서 7가지를 가르치고 있다. 즉, 그들은 세례, 견진, 성찬, 고해, 혼인, 서품, 종부성례(아픈 자를 위한 기름부음)를 주장하고 있다. 그러나 루터와 칼빈을 비롯한 종교개혁자들은 로마 가톨릭교회의 이 성례전은 인간이 고안해서 만든 것이기 때문에 인정할 수 없으며, 우리 주님께서 제정하신 것은 오직 세례와 성만찬뿐이라고 하면서 두 가지만을 성례로 인정한다. 이와 같은 사실에 대해 '웨스트민스터 신앙고백'은 "제27장 성례전들에 대하여"에서 다음과 같이 가르치고 있다.

> 그리스도께서는 신약에서 다만 두 개의 성례전을 제정하셨다. 그것은 세례와 성만찬인데, 이 두 성례전은 합법적으로 안수 받은 말씀의 교역자에 의해서만 집행될 수 있다.[88]

성례전이 두 가지뿐이라는 견해는 다른 신앙고백서들에서도 동일하게 가르치고 있는 내용이다. 즉, '스코틀랜드 신앙고백'은 21장에서 "우리 복음의 시대에 살고 있는 그리스도인들은 세례와 주 예수의 만찬, 혹은 식탁이라고 하는 주로 두 개의 성례전을 가지고 있다고 우리는 인정하고 고백한다"[89]고 했다. 그리고 '하이델베르크 요리문답'은 "문 68 그리스도께서는 신약성경에서 몇 가지 성례전들을 제정하셨습니까?"라는 물음에서 "두

---

86) 존 칼빈, 335.
87) 하인리히 헤페, 847.
88) 이형기, 287.

가지입니다. 즉, 거룩한 세례와 성만찬입니다"[90]라고 하였다. 하인리히 헤페도 《개혁파 정통교의학》에서 "성례의 수에 대해서 성경은 그리스도가 은혜 언약의 인표로서 오로지 두 가지 행위, 즉 세례와 성만찬을 제정하였다고 가르친다"[91]고 하면서 세례와 성만찬만을 인정하고 있다. 여기에서 세례는 출생을 예표하며, 성찬은 성도의 양육으로 표상된다. 다시 말하면, 세례는 시작과 중생의 성례라고 불리고, 성찬은 확인과 양육의 성례라고 불린다.

한편, 성례전을 해석하는데 있어서 초대교회로부터 중요한 두 가지 서로 다른 견해들이 있다. 첫째는, 성례전 안에서, 그리고 성례전을 통해서 역사하는 하나님의 은혜의 객관적 실제를 강조하는 것이다. 이러한 견해를 주장하는 사람들은 성례전이 하나님에 의하여 세워진 의식으로서 올바로 집행되고 아무런 방해물이 없을 때 은혜와 구원이 이 성례전을 통하여 전달된다고 말한다.[92] 이와 같은 견해는 로마 가톨릭교회가 가르치는 것으로 사제 중심의 성례전을 강조한다.

두 번째 견해는, 우리의 신앙적 응답의 중요성을 강조하는 것이다. 이 견해에 따르면 성례전은 하나님의 은혜에 대한 일종의 극적인 징표이기에 그 자체로서는 효력이 없고 오직 신앙에 의해 받아들여질 때 그 효력을 가진다.[93] 이러한 견해는 개혁교회가 전통적으로 가르쳐온 것으로 교인이 하나님의 말씀을 통해, 그리고 성령이 성례전을 통해 하나님의 말씀을 적용하심으로써 은혜를 받는다고 한다. 앞에서의 사제 중심의 로마가톨릭교회에서 가르치는 것과는 달리 이것은 성례전에 참여하는 교인의 믿음의 중요성을 강조하고 있다. 이러한 견해는 '웨스트민스터 소요리문답'의 "문 91

---

89) Ibid., 55.
90) Ibid., 89.
91) 하인리히 헤페, 864.
92) 다니엘 L. 밀리오리, 302.
93) Ibid., 302.

성례전이 어떻게 해서 구원의 효과적 수단이 됩니까?"라는 물음의 대답에서 확인할 수 있다.

> 성례전이 구원의 효과적 수단이 되는 것은 이 성례전 자체 속에 있는 어떤 힘이나 그것을 집행하는 교역자의 힘에 의한 것이 아니라, 오직 그리스도의 축복과 그것을 믿음으로 받아들이는 사람들 속에서 일어나는 성령의 역사에 의한 것입니다.[94]

개혁교회 입장은 앞의 성례전에 대한 견해에서 볼 수 있듯이 말씀과 성례전은 분리될 수 없으며, 말씀과 성례전에서 성령의 역사와 우리의 신실한 응답이 중요하다는 것을 강조한다. 그럼으로써 로마가톨릭교회가 가르쳤던 성례전의 성격과 효력을 마술적으로 보려는 견해를 거부하고 있다. 무엇보다 교회에서 성례전이 중요한 이유에 대해 '하이델베르크 요리문답'은 "문 65 만약 우리들이 오직 신앙에 의해서만 그리스도와 그의 모든 선물을 나누어 갖는다면 이 신앙은 어떻게 해서 생깁니까?"라는 물음을 통해 다음과 같이 가르치고 있다.

> 성령께서는 거룩한 복음의 설교를 통해서 우리의 마음속에 이 신앙을 창조하시고, 성례전의 사용을 통하여 이 신앙을 견고케 하십니다.[95]

위의 내용에서 볼 수 있듯이 성령께서 보이지 않는 설교를 통해 우리의 마음에 신앙을 불러일으키신다면 보이는 설교라고 할 수 있는 성례전을 통해 우리 신앙을 견고하게 하신다.

그렇다면 이 성례는 누구나 시행할 수 있는가? 교회사에서 재세례파들을 비롯한 일부에서는 그 성례를 받는 사람의 믿음이 중요할 뿐이기 때

---

94) 이형기, 344.
95) Ibid., 88-89.

문에 누구든지 성례를 시행할 수 있다고 하였다. 그러나 개혁교회에서는 이러한 주장을 단호하게 배격하고 있다. 즉, 교회에서 부름받은 복음의 설교자들만 성례를 시행할 자격이 있으며, 평신도들은 할 수 없다. 이것은 성례의 시행을 질서 있게 하기 위함이다. 그리고 여기에서 고려되는 것은 단지 교회의 목사 소명일 뿐 그의 도덕적 자격에 있는 것이 아니라는 사실이 주지되어야 한다. 심지어 성례가 무가치한 목사에 의해 집행되었다 할지라도 그것은 여전히 은혜 언약의 보증과 확인이다. 이 사실에 있어서 베자는 "우리는 성례가 베푸는 목사의 신앙이나 불신에 의존하지 않는다고 주장한다"[96]라고 했다. '제2스위스 신앙고백'에서도 "제19장 그리스도의 교회의 성례전들에 관하여"에서 다음과 같이 가르치고 있다.

> 이 경우 교역자의 허물이 있다 해도(그것이 대단히 큰 허물이라도) 그것은 결코 성례전의 효력을 막을 수 없다. 왜냐하면 신도들은 이 성례전의 온전성이 전적으로 하나님의 제정에 의존한다는 사실을 인정하기 때문이다.[97]

위의 글에서와 같이 성례의 효력은 설교자가 그것을 집례하는 의도와는 별 관계가 없다. 성례가 효력이 있는 것은 순전히 그리스도의 제정에 근거하며, 따라서 참여자가 집례자의 목적이 아니라 그리스도가 준 약속의 신실성을 절대적으로 확신하기 때문에 그 효력도 절대적으로 확실하다.[98] 이러한 사실들에서 교회에서의 성례전에 대한 이해는 대단히 중요하다고 할 것이다. 따라서 이제 우리는 개혁교회가 받아들이고 있는 이들 두 가지의 성례전에 대해 함께 살펴보자.

---

96) 하인리히 헤페, 858.
97) 이형기, 192.
98) 하인리히 헤페, 859.

(1) 세례

　세례는 기독교 입문의 표시로써 우리는 그리스도 안에 접붙임을 받아 하나님의 자녀의 일원으로 인정받기 위하여 이 세례를 통해서 그리스도의 회(會)에 받아들여진다. 따라서 그리스도인의 삶에 입교하는 세례는 오늘의 모든 교회들이 행하고 있다. 그렇게 하는 이유는 마태복음 28장 19절에 기록된 바와 같이 부활하신 예수님께서 명령하셨기 때문이다. "그러므로 너희는 가서 모든 민족을 제자로 삼아 아버지와 아들과 성령의 이름으로 세례를 베풀고." 뿐만 아니라 예수님께서 세례 요한에게 세례를 받으시고 공생애를 시작하셨다는 사실을 중요하게 보고 있다. 따라서 모든 교회는 세례를 행하는 데 있어서 아무런 거리낌이 존재하지 않는다. 특별히 칼빈은 《기독교 강요》 제4권 제15장에서 세례의 목적을 두 가지로 말하고 있다.

　　세례는 다음과 같은 목적을 위하여 하나님께서 우리에게 주신 것이다. 첫째로, 하나님을 믿는 우리의 믿음을 돕기 위한 것이며, 둘째로, 사람들 앞에서 행하는 우리의 고백을 돕기 위한 것이다.[99]

　그럼에도 불구하고 문제는 다음의 물음들이 교회가 분열되는데 하나의 논쟁점이 되어왔던 것도 사실이다. 즉, 세례의 의미가 무엇인가? 세례를 받기에 합당한 사람은 누구인가? 다시 말해 유아들도 세례를 받을 수 있는가? 그리고 세례를 행함에 있어서 합당한 방법은 무엇인가? 우리는 이러한 물음들을 중심으로 세례에 관한 교리를 살펴보려고 한다.
　먼저, 살펴보려는 것은 "성경이 가르치는 세례의 의미가 무엇인가?" 하는 것이다. 우리는 여기에서 일반적으로 "…으로 세례 주다"(baptise

---

99) 존 칼빈, 367.

into)라는 형태로 나타나는 문구에 주목해야 한다. 예를 들어, 앞에서 보았던 마태복음 28장 19절에서 "아버지와 아들과 성령의 이름으로(in/into the name of) 세례를 베풀고"라고 했다. 사도 바울이 고린도전서 1장 13절에서 말한 "바울의 이름으로(into the name of) 너희가 세례를 받았느냐"에서 똑같은 문구를 발견하게 된다. 로마서 6장 3-6절에도 있다. "무릇 그리스도 예수와 합하여(into Christ Jesus) 세례를 받은 우리는."

위의 구절들에서 우리는 성경이 가르치는 세례 의미를 찾아볼 수 있다. 세례는 연합, 즉 어딘가로 합쳐지는 것을 의미한다. 우리는 성령으로 그리스도와 합하여 한 몸으로 세례를 받는다. 다시 말해 세례의 일차적인 의미는 깨끗하게 하는 것이 아니라 연합이다. 그러나 연합만이 세례의 유일한 의미는 아니다. 세례는 깨끗하게 함과 정결하게 함이라는 이차적인 의미도 있다. 세례를 통해 우리는 죄책으로부터 깨끗하게 된다. 이와 같은 사실은 오순절 날 베드로가 "형제들아 우리가 어찌할꼬?"라고 부르짖는 사람들에게 말한 대답에서 찾아볼 수가 있다. 베드로는 그들에게 "너희가 회개하여 각각 예수 그리스도의 이름으로 세례를 받고 죄 사함을 받으라"(행 2:38)고 말하였다. 같은 내용을 바울이 사도행전 22장 16절에서 다메섹 도상에서의 회심을 이야기하면서 "일어나 주의 이름을 불러 세례를 받고 너의 죄를 씻으라"고 지시를 받는 내용의 말을 한다. 베드로도 노아의 방주에 있는 사람들에 대하여 말하면서 "이제 너희를 구원하는 표니 곧 세례라 이는 육체의 더러운 것을 제하여 버림이 아니요 하나님을 향한 선한 양심의 간구니라"(벧전 3:21)고 말하는 구절에서도 발견할 수 있다.[100]

이상의 글들에서와 같이 우리는 세례를 통하여 그리스도와 하나 되며, 교회의 구성원들과 서로 하나가 되고, 모든 세대와 모든 지역의 그리스도인과 하나가 된다. 세례를 통하여 언약의 공동체 안으로 들어감으로써 우리는 더 이상 고독한 개인으로 남는 것이 아니라 새로운 가족의 구성원이

---

100) 마틴 로이드 존스, 70-71. 세례가 우리의 죄책과 죄의 오염에서 해방된다는 성경 구절은 다음을 참조하라. 고전 6:11; 딛 3:5.

되고 새로운 사회의 시민(엡 2:19)이 된다. 뿐만 아니라 우리는 세례를 받음으로 죄에 얼룩진 삶으로부터 씻겨지는 은혜를 누리게 된다. 물이 몸의 더러움을 씻어내듯이 하나님의 용서도 진정으로 회개하는 사람들의 죄를 씻어낸다. 이처럼 세례가 연합과 깨끗하게 한다는 것은 '웨스트민스터 소요리문답'의 "문 94 세례란 무엇입니까?"라는 물음을 통해 가르치는 정의에서 보다 분명하게 알 수 있다.

> 세례는 한 성례전입니다. 우리는 세례 때에 성부와 성자와 성령의 이름으로 물을 가지고 씻는 일을 합니다. 이 세례 행위는 우리가 그리스도에게 접붙쳐졌고, 은혜의 계약으로 말미암는 은혜를 받았으며, 주님에 대한 헌신을 결심했다고 하는 것을 의미하고 인(印)치는 일입니다.[101]

세례의 의미가 이러하다면 우리가 다음으로 살펴볼 문제는 그렇다면 세례는 누가 받을 수 있는가? 이 물음에 있어서 논쟁의 중심은 유아들이 세례를 받을 수 있는가 하는 것이다. 일반적으로 침례교나 재세례파 계통에서는 유아세례를 반대하고 지각이 있는 일반 신자들만 받아야 한다고 주장한다. 그렇다면 유아에게도 세례를 줄 수 있는가? '웨스트민스터 소요리문답'은 "문 95 우리는 누구에게 세례를 베풉니까?"라는 물음에 대해 다음과 같이 가르치고 있다.

> 우리는 가시적 교회 밖에 있는 사람들에게 세례를 베풀어서는 안됩니다. 이들이 세례를 받으려면 그리스도에 대한 믿음과 그리스도에 대한 순종을 공헌하고 고백해야 합니다. 그런데 우리는 가시적 교회의 회원들인 유아들에게도 세례를 베풀어야 합니다.[102]

---

101) 이형기, 344-345.
102) Ibid., 345.

위의 내용에서 볼 수 있듯이 세례는 그리스도에 대한 믿음과 그리스도에 대한 순종을 공헌하고 고백하는 교회 안에 있는 사람에게 베풀어야 한다. 그리고 가시적 교회의 회원인 유아들에게도 세례를 베풀어야 한다고 가르치고 있다.

우리가 유아들에게 세례를 베풀어야 한다고 가르치는 이유는 성경에 근거하고 있기 때문이다. 사도행전 2장 38-39절에 보면 베드로의 설교를 듣고 마음에 찔려 "우리가 어찌할꼬?"라고 묻는 사람들에게 베드로는 이렇게 대답을 한다. "너희가 회개하여 각각 예수 그리스도의 이름으로 세례를 받고 죄 사함을 받으라 그리하면 성령의 선물을 받으리니, 이 약속은 너희와 너희 자녀와 모든 먼 데 사람 곧 주 우리 하나님이 얼마든지 부르시는 자들에게 하신 것이라." 이 말씀에서는 그리스도의 이름으로 세례를 받고 죄 사함을 받는 약속은 어른들에게만 해당하는 말씀이 아니라 자녀들에게도 적용되는 것이다. 무엇보다 우리는 온 집안이 세례를 받았다는 내용을 사도행전에서 읽을 수 있다(행 11:14; 10:48; 16:15, 31-34; 18:8). 여기에서 온 집안 식구들이란 아이들이 빠진 어른들로만 구성되지는 않았을 것이다. 어린이들은 구약성경에서 그들이 이스라엘 민족의 일부였던 것과 마찬가지로 하나님 백성의 일부이다.[103]

어린이들이 신약성경에서 세례를 받았다는 사실은 오늘날의 의식에 대한 전례(前例)이다. 더욱이 어린이들의 세례는 필수적이었다. 왜냐하면 모든 사람들은 정죄의 충분한 근거가 되는 원죄를 가지고서 이 세상에 태어났기 때문이다. 이 죄의 오염은 제거되어야 한다. 어린이들은 중생에 필요한 믿음을 사용할 수 없기 때문에 그들이 세례에 의해서 적용되는 씻음을 받는 것은 필수적인 것이다.[104]

유아세례에 있어서 칼빈은 구약의 할례와 신약의 세례를 비교함으로

---

103) 밀라드 J. 에릭슨, 286.
104) Ibid., 286-287.

서 유아세례의 성경적 근거로 강력하게 주장한다. 칼빈에 의하면, 하나님께서 아브라함과 그의 후손에게 명령하신 할례(창 17:7, 10), "산 자의 하나님"이라는 예수 그리스도의 말씀(눅 20:38; 마 22:32), "약속의 언약"에 대한 바울의 말씀(엡 2:12), 모세의 할례(신 10:15-16), 예언자들의 말씀(겔 16:30)들에 나타나는 공통점은 영생에 대한 약속의 말씀이다. "하나님에게 접근하며 영생에 들어가는 첫 단계는 죄사함을 받는 것이다. 따라서 약속의 언약은 우리가 깨끗하게 씻음을 받으라고 하는 세례의 약속에 해당한다." 신약의 세례와 구약의 할례 표징의 힘은 예수 그리스도 안에 있는 영생에 대한 약속이다.[105] 더구나 칼빈은 과거에 여호와께서는 유아들에게도 할례를 받게 하시고 할례로써 의미하는바 모든 축복들 속에 그들을 반드시 참여시키셨다(참조, 창 17:12)[106]는 사실에서 오늘날의 그리스도인들의 자녀들에게도 그 언약이 그대로 적용된다는 점에서 유아세례의 정당성을 이야기하고 있다.

유아는 어려서 믿음을 가질 수 없다고 주장하는 유아세례 반대자들에 대해서 칼빈은 하나님께서 원하시면 유아들에게도 중생의 은혜를 주실 수 있으며, 성령은 세례를 받은 어린이들 안에서 역사하신다고 주장한다. "그들은 선악에 대한 지식이 없는 유아들이 어떻게 중생하느냐고 묻는다. 우리는 하나님의 역사는 우리가 이해할 수 없는 것이지만, 수포로 돌아가지 않는다고 대답한다. 그런데 구원받을 유아들은(어떤 유아들은 확실히 구원을 받으므로) 주께서 먼저 중생시키신다는 것에는 의심의 여지가 없다."[107]

침례교를 중심으로 한 재세례파 계통에서는 유아세례를 반대한다. 이들은 유아세례를 받은 아이들이 성장하여 어른이 되었을 때 신앙을 버리고 타락한 사람들이 많이 있다는 것에서 유아세례를 반대한다. 그러나 이와

---

105) 최윤배, "칼빈의 성례전으로서 세례," 〈한국개혁신학회〉, Vol. 20(2006), 328.
106) 존 칼빈, 395.
107) 최윤배, 335-336.

같은 현상은 세례를 받은 지각 있는 사람들에게도 일어난다는 것이다. 그런데 그들이 유아세례를 반대하는 보다 중요한 이유는 세례가 인(印)이라고 했을 때 세례를 받을 때 무슨 일이 일어나고 있는지도 모르는 유아들에게는 세례가 인(印)이 되는 것은 불가능하다는 것이다.

한편, 20세기 들어 나타난 유아세례에 대한 가장 큰 도전 가운데 하나는 칼 바르트의 세례론이다. 그는 세례 속에 유아세례를 포함시키지 않았다. 칼 바르트는 1943년에 《세례론》(Die Kirchliche Lehre von der Taufe)를 발표하면서 이전과 이후의 세례론에 대한 입장을 달리하고 있다. 이전에 그는 세례를 "하나님으로부터 오는 은혜의 표시이다", 혹은 "세례는 인간의 모든 경험과 결정 이전에 그리스도의 주권 안에 서 있다는 표시이다", "인간이 하나님에 대해 어떤 입장을 갖기 이전에 하나님이 먼저 인간에게 대하여 입장을 취하신 표시이다"라고 정의하는 등 세례의 성례전적 차원과 은혜의 차원을 강조하였다.[108]

그러나 《세례론》에서 그는 세례를 "성령의 힘 안에서 그리스도의 죽음과 부활에 참여함으로서 새로운 인간이 된 것을 표현하는 행위이다"라고 하였다. 이러한 정의 안에는 세례가 성령의 힘 안에서 하나님이 이룩하신 "예수 그리스도의 사건"(de iure)이라는 측면과 "인간의 신앙적 응답"(de facto)이라는 두 측면이 부각된다. 동시에 세례는 예수 그리스도의 죽음과 부활에 참여하는 것을 인지적(kognitiv)으로 수용할 뿐만 아니라 새로운 인간이 되는 윤리적(ethisch) 차원의 삶의 결단을 포괄하게 된다. 이와 같은 맥락에서 칼 바르트는 《교회교의학》 VI권에서 세례란 하나님의 행위와 인간의 행위가 동시에 일어나는 것임을 강조하고 있다.[109]

칼 바르트는 "우리 밖에서"(extra nos) 일어난 예수 그리스도와 그분의 사역이 어떻게 "우리 안에서"(in nobis) 일어날 수 있는가라고 물으면서 이 둘을 "성령의 역사"로 연결시키고 있다. 그리고 예수 그리스도 안에

---

108) 최종호, 《칼 바르트, 하나님 말씀의 신학》(서울: 한들출판사, 2010), 358.
109) Ibid.

이미 일어난 신적 변혁과 행동이 이 특정 인간에게 일어나는 것이 칼 바르트에게 있어서는 "성령의 세례"이다. 따라서 그는 세례를 "성령세례"와 떼어서 생각해서는 안 된다고 하였다. 성령세례가 물세례에 앞서서 인간을 예수 그리스도의 신적 변형에 참여하게 하면, 물세례는 그에 대한 인간의 응답으로 순종과 윤리적 삶을 살기로 결단한 것을 표현하는 것이다.[110]

그러므로 칼 바르트의 주장에 따르면 성경에 나오는 세례는 어른 세례만을 의미하는 것으로 보았다. 바르트는 따라서 물세례 시에 인간의 결단을 강조한다. 성령세례로 신앙을 갖게 된 사람은 그의 의지로 이 은혜에 대하여 "예"라고 응답할 수 있고 또 응답의 통로로 선택하는 것이 물세례이어야 한다고 하였다. 물세례는 수세자가 지원하고 교회가 주는 것이다. 바르트는 이와 같은 점을 바탕으로 물세례는 예수 그리스도에 대한 자발적 순종의 표현과 예수에 대한 희망이 포함되어야 하며, 회개가 동반되어야 한다고 하였다. 이와 같은 칼 바르트의 세례 이해는 그가 유아세례에 대하여 부정적인 입장을 취할 수밖에 없는 결정적인 계기가 되고 있다. 물세례가 성령세례에 반응하는 인간의 응답으로서 예수 그리스도에 대한 자발적 순종과 희망이 선행되어야 하고, 더 나아가 회개가 동반되어야 한다고 보았을 때, 유아세례는 그와 같은 조건들을 충족시키지 못하기 때문이다.[111]

그렇다면 우리는 유아들에게도 세례를 주어야 하는가? 아니면 성인들에게만 세례를 주어야 하는가? 이 질문은 '하이델베르크 요리문답'이 "문 74 유아도 세례를 받아야 합니까?"라는 물음에서 그 대답을 찾으려고 한다.

> 그렇습니다. 왜냐하면 유아들도 그들의 부모와 마찬가지로 언약에 포함되어 있으며 하나님이 백성에 속해 있기 때문입니다. 그리스도의 피로 말미암는 죄로부터의 구속과 성령의 선물인 신앙이 유아들의 부모들에

---

110) Ibid., 358-359.
111) 최종호, "칼뱅과 바르트의 유아세례 논쟁에 관한 고찰," 《기독교교육정보》(한국기독교교육정보학회, 2011), 38-39.

게 뿐만 아니라 유아들에게도 약속되어 있습니다. 그러므로 유아들도 언약의 표시인 세례에 의하여 기독교회의 구성원이 될 수 있으며, 불신자들의 자녀로부터 구별되어야 합니다. 구약에서는 할례로 이 일이 행해졌으나 신약에서는 이것이 세례에 의해서 대치되었습니다.[112]

무엇보다 칼빈은 《기독교 강요》 제4권 제16장에서 유아세례가 주는 유익에 대해 다음과 같이 강조한다.

> 하나님께서 세우신 이 거룩한 제도(유아세례)는 우리의 믿음을 특별히 위로해 주는 것으로서 결코 쓸데없다는 말을 들을만한 것이 아니다. 마치 인(印)을 치듯이 어린아이에게 전달되는 그 하나님의 표징은 경건한 부모에게 주어진 약속을 확증하는 것으로써 여호와께서 그 부모에게만 하나님이 되셔서 그의 선하심과 은혜를 베풀어주시는 것이 아니라 천대에 이르도록 그 후손들에게도 하나님이 되시기를 원하신다는 것이 확증되었음을 선언하는 것이다. (중략) 한편, 자녀들도 세례를 받음으로써 유익을 얻게 된다. 곧 교회의 몸에 접붙임을 받음으로써 교회의 다른 지체들에게 더 큰 관심의 대상이 된다는 것이다. 그리고 그들이 자라난 다음에는 하나님을 예배하고자 하는 진정한 열심이 크게 일어나게 된다. (중략) 마지막으로, 자기 자녀를 언약의 상징으로 인침 받게 하는 일을 만홀히 여기는 자를 하나님께서 보응하실 것이라는 경고를 큰 두려움으로 받아들여야 할 것이다(창 17:14).[113]

그러므로 칼빈은 "하나님의 선하심을 흐리게 만들려는 악의가 우리에게 있지 않는 한, 우리의 어린 자녀들을 하나님께 드리도록 하자"[114]면서 유

---

112) 이형기, 91.
113) 존 칼빈, 400-401.
114) Ibid., 433.

아 세례를 강조하고 있다.

이제 우리는 세례에 있어서 세례를 어떻게 시행해야 하는지에 대한 방법에 대해 살펴보자. 일반적으로 세례를 시행하는 양식에 있어서는 물을 뿌리는 것과 물에 몸을 완전히 담그는 침례를 주장하는 두 가지 견해가 있다. 초기 교회에서의 일반적인 세례 양식은 침례였다. 이것은 그리스정교회와 러시아정교회, 그리고 재세례파들을 중심으로 한 침례교에서 가르치고 있다. 그러나 '웨스트민스터 신앙고백'은 "제28장 세례에 관하여"에서 세례의 양식에 대해 다음과 같이 가르치고 있다.

> 세례 후보자를 물 속에 잠그는 것은 필요치 않다. 물을 그 사람의 머리 위에 붓든지 뿌려서 세례를 주는 것이 합당하다.[115]

세례의 양식에 관해서는 어떤 변화가 존재한다. 특별히 메노나이트교도들은 침례가 아닌 방식으로 신자들의 세례를 실행한다. 그러나 아마도 '신자들의 세례'를 고수하는 대부분의 사람들은 침례만을 배타적으로 이용하며 일반적으로 침례교도들과 동일시 될 것이다. 세례가 개인의 삶 속에서 일어난 구원의 상징과 증언으로 이해되는 곳에서 침례가 지배적인 양식이라는 사실은 놀라운 것이 아니다. 그 이유는 이것이 영적인 죽음으로부터의 신자의 부활을 가장 잘 묘사하고 있기 때문이다.

침례를 주장하는 사람들은 $\beta\alpha\pi\tau\acute{\iota}\zeta\omega$(밥티조)의 지배적인 의미가 "물 속에 담그거나 던져 넣는다"는 의미를 가지고 있다고 한다. 따라서 침례가 성경적인 절차라고 주장하는 몇 가지 근거들이 존재한다. 세례 요한은 '애논'에서 "거기에 물들이 많았기 때문에"(요 3:23) 세례를 주었다. 요한에게 세례를 받으시고 예수께서 "물에서 올라오셨다"(막 1:10). 복음을 들은 에티오피아 내시는 빌립에게 "보라 물이 있으니 내가 세례를 받음에 무슨

---

115) Ibid., 288.

거리낌이 있느뇨?"(행 8:36)라고 말하였다. 그리고 나서 둘 다 물에 내려가서 빌립이 그에게 세례를 주고 그들이 물에서 올라왔다(38-39절).[116]

그러나 '밥티조'라는 말은 침례를 주장하는 사람들처럼 그런 의미만 있는 것은 아니다. 사실 이 단어에 대한 학자들의 의견은 일치를 보지 못하고 있다. 누가복음 11장 38절에서는 "잡수시기 전에 손 씻지 아니하심을 그 바리새인이 보고 이상히 여기는지라"고 하였다. 여기에서 '손 씻다'라는 말이 '밥티조'이다. 이 말은 분명히 예수님께서 목욕을 하지 않으셨다는 것을 보고 놀랐다는 의미가 아니다. 식탁에 앉으시기 전에 흐르는 물로 손을 씻는 것이 당시 바리새인들의 관행이었다. 그런데 예수님이 흐르는 물로 손을 씻는 대신 바로 자리에 앉았기 때문에 놀랐던 것이다. 그러므로 '밥티조'라는 말은 물을 뿌리는 것을 암시한다.[117]

그러나 보다 중요한 것은 구약에서는 뿌림으로 물건들을 구별하고, 정결하게 하고, 봉헌하고 거룩하게 하였다. 제단의 뿔에는 피를 뿌렸으며, 성소의 휘장 앞에도 피를 뿌렸다(레 4장). 히브리서 저자도 이 상징을 사용하고 있다. "우리가 마음에 뿌림을 받아 악한 양심으로부터 벗어나고"(히 10:22). 그들은 그리스도의 피를 뿌림으로 정결하게 된다. 그리고 수 많은 사람들이 세례 요한에게로 가서 그의 설교를 듣고 세례를 받았다. 그런데 그들이 오늘날 사용하고 있는 형태의 침례였다면 그 많은 사람들에게 침례를 준다는 것은 물리적으로 어려웠을 것이다. 이것은 사도행전 2장 41절에 보면 베드로의 설교를 듣고 그날에 삼천 명이 세례를 받았다고 했을 때의 세례도 마찬가지였을 것이다.

따라서 칼빈은 《기독교 강요》 제4권 제15장에서 "세례를 받는 사람이 물 속에 완전히 감겨야 하는가—세 번이든 한 번이든—아니면 물을 뿌리기만 하는 되는가 하는 세세한 문제는 중요하지 않다"[118]고 했다. 그리고

---

116) 밀라드 J. 에릭슨, 300-301.
117) 마틴 로이드 존스, 79.
118) 존 칼빈, 386.

《레이든 신학통론》은 이 점에 있어서 다음과 같이 말하고 있음을 유념할 필요가 있다.

> 세례를 한 번 침수(침례)할 것인지 혹은 세 번 침수할 것인지는 그리스도의 교회에서 문제가 되지 않는다. 마찬가지로 침수를 할 것인지 물 뿌림으로 할 것인지도 문제가 되지 않는다. 성경에는 반드시 침수를 하라는 구체적인 명령이 존재하지 않으며, 침수도 물 뿌림도 성경에서 유추할 수 있기 때문이다.[119]

위와 같은 주장에 따른다면 우리는 세례의 양식 때문에 갈등하고 분쟁할 필요가 없다는 결론을 내릴 수 있다. 세례의 양식은 그렇게 중요한 것이 아니다. 중요한 문제는 세례가 무엇을 의미하느냐이다. 그러므로 대한예수교장로회(통합)《헌법》"제4편 예배와 예식"에서 세례의 양식에 대해 다음과 같이 가르치고 있다.

> 세례의 물은 십자가의 보혈과 천지창조, 노아 홍수, 출애굽 때의 물을 상징함으로서 죄 씻음과 하나님의 언약의 은총을 나타낸다. 세례의식에서 성부, 성자, 성령의 이름으로 세례반의 물을 한 번 또는 세 번 뿌리거나, 또는 흐르는 물에 잠글 수도 있다.[120]

다음으로 우리가 세례의 유효성에 관하여 생각할 때 고민하게 되는 것 가운데 하나는 "이단이 시행하는 세례가 합법적인가?"하는 문제이다. 이 문제는 로마 감독 스테판(Stephan, 약 257)과 키프리안(Cyprian of Carthago, 200-258)의 시대에 논의된 적이 있었다. 전자는 아프리카의 동료

---

[119] 하인리히 헤페, 870.
[120] 대한예수교장로회총회 헌법개정위원회,《헌법》(서울: 한국장로교출판사, 2007), 357-358.

감독들과 함께 이단에게 세례를 받은 자들에게 재세례하기 원했다. 그러나 후자는 그들 아무도 재세례를 받을 필요가 없다는 의견을 가지고 있었다. 이 문제는 이단을 구별함으로써 해결되었다. 즉, 오늘날의 소시니안과 같이 본질의 동일성을 가지는 삼위 하나님을 부인하였기 때문에 세례의 본질을 훼손하고 제정의 형식을 일부 생략하거나 변경하는 초기 아리우스주의자와 같은 이단들은 세례의 본질적인 형식을 오염시켰기 때문에 그들이 시행한 세례는 무효이다.

반면에 이단 중에는 오늘날의 로마가톨릭교회나 알미니안과 같이 본질적인 요점을 유지하고 세례식사에 들어 있는 참된 삼위일체 교리를 견지하면서 다른 일부 교리에서 오류를 범하는 노바티아누스파나 도나투스파 같은 이단들이 시행한 세례는 유효하다는 것이다. 따라서 교회의 기본적인 교리들, 특히 삼위일체 교리를 인정하지 않는 이단의 세례는 강하게 거부되고 무효로 간주해야 한다. 그러나 이와 같은 교리를 고백하는 이단의 세례는 진정한 세례로 고려되어야 한다.[121] 그러므로 17세기 개혁 정통주의 신학자 볼레비우스(Johannes Wollebius, 1589-1629)는 다음과 같이 말하고 있다.

> 만일 세례의 본질이 준수되었다면, 한 번 받은 세례가 반복되어서는 안 된다. 이런 이유로 우리 교회는 교황파에서 시행된 세례를 인정한다. 비록 그것이 오용과 혼합되었지만 그 아이가 성삼위 하나님의 이름으로 세례를 받았기 때문이다.[122]

세례와 관련하여 마지막으로 살펴볼 것은 "세례는 구원을 받는데 반드시 필요한 필수조건인가?"하는 것이다. 결론적으로 말한다면, 세례는 우리가 구원 받는데 반드시 필요한 필수 조건이 아니라는 사실이다. 어떤 성

---

121) 하인리히 헤페, 869-870.
122) Ibid., 870.

레도 구원에 필수적인 것은 없다. 성례가 구원에 필수적이라면 그것은 로마가톨릭교회의 주장에 동의하고 있는 것이다. 프로테스탄트 개신교에서는 언제나 세례와 성찬은 주님의 명령이며, 그렇기 때문에 시행해야 하지만 필수적인 것은 아니라고 가르친다. 만약에 구원에 필수적인 것이라면 우리는 모든 예배 순서에서 성례전을 반드시 시행해야 할 것이다. 무엇보다 이 성례는 은혜를 더하게 하는 것이 아니라 단지 은혜를 가리켜 보이고 특별한 방식으로 우리 안에 그 은혜를 가져다준다. 이와 같은 견해는 칼빈의 《기독교 강요》에서도 분명하게 말하고 있다.

> 세례 받지 못한 모든 자들이 영원한 죽음에 들어간다고 주장하는 자들의 헛된 망상을 철저하게 배격하게 해 준다. (중략) 그렇다고 해서 내 말을 세례를 얼마든지 무시해도 무방하다는 식으로 받아들여서는 안 될 것이다. 단언하건대, 세례를 그렇게 멸시한다면 그것은 주의 언약을 침해하는 처사요, 나는 그런 행위를 절대 용인할 수가 없다. 나로서는 다만 세례가 필수적이기는 하지만 세례를 받을 수 있는 능력이나 기회가 없는데도 불구하고 세례를 받지 못했다는 것 때문에 곧바로 잃어버린 자로 취급되는 일은 없다는 것을 입증하면 그것으로 족하다.[123]

(2) 성찬

세례가 교회의 구성원으로서의 입교 의식이라면, 성찬은 유형 교회에서의 계속적인 의식이다. 즉, 세례가 중생과 은혜 언약으로 들어가는 의식의 성례라면, 성찬은 계속적 양육의 성례이다. 그리고 이것은 그리스도께서 자신의 죽음을 기념하여 행하도록 교회를 위하여 제정하신 의식으로 정의될 수 있을 것이다. 칼빈은 성찬에 대해 다음과 같이 말하고 있다.

---

123) 존 칼빈, 421.

하나님께서는 우리를 그의 가족(권속)으로 받아들이신 다음, 우리를 종으로서만이 아니라 아들로서 대하시면서 지극히 자비하시고 사랑이 깊으신 아버지의 역할을 감당하시며 우리 인생의 여정 전체를 통틀어서 우리를 지탱시키신다. 그리고 이것으로 만족하지 않으시고 계속해서 풍성하게 베풀어주실 것을 맹세로서 우리에게 확신을 주시기를 원하셨다. 그러므로 이를 위하여 하나님께서는 그의 독생자의 손을 통하여 그의 교회에게 또 하나의 성례를 주셨으니, 그것은 그리스도께서 자신의 생명을 주시는 떡이 되사 우리의 심령이 그것을 먹고 참되고 복된 영생을 얻게 된다는 것을 친히 확증하시는 하나의 신령한 잔치인 것이다(요 6:51).[124]

실상, 기독교는 모든 교파들과 교회에서 성찬을 시행한다. 이것은 기독교의 거의 모든 부분들을 연합하는 공통된 요소이다. 그러나 다른 한편으로 성찬에 대한 많은 상이한 해석들이 존재하는 것도 사실이다. 역사적으로 종교개혁이 어떤 의미에서는 분열의 역사라고 했을 때 그 중심에는 성찬에 관한 논쟁이 자리 잡고 있었다.[125] 이런 의미에서 성찬은 기독교계를 연합할 뿐만 아니라 분열시키는 요소이기도 하다. 따라서 우리는 여기에서 성찬에 대한 여러 견해들을 살펴봄으로써 성찬에 관한 교리를 정리하고자 한다. 특별히 성찬에는 다음의 네 가지 견해들이 있다.

---

124) Ibid., 434.
125) 성만찬에 대한 대표적인 논쟁은 루터와 쯔빙글리(Ulrich Zwingli, 1484-1531)와의 논쟁이다. 루터에게 있어서 그리스도가 성찬에서 '이니라' (est)는 의미를 문자적으로 받아들여서 다음과 같이 해석했다. "빵은 그리스도의 몸이니라." 반면에 쯔빙글리는 그것을 '상징한다' (significat)로 번역했다. 이와 같은 두 사람의 논쟁에 대해 헤세의 영주 필립(Philip of Hesse)의 중재 아래 종교개혁의 중요한 지도자들이 말부르크에 모였다. 비텐베르크로부터 루터와 멜랑히톤(Philip Melanchton, 1483-1546), 스트라스부르크에서 마틴 부쩌(Martin Bucer, 1491-1551), 바젤로부터 요하네스 외콜람파디우스(Johannes Oecolampadius, 1482-1531), 그리고 취리히에서는 쯔빙글리가 왔다. 그러나 말부르그 담화(Marburg Colloquy)에서 루터와 쯔빙글리는 15개 조항의 이슈들 중 14개항에는 서로 동의했으나 마지막 15항목으로 인하여 결별하고 말았다.

① 화체설(化體說, doctrine of transubstantiation)

성찬에 관한 공식적인 로마 가톨릭의 견해는 트렌트 공의회(Council of Trient, 1545-1563)에서 분명하게 확정되었는데 그것은 화체설이다. 화체설은 집전하는 사제가 떡과 포도즙을 축성할 때 실제로 형이상학적인 변화가 발생한다는 교리이다. 다시 말해 미사 중에 사제가 떡과 포도즙을 높이 들어 축사하는데(성체고양) 이때 사제가 "이는 나의 몸(피)이니라"는 말을 함과 동시에 떡과 포도즙의 본질—즉, 그것들이 실제로 존재하고 있는 것—이 각각 그리스도의 살과 피로 변화된다. 변화된 것은 본질(substance)이지 속성(형태, accidents)이 아니다. 따라서 떡은 떡의 형태와 성분과 맛을 계속 유지한다. 화학적인 분석은 그것이 여전히 떡이라고 우리에게 말해 준다. 그러나 그것이 본질적으로 존재하는 것은 변화되었다. 그리스도의 전부가 성체의 각 분자들 속에 충분히 임재하고 있다. 성찬이나, 혹은 소위 거룩한 성체 성사에 참여하는 모든 사람은 문자적으로 그리스도의 물질적인 살과 피를 자신들 안으로 받아들인다.[126]

로마 가톨릭교회 성찬의 전통적인 집례에서 잔은 평신도들에게는 보류되었고 오직 성직자들만 받았다.[127] 그렇게 한 중요한 이유는 피를 흘릴 수도 있다는 위험 때문이었다.[128] 예수의 피가 발 밑에서 짓밟힐 수도 있다는 것은 신성모독이 될 수도 있다는 것이다. 이외에도 평신도들이 잔을 받

---

126) 밀라드 J. 에릭슨, 313.
127) 그러나 제2차 바티칸 공의회(1962-1965) 이후로 떡과 포도즙이 평신도들에게도 허락되었다. 그러나 언제나 떡과 포도즙을 평신도들에게 주는 것은 아니다.
128) 러드윅 오트(Ludwig Ott)는 그의 저서 《가톨릭의 기본교리》에서 다음과 같이 주장한다. "신실하신 주님의 각 지체를 위해 두 가지 형태의 성찬이 다 필요한 것은 아니다. 주님의 명령 때문에 그렇고 은혜의 수단으로서도 마찬가지이다. (중략) 그 이유는 그리스도는 각 떡과 잔에 온전하고 완전하게 거하시기 때문이다. (중략) 중세시대(12-13세기) 잔을 받지 못하게 한 것은 실제적인 이유 때문이었는데, 특히 성찬을 욕되게 할 수 있는 위험 때문이었다."

는 것은 불필요하다는 취지에 대한 두 가지 주장들이 있었다. 첫째는, 성직자들은 평신도들을 대신하여 대표적으로 행동한다. 즉, 그들이 사람들을 대신하여 잔을 받는다. 둘째는, 평신도들이 잔을 받는 것에 의해서는 어떤 것도 얻어질 수 없을 것이다. 떡과 포도즙의 모든 분자들이 그리스도의 몸과 영혼과 신성을 충분히 포함하고 있기 때문에 성찬은 그것이 없이도 완전하다는 것이다.[129]

② 공재설(共在說, doctrine of consubstantiation)

루터는 전통적인 로마 가톨릭교회의 교리들을 전부 거절하지는 않았다. 개혁교회들과 쯔빙글리와 대조해 보면, 루터는 그리스도의 몸과 피가 떡과 포도즙에 물질적으로 임재하고 있다는 로마 가톨릭의 개념을 계속 유지하고 있었다. 쯔빙글리와의 대화(말부르크 회담)에서 루터는 "이것은 내 몸이다"라는 말씀을 반복해서 강조한 것으로 평가된다. 그는 이 문제에서 예수의 말씀을 매우 문자적으로 받아들였다. 몸과 피는 단순히 비유적으로가 아니라 실제적으로 떡과 포도즙에 임재하신다.[130]

루터가 부인한 것은 로마 가톨릭의 화체설 교리였다. 분자들은 살과 피로 변하지 않으며, 그들은 떡과 포도즙으로 남아 있다. 그러나 그리스도의 몸과 피는 떡과 포도즙의 "안에, 함께, 그리고 아래에" 임재한다. 이것은 떡과 포도즙이 그리스도의 몸과 피가 되었다는 것이 아니라 우리가 이제 떡과 포도즙 이외에 몸과 피를 갖고 있다는 것이다. 루터는 이 교리를 설명하면서 스펀지와 물을 예로 들고 있다. 종종 그리스도의 몸은 마치 스펀지에 물이 스며들어 있는 것 같이 떡 안에 임재하신다는 것이다. 물은 스펀지가 아니지만 물은 스펀지 안에 혹은 그 아래에 있으며 스펀지가 있는 곳에는 언제나 물이 있다.[131] 그러나 루터의 공재설에서의 문제 가운데 하

---

129) 밀라드 J. 에릭슨, 315.
130) Ibid., 314.

나는 떡과 포도주가 그리스도의 몸과 피로 변한다면 그것이 언제 변하는가에 대해서는 말하지 않고 있다는 것이다.

그리고 그리스도의 몸의 임재에 관해서도 문제를 제기하지 않을 수 없다. 그리스도의 몸은 동정녀에게서 나시고 유대인들에게 붙잡히셔서 십자가에 매어달리셨고, 세마포로 싸여 무덤 속에 놓여지셨고, 부활하신 바로 그 몸이시다. 그 몸은 우리 육체와 똑같은 몸이다. 예수께서는 이 몸에 대하여 "나는 항상 너희와 함께 있지 아니하리라"고 말씀하셨다. 왜냐하면 그리스도의 몸은 제자들이 보는 가운데 하늘로 올리셨기 때문이다(행 1:3, 9). "그가 (중략) 여기에 계시지 아니하리라"(막 16:6). 왜냐하면 그가 아버지의 오른편에 앉아 계시기 때문이다(히 1:3). 부활하셔서 하나님 오른편에 앉아 계시는 그리스도의 몸이 우리 가운데, 그리고 온 우주에 편만하게 임재하신다는 것은 곧 그리스도의 인간됨의 몸을 부인하는 것과 같다고 해야 할 것이다. 그러므로 이 사실에 있어서 칼빈은《기독교 강요》제4권 제17장에서 다음과 같이 말하고 있다.

> 우리는 그리스도의 몸이 모든 인간의 몸이 공통적으로 지니고 있는 일반적인 성질들에 똑같이 제한받으며, 또한 한 번 하늘로 올리우셨으므로 그가 심판주로 재림하시기까지 거기에 계속 계시다는 것을(행 3:21) 전혀 의심하지 않으므로, 이런 썩어질 성찬물을 빌미로 그의 몸을 다시 끌어내리거나 또는 그의 몸이 어디에나 계시다는 식으로 상상하는 것을 철저하게 부당한 처사로 보는 것이다.[132]

---

131) 성찬에 대한 루터교의 이해는 프랜시스 피퍼(Francis Pieper)의《기독교 교의학》(*Christian Dogmatics*)에서 찾아볼 수 있다. 그는 루터의 소요리문답을 인용한다. "성찬이란 무엇인가? 그것은 떡과 포도주 아래 있는 그리스도의 참 몸과 살로서 우리로 하여금 먹고 마시도록 그리스도께서 직접 제정하신 것이다." 아우크스부르크 신앙고백의 제10조에서도 이렇게 말하고 있다. "그들은 그리스도의 피와 살이 실제로 현존하며 성찬에 참예하는 자들에게 분배된다고 가르친다."

132) 존 칼빈, 448.

③ 영적 임재설(靈的 臨在說, Spiritual presence)

이 견해는 칼빈주의적 또는 개혁교회 전통의 중심부에서 발견된다. 칼빈에 따르면, 우리가 신앙으로 떡을 먹고 포도주를 마실 때 그리스도께서 성령의 은혜와 능력을 통하여 우리를 그와 연결되게 하신다. 그리스도께서는 그의 영이신 성령으로 성찬에 임재하는 것이지 떡과 포도주의 요소들에 현존하는 것이 아니다. 칼빈이 그리스도께서는 육적으로 현존하시는 것이 아니라 '영적으로' 현존하신다고 할 때, 그가 의미하는 것은 그리스도께서 성령의 능력 가운데 우리의 신앙에 현존하신다는 것이다. 칼빈은 그리스도께서 오직 가현적으로나 관념으로서만 현존함을 말하지 않는다. 칼빈은 "성령의 능력 없이는 성례전은 단 한 치의 도움도 줄 수 없다"고 주장한다.[133]

칼빈은 태양을 한 가지 실례로서 사용하면서 그리스도가 영향력을 가지고 임재하신다고 주장하였다. 태양은 하늘에 있지만 그 온기와 빛이 땅 위에 임재한다. 이와 같이 성령의 광채도 그리스도의 살과 피의 영적인 교제를 우리에게 전달한다. 로마서 8장 9-10절에 의하면, 그리스도가 우리 안에 거하시는 것은 오직 성령에 의한 것이다. 우리가 실제로 그리스도의 몸을 먹고 그의 피를 마신다는 관념은 불합리하다. 오히려 참된 성찬의 참여자들은 떡과 포도즙에 참여함으로서 영적으로 자양분을 얻는다. 성령은 그들을 교회의 살아 계신 머리요 영적인 생명력의 근원이신 그리스도의 인격과 밀접한 관계를 맺게 하신다.[134] 그러므로 칼빈은 《기독교 강요》 제4권 제17장에서 다음과 같이 말하고 있다.

> 주께서는 그의 성령을 통하여 우리에게 이런 은택을 베푸셔서 우리로 하여금 몸과 영혼이 그와 하나가 되도록 하시기 때문이다. 그러므로 이러

---

133) 다니엘 L. 밀리오리, 314.
134) 밀라드 J. 에릭슨, 317.

한 연결의 끈은 바로 그리스도의 영이시다. 그로 말미암아 우리가 그리스도와 하나로 연합하는 것이다. 성령께서는 그리스도 자신의 모든 품성과 소유 전체를 우리에게 전달해 주는 통로와도 같으신 것이다.[135]

④ 기념설(記念說, memorialist doctrine)

성찬이 단순히 기념일뿐이라는 견해는 쯔빙글리의 견해이다. 쯔빙글리의 주장에 의하면 성찬은 본질적으로 그리스도의 죽음에 대한 기념이다. 다시 말해 주의 성찬 집행은 본질적으로는 그리스도께서 그의 수난, 죽음, 부활 가운데 인간의 구원을 위하여 하신 것을 기념하고 회상하는 것이다. 성례전에서 일어나는 것을 기술함에 있어서 생생한 '기억'(memory)이 '참된 현존'(real presence)의 언어를 대신하게 된다.

그러나 우리는 성찬이 본질적으로 기념 행사라는 상징적인 기념설에도 동의할 수 없다. 그리스도의 임재에 대한 기념설을 주장하는 것은 재세례파와 그에서 파생된 침례교 등이다. 그런데 이 견해에 따르면 신자의 믿음이 그리스도를 성례전으로 인도한다고 하기 때문에 결국 신자의 믿음이 강조될 수 밖에 없다.

칼빈은 "성령의 역사가 없으면 내용이 없고 빈약한 것이 되지만 성령이 그 속에 역사하며 힘을 나타내실 때에는 위대한 효력을 발휘한다"고 했다.[136] 사실 우리를 인치시는 분은 성령이시다. 성령을 통해서 진정한 성찬의 효과가 일어난다. 그런 점에서 우리는 성찬을 통한 그리스도의 임재에

---

135) 존 칼빈, 449.
136) 밀라드 J. 에릭슨, 321. 에릭슨은 그리스도의 영적 임재를 부인하려는 경향을 갖고 있는 사람들을 가리켜서 풍자적으로 이렇게 지적하고 있다. "예수님께서 마술적인 방법으로 임재하신다는 개념을 피하기 위한 열심 때문에 일부 침례교인들은 마치 예수님께서 계시지 않는 한 곳이 있다면 그곳이 바로 성찬 때일 것이라는 인상을 줄 만큼 극단적인 입장을 취한다. 이것이 어느 침례교 지도자가 말한 '예수 그리스도의 진정한 부재의 교리'이다."

있어서 칼빈의 영적 임재설을 받아들이게 된다. 이와 같은 사실은 신앙고백서들에서도 찾아볼 수 있다. '웨스트민스터 신앙고백'은 "제29장 주의 성찬에 관하여"에서 성찬에 관한 견해를 다음과 같이 가르치고 있다.

> 이것은 결코 육적이거나 물질적인 것이 아니다. 그리스도의 몸과 피가 결코 떡과 즙 안에, 떡과 즙과 더불어, 그리고 떡과 즙 밑에 있는 것이 아니라 영적 실재로서 믿는 자의 신앙에 임재하신다. 실물 자체는 신자들의 외적인 감각을 위한 것이다.[137]

위의 신앙고백에서는 영적 임재설을 분명하게 가르치고 있다. 이것은 '벨직 신앙고백'에서도 "35조 우리 주 예수 그리스도의 성찬에 관하여"에서 "동일한 성례전에 우리가 참여하는 방법은 입으로 참여하는 것이 아니라 신앙을 통해서 성령에 의해서 참여하는 것이다"[138]라고 가르치고 있다. 계속해서 '제2 스위스 신앙고백'은 "제21장 주님의 거룩한 성찬"에서 다음과 같이 로마가톨릭의 화체설과 루터의 공재설을 거부하면서 칼빈의 영적 임재설을 가르치고 있다.

> 그러므로 우리는 주님의 몸과 피를 떡과 즙에 긴밀히 연결시킨 나머지 떡 자체가 성례전적 방법 이외의 방법으로 그리스도의 몸 자체(화체설)라고 하거나, 그리스도의 몸이 물질적으로 떡 속에 숨겨져 있으므로 떡의 형태로 그것이 예배되어야 한다(공재설)거나 이 성찬의 표징을 받는 사람은 누구나 그 대상 혹은 내용을 받는다고 말하지 않는다. (중략) 그리스도는 그의 몸으로는 우리를 떠나 하늘에 계시지만 그의 생명 주시는 역사에 의하여 물질적으로가 아니라 영적으로 우리에게 임재하신다.[139]

---

137) 이형기, 291.
138) 총회교육자원부 편, 285.
139) 이형기, 204-205.

⑤ 성찬이 갖는 의미

지금까지 우리는 성찬에 대한 여러 견해들을 살펴보았다. 이제는 성찬이 갖는 의미가 무엇인지에 대해 살펴보려고 한다. 이것에 대한 분명한 대답은 '웨스트민스터 신앙고백'이 "제29장 주의 성만찬에 관하여"에서 다음과 같이 가르치고 있다.

> 우리 주 예수 그리스도께서 잡히시던 날 밤에 주님의 만찬이라 불리우는 그의 몸과 피의 성만찬을 제정하셨으니 세상 끝 날까지 그의 교회 안에서 이 성례전을 베풀도록 하셨다. 그의 교회는 이 성례전을 통하여 십자가에 달려 죽으신 예수 그리스도의 희생을 항상 기억하고, 참 신자들에게 이 희생의 은덕을 인쳐 주고, 그리스도 안에서의 영적 양육과 성장을 일으키고, 그리스도에게 빚진 모든 의무를 실천케 하고, 그리스도와의 연합은 물론 그의 신비한 몸의 자체로서 성도 상호간의 교제를 보증한다.[140]

우리는 위의 신앙고백에서 성찬이 갖는 의미를 깨달을 수 있다. 첫째로, 성찬이 갖는 의미는 주님의 십자가에 달려 죽으심이다. 사도 바울은 고린도전서 11장 26절에서 이 사실을 분명하게 말하고 있다. "너희가 이 떡을 먹으며 이 잔을 마실 때마다 주의 죽으심을 그가 오실 때까지 전하는 것이니라." 이 말씀에서 알 수 있듯이 성찬에서 떡을 떼는 것과 포도주를 붓고 마시는 것은 우리 주님의 찢어진 몸, 흘리신 피를 나타낸다. 그리고 이와 같은 성찬에 대해 바울은 "내가 너희에게 전한 것은 주께 받은 것이니"(고전 11:23)라고 하면서 이것이 주님의 명령이라는 사실을 상기시키고 있다.

두 번째로, 성찬이 갖는 의미는 그리스도로부터 힘을 받아 신자들에게 희생의 은덕을 끼치는 삶을 사는 것이다. 다시 말해 우리가 주의 성찬에 참

---
140) Ibid., 289.

여하는 것은 신자인 우리가 그리스도인의 삶을 살아갈 생명과 힘을 예수 그리스도 자신으로부터 공급받아 희생의 은덕을 끼치는 삶을 살아야 한다는 사실을 상기시켜준다. 성찬은 우리가 주님의 죽으심에 참여했다는 것을 깨닫게 해준다. 따라서 우리가 실제로 떡을 취하여 먹고 포도주를 마실 때마다 주님께서 우리를 위해 희생하신 그 삶을 본받아 우리도 그렇게 살기로 결단해야 한다. 그러나 우리가 예수님처럼 희생적인 삶으로 신자들에게 은덕을 끼친다는 것은 어렵다. 그렇기 때문에 우리는 예수 그리스도를 의지해서 살아야 한다. 그분이 우리의 생명이다. 우리가 성찬에서 떡을 먹고 포도주를 마시는 것은 바로 그와 같은 의미가 있는 것이다.

세 번째로, 성찬이 갖는 의미는 그리스도와의 연합은 물론이고 지체로서 신자들과 신비한 몸의 지체로서 교제를 갖는 것이다. 우리가 성찬에 참여하는 것은 그리스도와 연합되어 있음을 확인하는 것이다. 그러나 여기에서 끝나서는 안 된다. 우리는 그 순간 함께 성찬에 참여하고 있는 모든 신자들과 연합하여 아름다운 몸의 지체로서 교제를 나누어야 한다. 다시 말해 우리는 성찬에 참여함으로 서로에게도 연합되어 있다. 이 사실을 바울은 고린도전서 10장 16절에서 "우리가 축복하는 바 축복의 잔은 그리스도의 피에 참여함이 아니며 우리가 떼는 떡은 그리스도의 몸에 참여함이 아니냐"고 하면서 이어서 이렇게 말하고 있다. "떡이 하나요 많은 우리가 한 몸이니 이는 우리가 다 한 떡에 참여함이라." 바울이 여기에서 말하고자 하는 것은 우리가 떡을 떼면서 성찬에 참여할 때 우리는 그리스도 안에서 하나가 된다는 것이다. 그러므로 성찬식(Communion Service)에서 Communion(교제, 성찬)이라는 단어는 우리와 주님과의 교제만이 아니라 우리 성도들과의 교제도 나타낸다.

특별히 '제2 스위스 신앙고백'은 "제21장 주님의 거룩한 성찬"에서 주님의 만찬으로 Eucharist, 즉 '감사'라는 단어를 사용하고 있다. 이것은 주님께서 우리를 위해 성취하신 구속의 사건들을 통해 내가 지금 하나님의 자녀가 되고, 그리스도 안에서 새 언약의 모든 약속들이 나에게 주어졌음을 알고 하나님께 감사해야 한다는 것이다. 다시 말해 우리가 성찬에 참여할 때마다 나를 효과적으로 부르시고 구속을 구체적으로 적용하시는 하나님께 언제나 감사해야 한다.

(3) 권징(勸懲)

우리가 살펴볼 교회의 세 번째 표지는 권징이다. 그렇지만 오늘의 교회에서 이 권징의 교리가 얼마나 심각하게 무시되고 있는지를 말하지 않을 수 없다. 오늘 이 땅에 교인들의 수가 줄어들고, 교회가 사람들에게 능력과 영향력을 끼치지 못하는 이유를 설명해 달라고 한다면 물론 여러 요인들이 있겠지만 필자는 단언코 교회가 권징을 시행하는데 실패했기 때문이라고 대답하겠다. 권징이 강단에서나 교회 공동체 속에서 사라져 버렸을 뿐만 아니라 적극적으로 무시당하고 있는 것이 현실이다.

교회에서 권징이 살아나고 시행되어야 하는 것은 먼저 성경이 그렇게 말씀하고 있기 때문이다. 마태복음 18장 15-17절에 보면 예수께서 이렇게 말씀하신다. "네 형제가 죄를 범하거든 가서 너와 그 사람과만 상대하여 권고하라 만일 들으면 네가 네 형제를 얻은 것이요, 만일 듣지 않거든 한두 사람을 데리고 가서 두세 증인의 입으로 말마다 확증하게 하라. 만일 그들의 말도 듣지 않거든 교회에 말하고 교회의 말도 듣지 않거든 이방인과 세리와 같이 여기라." 여기에 보면 권징의 순서로 먼저 그 사람과만 상대하여 권고하고, 그 다음에 두 세 증인의 입으로 말마다 확증하고, 그래도 듣지 않는다면 교회에 말하고, 그리고 마지막으로는 이방인과 세리와 같이 여기라고 했다.

로마서 16장 17절에서도 이렇게 기록되어 있다. "너희가 배운 교훈을 거슬러 분쟁을 일으키거나 거치게 하는 자들을 살피고 그들에게서 떠나라." 고린도전서 5장은 권징에 대해 말하고 있는데 마지막은 이렇게 말하고 있다. "이 악한 사람은 너희 중에서 내쫓으라"(13절). 권징에 대한 것으로 이것보다 더 분명한 것은 없을 것이다. 데살로니가후서 3장 6절에서는 "게으르게 행하고 우리에게서 받은 전통대로 행하지 아니하는 모든 형제에게서 떠나라"고 가르치고 있다.[141]

교회가 권징을 해야 하는 보다 중요한 목적은 잘못을 범하는 형제를 교정하고 다시 얻기 위해서이다. 다시 말해 교회에서의 권징은 다른 형제들이 같은 잘못을 범하지 않게 하고, 많은 형제들을 오염시킬지도 모를 독소를 없애버리며, 예수 그리스도의 명예와 복음에 대한 거룩한 고백을 옹호하고, 하나님의 진노를 미리 막는데에 꼭 필요하다.[142]

한편, 권징에 대한 가르침은 종교개혁자들의 신앙고백에서도 분명하게 가르치고 있다. 그 가운데 '제2 스위스 신앙고백'은 "제188장 교회의 교역자들, 이들의 제정 및 이들의 의무에 관하여"에서 권징에 대해 다음과 같이 가르치고 있다.

> 치리(治理)란 교회 안에 꼭 있어야 한다. (중략) 이 경우 지혜롭고 경건한 사람들이 치리를 행사하였다. 이런 이유 때문에 교역자들은 상황(시대성, 사회성, 필요성)에 따라 교회의 건덕을 위한 치리를 행사해야 한다. 시대와 장소를 막론하고 교회를 세우기 위해서는 모든 것을 적절히 행하고 영예롭게 행하되 억압과 다툼은 피해야 한다는 법칙을 우리는 지켜야 한다. 왜냐하면 사도의 증언에 의한즉 주님께서 자기에게 교회의 권위를 주신 목적은 교회를 세우기 위함이지 교회를 파괴하기 위함은 아니기 때문이다. 주님은 주님의 밭에서 가리지를 뽑아버릴 것을 금하셨다. 그 이유는 가라지를 뽑다가 알곡까지 뽑아버릴까 봐서이다.[143]

---

41) 마틴 로이드 존스, 35-36. 권징에 관한 성경 구절은 다음을 참조하라. 고전 5:11; 고후 2:5-10; 딛 3:10; 요이 1:1.
142) 이형기, 292.
143) Ibid., 189.

위의 신앙고백을 보면 교회의 건덕과 교회를 세우기 위해서는 권징이 꼭 필요하다는 것을 가르치고 있다. 그런데 이 경우에는 지혜롭고 경건한 사람들이 권징을 행사해야 한다고 말하고 있다. 다시 말해 삶과 행위에 있어서 문제가 되는 사람이 권징을 행사했을 때에는 권위에 있어서 그것이 올바로 시행되기가 어렵기 때문이다. 뿐만 아니라 모든 권징은 적절하고 영예롭게 행하되 억압과 다툼을 피하라고 권하고 있다. 그러나 교회가 권징을 시행하는 목적은 교회를 세우기 위함에 있다는 것을 잊어서는 안 된다는 것을 강조하고 있다. 그런 점에서 권징이라는 이름으로 의도적으로 가라지를 뽑지 않도록 가르치고 있다. 그 이유는 가라지를 뽑다가 알곡까지 뽑을 수 있기 때문이라는 것이다.

이와 같은 권징에 대한 교훈은 '웨스트민스터 신앙고백'도 "제 30 장 교회의 치리에 관하여"에서 다음과 같이 분명하게 가르치고 있다.

> 그리스도께서는 이 직분 맡은 자들에게 하늘 왕국의 열쇠를 맡기셨다. 따라서 이 직분들은 이 열쇠의 권한에 의하여 죄를 용서할 수도 있고 용서하지 않을 수도 있다. 즉, 이들은 회개치 않는 사람들에게는 말과 권징으로 하늘나라의 문을 닫고, 회개하는 죄인들에게 대하여는 복음 설교와 권징의 사면을 통하여 적당한 때에 천국의 문을 열어 줄 수 있다.[144]

위의 신앙고백을 보면 권징을 '열쇠'에 비유하여 이야기하고 있다. 이 열쇠의 권한에 의해 죄를 용서할 수도, 용서하지 않을 수도 있다고 가르치고 있다. 이 열쇠의 권한에 관해서는 '하이델베르크 요리문답'이 "문 83 열쇠의 직능이란 무엇입니까?"라는 물음에서 다음과 같이 가르치고 있음을 보게 된다.

> 거룩한 복음의 설교와 기독교적 치리입니다. 이 두 수단을 통하여 믿는 자

---

144) Ibid., 291.

들에게는 하나님의 나라가 열리며, 불신자들에게는 닫히는 것입니다.[145]

앞의 '웨스트민스터 신앙고백'과 '하이델베르크 요리문답'에서는 똑같이 열쇠의 직능을 복음의 설교와 권징이라고 가르치고 있다. 복음의 설교가 신자들에게는 개인적으로나 전체적으로 선포되고 증거될 때 하늘나라가 열리고, 반대로 불신자들과 위선자들은 회개하지 않는 한 하나님의 진노와 영원한 저주를 받을 것인데 이것이 닫힘의 의미이다. 그리고 기독교적 치리에 있어서도 그리스도인의 이름은 갖고 있음에도 교리에 있어서나 생활에 있어서 전혀 비기독교적으로 나가는 사람들은 형제애에 넘치는 견책을 받아야 한다고 가르치고 있다.

한편, 권징은 두 가지 중요한 방침에 따라 시행되어야 한다. 그 첫째는 권징은 교리에 따라 이루어져야 한다. 바울은 디도서 3장 10절에서 이렇게 말했다. "이단에 속한 사람을 한두 번 훈계한 후에 멀리하라." 요한은 요한2서 1장 10-11절에서 참된 교리를 전달하지 않는 사람은 교회에는 말할 것도 없고 집으로도 결코 영접하지 말라고 경고하고 있다. 교회의 역사는 이단으로부터 교회를 지키기 위한 역사이기도 하다. 그만큼 교회에는 이단들이 끊이지 않고 있어 왔다. 그리고 성경은 이단들에 대해서는 단호하게 대처할 것을 가르치고 있다. 오늘 한국교회는 이단들로 인해 몸살을 앓고 있다. 교회가 이들 이단들에 대해 단호하게 대처하지 않는다면 어떤 끔찍한 결과가 일어날는지 불을 보듯 뻔하다. 그렇기 때문에 교회는 성경적인 바른 교리를 지키기 위해 적절한 권징이 시행되어야 한다.

두 번째로, 그리스도인들의 삶과 생활에 대해서도 권징이 시행되어야 한다. 예수님께서는 그리스도인 된 우리에게 이렇게 말씀하셨다. "이같이 너희 빛이 사람 앞에 비치게 하여 그들로 너희 착한 행실을 보고 하늘에 계신 너희 아버지께 영광을 돌리게 하라"(마 5:16). 이것은 세상 속에서 살아

---

145) Ibid., 94.

가야 할 그리스도인들에게 참으로 중요한 말씀이 아닐 수 없다. '하이델베르크 요리문답'도 "문 85 기독교적 치리에 의해서 어떻게 하늘나라가 열리기도 하고 닫히기도 합니까?"라는 물음에서 "그리스도인의 이름은 갖고 있으나 교리와 생활에 있어서 전혀 비기독교적으로 나가는 사람들은 형제애에 넘치는 견책을 받아야 한다"[146]고 분명하게 가르치고 있다. 사실 신자가 모순되고 죄악된 삶을 살면 그것은 하나님 아버지의 영광을 가리는 일이 될 것이다. 그가 아무리 정통적인 교리를 주장한다고 할지라도 스스로 기질과 욕구와 감정과 육욕을 통제하고 다스리지 않는다면 그는 자기가 전파하는 믿음을 말과 행동으로 부인하는 자가 될 것이다. 그리고 그것은 믿지 않는 사람들에게는 장애물과 거치는 사람이다.

그렇다면 권징에는 어떤 것들이 있으며 그 절차는 어떻게 해야 하는가? 이 물음에 대한 대답은 앞에서 살펴보았던 마태복음 18장 15-17절에 기록된 예수님의 말씀에서 알 수 있다. 그리고 '웨스트민스터 신앙고백'도 "제30장 교회의 치리에 관하여"에서 다음과 같이 그 절차를 이야기하고 있다.

> 교회의 직분들은 이 목적을 더 잘 달성하기 위하여 먼저 충고와 권고로 시작해서 다음에는 얼마 동안 수찬정지를 시키고, 범죄의 성격과 해당자의 과실에 따라 때로는 교회로부터 출교를 명할 수도 있다.[147]

위의 내용에서 볼 수 있듯이 권징의 종류에는 충고 및 권고와 수찬정지, 그리고 출교가 있다. 따라서 권징은 그 순서가 처음에는 권면하고, 다음에는 치리회에 보고하며, 그 다음에는 수찬정지를 내리고, 마지막으로 출교하게 된다. 그리고 권징은 해당자의 과실에 따라 적절하게 시행되어야 한다. 그런데 '하이델베르크 요리문답'에서는 권징을 당한 그들이 만약에 참으로 자신들의 과거를 고치기로 약속하고 이를 보인다면 다시 그리스도

---

146) Ibid., 95.
147) Ibid., 292.

와 교회의 회원으로 받아들여야 한다고 가르치고 있다.

한편 '제2스위스 신앙고백'은 "제18장 교회의 교역자들, 이들의 제정 및 이들의 의무에 관하여"에서 "교역자들을 위해서도 적절한 치리가 있어야 한다."고 하면서 다음과 같이 가르치고 있다.

> 노회들은 교역자들의 가르침과 삶을 주의 깊게 검토해야 한다. 교정될 만한 범법자들은 장로들에 의하여 견책받아야 하고, 올바른 길로 인도되어야 한다. 만약 교정이 불가능한 사람들은 추방되어야 한다.[148]

목회자에 대한 권징은 바울이 장로에 대한 권징을 분명하게 다룬 구절에서도 볼 수 있다. "장로에 대한 고발은 두세 증인이 없으면 받지 말 것이요, 범죄한 자들을 모든 사람 앞에서 꾸짖어 나머지 사람들로 두려워하게 하라. 하나님과 그리스도 예수와 택하심을 받은 천사들 앞에서 내가 엄히 명하노니 너는 편견이 없이 이것들을 지켜 아무 일도 불공평하게 하지 말며"(딤전 5:19-21). 바울은 여기서 장로들을 개인적인 공격으로부터 보호하기 위해 특별히 조심해야 할 것을 언급한다. 이 경우에 그릇된 행위에 대해 어떤 조치를 취하려면 두세 증인들의 증언이 요구된다. 또 지속적으로 죄를 범한 자들은 모든 사람 앞에서 책망을 받아야 한다. 그 이유는 장로가 그릇되게 행동함으로 나쁜 본을 보이는 것은 그들의 삶을 보는 사람들에게 상당히 좋지 않는 나쁜 영향을 끼치기 때문이다.

그런데 어거스틴은 교회에서의 바람직한 권징에 대해 "교회의 권징을 시행하는 경건한 자세와 방식을 생각할 때에 언제나 '평안의 매는 줄로 성령이 하나 되게 하신 것'(엡 4:3)을 염두에 두어야 할 것이라고 하면서 "성경은 우리 형제들의 악행들을 더욱 따뜻한 보살핌으로 교정하며, 그러는 가운데 신실한 사랑과 평화의 연합을 보존할 것을 명하고 있다."[149] 그리고

---

148) Ibid., 190.
149) Augustine, *Against the Leter of Parmenianus*, III. I. 1. 존 칼빈, 31에서 재인용.

이어서 그는 다음과 같이 권면하고 있다.

> 할 수 있는 만큼 긍휼로 교정시켜주며, 그들로서 할 수 없는 문제에 대해서는 인내로 견디며, 사랑으로 아파하고, 슬퍼하며, 하나님께서 그들을 교정시켜 주실 때까지, 아니면 마지막 추수 때에 가라지를 뽑으시고 쭉정이를 날려버리시기까지 기다려야 할 것이다(마 13:40; 3:12; 눅 3: 17).[150]

어거스틴의 주장에 덧붙여서 칼빈은 모든 경건한 사람들은 이것으로 무장을 삼아서, 겉으로 의를 위하여 싸우는 용감한 투사처럼 보이다가 결국 하늘나라에서 떠나가게 되지 않도록 해야 할 것이라고 했다.[151]

3. 교회의 정치

교회사에서 교회가 성장하고 점점 확장되면서 교회의 정치와 관련된 가르침이 필요하게 되었다. 이와 같은 것은 신약성경을 통해서도 짐작할 수 있다. 복음서나 초기에 기록된 신약성경에는 교회의 정치에 관해 함구하거나 구체적으로 말하지 않고 있다. 그것은 아직도 대부분의 사도들이 살아 있었고 그들이 교회를 가르치고 다스릴 수 있었던 때였기 때문일 것이다. 그러나 목회서신처럼 신약성경에서 제일 마지막에 쓰여진 부분을 보면 교회의 질서와 정치에 대한 가르침이 확연히 증가하고 있음을 알 수 있다. 심지어 사도행전에서도 사도들이 지도자들을 임명하고 어떻게 교회를 다스릴 것인지에 대해 교훈을 주는 것을 보게 된다.[152]

---

150) Ibid., Ⅲ. ii. 15. 존 칼빈, 32에서 재인용.
151) Ibid.
152) 그 대표적인 예로 사도행전 6장에 기록되어 있듯이 예루살렘 교회가 일곱 집사들을 선택하는 일이었다.

한편, 에큐메니즘(세계교회 일치운동)에 대한 강조와 더불어 교회의 조직과 정치의 문제가 20세기에 와서 특별히 시야에 떠오르게 되었다. 왜냐하면 친밀한 교제와 협동이 있으려면 권위의 위치에 대해서도 어떤 동의가 있어야 하기 때문이다. 예를 들어, 만약 한 종파에 속해 있는 성직자가 다른 종파에서 설교하고 성찬을 집전하려고 한다면 누가 정당하게 안수 받은 성직자인가에 대하여 일치가 있어야 한다. 그리고 이것은 누가 안수를 줄 수 있는 권위를 갖고 있는가에 대한 의견의 일치를 전제하여야 한다. 왜냐하면 교회 정치의 문제는 최종적으로 분석해 볼 때, 권위가 교회 내에서 어디에 속해 있으며, 누가 그것을 행사할 수 있는가에 대한 문제이기 때문이다. 실제로 다양한 형태의 교회 정치의 주창자들은 하나님이 궁극적인 권위라는(혹은 갖고 계신다는) 사실에 동의한다. 그들이 다른 것은 그가 그것을 어떻게 혹은 누구를 통하여 표현하거나 행사하시느냐 하는 개념들에 관한 것이다.[153)]

교회사를 통하여 시종일관 몇 가지 기본적인 교회 정치의 형태들이 있는데, 이것은 교회의 직분자들을 선출하는 방법에 있어서도 차이를 드러내고 있다. 따라서 여기에서 우리는 이러한 교회 정치의 여러 형태들에 대해서 살펴보게 될 것이다.

1) 감독제도(episcopalian)

감독제에서는 대주교가 주교들을 관할할 권한을 갖고, 주교들은 그들에게 할당된 지역에 있는 교회들을 관할할 권한을 가진다. 지역교회를 관할하는 사람을 교구목사(rector)라고 한다(혹은 교구 대리목사(vicar)라고 부르기도 한다). 대주교, 주교, 그리고 교구목사는 서임을 받은 사제들이다(실제로는 교구목사를 보통 사제라고 부른다).[154)] 감독정치의 가장 단순

---
153) 밀라드 J. 에릭슨, 264.
154) 웨인 그루뎀, 《조직신학 하》, 노진준 옮김(서울: 은성출판사, 2009), 126.

한 형태는 오직 한 가지 수준의 감독들만이 존재하는 감리교회에서 발견된다. 그리고 다소간 좀 더 발전된 것은 영국 성공회,[155] 혹은 감독제 교회의 정치 구조이지만, 반면에 로마가톨릭교회는 최고의 주교이자 로마의 감독인 교황에게 특별히 권위가 주어지는 성직 체계를 가지고 있다.[156]

하나님께서 그의 권위를 지상에서 표현하시는 일차적인 통로로 인정되었던 감독들은 세속적인 사건들에 대하여 과거에 폭넓은 책임들을 행사하였다. 어떤 형태의 감독제도에서는 그들은 교회의 군주로서 혹은 심지어 교회 자체로도 생각되었다. 어떤 종파들은 감독들을 사도들의 계승자들로서 인정한다. 성직 안수식에서 손을 얹음으로써 사도들의 권위는 역사를 통하여 오늘날의 감독들에게도 전달되었다. 사도적 계승의 이론으로 알려져 있는 이 이론에 의하면 현대의 감독들은 사도들이 가지고 있었던 권위를 가지고 있는데, 이것은 사도들이 그리스도께로부터 받았던 권위이다.[157]

감독제도를 그림으로 설명하자면 아래와 같이 말할 수 있다.[158]

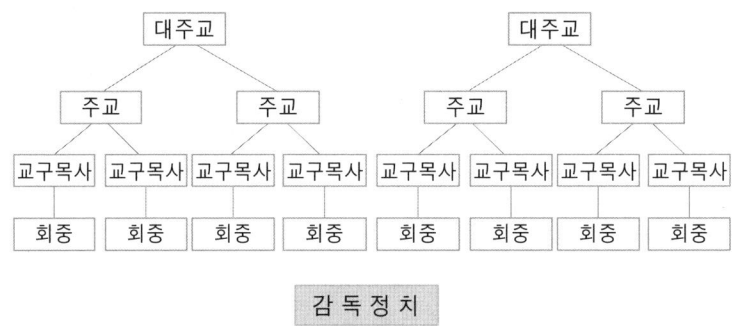

감독정치

---

155) 성공회는 "사제"(priest)라는 영어 단어가 장로와 동일하다고 이해하는 반면, 로마 가톨릭교회는 제물을 바치고 하나님과 그의 백성들 사이의 중보 역할을 했던 구약의 제사장직과 연관시켜 그 단어를 달리 이해한다.
156) 밀라드 J. 에릭슨, 265.
157) Ibid., 266.
158) 웨인 그루뎀, 126.

감독제도를 선호하는 사람들은 나름대로 몇 가지 논증들을 제시하고 있다. 첫째, 그 논거는 보통 그리스도가 교회의 설립자라는 선언과 더불어 시작된다. 그리스도는 교회에 권위 있는 통치 기구를 제공하셨다. 왜냐하면 하늘과 땅의 모든 권세가 그의 것이라고 선언하신 직후에(마 28:18), 그는 그 권세로서 열한 사도들을 파송하였기 때문이다(마 28:19-20; 행 1:8). 사도들은 예수께서 임명하신 유일한 직원들이며, 그들은 신약성경에서 교회에 관한 감독과 권한을 행사할 수 있는 권력을 가지고 있는 유일한 사람들이었다고 결론내린다. 두 번째 논증은 예루살렘교회의 교회 안에서 야고보가 차지하고 있던 지위이다. 그의 권위는 감독들이 나중에 갖게 된 것과 유사하였다. 마지막으로, 사도들로부터 오늘날의 감독들로 이어지는 직접적인 계승의 방향이 존재한다는 역사적인 논증을 내세운다. 성직 안수의 과정을 통하여 사도들의 권위가 오늘날의 감독들에게로 내려왔다는 사실을 주장하고 있는 것이다.[159]

그러나 교회 정치의 감독제도에 대한 반대 의견들도 역시 존재한다. 그 가운데 하나는 신약성경에는 감독이라는 독특한 직분이 따로 없다는 것이다. 신약성경에는 감독 한 사람이 언급된 것이 없고 언제나 복수로 언급되고 있다.[160] 무엇보다 로마 가톨릭교회가 그들의 감독제도의 기원을 사도 베드로에게서 찾으려고 부단한 노력을 해왔지만 성경에는 그 어디에도 이 사실을 말하고 있지 않다.[161] 그리고 또 다른 하나는 신약성경에는 사도들을 대신하기 위한 감독들의 모임에 관한 이론을 가르치지 않고 있으며, 사도들로부터 계승되어 안수를 받은 사람들이 다시 안수함으로 눈에 보이는 계승의 필요성을 암시하는 말씀도 전혀 없다. 예를 들어, 사도행전 14장 3절을 보면, 바울과 바나바에게 안수를 한 사람들은 사도들이 아니라 안디

---

159) 밀라드 J. 에릭슨, 268-269.
160) 웨인 그루뎀, 127.
161) 감독제도의 기원을 베드로에게서 찾는 것은 결국 교황의 수위권과 관련된다고 할 것이다. 이것에 관해서는 본 장의 "1. 교회의 본질, 2) 교회의 본질"을 참조하기 바란다.

옥 교회에 있는 교인들이었다. 성경 그 어디에도 사도들이 사도직을 계승시키는데 관심을 가졌다는 증거를 찾아볼 수 없다.

2) 장로제도(presbyterian)

이 제도에 의하면 각 지교회가 장로를 선출하여 당회를 이룬다. 교회의 목사는 당회 내의 장로 중 한 사람이며 그 권위에 있어 다른 장로들과 동일하다. 이 당회는 지교회를 다스릴 권한을 갖는다. 그러나 당회의 회원들은(장로들) 동시에 지역의 여러 교회들을 관할하는 노회의 회원이 된다. 노회는 그 노회가 관할하는 지역에 있는 교회들의 모든 혹은 일부 장로들로 구성된다. 더 나아가서 노회의 일부 회원들은 일반적으로 한 국가나 영토에 있는 노회 소속 교회들을 관할하는 총회의 회원이 된다. 아래 도표는 장로정치에 관한 것으로 여기에서 E(Elder)는 장로를 나타낸다.[162]

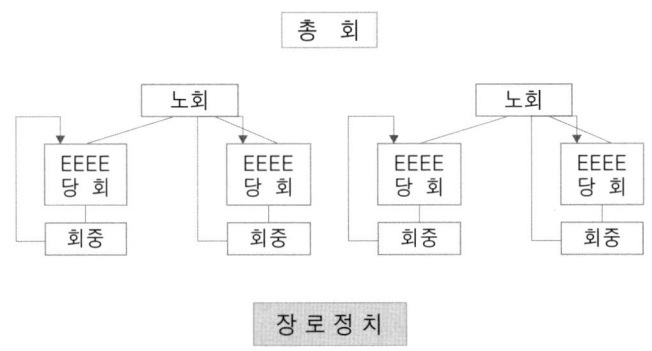

장로들은 신약성경의 교회에서 발견된다. 사도행전 11장 30절에서 우리는 예루살렘 회중 가운데에서 장로들의 존재를 읽게 된다. 즉, 안디옥의 형제들이 예루살렘의 형제들에게 도움의 손길을 베풀었는데, "이를 실행

---

162) 웨인 그루뎀, 128-129.

하여 바나바와 사울의 손으로 장로들에게 보내니라"고 하였다. 사도행전 14장 23절을 보면, 바울과 바나바가 모든 교회에서 장로들을 지명하였다는 것을 알게 된다. 바울은 에베소의 장로들을 밀레도로 청하여 그들에게 설교했다(행 20:17). 뿐만 아니라 목회 서신서들에도 장로들을 언급하고 있다.[163] 장로제도는 오직 한 가지 수준의 성직자만 존재한다는 점에서 감독제도와는 다르다. 오직 가르치는 장로나 목사만이 존재한다. 감독과 같은 어떠한 더 높은 수준들도 존재하지 않는다. 물론 어떤 사람들은 통치 회의들 내의 행정직으로 선출된다. 그러나 그들은 위로부터의 선출이 아니라 밑으로부터(교인들) 선출된다. 이와 같은 장로제도는 장로교회, 그리고 존 녹스와 종교개혁 시대 이후 일반적인 스코틀랜드 교회의 정치 방법이 되었다.

장로제도는 다수의 신앙고백에서도 지지하고 있음을 볼 수 있다. '프랑스 신앙고백'은 제29조에서 "참된 교회에는 목사들과 장로들과 집사들이 있어야 한다"[164]고 했다. 그리고 '벨직 신앙고백'에서는 제30조에서 다음과 같이 가르치고 있다.

> 이 참된 교회는 우리 주님께서 자신의 말씀 속에서 우리에게 가르치셨던 영적 정치에 의해서 통치되어야 한다는 사실을 우리는 믿는다. 다시 말하면, 하나님의 말씀을 선포하고, 성례전을 집례하는 교역자들 또는 목사들뿐만 아니라 목사들과 함께 교회의 회의를 구성하는 장로들과 집사들이 있어야 한다.[165]

무엇보다 만인제사장직을 강조하면서 목회자의 위치를 부정하는 사람들에 대해 '제2 스위스 신앙고백'은 "제18장 교회의 교역자들, 이들의 제

---

163) 밀라드 J. 에릭슨, 270.
164) 총회교육자원부 편, 262.
165) Ibid., 282.

정 및 이들의 의무에 관하여"에서 하나님은 교회를 세우는 일을 위하여 교역자들을 사용하신다고 하시기 때문에 교역을 무시해서는 안 된다고 하면서 다음과 같이 가르치고 있다.

> 확실히 그리스도의 사도들은 그리스도를 믿는 모든 사람들을 제사장이라 일컫는다. 그러나 제사장이라고 하는 직책을 받아서 그렇게 부른 것이 아니라 모든 신자들은 이미 왕과 제사장이 되었으므로 신자들인 우리는 그리스도를 통하여 하나님께 영적 제사들을 드릴 수 있는 것이다. 그러므로 제사장직과 교역자직은 서로 크게 다르다. 방금 지적한 대로 제사장직은 모든 크리스천들이 공유하고 있으나 교역자직은 그런 것이 아니기 때문이다. 그런데 우리가 교황의 제사장직을 그리스도의 교회에서 제거시켰다고 해서 교회의 교역자직을 폐지시킨 것은 아니다.[166]

한편, 장로제도에 비판적인 의견을 갖는 사람들은 특별히 더 개별적이거나 회중적인 형태의 교회 정치를 주장하는 사람들에게서 나온다. 그들은 장로제도가 성경 안에서 거의 혹은 아무 지지도 발견되지 않는 통치 조직들의 교권제도에 뿌리박고 있다는 사실을 마땅치 않게 생각한다. 뿐만 아니라 그들은 장로 정치 형태가 각각의 모든 신자들에게 교회 정치에서 적절한 역할을 제공해주지 않는다는 사실에 반감을 가지고 있다.[167]

3) 회중제도(congregational)

회중제도는 교회에 따라 정치 형태가 각각 다르고 어떤 교회들은 교단에 어느 정도 권한을 양보한 경우도 있지만 일반적으로 최종적인 권한이 개 교회에 있는 정치 형태이다. 이 제도는 개별적인 그리스도인의 역할을

---

166) 이형기, 184.
167) 밀라드 J. 에릭슨, 273-274.

강조하고 지역 회중을 권위의 자리로 삼는다. 이 회중 제도에서는 자율과 민주주의라고 하는 두 가지의 개념이 회중적인 조직의 기초라고 한다.

자율이란 말은 지역 회중이 독립적이며 자치적이라는 것을 의미한다. 행동 방향을 지역교회에 명령할 수 있는 외적인 권력도 존재하지 않는다. 민주주의란 지역 회중의 모든 회원이 그것의 관심사에서 한 목소리를 갖고 있음을 의미한다. 권한을 소유하고 행사하는 것은 회중의 개별적인 회원들이다. 권한은 고립된 개인이나 선택된 집단의 특권이 아니다. 회중제 내의 민주주의 원리의 두 번째 의미는 교회간의 연합들 속에서의 결정들이 대의 제도의 토대 위에서 이루어진다는 것이다.[168]

회중제도에도 여러 가지 유형들이 있다. 그 가운데는 미국의 침례교회에서 가장 일반적으로 볼 수 있는 형태로 일인장로제도가 있다. 이와 같은 제도에서는 아래의 그림과 같이 목사만이 교회의 장로가 되고, 아래 집사회가 있어서 그를 보좌한다.[169]

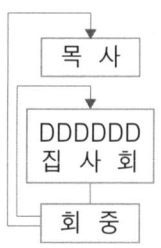

일인장로(일인목사)제도

위의 그림에서 'D'는 집사(Deacon)를 나타낸다. 이 제도에서는 회중들이 목사와 집사를 선출한다. 목사에게 주어진 권위는 교회마다 다르겠지만, 대체로 그 교회에 오래 시무한 목사일수록 더 큰 권위를 갖는다. 집사

---

168) Ibid., 274.
169) 웨인 그루뎀, 132.

의 권위는 종종 자문위원회의 권위 정도로 간주된다. 대체로 이런 제도는 작은 교회에서 유리하고, 많은 결정을 회중이 직접한다.[170]

회중제도를 지지하는 사람들은 다음의 논거를 들고 있다. 사도행전에 의해서 자세히 언급되는 초대교회 시대에는 전체 회중이 직분을 위하여 사람들을 선택하였고 정책을 결정하였다. 그들은 유다의 후임을 선택하였다(행 1장). 그들은 최초의 집사를 선출하였다(행 6장).[171] 뿐만 아니라 그들에 따르면 감독은 단수로 되어 있고, 집사는 복수로 되어 있는 구절들을 지적하면서 일반적인 침례교 정치를 암시하고 있음을 강조한다. 원어를 보면, 감독을 수식하면서 단수 정관사를 사용한 구절이 둘 있다. "그러므로 감독은 책망할 것이 없으며"(딤전 3:2). "감독은 책망할 것이 없고"(딛 1:7). 반면에 집사는 복수로 기록되었다. "이와 같이 집사들도 단정하고…"(딤전 3:8).[172]

반면에 다음과 같은 이유로 회중제도를 반대하고 있다. 첫째로, 디모데전서 3장 1-7절과 디도서 1장 5-7절 등 장로들의 자격에 관한 구절들은 오늘날 직분자들을 위한 성경적인 요구사항이라고 강조하면서 교회에 여러 명의 장로를 두어야 한다는 분명한 명령이 신약성경에 없다고 주장하는 것은 일관성이 없어 보인다. 두 번째로, 어느 교회에서나 회의를 진행하기 위해서는 사회를 볼 사람이 필요하고, 야고보도 예루살렘교회에서 사회나 의장직을 맡았을 수 있다. 그러나 이것이 일인 장로라는 의미에서 그 교회의 유일한 목사였음을 암시하지는 않는다. 사도행전 15장 2절을 보면, 그 교회에 장로들이 있었고, 야고보는 장로보다는 사도로 불렸을 것이다(갈 1:9을 보라). 마지막으로, 디모데전서 3장 2절과 디도서 1장 7절에서 감독을 수식하는 헬라어 정관사는 본이 되는 한 사람에게 적용된 일반적인 자격들을 논하고 있을 뿐이다. 디모데전서 3장 2절은 에베소에 있는 디모데

---

170) Ibid., 130-131.
171) 밀라드 J. 에릭슨, 276.
172) 웨인 그루뎀, 133.

에게 보낸 편지이다.[173]

4) 무정치

이 형태를 선호하는 사람들은 말 그대로 무정치라고 부를 만큼 교회 정치의 특정한 형태를 주장하지 않는다. 퀘이커 교도와 플리머스 형제단과 같은 집단들은 교회가 구체적이거나 가시적인 형태를 띨 필요성을 가지고 있다는 것을 부인한다. 따라서 그들은 모든 정치적인 구조를 사실상 제거하였다. 그들은 대신 성령의 내적인 역사를 강조한다. 성령은 조직들이나 제도들을 통해서보다는 직접적인 방식으로 개개 신자들을 인도하고 그들에게 영향력을 발휘한다는 것이다.

퀘이커 교도들은 "내적인 빛"의 개념을 강조한다. 교회의 회원됨은 엄밀히 말하자면 최소한의 의미를 가지고 있기 때문에 가입하기 위한 어떤 명백한 규칙들이 존재하지 않는다. 뿐만 아니라 어떤 투표도 이루어지지 않는다. 대신에 결정들은 성령이 가져오시는 상호 합의에 의하여 이루어진다. 플리머스 형제단은 사실상 유형교회를 무시한다. 그들은 교회가 일차적으로 모든 참된 신자들로 구성되는 불가시적인 형태로서 지상에 존재한다고 주장한다. 따라서 자체로서의 특정한 공직들을 포함하는 조직은 필요하지 않다. 성령의 통솔이 다스리는 힘이다.[174] 이 제도를 그림으로 설명하자면 아래와 같다.[175]

통치제도 없이 성령에 의한 정치

교회 정치 형태에 관하여 분명히 해야 할 것은, 이것은 우리의 구원에 있어서 그렇게 주요한 교리가 아니라는 사실이다. 신앙인들은 다양한 제도 안에서 각기 효과적이고 편안하게 사역을 해왔고, 각 형태마다 건전한 복음주의 교회들이 속해 있다. 게다가 여러 형태의 정치제도들이 모두 비교적 잘 운영되고 있다. 한 정치 구조에서 약점으로 보이는 부분들이 있으면 그 제도 안에서 각 교회들이 약점들을 보완해 나름대로 잘 운영하면 될 것이다. 그럼에도 불구하고 오늘날 개신교가 왜 이렇게 많은 교파들과 교회가 있느냐고 비난하고 불편해 하는 사람들이 있다. 그런 사람들에게 '제2스위스 신앙고백'이 "제17장 하나님의 보편적이고 거룩한 교회와 교회의 유일하신 머리에 관하여"에서 다음과 가르치고 있음을 상기시키고자 한다.

교회가 상이한 부분과 형태로 나뉘는 이유는 교회 자체 내에 분열이 있기 때문이 아니요, 이 교회의 신자들의 다양성 때문이다.[176]

4. 나가는 글

예수 그리스도를 구주로 고백하는 모든 사람들은 그분의 신비한 몸의 지체인 교회에로 부름 받는다. 그리고 성령께서는 예수님께서 성취하신 구속의 사역을 선택받은 자들의 모인 교회를 통해 구체적으로 적용하신다. 그렇기 때문에 신자들에게 있어서 교회는 참으로 중요한 위치를 차지한다. 그래서 어거스틴은 교회가 없었다면 그는 신앙을 가지지 않았을 것이라고 선언했고, 존 칼빈은 교회를 신자의 '어머니'라고 하였다.

---

173) Ibid., 133-136.
174) 밀라드 J. 에릭슨, 278-279.
175) 웨인 그루뎀, 142.
176) 이형기, 171-172.

그런데 교회가 이처럼 중요한 위치를 차지하고 있음에도 불구하고 많은 사람들은 교회론을 교회 조직의 정치와 행정과 연결시킬 뿐이지 기독교 신앙과 삶에 필요불가결한 실재와 연관시키지는 않는다. 그리고 무엇보다 오늘의 많은 교회들은 교회의 본질을 외면하고 비본질적인 문제로 갈등하고 분열하고 있다. 이와 같은 현상은 결국 교회에 관한 올바른 성경적인 교리가 바탕이 되지 못하기 때문이라고 해야 할 것이다. 그리고 그 결과는 "예수는 좋은데 교회는 싫다"는 소리를 세상으로부터 듣고 있는 것이다.

우리는 신앙고백에서 "거룩한 공교회와 성도의 교제를 믿는다"고 고백한다. 올레비아누스(Caspar Olevianus, 1536-1587)에 의하면 이 고백은 "나는 영원 전부터 하나님이 그리스도 안에서 자기의 은혜 언약을 베푸는 대상, 그리고 이 언약에 속해 있다는 사실을 믿음으로 깨우쳐 줄, 그리하여 나도 하나님의 은혜로 이 모임의 구성원이며 영원히 그러하다는 믿음을 줄, 그런 사람들의 모임을 예비하였고 앞으로도 보존할 것을 믿는다"[177]는 의미이다.

견고한 반석이신 예수 그리스도 위에 세워져 있는 교회는 분명히 살아계신 하나님의 성전이다. 그렇기 때문에 하나의 거룩하고 보편적이며 사도적인 교회는 항상 존재해 왔고 앞으로도 언제나 존재할 것이다. 그리고 이 교회는 그리스도께서 그러하셨던 것처럼 언제나 가난하고 배고프고 아픈 자들과 함께 해왔다. 따라서 참된 교회는 교회의 본질이 회복될 뿐만 아니라 밖으로 돕는 손을 펼치는 교회이어야 한다. 그리스도는 가난한 자들 가운데 계시며, 교회는 자유하게 되어 가난한 자들과의 연대 가운데 들어간 하나님의 백성이다. 개혁교회는 끊임없이 개혁되어야 한다. 따라서 하나님의 교회로 하여금 교회가 되게 하는 것은 오늘 교회에 속한 모든 신자들의 책임이라고 해야 할 것이다.

---

177) 하인리히 헤페, 935.

제11장 종말론에 대한 이해

　　이제 우리는 조직신학의 기나긴 여정을 통해 마지막 단원에 이르렀다. 지금까지 조직신학에 관한 교리들을 순서에 따라 이것이 왜 중요한지에 대해 살펴보았다. 그런데 우리가 살펴본 전통적인 조직신학의 방법들은 마치 하나의 파노라마처럼 펼쳐진다는 사실에서 감탄하지 않을 수 없다. 그리고 그 순서의 마지막 정점에 종말론에 관한 교리가 있다. 일반적으로 종말론이 조직신학의 끝 부분에 위치하고 있지만 그것은 논리상 위치를 말하는 것이지 결코 종말론이 중요하지 않다는 것을 말하려는 것은 아니다. 종말론은 기독교 교리의 부록이 아니라 면류관이며 정점이다. 만일 기독교 교리에 종말론이 없다면 그것은 내용이 없는 형식의 신앙으로 전락하고 말 것이다. 종말론은 기독교에 충만해야 한다. 따라서 기독교 신앙은 역사적인 면에 있어서 종말론적이다. 그런 점에서 종말론은 기독교 신앙의 매체(媒體)일 뿐더러 그 신앙 안에서 모든 것을 조율하는 음(音)이며, 세상 만물이 녹아드는, 기대된 새로운 날의 여명의 색깔이다.

　　기독교 신앙은 기대하는 신앙이다. 신앙은 하나님의 창조와 구속의 사역이 완성될 것을 애타게 기대한다. 성경과 신조에서 그 표현을 살펴보자.

그리스도인들은 '하나님의 나라'(마 6:10)와 '몸이 다시 사는 것과 영생'(사도신경), '새 하늘과 새 땅'(계 21:1)을 희망하면서 그것이 올 것을 위해 기도한다. 또 하나님의 뜻을 거역하고 창조를 어그러뜨리는 죽음과 그 세력에 대해 나타날 '하나님의 최종적 승리'(1967년 미국장로교 PCUSA 신앙고백)를 바라고 기도한다. 종말론, 곧 마지막 일들에 대한 교리는 모든 창조를 향한 하나님의 목적이 성취될 것과, 하나님과의 완전한 교제 가운데 우리의 삶이 완성될 것을 바라는 기독교 희망에 대한 성찰이다.

우리 기독교인들은 역사의 주인이시며 구원의 주가 되시는 예수 그리스도가 재림할 것이라는 사실을 믿고 있다. 뿐만 아니라 기독교인들은 예수의 재림 후 이 세상을 심판하시고 약속한 새 하늘과 새 땅에서 믿음의 성도들이 영생의 삶을 누리게 될 것도 믿는다. 왜냐하면 성경에는 이러한 종말론에 관한 예언이 기록되어 있기 때문이다. 그런 점에서 종말론은 참으로 중요한 성경의 교리이며 우리 모두는 종말론에 대해 궁금해 할 뿐만 아니라 관심을 가지고 있다.

그런데 교회사에서 많은 교리들이 관심을 가지고 논쟁의 중심에 있을 때 종말론은 소외되어 있었다. 심지어 종교개혁 당시에도 성례전에 관한 교리의 논쟁이 활발하게 일어났음에도 종말론에 관한 교리는 거의 관심 밖에 있었다. 그런데 19세기 후반부터 관심을 갖게 된 성령에 관한 교리와 함께 종말론도 관심의 대상으로 다루어지기 시작했다. 그리고 종말론은 1930년대 세계 경제대공황과 제 1, 2차 세계대전을 겪으면서 종말론은 우리 관심의 중심에 자리를 잡기 시작했다고 해야 할 것이다. 따라서 우리는 이 종말론에 관한 성경적 교리들에 대해 관심을 가지고 살펴보려고 한다.

그런데 우리가 종말론에 관한 교리를 살펴보기 전에 먼저 다음과 같은 질문을 하지 않을 수 없다. 종말론이란 무엇이며, 우리가 왜 이것을 알아야 하는가? 인간에게 있어서 죽음은 무엇이며, 그 죽음 이후에는 무슨 일이 일어나는가? 그리고 인류의 미래는 어떻게 될 것이며, 세상의 마지막에는 어떤 일이 일어날 것인가?

이제 우리는 이와 같은 질문들을 생각하면서 종말론에 관한 교리를 살펴보려고 한다.

1. 개인적 관점에서의 종말론

종말론(eschatology)이라는 말은 '마지막'이라는 헬라어의 '에스카토스'($\check{\varepsilon}\sigma\chi\alpha\tau o\varsigma$)와 '논의' 또는 '교훈'이라는 헬라어의 '로기아'($\lambda o\gamma\iota\alpha$)라는 두 헬라어에서 유래된 것이다.[1] 따라서 종말론은 '마지막 일들에 관한 가르침'으로써 여기에는 전통적으로 인간의 전인적인 죽음과 죽음 이후의 전인적인 부활, 그리스도의 재림, 최후의 심판, 세상의 종말, 천년왕국, 천국과 지옥 등의 주제를 포함하고 있다. 나아가서는 창조 세계와 연관될 때에는 새 하늘과 새 땅을 가리키게 된다. 무엇보다 예수 그리스도의 재림에 따른 종말론은 성경 중 어느 한 부분이 아니라 기독교 2,000년 역사를 통해서 일관되게 믿어오고 주장된 신앙의 핵심이라고 할 수 있다.

우리는 여기에서 종말론에 관련된 위와 같은 다양한 교리들 가운데 먼저 개인적인 관점의 종말론에 관하여 살펴보자. 그래야 하는 이유는 모든 사람들은 자신에게 곧 닥쳐올 개인적인 죽음의 문제에 대해서 민감하기 때문이다. 따라서 우리는 성경에서는 개인적인 죽음에 대해 무엇이라고 가르치고 있는가? 그리고 우리의 죽음은 육체만의 죽음인가, 아니면 전인적인 죽음인가? 이와 같은 개인적인 물음에 대해 함께 살펴보려고 한다.

1) 개인의 죽음에 대한 이해

인간에게 있어서 누구나 알고 있는 한 가지는 모든 사람은 죽는다는 사실이다. 성경은 "한 번 죽은 것은 사람에게 정해진 것"(히 9:27)이라고 말

---

1) 목창균, 《종말론 논쟁》(서울: 두란노, 1998), 9.

한다. 이것은 종교를 가진 사람이든, 아니든 동일하게 동의하는 것이다. 인간의 삶은 어떤 의미에서는 죽음을 준비하는 과정이기도 하다. 따라서 모든 인간은 삶의 한 가운데서 죽음을 알며, 죽음에 대처한다. 죽는다는 것은 신과 인간의 차이이고, 죽음을 안다는 것은 인간과 동물의 차이이다.[2]

그렇다면 우리는 죽음을 어떻게 이해를 해야 할 것인가? 일반적으로 인간 개인의 죽음에 대해 죽음 이후에 또 다른 세상이 있다는 것과 인간은 죽으면 모든 것이 끝이라는 두 가지 견해가 존재한다. 어떤 사람들은 죽음 이후의 삶은 없으며 이 땅에서의 삶과 세상만 있을 뿐이라고 생각한다. 그들은 사람도 결국은 동물이며, 누군가 죽었을 때는 동물의 죽음과 똑같은 것이라고 생각하면서 죽음으로 모든 것이 끝난다고 생각을 한다. 그래서 그들은 오직 현실에서의 삶에 집중하면서 죽음 이후의 문제에 대해서는 전혀 관심을 갖지 않으려고 한다. 이러한 인간 죽음에 대한 견해는 아리스토텔레스에게서 찾아볼 수 있다. 아리스토텔레스는 인간의 존재는 죽음으로서 완전히 끝나버린다고 한다. 그에 따르면 죽음 이후에는 영혼도 영생도 부활도 없는 완전 무(無)에 지나지 않는다는 것이다.

그런데 인간이 죽으면 끝이며 내세도, 천사도 없고, 부활도 없다는 생각은 예수님 당시 유대 사회에도 존재하고 있었다. 대표적인 사람들이 사두개인들이다. 이들은 당시 유대 사회에서 상위층에 속했던 그룹으로써 성경 구절에 매우 집착하고 신앙생활과 예배 의식은 보수적인 입장을 취했다. 불행히도 사두개인이 직접 쓴 저술은 현재 남아 있는 것이 없다. 다만 유대 역사가 요세푸스의 기록과 신약성경 또는 사두개인들과 논쟁했던 철학자들의 기록을 통해서 그들의 모습을 짐작할 수 있다. 한 마디로 사두개인은 육체가 멸할 때에 영혼도 함께 멸한다고 주장했다.

이와 같은 사실은 성경에도 기록되고 있다. 마태복음 22장 23절 이하를 보면 부활이 없다고 하는 사두개인들이 예수께 와서 부활에 관해 논쟁

---

2) J. Moltmann, *Das Kommen Gottes: Christliche Eschatologie*, 《오시는 하나님: 기독교적 종말론》, 김균진 옮김(서울: 대한기독교서회, 1997), 108.

하는 모습이 있다.[3] 뿐만 아니라 사도행전 23장에 보면 바울이 예루살렘 공회 앞에서 자신을 변호하면서 그들 가운데 바리새인들과 사두개인들이 함께 있는 것을 보고 자신도 과거에 바리새인이었음을 말하면서 "사두개인은 부활도 없고 천사도 없고 영도 없다"(8절)는 말을 하고 있다. 이 사실을 본다면 사두개인들은 사람은 죽으면 끝이며 그 이상은 존재하지 않는다고 생각했다. 따라서 이들은 인간에게 있어서의 죽음은 죽는 그 순간 모든 것이 끝난다고 하는 존재의 단절로 이해를 하고 있다.

이와 같은 견해는 현대의 휴머니스트들에게서도 찾아볼 수 있다. 이들은 현대는 신화와 환상적 철학을 버리고 성인으로 생각하고 활동해야 하는 시대이며 삶과 운명에 대한 건전한 견해에 따라 활동하는 데 있어서 불멸의 환상을 버리는 것보다 중요한 것이 없다고 주장한다.

그렇다면 성경에서는 개인의 죽음에 대해 어떻게 가르치고 있는가? 성경은 인간의 죽음이 단순한 존재의 단절을 의미하지 않는다는 것을 강조하고 있다. 다시 말해 성경은 인간의 죽음을 다음 세계와의 연속성에서 말하고 있다. 물론 그것이 영혼과 육체의 분리이냐, 아니면 전인적 죽음을 통한 새로운 전인적 존재로서의 부활이냐에 대한 교리적 논란은 있지만 분명한 것은 존재의 단절을 이야기하지 않는다는 것이다.

이것과 관련된 성경의 중요한 본문이 있다. 가장 대표적인 구절이 누가복음 12장 4-5절에서 예수님께서 제자들에 하신 말씀이다. "몸을 죽이고 그 후에는 능히 더 못하는 자들을 두려워하지 말라. (중략) 곧 죽인 후에 또한 지옥에 던져 넣는 권세 있는 그를 두려워하라 내가 참으로 너희에게 이르노니 그를 두려워하라." 병행 구절인 마태복음 10장 28절에서는 "몸과 영혼을 능히 지옥에 멸하실 수 있는 이"라고 했다. 예수님께서는 이 말씀을 통해 사람이 죽으면 그것으로 끝나니 두려워하지 말라고 하지 않으셨다는 사실에 주목해야 한다. 예수께서는 분명히 사람은 죽을 것이며 그 가

---

3) 참고. 막 12:18-27; 눅 20:27-40.

운데 어떤 사람은 지옥에 가게 될 것인데 그것을 두려워하라고 말씀하고 있다. 그러므로 사람은 죽으면 그것으로 끝나는 존재의 단절이 아니라 죽음 이후에 심판에 따라 계속되는 저 세상에서의 삶을 말씀하고 있다.

인간이 죽음으로써 모든 것이 끝난다는 것이 아니라는 사실을 가르치는 또 하나의 성경 본문으로는 누가복음 16장에 나오는 '부자와 나사로'의 이야기이다. 부자의 대문 앞에서 구걸하던 거지 나사로가 죽고, 얼마 후에 세상에서 호화롭게 살았던 부자도 죽었다. 그런데 성경은 이것으로 그들의 삶이 끝났다고 말하고 있지 않다. 나사로는 천국에서 아브라함의 품에 안겼고, 부자는 지옥에서 고통당하는 것을 말하고 있다.

뿐만 아니라 성경에서 죽음에 대해 여러 가지로 묘사하고 있는 사실들에서 죽음은 끝이 아니라는 사실을 알 수 있다. 첫째, 죽음을 잠자는 것으로 묘사하고 있다(신 31:16; 욥 14:12; 요 11:11; 행 7:60; 살전 4:13-15). 둘째, 성경은 죽음에 대해 기운이 다하거나 혼이 떠나는 것으로 묘사하고 있다(창 25:8; 35:29; 행 5:10). 그리고 셋째, 성경은 사람이 죽음으로서 열조에게로 돌아간다고 했다(창 15:15; 25:8). 넷째, 육체의 죽음을 가리켜 이 장막을 벗는다(벧후 1:14)고 했는데, 이 사실에 있어서 바울은 고린도후서 5장 1절에서 하늘에 우리의 장막이 있다고 말하고 있다. 다섯째, 사람이 죽으면 이 세상으로 돌아오지 못할 길로 간다고 했다(욥 16:22). 이와 같은 성경의 가르침에 의하면 사람은 죽음으로써 모든 것이 끝나는 존재가 아니라 이 땅에서의 삶의 내용을 가지고 저 영원한 세상에서 새로운 삶의 영역으로의 전환으로 이해를 하고 있음을 알 수 있다.

따라서 칼빈은 《기독교 강요》 제3권 제25장에서 "그 복스러운 부활을 계속해서 묵상하는 일이 습관으로 되어 있는 사람만이 복음 안에서 충실히 유익을 얻었다 할 것"[4]이라고 말하면서 신자의 부활에 관해 다음과 같이 말하고 있다.

---

4) 존 칼빈, 《기독교 강요 중》, 원광연 옮김(경기도: 크리스챤다이제스트, 2012), 602.

"만일 죽은 자의 부활이 없으면 (중략) 우리가 전파하는 것도 헛것이요 또 너희 믿음도 헛것이며"(고전 15:13-14), 우리가 시시각각으로 위험에 처해 있고 수많은 사람들의 미움과 비난을 받으며 또한 "우리가 (중략) 도살할 양 같이 여김을 받는다"는 사실을 볼 때에(롬 8:36; 시 44:22; 참조. 고전 15:30), 우리의 처지가 모든 사람 가운데 더욱 불쌍할 것이다(고전 15:19). 그렇게 되면 우리가 양자됨으로 받아들이고, 또한 우리 구원을 실현시키는 복음의 권위가 부분적으로가 아니라 총체적으로 무너지고 말 것이다.[5]

2) 죽음 이후의 상태에 대한 이해

모든 사람은 다 죽는다. 그런데 성경은 죽음은 존재의 단절로서 끝이 아니라 새로운 삶의 영역으로의 전환이라고 가르치고 있다. 그렇다면 우리는 여기에서 인간의 죽음 이후의 상태는 어떤 상태인가에 대한 질문을 하게 된다. 그리고 이러한 질문은 곧 영혼의 불멸성이라는 논쟁에 직면하게 된다. 다시 말해 인간의 영혼은 불멸의 존재인가? 아니면 인간은 죽는 순간 그의 영혼도 죽음을 경험하는 전인적 존재로서의 죽음인가? 이 문제는 현대에 와서 20세기 중엽 스위스 바젤 대학교의 유명한 신학자 오스카 쿨만(Oscar Cullmann, 1902-1999)이 "영혼불멸과 죽은 자의 부활"이라는 제목의 논문을 발표하면서 논쟁을 불러일으켰다. 그럼으로써 몸의 중요성이 부각되고, 그와 더불어 영혼과 육체를 이원론적으로 보는 관점이 퇴조하면서 영혼 불멸론이 비판받게 되게 되었다. 그리고 그와 함께 '죽은 자의 부활론'이 서서히 주목을 받아 왔다.

그러나 한국교계나 신학계에서는 아직도 죽음 이후의 상태에 대한 문제의 제기가 본격적으로 이루어지지 않는 것이 현실이다. 뿐만 아니라 한국 교계나 신학에서는 일반적으로 본다면 전통적인 영혼 불멸론이 마치 절

---

5) 존 칼빈, 603-604.

대적인 교리인 것으로 간주되는 경향이 있다. 그렇다면 성경은 사람이 죽은 이후의 상태에 대해 어떻게 가르치고 있는가? 영혼 불멸인가? 아니면 죽은 자의 부활인가? 우리는 이 문제에 대해 성경과 학자들의 견해를 함께 살펴보려고 한다.[6]

(1) 영혼 불멸의 존재로서의 죽음

사실 구약성서와 신약성서, 그리고 교회 안에서의 죽음에 대한 여러 견해를 다룸에 있어서 주요 논쟁 가운데 하나는 영혼 불멸론에 관한 것일 것이다. 그리고 오랫동안 기독교 신학에서는 영혼 불멸론을 가르쳐왔다. 즉, 인간은 영혼과 육체로 구성되어 있는데 인간의 육체는 사멸해 가는 존재지만 인간의 영혼은 불멸한다는 이론이다. 이러한 영혼 불멸론에 대한 견해는 신앙고백서들에서도 나타나고 있다. '웨스트민스터 신앙고백'은 "제32장 사람의 죽음 이후의 상태와 죽은 자들의 부활에 관하여"에서 다음과 같이 가르치고 있다.

> 사람의 육체는 사후에 티끌로 돌아가서 썩어버린다. 그러나 불멸의 생존을 누리는 사람의 영혼(죽지도 잠을 자지도 않는다)은 그것을 주신 하나님께로 곧장 되돌아간다.[7]

위의 신앙고백서에서 볼 수 있듯이 영혼 불멸론에서는 사람이 죽으면 영혼과 육체는 분리되고 육체는 썩어 없어지지만 영혼은 죽지 않고 영생한다고 가르친다. 인간의 영혼은 하나님의 생기로 된 것임으로 죽음을 경험

---

6) "영혼 불멸인가, 죽은 자의 부활인가?"에 대한 논쟁을 이해하기 위해서는 먼저 인간에 대한 성경적인 올바른 이해가 필요하다. 따라서 제5장에서 살펴보았던 인간에 대한 이해를 염두에 두고 이 부분을 살펴볼 수 있기를 바란다.
7) 이형기, 《세계개혁교회의 신앙고백서》(서울: 대한예수교장로회총회 출판국, 1991), 32.

할 수도, 잠이 든 상태로 있을 수도 없다는 것이다.

그런데 영혼 불멸의 개념은 플라톤주의적 헬라 철학에서 나왔다. 헬라 철학에서는 인간이 영혼과 몸으로 구성되어 있는데, 인간의 진정한 실체는 영혼이고 그 영혼은 불멸하는 본성을 가진데 비하여, 몸은 영혼의 감옥과 같으므로 구원은 영혼이 몸으로부터 해방되는 것이라고 가르친다. 이와 같이 플라톤적 이원론에 의하면 영혼은 신적인 것으로 불변한다. 그리고 이러한 영혼 불멸론에 대한 사상은 특히 18세기 계몽주의 시대에 두각을 나타내었다. 계몽주의에 의하면 모든 진리의 원천은 신의 계시 속에서 발견되기보다는 오히려 인간의 이성 속에서 발견된다는 것이다. 이성에 의해 발견될 수 있는 '자연신학'의 세 개의 위대한 진리들은 하나님의 존재, 덕의 중요성, 그리고 영혼의 불멸이다. 영혼 불멸 사상은 임마누엘 칸트(Immanuel Kant, 1724-1804)에 의해서 신랄한 비판을 받게 되지만, 칸트마저도 소위 실천이성이라고 불리는 것이 선결 조건으로서의 영혼 불멸 사상을 계속 지지했다.[8]

영혼 불멸 사상은 기독교에만 나타나는 특별한 개념이 아니라 여러 형태로 바벨론, 페르시아, 이집트, 고대 희랍 등의 수많은 민족들 가운데서도 발견된다. 그리고 이러한 영혼 불멸 사상은 오늘날의 기독교인들에게 깊은 영향력을 미쳤고, 실제 대부분의 기독교인들은 죽음 이후의 인간 운명에 대한 성경의 가르침에 대해 영혼 불멸의 고백을 하고 있다. 이러한 가르침은 거의 예외 없이 한국 교회 속에서도 가르쳐 왔다.[9]

오스카 쿨만이 그의 논문 "영혼불멸과 죽은 자의 부활"(Immortality of the Soul or Resurrection of the Body?)에서 문제를 제기하기 전까지는 대부분의 신학자들이 영혼 불멸론을 주장하고 있었다는 사실이다. 즉, 초대교회 최고 신학자로 불려지는 오리겐[10]과 종교개혁시대의 칼빈을 대

---

8) Anthony A. Hoekma, *The Bible and the future*, 《개혁주의 종말론》, 류호준 역(서울: 기독교문서선교회, 1992), 121.
9) 김명용, "영혼불멸과 죽은 자의 부활," 〈기독교 사상〉(1989. 7), 98.

표로 하여 지금까지도 많은 신학자들이 영혼 불멸론을 주장하고 있다. 현대 신학자들 가운데는 19세기 말 미국 프리스톤 신학교의 거장 하지(A. A. Hodge, 1823-1886)와 미국 유니온신학교 조직신학 교수인 윌리엄 쉐드(William G. T. Shedd, 1820-1894), 그리고 미국 칼빈신학교 교수였던 루이스 벌코프(Rouis Berkhof, 1873-1957) 등이 칼빈 사상을 답습하고 있다.

칼빈은 루터와는 달리 영혼의 불멸에 대하여 종교개혁을 시작하기 전부터 큰 관심을 가졌으며, 그는 재침례파에 대항하기 위한 자신의 최초의 신학 논문 "영혼의 잠에 관하여"(Psychopannychia, 1534)에서 영혼불멸 문제를 다루었다. 그리고 이러한 그의 사상은《기독교 강요》에서도 별다른 수정 없이 나타나고 있음을 보게 된다. 칼빈은 그의《기독교 강요》제3권 제25장에서 육신은 부활하고 영혼은 불멸한다는 내용을 다음과 같이 밝히고 있다.

> 성경은 몸을 오두막집에 비유하면서 우리가 죽을 때 그곳을 떠나는 것이라고 말씀한다. 그리고 이런 점에서 우리가 짐승과 다르다고 가르친다. 그리하여 베드로는 죽음이 임박한 형태에서 그의 "장막"을 "벗어날" 때가 왔다고 말하고 있다(벧후 1:14). 그러나 바울은 일반 신자들에 대해서 말하면서, "만일 땅에 있는 우리의 장막 집이 무너지면 (중략) 하늘에 있는 영원한 집이 우리에게 있는 줄 아느니라"(고후 5:1)라고 말한 다음, 곧바로 이어서 "우리가 (중략) 몸으로 있을 때에는 주와 따로 있는 줄을 아노니"(6절) "우리가 (중략) 원하는 바는 차라리 몸을 떠나 주와 함께 있는 그것이라"(8절)고 덧붙이고 있다. 만일 육체가 죽은 후에도 영혼이

---

10) 오리겐의 영혼불멸론은 플라톤적이지는 않지만 역시 영혼불멸을 가르친다. 요약하면, "첫째, 죽음을 뜻하는 몸과의 분리에서도 영혼은 죽지 않는다. 영혼은 불멸적 존재이다. 둘째, 죄에 대한 사망에서는 영혼이 죽는다. 이 영혼이 하나님을 위해서 살기 위함이다. 셋째, 죄에 의한 영혼의 죽음이 확실한 사망이다." 황점옥, "영혼의 중간 상태에 관한 교리사적 고찰," 〈신학사상〉(1992. 가을), 719.

계속 살아 있는 것이 아니라면 그 영혼이 육체와 분리될 때에 하나님과 함께 있다는 말씀은 과연 무슨 의미인가?[11]

칼빈은 영혼 불멸을 주장하는 이유를 영혼의 독립과 밀접한 관계를 가지고 있다[12]는 것에서 설명하고 있다. 그는 이것의 기초를 주로 창조 사실에 두고 있다. 영혼의 불멸은 하나님의 형상으로 창조된 영혼의 본질과 관련되어 있는 것이다. 칼빈은《창세기 주석》에서 인간의 창조를 3단계로 나누고 있다. 이 3단계 중 마지막 단계이며, 최고의 단계는 인간의 영혼이 하나님의 형상을 부여받음과 동시에 불멸성을 부여받았다는 것이다. 즉 칼빈이 주장하는 바, 인간의 창조를 3단계로 구분할 수 있다. 생명 없는 몸은 흙으로 형성되어 있다. 그 다음에 영혼이 몸에 주어졌다. 몸은 영혼으로부터 생명과 운동을 받았다. 그 다음에 하나님께서는 그 자신의 형상으로 영혼을 인(印)쳐 주었다. 이 하나님의 형상으로부터 불멸이 흘러나온다. 영혼이 하나님의 영과 말씀으로부터 나오기 때문에 그것은 하나님의 불멸에 참여한다는 것이다.

그러나 칼빈은 인간의 영혼 불멸을 하나님의 불멸과는 구분한다. 하나님은 본질상 불멸이시다. 성경에는 하나님만이 불멸을 가지고 있다고 기록되어 있는 것을 칼빈은 알고 있었다. 그런 점에서 천사들도 불멸은 아니라고 보았다.[13] 하나님만이 그의 능력 안에서 영생을 가지고 있으며, 또 천사들과 인간들에게 영생을 부여할 최고의 권리를 가진다. 그러므로 하나님께서 자신의 생명을 피조물에게 불어넣을 때만 피조물은 생명을 부여받게 된다. 만일 하나님께서 인간들에게 불어넣어 주셨던 이 신적 능력을 제거해 버리시면 인간의 영혼 불멸성은 사라지고 말 것이다. 천사들의 경우도 마찬가지라고 할 수 있다.

---

11) 존 칼빈,《기독교 강요 중》, 원광연 옮김 (경기도: 크리스챤다이제스트, 2012), 612.
12) Quistrop,《칼빈의 종말론》, 이희숙 역(서울: 성광문화사, 1995), 96-97.
13) Ibid., 98.

(2) 전인적 존재로서의 죽음

오스카 쿨만은 오랫동안 이의 없이 가르쳐온 영혼 불멸에 대해서 "영혼 불멸과 죽은 자의 부활"이라는 그의 논문을 통해서 영혼 불멸이 성경적이 아니라고 주장한다.[14] 즉, 그는 성경의 인간 이해는 전인적인 이해이지 결코 헬라 플라톤적인 이분법이 아니라는 것이다. 따라서 오스카 쿨만은 전인적 존재로서의 죽은 자의 부활이지 결코 영혼의 불멸이 아니라고 주장한다.

현대신학자들은 영혼 불멸의 이론에는 모두 반대하지만 그 개념을 변용하여 사용하기도 한다. 라찡어(Joseph Aloisius Ratzinger, 1927-)[15]는 영혼 불멸의 개념을 어느 정도 수용하고 있다. 교부시대부터 영혼은 죽음을 넘어 파괴되지 않고 남는 인간의 자아(I)를 가리키는 말로 사용되었다. 인간의 불멸에 대한 본질적인 근거는 거부되어야 하지만 몸의 형상으로서의 영혼이라는 아리스토텔레스의 개념을 차용하고 변형하여 영혼이란 인간 존재의 핵심으로 하나님과의 관계를 가능하게 하는 부분이며 이것이 불멸한다고 주장한다.[16]

그런가 하면 칼 바르트는 영혼만의 독자적인 존재를 인정하지 않는다. 영혼을 소멸되지 않는 불멸적인 본질을 가진 것이라거나, 몸보다 더 우월한 부분으로 보는 것을 비성서적인 것으로 규정한다. 영혼을 소멸되지 않는 선재적인 것, 불멸하는 본질, 몸에 갇혀 있는 더 높은 부분으로 보는 것은 비성서적이라고 보았다.[17] 또한, 판넨베르크(Wolfhart Pannenberg,

---

14) 옥민호, "인간의 죽음과 죽은 자의 부활"(석사학위논문, 장로회신학대학교 대학원, 1997), 42.
15) 라찡어는 교황 베네딕토 16세(라틴어: Benedictus PP. XVI, 재위: 2005. 4. 19-2013. 2. 28)를 말한다.
16) 최태영, "죽은 자의 부활에 대한 연구"(박사학위논문, 장로회신학대학교 대학원, 1997), 18.
17) K. Barth, *Church Dogmatics* III/2 (Edinburgh: T.&T. Clark, 1960), 378.

1928-2014)도 영혼 불멸설은 플라톤적인 사고이고 기독교의 메시지는 죽은 자의 부활이었는데, 이 메시지가 헬라 세계로 복음이 전파되어 나가면서 영혼 불멸설의 관점으로 왜곡되었다고 언급하면서 성경은 육체 없는 영혼의 삶을 알지 못한다고 주장했다.[18]

따라서 오늘날 영혼 불멸론을 반대하는 현대신학자들의 견해를 종합해 보면 대체로 다음과 같다.

첫째, 영혼 불멸론은 영혼이 본질적으로 불멸한다고 보기 때문에 인간 본질의 한 부분을 신성화시킨다. 그런데 불멸의 삶은 하나님의 은총의 산물이지 인간이 본질적으로 가지고 있는 어떤 것이 아니다. 칼 바르트는 하나님만이 영원한 삶의 근거이지 인간 속에 있는 어떤 것이 영원한 삶의 근거일 수 없다고 잘라 말한다.[19]

둘째, 영혼 불멸론은 인간을 이분법적으로 분리하는 플라톤적 인간관에 그 뿌리를 두고 있다. 그런데 인간에 대한 성경의 정신은 인간을 결코 분리하지 않는다. 성경은 인간을 전인으로 이해하고 있으며, 우리의 죽음은 전인으로서의 죽음이고, 우리의 부활과 영생도 전인으로서의 부활이요 영생이다. 로마 가톨릭교회의 《화란 교리서》(1966)는 "죽음은 (중략) 영혼과 육신이 결합된 인간 자체가 죽는 것이다"라고 말하고 있다.

셋째, 성경의 근본 메시지는 영혼 불멸론이 아니고 죽은 자의 부활이다. 바로 이 점이 헬라인들과 기독교인들과의 메시지의 근본적인 차이였다. 헬라인들은 육체의 부활을 전혀 생각하지 못했다. 헬라인들은 육체를 멸시하였고 영혼을 비물질적인 것으로 이해하였다. 그러나 성경은 육체를 멸시하고 육체의 부활을 부정하는 자들을 적그리스도라고 규정했다. 초대교회의 복음은 예수의 육체적 부활이었고, 예수를 따르는 우리도 육체적으로 부활하는 데 있다.[20]

---

18) 김명용, "영혼불멸과 죽은 자의 부활," 102-103.
19) K. Barth, KD III/2, by trans. G. T. Thomson and Harold Knight (Edinburgh: T & T Clark, 1956), 148.

넷째, 성경은 '영혼불멸'이란 표현을 사용하고 있지 않다. 부활이란 단어는 하나님께 대하여, 부활의 때에 인간의 완전한 존재 상태에 대하여, 썩지 아니할 면류관에 대하여, 썩지 아니할 말씀의 씨앗 등에 대하여 사용된 단어이지 결코 인간의 영혼에 대하여 적용된 일이 없다.

이상과 같이 영혼 불멸설은 성경적인 개념과는 차이가 있으며, 헬라 사상이 교회에 들어와서 오용된 것으로 볼 수 있다. 무엇보다도 육체는 사멸하지만 영혼이 불멸한다는 말은 육체의 특정한 부분을 신격화시키는 것이다. 불멸은 하나님께만 속한 것이고 인간의 본성이 될 수 없다. 뿐만 아니라 헬라 사상에서는 인간의 육체가 악하다고 하지만, 하나님이 손으로 만드신 인간의 육체는 악한 것이 아니다. 영혼이 소중하듯 육체 또한 소중하며, 내세의 삶이 소중하듯 현재의 삶도 소중하다.

그렇다면 우리는 여기에서 인간의 죽음이 전인적 존재로서의 죽음이라고 가르치는 성경적 근거가 무엇인가에 대해 살펴보려고 한다. 구약에서의 인간관은 헬라주의적 인간관과는 다르다. 구약에서는 영혼 불멸 사상을 이야기하지 않으며 그것이 구원이라고 말하지도 않는다. 구약에서 보는 인간의 혼(네페쉬, nephesh)은 주로 생기, 생명을 말하는 바, 결코 인간으로부터 분리될 수 없는 부분을 가리킨다. 그리고 구약성경은 인간의 혼이나 영이 사후에도 존속하는 인간의 영원한 부분으로 보지도 않고 있다. 하나님께서 인간의 영을, 즉 그의 호흡을 취하여 가실 때에 인간에게는 죽음이 임하는 것이다(시 104:9; 전 12:7). 그리고 민수기 23장 10절을 보면, 인간의 혼, 즉 네페쉬는 죽을 수 있다고 기록하고 있다. 따라서 구약에서 혼이 사후에도 계속 존재하며 불멸한다는 사상은 찾아 볼 수 없다.

신약에 있어서 초기 기독교의 부활 신앙은 영혼불멸을 믿는 헬라의 사상 세계 안에서 수용되고 헬라 사상과의 변증법적인 관계 안에서 발전되어 왔지만 이 둘은 본래 혼동될 수 없는 차이점을 가지고 있다. 즉 육체와 영

---

20) 김명용, 100-102.

혼으로 구분하는 헬라의 관념과는 달리 히브리적, 성경적 사상은 인간을 이분법적으로 나눌 수 없는 단일성과 통전성의 인격체로 보았다. 그리고 부활에 있어서 몸의 연속성은 신약에서 강조되고 있다. 신약 어디에서도 몸 없는 영혼만을 말하는 구절은 없다. 누가복음 16장의 부자와 나사로 비유에서는 부자가 신체적인 고통을 당하는 것을 볼 수 있다. 또한 신약성경은 영혼의 무의식 상태가 아니라 오히려 그리스도와 함께 행복을 누리거나 종말적 완성을 고대하고 있음을 증거하고 있다.

그러므로 하나님의 피조물인 인간은 헬라철학에서 말하는 것처럼 영혼과 육체, 혹은 영과 혼과 육으로 분리될 수 없고 전인적인 존재로서 하나님 앞에서 살다가(그가 죄인으로 혹은 신앙인으로) 하나님 앞에서 죽는다는 것이다. 이때의 죽음은 육체의 몸만이 당하는 죽음이 아니라 전인적인 인간으로서의 죽음이라는 것이다. 이러한 죽은 자의 부활에 대한 주장은 20세기에 이르러 큰 논쟁이 되어 왔고 많은 신학자들의 지지를 얻고 있으며, 지난 몇 년 동안에 일어난 중요한 신학적 변화라고 볼 수 있다. 그러나 소위 '진보적인' 신학자들이 인간을 '육체'와 '영혼' 혹은 '육'과 '혼'과 '영'으로 나누는 것을 비성경적이고 헬라적인 사상이라고 거부하는데 반해, 아직도 많은 '보수적인' 신학자들은 인간이 본질적으로 '육체'와 '영혼'으로 구성되었다고 본다.

한편, 죽은 자의 부활에 있어서도 그 부활의 시기에 있어서 크게 4가지 이론으로 대립하고 있다. 첫째는 죽은 자가 잠자는 상태로 있다가 역사의 마지막 날에 곧 미래에 전인으로서 부활한다는 이론으로 이것을 언급한 사람은 루터와 오스카 쿨만이다. 둘째는 죽은 자가 천국에서 영혼이 아닌 전인적인 몸으로서 살다가 역사의 마지막 날에 부활한다는 이론으로 대표적인 신학자는 라찡어, 후크마(Anthony A. Hoekema, 1913-1988), 판넨베르크이다. 그리고 셋째는 개인이 죽기 전에 곧 현재 믿는 그 순간에서 이미 부활한다는 것으로 이론에 관해서는 칼 바르트와 에밀 브르너, 그리고 불트만이 주장했다. 마지막으로는 개인이 죽는 바로 그 순간에 부활한다는 것으로 이것은 로마 가톨릭 신학자인 칼 라너, 그레샤케(Gisbert Greshake, 1933-), 로핑크가 대표적인 학자라고 할 수 있다.

2. 중간 상태에 대한 이해

이제 우리는 사람의 죽음과 부활 사이에 어떤 일이 일어나는가에 대해 관심을 갖지 않을 수 없다. 죽음과 부활 사이에 있는 사람들의 상태를 가리켜서 우리는 소위 '중간 상태'라고 한다. 중간 상태의 교리는 매우 중요하면서도 풀어야 할 문제가 많은 주제이다. 어거스틴 이후로 기독교 신학자들은 죽음과 부활 사이의 기간 동안 인간의 영혼들은 구원의 완성이나 파멸의 절정을 기다리면서 안식을 취하거나 고통을 겪고 있다고 가르쳐 왔다. 중세 시대에도 이런 견해가 계속되었으며, 특히 이 이론에 의해 연옥에 관한 교리가 생기게 되었다. 비록 칼빈은 루터보다 이 중간 상태를 의식할 수 있는 존재 상태로 보려는 경향이 강했으나 일반적으로 개혁자들은 연옥설을 반대하면서도 중간 상태의 교리는 계속 지지하였다.

그렇다면 우리는 다음과 같은 질문을 던질 수 있다. 이생에서의 죽음과 부활 사이에 우리는 어떤 상태로 있는 것일까? 이 물음에 대한 실제적인 답변을 가지고 있어야 하는 것은 사별(死別)하는 사람들을 보다 효과적으로 위로하고 돕는데 매우 중요하기 때문이다.

간혹 우리는 사랑하는 사람을 떠나보내고 무덤가에서 이런 질문을 한다. "우리 할머니는 지금 어디에 계시나요? 할머니는 지금 무엇을 하고 계실까요? 우리 할머니는 지금 예수님과 함께 있습니까?" 이러한 질문은 결코 어리석은 사색이나 호기심의 산물이 아니다. 이것을 묻는 사람에게 있어 그 질문들은 결정적인 의미를 가지고 있다. 따라서 이 문제에 대한 적절한 답변을 가지고만 있다면 그는 슬픔에 빠진 사람들을 위로하고 격려해 줄 수 있는 좋은 기회를 갖게 되는 것이다. 그러나 안타깝게도 많은 그리스

도인들이 이러한 질문에 도움이 될 만한 답변을 가지고 있지 않기 때문에 그런 기회를 놓치고 있다.[21]

    많은 그리스도인들이 사별한 사람들을 효과적으로 돕지 못하는 중요한 두 가지 이유가 있다. 첫째는 중간 상태에 대해 언급하고 있는 성경의 구절이 비교적 드물다는 것이다. 실질적으로 성경은 중간 상태에 관해 거의 침묵을 지키고 있으며 성경이 중간 상태에 관해 기꺼이 말하고 있는 것도 육체의 부활을 중심으로 전개되는 인간의 미래에 관한 종말론적 메시지에 연관되어 부차적으로 언급되고 있을 경우뿐이다.

    그리고 또 하나는 최근에 이 교리를 둘러싼 신학적인 논쟁 때문이다. 즉, 20세기 이전의 정통주의는 인간이 죽으면 영혼과 육체가 분리되어 육체는 땅에 묻히고 영혼은 불멸하는 존재로 하나님께 돌아간다고 가르쳤다. 그러나 자유주의는 근본적으로 육체의 부활이라는 관념을 거절하였다. 뿐만 아니라 이들은 미래의 어떠한 부활도 기대하지 않기 때문에 예수님께서 육신의 몸으로 재림하신다는 사실도 믿지 않는다. 자유주의자들과는 견해가 다르지만 오스카 쿨만의 주장으로 논쟁이 된 전인적 인간에 대한 이해는 중간 상태를 부인하는 경향으로까지 나아가고 있다. 이들의 판단에 의하면, 영혼의 불멸이라는 관념은 성경적이 아니라 헬라적인 개념이었다. 따라서 이들은 죽는 순간에 전인적으로 부활하여 하나님께로 간다고 믿기 때문에 그들의 주장에 따른다면 중간 상태는 필요 없게 된다.

    그러나 그럼에도 불구하고 우리가 여기에서 중간 상태에 대해 살펴보려는 것은 이 교리가 아직도 논쟁이 되고 있기 때문이다. 그리고 인간에 대한 이해가 교리적으로 완전한 통일을 이루지 못하는 상태에서 중간 상태의 교리는 여전히 중요한 교리로 성도들에게 위로를 주기 때문일 것이다. 한편 종교개혁 시대 이후 중간 상태의 교리는 개혁주의 신학자들에 의해 가르쳐져 왔으며 개혁주의 신앙고백서들 가운데 반영되고 있다. 따라서 여기

---

21) 밀라드 J. 에릭슨, 《복음주의 조직신학 하》, 신경수 옮김(경기도: 크리스챤다이제스트, 2007), 376.

에서는 중간 상태에 관한 현재의 여러 견해들을 살펴보려고 한다.

1) 영혼 수면설

"영혼 수면설"(soul sleep)은 죽음과 부활 사이의 기간 동안에 영혼이 무의식의 상태로 휴식하고 있다는 관념이다. 16세기에 많은 재세례파들과 소키니아누스주의자들(Socinianism)은 죽은 사람의 영혼이 꿈꾸지 않는 잠을 자고 있다는 견해를 받아들였다. 그리고 오늘날 제7일 안식일 예수 재림교도들은 그들의 '근본적인 신조들' 가운데에 "죽은 상태에 있는 사람의 상태가 무의식의 상태이며, 선하고 악한 모든 사람들이 똑같이 죽음으로부터 부활에 이르기까지 무덤 속에 머무르고 있다"는 개념들을 기록하고 있다. 그러나 이 "영혼의 수면"이라는 구절은 얼마간 오도된 것이다. 재림교도들의 견해에 의하면 인간은 죽음에서 잠에 떨어지는 것이 아니라, 실제로 아무 것도 살아남지 않고 완전하게 비존재가 된다. 그렇기 때문에 안토니 후크마(Anthony A. Hoekema)는 재림교도들의 주장에 대해 "영혼 소멸"(soul-extinction)을 제안하였다. '영혼'이 여기에서 흔히 있는 것처럼 '인격'의 동의어로 사용되고 있다고 우리가 이해하는 한, 안토니가 재림교도들의 입장에 대하여 영혼 소멸이라는 특징을 부여한 것은 아주 제대로 된 것이라고 밀라드 에릭슨은 말하고 있다.[22]

영혼 수면설을 주장하는 성경적인 증거로는 성경이 죽음을 가리키기 위해 종종 잠의 비유를 사용하고 있다는 사실에 대부분 근거하고 있다. 스데반의 죽음이 잠으로 묘사되고 있다. "그가 이 말을 하고 자니라"(행 7:60). 바울은 "다윗은 당시에 하나님의 뜻을 따라 섬기다가 잠들었다"(행 13:36)고 말하였다. 바울은 고린도전서 15장에서 네 번(6, 18, 20, 51절), 그리고 데살로니가전서 4장 13-15절에서 세 번 동일한 표상을 사용하였

---

22) 밀라드 J. 에릭슨, 378-379.

다. 예수께서는 나사로에 대하여 "우리 친구 나사로가 잠들었도다 그러나 내가 깨우러 가노라"(요 11:11)고 말씀하신 다음에 자신의 죽음을 가리키고 있음을 명백히 지적하였다(14절). 이 비유의 문자적인 이해가 영혼의 수면이라는 개념에 이르게 되었다.[23]

그러나 영혼 수면설에 대해 말하는 것은 성경을 잘못 이해하고 있는 것이다. 성경은 우리의 죽음과 부활 사이에 의식을 가진 상태로 존재한다는 사실을 분명하게 가르치고 있다. 우리가 성경을 이해할 때 하나의 단어나 구절만 떼어서 교리를 만들면 안 된다. 성경은 앞 뒤 문맥과 상황을 놓고 함께 통전적으로 이해해야 한다. 따라서 그들이 주장하는 고린도전서 15장의 "우리가 다 잠잘 것이 아니요"라는 구절에서 잠잔다는 말은 단순히 사람들이 더 이상 살아 있지 않다는 사실을 말하고 있다. 여기에서 바울은 '잠'이라는 말을 인간의 죽음을 완곡하게 표현하려고 사용한 단어이다.

뿐만 아니라 성경에는 사람이 죽음 이후에 무의식 상태에 있지 않다는 명확한 증거들이 있다. 그 가운데 하나는 누가복음 16장 19절 이하에 나오는 부자와 나사로에 관한 이야기이다. 나사로와 부자는 무의식 상태에서 잠을 잔 것이 아니라 둘 모두 분명한 의식이 있었다. 죽음 이후에 의식을 지닌 상태로 존재한다는 사실에 대한 보다 중요한 확증은 예수께서 십자가에서 회개한 강도에게 하신 말씀이다. "오늘 네가 나와 함께 낙원에 있으리라"(눅 23:43). 그리고 사도 바울이 고린도후서 5장에서 다음과 같이 한 말에서도 알 수 있다. "우리가 담대하여 원하는 바는 차라리 몸을 떠나 주와 함께 있는 그것이라"(8절). 이 말은 분명히 주님과 함께 의식이 있는 상태로 존재하는 것임을 보여주고 있다. 영혼 수면설이 성경적으로 잘못된 교리라는 것은 빌립보서 1장 23절에 기록된 사도 바울의 고백에서 확인할 수 있다. "내가 그 둘 사이에 끼었으니 차라리 세상을 떠나서 그리스도와 함께 있는 것이 훨씬 더 좋은 일이라." 바울은 앞의 21절에서 "내게 사는

---

23) Ibid., 379.

것이 그리스도"라고 하면서 죽는 것이 더욱 좋다고 말한 이유는 그가 그리스도와 대면하여 그와 함께 누리게 되는 것을 의미하기 때문이다. 만약에 영혼이 부활의 때까지 깊은 잠을 자고 있다면 바울은 이렇게 고백하지 않았을 것이다.

영혼 수면설을 주장하는 이론의 가장 중대한 문제는 인간의 본성이 단일하다는 견해에 귀속되는 개념적인 난점이다. 만약 실제로 인간의 어떤 것도 죽음 이후에 살아남지 않는다면 무엇이 우리의 정체성의 토대가 될 것인가? 만약 영혼, 즉 전인(全人)이 소멸된다면 부활 시에 무엇이 소생할 것인가? 우리는 어떤 근거에서 소생하게 될 것이 죽었던 사람일 것이라고 주장할 수 있는가? 우리는 부활한 몸에 근거하여 부활 이후의 사람과 죽음 이전의 사람을 동일시 할 수 있는 것처럼 보일 것이다. 그러나 이것은 차례로 두 가지의 더 큰 난점들을 드러낸다. 어떻게 똑같은 분자들이 부활 이후의 사람을 형성하기 위하여 함께 결합될 수 있겠는가? 죽음 이후의 사람을 구성하는 분자들은 파괴되었거나 새로운 합성물들을 형성하였거나, 혹은 심지어 다른 사람의 몸의 일부가 되었을 수도 있다. 이와 관련하여 화장은 특별히 어려운 문제를 드러낸다. 그러나 그 외에도, 부활한 몸에 근거하여 죽음 이전과 부활 이후의 사람들을 동일시하는 것은 인간의 본성이 일차적으로 물질적이거나 육체적인 것이라고 생각하는 것이다.[24]

영혼 수면설이 잘못된 교리라는 것은 여러 신앙고백서들에서도 가르치고 있다. '스코틀랜드 신앙고백'은 "제17장 영혼의 불멸"에서 다음과 같이 가르치고 있다.

> 선택된 사람들로서 이미 세상을 떠난 사람들은 화평을 누리고 있다. 이들은 세상의 모든 일을 벗어버리고 안식하고 있다. 어떤 열광주의자들의 주장처럼 이들은 결코 잠을 자고 있거나 망각 속에 있는 것이 아니다.[25]

---

24) Ibid., 380.
25) 이형기, 51.

위의 신앙고백에서 볼 수 있듯이 사람이 죽으면 세상의 모든 일을 벗어 버리고 영혼이 잠을 자거나 무의식 상태에 있는 것이 아니라 화평을 누리며 안식하고 있다. 뿐만 아니라 본 신앙고백은 계속해서 누가복음 16장에 나오는 부자와 나사로의 비유를 말하면서 두 가지 종류의 사람들은 모두 아무 기쁨이나 고통을 느낄 수 없는 그러한 잠을 자고 있는 것이 아니라고 가르치고 있다. 그리고 '제2스위스 신앙고백'도 "제7장 만물의 창조, 즉 천사와 마귀와 사람의 창조에 관하여"에서 "우리는 영혼의 불멸성을 비웃거나 교묘한 이론에 의하여 이것을 의심하는 사람들과 육체가 죽은 후 영혼은 잠을 자고 있다든지 영혼은 하나님의 한 부분이라고 말하는 모든 사람들을 정죄한다"[26]고 했다. '웨스트민스터 신앙고백'은 "제32장 사람의 죽음 이후의 상태와 죽은 자들의 부활에 관하여"에서 "그러나 불멸의 생존을 누리는 사람이 영혼은 죽지도 않고 잠을 자지도 않는다"고 가르치고 있다.

2) 연옥[27]

'연옥'(purgatory)의 교리는 일차적으로 로마가톨릭교회의 교리이기 때문에 전체적인 로마가톨릭교회 교리의 맥락에서 알아보는 것이 필요하다. 우리는 죽음 직후에 개인의 영원한 상태가 결정된다는 관념에서부터 시작한다. 영혼은 그것에 대한 하나님의 심판을 알게 된다. 이것은 정식 판결이라기보다는 오히려 인간이 하나님 앞에서 유죄냐 무죄냐에 대한 분명한 인식이다. 그 다음에 영혼은 "그것의 당연한 응보에 따라 천국이나 지옥이나 혹은 연옥의 어느 한 곳으로 자발적으로 서둘러 옮겨가게 된다."

이 견해가 근거로 삼고 있는 성경의 본문은 히브리서 9장 27절이다. "한 번 죽는 것은 사람에게 정하신 것이요 그 후에는 심판이 있으리니." 이

---

26) 이형기, 132.
27) 연옥에 관한 내용은 다음의 내용을 발췌했음을 밝힌다. 밀라드 J. 에릭슨,《복음주의 조직신학 하》, 380-384.

두 사건의 병치는 죽음 직후에 각 개인의 행선지를 결정하는 심판이 있을 것이라는 사실에 대한 표시로서 이해된다. 사악한 상태에서 죽은 사람들은 직접 지옥으로 가며, 그곳에서 그들은 자신들이 돌이킬 수 없이 버려지게 되었다는 사실을 즉시로 깨닫게 될 것이다. 본성상 영원한 그들의 형벌은 최대한의 모든 행복들을 잃어버렸다는 느낌과 동시에 실제적인 고난으로 이루어진다. 고난은 개인의 사악함에 비례하며 부활 이후에 더 강해질 것이다. 다른 한편으로, 은혜와 회개의 완전한 상태에 있는 사람들은 죽음의 순간에 완전히 순결하게 되며, 직접적으로 천국으로 가게 되는데 천국은 상태와 장소로서 동시에 묘사되지만 일차적으로는 상태로서 생각되어야 한다. 비록 은혜의 상태에 있지만 아직 영적으로 완전하지 않은 사람들은 연옥으로 간다.

중간 상태에 대한 로마가톨릭교회의 견해의 두 가지 다른 특징들은 상당히 제한된 집단들에 적용된다. 즉, "선조 림보"(*Limbus patrum*)는 그리스도 시대 이전에 죽은 성도들의 거처였다. 그리스도가 십자가에서 그의 속죄 사역을 완성하셨을 때, 그는 구약성경의 신자들이 내려가 있는 스올로 내려가서 그들을 사로잡힌데서 구원하였다. 그때 이후로 선조 림보는 비어 있게 되었다. 다음으로, "유아 림보"(*Limbus infantium*)는 세례 받지 못한 유아들을 위한 곳이다. 오직 세례의 성례에 의해서만 제거될 수 있는 원죄로 인하여 그들은 주가 계신 곳으로 갈 수 없다. 그들은 원죄에 대한 형벌―하나님의 임재와 복된 환상의 상실―을 받게 된다. 그러나 그들은 위에서 언급된 고난인 실제적인 죄에 대한 형벌은 경험하지 않는다. 그런데 800년 동안 지켜왔던 '유아 림보'에 대한 로마가톨릭교회의 교리는 지난 2007년 교황 베네딕토 16세에 의해 폐기되었다. 바티칸 산하 국제신학위원회(ITC)는 "세례를 받지 못한 채 죽은 어린아이들도 천국으로 갈 수 있다는 상당한 근거가 있다"는 내용의 유아 림보 개념을 수정한 보고서를 냈으며, 베네딕토 16세 교황이 이를 수용함으로써 기존 유아 림보 교리는 사실상 폐기된 것이다.

토마스 아퀴나스는 죽음 이후에 일어나는 정화(淨化)는 형벌적인 고난들을 통하여 이루어진다고 주장하였다. 이생에서 우리는 구속의 행위들을 수행함으로써 정화될 수 있었지만, 죽은 다음에는 그것이 더 이상 불가능하다. 우리가 지상에서의 행위들을 통하여 완전한 순결을 성취하지 못하는 범위에 대해서는 내세에서 더 많이 정화되어야 한다. 토마스 아퀴나스는 "이것이 우리가 연옥이나 정화의 장소를 가정하는 이유이다"라고 하였다. 토마스 아퀴나스는 또한 고난의 장소로서의 연옥은 지옥과 연결되어 있다고 말하였다. 반면에 조셉 폴은 연옥에 있는 사람들이 하나님의 자녀들이면 조만간에 복된 자들의 거처로 받아들여질 것이기 때문에 이것은 천국과 연결되어 있다고 주장한다. 그러나 그들이 최종적으로 연옥으로부터 천국으로 옮겨지는 것은 확실하고 명확하지만 언제 구원받을 것인지는 불확실하며 정화의 비율도 변하기 쉽다.

한편, 용서받을 수 있는 죄들에 대한 용서는 세 가지 다른 방식으로, 즉 하나님 편에서의 무조건적인 용서에 의하여, 그리고 고난과 고해 성사의 행위를 수행함으로써, 또한 통회(contrition)에 의해 성취될 것이다. 그런데 연옥에 있는 영혼들은 구속의 선행을 수행할 수 없기 때문에 오직 수동적인 고난에 의해서만 속죄할 수 있다. 그러나 연옥에 있는 영혼들이 천국으로 가는 과정에서 아직 지상에 있는 충실한 신자들의 의하여 도움을 받을 수 있는 세 가지 방편— 즉, 미사와 기도와 선행 —이 역시 존재한다. 이 세 가지 방편은 연옥의 고난이 충분한 효력을 얻는데 필요한 기간을 줄여준다. 영적인 완전에 도달하게 되면 어떤 용서받을 수 없는 죄도 남아 있지 않으며 영혼은 해방되어 천국으로 들어가게 된다.

로마 가톨릭교회는 연옥에 대한 믿음을 전승과 성경 양쪽에 논거를 두고 있다. 우리는 1439년 피렌체 공의회(the Council of Florence)에서 채택된 일치 교령(the Decree of Union)에서 이 교리에 대한 분명한 진술을 발견하게 된다. "영혼들은 죽음 이후에 연옥의 고통들에 의해 정화되며 이러한 고통들로부터 구원받기 위하여 그들은 살아 있는 믿음의 대도(代禱),

즉 미사와 기도와 자선과 다른 경건한 선행의 희생에 의하여 은혜를 입게 된다." 트렌트 공의회[28]는 이 믿음을 되풀이하여 말하였으며, 그것을 위한 전거들로서 다수의 교부들과 대회(synod)들을 지적하였다. 토마스 아퀴나스는 연옥에 관한 글을 썼으며, 또한 죽은 자의 유익을 위하여 기도하고 미사를 드리고 자선을 베푸는 것에 관한 옛 전승도 존재하고 있다. 터툴리안은 죽은 자를 위한 연제(年祭) 미사들, 즉 연옥에 대한 믿음을 암시하는 예배를 언급하였다.

로마가톨릭교회가 연옥에 대해 근거로 삼고 있는 일차적인 성경 본문은 외경인 마카베오후서 12장 43-45절이다.

> 그(유다 마카베오)는 또한 각 사람에게서 모금을 하여 은 이천 드라크마를 모아 그것을 속죄의 제사를 위한 비용으로 써 달라고 예루살렘으로 보냈다. 그가 이와 같이 숭고한 일을 한 것은 부활에 대해서 생각하고 있었기 때문이었다. 만일 그가 전사자들이 부활할 수 있다는 희망을 가지고 있지 않았다면 죽은 자들을 위해서 기도하는 것이 허사이고 무의미한 일이었을 것이다. 그가 경건하게 죽은 사람들을 위한 훌륭한 상이 마련되어 있다는 생각을 하고 있었으니 그것이야말로 갸륵하고 경건한 생각이었다. 그가 죽은 자들을 위해서 속죄의 제물을 바친 것은 그 죽은 자들이 죄에서 벗어날 수 있게 하려는 것이었다.

가장 흔히 인용되는 신약성경의 본문은 마태복음 12장 32절인데, 여기에서 예수는 "또 누구든지 말로 인자를 거역하면 사하심을 얻되 누구든지 말로 성령을 거역하면 이 세상과 오는 세상에도 사하심을 얻지 못하리라"고 말씀하신다. 로마가톨릭교회 신자들은 이 구절이 오는 세상에서 어떤 죄들(즉, 성령을 거역하여 말하는 것과는 다른 죄들)이 용서받게 될 것이라

---

28) 트렌트 공의회는 루터의 95개조 반박문으로 실추된 로마 가톨릭교회의 권위를 되찾고 새로운 개혁을 이루기 위해 열린 공의회이다.

는 것, 즉 어거스틴과 다른 교부들에 의하여 주장된 해석을 의미한다고 주장한다. 로마 가톨릭교회의 신자들은 또한 고린도전서 3장 15절도 인용한다. "누구든지 공적이 불타면 해를 받으리니 그러나 자신은 구원을 받되 불 가운데서 받은 것 같으리라."

그러나 개신교에서는 로마가톨릭교회가 연옥 개념을 주장하는 이러한 근거들을 받아들이지 않는다. 무엇보다도 로마가톨릭교회가 강하게 근거로 내세우는 마카베오후서는 개신교들이 정경인 성경으로 인정하지 않는 외경에 있다. 그리고 마태복음 12장 32절에 대한 추론은 오히려 무리한 것이다. 이 구절은 어떤 죄들이 오는 세상에서 용서받게 될 것이라는 사실을 결코 지지하지 않는다. 더욱이 연옥의 개념은 공로에 의한 구원을 함의하고 있다. 그 이유는 사람들이 적어도 부분적으로 그들의 죄를 속죄할 수 있는 것으로 생각되기 때문이다. 그러나 이 관념은 갈라디아서 3장 1-14절과 에베소서 2장 8-9절을 포함하여 성경의 많은 분명한 가르침들과는 상당히 모순된다. 따라서 연옥의 개념은 거절되어야 한다.

3. 주의 재림과 천년왕국 신앙에 대한 이해

마지막 일들에 대한 종말론에 관한 교리는 그 내용이 대단히 많다. 따라서 조직신학을 주제별로 살펴보기 위해 시작한 이 책의 의도는 이 모든 교리들의 내용을 설명한다는 것은 지면상으로 불가능할 뿐만 아니라 책의 본래 의도와도 맞지 않는다. 따라서 우리는 지금까지에서 개인의 종말과 사람의 죽음과 부활 사이의 중간 상태에 관한 교리들을 살펴보았다. 그런데 종말론은 개인적인 종말에 관한 것만 아니라 우주적인 종말도 포함된다. 우주적인 종말에 대해 살펴보려면 우리는 반드시 예수님의 재림과 천년왕국에 관한 교리들을 살펴보지 않을 수 없다.

1) 주의 재림과 관련된 우리의 신앙

성경은 예수님의 재림에 대해 분명하게 가르치고 있다. 뿐만 아니라 주의 재림은 예수께서도 스스로 강조하셨을 뿐만 아니라 자주 언급하셨다. 우리가 복음서를 읽어보면 예수님이 가르침을 주시고 자신의 죽음을 예고하셨을 뿐만 아니라 재림에 대해서도 분명하게 가르치셨다는 사실을 알 수 있다.

무엇보다 사도행전을 펼쳐보면 우리는 처음부터 이 주제를 만나게 된다. 부활하신 예수님은 제자들이 마지막 때에 일어날 일들에 대해 질문을 할 때 "오직 성령이 너희에게 임하시면 너희가 권능을 받고 예루살렘과 온 유대와 사마리아와 땅 끝까지 이르러 내 증인이 되리라"(1:8)는 말씀을 하시고 제자들이 보는 가운데 하늘로 올라가셨다. 그리고 그 모습을 바라보고 있는 제자들을 향해 천사가 말했다. "너희 가운데서 하늘로 올려지신 이 예수는 하늘로 가심을 본 그대로 오시리라"(11절). 이후에 오순절 성령 강림 사건 후 베드로가 미문에 앉아 있는 나면서 걷지 못하게 된 장애인을 고치면서 무리를 향해 외쳤던 설교의 주제도 예수님의 재림이었다. "주께서 너희를 위하여 예정하신 그리스도 곧 예수를 보내시리니"(행 3:20). 예수님의 재림은 초대교회와 그리스도인들이 붙잡았던 핵심적인 메시지였다. 그리고 주의 재림에 관한 메시지보다 교회에 더 큰 위로를 주는 것은 없었다는 사실을 성경과 교회 역사는 가르치고 있다. 그것은 힘든 세상에서 핍박에 처한 최초의 그리스도인들과 교회, 그리고 모든 시대의 순교자들과 믿음을 고백하는 자들을 격려해 주었다. 뿐만 아니라 예수 그리스도의 재림은 복된 소망이자 교회가 고대하는 것인 동시에 그리스도인들로 하여금 거룩한 삶을 살게 하는 큰 동기가 되기도 했다.[29]

---

29) 마틴 로이드 존스, 《교리강좌 시리즈 3》, 임범진 옮김(서울: 부흥과개혁사, 2012), 139-140.

그럼에도 불구하고 오늘날 교회와 신자들에게는 예수 그리스도의 재림에 관한 교리가 간과되거나 소홀히 여겨지고 있다. 그와 같은 이유로 마틴 로이드 존스(David Martyn Lloyd-Jones, 1899-1981)는 다음과 같이 말하고 있다. 다시 말해서, 오늘 주의 재림에 관한 교리가 소홀히 여겨지는 이유로는 첫째, 우리 모두 안에 있는 영적 무기력의 경향 때문이라고 했다.[30] 사실 사람들은 자신이 처한 삶과 환경에 영향을 받는다. 우리는 언제나 우리를 낙심시키고 우리의 삶을 다른 일들로 가득 채워서 우리가 예수 그리스도의 재림에 관한 소망을 잊어버리게 만들고 있다. 그렇기 때문에 주의 재림에 관한 이 교리는 핍박과 환난의 때에 가장 두드러지게 드러나는 경향이 있다. 그러나 오늘에는 그와 같은 핍박과 환난이 우리의 삶을 위협하지 않는다. 국민소득 2만불이 넘는 시대를 살아가는 우리는 개국 이래 가장 넉넉하고 풍요로운 생활을 누리고 있다. 오늘 우리에게는 상대적 가난함은 있지만 절대적인 가난함을 찾아보기는 어렵다. 그러나 이러한 삶과 환경들이 우리 영적 생활을 무기력하게 만들고 있는 것도 사실이다. 그리고 이것은 주의 재림을 소홀히 여기는 하나의 원인이 되기도 한다.

마틴 로이드 존스가 말하는 주의 재림에 관한 교리가 소홀히 여김을 받는 두 번째 이유는, 주의 재림의 참된 의미를 왜곡하는 거짓된 관점과 터무니없는 가르침에 대해 일종의 소심함과 신중함을 가지고 있기 때문이라고 했다.[31] 어떤 사람들은 주님의 재림을 그리스도인들이 죽어서 이 세상을 떠나는 것으로 해석한다. 그런가 하면 예수님의 재림은 오순절 날 성령이 교회에 임했을 때 그 때 일어난 일이라고 가르치고 있다.

그러나 오늘날 다수의 그리스도인들로 하여금 주의 재림에 대해 소홀히 여기는 이유는 이러한 왜곡된 가르침보다 극단적인 종말론으로 인한 거부감 때문이라고 해야 할 것 같다. 우리는 이것을 지난 1992년 10월 28일에

---

30) Ibid., 140.
31) Ibid., 141-142.

주님이 재림하신다고 외쳤던 다미선교회의 이장림 씨를 통해 경험했다. 이 장림 씨의 사건 이후로 오늘 이 시대의 교회와 성도들은 종말론을 그다지 중요하지 않은 위경(僞經)이나 쪼그라든, 너절한 부록으로 취급하고 있다는 점이다. 그래서 종말론에 관한 설교가 교회에서는 별로 인기를 얻지 못하고 있을 뿐 아니라 거론조차 부담스러워하고 있다. 물론 교회와 교인들은 주께서 어느 날인가 분명히 재림하실 것이지만 내가 살고 있는 동안에는 오시지 않을 것이라고 생각하고 있다는 것이다. 아니 상당히 많은 교인들은 어쩌면 주님은 오시지 않을 수 있다고 생각하고 있는지 모를 일이다.

그러나 우리가 분명히 알아야 하는 것은 어떤 날에 관심을 가지고 그 날에 주님이 재림하신다는 극단적인 종말론자들을 경계해야 하지만, 그렇다고 주님은 오시지 않을 수 있다는 극단적으로 부정적이고 소극적인 종말론은 경계해야만 한다. 우리가 주의 재림과 관련하여 기억해야 할 사실은 성경은 주의 재림이 "밤에 도적 같이" 이를 것을 강조하고 있다는 것이다.[32] 뿐만 아니라 성경은 모든 곳에서 주의 재림에 관해 강조하면서 가르치고 있다.[33]

따라서 주의 재림 문제와 관련하여 우리는 다음 몇 가지 원칙에 따라 신앙생활을 해야 한다. 첫째, 예수의 재림은 반드시 있을 것이다. 성서의 기록과 우리의 체험과 철학적 논리에 근거하여 그렇게 말할 수 있다. 둘째, 그 시기는 우리에게 감춰져 있기 때문에 함부로 예측해서는 안 된다. 셋째, 우리는 오늘이 곧 재림의 날이요 역사의 마지막 날이라고 생각하고 최선을 다하여 하나님의 뜻에 따르는 신앙생활을 해야 한다.

---

32) 주께서 도적 같이 오실 것이라는 성경 구절은 다음을 참조하라. 살전 5:2, 4; 벧후 3:10; 계 3:3; 16:15.
33) 주의 재림을 강조하고 있는 성경 구절은 다음을 참고하라. 마 10:23; 24장; 25:19; 26:64; 막 9:1; 13장; 눅 12:39-40; 요 14:19; 행 1:10-11; 고전 15:52; 살전 5:2; 딛 2:13; 히 9:28; 벧후 3:10-12; 계 1:7; 22:20.

2) 천년왕국 신앙에 대한 이해[34]

우리는 역사의 주인이시며 구원의 주가 되시는 예수 그리스도께서 다시 오신다는 사실을 믿는다. 뿐만 아니라 그가 오셔서 이 세상을 심판하시고 약속하신 새 하늘과 새 땅에서 믿음의 성도들이 영생의 삶을 누리게 될 것도 믿는다. 왜냐하면 성경이 이것을 증언하고 있기 때문이다. 예수 그리스도의 재림에 대한 신약과 구약에 나타난 교훈은 본질적인 차이가 없다. 한결 같이 역사 안에 영광스럽게 임하시는 그리스도의 인격적이고 역사적인 재림을 강조하고 있다.

그리스도의 재림을 비롯하여 말세에 일어날 사건들의 시간적 순서에 관해서는 초대 교회 이래로 지금까지 많은 신학적 토의가 있었다. 그렇다면 이제 우리는 역사의 마지막 상황에 대해 다음과 같은 질문을 던지지 않을 수 없다. 즉, 주님이 오시기 전의 세상 종말의 상태는 어떤 모습일까? 우리 주님은 천년 왕국 이전에 오시는가, 아니면 이 땅에서 천년 왕국이 이루어진 이후에 오시는가? 그것도 아니라면 천년이라는 기간이 없이 바로 오시는가? 한 마디로 천년설인가, 무천년설인가?

그리스도의 재림을 비롯하여 우주의 마지막에 일어날 사건들 가운데 논쟁이 많은 부분이 바로 그리스도의 재림과 천년왕국과의 관계였다. 천년왕국(Millenninum)은 '천'(Mille)과 '연'(Anni)의 두 라틴어가 합성된 단어이다. 이것은 일천(chiliad)이라는 헬라어로부터 유래하였다. 따라서 일천년왕국설(chialism)과 천년왕국설(Millennialism)은 같은 뜻이다. 천년왕국의 존재 여부와 그 시기에 따라서 천년 왕국은 크게 세 가지 학설로 나뉘어진다. 즉 전천년설(Premillennialism)과 후천년설(Postmillennialism), 그리고 무천년설(Amillennialism)이다. 전천년설은 천년 왕국 이전

---

[34] 초기 한국교회사에 나타났던 전천년설과 천년왕국 신앙에 관해서는 다음 논문을 참고하기 바란다. 오주철 "한국교회사에 나타난 전천년설의 기원과 발전과정에 대한 교리사적 이해와 연구," 박사논문, 계명대학교 대학원, 2008.

에 그리스도의 재림이 있다는 이론이고, 후천년설은 천년왕국 이후에 그리스도의 재림이 있다는 이론이다. 그리고 무천년설은 문자 그대로 천년왕국은 존재하지 않는다는 이론이지만 실상은 실현된 천년왕국을 주장한다.[35]

우리는 여기에서 교회사에서 논쟁되어 왔을 뿐만 아니라 지금도 여전히 논쟁 중심에 있는 천년왕국 신앙에 대해 함께 살펴보려고 한다.

(1) 요한계시록 20:1-6에 나타난 천년왕국에 대한 이해

천년설에 대한 성경적인 근거는 요한계시록 20장 1-6절에서 유래한 것으로 이것에 대한 해석은 참으로 다양하다. 그리스도의 재림이 천년왕국 이전에 있느냐, 후에 있느냐 또는 단지 비유적이냐에 따라서 천년왕국에 대한 입장이 달라지기 때문이다. 무엇보다도 20장 4절, 6절에 사용된 동사 '바실류인'($\beta\alpha\sigma\iota\lambda\epsilon\acute{u}\iota\nu$)을 '왕노릇한다' 고 번역한 것이 천년왕국으로 오해하도록 자극하고 있다. 사실 본문에는 장소에 관한 표현이 어디에도 명시되어 있지 않다. $\beta\alpha\sigma\iota\lambda\epsilon\acute{u}\iota\nu$은 항상 "왕이 되다"와 "왕으로서의 통치권을 행사하다"(왕노릇하다), "왕으로서 다스리다"만을 의미하지는 않는다. 이 단어는 때때로 "지배하다", "권한을 행사하다"의 의미로도 사용된다(참조. 롬 5:14, 21; 6:12; 고전 4:8). 이 때 $\beta\alpha\sigma\iota\lambda\epsilon\acute{u}\iota\nu$의 주제가 꼭 왕일 필요는 없다. 본문에서 $\beta\alpha\sigma\iota\lambda\epsilon\acute{u}\iota\nu$이 나타나는 내용은 성도들이 왕이 된다거나 왕으로서의 권한을 행사한다는 것이 아니라, 왕이신 그리스도의 통치 행위에 성도들도 동참한다는 사실이다. "그들이 천년동안 그리스도와 더불어 왕노릇한다"(계 20:4, 6)는 표현을 근거로 '왕국' 이나 '천년왕국' 을 고집하는 것은 잘못된 것이다.[36]

그리고 여기에서 가장 문제가 되고 있는 것은 '천 년' ($\chi\acute{\iota}\lambda\iota\alpha$ $\acute{\epsilon}\tau\eta$)에

---

35) 김명용, "1992년 재림론, 천년왕국, 열 뿔 짐승과 666,"《시한부종말론 과연 성격적인가》(서울: 대한예수교장로회총회출판국, 1991), 123.
36) 정훈택, "하나님의 나라와 천년," 〈목회와 신학〉 31(1992. 1), 101.

대한 이해이다. 사실 한국교회는 요한계시록 20장 2절에 나오는 '천 년'을 '천년왕국'으로 번역하여 사용함으로서 불필요한 어려움을 불러일으키고 있다. '천년왕국'이라는 번역은 요한계시록 20장이 하나님의 나라와는 다른 또 하나님의 나라나 하늘나라와 비교할 수 있는 어떤 다른 '왕국'을 전혀 소개하고 있지 않다.[37] 칼빈도 《기독교 강요》 제3권 제25장에서 천년왕국론으로 그리스도의 통치를 천년으로 제한하는 것은 조작해 낸 논리로서 너무나 유치하기 때문에 반박할 가치도 없다[38]면서 다음과 같이 말하고 있다.

> "천"(千)이라는 숫자는(계 20:4) 교회의 영원한 복락의 상태를 뜻하는 것이 아니라, 교회가 지상에서 수고하는 동안에 당하게 될 온갖 고난의 기간을 지칭하는 것이다. 오히려 정반대로, 모든 성경은 택한 자들의 복락과 악인의 형벌에 끝이 없을 것임을 선포하고 있는 것이다(마 25:41, 46).[39]

우리가 알거니와 요한계시록은 상징적인 숫자들로 가득 차 있다. 따라서 '일천'($\chi\acute{\iota}\lambda\iota\alpha$)이라는 숫자도 엄격하게 문자적 의미로 해석되어서는 안 된다는 것이 타당하다. '열'이란 숫자가 완전성을 나타내기 때문에 우리는 '천 년'($\chi\acute{\iota}\lambda\iota\alpha\ \check{\epsilon}\tau\eta$)이란 표현을 완전한 기간, 결정할 수 없는 길이의 무한한 기간을 의미하는 것으로 생각할 수 있다. 요한계시록의 구조에 관해 말한 내용이나 20장 7-15절의 내용(사단의 잠깐 동안의 활동, 최후의 전쟁, 최후의 심판을 묘사하고 있다)에 의해 우리는 여기에서 말하고 있는 천년기가 그리스도의 초림으로부터 그의 재림 직전 시기까지의 기간을 포함하는 것으로 결론내릴 수 있다.[40]

---

37) Ibid., 100.
38) 존 칼빈, 《기독교 강요 중》, 610.
39) Ibid., 611.
40) Anthony A. Hoekema, 323.

무엇보다도 '천년'이라는 말이 이미 예수 당대 이전부터 유대교 묵시문학에서 "도래할 메시아 왕국"("새 세계" 혹은 "오는 세상")을 가리키는 상징적인 용어로 사용되었다는 점은 문학 장르상으로 볼 때 묵시문학적인 성격을 띠고 있는 요한계시록에서 '천년'이란 말이 문자적인 의미라기보다 오히려 "새로운 시대", "메시야 시대" 혹은 "새로운 시기" 등을 뜻하는 상징적인 의미로 사용되었을 가능성을 더욱 짙게 한다.[41]

결론적으로 천년왕국이라는 단어는 성경 어디에서도 발견되지 않는다. 따라서 그러한 나라는 별도로 존재하지도 않는다고 말해야 할 것이다.

(2) 전천년설(Premillennialism)

전천년설은 요한계시록 20장 1-6절에 나오는 '천년'이라는 단어를 문자적으로 해석함으로써 예수 그리스도가 재림한 후에 천년왕국이 이루어진다는 이론이다. 이 이론에 따르면 예수 그리스도께서 먼저 이 땅에 재림하셔서 사탄을 천 년 동안 가둔 후에 부활한 성도들과 살아 있던 모든 성도들과 함께 예루살렘을 중심으로 자신의 천년왕국을 건설하여 '천년' 동안 세상을 통치하신다고 주장한다. 그리고 천년이 지난 후에 주님은 사탄의 세력과 마지막 전쟁을 벌여서 사탄의 세력을 완전히 멸하고, 그 다음 죽은 불신자들이 부활하게 되고, 그들에 대한 마지막 대심판을 통해 영원한 지옥의 형벌에 처하게 되며, 그 후 영원한 신천신지가 이루어진다고 보는 것이다.[42] 이 전천년설에서는 세상은 점점 악해져 간다는 비관적인 입장에서 역사를 이해하고 있다. 그렇기 때문에 어떤 면에서 전천년설은 신자들에게 현실 세계를 비관하게 함으로써 염세적인 신앙을 갖게 하는 면도 있다.

그런데 이 이론에 따르면 주님은 적어도 두 번 재림하시고, 세대주의

---

41) 최갑종, "계시록 20:1-6의 해석과 천년왕국설," 〈신약논〉 제6권(서울: 한국신약학회, 2000. 4), 225.
42) Ibid., 215.

적 전천년설에 따르면 세 번 재림하시게 된다. 그러나 성경에는 분명히 주님의 재림은 죽은 자들이 모두 살아나고 최후의 심판이 벌어지는 역사의 마지막 날에 단 한 번만 있을 것이라고 가르치고 있다. 뿐만 아니라 전천년설에 따르면 성도들의 부활도 적어도 두 번 있다고 가르치고 있다(세대주의자들에 따르면 세 번이 되겠지만). 즉, 신자들은 주님께서 천 년을 통치하시기 위해 재림하는 그 순간에 부활하지만 불신자들은 천 년 통치가 끝나고도 잠시 동안은 부활하지 않는다고 가르치고 있다. 그리고 역사의 마지막 날에 선인과 악인이 부활하게 된다는 것이다.

그러나 이러한 것은 성경의 가르침이 아니다. 무엇보다 선인이 주의 재림 때 먼저 부활한다는 주장은 예수님의 가르침에도 위배된다. 예수님께서는 요한복음 5장 28절과 29절에서 "무덤 속에 있는 자가 모두 그의 음성을 들을 때가 오나니, 선한 일을 행한 자는 생명의 부활로, 악한 일을 행한 자는 심판의 부활로 나오리라"고 말씀하셨다. 여기에 선인과 악인이 천 년의 간격을 두고 부활한다는 내용은 어디에도 없다. 다만 예수님은 선인과 악인이 모두 함께 부활하는 한 번의 부활이 있을 것이라고 말씀하셨다.

전천년설의 문제 가운데 또 하나는 베드로나 바울과 같은 다른 신약성경의 저자들은 천년왕국에 대해 침묵하고 있다는 것이다. 우리가 잘 알듯이 베드로후서는 고난당하는 성도들에게 주의 재림을 통해 그들을 위로하기 위해 쓰여진 서신이다. 베드로후서 3장에 보면 주님의 천 년 통치를 암시하는 어떤 구절도 찾아볼 수 없다. 베드로가 아는 것이라고는 주님의 날에 큰 불을 가져와 우리가 아는 세상이 멸망당하리라는 것뿐이다. 악과 죄는 세상에서 타 없어져 버릴 것이다. "이제 하늘과 땅은 그 동일한 말씀으로 불사르기 위하여 보호하신 바 되어 경건하지 아니한 사람들의 심판과 멸망의 날까지 보존하여 두신 것이니라"(벧후 3:7). 이것은 역사의 마지막 날에 일어날 일이지만 이것은 동시에 일어난다고 가르치고 있다. 그리고 13절에는 "의가 있는 곳인 새 하늘과 새 땅을 바라보도다"라는 글이 나온다. 여기에는 천 년 통치에 대해 아무 것도 말하지 않고 있다.

그런데 길선주(吉善宙, 1869-1935) 목사는 이러한 전천년설의 신앙을 가졌을 때에 다음과 같은 긍정적인 면이 있음을 말하고 있다.

> 예수께서 속히 오실 것을 확신하고 준비하는 것은 신자의 당연한 본분이다. 이러한 신앙에서 간절한 기도도 생기고 성경을 깊이 연구하려는 열심도 나고 전도하지 않고는 견딜 수 없는 열정도 발하는 것이다.[43]

위의 글에서 알 수 있듯이 예수가 속히 올 것에 대한 말세적 재림의 신앙은 신자로 하여금 간절한 기도와 성경을 보다 깊이 연구하려는 열심과 전도하려는 열정이 생기는 신앙생활의 동력이 된다는 것이다. 전천년설은 교인들로 하여금 예수의 재림을 소망하는 가운데 신앙을 굳게 지키면서 슬픔을 위로할 뿐만 아니라 전도에 관한 열심을 일으키는데 긍정적인 요인을 제공하게 된다.

한편, 전천년설에 관한 이 이론은 사도 시대부터 시작하여 3세기까지 초대교회가 일반적으로 받아들였던 견해이다. 초대교회는 보편적으로 그리스도의 인격적 재림과 천 년 동안 또는 천년왕국 동안 지상에서의 그리스도의 인격적 통치에 대한 신앙을 고수했다. 이것이 사도적 교부들과 변증가들의 지배적인 신앙이었으며 단지 2세기 초의 영지주의자들만이 예외일 뿐이었다. 그리고 이 교리는 《바나바의 편지》에 최초로 언급되었으며, 헤르마스(Hermas), 파피아스(Papias, 70?-156?), 저스틴(Justin Martyr, 약 100-약 165), 이레니우스(Irenius of Lyon, 120-202), 터툴리안 등이 지지하였다.[44] 무엇보다도 이 교리는 특별히 복음주의 혹은 보수주의 진영에서 강한 지지를 받고 있는 이론이다.

한편, 전천년설에도 몇 가지 차이를 보고 있다는 점에서 역사적 전천년설(Historic Premillennialism)과 세대주의적 전천년설(Dispensational

---

43) 길선주, "말세학," 〈신앙생활〉 제4권. 7월호, 16.
44) 로레인 뵈트너, "후천년기설," 《천년 왕국》, 클라우스(편)(서울: 성광문화사, 1990), 14.

Premillennialism)로 나누어진다.

① 역사적 전천년설(Historic Premillennialism)

세대주의적 전천년설과 구별하여 역사적 전천년설을 이야기하는데, 이것은 그리스도의 재림과 관련된 사건들의 순서에 대한 견해 차이로 구분된다. 역사적 전천년설은 휴거는 대환란 끝에 있으며 교회는 환난을 통과할 것이라고 주장한다.[45] 역사적 전천년설은 그리스도의 재림을 두 단계, 즉 공중 재림과 지상 재림으로 나누지 않고 지상 재림이 한 번이라고 주장하며, 성도의 공중 휴거 교리 또한 받아들이지 않는다. 그렇지만 7년 대환난, 아마겟돈 전쟁, 천년 왕국의 기대는 세대주의적 종말론과 동일하다. 이것을 그림으로 설명하면 다음과 같다.[46]

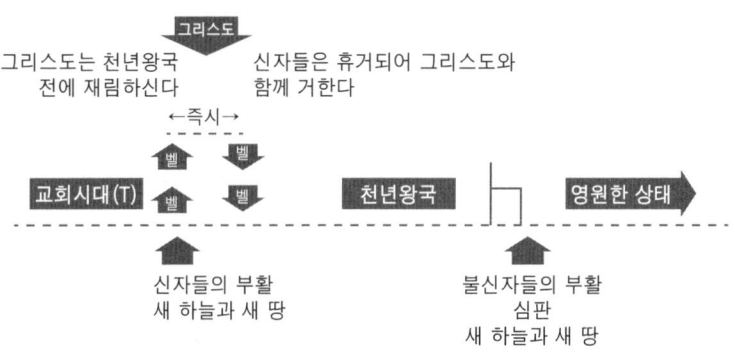

역사적 전천년설에 의하면 몇 가지 사건들이 그리스도의 재림 전에 발생해야만 한다. 즉 온 민족들의 복음화, 대환란, 대반역과 배도하는 일의

---

45) Loraine Boettner, *The Millennium* (Philadelphia: Presbyterian and Reformed Publishing Co. 1957), 139-141.
46) 웨인 그루뎀, 《조직신학 하》, 노진준 옮김(서울: 은성출판사, 2009), 417.

발생, 한 개인적 적그리스도의 출현 등이다. 그리고 교회는 이 최후의 환난을 통과해야만 한다. 그리스도의 재림은 두 단계에 걸쳐 실현되는 것이 아니라 단일한 사건이다. 그리스도가 다시 오실 때 죽은 신자들은 부활하게 될 것이고 그때까지 살아 있는 신자들은 변화를 받아 영화롭게 될 것이다. 그리고 그때에 이 두 그룹의 신자들은 하늘에 들어 올려 주님을 공중에서 맞이하게 될 것이다.[47] 공중에서 이러한 일이 있은 후에 신자들은 그리스도와 함께 이 땅으로 내려오게 될 것이다.[48] 그러므로 이것은 두 개의 사건이 아니라 하나이다.

그리스도께서 이 땅에 내려오신 후에, 적그리스도가 죽임을 당할 것이며 적그리스도의 강포한 통치가 끝장 날 것이다. 바로 이 시기나 이 시기 직전에 살고 있던 대다수의 유대인들이 그들의 죄를 회개하고 그리스도를 저산들의 메시아로 믿게 되며 또한 구원을 얻게 된다. 그리고 그리스도께서는 자신의 천년기 왕국을 세우시는데 이 왕국은 대략 일천 년 동안 지속될 것이다.[49] 여기에서 유념해야 할 것은 천년기를 최종 상태와 혼동되어서는 안 된다는 것이다. 왜냐하면 천 년기 동안에는 계속해서 죄와 죽음이 존재하기 때문이다.

결국 이러한 과정에 따라서 역사적 전천년설에 따른 역사의 마지막 때에 일어날 사건들의 순서는 다음과 같다. 즉, 대환난―그리스도의 재림―성도들의 부활―적그리스도의 멸망―천년왕국―곡과 마곡의 반란―악인의 부활―백보좌 심판―신천 신지의 순서로 진행된다.[50]

이러한 역사적 전천년설이 이 땅의 한국 교회에 소개된 것은 초기 선교사들에 의해서이다. 그리고 박형룡은 한국교회의 신학 전통을 역사적 전천년설이라고 하였다.[51] 이러한 역사적 전천년설을 주장하는 학자로는 조지

---

47) 그런 의미에서 역사적 전천년주의자들은 후환난기적 휴거를 믿는다.
48) Anthony A. Hoekema, 259-260.
49) Ibid., 260.
50) 목창균, 275.

래드(George Eldon Ladd), 오스카 쿨만, 비즐리 머레이(G. R. Beasley-Murray), 하인리히 크리스토르프(Heinrich Quistorp) 등이 있다.[52]

② 세대주의적 전천년설(Dispensational Premillennialism)

여기에서 먼저 알아야 할 것은 세대주의적 전천년설은 비교적 최근에 발생한 학설이다.[53] 비록 전천년기설은 2세기 이후로 기독교 신학자들에 의해서 주장되어 왔지만, 하나님의 백성을 교회와 이스라엘이라고 두 개의 별도의 백성들로 엄격하게 구별하는 교리를 지닌 세대주의라고 불리는 이 신학적 체계는 존 넬슨 다비(John Nelson Darby, 1800-1882)에 의해서 시작되었다.[54] 그는 세대주의 해석학과 신학을 발전시켰으며, 이후 어빙(Edward Irbing, 1792-1843)과 스코필드(Cyrus I. Scofield, 1843-1921)에 의해 체계화되었다.

세대주의 전천년설은 스코필드 관주 성경의 출판으로 급격하게 확산되었다. 그리고 드와이트 펜티코스트(Dwight Pentecost), 존 왈부드(John Walvoord), 찰스 라이리(Charles Ryrie)에 의해서 다듬어졌다.[55] 특별히 한국교회가 세대주의적 영향을 많이 받게 된 것은 선교사들에 의해서였다. 그리고 예수교장로회신학교 출신 목사들이 세대주의적 전천년설을 따랐는데, 그 가운데 대표적으로는 길선주 목사를 들 수 있다. 현재는 오순절 계통에서 지지를 받고 있다. 세대주의적 전천년설을 아래와 같이

---

51) 황승룡, 《조직신학(하)》(서울: 한국장로교출판사, 1993), 547.
52) Donald G. Bloesch, *Essentials of Evangelical Theology: Life Ministry & Hope*, 이형기, 이수영 역, 《복음주의신학의 정수: 삶, 사역, 희망(Ⅱ)》(서울: 한국장로교출판사, 1999), 257-258.
53) Ibid., 267.
54) Clarence B. Bass, *Backgrounds to Dispensationalism* (Grand Rapids: Eerdmans, 1960), 7, 64-99.
55) 김정우, "세대주의 성경해석 원리와 종말론," 〈목회와 신학〉(서울: 두란노, 1992), 43.

그림으로 설명할 수 있다.[56]

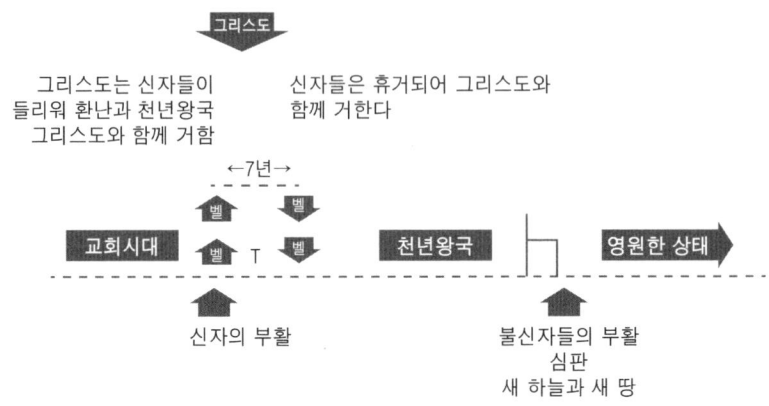

그리스도께서 재림 후에 일천 년 동안 이 땅에서 왕노릇 하실 것이라는 확신은 세대주의적 전천년설과 역사적 전천년설이 함께 공유하고 있다. 그러나 역사적 전천년설은 휴거는 대환난 끝에 있으며 교회는 환난을 통과할 것이라고 주장하는데 반해, 세대주의 전천년설은 휴거가 대환난 전에 있으며 교회는 대환난을 통과하지 않을 것이라고 주장한다. 또한 역사적 전천년설은 성경적 근거를 오직 신약 성경에만 두는데 반해 세대주의적 전천년설은 천년왕국의 근거를 주로 구약 성경에 두고 있다.[57]

그런데 사실상 세대주의적 전천년설의 주요한 특성들을 진술한다는 것은 쉬운 일이 아니다. 왜냐하면 세대주의자들 안에서도 지엽적인 문제에 관해서 서로 의견들이 있기 때문이다.[58] 그러나 세대주의자들의 일반적인 주장에 따르면 마지막 때에 세계적인 7년 대환난이 있고 그 직전에 그리스도께서 공중에 재림하신다고 한다. 이 때 죽은 성도가 부활하여 살아 있는 성도와 함께 공중으로 휴거되어 강림하시는 그리스도를 공중에서 영접하

---

56) 웨인 그루뎀, 418.
57) 목창균, 274-275.
58) Anthony A. Hoekema, 269.

며 대환난을 피하게 된다(살전 4:16). 그리고 7년 동안 진행되는 어린 양의 잔치에 휴거된 자들이 참여하여 기쁨을 나누는 동안 지상에서는 7년 대환난과 적그리스도의 통치가 전개된다(단 9:24-27). 그 후 대환난의 마지막 때에 그리스도께서 지상에 재림하여 아마겟돈 전쟁을 통해 악의 세력을 정복하고 사탄을 결박하여 무저갱에 가둔다. 그리고 천년왕국을 건설하여 성도들과 함께 왕노릇하신다. 천년왕국이 끝나면 사탄이 일시 풀려나고 곡과 마곡의 반란이 일어난다. 그러나 사탄의 세력은 불로 섬멸되고 사탄은 불못에 던져진다. 그 후 악인들이 부활하여 최후 심판(백보좌 심판)을 받아 지옥으로 가고, 성도들은 영원한 천국(신천 신지)으로 들어간다.[59]

개혁주의 교회에서는 세대주의적 전천년설을 받아들이지 않는다. 그럼에도 불구하고 이들 세대주의자들이 성경의 축자적 영감설과 무오성을 받아들이고 있다는 점은 긍정적으로 보아야 한다. 뿐만 아니라 철저하게 성경적이라는 점이 그들로 하여금 선교와 경건 생활에 열심히 임하게 했다는 것은 높이 평가해야 할 것이다.

그러나 세대주의적 전천년설은 해석에 있어서 많은 비판을 받고 있다. 특별히 안토니 후크마는 세대주의적 전천년설에 대하여 다음과 같이 비판하고 있다. (1) 세대주의는 성경 계시의 근본적 통일성을 공평하게 다루는 데 실패했다. (2) 하나님께서 이스라엘과 교회에 대한 서로 다른, 분리된 계획을 갖고 있다고 주장하는 것은 오류이다. (3) 구약은 장차 미래에 지상적 천년왕국이 있을 것이라고 가르치지 않는다. (4) 성경은 유대인들의 천년기에 그들의 땅으로 회복되어 돌아갈 것이라고 가르치지 않는다. (5) 왕국의 도래가 연기되었다고 가르치는 세대주의자들의 주장은 성경의 뒷받침을 결여하고 있다. (6) 교회는 괄호에 해당하는 세대주의자들의 가르침은 성경이 지지하지 않는다. (7) 그리스도가 다시 오신 후에도 사람들이 구원에 들어올 것이라고 기대하는 것은 전혀 성경적 기반을 갖고 있지 않다. 세대주

---

59) 목창균, 274.

의자들이 말하는 천년기는 요한계시록 20장 4-6절에서 묘사하는 천년기가 아니다. 따라서 한 마디로 세대주의적 전천년설은 성경과 조화를 이루지 못하는 성경 해석체계로서 마땅히 배척되어야 한다.[60]

(3) 후천년설(Postmillennialism)

성경을 상징적 또는 영적으로 해석하고 있는 후천년설은 예수 그리스도의 재림 시기에 있어서 전천년설과 정반대의 입장을 취하고 있다. 이 후천년설은 오늘날에 와서는 주장하는 사람이 별로 많지 않지만 그래도 이 주장은 오랜 교회사에서 나름대로 교회에 영향을 상당히 미쳤던 이론 가운데 하나이다. 후천년설은 성공적인 복음 전파와 성령의 역사를 통해 평화가 널리 확산되고 악이 추방됨으로써 점진적으로 세계가 천년 왕국으로 전환되며, 그리스도의 재림은 이 천년 왕국 시대의 말기에 있을 것이라고 주장하는 이론이다. 우리는 후천년설을 설명함에 있어서 아래의 그림과 같이 설명할 수 있다.[61]

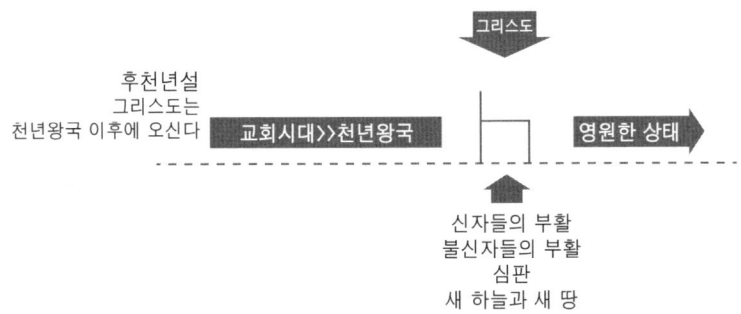

후천년설의 선구자는 4세기 티코니우스(Tichonius)였다. 그는 천년왕국이 미래에 있을 그리스도의 지상 통치로 이해하는 요한계시록 20장에 대

---

60) Anthony A. Hoekema, 278-316.
61) 웨인 그루뎀, 415.

한 전통적 해석을 거부하고 천년왕국을 현 시대로 간주했다.⁶²⁾ 따라서 현 세대의 역사 속에서 이 땅 위에 기독교의 황금시대가 올 것이며, 번성과 평화가 이루어질 것이라고 주장한다.

후천년설을 주장하는 이들은 성경적 근거를 다음과 같이 내세우고 있다. 이들은 로마서 11장 25-26절을 해석함에 있어서 그것이 유대인의 정치적 왕국이 회복되는 것으로 해석하지는 않지만, 미래에 유대 민족이 대규모로 개종하게 될 것이라고 해석한다. 벤자민 워필드(Benjamin B. Warfield, 1851-1921)는 요한계시록 20장 1-6절은 현재의 교회 시대 동안에 사탄이 결박당하고 있는 것과 또한 현 세대 기간 중 이미 죽은 신자들의 영혼들이 그리스도와 함께 하늘에서 통치하고 있는 것을 묘사하고 있다고 주장한다.⁶³⁾ 그리고 이들은 마태복음 13장의 몇 가지 비유를 인용하고 있다. 예를 들면, 온 반죽을 부풀게 하는 누룩의 비유나 모든 씨 중 가장 작지만 큰 나무가 되어 공중의 새들이 그 가지에 깃들이게 되는 겨자씨의 비유 등이다. 이 비유들은 복음 전파의 결과 하나님의 나라가 확장되어 전 세계를 덮을 것임을 분명히 가르치는데, 우리는 아직까지 그에 해당하는 일을 경험한 적이 없다는 것이다.⁶⁴⁾ 더 나아가서 이들은 온 나라들로 제자를 삼으라고 그리스도께서 명하신 마태복음 28절 18-20절의 선교 위임명령을 인용하고 있다. 그는 계속해서 이 위임은 복음이 전파될 것이라는 단순한 선언이 아니라 모든 나라들의 효력적 복음화가 그리스도의 재림 전에 완성될 것이라는 약속을 의미하는 것이라고 주장한다.⁶⁵⁾

한편, 후천년론자들은 세 가지 점에서 무천년론자들과 견해가 일치한다. 즉 (1) 후천년론자들은 천년기가 그리스도께서 지상적 왕위를 가지고

---

62) 목창균, 275-276.
63) Anthony A. Hoekema, 252-254.
64) 로이드 존스, 341.
65) Robert G. Clouse, *The Maening of the Millennium* (downers Grove: IVP, 1977), 118.

가현적으로 통치하시는 것으로 생각하지 않는다는 점, (2) 그들은 천년기가 전적으로 천 년 동안만 계속되는 것으로 이해하지 않는다는 점, (3) 그들은 천년기 이후에 그리스도가 재림하신다고 생각한다는 점이다.[66]

후천년설은 복음적인 주석가와 신학자들에게 큰 영향을 미쳤다. 감리교 계통의 알미니안 신학자들은 거의 대부분 후천년주의자였다. 왓슨(Richard Watson), 포프(Pope), 레이몬드(Raymond), 웨이크필드(Wakefield), 마일리(Miley), 등이 그들이다. 칼빈주의 또는 개혁주의 신학자로는 찰스 핫지(Charles Hodge)와 그의 아들 핫지(A. A. Hodge), 워필드(B. A. Warfield), 스트롱(A. H. Strong), 쉐드(Shedd), 보이스(Boyce) 등이 이를 지지했다.[67] 그 외에도 대표적인 학자로는 뵈트너(Loraine Boettner)를 빼놓을 수는 없을 것이다.

하나님 나라의 현재적 면에 관심을 기울이면서 신자들에게 복음 전파와 올바른 생활방식을 장려하고 있다는 점에 있어서는 후천년설의 긍정적인 면으로 보아야 할 것이다. 그러나 후천년설의 긍정적인 면이 또한 문제점인 동시에 이 이론이 쇠퇴하게 된 원인으로 지적되고 있다.

후천년설의 문제점에 대해서 안토니 후크마는 다음과 같이 제기하고 있다. (1) 후천년론자들에 의해 미래적 천년기 황금시기를 가리키는 것으로 해석되고 있다는 구약의 예언들은 사실상 구속받은 공동체의 최적 상태를 묘사하고 있는 것이다. (2) 마태복음 24장의 대환난, 그리고 데살로니가후서 2장의 배도에 관한 일반적 후천년론적 해석은 정당화 될 수 없다. (3) 요한계시록 20장 1-6절은 후천년론적 입장을 지지하지 않는다. 즉, 요한계시록 20장 1-6절은 현재의 세대 동안에 신자들의 영혼들이 그리스도와 더불어 하늘에서 왕권을 가지고 통치하는 것을 묘사하는 구절이지 결코 미래의 황금 시대를 그려주고 있는 것은 아니다. (4) 그리스도의 재림 전에 미래적 황금 시대가 있다는 후천년론자들의 기대는, 하나님의 왕국과 악의 세

---

66) Anthony A. Hoekema, 252.
67) 목창균, 277.

력들 간에 있는 이 세상 역사 속의 계속적인 긴장 상태를 올바로 다루지 못하게 된다.[68]

(4) 무천년설(Amillennialism)

무천년설에 대하여 살펴보기 전에 먼저 알아야 할 것은 무천년설이라는 용어 자체가 별로 만족스럽지 못하다는 사실이다. 무천년설이라고 하면 마치 무천년론자들은 어떠한 종류의 천년설도 믿지 않거나 또는 천년기적 통치에 대해 말씀하고 있는 요한계시록 20장 1-6절을 무시하는 듯한 인상을 주고 있기 때문이다. 비록 그리스도의 재림 직후 문자적으로 일천 년동안 지상적 통치 기간이 있을 것을 무천년론자들이 믿지 않고 있는 것이 사실일지라도 무천년설이라는 용어는 무천년론자들의 견해를 정확하게 묘사하고 있는 용어는 아니다.[69]

따라서 제이 아담스(Jay E. Adams)는 *The Time is at Hand*[70]에서 제안하기를 무천년주의라는 용어는 '실현된 천년기론'(realized millennialism)이라는 표현으로 대치되어야 한다고 주장한다. 확실히 실현된 천년기론이란 용어가 보통 통용되는 용어인 무천년주의라는 용어보다 더 정확히 "무천년적"(amillennial) 입장을 대변해 주고 있다. 왜냐하면 "무천년주의자들"(amillennialists)은 요한계시록 20장의 천년기가 미래를 의미하는 것이 아니라 지금 실현 과정에 있다고 믿기 때문이다. 그러나 실현된 표현은 다소 어색한 데가 있고, 무엇보다도 무천년설이라는 용어가 보편적으로 사용되고 있기 때문에 무천년설이라는 용어를 사용하는 것이 타당할 것이라고 본다.[71] 우리는 무천년설을 다음과 같이 그림으로 설명할 수 있다.[72]

---

68) Anthony A. Hoekema, 255-259.
69) Ibid., 249-250.
70) Jay E. Adams, *The Time is at Hand* (Philadelphia: Presbyterian and Reformed, 1970), 7-11.
71) Ibid., 250.

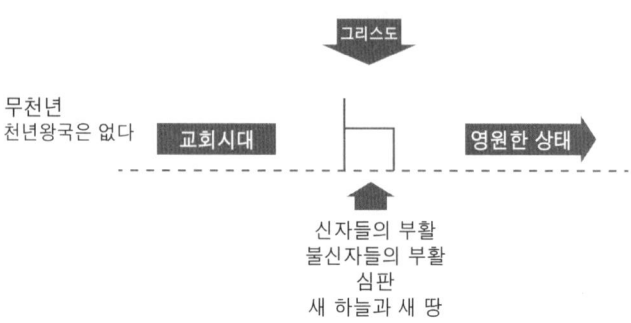

　무천년설은 "성경이 세상의 종말 전에 이 지상에 천년왕국 또는 세계적인 평화와 공의의 기간이 있으리라 예고하지 않았다"고 주장하는 종말론이다.[73] 그렇다고 해서 무천년설이 천년왕국이 없다고 주장하는 것은 아니다. 보다 정확하게 말하자면, 무천년설은 문자적이고 가시적인 천년왕국, 다시 말해서 천년 동안의 그리스도의 지상 통치가 없다고 보는 주장이다. 앞에서 언급했듯이 무천년설에서는 실현된 천년왕국설을 말한다. 그러므로 천년 왕국을 미래적인 것이 아니라 지금 실현되고 있는 것으로 보거나 그리스도의 초림과 재림까지의 교회 시대로 간주하고 있다는 것이다.

　따라서 무천년론자들은 요한계시록 20장에 언급된 천년기를 예수님의 초림으로부터 재림까지의 기간을 가리키는 상징적이고 영적인 숫자로 해석하고 있다. 이들은 요한계시록 20장 1-3절에 나오는 사탄의 결박을 그리스도의 초림과 재림 사이의 기간 동안에 계속적으로 일어나고 있는 것으로 해석하며 이것은 단회적인 그리스도의 재림 바로 직전에 끝나게 되는 것으로 해석한다. 무천년설을 주장하는 사람들은 사탄이 음부에 결박당한 상태이며 그 세력이 급격히 감소된 상태라는 것을 증거하는 구절로 마태복음 12장 39절을 제시하고 있다. 이들은 요한계시록 20장 4-6절에 언급된 천년기를 이미 죽은 신자들의 영혼들이 하늘에서 그리스도와 함께 현재적

---

72) 웨인 그루뎀, 414.
73) Loraine Boettner, *The Millennium*, 109.

으로 통치하고 있는 것을 묘사하고 있는 것으로 해석하고 있다.

무천년론자들은 미래의 영화롭고 완전한 왕국이 장차 올 새 삶의 새 땅 위에 건설될 것을 바라보면서도 동시에 하나님의 왕국은 승리하신 그리스도가 말씀과 성령으로 자기 백성들을 통치하심으로써 지금 이 세상 속에서 나타나고 있다고 주장한다. 그리스도께서 죄와 악에 대하여 결정적인 승리를 이미 쟁취하셨다는 사실에도 불구하고 악의 왕국은 이 세상 끝날까지 하나님의 왕국과 함께 계속적으로 존재하고 있는 것이다.[74] 그리고 장차 예수님께서 재림하실 때 사탄의 세력이 완전히 격파를 당하고, 그 때 신자와 불신자의 시간적 간격 없이 모든 죽은 자들이 일시에 부활하게 되며 이어 이들에 대한 최종적인 심판과 구원을 결정하고 그런 다음 영원한 신천신지가 이루어진다고 보고 있다.[75] 따라서 무천년론자들에 따르면 신자들은 부활하신 그리스도와 함께 "이미"(already) 이 땅에서 이루어져가고 있는 하나님의 나라를 맛보면서, 또한 장차 주님의 재림으로 이루어질 영원한 신천신지를 "아직"(not-yet) 기다리고 있다.[76]

한편 무천년설과 후천년설을 구별하기 쉽지 않다. 두 진영에서 어거스틴, 칼빈, 워필드 등을 자신들의 선구자로 주장하는 것이 이를 말해 준다. 이러한 혼선은 두 이론이 많은 공통점을 지니고 있는데서 비롯되었다. 예를 들어, 후천년설과 무천년설 모두 요한계시록 20장의 '천년'이란 숫자를 문자적으로 해석하지 않고 상징적으로 해석하여 천년왕국을 교회 시대라고 주장한다. 대부분의 무천년론자들은 자신의 입장을 후천년설과 구별하기보다는 전천년설과 구분하는 경향이 있다. 그리고 후천년설에는 상당히 호의적인 경향을 보이고 있고, 또 많은 무천년론자들은 전에 후천년론자들이었다.[77]

---

74) Anthony A. Hoekema, 250-251.
75) 최갑종, 216.
76) Ibid., 217.
77) 밀라드 J. 에릭슨, *Contemporary Options in Eschatology*, 박양희 옮김, 《현대종말론

사실 무천년설은 19세기까지 후천년설과 뚜렷하게 구별되지 않은 채로 존재하였다. 그러다가 20세기 들어 후천년설이 인기를 상실하고 쇠퇴함에 따라 양자가 보다 분명히 구별되기 시작했다. 그러나 후천년설은 그리스도의 지상 통치를 인정하는 데 비해, 무천년설은 그것을 부정하고 영적인 통치만을 인정한다.[78]

무천년설이 언제 누구에 의해서 시작되었는지는 아직도 논란이 되고 있다. 바나바의 편지에서 기원을 찾는 이도 있고,[79] 오리겐과 어거스틴에게서 찾는 이도 있다.[80] 특히 어거스틴은 후천년설과 무천년설 어느 쪽으로 분류되든지 간에 무천년설의 형성에 크게 공헌하였다. 왜냐하면 그의 요한계시록 해석이 무천년설의 근본 토대가 되었기 때문이다. 그는 천 년이란 숫자를 상징적인 것으로, 천년왕국을 교회 시대로, 사탄의 결박을 그리스도의 초림 때 이루어진 것으로 해석했다.[81] 그러나 어거스틴이 천년왕국을 현재의 복음 시대 전체와 동일시한 점과 마지막 심판 앞에서 천 년간에 걸친 그리스도의 지상 통치를 부정한 점에서 그는 무천년설적이다.[82] 즉, 어거스틴은 천년왕국은 미래에 있는 것이 아니라 이미 시작되었으며, 우리가 지금 천년왕국 안에 있다고 가르쳤다.[83]

무천년설은 개혁교회와 루터교회, 정통 장로교회 계통의 보수주의자들이 주로 지지하며, 미국의 칼빈신학교와 웨스트민스터신학교가 무천년

연구》(서울: 생명의 말씀사, 1996), 90-91.
78) 목창균, 280.
79) 전천년론자인 디드리히 크로밍거(Diedrich H. Kromminga)는 바나바서(Epistle of Barnabas)에서 '아주 초창기 무천년적 유형의 종말론'을 발견했다고 한다. 그러나 교회사 연구가들은 크로밍거의 주장을 논박한다. 밀라드 J. 에릭슨, *Contemporary Options in Eschatology*, 95-96.
80) 목창균, 279.
81) Ibid., 279-280.
82) Boettner, *The Millennium*, 110-111.
83) Millard J. Erickson, *Christian Theology*, vol. 3 (Grand Rapids: Baker Book House, 1985), 106.

설을 가르친다. 무천년설을 주장하는 대표적인 학자로는 오리겐, 어거스틴, 마틴 루터, 존 칼빈, 쯔빙글리, 벌코프, 카이퍼(Abraham Kuyper), 바빙크(Herman Bavinck), 렌스키(Lenski), 영(E. J. Young), 보스(Geerhardus Vos), 안토니 후크마 등이 있다.

무천년설은 현실적 낙관주의를 가지고 있다는 점에서는 긍정적으로 보아야 한다. 이들은 근본적으로 낙관주의적 세계관과 역사관, 인간관을 가지고 있다. 이들의 종말관은 공포나 불안을 주는 것이 아니라 자주적이며, 상쾌하고 도전적인 종말론이다. 그리스도가 역사에 대한 주(主) 되심을 감지할 수 있는 비전을 주는 동시에 결국에는 그리스도와 하나님의 나라가 승리한다는 확신을 보여는 종말론이다.[84]

그러나 무천년설에도 문제가 없는 것은 아니다. 가장 큰 문제는 요한계시록 20장 1-6절에 대한 해석이다. 래드(G. F. Ladd)는 *The Kingdom of God*에서 '살아서' ($ἔζησαν$)에 대하여 무천년설은 첫째 부활(첫째 $ἔζησαν$)을 '영적인 부활'로 보고, 둘째 부활(둘째 $ἔζησαν$)은 '육체적인 부활'로 해석하고 있는데 이것은 잘못된 해석으로서 해석의 일관성을 결여한 것이라고 비판하고 있다.[85] 그리고 무천년설은 현실에 대해서 낙관적인 입장을 가지고 있기 때문에 현재 중심적이다. 따라서 무천년설은 역사의 마지막이나 예수의 재림에 관한 종말론적 사건을 너무 약화시켰다는 비난을 받고 있다.

(5) 천년왕국 신앙에 대한 바른 자세

우리는 지금까지 천년왕국에 대한 여러 견해들을 살펴보았다. 그렇다면 우리는 이 견해들 가운데 어느 것을 선택해야 하는가? 물론 지금의 세

---

84) 이종성, 《종말론 I》(서울: 대한기독교출판사, 1991), 404.
85) George Eldon Ladd, *The Kingdom of God*, 원광연 역, 《하나님 나라》(경기도: 크리스찬다이제스트, 1997), 238-246.

계 개혁교회는 무천년설을 지지하고 있다. 그러나 우리가 천년왕국 신앙을 이해함에 있어서 유념해야 하는 것은 이것은 우리의 구원과는 무관한 교리라는 것이다.

우리가 성경을 해석함에 있어서는 어느 정도 자신이 살고 있는 시대의 영향을 받을 수밖에 없다. 이것은 우리가 신학을 함에 있어서 text인 성경만이 아니라 context인 사회적 상황과 교회적 맥락을 함께 다루어야 하는 이유이기도 하다. 그리고 이것은 기독교의 교리 형성에도 어느 정도 영향을 미치는 것이 사실이다. 그 대표적인 것이 천년왕국에 관한 신앙이라고 할 수 있다. 근·현대 교회사를 보면 미국의 제1, 2차 대부흥운동 때는 후천년설이 지지를 받았다. 이와 같은 이유 가운데 하나는 미국에 건너간 청교도들의 신대륙 건설과 19세기에 시작된 선교사업이 여전히 성장하고 있었기 때문이었다. 나라마다 문을 열었고, 이전에는 전혀 들어가지 못하던 곳에 복음이 들어가고 있었다. 그래서 당시의 사람들은 천년왕국이 멀지 않았다고 생각했다.

그러나 세상에 복음의 황금기는커녕 제1, 2차 세계대전과 1930년대의 세계적인 경제대공황으로 끔찍한 일을 경험해야만 했다. 당시 수많은 젊은이들은 거리를 방황해야 했고, 가정과 기업들이 붕괴되었다. 사람들에게 세상은 더 이상 희망적이지 못했다. 그것이 19세기 말 드와이트 무디(Dwight Lyman Moody, 1837-1899)를 중심으로 시작된 미국의 제3차 대부흥운동이 일어나면서 전천년설이 자리를 잡게 되는 이유가 되었다. 그리고 드와이트 무디를 중심으로 한 학생자원운동(Student Volunteer Movement, SVM)의 영향을 받은 젊은이들이 초기 한국교회의 선교사로 왔다. 이들은 전천년론자들이었다. 그러나 보다 엄격하게 이야기를 한다면 이들은 세대주의적 전천년론자들이었다.

한국 장로교회의 천년왕국 신앙을 역사적 전천년설이라고 명확히 규정한 것은 박형룡(朴亨龍, 1897-1978)이다. 그는 천년설에 대한 여러 이론들에 대해서 "우리 교회의 전통인 역사적 천년기 전론의 간단한 입장을 취하여 말세 사변들의 연쇄(連鎖)를 과도히 연장하거나 천년기의 묘사에 번잡(煩雜)한 상상을 사용하기를 피하는 것이 신중하고 현명한 일일 것이다"[86]라고 주장하면서 다음과 같이 기술하고 있다.

> 대한예수교장로회의 신학적 전통은 역사적 년천기전 재림론이다. 구 평양장로회신학교에서 오랜 세월동안 조직신학을 가르친 이눌서(李訥瑞, W. D. Reynolds, 1867-1951) 박사가 역사적 천년기전 재림론을 강의하였다. 8·15광복 후 남한의 장로회 신학교와 총회 신학교에서 여러 해에 걸쳐 조직신학을 강의한 필자도 역사적 천년기 전 재림론을 전하였다.[87]

그러나 오늘의 개혁교회는 무천년설을 지지하고 있다. 뿐만 아니라 여러 신앙고백서들에서도 무천년설을 가르치고 있음을 보게 된다. '웨스트민스터 신앙고백'은 "제8장 중보자이신 그리스도에 관하여"에서 주님의 다시 오심에 대하여 다음과 같이 고백하고 있다.

> 또한 그는 이 부활한 몸으로 하늘에 오르사 하나님 아버지의 우편에 앉아 계시면서 중보의 기도를 올리시고 계시다가 세상 끝 날에 다시 오셔서 사람들과 천사들을 심판하실 것이다.[88]

위의 신앙고백서를 보면 주님께서 세상 끝날에 다시 오셔서 심판하시는데 먼저 의의 사람들을 하늘로 올리신다고 하는 전천년론자들의 이야기가 없다. 그렇다고 후천년론자들의 입장을 따르는 것도 아니다. 본 신앙고백서가 기술하고 있는 "주님께서 세상 끝날에 다시 오셔서 사람들과 천사들을 심판하실 것이다"라는 것은 무천년론자들의 입장을 그대로 따르고

---

86) 박형룡, 《박형룡박사저작전집 Ⅶ: 교의신학》, 내세론(서울: 한국기독교교육연구원, 1977), 278.
87) Ibid.
88) Ibid., 258.

있다. 계속해서 "제33장 최후의 심판에 관하여"에 보면 웨스트민스터가 무천년설의 종말 사상을 충실하게 반영하고 있음을 보게 된다.

> 하나님은 최후의 심판일을 정하시고 아버지 하나님께로부터 모든 권능과 심판의 전권을 위탁받으신 예수 그리스도에 의하여 이 세상을 의로 심판하신다. 그 날에는 배신한 천사들이 심판을 받을 뿐만 아니라 땅 위에서 살던 모든 사람들이 그리스도의 심판대 앞에 나타나 자신들의 언행 심사를 일일이 보고하고, 육신으로 행한 모든 것에 따라(그것이 선한 행위이든 악한 행위이든 간에) 심판을 받을 것이다.[89]

위의 고백에서는 어느 한 시점에 예수님께서 공중재림을 하셔서 의인을 불러올리시고 그들을 구분하신다는 것이 아니라 역사의 끝에 가서 최후의 심판으로 모든 자를 심판하기 위하여 예수님께서 다시 오신다고 고백하고 있다. 그리고 의인과 악인을 구분해서 의인을 먼저 하늘로 올리신다는 것이 아니라 최후의 심판 날에 모든 사람들과 천사들이 선악 간의 행위에 따라 심판을 받는다고 가르치고 있다. 이것은 무천년설이 주장하는 내용이다. 이와 같은 무천년설에 대한 지지는 다른 신앙고백서들에서도 동일하게 찾아볼 수 있다.

그렇다면 우리는, 그리고 나는 천년왕국 신앙에 있어서 어떤 견해를 받아들여야 하는가? 그리고 나와 다른 견해를 가지고 있는 사람들에 대해서 어떻게 대해야 하는가?

우리는 이 물음에 대한 대답으로 박형룡의 글로 대신하려고 하는데, 그는 천년왕국 신앙에 대해 다음과 같이 말하고 있다.

> 천년기를 중심으로 하여 갈라진 재림 삼론은 교파의 구별 없이 정립하여 개인들의 자유취사를 기다리게 된다. 그것은 대 교파들의 신경(信經)들

---

89) Ibid., 294.

은 이 삼론에 대하여 취사를 행하지 않은 고로 아무라도 교회의 권위에 의하여 이것들의 시비를 결정하기 곤란한 때문이다. 다른 여러 가지 근본적인 신념들에서 서로 동의하는 같은 복음주의자들 사이에도 재림과 천년기 문제에 대해서는 삼론의 정립함을 피하지 못한다. 그러므로 교회의 지도자들과 신도들은 이 삼론의 하나를 자유로 취하되 다른 이론을 취하는 자들에게 이해와 동정으로 대하여야 할 것이다.[90]

4. 나가는 글

종말론에 관한 교리는 지금까지 살펴본 것보다 앞으로 살펴보아야 할 내용이 훨씬 더 많다. 크게 이야기하자면 그리스도의 재림, 최후의 심판, 세상의 종말, 천국과 지옥 등 그 내용은 심히 방대하다고 해야 할 것이다. 그럼에도 불구하고 여기에서 종말론에 관한 교리를 정리하려고 한 이유는 이 글을 쓰면서 교회사에서 논란이 되고 있는 교리를 중심으로 했기 때문이다. 다시 말하자면 종말론 교리에서 다루지 않은 것은 논쟁이 되는 것이 거의 없다고 해야 할 것이다. 따라서 우리는 지면상 이쯤에서 종말론에 관한 교리를 정리하려고 한다.

기독교적 신앙은 종말론적 신앙이다. 뿐만 아니라 우리 그리스도인들은 주님의 다시 오심을 기대하는 기다림의 신앙이다. 그러나 이 기다림은 막연한 기다림이 아니라 주님께서 스스로 약속의 말씀을 하셨고, 성경이 분명하게 이 사실을 증언하고 있는 확실한 기다림이다. 그리고 우리의 구원과 거듭남과 부활이 확실한 것처럼 역사의 마지막 날에 대한 것도 역시 확실하다. 비록 성경에는 우리가 죽음 이후의 삶, 부활한 육체, 또는 새 하늘과 새 땅에 대해서 말할 때 형상과 은유와 비유로 말하지만 그렇다고 이 사실을 소홀히 여기거나 외면해서는 안 된다. 루터가 "우리가 마치 어린이가 어머

---

90) 박형룡, 277.

니의 자궁에 대해 별로 알지 못하듯이 영생에 대해 많이 알지 못한다"고 말한 것처럼 죽음 이후의 세계와 영원한 새 하늘과 새 땅에 대해 확실하게 알 수 없다고 하여 이 사실을 부정할 수는 없는 것이다. 그런 점에서 우리는 종말론에 대해 성경적인 올바른 교리를 정립할 필요가 있다. 이것은 한국교회가 건강한 신앙과 바른 신앙을 위해서도 새롭게 정립해야 한다.

우리 그리스도인들은 삼위일체 하나님의 창조하시고 자신을 내어 주시며 공동체를 형성하시는 그 사랑이 최종적으로 승리할 것을 희망한다. 그리스도인들은 죽은 자를 살리고 하나님의 의와 자유와 평화로 가득 찬 새 하늘과 새 땅을 가져오는 하나님의 신실하신 사랑을 희망한다. 기독교의 희망은 우리가 감히 받을 자격도 없고 우리가 감히 상상할 수도 없는 그 놀라운 완성을 향한 희망이며, 삼위일체 하나님의 기쁨의 공동체가 최종적으로 완성될 것에 대한 희망이다. 이 사실을 우리가 믿고 고백한다면 비록 우리를 낙심하게 하고, 절망하게 할 정도로 이 세상에는 많은 아픔과 고통이 있고 파멸과 죽음이 있을지라도 하나님을 향한 희망이 우리를 붙들어 줄 것이다. 그리고 그리스도인들은 영화로운 그날을 바라보며 하나님을 찬양함으로 살아가게 될 것이다. 우리가 빛의 자녀요 낮의 자녀로, 하나님의 자녀로, 이후에 하나님 앞에 나아가 주님의 영원한 영광을 함께 나눌 자들로 살아간다는 것은 축복이요 기쁨이 아닐 수 없다. 그러므로 우리는 주님의 빛 안에서 삶으로써 장차 멸망할 운명인 정죄 받은 이 세상에서 잠시 살 때 넉넉함과 감사함과 찬양함으로 살아갈 것이다.

내가 진실로 속히 오리라 하시거늘 아멘 주 예수여 오시옵소서(계 22: 20).

조직신학개론 참고문헌

구스리에 셔리 C. 《기독교신학입문》. 김영선 옮김. 서울: 도서출판 은성, 1998.
그루뎀, 웨인. 《조직신학 하》. 노진준 옮김. 서울: 은성출판사, 2009.
기독교대백과사전편찬위원회 편. 《기독교대백과사전 제2권》. 서울: 기독교문사, 1985.
기독교대백과사전편찬위원회 편. 《기독교대백과사전》. 제11권. 서울: 기독교문사, 1990.
길선주. "말세학." 〈신앙생활〉. 제4권. 7월호. 평양: 신앙생활사, 1935.
김균진. 《기독교조직신학 Ⅰ》. 서울: 연세대학교 출판부, 1987.
김균진. 《기독교조직신학 Ⅱ》. 서울: 연세대학교 출판부, 1991.
김균진. "칼 바르트의 신학적 해석학." 〈신학논단〉. vol. 31. 2003.
김기홍. 《프린스톤신학과 근본주의》. 서울: 아멘출판사, 1992.
김길성. 《개혁신학과 교회》. 서울: 총신대학교 출판부, 1996.
김명수. "에라스무스와 마틴 루터의 비교 연구." 〈국제신학〉. Vol. 17. 2015. 12.
김명용. 《칼 바르트의 신학》. 서울: 이레서원, 2014.
김명용. "영혼불멸과 죽은 자의 부활." 〈기독교 사상〉(1989. 7).
김명용. "1992년 재림론, 천년왕국, 열 뿔 짐승과 666." 《시한부종말론 과연 성격적인가》. 서울: 대한예수교장로회총회출판국, 1991.
김명용. "칼 바르트의 계시론." 〈장신논단〉. Vol. 25(2006).
김신권. "말틴 루터 성화사상의 발전 과정에 대한 역사적 고찰." 〈루터 연구〉. Vol. 12. 서울: 루터신학대학교 루터연구소, 1997.
김의환 편저. 《개혁주의 신앙고백집》. 서울: 생명의 말씀사, 2003.
김정우. "세대주의 성경해석 원리와 종말론." 《목회와 신학》. 서울: 두란노, 1992.
김종탁. "개혁주의 신학에 있어서 구원순서에 대한 연구." 박사학위 논문, 계명대학교 대학원, 2010.
김홍기. 《존 웨슬리의 구원론》. 서울: 성서연구사, 1996.

김흡영. "칼 바르트의 성화론." 〈한국조직신학논총〉. Vol. 1. 서울: 한국조직신학회, 1995.
대한예수교장로회총회 헌법개정위원회. 《헌법》. 서울: 한국장로교출판사, 2007.
라은성. 《정통과 이단(上)》. 서울: 도서출판 그리심, 2008.
레이몬드, 로버트 L. 《최신 조직신학&》. 나용화 외 3인 공역. 서울: 기독교문서선교회, 2004.
목창균. 《종말론 논쟁》. 서울: 두란노, 1998.
몰트만. 《창조 안에 계신 하느님》. 김균진 역. 서울: 한국신학연구소, 1999.
밀리오리, 다니엘 L. 《기독교 조직신학》. 장경철 옮김. 서울: 한국장로교출판사, 2007.
박형룡. 《박형룡박사저작전집VII: 교의신학》. 내세론. 서울: 한국기독교교육연구원, 1977.
박형룡. 《박형룡박사저작전집: 교의신학》. 서울: 한국기독교교육연구원, 1988.
뵈트너, 로레인. "후천년기설." 《천년 왕국》. 클라우스(편). 서울: 성광문화사, 1990.
브라운, 해롤드 O. J. 《교회사 안에 나타난 이단과 정통》. 라은성 역. 서울: 그리심, 2006.
비일, 데이빗. 《근본주의의 역사》 김효성 역. 서울: 기독교문서선교회, 1994.
어거스틴. 《고백록》. 선한용. 서울: 기독교서회, 2015.
에라스무스. "자유의지에 관하여." 이성덕, 김주환 역. 《루터와 에라스무스: 자유의지와 구원》. 서울: 두란노아카데미, 2011.
에릭슨, 밀라드 J. 《조직신학개론》. 나용화, 황규일 공역. 서울: 기독교문서선교회, 2007.
에릭슨, 밀라드 J. 《복음주의 조직신학 하》. 신경수 옮김. 경기도: 크리스챤다이제스트, 2007.
에릭슨, 밀라드 J. Contemporary Options in Eschatology. 박양희 옮김. 《현대 종말론 연구》. 서울: 생명의 말씀사, 1996.
오주철. "한국교회사에 나타난 전천년설의 기원과 발전과정에 대한 교리사적 이해와 연구." 박사논문, 계명대학교 대학원, 2008.

옥민호. "인간의 죽음과 죽은 자의 부활." 석사학위 논문, 장로회신학대학교 대학원, 1997.

웨슬리, 존.《기독자 완전에 대한 해설》. 조종남 역. 안양: 한국복음문서간행회, 2000.

유정우. "구원론에 있어서 성화의 위치: 칼빈과 웨슬리를 중심 하에."〈논문집〉. Vol. 7. 경기도: 평택대학교, 1995.

윤성범. "칼 바르트의 성화론."〈활천〉. Vol. 336. 서울: 기독교대한성결교회 활천사, 1969.

이신건.《조직신학입문》. 서울: 한국신학연구소, 2007.

이종성.《신앙과 신학》. 서울: 대한기독교서회, 2000.

이종성.《조직신학개론》. 서울: 종로서적, 1987.

이종성.《종말론 I》. 서울: 대한기독교출판사, 1990.

이종환. "창조와 시간에 대한 아우구스티누스의 해석."〈기독교철학〉. 제3호 (2006. 12).

이형기.《세계개혁교회의 신앙고백서》. 서울: 대한예수교장로회총회출판국, 1991.

이혜성 편저.《혼자 걷는 이 길을》. 서울: 문양 1991.

정훈택. "하나님의 나라와 천년."〈목회와 신학〉. 31(1992. 1)

조규만. "가톨릭 교회의 성화론."〈가톨릭신학과 사상〉. 48. 신학과사상학회, 2004. 6.

조덕영. "창조 연대 논쟁의 신학적 딜레마."〈창조론오픈포럼〉. vol. 6(2012. 1).

조종남.《요한 웨슬레의 신학》. 서울: 대한기독교출판사, 1984.

존스, 마틴 로이드.《로이드 존스 교리강좌시리즈 1》. 임범진 옮김. 서울: 부흥과개혁사, 2012.

존스, 마틴 로이드.《로이드 존스 교리강좌 시리즈 2》. 임범진 옮김. 서울: 부흥과개혁사, 2011.

존스, 마틴 로이드.《로이드 존스 교리강좌 시리즈》. 임범진 옮김. 서울: 부흥과개혁사, 2012.

지원용.《루터와 종교개혁》. 서울: 컨콜디아사, 1993.

천사무엘. "정경, 외경, 위경이란 무엇인가." 〈새가정사〉. 새가정, 2014.
총회교육자원부 편. 《개혁교회의신앙고백》. 서울: 한국장로교출판사, 2007.
최갑종. "계시록 20:1-6의 해석과 천년왕국설." 〈신약논단〉. 제6권. 서울: 한국신약학회, 2000. 4.
최윤배. "칼빈의 성례전으로서 세례." 〈한국개혁신학회〉. Vol. 20(2006).
최종호. 《칼 바르트, 하느님 말씀의 신학》. 서울: 한들출판사, 2010.
최종호. "칼뱅과 바르트의 유아세례 논쟁에 관한 고찰." 〈기독교교육정보〉. 한국기독교교육정보학회, 2011.
최태영. "죽은 자의 부활에 대한 연구." 박사학위논문, 장로회신학대학교 대학원, 1997.
최희범. "성화론에 대한 개혁자들의 견해." 〈활천〉. Vol. 336(1969).
틸리히, 폴. 《조직신학 I 》. 유장환 역. 서울: 한들출판사, 2001.
플라톤. "크리톤." 《플라톤의 대화》. 최명관 역. 서울: 종로서적, 1987.
칼빈, 존. 《기독교 강요 상》. 원광연 옮김. 경기도: 크리스챤 다이제스트, 2011.
칼빈, 존. 《기독교 강요 중》. 원광연 옮김. 경기도: 크리스챤다이제스트, 2012.
칼빈, 존. 《기독교 강요 하》. 원광연 옮김. 경기도: 크리스챤다이제스트, 2010.
황대우. "바르트의 기독론." 〈기독교사상연구〉. 제4호. 1997. 7.
황승룡. 《조직신학(하)》 서울: 한국장로교출판사, 1993.
황재범. "'대한장로교회신경' 혹은 '12신조' 영어원문의 새로운 번역과 신학적 분석." 〈한국기독교신학논총〉. Vol. 56. 2008.
황점옥. "영혼의 중간상태에 관한 교리사적 고찰." 〈신학사상〉(1992. 가을).
헤페, 하인리히. 《개혁파 정통교의학》. 이정석 옮김. 경기도: 크리스챤다이제스트, 2007.
Adams, Jay E. *The Time is at Hand*. Philadelphia: Presbyterian and Reformed, 1970.
Barth, Karl. 《교회교의학 I /1》. 박순경 역. 서울: 대한기독교서회, 2003.
Barth, Karl. *Church Dogmatics* III/2. Edinburgh: T. & T. Clark, 1960.
Barth, Karl. *Der Römerbrief*, Unveraderter Nachdruck der II. Auflage von 1919. Zürich: 1936.

Barth, Karl. *Die Kirchliche Dogmatik* IV/1. Zürich: 1967.

Bass, Clarence B. *Backgrounds to Dispensationalism*. Grand Rapids: Eerdmans, 1960.

Berkhof, L. 《조직신학 하》. 권수경, 이상원 옮김. 서울: 크리스챤 다이제스트, 1991.

Bloesch, Donald G. *Essentials of Evangelical Theology: Life Ministry & Hope*. 이형기, 이수영 역. 《복음주의신학의 정수: 삶, 사역, 희망 (II)》. 서울: 한국장로교출판사, 1999.

Boettner, Loraine. *The Millennium*. Philadelphia: Presbyterian and Reformed Publishing Co. 1957.

Clouse, Robert G. *The Maening of the Millennium*. downers Grove: IVP, 1977.

Dawkins, Richard. *The Blind Watchmaker*. New York: Norton, 1986.

Denzinger, H. Schomnetzer, A. Romea, Ehchiridion Symbolorum · *Definitionum et Edclarationum de rebus fidei et morum*, ed. 1973.

Erickson, Millard J. *Christian Theology*. vol. 3. Grand Rapids: Baker Book House, 1985.

Haight, R. *The Experience and Language of Grace*. New York: Paulist Press, 1979.

Hoekma, Anthony A. *The Bible and the future*. 《개혁주의 종말론》. 류호준 역. 서울: 기독교문서선교회, 1992.

King, H. *Rechtfertigung*. München/Zürich: Piper, 2004.

Ladd, George Eldon. *The Kingdom of God*. 원광연 역. 《하나님 나라》. 경기도: 크리스챤다이제스트, 1997.

Lohfink, G. 《죽음이 마지막 말은 아니다》. 신교선, 이석재 역. 서울: 성바오로출판사, 1989.

Lohse, B. *Ratio und fides: eine Untersuchung über die ratio in der Theologie Luthers*. Göttingen, 1958.

Moltmann, J. *Das Kommen Gottes: Christliche Eschatologie*. 《오시는 하나님: 기독교적 종말론》. 김균진 옮김. 서울: 대한기독교서회, 1997.

Quistrop. 《칼빈의 종말론》. 이희숙 역. 서울: 성광문화사, 1995.

Scott, William A. *Historical Protestantism: An Historical Introduction to Protestant Theology*. 김쾌상 역. 《개신교신학 사상사》. 서울: 대한기독교출판사, 1988.

Van Til, Cornelius. *Has Karl Barth Become Orthodox?*. 이상근 역. 《칼 바르트》 서울: 한국개혁주의신행협회, 1985.

주요 항목 색인

주제 색인

인 · 지명 색인

성구 색인

주제 색인

【ㄱ】

가시적 교회	433, 434, 436, 437, 443, 458, 459,
가현설	170, 280, 300, 301, 473,
감독제도	485, 486, 487,
객관적 화해론	338, 340, 341, 342, 344, 345, 346,
경건주의	29,
경륜적 삼위일체	174, 175,
계시	38, 39, 47, 48, 49, 50−56, 60, 78, 79, 81, 82, 83, 86, 125, 309,
고등종교	47, 48, 135,
고전설	335, 336,
공재설	471, 475,
교의학	33, 34, 36, 37,
교황무오설	20
교회	43, 44, 100, 109, 110, 406, 413−418, 421, 422, 423, 424, 426, 427, 428, 429, 430, 431, 432, 433, 438−443,
구약성경	51, 75, 87, 88, 89, 90, 91, 92, 94, 95, 99, 101, 105, 138, 227, 236, 270, 271, 272, 315, 366, 367, 397, 417, 418, 510,
구원	42, 43, 150, 151, 177, 247, 259, 260, 268, 273, 280, 290, 375, 378,
구원의 순서	378, 379, 380, 381,
권징	442, 443, 478, 479, 480, 481, 482, 483,
그리스도의 신성	109, 150−153, 158, 167, 276, 278, 279, 280, 283, 284, 286, 287, 288, 290−296, 299, 301, 304, 307,
그리스도의 인성	151, 153, 167, 168, 276, 278, 281−288, 291, 292, 293, 294, 296, 298, 307, 308,
근본주의	30, 341
기계적 영감설	114, 127
기독론	25, 41, 42, 219, 276, 277, 278, 292, 302, 303, 304, 305, 307
기념설	474

【ㄴ】

내재적 삼위일체	175

내재적 속성   193,
내재주의   29, 30, 31,
네비임(예언서)   87, 89, 90,
네스토리우스주의   295,
니케아 신조   157, 160, 161, 162, 163, 164, 166, 276, 292, 297, 350, 440,
니케아 종교회의   109, 150, 151, 153, 155, 157, 158, 162, 297,
니케아-콘스탄티노플 신조   164, 276, 355, 356, 426, 440,

【ㄷ】
단일의지론   302,
대각성운동   29,
데오토코스   284,
도나투스파   156, 414, 467,
도덕설   332,
도덕감화설   313, 332, 333,
도케티즘(가현설)   170, 280, 299, 300, 301,
동력적 영감설   128,
동일본질   139, 161, 165, 166, 276, 287, 292, 306, 353, 440,

【ㄹ】
로고스   18, 154, 228, 280, 282, 301, 311,

【ㅁ】
만인구원론   340, 341, 342, 343,
만인제사장   489,
만인화해론   341,
만족설   313, 330, 331, 332, 333,
말시온주의   94, 95, 300,
맛소라 학파   91,
목적론적 논쟁   66, 67, 68, 69,
몬타누스주의   96,
몽소승천교리   286,
무천년설   525, 526, 537, 539, 540, 541, 542, 543, 544, 545, 546,

주제 색인   557

무형교회	433, 434, 435, 439,
미드라쉬 방법	122,
미슈나 방법	123,

【ㅂ】

배상설	291, 329, 330, 335,
변증법적 신학	31, 304,
부분적 영감설	126, 127,
부분적 타락	206, 260, 261,
불가시적 교회	433, 434, 435, 439,
비신화화론	32,

【ㅅ】

사상적 영감설	126,
삼분설	231, 232, 235,
삼신론	147, 174, 179,
삼위일체	25, 27, 40, 43, 78, 79, 109, 133, 134, 136, 140−150, 153, 154, 161, 163, 165, 166, 167, 168, 170−178, 272, 276, 286, 352, 354, 355, 358,
삼중직	311, 312, 313, 322, 326, 327, 405,
상대적 속성	192, 198, 199, 200, 202, 203,
선조 림보	518,
선지자	51, 75, 77, 111, 200, 311−318, 325, 326, 327, 447,
설교	79, 80, 81, 371, 378, 426, 442, 443, 446, 447, 449, 450, 454, 480, 481,
성경 무오설	108, 127, 128, 129, 130,
성례전	422, 426, 440, 442, 443, 445, 448, 450, 451, 452, 453, 454, 455, 458, 468, 473, 475, 476, 489,
성문서(케투빔)	87, 90, 95,
성부수난설	170, 280,
성서신학	33, 34, 35, 37,
성육신	74, 77, 78, 81, 144, 227, 229, 272, 278, 280, 291, 304, 305,

성화	60, 120, 202, 353, 380, 381, 396, 397, 398, 399, 400, 401, 402, 403, 404, 405, 406, 407, 409, 421, 423, 429, 435,
성찬	436, 452, 453, 468, 469, 470, 471, 472, 473, 474, 475, 476, 477, 478, 485,
세대주의 전천년설	528, 530, 531, 533, 534, 535, 536, 544,
세례	363, 369, 414, 422, 427, 436, 440, 443, 445, 452, 453, 456−459, 460, 461, 462, 463, 464, 465, 466, 467, 468, 518,
소명	74, 380, 382, 383, 405, 417, 424,
소시니안	435, 436, 467,
속죄론	149, 291, 312, 329, 330, 331, 332, 333, 334, 335, 336, 337,
신약성경	23, 51, 93, 94, 95, 96, 97, 98, 99, 100, 102, 103, 109, 129, 140, 145, 221, 272, 328, 369, 389, 415, 418, 419, 487,
신 접촉점 논쟁	56, 57, 219,
신정통주의	31, 131, 175,
신플라톤주의	152,
실천신학	33, 36, 37,

【ㅇ】

아리우스주의	157, 159, 160, 165, 166, 178, 297, 298,
아폴리나리스주의	280, 284, 299, 301,
안디옥 학파	151, 153, 282, 284, 295, 296, 299,
안드로포토코스	284,
알레고리 방법	123,
알렉산드리아 학파	151, 152, 239, 240, 283, 299,
얌니아 회의	90, 91,
양자	289, 380, 381, 391−397, 401, 434, 503,
양자론	153, 167, 168, 169, 171, 179, 283, 298,
양태론	146, 147, 152−154, 167−172, 174, 177, 179, 281, 301, 306, 358,
에베소 공의회	257, 285, 286, 295, 377,
에비온주의	153, 296, 297,
에클레시아	43, 417, 418, 419, 420, 421, 422,
역동적 군주신론	168,
역사신학	33, 35, 37,

역사적 전천년설	530, 531, 532, 534, 544, 545,
연옥	342, 403, 436, 512, 517, 518, 519, 520, 521,
영감설	124, 125, 126, 127, 128, 129, 130,
영적 임재설	437, 475,
영지주의	98, 103, 143, 152, 154, 168, 170, 238, 240, 280, 300, 530,
영혼 불멸론	65, 142, 219, 233, 234, 235, 236, 239, 503-510, 513, 516, 517,
영혼 선재설	239,
영혼 수면설	514, 515, 516,
영혼 유전설	239, 241, 242, 243, 244, 245,
영혼 창조설	239, 242, 243, 244, 245,
완전축자 영감설	127, 130,
왕(王)	311, 312, 313, 319, 322, 323, 324, 325, 326, 327, 328, 405, 526,
외경	92, 104, 106, 107, 110, 520, 521,
우주론적 증명	66, 68,
우주적 갈등론	331, 334,
유기적 영감설	128,
유사본질	165,
유아 림보	518,
유아세례	458, 459, 460, 461, 462, 463,
유티케스주의	295,
유형교회	433, 434, 435, 436, 437, 439, 493,
율법서(토라)	87, 88, 89, 90, 102,
원죄(原罪)	241, 245, 250, 252, 253, 257, 259, 286, 374, 375, 376, 459, 518,
위격(位格)	141, 144, 145, 146, 147, 149, 151, 167, 171, 174, 274, 276, 278, 279, 283, 285, 286, 287, 288, 291, 292, 295, 296, 302, 352, 362, 363,
이분설	231, 232, 233, 234, 235,
이신칭의	202, 381, 387,
이원론	95, 240, 275, 503, 505,
인간론	40, 41, 134, 303,
인류학적 논쟁	67,
익명의 그리스도인	344, 345, 346,
일반계시	39, 52-72, 78, 82, 214, 305,

일체(一體)	146, 147,

【ㅈ】

자연계시	53, 54, 56, 57, 58, 63, 64, 73, 78,
자연신학	24, 58, 60, 63, 65, 66, 67, 68, 142, 223, 357, 505,
자유의지	224, 248−260, 262, 373, 374, 375, 376, 377,
자유주의신학	19, 21, 24, 29, 30, 31, 32, 58, 80, 82, 113, 114, 131, 160, 175, 206, 210, 278, 298, 302, 303, 305,
장로제도	488, 489, 490,
전적 타락	206, 253, 259, 260, 261, 262, 263, 264, 377,
전천년설	525, 528, 529, 530, 541, 544, 545,
절대적 속성	192, 193, 194, 195, 196, 197, 198,
정경	87, 89, 90, 92, 94−100, 104, 105, 106, 107, 109−113, 115, 116, 117, 521,
정통주의	19, 20, 28, 29, 34, 69, 114, 115, 127, 214, 305, 407, 409, 513,
제사장	200, 311, 312, 313, 318− 322, 325−329, 346, 405, 490,
종말론	27, 44, 45, 96, 497, 498, 499, 521, 523, 524, 543, 547,
주관적 화해론	338, 342,

【ㅊ】

초등종교	47, 48, 49, 135, 217,
천년왕국	499, 521, 525−530, 532, 534, 535, 537, 540, 541−544, 546,
칠십인(70인)	92, 270, 418,
칭의	60, 328, 344, 380, 381, 386, 387, 388, 389, 390, 391, 395, 396, 397, 400−403, 405, 406, 408,

【ㅌ】

타나크	87,
토라(율법)	87, 89, 90,
통치설	334,
트렌트 종교회의	92, 107, 110, 470, 520,
특별계시	39, 52−57, 69, 71−74, 77, 78, 82, 85, 214, 305,

【ㅍ】

페리코레시스	286,
필리오케	355, 356,

【ㅋ】

카르타고 회의	99, 103, 109, 257, 408,
칼빈주의	112, 129, 130, 260, 261, 473,
칼케돈 공의회	276, 285, 286, 287, 295,
칼케돈 신조	287, 292, 303, 308,
케투빔(성문서)	87, 90,
크리스토토코스	270, 284,

【ㅎ】

하나님의 본성	137, 181, 184, 185, 186, 187, 188, 190, 192, 204,
하나님의 형상	206, 216−229, 245, 247, 249, 259, 262, 396, 507,
형벌 만족설	333,
호모오우시오스	160−163, 165, 166, 167,
화체설	470, 471,
화해론	81, 327, 337, 338, 340−346,
회중제도	490, 491, 492,
후천년설	525, 526, 536, 537, 538, 541, 542,

인명 및 지명 색인

【ㄱ】

가이사랴의 유세비우스	103, 157, 160, 161,
그로튜스, H.	334,

【ㄴ】

나지안주스의 그레고리	146, 173,
네스토리우스	153, 282, 283, 284, 285, 286, 295, 296,

녹스, 존	443, 489,
니케아	109, 150, 151, 153, 155, 157, 158, 16-164, 166, 276, 292, 297, 350, 440,
니코메디아의 유세비우스	155, 158, 159, 163,
닛사의 그레고리	146, 241,

【ㄷ】

다비, 존 넬슨	30, 533,
다윈, 찰스	68, 206, 210,
데오도시우스 2세	285,
데오도투스	168, 169, 170,
드 브레스, 구이도	54,

【ㄹ】

라너, 칼	57, 175, 344, 345, 346, 512,
라찡어, J. A.	508, 511,
래드, G. E.	533, 543,
로핑크, G.	237, 512,
롬바르드, 피터	27,
루터, 마틴	24, 28, 34, 107, 110, 117, 124, 224, 226, 246, 257, 258, 259, 333, 335, 387, 401, 402, 407, 423, 426, 434, 443, 452, 469, 471, 472, 511, 543, 547,
루키안	153, 154, 155, 282,
리쎈, H. Van.	431,
리츨, 알브레흐트	29, 169, 303, 338,

【ㅁ】

마레시우스, 사무엘	317, 319,
마스트리히트, P. Van.	435,
마터, 저스틴	96, 97, 98,
마터, 피터	59,
말시온	95, 96, 97, 103, 108, 109, 113, 204,
몬타누스	96, 109,

몰트만, 위르겐　　32, 175, 236, 342, 343, 344,
무디, 드와이트　　29, 30, 544,
밀리오리, 다니엘　　336,

【ㅂ】

바르트, 칼　　24, 31, 32, 56, 57, 58, 69, 78, 79, 80, 81, 82, 85, 114, 115, 116, 117, 124, 131, 175, 176, 210, 211, 212, 213, 214, 224, 238, 303, 304, 305, 306, 326, 327, 337－346, 350, 380, 381, 405, 406, 407, 461, 462, 508, 509, 511,
박형룡　　532, 544, 546,
발렌티누스　　103, 113,
벌코프, 루이스　　240, 241, 243, 244, 506, 543,
벡위드, R. T.　　90, 91,
벤델린, M. F.　　107, 311,
벤 시라　　90,
보렌, 루돌프　　36,
본회퍼, D.　　31, 32,
볼레비우스, J.　　397, 467,
부르만, F.　　59, 319,
부쩌, M.　　28, 469,
불링거, H.　　117, 176, 434,
불트만, 루돌프　　31, 32, 124, 277, 338,
브라운, 해롤드　　17, 160,
브루너, 에밀　　31, 56, 57, 58, 69, 224, 244, 277, 343,
빌헬름 2세　　30,

【ㅅ】

사모사타 바울　　163, 169, 172, 282, 296,
사벨리우스　　154, 170, 299,
소크라테스　　157, 216, 235,
슐라이에르마허　　29, 127, 169, 302, 303, 338,
스트롱, J.　　243, 538,
스페너, 야콥　　34,

스코필드, C. I.　　　533,
시릴　　　　　　　　152, 283, 284, 285, 286, 295,

【ㅇ】

아담스, 제이　　　　　539,
아쉐르, 아론 벤　　　 91,
아리스토텔레스　　　 18, 500,
아리우스　　　　　　 151, 153−163, 166, 169, 172, 282, 296, 297, 298,
아벨라드, P.　　　　　24, 27, 332, 335, 338,
아브라모프스키, L.　　162,
아울렌, G.　　　　　　335,
아타나시우스　　　　　99, 103, 157, 161, 162, 163, 164, 166, 167, 177, 178,
아폴리나리스　　　　　280, 284, 299, 301,
아 켐피스, 토마스　　　27,
아퀴나스, 토마스　　　 27, 65, 66, 68, 142, 228, 519,
안디옥　　　　　　　　151, 154, 156, 157, 169, 420, 425, 488,
안셀름　　　　　　　　27, 330, 331, 332, 333, 338,
알렉산드리아　　　　　91, 99, 152, 154, 155, 156, 157, 161, 162, 164, 167, 283, 284, 286,
　　　　　　　　　　　296, 297,
알렉산드리아 알렉산더 152, 154, 155, 156, 160, 162, 166,
암브로시우스　　　　　256, 286,
앙퀴라　　　　　　　　157,
스페너, 야콥　　　　　 34,
얌니아　　　　　　　　90, 91, 102,
어거스틴　　　　　　　27, 63, 120, 123, 173, 175, 207, 208, 209, 212, 223, 224, 250, 254,
　　　　　　　　　　　255, 256, 257, 259, 286, 372, 373, 374, 375, 377, 378, 408, 414,
　　　　　　　　　　　427, 437, 450, 483, 494, 541, 542, 543,
엇서, 제임스　　　　　209,
에드워즈, 조나단　　　 29,
에라스무스　　　　　　110, 254,
에벨링, 게하르트　　　343,
에피파니우스　　　　　103, 168,
오리겐　　　　　　　　123, 153, 240, 255, 505, 506, 542, 543,

베버, 오토　　　　　326,
요세푸스　　　　　　239, 500,
워필드, 벤자민　　　 130, 537, 541,
웨슬리, 존　　　　　29, 403, 404, 405,
윌리엄스, 콜린　　　 414,
유티케스　　　　　　295,
이레니우스　　　　　96, 98, 103, 123, 175, 530,

【ㅈ】

잔키우스, J.　　　　291, 317,
존스, 로이드　　　　134, 137, 144, 242, 245, 247, 250, 352, 362, 523,
쯔빙글리, U.　　　　28, 176, 469, 471, 474, 543,
진젠도르프　　　　　29,

【ㅌ】

타티안　　　　　　　98,
터툴리안　　　　　　98, 103, 175, 241, 520, 530,
토잇, 듀　　　　　　95, 96, 99,
톨레도　　　　　　　355,
투르나이젠, E.　　　 31,
트륄취, E. P. W.　　29,
티코니우스　　　　　536,
틸리히, 폴　　　　　31, 32,

【ㅍ】

판넨베르크, W.　　　277, 508, 511,
펠라기우스　　　　　252, 254, 257, 258, 260, 372, 375, 376, 377, 408,
폴라누스, 아만두스　128, 207, 293, 397,
폴리캅　　　　　　　97,
프라이스, 조지 Mc.　 210,
프락세아스　　　　　170, 172,
플라톤　　　　　　　18, 123, 236, 239, 240,
필로　　　　　　　　123, 152,

【ㅋ】

카르프초프, J. G.　164,
칸트, 임마누엘　67, 505,
칼빈, 존　20, 25, 28, 34, 48, 49, 53, 55, 59−64, 73, 75, 76, 107, 110, 111, 116, 120, 124, 125, 173, 177, 183, 209, 215, 219, 224−227, 233, 248, 249, 252, 254, 258, 259, 291, 293, 311−314, 323, 326, 349, 380, 381, 391, 402, 403, 423, 425−429, 433−438, 441, 443, 447, 448, 450, 451, 456, 459, 460, 463, 465, 468, 472−475, 484, 494, 502, 506, 507, 512, 527, 541, 543,
케커만, B .　325,
코케이우스, J.　104, 113, 400,
콘스탄티누스 황제　103, 155, 156, 157, 158, 160, 161, 164,
콘스탄티노플　28, 157, 164, 280, 282, 283, 295, 296, 354, 440,
콘첼만, H.　237,
쿨만, 오스카　505, 508, 511, 513, 533,
클레르보의 베르나르　24, 27,
키에르케고르, S.　304,
키프리아누스　438,

【ㅎ】

하르낙, C. G. A.　29, 160,
하이데거, H. H.　60, 64, 103, 253, 294, 312, 314, 326, 327, 390, 417, 424,
헤르만, 빌헬름　29, 31,
헤페, 하인리히　293, 326, 382, 433, 435,
호시우스　156, 157, 158, 160, 161,
후크마, A. A.　511, 514, 535, 538, 543,
힐라리　157, 163, 285,

성구 색인

성구색인은 각 권 장, 절을 정리해야 하지만 지면 관계상 각 권의 장만 정리했음을 밝힌다.

【창세기】
1: 40, 58, 134, 181, 197, 218, 220, 225, 228, 241, 247, 359, 367
2: 221, 241, 243, 361,
3: 265, 271,
4: 123, 190,
5: 220,
6: 263, 359,
8: 263,
9: 220, 226,
14: 138,
15: 502,
17: 271, 460, 463,
18: 197,
22: 138,
25: 502,
32: 137,
35: 502,
41: 368,
49: 271,

【출애굽기】
3: 139, 186, 190,
4: 393,
12: 418,
19: 200,
20: 141, 189, 227,
23: 388,
24: 101,
28: 398,
31: 368,
34: 141,

【레위기】
4: 465,
11: 199,
21: 320,
26: 394,

【민수기】
23: 194, 510,

【신명기】
4: 189,
6: 141, 145,
7: 203,
10: 460,
18: 315, 447,
25: 388,
29: 65,
31: 502,

【사사기】
3: 368,
6: 368,
14: 368,

【사무엘상】

10: 367,
16: 361,

【열왕기상】
8: 198, 264, 417,

【열왕기하】
22: 102,

【역대상】
29: 198,

【역대하】
30: 418,

【느헤미야】
8: 102, 122,
9: 368,

【욥기】
1: 392,
11: 187,
12: 58,
14: 502,
16: 502,
20: 361,
26: 187, 367,
34: 361,

【시편】
2: 324, 439,
14: 264,
19: 58, 61,
20: 190,
22: 272,
36: 203,
44: 503,
45: 323,
51: 245, 253, 264, 369,
58: 264,
69: 272,
78: 138,
82: 392,
90: 187, 193,
102: 193,
103: 395,
104: 61, 367, 510,
107: 62,
110: 319,
115: 49,
130: 264,
135: 49,
139: 187, 196, 359,
143: 264,
145: 202,
147: 187, 195,

【잠언】
14: 395,
15: 195,
17: 389,
20: 253,

【전도서】
3: 233,
7: 253, 264,

성구 색인 569

9:	264,		3:	395,
12:	243, 510,			

【에스겔】

2: 368,
8: 368,
11: 368,
12: 75,
16: 460,

【이사야】

7: 271, 314,
8: 272, 315,
9: 323,
31: 361,
40: 199,
42: 271,
44: 187,
45: 141,
49: 271,
50: 271,
52: 271,
53: 92, 264, 271, 272,
55: 203,
57: 243, 361,
60: 271,
61: 359, 369,
64: 264,

【다니엘】

9: 271, 535,

【호세아】

1: 75,

【요엘】

1: 71, 75,
2: 369,

【아모스】

3: 75,

【미가】

3: 368,
5: 271,

【예레미야】

4: 361,
9: 182,
10: 141,
17: 262, 264,
18: 75,
23: 194, 271,
30: 315,
32: 187,

【하박국】

1: 200,

【학개】

2: 271,

【예레미야애가】

【스가랴】

9: 271,
11: 271,
12: 243, 272,

【말라기】
3: 194, 271,

【마태복음】
1: 272, 279,
3: 144, 362, 364, 369, 484,
5: 316, 481,
6: 498,
10: 238, 359, 501, 524,
11: 279,
12: 364, 370, 520, 521,
13: 324, 484, 537,
15: 253,
16: 26, 94, 274, 279, 422, 424, 429,
18: 279, 424, 478, 482,
19: 187, 324,
22: 404, 460, 500,
23: 448,
24: 524,
25: 254,
26: 282, 524,
27: 77,
28: 144, 279, 324, 363, 444, 456, 457, 487, 537,

【마가복음】
1: 316, 369, 464,
3: 364,
4: 282,

8: 274,
9: 94, 524,
10: 291, 320, 329,
11: 281,
12: 145, 501,
13: 524,
14: 288,
16: 472,

【누가복음】
1: 197, 233, 369,
2: 282,
3: 369, 484,
4: 359, 369, 370,
9: 94,
10: 232, 233,
11: 465,
12: 195, 394, 501, 524,
13: 316,
16: 502, 511, 515,
20: 460, 501,
23: 515,
24: 90, 102, 189, 282,

【요한복음】
1: 58, 71, 144, 189, 272, 275, 276, 279, 291, 316, 321, 369, 395,
2: 279,
3: 202, 279, 293, 316, 321, 464,
4: 144, 188, 281, 316, 431,
5: 144, 264, 529,
6: 315, 384, 469,
7: 315,

8:	144, 316,	22:	457,
9:	239,	23:	501,
10:	141, 171, 392, 398,	26:	399,
11:	502, 515,	28:	425,
14:	78, 171, 273, 316, 360, 364, 524,		
15:	317, 360,	**【로마서】**	
16:	360, 363,	1:	55, 58, 61, 181, 264, 279, 324, 360, 370, 446,
17:	144, 200, 279, 321, 324, 398, 445,	2:	58,
19:	282,	3:	264, 320, 321, 389,
20:	273, 279, 282, 424,	4:	389,
		5:	241, 253, 289, 321, 364, 375, 389, 395, 526,

【사도행전】

1:	94, 125, 367, 472, 522, 524,	6:	330, 346, 409, 410, 457, 526,
2:	324, 362, 367, 371, 424, 447, 457, 459, 465,	7:	253, 330,
3:	279, 315, 472, 522,	8:	70, 221, 253, 264, 325, 359, 364, 380, 384, 385, 389, 394, 395, 409, 473, 503,
4:	71, 273,	9:	144, 279, 384, 392,
5:	144, 360, 420, 502,	11:	187, 202, 537,
6:	492,	13:	256,
7:	189, 364, 447, 502, 514,	14:	419,
8:	420, 425, 465,	15:	425, 427,
9:	46, 420,	16:	420, 446, 478,
10:	370, 431, 459,		
11:	420, 425, 459, 488,	**【고린도전서】**	
13:	389, 420, 514,		
14:	58, 420, 487, 489,	1:	70, 309, 384, 419, 436, 457,
15:	425, 492,	2:	232, 279, 364, 385,
16:	459,	3:	521,
17:	56, 58, 65, 186, 189, 279,	4:	526,
18:	459,	5:	321, 478,
19:	419,	6:	359, 364, 389, 410, 457,
20:	489,	8:	49, 141,

9: 446,
10: 419, 477,
11: 221, 241, 476,
12: 364, 427,
15: 237, 253, 321, 325, 386, 503, 514, 515, 524,
16: 420,

【고린도후서】
1: 111, 419,
2: 479,
3: 359,
4: 221, 324, 385,
5: 502, 506, 515,
6: 395,
7: 410,
8: 144,
11: 432,
13: 144, 279, 363,

【갈라디아서】
1: 419, 425, 446, 492,
2: 71, 389, 404, 425,
3: 264, 271, 393, 521,
4: 360, 394, 395, 399,
5: 253, 364, 409,

【에베소서】
1: 196, 324, 384, 393,
2: 71, 110, 253, 260, 262, 264, 310, 372, 384, 385, 458, 460, 521,
3: 395,
4: 16, 182, 264, 314, 364, 410, 427,

483,

【빌립보서】
1: 360, 515,
2: 71, 227, 275, 279, 307, 324, 384, 385, 427,
3: 281, 409,

【골로새서】
1: 182, 221, 230, 279, 446,
2: 279, 334,
3: 221, 409,
4: 102, 420,

【데살로니가전서】
1: 419, 436,
3: 279,
4: 399, 502, 514, 535,
5: 232, 400, 409, 524,

【디모데전서】
1: 189, 197,
2: 273, 276, 281, 291, 329,
3: 307, 492,
5: 483,
6: 189, 410,

【디모데후서】
1: 384,
2: 410,
3: 102, 125, 353, 492,
4: 201, 279,

【디도서】

성구 색인 573

1: 492,
2: 144, 524,
3: 264, 384, 457, 479, 481,

【빌레몬】
1: 436,

【히브리서】
1: 39, 49, 51, 71, 73, 75, 77, 144, 279, 314, 324, 472,
2: 281, 282, 292, 324,
3: 320,
4: 187, 195, 232, 282, 289, 292, 320,
5: 282, 319, 320,
6: 233, 320, 395,
7: 165, 171, 241, 293, 320, 321,
8: 320,
9: 71, 360, 370, 499, 517, 524,
10: 399, 465,
11: 182, 212, 230,
12: 243, 307, 420,
13: 144, 193, 279, 400,

【야고보서】
1: 187, 194, 233, 253,
2: 141,
3: 2221, 226, 53,

【베드로전서】
1: 199, 321, 364, 395, 446,
2: 321, 384, 394, 409,
3: 309, 321, 457,

5: 425,

【베드로후서】
1: 112, 125, 150, 151, 290, 307, 368, 393, 502, 506,
2: 330,
3: 524, 529,

【유다서】
1: 17, 187, 363,

【요한일서】
1: 78, 201, 264, 409, 431,
2: 71, 149, 171, 296, 321, 360,
3: 203, 403,
5: 264, 403,

【요한이서】
1: 300, 479, 481,

【요한계시록】
1: 187, 279, 524,
2: 439,
3: 395, 524,
4: 187,
5: 330,
6: 233,
14: 330,
16: 524,
20: 526, 527, 528, 536, 537, 538, 539, 540, 541, 543,
21: 187, 498,
22: 187, 193, 524, 548,

조직신학 개론 개정판

지은이	오주철
펴낸이	정덕주
발행일	2013년 2월 15일 1쇄 발행
	2016년 9월 1일 2쇄 발행
펴낸곳	한들출판사
	서울시 종로구 대학로19(기독교회관 1012호)
	등록 제2-1470호. 1992년
홈페이지	www.handl.co.kr
이메일	handl2006@hanmail.net
	전화 02-741-4070
	전송 02-741-4066

ISBN 978-89-8349-628-7 93230
* 잘못된 책은 바꾸어 드립니다.